移民理论与实践研究丛书
中国人民公安大学系列外文经典文献编译
拔尖创新人才资助项目

跨文化执法：多元社会中的治安战略

（第七版）

MULTICULTURAL LAW ENFORCEMENT STRATEGIES FOR PEACEKEERING IN A DIVERSE SOCIETY

(Seventh Edition)

[美]罗伯特·M. 舒斯塔 Robert M. Shusta
[美]迪娜·R. 莱文 Deena. R. Levine　　著
[美]亚伦·T. 奥尔森 Aaron T. Olson

刘宏斌　高雨潮　方红莉　译

中国人民公安大学出版社
·北　京·

本书版权登记号：图字 01-2020-3899

图书在版编目（CIP）数据

跨文化执法：多元社会中的治安战略 /（美）罗伯特 · M. 舒斯塔，（美）迪娜 · R. 莱文，（美）亚伦 · T. 奥尔森著；刘宏斌，高雨潮，方红莉译—北京：中国人民公安大学出版社，2020. 8

书名原文：MULTICULTURAL LAW ENFORCEMENT：STRATEGIES FOR PEACEKEERING IN A DIVERSE SOCIETY

ISBN 978-7-5653-4015-4

Ⅰ. ①跨…　Ⅱ. ①罗…　②迪…　③亚…　④刘…　⑤高…　⑥方…　Ⅲ. ①多元文化—影响—行政执法—研究—世界　Ⅳ. ①D912. 104

中国版本图书馆 CIP 数据核字（2020）第 145634 号

跨文化执法：多元社会中的治安战略

（第七版）

刘宏斌　高雨潮　方红莉　译

出版发行：中国人民公安大学出版社
地　　址：北京市西城区木樨地南里
邮政编码：100038
经　　销：新华书店
印　　刷：北京市泰锐印刷有限责任公司

版　　次：2020 年 8 月第 1 版
印　　次：2020 年 8 月第 1 次
印　　张：33. 5
开　　本：787 毫米×1092 毫米　1/16
字　　数：532 千字

书　　号：ISBN 978-7-5653-4015-4
定　　价：128. 00 元

网　　址：www.cppsup.com.cn　www.porclub.com.cn
电子邮箱：zbs@ cppsup.com　zbs@ cppsu.edu.cn

营销中心电话：010-83903254
读者服务部电话（门市）：010-83903257
警官读者俱乐部电话（网购、邮购）：010-83903253
公安业务电话：010-83906108

序 言

第七版《跨文化执法：多元社会中的治安战略》是对所有收到前六版的热情读者的持续礼物。这是一本专为警察部门和学院以及大学刑事司法项目而设计的教科书；它被广泛应用于各种执法机构的在职培训项目和高级警官课程之中。虽然本书的重点主要是警察，但除执法外，该内容还适用于其他刑事司法专业人员、紧急服务人员、惩教人员、边境巡逻人员、执法人员、联邦特工以及校园和宪兵。

跨文化执法，连同其教学工具，是一个完整的学习包，旨在帮助读者了解文化、种族、民族、性别和性取向在工作场所与多元文化社区的普遍影响。

第七版包含了对领导、警官、管理者、督查、新警和讲师所需信息的更新与扩展。它是基于对执法专业人员和他们服务的社区所面临的当前问题的研究。在一些新的章节中，作者采访了来自不同背景的刑事司法专业人员和跨文化专家。内容修订包括：

· 根据最新人口普查、联邦调查局和司法部的统计数据更新人口统计数据

· 警察社区共同刻板印象的新篇章

· 警方社区推广计划的最新实例

· 警察执法遇到的有关难民和移民类型的扩展信息

· 隐性偏见及其与执法关系的主要研究成果

· 关于语言去升级重要性的新章节

· 执法人员多样性和工作场所包容的最新实例

· 执法中同性恋（LGBTQ）问题的新内容

· 影响文化、种族、种族和社区群体的最新国家问题

· 有关帮派、无家可归者和精神病患者的扩展信息
· 关于与贩运人口被害人的执法联系的新章节
· 整合了仇恨犯罪章节
· 扩展了仇恨犯罪的内容，包括增加了关于反穆斯林仇恨犯罪的信息
· 更新了关于仇恨/偏见犯罪与种族歧视的联邦法律

在本书中，我们强调理解文化差异和尊重不同背景的文化差异的必要性。我们鼓励读者研究他们可能持有的特定群体先入为主的观念。我们指出了为什么机构行政人员和管理人员应在其机构内树立意识，促进文化理解和宽容。

越来越多的执法和刑事司法机构的领导及其员工接受了：提高跨文化执法能力和改善跨种族与跨民族的关系必须是所有管理和职业发展的关键目标。人口结构的变化不仅对犯罪类型产生了巨大的影响，而且对工作人员的构成和与官员接触的人员也产生了巨大的影响。为了提高效率，管理人员必须理解并对其员工和不断变化的社区的多样性作出反应。今天的职业精神包括需要更多地考虑文化的差异性，以及改善与不同群体成员的沟通。

在信息时代，当新闻事件发生，公众很快就可以获知执法人员和公民之间的跨文化与跨种族接触。社区成员在对待不同文化和种族群体成员方面变得越来越复杂和挑剔。警察部门、刑事司法和紧急服务机构现在为社区服务，而社区成员则盯着他们，并要求他们对其行为负责。

具有跨文化知识和敏感性，负责维护治安和公共安全的人将提高他们的形象，同时在不断变化的多元文化劳动力和社区中表现出更强的专业性。

我们为教师和培训师提供跨文化执法：多元社会中的治安战略的完整学习包，包括教师手册、幻灯片和章节测验。我们希望我们的读者能发现我们的修订和更新的文本有助于他们的执法、刑事司法和公共安全项目。

教辅材料

带试题库的教员手册。包括课堂讨论的内容提纲、教学建议以及课文中选定的章节末问题的答案，还包含试题库的文档版本。

测试生成。这个计算机化的测试生成系统为您提供了在纸上、电子或

在线创建和管理测试的最大灵活性。它提供了用于查看和编辑试题库问题的最新功能，将所选问题拖动到正在创建的测试中，并以各种布局打印平滑的格式化测试。从包含在测试生成中的试题库中选择测试项以快速创建测试，或者从头开始编写您自己的问题。测试生成的随机生成器提供了每次使用问题时显示不同文本或计算出的数值的选项。

演示文稿。我们的演示文稿提供清晰、简单的大纲和笔记，用于课堂讲课或学习材料。本书中的照片、插图、图表和表格（如适用）包含在演示文稿中。

为了获得在线访问教辅材料，教官需要获得教官访问代码。请访问 www. pearsonhighered. com/irc，在那里可以注册教官访问代码。注册后 48 小时内，您将收到一封确认电子邮件，其中包括一个教官访问代码。收到代码后，请访问该网站并登录以获取有关下载要使用的材料的完整说明。

交替版本

电子书。此文本也可用于交互电子书格式。对于想要省钱的学生来说，这是一个令人兴奋的新选择。作为购买印刷课本的替代方法，学生可以购买相同内容的电子版。通过一本电子书，学生可以搜索课文，在线做笔记，打印出包含课堂笔记的阅读作业，并为重要段落加上书签，以备日后复习。如需进一步信息，请访问您所喜欢的在线电子书经销商或访问 www. mypearsonstore. com。

献　词

本书献给致力于为其所服务的社区，构建基于信任和相互尊重的合作伙伴关系的警察与其他执法人员。

前　言

影响美国执法最深刻的社会变化是美国社会文化的多样性的变化。多年来，美国各地的警察机构一直在种族和民族问题上苦苦挣扎。在过去的50年里，这些斗争变得更加复杂和具有挑战性，因为大量非使用英语的移民，无论是合法移民还是非法移民，都来到美国寻求经济、宗教或政治自由。语言、文化、种族和社会期望的障碍显著增加了异质社会警务管理的难度。执法专业人员经常遇到文化和种族矛盾，以及移民从本国带来的对警察的强烈怀疑和恐惧。很明显，有效地在多元文化社区开展警务活动仍是一个巨大的挑战。

作为密歇根州迪尔伯恩一个高度多元化的城市的阿拉伯裔美国警察局长，我非常清楚有必要强调文化意识，包括在执法方面的无偏见培训和教育。在美国国土安全部的几个委员会任职后，我可以证明相关工作需要社区理解，并需与所有有背景的人进行有效沟通和建立融洽的关系。本书中的许多信息反映了我在教育项目中努力传达的信息，这些项目涉及州、国家甚至全球的执法专业人员。人们对执法部门的信任越多，我们中选择服务的人就越安全。

通过采用社区伙伴关系和社区警务战略的理念，执法机构与公民一起创建了一些更安全的城镇。为了执法的社会效果，警察不能单独行动，他们需要其管辖范围内的公民的积极支持和协助。获取社会公众支持的核心是承认执法机构必须反映其所服务社区的多样性。警官每天都会遇到不同文化背景、社会经济阶层、宗教、性取向以及不同精神状况的人。每个群体对警察与社区的关系都有着不同的看法，因此，我们的警官必须准备好对每个群体作出适当的反应。未能认识到社区的多样性并对其进行调整，可能会导致公民之间产生混乱和怨恨，并导致执法机构与其社区之间的关键信任关系破裂。

自本书第一版出版以来，警务工作发生了巨大变化。在年龄和文化多样性方面，执法界发生了世代交替。然而，维持一个日益复杂社会的警务工作的挑战仍然存在。找到解决这一挑战的方法有助于解释对这项工作的持续兴趣。

因此，读者现在很幸运能接触到第七版。自1995年首次出版以来，这部著作已成为刑事司法领域的经典之作。这本书已被警察和惩教学院、高级警官课程和刑事司法课程采纳与使用，这一事实证明这本书已得到广泛接受。

多元文化执法的主要部分有效地解决了执法人员的关键文化需求，越来越多的人发现了这一点。本书的实践部分提供了关键信息和见解，将提高警察的绩效和专业性。本书的主题，特别是文化方面的信息，仍处于领先地位。这一版本的多元文化执法使各机构和部门能够让警官为我们多元文化社区内成功的社区警务实践建立伙伴关系。它还深入探讨了其他相关主题，如帮派、人口贩运受害者、无家可归者、精神病患者、国际事件及其对美国警务的影响。

作者的多样性和集体能力令人印象深刻。这三位合著者都拥有多年的专业工作经历，包括州一级及其他的执法经验，以及多年的培训、刑事司法学院课程教学和咨询。每位作者都从不同背景的刑事司法专业人士和跨文化专家那里获得了大量文化信息。我有信心推荐本书，并鼓励所有使用它的人将这项杰出工作的战略和工具付诸行动，以改善你们的执法机构、社区和更大的社会。

罗纳德·哈达德局长

密歇根州迪尔伯恩市警察局长

底特律警察局退休副局长

前国土安全部副局长（底特律）

作者简介

罗伯特·M. 舒斯塔，上尉（退休）、公共管理硕士，在执法部门工作了27年，并在康科德（加利福尼亚州）警察局退休。他曾在加利福尼亚州的许多大学和警察学院担任兼职讲师。他毕业于第158联邦调查局国家学院和第四加利福尼亚州指挥学院。他曾在国家委员会任职，负责制定岗位指导方针和国家政策建议。退休后的舒斯塔上尉针对广泛的文化意识和仇恨犯罪开设了培训课程，并制订了有关打击家庭暴力的培训计划。他对提高警官对跨文化警务挑战的理解度的兴趣始于其指挥学院论文，该论文介绍了由于移民导致人口变化，使执法机构的结构模式发生变化的计划。退休的舒斯塔上尉是早期关注跨文化执法意识的先驱。

迪娜·R. 莱文，文科硕士。近30年来，她一直为公共部门和私营部门的组织提供咨询和培训。她是蒂姆·莱文有限责任公司负责人，该公司专门从事多文化工作场所培训以及全球跨文化商业咨询。她和其同事，以及来自社区组织的代表，为执法机构提供了项目，重点关注跨文化和人际关系。莱文女士还为社会服务机构、教育机构和公司进行了咨询，并为其提供了培训。她最初在斯坦福大学跨文化关系研究所从事跨文化培训，为管理者和主管培养多元文化的劳动力理解能力。她还出版了关于交流文化方面的其他著作，包括《语言以外的：跨文化交流》。

亚伦·T. 奥尔森，医学博士，是俄勒冈州波特兰市波特兰社区学院（PCC）和俄勒冈州拉格兰德市东部俄勒冈大学（EOU）的兼职教授，他在那里教授多元文化多样性课程。他在2001年为PCC的刑事司法计划、2009年的消防计划和2011年EOU的消防管理计划设计了第一个文化多样性课程。在学术界之外，他是一名独立顾问，专攻企业和政府机构的员工发展、培训和问题解决。自2003年以来，他为消防、警察和911公共安全人员提供了多元文化培训。他是一名美国陆军老兵，退休的俄勒冈州警察巡逻中士和轮班主管，在通信、招募和巡逻任务方面有26年的警察经验。他曾是当地政府人事研究所的调查员，在调查民选市、县官员，警察局长和其他政府雇员的工作人员不当行为、性骚扰、性歧视、报复和性别偏见方面具有专长。2002年，他在俄勒冈州波特兰的移民难民社区组织为移民和难民建立了公共安全讲习班，该讲习班于2015年结束。

目录

第一部分　文化多样性对执法的影响

第一章　多元文化社区：对执法的挑战　/ 3

引言　/ 4
执法和不同社区的联系　/ 5
多元文化社会的态度：过去与现在　/ 9
全球移民、难民和美国的移民　/ 16
文化和执法的关系　/ 36
多样性的维度　/ 42
执法中的偏见　/ 46
多元文化社会中的警察领导　/ 51
总结　/ 54
问题讨论　/ 56

第二章　变化中的执法机构：社会的缩影　/ 59

引言　/ 60
不断变化的劳动力　/ 61
执法场所的种族主义　/ 66
执法女性　/ 75
执法中的同性恋（LGBTQ）雇员　/ 88
警察领导、职业化和协同作用　/ 100
总结　/ 101
问题讨论　/ 102

第三章　执法中的多元文化代表：招聘、保留和晋升　/ 104

引言　/ 104
招募多样化的劳动力　/ 105
吸引和留住妇女和少数民族　/ 111

甄选过程 / 122
多样化劳动力的保留和晋升 / 129
总结 / 135
问题讨论 / 136

第四章 执法中的跨文化沟通 / 137

引言 / 138
语言障碍 / 139
对英语水平有限的说话者的态度 / 144
跨文化沟通的思考 / 146
跨文化/种族沟通的动力 / 152
言语降级的重要性 / 157
访谈和数据收集技术 / 160
非言语沟通 / 163
执法中的异性间的沟通 / 167
总结 / 171
问题讨论 / 173

第二部分 执法中文化和社区的具体问题

第五章 与亚太裔美国人的执法接触 / 177

引言 / 178
亚太裔美国人的定义 / 178
历史信息 / 181
人口统计：亚太裔美国人的多样性 / 184
标签和术语 / 187
误解和刻板印象 / 188
亚太裔美国人的家庭 / 190
亚太裔美国人的交流方式 / 193

执法中的主要问题 / 195
总结 / 200
问题讨论 / 201

第六章 与非洲裔美国人的执法接触 / 203

引言 / 204
历史信息 / 205
人口特征：非洲裔美国人的多样性 / 207
身份问题和族群识别术语 / 210
黑人生命问题 / 212
刻板印象和跨种族认知 / 214
非洲裔美国人家庭 / 217
语言和沟通 / 221
非语言交流：与权威的互动和反应 / 223
执法中的主要问题 / 227
内隐偏见及其对执法的启示 / 228
总结 / 243
问题讨论 / 244

第七章 与拉丁裔/西班牙裔美国人的执法接触 / 246

引言 / 247
拉丁裔/西班牙裔美国人定义 / 252
历史信息 / 254
人口统计：拉丁裔/西班牙裔美国人的多样性 / 256
几代移民之间的普遍区别 / 260
拉丁裔/西班牙裔美国人家庭 / 262
拉丁裔/西班牙裔美国人的交流风格 / 265
执法中的关键问题 / 267

总结 / 270
问题讨论 / 272

第八章 与阿拉伯裔美国人和其他中东群体的执法接触 / 274

引言 / 275
中东人和相关术语的定义 / 275
历史信息与阿拉伯裔美国人口统计 / 279
差异性与相似性 / 281
成见 / 283
伊斯兰教 / 286
家庭结构 / 292
沟通风格和文化习俗 / 294
执法中的关键问题 / 299
总结 / 307
问题讨论 / 309

第九章 与美国原住民的执法接触 / 311

引言 / 312
历史信息和背景 / 313
美国原住民人口、保留地、部落和身份 / 317
美国原住民之间的相似之处 / 321
语言和沟通 / 323
冒犯性术语、标签和成见 / 326
家庭与文化适应问题 / 328
执法中的关键问题 / 332
捕鱼 / 349
总结 / 350
问题讨论 / 351

第十章 与帮派、人口贩运的受害者、无家可归者和精神疾病人员的执法接触 / 353

引言 / 354
帮派类型和犯罪活动 / 354
帮派的成因 / 366
减少帮派问题的执法战略 / 366
人口贩运的受害者 / 367
对受害者生理和心理健康的影响 / 377
阻止人口贩卖的执法策略 / 378
无家可归的人口统计 / 383
缓解无家可归危机的治安策略 / 392
了解精神疾病的维度 / 395
与精神病患者接触时的警察规程 / 398
警方与精神病患者的积极应对策略 / 402
总结 / 404
问题讨论 / 406

第三部分 仇恨/偏见和种族定性犯罪的应对策略

第十一章 仇恨/偏见犯罪 / 411

引言 / 412
仇恨/偏见犯罪的问题 / 413
仇恨/偏见犯罪和仇恨/偏见事件的定义 / 420
仇恨/偏见犯罪理论渊源 / 423
犹太人与反犹太主义 / 428
反阿拉伯/反穆斯林事件的受害者 / 434
LGBTQ 与性别认同受害 / 439
有组织的仇恨犯罪团体 / 448
仇恨/偏见犯罪和意外事件调查 / 450

仇恨/偏见犯罪和事件的控制与起诉 / 453
执法对策 / 456
仇恨/偏见犯罪和事件受害者学 / 457
总结 / 460
小案例的研究答案 / 461
问题讨论 / 462

第十二章　种族定性 / 464

引言 / 465
定义 / 465
种族定性的历史背景 / 468
警察和公民对种族定性的看法 / 473
作为执法合法工具的犯罪画像 / 481
在反恐斗争中，种族定性是合理的吗 / 484
在执法中防止种族定性 / 488
专业警务交通拦截 / 499
关于公民种族/族裔的数据收集 / 500
总结 / 508
问题讨论 / 509

参考文献 / 511

译者的话 / 516

第一部分

文化多样性对执法的影响

第一章　多元文化社区：对执法的挑战

第二章　变化中的执法机构：社会的缩影

第三章　执法中的多元文化代表：招募、保留和晋升

第四章　执法中的跨文化沟通

《跨文化执法：多元社会中的治安战略》的第一部分向读者介绍了我们多元文化社会在警察局内外对执法的广泛影响。

第一章提供了基础概念和框架，作为各章讨论的基础。它介绍了美国多元文化社会的历史和当前观点，以及变化的人口情况，包括难民和移民的全球现象及其对执法的影响。介绍了多样性的各个方面，跨越种族、民族、文化和移民世代。强调了偏见和偏见的主体及其对执法的影响。本章最后简要描述了多元文化社会中有效的警察管理和领导。

第二章介绍了执法机构内部发生的人口变化，以及警察部门内部对多样性的反应。除有关种族和族裔的内容外，本章还提供了有关妇女和同性恋（LGBTQ）警官面临的问题的情况。本章还提出了积极工作的必要性，重点是解决冲突，消除执法机构和弱势群体之间的歧视与种族主义。强调了不断变化的警察队伍的现实情况，同时也强调了相应的领导人需要弥合警察局内部的文化和种族差距。

第三章讨论了警察招募、留用和晋升方面的挑战，重点讨论与性别、种族、民族和性取向有关的问题。与过去相比，合格的执法申请人的数量明显减少，这不仅因为警察媒体形象不好，执法的危险众所周知，而且还因为社会的变化和发展。为此提出了招聘策略，包括需要警察局长承诺评估和解决所有警员在其机构中的舒适度和包容度。本章描述了各部门迫切需要建立一支高素质执法人员队伍，每个人在招聘、留用和晋升过程中是平等的。它还提出了一种利用社区警务进行招聘的创新模式。

第四章提供了强调执法中跨文化交流动态的实用信息，包括警官与非英语使用者交流时面临的具体问题。讨论了跨文化交流的沟通和应对，以及语言降级的重要性。此外，本章还讨论了不同文化中非语言交流的差异，并讨论了执法机构中与性别相关的一些交流问题。最后，概述了警官在涉及跨文化接触的情况下使用的技能和技术。

每章以总结、讨论问题结尾。

第一章　多元文化社区：对执法的挑战

学习目的

读完这一章，你应该能够：

· 讨论多样性对执法的影响以及社区警务推广计划的相应需求。
· 了解过去和现在对美国多元文化社会的反应。
· 总结与美国和全球少数民族与外国出生人口有关的主要人口趋势。
· 了解移民到美国的各个方面。
· 定义"文化"和"种族中心主义"，并讨论其与执法的相关性。
· 列出移民和民族多样性的主要与次要维度以及代际差异。
· 将成见、偏见和内隐偏见的概念应用到警察工作中。
· 描述在多元文化社会中，执法领导和管理者如何促进无偏见警务。

大纲

· 引言
· 执法和不同社区的联系
· 多元文化社会的态度：过去和现在
· 全球移民、难民和美国的移民
· 文化和执法的关系
· 多样性的维度
· 执法中的偏见
· 多元文化社会中的警察领导
· 总结
· 问题讨论

引言

> 美国的多元文化有着悠久的历史。美国从建国以来就吸收了来自不同文化背景的移民，其中许多人在当时饱受争议。首先是德国人提出了关于他们是否能够或将来成为“真正的美国人”的问题，然后是关于中国人的问题，以及爱尔兰和东欧移民的问题。现在是西班牙裔美国人和穆斯林美国人，我们问他们这些问题。新的移民浪潮一直对同化产生担忧，但是随着时间的推移，美国经验就是移民几乎都变成了美国人。
>
> ——美国的多元文化主义：文化自恋与仁顺的政治认同，
> 斯坦利（2017），政治学教授，城市大学研究生中心，
> 个人交流，1 月 3 日

多元文化和民族多样性是美国的核心，准确地描述了美国的演示图形。多元文化主义不是指运动或政治力量，也不是反美术语。美国是种族、文化和民族的混合体，由移民的连续演变而来。与其他国家相比，美国人口多元文化经历了空前的增长。对这些变化的反应，其范围从欣赏，甚至庆祝多样性，到对文化差异的绝对不容忍。在极端形式下，不容忍导致美国执法和刑事司法的重点关注仇恨犯罪问题。移民和民族多样性既统一又分裂了美国人，但毫无疑问，他们也界定了美国人。

美国一直是吸引世界各地人民的磁石，人口结构持续不断变化。通过提高认识、文化知识和沟通技能，执法人员可以加强与各种背景的人的关系、文化理解能力和职业效率。这包括：

· 对文化、民族、种族和社会背景的了解与敏感性（例如，语言和交流问题、与警察的少数族群历史、族群间竞争以及影响当地人口的全球性事件）；

· 接近、建立融洽关系和消除冲突的沟通技巧；

· 认识到偏见存在于所有人身上，也存在于所有警官身上，故此，必须探讨偏见对感知、决定和行动的影响；

· 在执法机构内部就原则、态度和政策达成共识，使所有个人能够在种

族、民族和文化差异的情况下有效和公平地工作，并承诺人人享有平等正义。

个人必须在贬低他人与否认民族差异之间寻求平衡，包括扭曲文化、种族所有其他形式多样性的作用。现实中，为了“平等尊重所有人”，我们可能会无意中削弱文化、种族或种族的影响，包括它们在我们社会历史上所扮演的角色。

前联邦调查局局长詹姆斯·科米在题为“严酷的事实：执法和种族”的演讲中说：……我们所有的执法人员必须诚实地承认我们的许多历史并不漂亮。在美国执法历史上的许多方面，对于不受欢迎的群体来说，现状往往是残酷不公平的……爱尔兰人经历了艰难的时期，但是与我们在美国黑人的经历相比，这是微不足道的。那种经历应该是每个美国人意识的一部分，以及执法部门在这一经历中的作用，包括必须记住最近的现状。这是我们的文化遗产……我们不能忘记我们的执法遗产的一个原因是，我们服务和保护的人民也不能忘记它。所以我们必须谈谈我们的历史。这是一个艰难的真理（科米，2015）。

民族多样性丰富了美国，但也使许多警察执法程序和与个人的互动更加复杂。例如，与移民之间的种族紧张关系和沟通挑战必然会使一些警察执勤复杂化。当警察与背景不熟悉的公民和非公民进行互动时，日常活动可能更具挑战性。不管一名警官对美国社会人口变化迅速的个人观点如何，都必须努力建立有效的人际关系和跨文化、种族和民族的联系。

执法和不同社区的联系

他们的职业理想是平等保护和服务所有有背景的人民，都必须面对多元化社会的挑战和复杂性。缺乏有效性的沟通，再加上不理解个人的背景，可能会导致无意侵犯个人的权利，甚至是警官的安全和风险问题。警官，甚至比其他人更需要确保他们在检查中避免任何有偏见的想法。科技和社交媒体极大地放大了公众对警察互动和行为的审视。

美国内华达州雷诺市退休的警察局副局长昂德拉·白瑞说：执法是在强大的显微镜下如何对待公民。少数民族和少数民族社区已成为越来越有能力理解执法的作用，并期望执法的专业水平有所提高。从过去，在一个有关东海岸警察局几秒钟内到达西海岸的情况时，执法人员必须知道，他们必须提高警惕，他们必须做正确的事（白瑞，2017）。

2016年盖洛普对全国1000多人随机抽样进行的一项民意调查中包括这样一个问题：“你对你所在地区的警察有多尊重？”大多数美国人表示“非常尊重”，尽管与非白人相比，表示对警察的尊重的白人比例更高。对于白人和黑人来说，对警察的尊重的比例从2015年到2016年都有显著增长（麦卡锡，2016）。

这个问题自1965年以来在盖洛普民意测验中被问了9次。在2015年，对警察的尊重降到了历史最低点，当时在多次枪击非武装非洲裔美国男子后，种族紧张局势爆发。国家司法研究所期刊和《警察季刊》发表的研究仅列举了几个来源，证实了公众对执法的信任随着这类高知名度事件的宣传而显著下降（斯科甘，2005）。

自2016年10月以来，盖洛普民意测验的数据显著上升，此前3个月发生了几起针对警察谋杀的惨案。随着2016年媒体对公开的反警察情绪和态度的宣传，民意调查数据显示出对执法的尊重和信心的强烈平衡情绪。

对群体的刻板印象，如有色人种群体和警察，与人类过度概括的倾向有关，并基于与其他群体成员接触不足以及信息不足的认识和结论。在对近8000名警官的2017年调查中，受访者几乎一致认为公众并不真正了解警察工作的挑战和风险（格拉姆利希，2017）。信息的缺乏和错误信息极大地导致了公众对警察的误解和判断。整个政治范围内的媒体（包括社交媒体）在如何报道事件以及如何感知整个群体中发挥着巨大的作用。正如少数民族、种族和文化群体受到成见的影响一样，警察——作为一个职业群体——也受到类似的有害过度概括的影响。倾向于刻板印象的人，包括那些刻板印象警察的人，通常根据对该群体中极少数人的有限知识对整个群体的行为进行分类。基于小“样本量”的刻板印象或描述行为和特征是我们大脑如何将观察分类的一个方面，但这是理解群体和个体复杂性的一种危险与不准确的方式（后文将进一步讨论刻板印象）。

社区警务延伸：打破相互刻板印象

前联邦调查局局长詹姆斯·科米在敦促警方与社区建立更紧密的联系时说：“我们只需要看到我们所服务的人。但是‘视觉’需要双向流动。公民还需要看到执法人员也是人……他们需要看到执法人员在漆黑的夜班中遇到的风险和危险以及……警官们所面对的困难和令人恐惧的工作以为确保人们的安全”（科米，2015）。

在一个多元社会中维护治安的一个关键战略涉及打破存在于公民和执法人员之间的障碍和刻板印象。这意味着要以明确和深思熟虑的方式建立相互理解。社区警务模式始终强调与公民组织、公民和居民的直接参与和合作，最终目标是提高信任和安全。公民和警察之间频繁的、有计划的接触是改善警察和社区成员之间关系的基础。警察部门的组织文化对任何特定的社区警务模式的成败起着关键性作用（这种模式有不同的形式，有多种方式，包括以社区为导向的警务、以服务为导向的警务和以问题为导向的警务）。

执法机构和社区的领导人都意识到，当每个群体寻求互助和理解时，每个人都会受益。为了积极主动地应对各种社区，美国各地的警察组织一直致力于发展以社区为基础的警务模式。社区团体和警察都承诺共同负责解决问题，以便就公共安全问题进行对话和沟通。这不是一个简单的提议，对话、建立关系和与社区的合作必须是一个明确的部门优先事项，要求普通警员以及领导接受更广泛的培训。

许多警察局已经采用社区警务作为应对多元化社会挑战的策略。建立社区伙伴关系正成为当今面临挑战的一个日益重要的方面。例如，如果发展、利用和维持警察与社区的关系，机构内的人际关系培训，无论是侧重于跨文化意识还是种族关系，都可能更有效。警察局长在创建和维持与社区所有部门的持续沟通方面发挥着重要作用。通过与不同的社区组织合作，警察有更好的机会：

- 与以社区为基础的合作伙伴建立关系并进行有效的合作，通常在冲突发生之前。
- 提高对特定不同社区需求的理解和洞察。
- 与社区中最弱势群体接触并建立信任。

对社区警务的深入讨论超出了本书的范围，但是，关于这一主题有许多资源和出版物。下面我们介绍 3 个创新的社区警务延伸项目，其中警察有机会与不同社区的成员进行联系和建立关系。每个项目实例都表明，愿意让警察扮演非传统角色，创建能够促进警察和社区成员之间积极互动和信任的结构。

许多执法机构在其特定的社区警务模式中尝试了各种各样的项目。例如，在社区事务的保护下，纽约警察局（NYPD）创建了一个“神职人员联络计划”。纽约警察局与神职人员的联系是与来自不同社区的数千名纽约居民交流的专用工具。神职人员通常是包括有色人种和移民社区在内的各种社区中值得信任的领导人，因此，他们有能力帮助促进与执法部门的对话。该社区推广计划在纽约警察局网站上描述如下：

神职人员联络计划将神职人员及其会众与警察部门之间的重要关系正式化，特别是在社区危机或动乱期间。每个地区指挥官可以提名来自不同教派的多达5名神职人员，作为该部门与该社区各教会和信仰团体之间的桥梁。神职人员接受了该部门关于预防偏见犯罪、家庭暴力等主题的专门培训……该部门目前有500多名神职人员参加了该项目（纽约警察局，2016）。这是第一个例子。

第二个例了涉及2016年的警察社区合作，主要是针对在旧金山的里脊区从事毒品活动的招聘会。旧金山警察局的队长特蕾萨·伊文斯（现在是指挥官）一直致力于为年轻人提供就业机会，尤其在她辖区里那些想离开街道的年轻人（伊文斯，2017）。她热情地与多个当地组织合作，使招聘会成为可能。她的社区合作伙伴包括旧金山经济和劳动力发展办公室、Code Tenderloin（劳动力发展非营利组织）、大会厅（一个临时的高档食品广场，也作为一个社区聚集空间）。在与大会厅的社区经理的讨论中，伊文斯让她的警官们把招聘会的公告分发给里脊区的人们，尤其是那些在街上被警官们知道失业的人，在某些情况下还从事毒品交易。招聘会不仅为一些求职者提供了工作机会，还为非洲裔、拉丁裔/西班牙裔、中东裔、太平洋岛民、柬埔寨裔、越南裔提供了和旧金山警察局的警官们积极接触的机会。作为区警长，伊文斯鼓励她的警官定期与街上的人接触，了解他们的需求，并将他们与适当的组织联系起来（例如，帮助无家可归的人拥有住处）。这些类型的互动，包括诸如招聘会之类的倡议，少数群体成员不仅可以将警察视为有执法权力的权威人物，而且他们可以将警察视为积极应对社会问题的相关执法代表，这在社区中尤其有价值。

社区警务计划的第三个例子涉及俄勒冈州波特兰地区的移民和难民。在13年的时间里，直到2015年，数以千计的移民和难民参加了与移民和难民的警察延伸合作。作为其社区推广的一部分，本书的合著者之一的奥尔森，通过移民和难民社区组织（IRCO）建立了对新美国人的持续推广

（奥尔森，2017）。警察和社区教育工作者向新移民和难民介绍美国警察，构建移民和难民对美国警察执法的基本期望。

警察教员与警察局分享了他们从移民那里学到的关于他们的原籍国的知识。执法代表了解到，由于其他国家在执法方面存在重大的社会和文化差异，许多新来者需要接受有关美国法律和警察相关期望的基础教育。教育项目是移民与执法之间的桥梁。社区警务计划邀请正式或非正式的相互教育，最终目标是警察有效地为社区服务，社区成员学习尊重警察角色和美国法律的作用。社区延伸教育计划，由警察共同签署并共同授课，对与新社区成员的关系建设和信任作出了巨大贡献（奥尔森，2017）。

移民给警察关系带来的障碍表明，为了能够有效地沟通和教育，警察必须作出更大努力，创造直接接触的机会。执法方面的另一个挑战是，新移民往往成为暴力犯罪的受害者。在某种程度上，移民在这个社会的文化适应和成功取决于他们在不了解社会习俗和法律的情况下如何对待他们。波特兰地区的经验表明，社区警务延伸，包括与新来者的个人接触和群体接触，可以为改善警察与社区的关系和在需要时能够有效沟通奠定基础。COPS 和维拉司法研究所出版的《移民社区中的警察参与》中提供了 9 个不同警察局优秀外联项目的详细例子（圣·福特、雅索和沙阿，2012）。

多元文化社会的态度：过去与现在

“我是爱尔兰移民的后裔。一个世纪前，爱尔兰人很清楚美国社会和执法部门是如何看待他们的：酒鬼、恶棍和罪犯。执法部门对爱尔兰人的偏见仍然存在于我们用来运送囚犯的车辆的绰号，如‘稻田马车’”（科米，2015）。

近年来，美国社会对多元文化主义的态度出现了越来越严重的分歧。一方面，一些人担心“美国价值观”正受到外国影响的威胁（随着难民和移民的到来）。另一方面，有一些人认为，一个马赛克文化加强了美国，许多移民团体带来了创新的想法和创业精神。这一分歧在 2016 年总统大选和随后几个月尤为明显，两大政党在移民问题上的分歧比以往任何时候都大。

接受多元文化和多样性一直是许多美国人的一个难题（米勒，2017），但大多数警察都从事以有效和公正地为所有人服务这一职业。当反移民或多元文化仇恨存在时，在社会中，任何个人或机构都可能存在“隐性偏见”。心理学研究表明，所有人都有内隐偏见，这并不一定意味着他们是明显的种族主义者或偏执者。相反，它意味着人们确实关注他们周围的社会，以及普遍持有的信仰和刻板印象。

在现在和历史上，对移民的典型反应总是包括这样的情绪：“他们没有为社会作出贡献”“他们坚守自己的文化”“他们不学习我们的语言”“他们的风俗和行为很奇怪”“他们形成了集团”“他们拿走了我们的工作”和“经济正因为他们而痛苦”。

今天，美国人对新来者的反应与人们对早期移民的反应有什么不同，让我们看看对爱尔兰人的反应。在19世纪中叶，他们成为美国最大的移民群体，几乎占外国出生人口的45%。大约425万人离开爱尔兰，主要是因为马铃薯饥荒。这些移民中有许多来自农村地区，但最终落在东海岸的城市里，他们大多数是文盲，有的只讲盖尔语（肯尼迪，1986）。他们在美国并不受欢迎，当时典型的谚语是：“有就业机会，但爱尔兰人不能申请。”事实上，许多新移民聚集在少数民族聚居地；这一点尤其适用于第一代移民，他们通常不被主流社会接受。

爱尔兰人——忍耐其后被强加的蔑视和歧视，至少在一定程度上，每个移民潮中爱尔兰人都成了“美国人”。从语言和服装上，他们被视为外国人，他们贫穷和没有技术，但他们数量庞大——爱尔兰人在社会和经济上毫无出路。当他们挣不到钱时——他们的妻子和女儿只能当仆人（肯尼迪，1986）。

如果这个报告没有特定的时间和具体的文化团体，那么可以合理地认为是当代社会对新移民的反应。我们可以用这段话描述在历史的不同时期的犹太人、意大利人、波兰人。今天，它可以用来参考阿富汗人、墨西哥人、海地人、中国人、韩国人和印度人。如果我们将今天的移民与美国历史的早期移民进行比较，我们发现既有相似性，也有显著差异。在过去的几十年里，我们接受了与西欧文化存在显著差异的人。例如，许多来自亚洲或非洲的“新美国人”带来了与美国主流完全不相关的价值观和语言。中东人带来许多在美国出生的美国人不了解的习俗（文化细节，参阅第五章至第九章）。许多难民带来的政治迫害或战争创伤的疤痕，大多数美国人无法理解其性质。自愿移民的那些相对温和的经历与许多难民所经历的悲剧无法比较。绝望的经济条件迫使许多早期的欧洲移民离开他们的国家，他们的迁移并不完全是自愿的。然而，他们的经验与难民不具有可比性，20 世纪 90 年代来到美国的饱受战争蹂躏的东欧难民，2000 年后的阿富汗和伊拉克难民，在过去的 10 年中，逃离帮派暴力的中美洲、南美洲人或逃离国家暴力和宗教迫害的非洲人，以及逃离恐怖主义破坏的叙利亚人。

过去遭受轻蔑评论的人，他们的后代，几年之后则构成了美国主流部分。许多第四代和第五代移民忘记了他们的历史（米勒，2013），也难以容忍新兴移民群体的“外来方式”。每个新的集团似乎总是遇到了一些猜疑和敌意，在许多情况下，调整到一个新的社会，一直是一个漫长而痛苦的过程，第一代移民群体都会遭受痛苦，无论爱尔兰人、波兰人、菲律宾人、中美洲或非洲人。必须记住还有许多移民来美国不是出于自己的自由意志，而是政治或经济制度或环境的牺牲品，如战争迫使他们突然逃离家园，背井离乡。尽管他们对这个国家的欢迎表示感谢，但这些新移民并不想与自己的乡土断离。大多数新来的美国人都没有参与导致他们从本国逃走的暴力事件。

“熔炉”和“马赛克”

“熔炉”曾经是对美国社会的准确描述吗？这个比喻描绘了一个人们聚集在一起形成统一文化的形象。历史提醒我们，这是一个关于“美好的往日”的浪漫神话。从美国成立之日起，美国人就不是一个同质的民族。美洲土著人是如今美洲印第安人的祖先，早在克里斯托弗·哥伦布“发现”他们之前就在这里。甚至有强有力的证据表明，在非洲奴隶贸易开始的 200 年前，第一批踏入这个国家的非洲人都是自由人（罗林斯，1992）。此外，美国的大多数人都可以自称是移民到这里的人的子女、孙子或曾孙。美国人并非是原生的。这个词最早的用法是在 20 世纪初，当时一位著名的美国剧作家伊斯雷尔·赞维尔提到欧洲的大规模移民时说：“美国是上帝的熔炉，是欧洲所有种族都在融化和重新形成的大熔炉……德国人和法国人、爱尔兰人，还有英国人、犹太人和俄罗斯人，他们和你们一起进了熔炉！上帝创造了美国人！”（赞维尔，1908）。

这里的“熔炉”只针对欧洲人，包括东欧人。1619 年至 1850 年间被强行带到这个国家的非裔美国人，从来都不是早期描述的“熔炉”的一部分。同样，美洲土著人也不被认为是“熔炉”的一部分。并非巧合，这些群体都是非白人，因此不容易“融入”主流社会。此外，在过去，我们一直在努力阻止任何多余的多样性。在这方面最值得注意的是 1882 年的《华人排斥法》，该法剥夺了中国劳工进入美国的权利。20 世纪初，“以抗议‘苦力’劳工的涌入，担心对美国工人的生活水平造成威胁”，工会成立了日本和韩国的排斥联盟（肯尼迪，1986）。如果移民没有为欧洲人口的大部分下降增加力量的话，移民就会受到阻碍或阻止（汉德林，1975）。

即使在 19 世纪末移民高峰时期，纽约典型的是不同的移民群体相互隔离，没有人们经常想象的“混合”社区（米勒，2013）。纽约四分之三的人口是第一代或第二代移民，包括欧洲人和亚洲人。百分之八十的人不讲英语，发行了 100 种外文报纸。新来移民不被那些已经定居的人接受，而新移民在外国土地上，选择与有共同文化和生活经验的共同交往，在陌生的外国社会中找到了安慰。

第一代移民和难民团体都把美国视为希望与机遇之地，他们总是在文化适应和融入新社会中遇到障碍。在许多情况下，人们抵制美国化，保持自己。意大利人、爱尔兰人、东欧犹太人、葡萄牙人、德国人以及几乎所有其他群体，他们第一次来时都会保持传统。大多数旧定居移民都对每个新来的群体表示怀疑和轻蔑。“主流化”开始只发生在移民的子女身上，尽管某些移民群体中的一些人试图迅速同化。

在大多数情况下，社会不允许快速脱落以前的文化身份。历史从来没有支持过的“熔炉”的比喻，特别是对于第一代和第二代的大多数移民新人。尽管美国过去存在多元文化的不和谐和紧张的现实，但“熔炉”的概念却是盛行的。一些人认为“马赛克”和“挂毯”这两个术语更准确地描述了美国的多样性。这些术语旨在描述，在这个社会中，所有的族群都贡献他们的一部分，形成一个整体的社会，但在这个社会中，群体不会为了“融合”在一起而失去他们自己的特征。

有些人希望回到一个美国种族和民族多样性少得多的时代，回到一个更加同质化的人口时代。呼吁执法部门的领导人和代表发表仇恨言论，起诉那些将易受伤害的移民和难民群体边缘化和受害的犯罪行为。2017 年 2 月，两名印度工程师在堪萨斯州的一家酒吧因其外国出生身份而成为被枪击的目标。据报道，枪手是酒吧的另一位顾客，在枪击前曾说“回到你的国家去”。其中一名印度男子受伤，另一名死亡。作为回应，美国驻新德里大使馆的一位发言人说：“美国是一个移民国家，欢迎世界各地的人们访问、工作、学习和生活”（卫报，2017）。执法部门需要时刻警惕反移民和反外国人情绪的上升，必须加强宽容的信息。

变化的人口

20 世纪末，有创纪录的外国出生人口来到美国（见图表 1.1 和图表 1.2），大大增加了美国多元文化社会的规模。在本书有关文化的章节中，我们讨论亚裔和太平洋裔美国人、非裔美国人、拉美裔和拉美裔美国人、阿拉伯裔美国人和其他中东群体以及美洲土著人。有些人可能属于两个或两个以上的群体，种族和民族背景并不相互排斥。

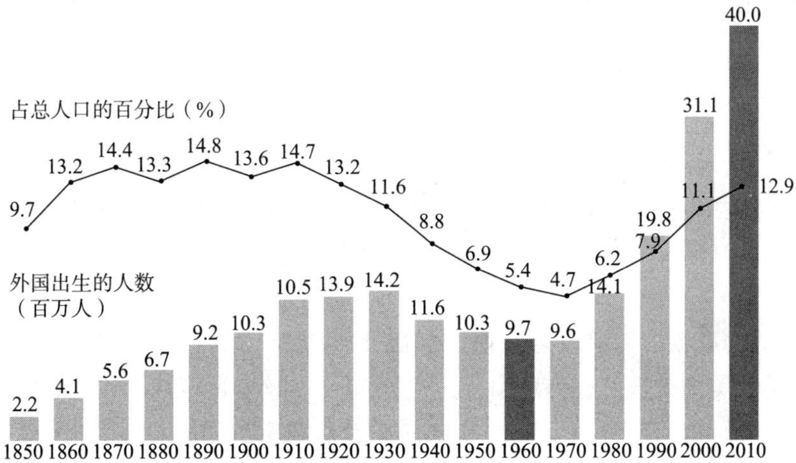

图表 1.1　外国出生人口和占总人口的百分比

资料来源：美国人口普查局，1850 年—2000 年的十年人口普查；2010 年美国社区调查。经许可使用。

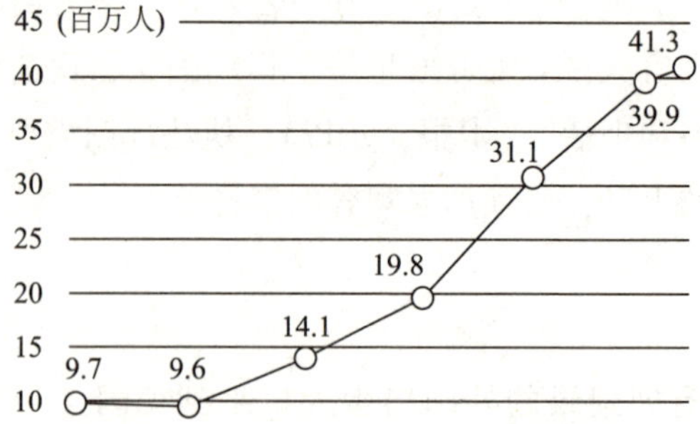

图表 1.2　1960 **年—**2013 **年外国出生人口**

资料来源：皮尤研究中心，拉美裔趋势，2015 年。

例如，来自多米尼加共和国或巴西的黑色拉丁裔人，可能会把自己认作黑人和拉丁裔。“拉美裔”被认为是一个民族，而不是一个种族。因此，拉丁裔人可以把自己算作几个种族的一部分。选择一个清晰的类别并不像看上去那么简单。在 2010 年的人口普查中，“拉美裔”主要指白人或“其他种族”（美国人口普查局，2011）。

异质，是指不相似的，或由不相关或不相似的元素组成的。异质社会是多样的，经常指种族和民族组成。

从 2000 年的人口普查开始，混血儿可申报一个多种族的组合。2008 年公布的美国人口普查信息预计，到 2050 年，确定属于两个或两个以上种族的人数将增加两倍以上，从 520 万人增加到 1620 万人（美国人口普查局，2012）。这些数字可能被低估了。根据皮尤研究中心的数据，混合种族成年人的比例可能是美国人口普查报告的 3 倍（皮尤研究中心，2015）。美国的面貌已经改变了一段时间。1790 年，第一次人口普查分为 3 类：自由白人、所有其他自由人和奴隶。1860 年，只有 3 种不同的人口普查类别：黑人、白人和“混血儿”（白人与半白人之混血儿，黑人血统占四分之一的混血儿）。从 2000 年的人口普查开始，有 63 种可能的标记种族身份的选择，或者有 126 种，包括拉美裔加种族，如果人们对他们是否属于拉美裔作出肯定的反应。2012 年，美国人口普查局成立了一个全国性的种族、族裔和其他人口咨询委员会，以“帮助我们应对人口普查局在编制关于我们多样化国家的统计数据时面临的新挑战”，时任人口普查局代理局长托马斯·L. 梅森堡说（美国人口普查局报告，2012）。

少数民族人口

2000年至2010年间人口特征的变化较为显著，这一趋势预计将在未来10年及以后持续显现。2010年人口普查预测显示，“下半个世纪是美国持续发展趋势的关键点，美国将成为多民族国家，非西班牙裔白人人口仍然是最大的单一群体，但没有一个群体占大多数”，根据人口普查局代理局长梅森堡所说，定义为非单一种族，非西班牙裔白人人口，目前包括占37%的美国人口，或11620万人。到2060年，这个数字预计将上升到24130万人，或57%的人口（美国人口普查局，2012）。

> 少数群体　是指与社会大多数人不同的一类人；与大多数人在某些方面不同，有时受到差别待遇；数量比主题文化群体少的人口群体。

考虑2015年发布的以下报告：

· 到2020年人口普查时，预计全国一半以上的儿童将成为少数民族或少数民族的一部分。

· 预计这一比例将继续增长，到2060年，所有儿童（18岁以下的人）中只有36%将是单一种族的非西班牙裔白人，而今天这一比例为52%。

· 美国总体人口预计也会遵循类似的趋势，在2044年少数民族人口占主体。今天的少数民族人口总数预计将在2060年上升到总人口的56%，而2014年为38%（美国人口普查局，2015）。

图1.3显示了2050年非白种人群体的预期增长率以及白人（非西班牙裔）人口的相应下降。

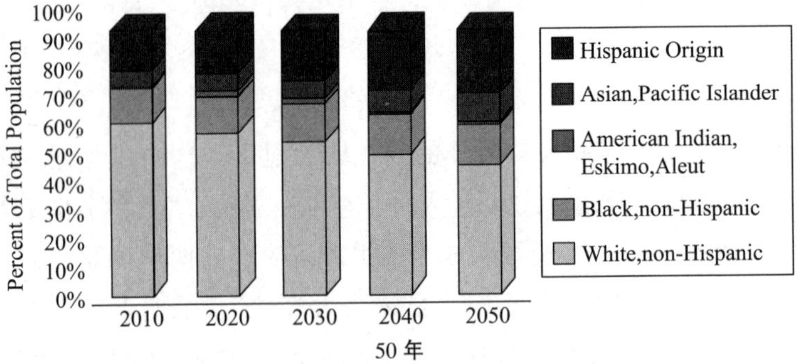

图表 1.3　2010—2050 年按种族和拉美裔人口统计的居住人口状况预测

资料来源：美国人口普查局，美国统计摘要，2002 年。

注：Percent of Total Population　总人口的百分比

Hispanic Origin　西班牙裔血统

Asian，Pacific Islander　亚洲，太平洋岛民

American Indian，Eskimo，Aleut　美洲印第安人，爱斯基摩人，阿留申人

Black，non-Hispanic　黑人，非西班牙裔

White，non-Hispanic　白人，非西班牙裔

人口变动引起了对“少数民族”一词的争议。据 2013 年公布的美国人口普查资料显示，大约 11%的县（3000 个县中有超过 353 个）是“少数民族占主体”。4 个州——加利福尼亚州（60.6%的少数民族）、夏威夷（77.2%）、新墨西哥（60.2%）和得克萨斯（55.5%）以及哥伦比亚特区（64.5%）都是少数民族占主体的州，这意味着这些县和州的少数民族居民比例已经超过 50%（美国人口普查局，2013）。这一变化对包括执法人员在内的许多社会机构产生了巨大影响（见第二章）。

全球移民、难民和美国的移民

从全球视角看 2016 年的难民，世界上 113 人中就有 1 人因战争、迫害或来自其原籍国的死亡威胁而流离失所。联合国难民事务高级专员报告说，截至 2016 年年底，有 6560 万名流离失所者，创下了纪录，远高于第二次世界大战后的难民数（联合国难民事务高级专员公署，2017）。

当年来到美国的 7 万名难民中，绝大多数来自索马里、缅甸和伊拉克。2015 年，叙利亚难民仅占美国难民总人口的 2%（难民署，2016）。绝大多

数叙利亚难民前往邻国土耳其、黎巴嫩和约旦，第二多的难民数量是在欧洲，美国的难民数量相对较少（截至 2016 年 12 月约为 12500 人）。2015 年和 2016 年，随着美国人越来越多地了解到叙利亚难民通过欧洲开放边界进行迁移，来自所有政治观点的强烈反应接踵而至。美国难民在抵达美国之前的严格审查程序与寻求庇护者进入欧洲的方式完全不同，因为欧洲根本没有审查。尽管叙利亚难民已经合法进入美国，但是依然引发了一些美国人的强烈反对。与此同时，许多志愿人员通过移民机构和信仰组织，为难民安置作出了富有同情心的贡献。如果没有迫害或死亡的威胁，许多难民会选择返回家园。例如，报道叙利亚难民的报纸提到，当叙利亚不再因内战和恐怖主义而四分五裂时，许多人必须返回叙利亚（塔鲁尔，2016；麦尔斯，2016）。

难民　任何离开国籍国，没有能力或不愿意返回，由于迫害或者公认的迫害恐惧，这种迫害或者恐惧基于人种、宗教、国籍、某个特殊的社会组织成员或者政治观点。没有国籍的人通常必须在他们最后的惯常居住地以外的国家取得难民资格（国土安全部，2013）。

全球移民和难民直接影响着美国人口。根据在 1951 年《难民地位公约》（又称《1951 年难民公约》）上签署的条约，被定义为难民的个人有合法权利不被遣送回家，因为他们的生命处于危险之中。根据定义，难民不受本国政府的保护，国际社会采取措施确保他们的安全和受保护（难民署，《关于难民地位的公约和议定书》）。这个条约是在“二战”后几十万人在整个欧洲流离失所后建立的。1951 年的条约后来扩大到包括欧洲以外国家的难民（国土安全部，2013）。

《关于难民地位的公约和议定书》的核心原则

……主张难民不应返回他们面临生命或自由严重威胁的国家。这被认为是国际习惯法的规则（难民署，1951 年《难民公约》）。

给予难民权利的条约规定，签署国有法律义务保护生命受到威胁和不能回家的人。在过去几十年中，包括美国在内的145个国家签署了1951年《难民公约》和1967年修订的《条约》。

进入美国的难民将接受严格审查（见图表1.4）；这一过程需要18至24个月。就叙利亚难民而言，这一过程更加严格，包括额外的安全检查（美国国务院，2015）。这与移民进入欧洲形成了鲜明的对比，在欧洲，人们在到达之前没有难民身份。在撰写本文时，难民审查过程涉及多个机构（白宫政府网，2015）。

美国的外国出生人口

“外国出生”被认为是出生时不是美国公民的个人，包括以下内容：

· 入籍美国公民（获得美国公民身份的移民）。

· 合法（或法律上的）永久居民（被授权在美国永久居住和工作的非公民）。

· 合法（或法律上的）临时移民（被授予在美国临时生活和工作的非公民）。

· 人道主义移民（难民和“庇护者”［寻求庇护的个人］）。

· 未经授权的移民（美国境内的个人，无文件证明，主要来自贫穷国家）（美国人口普查局，美国社区调查，2010）。

· 联合国难民事务高级专员（难民署）
· 移民安置支持中心
· 国家反恐中心/情报委员会
· 联邦调查局
· 美国国土安全部
· 美国国务院
· 美国海关和移民局
· 美国国防部

图表1.4　难民进入美国的筛选过程（18~24个月的过程）

资料来源：白宫政府网，2015年。

移民或永久居住外国人　被允许在美国作为合法永久居民的个体，永久居民通常也是指移民，然而，移民和国家法（INA）

宽泛地定义移民是指在美国的外国人，除非合法地被允许作为非移民类（例如，临时工人）。法律上的永久居民是合法地根据美国永久居住特权，他们应在海外由美国国务院签发移民签证，或者符合美国国土安全部（DHS）的永久居民条款（国土安全部，2013）。

从一开始，移民就是美国创造和发展的基础。几乎每个公民，除美国的土著人民外，要么是移民，要么是移民后裔，无论自愿与否。从1991年到2000年，10年的移民总数创纪录，超过900万人，不包括当时居住在美国的估计1100万无证件移民。美国人口普查局美国社区调查（ACS）报告称，2013年美国有4130万外国出生人口，约占总人口的13%。图表1.7显示了美国5大外国出生人口的出生国，在墨西哥出生的人口占美国外国出生人口的近30%。图表1.8显示了美国前10大外国出生人口比例最高的州（哥伦比亚特区近14%也包括在内）。

有一段时间，欧洲移民占了美国新移民的大部分。1960年，几乎75%的美国外国出生人口是来自欧洲的移民（人口普查局报告，2010）。然而，到2014年，欧洲移民总数为480万人，而总移民人口为4240万人（移民政策研究所，2015）。

欧洲移民

如图表1.5所示，到2013年，美国大约80%的移民来自墨西哥、拉丁美洲和亚洲；14%来自欧洲和加拿大，其中11%来自欧洲（2011年、2013年和1960年美国人口普查数据）。尽管美国的大多数人都是欧洲后裔，但到2011年7月，非白人父母所生的儿童数量首次超过了欧洲血统的白人。

从欧洲和加拿大到拉丁美洲和亚洲：美国移民起源的戏剧性转变。

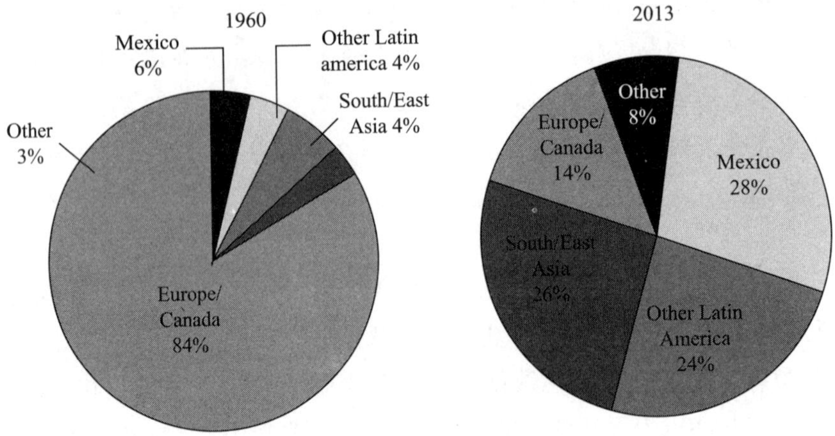

图表 1.5 移民起源

资料来源：皮尤研究中心，1960 年；美国人口普查数据和美国社区调查，2013 年。

注：Europe/Canada 欧洲/加拿大

South/east Asia 南亚/东亚

Other Latin America 其他拉丁美洲

Mexico 墨西哥

Other 其他

美国社会的多元文化主义往往关注不同于“主流”美国文化的外来移民的多样性。然而，在欧洲裔移民中，他们自己也有相当大的多样性。

欧洲不是同质性的，大多数欧洲人也不是同一种族。欧洲可分为东部、西部、北部和南部 4 个区域，人口 7.4 亿人（人口资料局，2013）。欧洲有 45 个不同的国家，每个国家都有独特的民族特征、政府和语言。为了说明欧洲的异质性，欧盟议会使用了 23 种不同的官方语言（相比之下，联合国只有 6 种官方语言）。图表 1.6 按区域列出欧洲大陆国家。

北欧：丹麦、芬兰、冰岛、爱尔兰、挪威、瑞典和英国

西欧：奥地利、比利时、法国、德国、列支敦士登、卢森堡、摩纳哥、荷兰和瑞士

南欧：安道尔、希腊、意大利、圣马力诺、马耳他、葡萄牙和西班牙

东欧：阿尔巴尼亚、白俄罗斯、波斯尼亚和黑塞哥维那、保加利亚、克罗地亚、捷克共和国、爱沙尼亚、匈牙利、科索沃、拉脱维亚、立陶宛、马其顿、摩尔多瓦、黑山、波兰、罗马尼亚、俄罗斯、塞尔维亚、斯洛伐克、斯洛文尼亚、乌克兰和南斯拉夫

图表 1.6 欧洲地区和国家

墨西哥——1170 万人或 28%

中国——220 万人或 5%

印度——180 万人或 4%

菲律宾——180 万人或 4%

越南——120 万人或 3%

图表 1.7　2010 年美国移民出生国前五名外国出生人口占外国出生人口总数的百分比

资料来源：美国人口普查局，美国社区调查，2010 年。

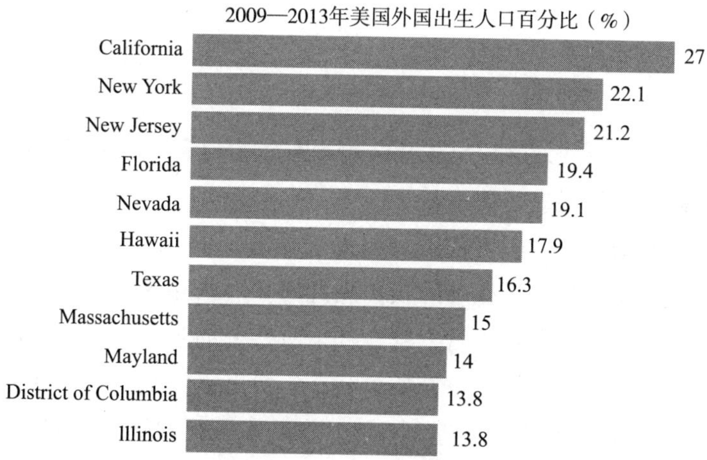

图表 1.8　前 10 个外国出生人口比例最高的州的人口百分比

资料来源：美国人口普查局，美国社区调查，5 年估计；2009 年—2013 年。

注：California　加利福尼亚

New York　纽约

New Jersey　新泽西

Florida　佛罗里达

Nevada　内华达

Hawaii　夏威夷

Texas　得克萨斯

Massachusetts　马萨诸塞

Maryland　马里兰

District of Columbia　哥伦比亚特区

Illinois　伊利诺伊

在东欧被共产主义政权执政的几十年里，这些国家的移民很少。然而，自20世纪80年代末和20世纪90年代初开始这些国家的西化以来，美国已经看到东欧移民数量大幅增加。2014年，估计有44%的欧洲移民（210万人）出生在东欧，其中大部分来自波兰、罗马尼亚、俄罗斯、乌克兰和波斯尼亚和黑塞哥维那（移民政策研究所，2015）。

许多东欧移民到美国是为了与家人团聚，或是逃避苏联解体后的种族暴力和战争。这导致大量东欧难民社区集中在美国城市。例如，密苏里州的圣路易斯是波斯尼亚以外最大的波斯尼亚社区的所在地，其中许多社区在2001年之前就已抵达，但现在已经成为一个繁荣的波斯尼亚社区（吉尔西南，2013）。

移民和难民的区别

许多执法人员遇到的人出生在美国以外，因此，了解与移民身份有关的一些关键因素是很重要的。

难民是在美国政府的授权下资助的（见图1.11中“难民”的定义）。尽管许多少数民族都是具有难民或移民身份，由联邦政府支持而移民美国的，其中最大的难民数量是由于越南战争所带来的东南亚难民。由政府资助的难民将获得公共支持服务，如福利、学费报销、就业培训计划和“英语作为第二语言”计划，为期约1年。管理人员通常被分配到难民家庭，以确保家庭成员能够利用所有可用的服务。一些移民政策的批评者认为，这种参与公共项目会产生依赖性和习得性无助感；另一些人认为，在短暂的过渡时期，这种最初的支持是合理的。

移民则是在已经在美国居住的家庭的直接资助下进入美国的。联邦政府规定，只有移民的家庭能够支持或为他们提供工作，才允许移民入境。事实上，能够获得永久居留权的一个标准（绿卡）是移民不会成为政府的负担，这意味着参与任何公共资助项目可能会危及该个人获得永久居留权的机会。

移民到美国通常有两个原因：

- 与已经在美国生活的家庭成员团聚；
- 他们是为自己（以及家庭）寻找工作和更好的生活的“经济移民”。

经济移民或难民 这一术语通常指从第三世界国家逃离毁灭性贫困的人，他们无法在自己的国家生存（洛克里奇学院，2003）。

尽管“经济移民”一词有时被称为“经济难民”，并可与“政治难民”区别开来，但区别可能是复杂的。例如，美国政府将海地难民归类为“经济难民”，出于政治和经济原因，海地人大量来到美国。当无证件入境者被指定为经济移民时，他们可能被驱逐出境，而政治难民则不能。这种类型的无证件移民一般没有职业技能，愿意接受许多本地公民不会接受的低薪工作，因此，某些依赖低工资劳动力的行业严重依赖于此类劳动力（如餐馆和酒店）。

从移民的外表难以准确判断其是否具有合法地位。非法移民和合法移民都可能住在同一个社区。此外，美国政府偶尔会将大量以前没有证件的移民合法化，通常是为了承认这些人的来源国的特殊情况，如大规模自然灾害或严重的政治不稳定。

未经授权的移民及相关术语

“非法移民”、“非法外国人”、“无证件移民”和“未经授权移民”等术语有时可以互换使用，但这些标签的使用往往反映了个人对移民的政治观点（对这一争议的讨论超出了本章的范围）。在本书中，笔者使用了两个共同的术语：无证件移民和未经授权的移民。有两大类非法或未经授权的移民：未经“检查”就进入美国的移民和以临时居民身份携带法律文件进入美国的移民，但因逾期而违反了他们的合法准入。图表 1.9 和图表 1.10 显示了各州未经授权的移民在美国的集中程度。

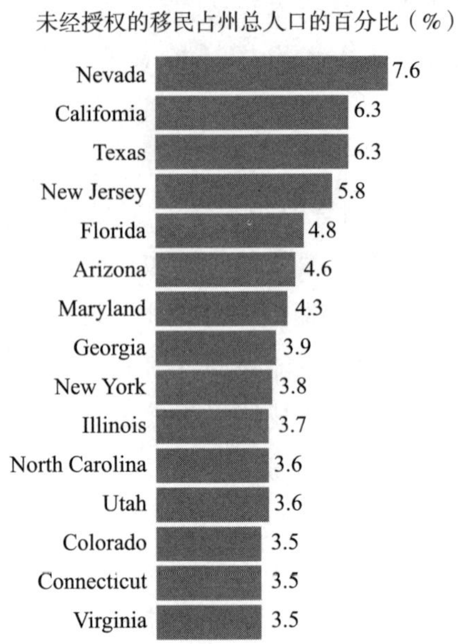

图表 1.9　2012 **年人口中非法移民比例最大的几个州**

资料来源：皮尤研究中心，2014，http：//www. pewhispanic. org/2014/11/18/chapter-1-state-unauthorized-immigrant-populations/。

注：Nevada　内华达

California　加利福尼亚

Texas　得克萨斯

New Jersey　新泽西

Florida　佛罗里达

Arizona　亚利桑那

Maryland　马里兰

Georgia　佐治亚

New York　纽约

Illinois　伊利诺伊

North Carolina　北卡罗来纳

Utah　犹他

Colorado　科罗拉多

Connecticut　康涅狄格

Virginia　弗吉尼亚

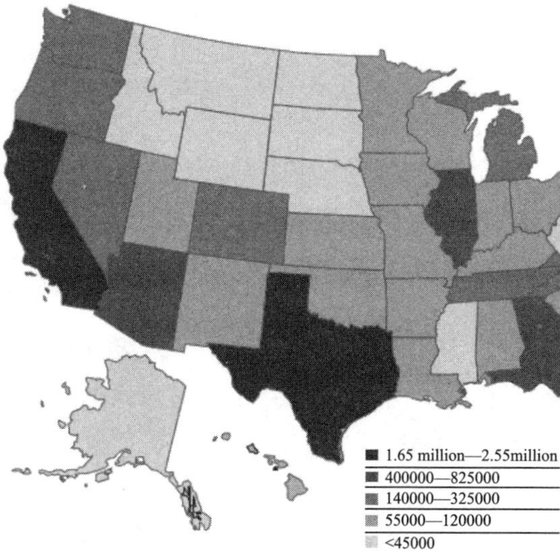

图表 1.10　各州未经授权的移民人口

资料来源：帕塞尔和科恩，皮尤研究中心，2011 年。经许可使用。

注：District of Columbia　哥伦比亚特区

U. S. total11. 2 million　美国总人口 1120 万人

1. 65 million—2. 55 million　165—255 万人

> 难民——因战争或暴力而害怕在其原籍国遭受迫害和/或死亡的人；迫害可基于种族、宗教、国籍、特定社会群体的成员或政治观点。难民接受了严格的审查，并在抵达前获得在美国的法律地位
>
> 移民——一般来说，为了家庭团聚或为自己在美国过上更好的生活而自愿离开原籍国的人。授权或合法移民被合法地准许进入美国。未经授权或无证件的移民则是没有合法证件移民美国
>
> 寻求庇护者——由于对迫害有充分理由的恐惧而逃离原籍国的人。在没有证件进入美国后，他们申请保护，以合法留在美国。他们被认为是“寻求庇护者”，而他们的法律保护申请则在处理程序中

图表 1.11　难民、移民和寻求庇护者

注：上述术语有时在各国和各大洲使用不一致。上述区别一般适用于美国。

皮尤拉美裔研究中心估计 2011 年各州未经授权的移民数量。虽然加利福尼亚州拥有最多的未经授权的移民，但内华达州拥有最大比例的未经授权的移民，即占总人口的 7.2%（洛克里奇学院，2003）。

寻求庇护者

美国公民和移民局对寻求庇护者的定义是：在美国或口岸的外国出生的个人，被发现不能或不愿返回其国籍国，或因受到迫害或有充分理由害怕受到迫害而寻求该国的保护。迫害或害怕迫害必须基于个人的种族、宗教、国籍、特定社会群体的成员或政治观点（美国公民和移民服务局，2013）。

2015 年，在工业化国家中，有来自全世界的 200 万人要求避难。继德国之后，美国的庇护申请人数最高（172700 人）。美国的许多寻求庇护者来自中美洲，逃离了与帮派有关的暴力（难民署，2016）。后面详细描述墨西哥和中美洲促使人们逃离的暴力事件。

寻求庇护者和难民有什么不同？在本国害怕受到伤害或迫害的个人抵达美国后，可以请求称为"庇护"的法律保护。他们在没有法律文件许可的情况下进入美国，希望可以通过请求法律援助而继续留在美国。寻求庇护的人需要通过法律证明，如果他们返回本国将面临迫害，甚至可能面临死亡。

相比之下，具有难民身份的个人，与寻求庇护的人不同，是指个人已获得美国难民接纳计划的事先批准，被接纳为"难民"。一旦个别难民或难民家庭获得批准，他们就有资格通过难民安置计划获得援助，以此促进他们向美国各个方面过渡。货币援助是最低限度的，他们从这些项目中获得的服务通常是短期的，难民预计在抵达美国后 1 年内会自给自足。

申请庇护的人必须证明，根据其种族、宗教、国籍、社会团体或政治观点，他们对本国的迫害有"可信的恐惧"。个人必须在抵达美国后 1 年内申请庇护（美国公民和移民服务局，2015）。

与难民不同的是，寻求庇护者进入美国后无权享受政府福利，他们必须在很大程度上依靠家庭成员（如果他们足够幸运的话）或其他个人关系、教堂或跨信仰的基本支持活动。申请和获得庇护的过程可能需要数年时间，而且有大量的庇护案件积压。2016 年，美国移民法院和庇护系统受理的案件超过 620000 起（美国移民理事会，2016）。尽管寻求庇护者在申请庇护 150 天后可以合法申请在美国工作，但他们仍然面临医疗保健、教育、就业和生活其他方面的重大不确定性，包括应对他们来美国之前的经历带来的焦虑、恐惧和其他心理创伤。寻求庇护者包括社会中一些最脆弱的成员、儿童、单身母亲、家庭暴力或酷刑受害者以及遭受迫害和创伤的其他个人（美国公民和移民服务局，2015）。

墨西哥和中美洲部分地区的例子——寻求庇护的理由①

近年来，包括无伴儿童在内的数万人逃离洪都拉斯、危地马拉和被称为“北三角”的萨尔瓦多，这 3 个国家近 10%的人口来到美国。2013 年 10 月至 2015 年 7 月，从这 3 个国家抵达美国的无伴未成年人总数接近 10 万人。2013 年和 2014 年，这些穿越美墨边境的未成年人人数增加了 90%（美国进步中心，2014）。

为什么有这么多中美洲寻求庇护的人？据外交关系委员会（CFR）称，主要原因是有组织犯罪暴力的增长，这是几十年战争的遗留问题（外交关系委员会，2016）。暴力团伙（如“MS-13”和“M-18”）控制大片土地，参与贩毒，实施帮派暴力和敲诈勒索。介绍这些暴力犯罪组织的历史已经超出了本章的范围；然而，这些组织在软弱和腐败的政府环境中的蓬勃发展促使许多人申请法律保护（庇护）。这些寻求庇护者的经历（以及来自其他世界地区的移民的经历）影响他们对美国警察的态度和互动。申请庇护的人必须证明他们对根据其种族、宗教、国籍、社会团体或政治观点在其原籍国遭受迫害有“可信的恐惧”。个人必须在抵达美国后 1 年内申请庇护（美国公民和移民服务局，2015）。

寻求庇护的妇女和儿童

移民律师希拉·莱文的许多庇护案件涉及儿童和带孩子的妇女，这些儿童和妇女逃离中美洲，以逃避家庭虐待、帮派暴力、迫害土著人民，以及强迫、经常暴力地招募青少年女孩和男孩加入帮派。这些寻求庇护者经常遭受性暴力、殴打和其他身体虐待（莱文，2017）。在萨尔瓦多，拒绝成为帮派成员的女朋友可能是致命的。在某些情况下，女孩从家庭中被带走，然后被帮派成员强奸几天后被送回家。在其他情况下，帮派要求家庭支付每周费用，以换取不强奸女儿（美国移民委员会，2016）。

---

① 2010 年至 2014 年期间，美国向中国、埃及、墨西哥、洪都拉斯、危地马拉、萨尔瓦多、委内瑞拉、叙利亚、伊朗、伊拉克、埃塞俄比亚、海地和厄立特里亚等多个国家的个人提供庇护（国土安全部，2014）。

“男子汉”的态度——其特点是强烈而有时咄咄逼人的男性自豪感以及政府对女性犯罪的不处罚，这部分解释了为什么如此多的女性最终逃离家庭暴力，冒着到达美国的危险之旅（莱文，2017）。受虐妇女通常被视为其男朋友和丈夫的财产，而儿童则被视为其父母的财产。家庭暴力、强奸或其他暴力犯罪的罪犯很少受到起诉，造成了普遍无法无天的氛围。寻求庇护者带着警察局的记录副本来到美国并不罕见，记录下当他们报告自己家里发生暴力事件时，没有采取任何措施来帮助他们（美国移民委员会，2016）。

对本国警察的态度

墨西哥和中美洲的性暴力与性虐待、谋杀、勒索、绑架、酷刑和人口贩运都有很好的记录（美国国务院，2015）。来自该地区的寻求庇护者对警察和法律当局怀有极大的恐惧。移民律师询问的寻求庇护者经常解释说，他们不能向警察举报犯罪行为，警察是帮派和腐败官员的“买办”（被收购）（莱文，2017）。帮派成员及其同情者也嵌入警察队伍中，他们以索要钱财为目的敲诈家庭，以换取不杀害或强奸儿童（莱文，2017）。强奸或敲诈勒索的受害者报告犯罪可能会被帮派成员杀害。如果家庭成员报案，则经常面临暴力报复。

警方与寻求庇护者互动的提示

在移民和寻求庇护者居住的司法管辖区，警察部门预算应为语言翻译服务提供资金；然而，情况并非总是如此。有时受害人或寻求保护的人的语言可能不同于其原籍国的官方语言。例如，中美洲和墨西哥使用的是非西班牙土著语言。一些寻求庇护的人可能根本不会说西班牙语。

如果执法机构与移民海关执法局没有合作协议，并且需要从寻求庇护者（例如，如果他们是犯罪受害者）那里获得信息，警察可以明确地说：“这些人不是移民。我们不会联系移民当局。”此外，当警察表现出敏感性并向寻求庇护者保证他们（官员）了解他们的恐惧时，犯罪受害者可能会比其他人更愿意披露信息。

在与寻求庇护者和其他非法移民沟通时，警察需要有耐心。个人可能不会立即提供信息（例如，如果他们是犯罪的目击者或受害者）。他们的故事可能需要时间来展开，尤其是如果他们经历过创伤，实际上所有人都经历过（莱文，2017）。根据莱文的经验，当个人传递信息时，因为与报道暴力有关的羞耻和恐惧，他们的信息量一开始可能会被缩短。莱文指出，在准备庇护文件时，她经常需要在客户的故事开始发展时与他们见面三到四次。虽然警察们通常不会为了听一个完整的故事而开几次会，但这些信息提醒人们，当人们感到安全时，他们就会更愿意敞开心扉。

“提出庇护申请并通过可信的恐惧面谈的庇护申请人极有动机向法院陈述其案件，并致力于与他们居住的社区的家人在一起”（莱文，2017）。等待了解一个人的庇护申请是否得到批准的过程可能需要好几个月甚至几年。寻求庇护者往往被安置在拘留中心，直到他们的要求得到裁决。莱文补充说，执法代表应当意识到，在其申诉待决期间被从拘留中心释放的妇女常常被要求佩带GPS跟踪装置，作为她们获释的条件之一，而不是因为她们有任何犯罪活动（莱文，2017）。

受虐的移民妇女

尽管家庭暴力的频率与社会经济阶层、种族群体和地理区域密切关联，但移民妇女在寻求社区帮助方面仍面临更多的挑战。

1994年国会通过并于2000年改进的《暴力侵害妇女法》（Vawa）（随后于2005年和2013年重新授权），着手改革警察对家庭暴力的反应方式，警察对家庭暴力缺乏适当的反应，当受虐妇女是移民时，情况变得复杂起来。警察通常没有能力用自己的语言与移民受害者进行有效的交流。由于性别、种族或文化偏见，警察可能会利用虐待者或其子女为其翻译，由此导致警察可能会更相信其配偶或男朋友的陈述，而非其本人对警察的陈述（奥洛夫，2003）。

最近的重新授权（2013）扩大了对移民的保护，包括在“U签证”所涵盖的严重罪行清单中增加跟踪，这是国会制定的一项鲜为人知的法律，也是获得公民身份的途径。它还增加了一项“超龄”条款，以保护申请美国签证的移民的子女。此前，在美国签证申请获得批准之前年满21岁的孩子没有受到保护，但2013年《暴力侵害妇女法》重新授权将保护范围扩大到了美国签证申请时不满21岁的孩子。

在其母国遭受家庭暴力的妇女面临着社会、家庭和法律制度不承认问题的严重性或不保护受害者的情况。在许多国家，由于女性屈从的文化传统，受害者的声音被忽视了：即无论她们受到多么恶劣的对待，女性都应该为丈夫服务。通常情况下，家庭不做任何事情来帮助配偶虐待的受害者，而是“强迫”她“忍受”——就像几代女性所做的那样。在家庭网络之外，妇女在法律制度中几乎找不到援助。许多国家没有将家庭暴力列为单独的犯罪，有些国家严格将家庭暴力视为家庭问题，以私人方式处理。很少有国家对家庭暴力受害者实施保护。此外，已经颁布的措施往往由于没有得到执行而达不到要求。虽然越来越多的国家有关于家庭暴力的法律，但100多个国家仍然没有具体的法律规定：在53个国家中，配偶强奸不被认为是可起诉的罪行（联合国妇女发展基金，2013）。

虽然所有受虐妇女都受到了身体和心理上的创伤，但受虐移民妇女在寻求保护或报告针对她们的罪行方面面临着许多额外的困难：

· 一些受虐待的移民妇女在美国被完全孤立。她们可能从未在美国建立过合法身份，因此可能远离公共场所。

· 施虐者威胁要与移民和海关执法局（ICE）就驱逐出境一事进行联系，从而加剧了受害者的恐惧。

· 妇女害怕失去家庭并被遣返驱逐到充满敌意的社会（例如，在拉丁美洲的某些地方，没有丈夫和孩子的女人，回到自己的村庄经常会遭到排斥）。

· 受害者通常不知道有相关保护，也不知道如何获得保护。

· 许多受害者不讲英语，也不了解美国的刑法和移民法律制度（蒂德，2001）。

此外，受虐待的移民妇女可能不明白她可以亲自在法庭上讲述她的故事，或者不相信法官会相信她。根据她在本国的经验，她可能相信只有有钱人或与政府有关系的人才能在法庭上占上风。打人者经常使用这些信念说服受害者：他将在法庭获胜是因为他是一个男性，是一个公民，或有更多的钱（奥洛夫，2003）。

关于家庭暴力，还记录了未经授权的移民妇女所面临的额外困难。得克萨斯州拉雷多市受虐妇女收容所被称为仁慈之家，其执行董事罗斯玛丽·威尔士修女解释说：男人控制家庭暴力中的非法移民妇女的方法之一就是说“我是美国公民”，或者“我是合法的永久居民”，然后“你报警，他们会把你驱逐出境，我和孩子们待在一起”。这是一种恐吓妇女的手段，也是一种奴役妇女和使妇女陷于暴力境地的手段（国际公共广播电台，2013）。

官员们需要了解专门为满足受虐移民妇女的需要而设立的社区援助项目。在一些司法管辖区，执法管理层甚至可能鼓励或强制执法人员在仍与受害者一起的情况下，先给当地非营利组织或其他组织打电话。加利福尼亚州圣罗莎的妇女司法中心就是这样一个社区资源的例子。图表 1.12 列出了本中心对移民妇女、家庭暴力受害者的建议。

妇女司法中心帮助，尤其针对移民妇女

1. 你应该得到帮助，作为犯罪受害人，你拥有所有美国人所有的犯罪受害者的权利。

——对报警不要害羞，请联系妇女庇护所，拨打强奸危机中心电话……或者直接去禁令诊所。

2. 如果有人虐待你，并说如果你报警或者试图寻求帮助，他将告诉美国移民和海关执法局，将你驱逐出境，怎么办？

——这非常常见，施暴男子针对受害移民妇女经常所采用的威胁，但是这些男子的威胁不可能得以实施。

3. 如果你一直害怕寻求帮助，请一些人给你打电话，并陪伴你应对警察和其他危机工作者。

——这是非常好的想法，当你寻求帮助应对家庭暴力和强奸时，有人陪在你身边。

4. 如果你不能找到人陪伴你时，怎么办？

——这非常常见，尤其是如果当你刚刚到达美国，施虐者或强奸男子常常隔断你与人的接触。即使你不能告诉他们任何事，你也可以请求他人帮助。例如，你能说："你能帮我拨打这个号码吗？问他们有人能讲西班牙语吗？"或者，你能说："我是一个犯罪受害者，并且我需要到法院，这个下午你能帮我照看小孩吗？"或者，你能说："我丈夫虐待我，我需要骑自行车找警察。"

5. 坚持良好的翻译。

——美国宪法规定有人必须平等地获得法律的保护。不论本土出生市民，还是新到达的移民，法院的裁定都在重复着这个精神，每个人都有权受到法律的平等保护

图表 1.12　妇女司法中心对移民妇女的建议

资料来源：德·桑蒂斯，妇女司法中心，2013，www.justicewomen.com。经许可使用。

恐惧被驱逐出境，害怕执法和移民海关执法局

社会工作者、精神健康教授凡妮莎·卡斯蒂略在北加利福尼亚州的拉扎诊所领导支持小组，为经历过抑郁和焦虑的拉美裔社区成员提供咨询服务。自2016年年末以来，她发现她的一些拉丁裔客户的以下倾向明显增加，她指出“家庭处于高度警惕状态，比以前更强烈地感觉到需要保持在阴影中”（卡斯蒂略，2017）。

·不参加学校和礼拜场所，以免被移民海关执法局带走；避免在看到移民海关执法局警报的地方出现；

·因害怕被举报并被移民海关执法局驱逐出境而错过医生和其他预约；

·不愿意报告工作环境不安全；

·害怕去急诊室或登记任何“官方”的东西，包括必要的心理健康服务；

·拒绝举报犯罪，包括强奸、家庭暴力和社区暴力（卡斯蒂略，2017）。

与无证移民建立信任的主要障碍是，他们害怕被报告给国土安全部门最大的调查部门——移民海关执法局。由于担心被驱逐，整个社区都可能抵制举报犯罪。这些移民往往已经被安置在犯罪率高的地区，由于担心被驱逐出境而变得更加脆弱。

几十年来，甚至在1995年出版本书第一版之前，执法部门与非法移民联系一直是争议的主题；截至本书第七版的写作，争议仍在继续。自1990年以来，无证件移民的驱逐人数显著增加，从每年3万人增加到每年近40万人（移民政策研究所，2017）。

总的来说，美国人在移民问题上一直存在严重分歧，包括地方警察在移民执法和驱逐中所扮演的角色。在2016年的总统竞选以及之后，这些分歧在加剧，以及非法移民群体的焦虑在加剧。随着政府越来越重视对非法移民的拘留和驱逐，移民社区的恐惧也在增加（刘易斯，2017；梅吉亚，2017；理查兹，2017）。

2016年1月与2017年1月相比，有3倍的家庭（约3000对9000）在美国墨西哥边境被捕，并被驱逐出境。截至2017年6月，由于试图跨越边境的人数减少，这一数字比前一年有所下降（移民政策研究所，《概况介

绍》，2017；他信，2017）。据美联社报道，截至2017年6月，美国移民及海关执法局（ICE）通过驱逐令追踪了970000名移民，其中82%的人没有犯罪记录（他信，2017）。

1996年的《非法移民改革和移民责任法》增加了第287（g）条的一项规定，授权移民和海关执法局局长与州和地方执法机构签订协议，由警察履行移民执法职能。2006年，在国土安全部的支持下，美国移民和海关执法局与29个执法机构积极开展执法合作。根据第287（g）条协议，美国移民和海关执法局为州和地方执法部门提供培训和授权，在其管辖范围内执行移民法（美国移民和海关执法局，2017）。

截至2017年6月，美国移民和海关执法局与17个州的42个执法机构签署了第287（g）条协议，要求这些警察辖区协助联邦当局执行移民法（美国移民和海关执法局，2017）。地方执法部门对非法移民的看法不同。这些包括除非他们有犯罪行为或制造骚乱，否则不要打扰他们。正是基于这种观点，从技术上讲，追踪和驱逐移民一直是移民和海关执法局的工作，而不是州或地方警察的工作。尽管一些人认为这些合作关系是有益的，但美国其他许多地区的执法官员仍然不愿让警察在移民执法中发挥任何作用，因为他们担心失去移民社区的信任，担心被控以种族歧视定性。北卡罗来纳州罗利市的警察局长多兰也认为，非法移民不愿意报告犯罪，特别是当他们是受害者的时候。“我们今天发现的挑战是信任正在减少，因为他们担心如果他们报警，他们的家人会发生什么”（帕尔多，2010）。相比之下，国家县警长协会在全面移民改革的意见书中强烈支持第287（g）条协议：“执法部门必须保持和发展与联邦执法部门的合作关系，以确保我们能够共同促进、保护和维护公共安全和国土安全”（国家县警长协会，2011）。

司法部和美国公民自由联盟进行了调查并得出结论认为，第287（g）条协议导致了广泛的种族貌相现象（美国移民委员会，2013）。对第287（g）条协议的其他研究表明，这些方案干扰了社区警务的效力。国际警察局长协会指出：……地方警察机构依靠合法和非法移民的合作来解决各种犯罪和维持公共秩序。如果不能保证他们不会受到移民调查和可能的驱逐，许多掌握关键信息的移民就不会站出来，即使他们或他们的家人遭受了令人发指的罪行影响（国际警察局长协会，2015）。

与上述观点相呼应，2017 年洛杉矶、休斯敦和丹佛的执法官员表示，政策的变化和政府关于移民的公开声明导致了移民举报犯罪的减少。例如，休斯敦警察局局长宣布，在 2017 年前 3 个月，强奸案的报案率比前一年同期下降了 42.8%。他补充说，这是一个重大的下降（刘易斯，2017；麦地那，2017）。

“安全社区”计划已被优先执行计划（PEP）取代，也导致了移民对被驱逐出境的恐惧。在“安全社区”计划下，当地的执法人员把在登记过程中收集到的指纹发给了联邦调查局，然后联邦调查局将其与国土安全部移民数据库核对。在当地执法部门参与收集过程的同时，美国移民和海关执法局确定了执行适用的移民法的行动程序。在“安全社区”计划中，执法机构有很大的自由裁量权决定谁可以被逮捕，执法官员可以仅仅根据“合理的相信”某人没有证件逮捕某人，从而导致对个人的种族画像，尤其是那些具有拉美裔背景的人（首席大法官沃伦法律和社会政策研究所，2011）。

自 2013 年以来，由数十名来自全国最大城市的高级执法人员组成的大城市首席执行官协会公开拒绝将州和地方执法部门招募为特设移民官员的努力，并反对如果城市未能与这些举措合作而采取财政惩罚措施。以下是他们对主要关注问题的总结：

1.（执法机构与移民海关执法局的伙伴关系）破坏了与移民社区的信任和合作，移民社区是社区导向警务的基本要素。

2. 除增加国土安全的责任外，地方机构没有足够的资源来执行这些法律。

3. 移民法非常复杂，理解移民法所需的培训大大偏离了当地警察创造安全社区的核心使命。

4. 地方警察没有明确的权力执行这些法律的民事方面。如果得到授权，联邦政府就没有能力处理目前存在的大量移民违规行为。

5. 缺乏明确的权力增加了地方警察和政府承担民事责任的风险（大城市首席执行官协会，2013）。

2014 年 11 月优先执行计划成立时，安全社区计划就停止了。优先执行计划下的某些程序，如在登记过程中使用提交给 FBI 的指纹生物识别数据，则没有改变。

安全社区计划和优先执行计划之间的一个显著区别是，逮捕个人所需的犯罪活动门槛（美国移民和海关执法局，2014）。根据安全社区计划，低级别犯罪者和没有犯罪记录的人可以与犯下令人发指罪行的人一起被捕。相比之下，优先执行计划关注的对象是：

· 被判犯有国土安全部民事移民执法重点所列罪行；

· 有意参加有组织犯罪团伙，以进一步开展团伙的违法活动；

· 危害国家安全（美国移民和海关执法局，2014）。

无证移民："U"签证和犯罪安全报告

随着2000年《人口贩运和暴力保护法》［包括《反妇女暴力法》（VAWA）和《受虐移民妇女保护法》］的通过，国会还设立了"U"签证，这种签证可以影响社区成员和执法部门。

在美国发生或违反美国法律的某些犯罪活动的受害者可以有资格向美国公民移民服务局申请"U"（非移民身份）签证。受害人必须因犯罪活动而遭受严重的精神或身体虐待，并掌握有关该犯罪活动的资料。执法当局还必须证明受害者曾经、正在或可能有助于调查或起诉犯罪活动（美国国务院领事事务局：犯罪活动受害者签证）。

因此，U签证是获得公民身份的一种途径。通常，当非法移民报警时，他们很可能是犯罪的受害者或目击者。如果他们积极配合执法，提供犯罪信息，他们就有资格获得U签证或非移民签证，这些签证可用于申请合法工作许可和社会安全号码。U签证不同于T签证，T签证是另一种专门针对人口贩运受害者的保护措施，包括性和劳工贩运。美国签证很难获得，但是获得签证的非法移民最终可能会申请居住权。申请美国签证需要包括来自认证机构的"帮助证明"。这意味着，申请美国签证的个人必须"提供来自联邦、州或地方执法官员的非移民身份证明，证明申请人在调查或起诉犯罪活动中'一直在提供帮助，正在提供帮助，或可能提供帮助'。"美国公民和移民服务局从2008年开始签发美国签证。至少到2015年，美国公民和移民服务局继续批准每财政年度1万个U签证的法定上限（美国公民和移民服务局，2015）。

根据东湾天主教慈善机构难民和移民服务项目主任克里斯托弗·马丁内斯的经验，U签证申请人必须得到警察局和（或）地区检察官办公室的支持才能处理U签证申请（马丁内斯，2017）。为了社区所有成员的安全，重要的是移民在向当地执法部门报告犯罪时感到安全并受到保护（马丁内斯，2017）。

一名妇女和她的孩子居住在东海岸，目睹了一起谋杀她丈夫的令人发指的罪行。虽然在犯罪发生时，U签证法并不存在，但这位妇女挺身而出，与当局充分合作，最终罪犯被逮捕并被定罪。这名妇女后来获得了U签证的资格，并得到了她和她的孩子居住城市地区检察官办公室的全力支持（马丁内斯，2017）。

文化和执法的关系

对个人原籍国公认的社会习俗和文化传统的理解，可以帮助警察预测新移民和难民的一些反应和困难，特别是那些在美国居住了5年或更短时间的人。下面是美国与其他国家相比的一些实践、期望和法律的例子。这些课程是作为社区警务拓展教育方案的一部分向新警提供的课程汇编而成的；一般课程大纲见图表1.13（奥尔森，2017）。

· 在美国交通检查时，执法人员不允许司机或乘客下车后走向警车（在一些国家，如古巴、日本、墨西哥和俄罗斯，驾车者通常会下车走向警察身边。下车是对警察礼貌的表现）。

· 在美国，警察接受任何形式的贿赂都是违法的（东欧和南美等地区的许多警察希望在拦截驾车者时收受贿赂）。

· 美国有专门的不当性行为法，卖淫在美国是非法的，除了内华达州的部分地区（许多新来美国的人不明白一个男人怎么会因为和女人发生性关系而被捕）。

· 家庭暴力在美国是一种犯罪，法律规定得非常具体（许多国家没有实施家庭暴力法；家庭事务可以看作个人的和私人的。因此，一些移民和难民不明白他们的伴侣的虐待是非法的）。

为了更好地为来自世界各地的新移民和难民提供服务，一些非营利组织与当地警察培训人员合作，举办了公共安全和基本法研讨会。参加这些研讨会的移民和难民通常只在美国待了几周，之前从未接触过有关美国警察、法律或紧急服务的信息。这些会议可包括下列基本议题：

· 美国警察的角色

　　交通及刑事法例

· 美国有关家庭暴力的法律

· 如果被警察治安盘查怎么办

· 如何在紧急情况下使用 911

　　报道犯罪

　　非紧急情况报警

· 联邦调查局和移民海关执法局

· 州警察局、县警察局和市警察局

图表 1.13　为移民和难民举办的关于美国警察、法律和紧急服务的 IRCO 讲习班

资料来源：Olson，Aaron，2017 年。

其他国家的一些传统做法在美国是非法的。文化差异或对美国法律的无知是不能被接受的犯罪辩护。然而，刑事司法系统的官员和其他人员应该认识到这些文化差异以及这些差异将如何影响犯罪者的心态。例如，女性割礼在美国是非法的，但在某些非洲国家仍然实行。东南亚和老挝的山地民族有一个传统，被认为是一种可以接受的私奔形式。这种传统允许男性诱拐女性结婚；即使她拒绝，他也可以把她带回家，使他们的结合更加完美。然而，在美国，“诱捕婚姻”将构成绑架和强奸。

在对一名副公设辩护律师和一名副地方检察官采访时，一家法律杂志的人员提出了以下问题：我们的法律体系是否应该承认刑事案件中的“文化”辩护？副地方检察官的回答是：“没有。当你以文化为基础作决定时，你的立足点是不稳固的，因为我们的社会是由许多不同的文化组成的。很难在某个地方划定界限，但在我们国家生活的（各种文化团体）的人们必须遵守（一套）法律，否则就会陷入无政府状态。”副公设辩护律师对这个问题的回答是：“是的。我并不是要求对‘各种文化群体’作出不同的判断，只是要求根据他们自己的历史和文化来理解他们的行为。”（谢尔曼，1986）这一建议继续反映了当前关于受文化影响的犯罪行为的法律决定。

如果执法部门的职能是保护和服务来自各种文化背景的公民，了解犯罪的文化层面就变得至关重要了。显然，某个行为或行动，在这个国家被认为是犯罪，在另一个文化中却可能不受惩罚而逍遥法外（例如，虐待配偶的行为）。然而，在某些情况下，刑事司法系统各级执法人员通过了解犯罪或其他事件发生的文化背景而获益。执法人员必须根据特定情况使用标准的操作程序，而且大多数程序不能根据种族差异而进行修改。

然而，在一个多元文化的社会里，一个警官可以改变他或她对待嫌疑犯、证人或受害者的方式，只要知道此人文化中被认为是“正常”的东西。当警官们怀疑文化背景的某一方面是某一事件的一个影响因素时，如果他们愿意在较小的犯罪中评估他们的逮捕行为，他们可能会获得族裔社区的尊重和合作。例如，某些方面被认为是“正常”的锡克族文化和宗教可以引起未曾接触过锡克教的传统和做法的警官的困惑（锡克教主要是来自印度北部的少数民族的宗教）。锡克教男人需要在公共场合为遮盖头发而戴头巾，在公众场合去除头巾可以被比作脱衣搜身，为此，需要以文化敏感的方式进行。锡克教男子携带吉尔班弯刀（带鞘的刀），吉尔班弯刀不是一种隐藏的武器。

所有的人，除很小的孩子外，坚持文化的清规戒律都自觉或不自觉地认同自己的群体；个体有不同程度的依恋他们的文化群体的传统价值观。个体的身份得到了他所拥有的社会的认可和加强。一些专家认为，文化对人们的行为影响比其他变量如年龄、性别、种族和社会经济地位更大（霍尔，1959），通常这种影响是无意识的。在一个新的环境中相互交流时，不可能完全丧失自己的文化，当然变化是不可避免的。

文化的定义

对文化有许多定义，但我们在使用术语中包含着代代相传的信仰、习惯、态度、价值观、思维方式、行为和日常习俗。文化是习得的而不是遗传的，其主要表现在无意识和微妙的行为中。根据这个定义，大多数孩子到了5岁或6岁时就已经学会了一般的文化取向，因此，很难立即改变行为以适应新的文化。许多文化行为和信仰都是潜意识的。此外，许多人想当然地认为他们所想当然的一切都是理所当然的（“所有人都是一样的”），他们甚至不承认自己受文化影响的行为。人类学家爱德华·T. 霍尔（1959）说："文化隐藏的比它揭示的要多得多，奇怪的是，它隐藏了什么，它最有效地隐藏于它自己的参与者中。"换句话说，人们对自己根深蒂固的文化行为视而不见。

> 民族中心主义　以自己的文化视角观察和判断其他文化的态度，使用自己族群的文化作为判断其他文化的标准，或者认为自己文化超越其他文化而不同，民族中心主义的人会认为只有一种文化是正常的，而那就是他自己的文化。

民族中心主义是一种障碍，会导致文化上的不同行为，它使我们无法承认还有其他有效的信仰、沟通方式、习俗或价值观。民族中心主义常常导致一个人把一个潜在的不正确的意思或把一个不正确的动机归因于一个活生生的行为。

为了进一步理解隐藏的文化本质，想象一个冰山。冰山唯一可见的部分是冰山的顶端，通常约占其质量的10%。像大多数文化的影响一样，冰山的其余部分被淹没在水面之下。这对于执法来说，意味着从警察的文化角度来解释行为、动机和犯罪活动是一种自然的倾向。这种倾向在很大程度上是由于无法从不同的角度理解行为，也因为人类天生倾向于民族中心主义。下面的案例研究说明文化可以影响解释、意义和意图。

小案例研究和文化实践：文化重要吗？

下列对文化实践或小案例研究包含了"犯罪"或"违法"的文化因素。如果犯罪是谋杀或类似可憎的事情，大多数人不会特别同情，即使了解其中所涉及的文化因素，仍然可以认为，理解其他文化模式使人有能力以不同的方式看待和作出反应。保留判断的能力，并从不同的文化视角解读人的意图是一种技能，其最终使人识别自己的文化障碍。

这些例子描述了不同程度的"犯罪"。本章结尾部分中的相应问题将使您有机会讨论下列每种情况中文化的重要性或无关紧要的程度：

1. 文化重要吗？公园里的剑

纽约市立大学（CUNY）研究："警察关于种族和族裔身份的叙述"中阐释文化和"犯罪"有关。如亚洲部分地区的文化活动——武术"太极"。

一些爱好太极的人习惯把剑带到公园，然后舞剑锻炼。对于这样做的移民，显然没有犯罪意图，因为这种做法在该移民的原籍国被认为是“正常的”。然而，在美国，这可能被视为犯罪。

2. 文化重要吗？头巾和吉尔班弯刀

在上一节“文化和执法的关系”中，你知道了在公共场所摘掉锡克族人的头巾，相当于脱衣搜身。锡克族人必须一直携带吉尔班弯刀，对一些人，甚至在睡觉时候也是如此。当警察接到邻居报警听到特殊的语言威胁妻子（暗示暴力）时，警察到达锡克族夫妻家中，把丈夫按在地上，然后搜查他，在逮捕时偶然发现了丈夫的吉尔班弯刀，锡克族人被附带起诉“拥有隐藏武器”。

3. 文化重要吗？跨文化中误解的悲剧案例

在亚洲，存在西方执法人员不了解的医疗实践（包括医疗人员）。许多医疗实践导致皮肤上的疤痕，容易被不了解该医疗文化的人误解为虐待。用硬币刮擦皮肤（“硬币”“硬币刮”“风刮”），捏皮肤，用燃烧的香触碰皮肤，用加热的茶杯触碰皮肤。每种方法都会在皮肤上留下印记，如挫伤或烧伤。这些亚洲传统治疗方法，在美国学校或执法官员看来就是严重的问题。

一个越南小男孩因为严重的呼吸道感染被学校送回家。孩子的父亲相信硬币疗法有助于治疗，在孩子的后背和脖子特殊部位用加热的硬币刮擦，孩子的身体状况得到改善，孩子能够回去上学了。但当看到小男孩脖子上的严重烧伤时，老师马上通知学校校长，校长迅速就“虐待”事项报告警方（警方然后通知儿童保护服务局），当警方被通知后，他们就到孩子家进行调查。孩子的父亲的英语很差，但非常配合警方的询问，并承认是他引起了孩子脖子的挫伤，该男子被逮捕，并被监禁。当男孩的父亲被关进监狱时，男孩被他人抚养，但很快男孩旧病复发而死。当听到这个消息时，男孩的父亲也在监室内自杀身亡。当然，男孩的父亲的自杀不知是否与孩子的死亡有直接关系。教师、校长、执行逮捕的警官提供了极端案例，即当人们仅从自身文化角度理解他人文化时，结果是悲剧。

文化理解不能治疗小男孩，但与小孩父亲的知情互动能够防止第二次悲剧。所有权威机构解释他们所见的事务，采用基于自身文化信仰的“文化过滤器”。具有讽刺的意味，对挫伤的解释（例如，儿童虐待）完全与该行为的主观意图相反（例如，治疗）。即使有些当事人知道这些很常见的东南亚医疗措施，他们仍然不接受存在的既定事实，他们无法理解别人怎么能相信刮痧可以治愈疾病。他们的医学治疗的概念并没有包括他们所认为的“原始治疗”。

4. 文化重要吗？作为判决因素的拉丁裔价值观

在法庭上，文化解释或合理化（文化辩护）很少影响有罪判决或无罪判决。不过，文化可以影响判刑。根据退休法官劳伦斯·卡茨提供的以下案例，可以了解文化因素减轻判刑的严重性。

生活在美国的墨西哥妇女牵扯到了婚外情，当妻子在野餐时自夸婚外性行为，且当场有许多其他家庭成员，她的丈夫非常愤怒。同时，妻子也解释了丈夫无法满足她的快乐，相反，她的情人性能力超强。当听到妻子扬扬自得地谈论婚外性行为时，她的丈夫离开野餐地，驱车 5 英里购买枪支。两小时后，他开枪射杀妻子。在这个案件里，加利福尼亚州最小的指控是二级谋杀。然而，陪审团考虑到这对夫妻的文化背景，这个丈夫接受移民审判，被判过失杀人罪。有人认为，他的妻子吹嘘她的情人和她明确的解释贬损了他具有的激情和情感，完全破坏了他的大男子主义、男性的骄傲和荣誉。为了解妻子的冒犯行为的严重性，执法人员和检察官必须了解在拉丁美洲文化背景下，在家庭成员面前羞辱自己意味着什么（卡茨，2013）。

这些“文化重要”描述和小案例研究不是为了讨论任何族群的价值、习惯或信仰的“对”或“错”，而是为了说明在执法官员和市民文化背景的不可忽视的矛盾点。当警察进行犯罪调查，提交犯罪证据，或者涉及不同文化背景人群的事件时，警察应从文化角度进行思考。这些思考并不是要去改变标准的执法程序，也不是暗示要站在文化角度原谅谋杀或强奸。然而，理所当然的，警察需要具有文化素养，在理解、评估和报告某类事件或犯罪时，将文化作为考虑的变量。

执法人员有权逮捕或警告涉嫌犯罪的人。退休法官卡茨说：“建立基于文化能力的判断力在警察执法层面比在刑事司法系统（例如，法院）更为重要。”如果表现出对族群的文化敏感性和尊重，个体警察有机会创造积极的公共关系。卡茨引用旧金山湾地区的萨摩亚社区民警联系的例子，当地人在烧烤和聚会时往往会大量饮酒，由此导致打架。在卡茨看来，警方回应邻居的抱怨，带着武器进入现场，打斗很快就会冷却下来。然而，就会有传言说警察对所涉人员没有文化理解或尊重。这将扩大警察和许多太平洋岛民和其他亚裔群体间已经存在的裂隙，不利于促进萨摩亚社区信任。变通的做法是，警察可以找到这群人的领导人，或者“首领”，让那个人以处理萨摩亚冲突的方式处理这个问题。首领处理这个问题的能力是毫无疑问的。他在充当警察和社区之间的桥梁上具有突出的作用。酋长也是一种资源，他是赢得了社区尊重的长者。

萨摩亚社区的负责人传统上对社区成员行为具有完全控制力，尽管在美国已有所改变。此外，根据传统的萨摩亚人的价值观，如果一个家庭成员侵犯另一个家庭成员，家庭的负责人具有惩罚责任。通过给予首领信任，他可能鼓励警官先通过社区，获得社区协助，以解决执法问题。这项建议并不意味着任何团体都应该自己去监督；相反，理解并与社区领导合作代表着伙伴精神。

对这样问题的意识和敏感可以显著地影响刑事司法制度，其中警察有权激化或平息某类事件所涉及的人。根据卡茨的说法，“很多案件，尤其是那些涉及轻微犯罪的案件，可以法庭外解决”。同时，他会询问：“你总需要炫耀武力吗？或者你能劝告和训诫吗？”在某些情况下，像前面所描述的那样，警官们为了更有效率可以重新考虑传统的警察做法。这样做涉及族裔社区的知识，以及愿意在这些社区建立积极和值得信赖的执法形象（卡茨，2013）。

多样性的维度

为了更深入地了解社会和工作场所的群体，研究多样性的多个维度和层次是很有用的。这些维度可以帮助加深对广泛文化群体的理解，并阻止过度概括和刻板印象。多样性的大小不应被理解为有限和确定的标签；它们应该以塑造个体的动态方式重叠。

文化多样性的主要维度

主要维度是伴随一个人从出生到死亡的核心特征。一位多样性学者认为，人至少有 6 个主要维度，但也有其他维度（如社会阶层和精神取向，见图表 1.14）：

1. 年龄。
2. 种族。
3. 性别。
4. 心理、生理能力和特征。
5. 民族。
6. 性取向（罗登，2013）。

大多数人都知道这些类别的含义。为清楚起见，以下术语包括在“性取向”类别中：异性恋、同性恋、女同性恋、男同性恋、双性恋、变性人、无性恋和假娘们。这 6 个主要维度都是在劳动力和社会中处于优势或劣势的主要特征。仇恨偏见犯罪的受害者之所以成为目标，是因为这些方面的差异——年龄、种族、性别、残疾状况、种族、性取向以及宗教。与年龄相关的主要维度还包括代际差异。在执法队伍中，价值观可能会在几代人之间产生冲突；领导者和管理者需要认识到这种多样性的维度。例如，千禧一代（年龄在 18 岁到 30 岁之间的年轻人）在移民、种族和性偏好等问题上是这一代人中最宽容的（皮尤研究中心，2010）。

文化多样性的次要维度

次要维度是一个人获得的特征，包括：

1. 沟通风格。
2. 教育。
3. 家庭状况。
4. 军事经验。
5. 组织角色和层次。
6. 宗教。
7. 第一语言。
8. 地理位置。
9. 收入。
10. 工作经验。
11. 工作作风。
12. 其他（罗登，2013）。

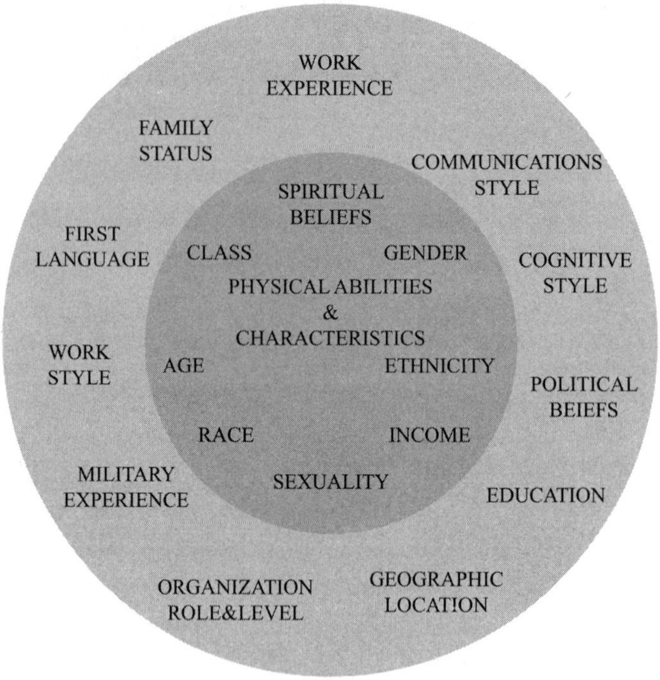

图表 1.14　多样性的维度

罗登联营公司设计的多样性同心圆模型，便于对多样性的主要和次要维度的广泛理解。

资料来源：罗登联营公司，2013。经 Marilyn Loden 许可转载，网址：http：//www. loden. com。

注：WORK EXPERIENCE　工作经验

FAMILY STATUS　家庭状况

FIRST LANGUAGE　第一语言

WORK STYLE　工作方式

MILITARY EXPERIENCE　军事经验

ORGANIZATION ROLE & LEVEL　组织角色和层次

GEOGRAPHIC LOCATION　地理位置

EDUCATION　教育

POLITICAL BELIEFS　政治信仰

COGNITIVE STYLE　认知风格

COMMUNICATIONS STYLE　沟通方式

SPIRITUAL BELIEFS　精神信仰

CLASS　阶层

GENDER　性别

AGE　年龄

RACE　种族

SEXUALITY　性

INCOME　收入

ETHNICITY　民族

PHYSICAL ABILITIES & CHARACTERISTICS　身体能力和特征

文化多样性的主要和次要维度特征影响执法人员的个人和职业生活。主管和同事之间的紧张关系常常是由次要维度的差异引起的。同样，警务人员与公民建立融洽关系的能力，也与实际或所感知的多样性差异有关。

图表 1.14 展示了多样性的主要和次要维度如何影响劳动力和社会中的人们。“虽然每个维度都增加了一层复杂性，但影响自我形象、价值观、机会和期望的各种维度之间也动态地相互作用。总之，主要和次要维度赋予我们生活以一个和谐的、完整的整体，赋予不同的人以定义和意义”。

美国民族内部间的更多多样性

我们尽可能将人们划分为不同的民族类别，但必须认识到，有一些独特的因素应加以考虑，以便增进执法人员和少数族裔成员之间的了解和改善沟通。例如，把“年龄”作为多样性的主要维度。有些人，尤其是亚裔美国人，由于种种原因可能会自我报告不同于官方身份证明的年龄。在一些文化中，孩子出生的时候被认为是 1 岁；在其他文化中，生日是以阴历为基础的，因此在某年的某一时间，报告的年龄不符合“官方”年龄。在移民中，入境证件可能被伪造而导致不一致。因此，我们可以看到，即使文化的主要维度也存在细微差别。

需要考虑的其他多样性因素如下：

- 英语的舒适性和能力；
- 美国的代际地位（详见图表 1.15）；
- 他们与自己的祖国和/或地区或父母出身的认同程度；
- 他们的家庭组成和家庭在美国和全球范围内的分散程度；
- 他们在种族社区网络中的参与程度和融入程度；
- 他们的文化价值观；
- 与其他民族/种族群体所共有的事情、关切和问题的关联程度。

移民代际间的一般差异

与世代地位相关的多样性维度是重要的。附录 A 提供了图表 1.15 中列出的每种类型的一般描述。这些都提醒我们要区分新来者和那些已经在美国生活了几代的人。

类型	描述	行为差异
类型Ⅰ	最近抵达的成年移民或难民（在美国居住不到5年）	生存需要；经常生活在民族聚居地内
类型Ⅱ	最近抵达美国的青少年移民或难民（在美国居住不到5年）	调整和“适应”；新文化和旧文化的结合产生认同
类型Ⅲ	成年移民或难民（在美国居住5年或以上）	在努力适应的同时，保留文化的起源
类型Ⅳ	第二代（美国出生的移民或难民的后代）	跨越两种文化；明显比父母更容易被同化
类型Ⅴ	第三代（及以后）	完全或几乎完全同化；可以选择识别双文化

图表 1.15　移民代际间的一般差别

多样性的因子交集

千禧一代是历史上最多样化的一代：近40%的人认为自己是非白人或属于某个民族（皮尤研究中心，2010）。与此同时，调查结果显示，千禧一代不太可能给自己贴上传统的多元化标签（皮尤研究中心，2010）。个体不仅仅是由一条多样性的线索来定义的，而是由他们身份的重叠特征来定义的。“她是黑人”或“他是同性恋”是单向度的表述。上面的多样性同心圆（图表 1.14）说明了个人的社会身份由多层次构成。当涉及仇恨时，有偏见的人可能会关注一个或多个多样性的主要方面，如种族或性取向，而这就是他们所看到的一切。通常情况下，有偏见的人怀有多种偏见，涵盖了大多数主要维度，而宗教是次要维度之一。

执法中的偏见

参加文化多样性项目的警察被问了以下几个问题：

“如果你是种族主义者，请举起手来。”没有一个警察举手。

“如果你认为这个机构之外存在偏见和种族主义，请举手。”大多数警察举手。

教官幽默地问道：“你们是从哪里被招募来的？”（拜里，2013）

在讨论多元文化的多样性对警察的影响时，仅仅提出了解文化背景的需求是不够的。当两个群体来自完全不同的种族或种族背景时，可能会因为害怕、缺乏接触、无知和成见而产生偏见。否认任何执法机构中存在偏见或种族主义，也是否认它在社会中的存在。

刻板印象：相信或感觉人们与该群体的所有其他成员一致，缺乏任何个性。倾向成见的人，经常基于对群体中少部分人的有限经验对整个群体行为进行归类，对许多人的否定性的成见是使用辱骂、讽刺、起绰号或用俚语对整个群体和个人进行贬损。

偏见（Prejudice）：在事实已知之前形成的判断或意见，通常涉及对一群人的消极或不利的想法。

替罪羊：把自己的失败和缺点归咎于无辜的人或仅仅负有部分责任的人。

歧视：基于偏见思想的行动；由于个人或群体的年龄、残疾、就业、语言、国籍、人种、民族、性别、性别认同、性取向、宗教或其他形式的文化认同而拒绝对其给予平等待遇。

偏见（Bias）：根据种族、宗教、残疾、性取向、民族、性别或性别特征对一组人形成的固有消极意见或态度。

基于偏见的警务：有意和无意地将个人、社会或组织的偏见和成见应用于决策、警察行动或司法的行为。

偏见（Prejudice）与内隐偏见（Bias）

偏见（Prejudice）是形成的一种判断或意见，通常涉及对一群人的负面或不利的想法。内隐偏见（Bias）可以是有意识的，也可以是无意识的，可能是“显性的”，也可能是“隐性的”，它影响行为、决策或行动，反映出一种基于个人作出某些选择的倾向。歧视是基于偏见（Prejudice）和内隐偏见（Bias）的行为或政策。[①]

越来越多的社会科学研究人员认为，所有人都有偏见，这在很大程度上是无意识的。每个人都有“隐性偏见”，这是人类的一部分。即使对其他群体没有偏见的人也有隐性偏见，这并不一定会使他们成为偏执狂或种族主义者。

偏见（Prejudice）如何影响人

我们在本章开始讨论了刻板印象，指出许多人对警察持有刻板印象。刻板印象助长了偏见（Prejudice），刻板印象是以一种简单直接的方式来思考不同的人。警察需要越来越意识到自己的偏见（Bias）——有意识的和无意识的——并尽可能避免让这些偏见（Bias）干扰他们的决策。依赖刻板印象的警察行动不能为警察或公众服务，因为这些行动可能是不安全的，而且是无效的和不公正的。人们偏见（Prejudice）背后的刻板印象可能在心理上根深蒂固，因此他们很容易在此基础上为自己的种族主义、性别歧视或其他偏见（Bias）找借口。这些人甚至可能认为他们是宽容和没有偏见的，但仍然可能会说：“我没有偏见，但让我告诉你这些——我今天必须处理。”科菲、埃德芬森、哈廷格（1982）讨论了选择性记忆和偏见（Prejudice）之间的关系：

一个有偏见（Prejudice）的人几乎肯定会声称他或她的观点有充分的理由，讲述与难民、韩国人、天主教徒、犹太人、黑人、墨西哥人和波多黎各人或印度人的痛苦经历。但是，在大多数情况下，这些“事实”显然是不充分的和牵强的。这样的人通常会对自己的记忆进行选择性的分类，将它们与道听途说混在一起，然后过度概括。没有人可能知道所有的难民、韩国人、天主教徒等。

其中，一种最危险的偏见有时被称为“性格性偏见”（Prejudice）；有这种情况的人可能对许多民族持敌对态度，而不仅仅是一两个民族。那些因偏见（Prejudice）而虐待或压迫他人的人，在童年和青少年时期常常受到虐待，这种经历会使他们对他人极度愤怒和不信任。此外，有强烈偏见

① 美国司法部社区关系服务部为警务工作编写了一套优秀的“工具包”，名为《理解偏见：资源指南》（USDOJ/CRS）。

(Prejudice) 的人会因为自己的失败而感到不安全和沮丧。因此，他们把责任推到别人身上。通常，种族至上主义组织的成员符合性格性偏见 (Prejudice) 的描述；对于这些人来说，对所有其他人的不信任和仇恨是一种生活方式。

另一种偏见 (Prejudice) 是在"正常"的社交过程中形成的。当一个人属于某个民族或种族群体，而该群体中的许多人对其他特定群体（如巴勒斯坦人和以色列人）持有负面看法时，就会产生这种偏见 (Prejudice)。例如，当某一特定种族或民族群体中存在偏见 (Prejudice) 模式时，"正常"的人就是接受该群体偏见 (Prejudice) 的人。从童年起，父母就会因为孩子的"正常"偏见 (Prejudice) 而将外界群体的刻板印象传递给孩子。到成年时，对某一群体有偏见 (Prejudice) 的人很容易就能证明这种偏见 (Prejudice) 是正确的。

如果你是正常人，你会有文化盲点，这会使你对与你不同的人产生不对等的看法。警官们必须先审视自己，了解自己的偏见 (Bias)，然后才能进入执法行动的场景（拜里，2013）。

内隐偏见 (Bias)

许多内隐偏见 (Bias) 是强大的，而且往往是隐藏的。"隐性项目"成立于 1998 年，是由 3 所大学的科学家合作完成的，他们开发了工具和实验方法来评估个人的内隐偏见（隐性项目，2011）。执法领域的专业人士将有关内隐偏见的研究成果应用到警察培训中，提高了人们的认识，即与其他所有人一样，警察也有可能干扰或影响决策（第六章介绍了在歧视非洲裔美国人的背景下，与警察决策有关的具体研究）。

下面是一个内隐偏见的例子，在这个例子中当事者是一位空姐。这个例子说明了社会偏见是如何表现为个人的内隐偏见的：

> 2016 年年底，一位年轻的女性非洲裔美国医生在飞机上提供紧急医疗服务，另一名乘客因为丈夫丧失反应而尖叫求救。塔米卡·克罗斯医生解开了安全带，正要站起来时，空姐让大家保持坐姿，保持冷静，说乘客只是经历了一次"夜惊"。这位空中小姐拒绝了克罗斯医生的帮助，拒绝相信克罗斯医生是个真正的医

生，并以一种高傲的方式和她说话。克罗斯医生还没有被要求出示她的医学专业身份证明。接下来的画面就是，这位空姐询问飞机上是否有医生。克罗斯医生举起手来，只听见：“哦，不，亲爱的。把手放下。我们正在寻找真正的医生或护士或某种类型的医务人员……”这时，一位白人男性医生主动提出帮助，促使服务员告诉克罗斯博士，“谢谢你的帮助，但他可以帮助我们，他有他的证件。”克罗斯博士怒气冲冲地坐着。10 分钟后，在意识到克罗斯博士可能会有所帮助后（这位空姐最终理解并说，“哦，哇哦。你是一个真正的医生？”）空姐向克罗斯医生询问了她接下来应该采取哪些医疗措施的意见，克罗斯医生给她提供了医疗建议。

资料来源：基于豪瑟和威布尔，2016。

事件以达美航空公司对该事件的全面调查、向克罗斯博士的正式道歉以及与达美航空公司政策和培训相关的变更而告终（达美新闻中心，2016）。这位空姐很可能没有意识到她的内隐偏见——她大脑中根深蒂固的信息影响了她的感知和行动。

洛里·弗里德尔博士是南佛罗里达大学的犯罪学教授、PERF（警察执行研究项目）前研究主管、偏见（Bias）政策专家，与执法课程专家安娜·拉兹洛女士合作，概述了警察招募、警官、主管和培训师培训计划中的偏见（Bias）相关的基本概念［FIP（公平和公正警务）网站，2017；弗里德尔，2017］。

人类偏见（Bias）的基本概念

·偏见往往是无意识的或内隐的。

·内隐偏见甚至在那些有意识地拒绝偏见（Prejudice）和刻板印象的人身上也能表现出来。

·理解内隐偏见如何影响我们的认知和行为是“克服”内隐偏见的第一步。

公平和公正警务（FIP）培训的一个最重要方面是理解，即使警察认为他们没有偏见，他们的决策也可能在无意中受到偏见的影响。FIP 培训课程讲授了有偏见的警务如何影响社区成员和部门，以及主管如何帮助促进公平和公正的警务。此外，FIP 指挥级培训为警察高层提供了有关无偏见警务的指导，包括招募、雇用、向不同社区的拓展以及问责制（弗里德尔，2017）。指挥级训练概括为“产生无偏见警务：一种基于科学的方法”。FIP 网站还包括警察局长资源、跨越政策、联邦歧视指导方针和无偏见警务组织授权（FIP 网站，2017）。

多元文化社会中的警察领导

警察管理部门可以帮助警察了解偏见（Prejudice）和无意识偏见（Bias）的性质，以及决策如何在瞬间反映这种偏见（Bias）。虽然警察有权拥有自己的信仰，但警察局长必须努力确保警察不会根据他们的偏见（Prejudice）行事，或是不知道无意识的偏见，以至于他们没有意识到他们的行动与偏见之间的联系。所有官员必须了解在执法机构内部或与公众之间的偏见（Prejudice）和歧视行为之间的界限。必须消除执法机构中的偏见（Prejudice）和偏见（Bias），使其不会导致差别待遇。

至少从 20 世纪 90 年代末开始，警察偏见（Prejudice）就受到了广泛关注，当时总统关于种族的倡议（“同一个美国”，1998）将其作为一个关注的话题。

种族差异和偏见（Prejudice）影响着刑事制度对待少数群体的方式。这种现象的例子反映在执法中使用种族画像以及白人少数族裔与有色人种之间的逮捕、定罪和判刑率的差异。执法人员认识到，尤其是进入 21 世纪时，不加制止的偏见（Prejudice）不仅会造成公民的羞辱、诉讼、失业和对警察与社区关系的长期损害，而且还会造成个人悲剧。

有时候，培训会改变行为，甚至态度。以鸣枪示警为例，大多数警察不采取这种行动，因为他们被授权可以直接射击。他们经历了一个“解冻”规范行为的过程，并采取了一种新的期望行为。来自高层的明确指示可以导致警察决策和行动的深刻变化。毫不含糊地谴责种族主义行为或以言论形式的明确政策将防止大多数对外表现出偏见（Prejudice）。仅仅因为他或她的背景与居住在某个社区的大多数人不同，而盘问一个公民“你在这里做什么”是不能接受的。消除某些警察的成见可能是困难的，但消除偏见行为已成为警察局的任务，且警察已经注意到警察局长发出的这些具体和明确的指示。

挑战他人的偏见（Prejudice）

警察部门的偏见（Prejudice）表达可能不会受到质疑，因为警察需要顺从或融入群体。对于警察来说，询问同龄人或挑战他们的态度是不容易的。群体中的同伴行为可以加强种族偏见（bias）的行为或表达。例如，当一个群体中的某个人对某个民族进行诽谤时，其他人可能会更自由地表达同样的敌意态度。鉴于警察亚文化的性质和同龄人压力的强烈影响，这种行为在执法机构中尤其相关。因此，执法领导人必须明确指示其下属避免任何偏见（Prejudice）的表达，即使是在同龄人之间，并鼓励他们在任何警察说出偏见（Prejudice）或种族主义思想时要公开反对。

当涉及偏见（Prejudice）的表达时，没有人必须接受全面和贬低的刻板印象。消除偏见（Prejudice）的一个有效方法是在各个层面上打断有偏见（bias）的言论和歧视行为。官员们必须提醒他们的同事，种族辱骂和攻击性语言，以及对某些群体的差别对待，既不符合道德，也不专业。一名警察或一名文职雇员在他或她的同事有偏见、种族主义或其他歧视行为的情况下什么也不做，他或她就成为一名沉默的同谋。

强制改变

当最高管理层授权进行变革时，警察别无选择，只能采取新的行为标准。如果发生歧视，警察部门将受到不利的媒体关注、诉讼、公民投诉、人际关系委员会参与，或解雇主管或其他管理人员。过去可以接受的做法现在则可能导致纪律、货币制裁或更糟。当警察在言语或行为上无法控制自己的偏见（bias）时，由此产生的宣传可能会影响到所有警察的声誉，从而强化了人们普遍认为警察是种族主义者或偏执者的刻板印象。

这方面的一个例子是，在发现几名警察在其通信工具上交换种族主义信息之后，郊区警察局被媒体和愤怒的公民围困了两年多。这些内容提到了“黑鬼”（Nigger）和“三K党”（Ku Klux Klan），这导致公民对该警察局进行调查，以评估制度化种族主义的程度。委员会成员在他们的报告中写道，对种族诽谤的揭露是对该市和警察局的形象与信誉的“一种羞辱和致命的打击”。此外，他们还要求局长辞职。在随后的文化多样性研讨会上，警察说，他们认为整个事件被夸大了，因为没有“受害者”。这些人不明白，警察单独使用贬义词是不适当的，是具有攻击性的。当那些发誓要保护公众的警察怀有仇恨的信仰和态度时，公众将会感到不安全和不信任。从各方面来看，这类事件的代价都极为高昂。

除消除言语上的偏见（Prejudice）外，警察管理人员还可以教警察如何减少或消除偏见（Bias）和歧视行为。一个大城市的警察局雇用了几位人际关系顾问来帮助评估社区警察的问题。局长坚持让他们用 4 个周末的时间坐警车进行观察，这样他们就能“体会到在黑人区工作的执法官员所面临的问题”。从每周五到周日晚上，这些顾问们都与一支被其他警察称为“盖世太保警察”的部队同行。当这个月结束时，局长问顾问们都学到了什么，他们回答说：“如果我们是黑人，我们会讨厌警察。”局长有点迷惑不解地问为什么。“因为我们目睹了黑人公民遭受一系列不公正的、毫无根据的恐吓、搜查和一系列由非专业警察实施的骚扰。”幸运的是，那位局长接受了意见反馈，并引进了一门广受欢迎的人际关系技能课程。在这次培训之后，警察在与黑人社区成员的交往中表现出了更强的专业精神。

多样性社区的形象和职业精神

执法人员和刑事司法专业人员在面临社区转型、种族关系、移民和难民的融合、经济制约以及犯罪的复杂性等挑战时，需要积极主动地采取明智的行动。他们必须警惕避免可能引发暴力示威的种族主义、性别歧视和恐同行为。执法人员的代表必须与地方、州和国家领导人一道跟踪和起诉仇恨犯罪，并不断向公众宣传仇恨言论的危险。领导者是榜样，他们必须表现出道德和公正的行为，确保其他部门成员也这样做。

公众如何看待执法在很大程度上取决于警官在无偏见警务、文化能力、警察程序知识和沟通方面表现出的专业精神。在多元文化背景下，警察、他们的组织和媒体所投射的执法形象尤其重要。缺乏专业精神和对工作人员培训不足可对任何组织造成重大损害。在公共部门，这类问题会损害个人的职业生涯以及他们的机构和整个社会。

目前的人口趋势表明，在一般人口和劳动力中，多元文化主义将继续增加。认识到这一现象，专门从事执法工作的专业人员需要支持促进不同背景的人之间合作的政策，并与公众合作，消除仇恨言论、仇恨犯罪和不容异己，这是在多样化社会中维持和平的一项关键战略。

改善多元文化社区执法的7点建议[①]

1. 与社区多元文化背景人士进行积极主动的接触，不要只在消极事件发生时才出现。让公众更多地看见你以非执法身份出现。

2. 在你的头脑中作出有意识的努力，去面对每一个情况，客观和公平地对待所有的人。

3. 记住，所有群体成员中都有部分坏人、部分中间人和部分好人。

4. 不要显得不自在，也不要逃避与其他警官和公众讨论种族和民族问题。

5. 就标准执法程序和警察职责耐心教育市民和公众。记住，市民经常不理解“警察文化”。

6. 当涉及改善部门内部以及警察和社区之间的跨文化和跨种族关系时，不要害怕成为组织中的变革推动者。这样做可能不受欢迎，但却是正确的。

7. 记住警察对所有族群的执法历史，并问自己一个问题：“我是过去的一分子，还是未来的组成部分？”

总结

· 多元化的社会为执法人员的工作带来挑战。多样性丰富了美国社会，但增加了许多警察程序和与公众互动的复杂性。在一个多样化的社会中，维持和平的一项关键战略是打破执法人员和公众之间存在的各种障碍和刻板印象。社区警务无论采取何种模式，都始终强调直接与民间组织、公民和居民接触，最终目标是增进信任和安全。

· 多元文化主义自美国建国以来一直存在于这个国家。美国经常被称为一个大熔炉，这个词描述的是人们走到一起形成一种统一的文化形象。

① 摘自退休的雷诺警察局副局长昂德拉·拜里的文章，2017年。

然而，大熔炉从未真正存在过。美国每一个移民和难民群体的第一代在适应新社会方面总是遇到障碍。历史并不支持大熔炉的比喻，特别是对于大多数移民群体的第一代和第二代来说。“马赛克”和“挂毯”这两个词更准确地描述了美国的多样性。这些术语描述了在这个社会中，所有肤色和背景的人都对整个社会的形成作出了贡献——在这个社会中，人们不需要为了“融合”而失去自己的特征。“马赛克”的概念描绘了在这个社会中，群体被看作独立的和不同的，为整体图案贡献自己的颜色、形状和设计。

· 全球移民和难民直接影响到美国人口。第二次世界大战后，美国签署了有关难民地位的条约，赋予他们不被遣送回国的合法权利，因为在那里他们将面临迫害、酷刑和（或）死亡的危险。这些条约的核心原则是，难民不应返回其生命或自由受到严重威胁的国家。美国的难民和移民占人口的很大比例，特别是在某些城市和州。与移民和难民人口有关执法的关键问题包括不愿报告犯罪、害怕被驱逐出境、仇恨犯罪和仇恨言论。

· “文化”被定义为世代传承的信仰、价值观、思维模式、行为和日常习俗。文化是学习的，而不是遗传的，通常表现为无意识和微妙的行为。如果执法的职能是保护和服务所有文化背景的公民，那么了解犯罪的文化层面就变得至关重要。显然，在另一个文化中可能是被接受的行为，如果在这个国家被认为是犯罪，就不能不受惩罚。然而，在某些情况下，刑事司法系统各级执法人员如果了解犯罪或其他事件发生的文化背景，将会受益。当官员怀疑某方面的文化背景是某一特定事件的一个因素时，如果他们愿意在较轻的罪行中评估他们的被捕情况，他们可能赢得族裔社区的尊重，因此也可能在族裔社区中获得合作。

· “多样性的主要维度”是一个人与生俱来的核心特征，并且在他或她人生的所有阶段都保持着这种特征。“多样性的次要维度”是一个人通过选择获得的一种特征，通常由这个人或他或她的家人作出选择。在不同的种族群体中，有一些微妙的多样性因素需要进一步考虑，包括不同文化对年龄的看法、英语水平、代际地位和家庭构成等。理解这些差异有助于避免对群体进行过度概括。

· 越来越多的社会学研究人员认为，所有人都有偏见（Bias），这种偏见（Bias）在很大程度上是出于有意识的认识。每个人，不管他或她的工作或背景，都有“隐性的偏见”（Bias）；这是人类的一部分。即使是不带偏见（Prejudice）的人也有隐性的偏见（Bias），但这并不意味着他们是种族主义者。执法人员有他们自己的偏见（Bias）——隐性的，有时是明确的。否认任何特定执法机构存在这种偏见（Bias）、那种偏见（Prejudice）或种族主义，就是否认其存在于该机构之外。执法人员必须检查他们的言语、行为，以评估他们是否在工作场所和街道上向所有人传达专业精神和尊重，而不考虑种族、文化、宗教或种族背景。为了有效地在多元文化社会中发挥作用，警察和文职员工有责任避免表达偏见（Prejudice），认识到偏见（Bias）和刻板印象是导致对公众的偏见（Bias）判断和潜在的差别待遇。

· 在多样性的社区内，有效的执法和刑事司法专业人员需要积极而有见识地采取行动，因为他们面临着社区转型、种族关系、移民和难民融合、经济制约和犯罪复杂性等诸多挑战。他们必须警惕避免种族主义、性别歧视和恐同行为，以免引发暴力示威。执法部门的代表，连同地方、州和国家领导人，必须追踪和起诉仇恨犯罪，并不断向公众传达仇恨言论的危险。领导者是榜样，必须表现出道德和公正的行为，确保其他部门成员也这样做。

问题讨论

1. 警务历史的重要性。讨论前联邦调查局局长詹姆斯·科米关于种族和执法的演讲中的内容。

我们不能忘记执法遗产的一个原因是，我们服务和保护的人民也不能忘记它。所以我们必须谈谈我们的历史。这是一个艰难的真理（科米，2015）。

2. 对多元文化社会的看法。以下关于我们日益多元文化的人口的观点反映了不同程度的容忍、理解和接受。讨论以下观点及其对执法的影响：

· 如果没有太多的多样性，多样性是可以接受的，但今天的情况是很难同化的，它只会导致我们的毁灭。

· 他们现在这里，需要按我们的方式做事。

· 要在多元社会中前进，我们需要接受和尊重我们之间的文化差异，而不是维护熔炉的神话。

3. 全球移民与美国的难民和移民。讨论全球移民和难民如何直接影响美国。在你的答案中包括 1951 年关于难民条约的影响。

4. 与无证移民打交道。你工作的警察部门（或你居住的城市）是否与移民海关执法局就未经许可的移民达成协议，是否指示警官在没有犯罪发生的情况下不调查移民身份，你所在部门的人对与移民局合作处理没有记录或只有轻罪的非法移民的感受如何？

5. 小型案例研究和文化实践：文化重要吗？

A. 文化重要吗？重读，然后讨论。

如公园里的剑。

· 在你居住或工作的司法管辖区，有关刀或剑的法律是什么？

· 如果你是警察，在公园里遇到一个用剑练习太极的人，你会怎么办？

· 你会怎么说，你的方法是什么？

B. 文化重要吗？重读，然后讨论。

如头巾和短剑。

· 你的城市、县、州关于短剑（带鞘的刀）的法律是什么？

· 在你居住或工作的学区内，对锡克教带剑的人如何处理？在你居住或工作的公共建筑内如何处理？

· 不论有罪或无罪的锡克教人因任何涉警事件被捕，组织严密的锡克教社区可能会判断处置锡克教社区成员的方式。如果你是上述情形下的警察，你会想让社区对你没收短剑和移除头巾的处置方式说什么（假设你也有理由实施这些措施）？

C. 文化重要吗？重读，然后讨论。

如跨文化误解的悲剧案例。

· 你是否认为，如果所有有关当局都了解引起这种淤伤的医疗实践（“刮痧”）的文化传统，那么你认为这种情况会有所不同吗？解释你的答案。

· 讨论你是否认为东南亚难民应该放弃这种医疗实践，因为它可能被误解。

D. 文化重要吗？重读，然后讨论。

如作为判决因素的拉丁裔价值观。

· 讨论文化是否应对暴力刑事犯罪如谋杀和强奸等的判决产生影响，

这个案件的从轻判决是否合理？解释你的答案。

·据退休高级法院法官卡茨说，文化影响了此案的量刑。在你看来，如果涉案的丈夫不是拉丁美洲人，判决是否会一样？

6. 警察工作中的偏见和歧视。用你自己的话定义偏见和歧视。举例说明：(1) 社会上普遍存在的歧视；(2) 对警官的歧视；(3) 警官对少数群体的歧视。讨论两种既能帮助消除歧视又能带来好处的策略。

第二章　变化中的执法机构：社会的缩影

学习目的

学习完这一章，你应该：

· 了解美国执法机构内的种族、族裔和性别组成是如何变化的。

· 定义种族主义，了解组织的管理者和监督者所采取的措施以识别和控制雇员的偏见行为。

· 讲述化解在组织和社区内有关社会性别问题、性取向、族裔以及种族冲突的方法。

· 解释妇女在执法方面的历史、她们面临的问题。

· 定义 LGBTQ 的术语以及性别确定。

· 解释执法部门行政长官需要做些什么，以传递对基于性取向的歧视的零容忍。

· 解释行政长官在为所有员工提供舒适的工作环境方面的作用。

提纲

· 引言

· 不断变化的劳动力

· 执法场所的种族主义

· 执法女性

· 执法中的同性恋（LGBTQ）雇员

· 警察领导、职业化和协同作用

· 总结

· 问题讨论

引言

在第一章中，我们回顾了近几十年来美国多元文化社区的演变和人口变化，所提到的最显著的人口变化涉及美国的种族、族裔和移民人口的增加。多样性在社区中变得如此普遍，诸如多数群体和少数群体这样的术语已经被质疑过一段时间了。有批评者对少数民族这一术语常常持否定态度，他们认为这不仅是过时的，而且是攻击性的。从技术上讲，这个词是用来描述数字名称的，但多年来，它已经有了更大的含义。在本书中，我们继续在某些情况下使用这个术语，也想提醒读者围绕这个术语的争议。

对整个社会变化的反应与执法机构的反应没有什么不同。全国各地的警察团体都表现出对不断变化的社会和劳动力的容忍与抵制。一些警官不喜欢多元文化的劳动力和妇女参与警务工作，虽然后者已不是问题。他们可能因为自己的偏见或歧视而憎恨多样性。

> 今天，生产力必须来自文化多样性的男女的合作。它坚持要求领导者改变组织文化，以增强和发展人的能力。这就要求不论性别、种族、宗教或出生地，都要根据员工的表现和能力来选择、评估和提升员工。除此之外，领导人还必须学习技能，使不同背景的男女能够有效地合作（西蒙斯、巴斯克斯和哈里斯，2011）。

积极领导是迎接警务团体多元文化的挑战的关键。正如第一章、第六章所讨论的，执法团体内和少数族裔社区仍然存在严重的种族和族裔的紧张关系，尤其是在 2014 年至 2016 年间发生了多起针对非裔美国人的致命枪击事件以及由此引发的暴力事件之后。2015 年，21 世纪警务报告特别工作组提出了许多建议，涉及执法机构需要更多的多样性。机构人员在处理社区中的种族、族裔或性取向问题之前，必须先解决自己组织中的冲突。例如，如果在机构内存在骚扰指控、敌意的工作环境或歧视性待遇，这些指控必须及时解决，否则它们将会激起怨忿，导致诉讼、法院禁令和不快乐的员工的离职。

执法机关通过行动或不行动决定机构内部已经表现的社会问题是否得到解决。在美国各地，全国媒体报道了许多执法机构内没有采取任何行动或采取错误行动的案件。不管他们喜不喜欢，警察是公民的主要模范，他们的行为标准被认为要高于其他人的。对警察的严格要求是确保更高的行为标准的重要因素，没有督察人员与公众的合作，无论多么彻底和认真，都不能防止一些警察违反政策；此外，警察数量太多而督察人员的数量太少。因此，重要的是，警察要表现出正直和稳定的核心美德。这些美德必须包括在保护和服务多样化公众方面保持专业的能力。

正如第一章所述，有关维持治安和执法的人员必须接受多样化社会以及他们工作队伍中的民族多样性的现实。具有讽刺意味的是，宣誓维护法律和抵制偏见行为的警务人员有时会成为犯罪者，甚至是针对他们的同事。如果警务部门要代表所服务的人群，警察行政当局必须作出改变。这些变化涉及同行的待遇以及招募、选择、少数民族执法人员的晋升。美国从来没有真正成为“熔炉”的论点（第一章）也适用于执法团体。在某些情况下，执法工作场所之间的关系，特别是随着多样性的增加，不尊重和紧张的特性更加突出。尽管在警察亚文化中，许多人会争辩说，成员关系意味着兄弟关系或家庭关系（包容），但这个成员关系传统上以微妙和明显的方式排除了某些群体。

不断变化的劳动力

历史上，美国的警察主要是白人男性。然而，作为社会的缩影，执法机构越来越多地将妇女、LGBTQ 成员以及少数民族和多种族公众纳入其工作人员。尽管这些组织在美国大多数执法机构中远未实现平等，但已经取得了进展。美国劳工统计局分析劳动力参与率的报告显示，过去几十年来，劳动力中的男女比例一直在趋同（见图表 2.1、图表 2.2 和图表 2.3）。

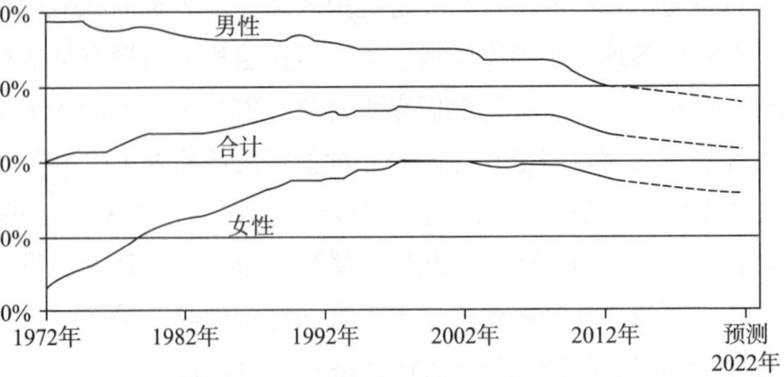

图表 2.1　1972—2012 年和 2022 年男女劳动力参与率

资料来源：职业展望季刊，2013—2014 年冬季，第五册，劳工统计局。

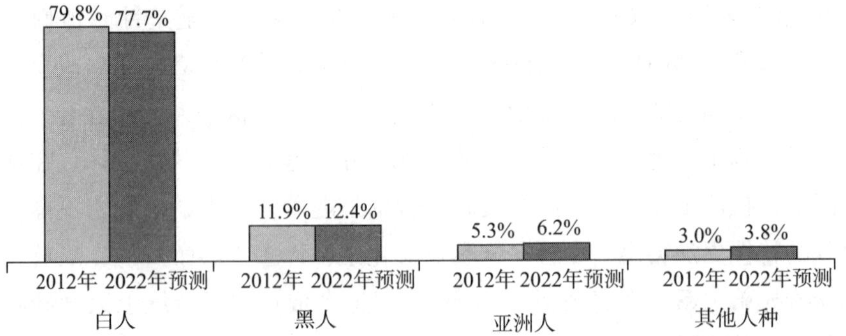

图表 2.2　2012 年和 2022 年按种族划分的劳动力分布情况

资料来源：职业展望季刊，2013—2014 年冬季，第五册，劳工统计局。

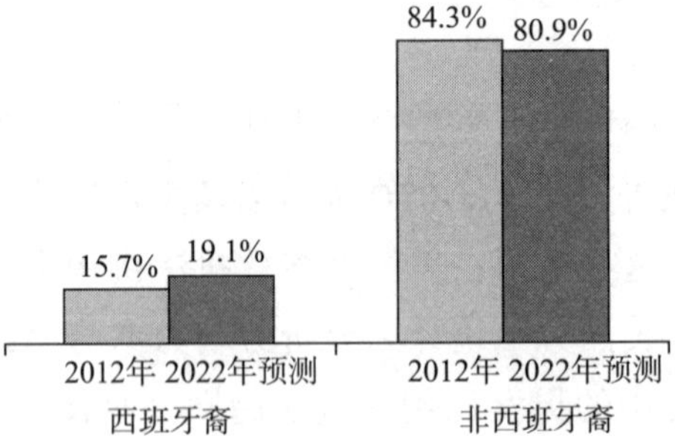

图表 2.3　2012 年和 2022 年按民族划分的劳动力分布情况

资料来源：职业展望季刊，2013—2014 年冬季，第五册，劳工统计局。

人口统计学的这种深刻变化导致了执法方面的显著变化。在美国的许多地区，今天的执法人员与过去有很大不同。例如，拉美裔人口的快速增长，公共部门尤其是执法部门很难以同等速度实现人员增加。组织变革也很难跟上，不仅难以提供警察服务，而且在招募和留住来自这一群体的人员也较为困难。对于执法机构来说，要维持任何社区的支持和信任，组织必须反映其服务领域的多样性。在全国各地，警察每天都接触来自不同文化背景、社会经济阶层、宗教信仰和性取向的人。这些群体中的每一人都给警察社区关系带来了不同的视角。其结果是，宣誓和非宣誓的执法人员必须以适当的方式应对每一群体。当执法机构未能认识和适应社区的多样性时，往往会造成社区成员的挫折和不满。这样的失败会导致他们之间重要的、关键的信任纽带破裂。

执法多样性：社会的缩影

据《执政》杂志数据编辑迈克·马西亚格（Mike Maciag）称，在为至少10万居民服务的地方执法机构中，少数群体的代表性仍然不足。

> 如果将每个警察局宣誓就职的警官的人口统计数字与一般公众的人口普查估计数相比较，种族和族裔少数群体的代表性平均不足24个百分点。在黑人、亚洲人或西班牙裔构成单一最大种族或族裔群体的85个司法管辖区中，有35个司法管辖区的警察人数不足其人口比例的一半（马西亚格，2015）

司法统计局（BJS）每4年对执法机构，包括市、县、州和联邦各级的组织进行1次全国性的人口普查。这是通过执法管理和行政统计（LEMAS）数据收集调查来完成的。美国大约有18000个联邦、州、县和地方执法机构。从司法统计局2013年LEMAS调查收集的数据提供了以下人口统计数据：

当地警察局

2013年，约有12000个地方警察局雇用了477000名宣誓警察：

- 48%的部门雇用少于10名警察；
- 54%的警察受雇于拥有100000名或更多居民的司法管辖区；
- 12%的警察是女性；
- 10%的女警察是一线主管；

·27%的警察是少数民族或少数族裔成员。

值得注意的是，在1987年至2013年期间，少数民族警察人数增加了7.8万人，即150%。在同一时间段内，拉美裔或拉丁裔警察的人数增加了16%，而非裔美国警察的比例保持稳定（见图表2.4）（里夫斯，2015）。

图表2.5显示了从1987年至2013年期间，当地警察部门中同时也是有色人种的全职宣誓警察所占百分比的增加。

县治安官办公室

估计在2013年全国3012个县治安官办公室，雇用了大约189000名专职宣誓警察：

·14%是女性；

·12%的女性是一线主管；

·22%是少数族裔，拉丁美洲警察占最大份额（11%），紧随其后的是非裔美国警察（9%），如图表2.6所示。

一些主要的执法机构已经在少数族裔雇员的百分比方面达到了与其所在社区人口统计数字相当的水平，但大多数机构没有做到。

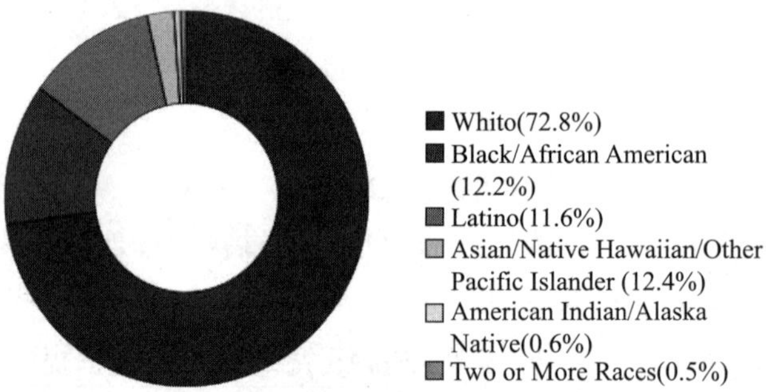

图2.4　地方警察局的种族结构（2013年）

资料来源：改编自里夫斯、布莱恩（2015年），“地方警察部门，2013年：人员、政策和做法”第五册，司法部、司法统计局。

网站来源：www. bjs. gov/contenUpub/pdf/Ipd13ppp. pdf（accessed January 6，2017）。

注：

■ Whito 白人
■ Black/African American 黑人/非洲裔美国人
■ Latino 拉丁裔
■ Asian/Native Hawaiian/Other Pacific Islander 亚裔/夏威夷土著人/其他太平洋岛国人
■ American Indian/Alaska Native 美国印第安人/阿拉斯加土著人
■ Two or More Races 两个及以上的人种

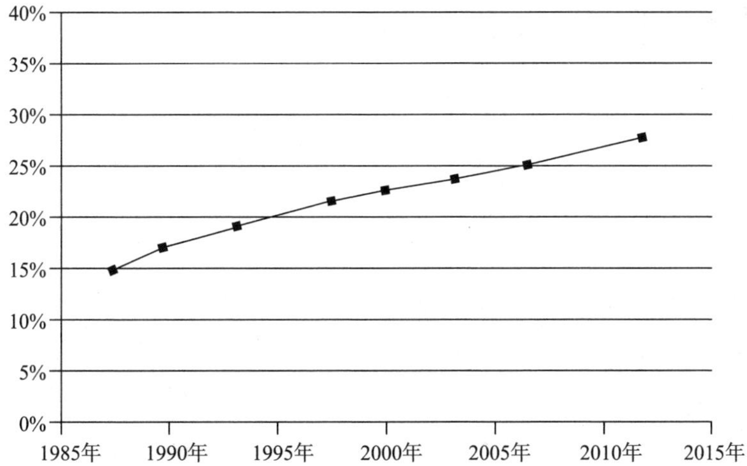

图 2.5　地方警察局：少数民族百分比（1987—2013 年）

资料来源：改编自里夫斯、布莱恩（2015 年），“地方警察部门，2013 年：人员、政策和做法”第五册，司法部、司法统计局。

网站来源：www. bjs. gov/contenUpub/pdf/Ipd13ppp. pdf（accessed January 6，2017）。

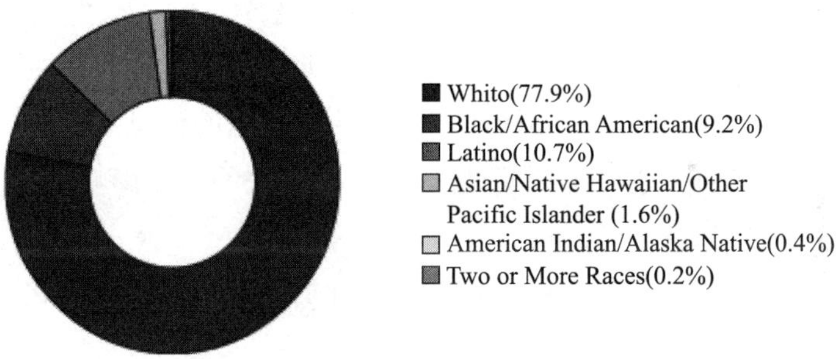

图 2.6　县治安官办公室的种族结构（2013 年）

资料来源：县治安官办公室的种族结构（2013 年）。

网站来源：https：//www. eeoc. gov/eeoc/interagency/police-diversity-report. cfm 一 Jtn46。

注：

- Whito 白人
- Black/African American 黑人/非洲裔美国人
- Latino 拉丁裔
- Asian/Native Hawaiian/Other Pacific Islander 亚裔/夏威夷土著人/其他太平洋岛国人
- American Indian/Alaska Native 美国印第安人/阿拉斯加土著人
- Two or More Races 两个及以上的人种

执法场所的种族主义

工作场所的种族主义深深地扰乱了警察部门内部的关系和士气，一旦公众听到，就会侵蚀社区的信任和信心。执法官员违反了他们在该部门所作的誓言，实施了不平等的法律行为，将使他们的领导受到诉讼，从而浪费部门资源。

如同偏见一样，种族主义有不同的类型，它们有多种特点。在种族主义方面，有“个人介导的”“制度性的”和“内化的”种族主义。当大多数人听到“种族主义”这个词时，都会想到个人介导的种族主义（费金，2006）。它包括基于成见、偏见、信仰、实践和导致偏见的行为以及针对他人的歧视的特定态度。它是明确和公开的。

制度性种族主义，是指一个公共或私人组织因其肤色、文化或民族血统而未能向人们提供商品、服务或机会。这可能是放贷者未能向某些种族的人提供住房贷款，这一做法被称为红线，或者是教师和学校管理人员对有色人种的学生实施更严厉的惩罚，如留堂或停学。

一般来说，内化种族主义，是指个人自觉或潜意识地接受主流社会的观点、刻板印象和对种族、民族和其他受保护阶层的偏见。在本书第一章和第六章中，我们关注“隐性偏见”，及其对执法的直接影响。

种族主义　由于种族、肤色，有时还有文化背景的原因，而完全排斥和歧视他人。

歧视　基于成见和偏见的行动；由于个人或群体的年龄、残疾、就业、语言、国籍、种族、民族、性别、性别和性别认同、性取向、宗教或其他形式的文化认同而拒绝给予他们平等待遇。“种族”和“民族”歧视有时可以互换使用。

成见　在知道事实之前形成的判断或意见，通常涉及对一群人的消极或不利的想法。

偏见　基于种族、宗教、残疾、性取向、种族、性别或性别认同对一群人预先形成的负面意见或态度。

受保护阶层　法律保护免受非法歧视的人群，包括残疾人、

> 宗教团体成员、孕妇、40岁以上的人、少数民族成员、同性恋者和退伍军人。法律还保护人们免受“报复”，维护“他们有权免受包括骚扰在内的就业歧视”（美国平等就业机会委员会）。

种族主义在整个人类历史上一直存在，因为个人群体总是妖魔化“他人”。种族主义包含一个潜在的假设，一个种族，几乎始终是白色人种优于其他所有种族。种族主义者是指赞成这种信仰的人。种族主义的例子不仅体现在白人至上主义团体在语言和行动中，然而，不幸的也会出现在非仇恨团体的社会成员的语言和行动中。种族主义有很多种形式，往往是无意识的，但影响着各种各样的人。

制度性的种族主义，或是相似的种族主义对受实践影响的人，不管是有意的、无意的，还是隐蔽的都可能是毁灭性的。就业前标准化测试是制度性种族主义的一个例子。有人声称，这种评估可以明显歧视某些文化和社会背景的人，因此在西方世界，少数族裔往往得分较低。在黑人社区未铺砌的道路可以看作另一个例子，制度化的种族主义作为“老年版”的存在，如在学校使用的教材都是黑人。

执法机构内的种族主义，无论是个人介导还是制度化的，已经被记录了几十年。在纽约警察学院举办的一次非裔美国人历史展览中，其中包含了记录了纽约警察局第一位黑人警官的经历：在《宪章》创立纽约7年前，布鲁克林区是一个独立城市，雇用了第一位黑人警察。威利·奥弗顿于1891年3月6日宣誓成为警察……他的第一次履行职责是穿着平民服装，因为同伴警察违反传统拒绝给他提供临时制服……同一部门警察拒绝和他住一间宿舍……辖区里的警察都不理睬他，只有在工作必要的时候才与他说话。

纽约警察局并不是唯一。无论警察局大小或地域，警察部门都可能发生种族主义。不幸的是，几十年来种族主义一直是个问题。在2014年为《西方黑人研究》杂志发表的一篇文章中，俄亥俄州伍德米尔村警察局第一位非裔美国警察局局长查尔斯·威尔逊（Charles Wilson）和布莱恩特大学专门研究组织行为和全球多样性的教授雪莉·威尔逊（Shirley Wilson），对非裔美国警察进行了调查，以确定他们对其在当地警察机构存在的积极或消极影响的感知。他们的调查结果表明，非裔美国警察：

· 持续发现自己是种族冷漠和似乎充满敌意的工作环境的受害者；

· 相信种族形象定性是由他们的机构所实行和容忍的；这些机构在改善多样性方面做得很少，对他们的努力提供的支持也很少；

· 强烈认为他们在这些小机构中的存在对少数族裔社区的警察互动产生积极影响（C. 威尔逊 & S. 威尔逊，2014）。

在本书的 7 个版本中，作者采访了来自全国不同管辖区的警察，询问了他们部门的种族主义问题。这些受访者大多要求隐去自己的名字，因为他们担心受到影响。一位非裔美国警察回忆说，一位白人警察对他进行了种族诽谤，几乎要对他拳打脚踢；对于这位白人警察和他的朋友来说，使用这种诽谤是司空见惯的。一名古巴裔美国警察讲述了一名没有抵抗力的拉美裔犯罪嫌疑人的故事：犯罪嫌疑人在一次轻微犯罪中被白人警察逮捕和殴打，并使用了种族称谓。马萨诸塞州一个大城市的一名副警长因使用“黑鬼”一词来辱骂一名警察而被停职。佛罗里达州一个大城市的一名非裔美国警察因违反全市严格的政策，对其他黑人使用种族称谓而被解雇。在这起特殊案件中，非裔美国警察的行为是由现场另一名警察报告的。在另一个城市，有人无意中听到一名非裔美国警察对一名白人囚犯说：“等你到中央拘留所，让黑鬼抓住你。”

2016 年，旧金山警察局的 3 名警察因发短信被调查，他们在短信中称拉丁美洲人是“海狸”，穆斯林是“抹布头”。这些指控导致联邦政府对警察局进行了审查，当时全国正在就少数族裔社区的治安问题进行辩论。所有的警察都被命令参加反骚扰课程。佛罗里达州的两个警察局也发生了类似的丑闻。

联邦法律打击制度性或个人介导的种族主义和歧视。根据 1964 年《公民权利法》第七章、《美国残疾人法》和《就业年龄歧视法》规定，在招聘过程或雇用方面的任何歧视都是非法的。美国的所有工人都受到保护，不受骚扰、歧视和基于某些标准的就业决定的影响。有关公共和私营部门歧视的投诉和指控由联邦机构平等就业机会委员会（EEOC）调查、起诉和解决。被保护人必须是联邦或州法律、政策或类似权威机构所描述的“受保护阶层”的一部分；但是，他们仍然必须展示工作所需的资格，遵守所有公司准则，并以所有员工期望和要求的方式行事。“受保护阶层”指的是保护工人免受基于性别、种族、宗教、肤色、国籍、年龄（40 岁以上）、身体或精神残疾的就业歧视和惩罚。此外，2008 年《遗传信息非歧视法》（GINA）第 2 条规定了禁止就业中的遗传信息歧视。《怀孕歧视法》（PDA）规定禁止在就业、裁员、培训、附加福利（如假期和健康保险）以及任何其他就业条款或条件方面基于怀孕的歧视（美国平等就业机会委员会）。雇主报复任何提出歧视投诉的雇员或申请人也是违法的。2009 年，美国最高法院裁定，配合雇主对歧视进行内部调查的工人不得因牵连同事或上级而被解雇（克劳福德诉纳什维尔和戴维森县大都会政府案，2009 年第 06-1595 号）。

2017 年 1 月 17 日，有报道称，特勤局已经解决了一个长达 20 年的案件，涉及 100 多名黑人特工。在这起诉讼中，特工们声称该机构允许种族主义文化，并多次提拔白人特工胜过更有资格的非裔美国人。特勤局即使和解，也不承认有任何不当行为或机构偏见（莱昂尼格，2017）。歧视也可能涉及白人雇员。2012 年，纽约伊萨卡的一名白人警察在联邦诉讼中被判获赔 200 万美元，罪名是种族歧视和报复。他的诉求是，由于他是白人而被拒绝晋升，而且在投诉之后，管理层为了报复而改变了他的工作任务。最终，一个全白人的陪审团投票认为他的指控是合法的，判他获得 200 万美元赔偿款（谢地，2012）。

在 2016 财政年度，平等就业机会委员会调查了 42018 项报复指控，占所有投诉的 45%，也是最常见的投诉（美国平等就业机会委员会，2016）。报复指控逐年增加，原因是员工对自己的权利越来越了解或接受教育，并愿意行使这些权利（鲍曼，2016；特兰克，2014）。

1964 年的《公民权利法》第七章也禁止基于某些种族和族裔群体的能力、特点或表现的成见和假设所作出的就业决定。同时也禁止故意歧视和中立的工作政策，这些政策不成比例地排斥少数群体，与工作无关的内容包括在《公民权利法》第七章中。2016 财政年度，平等就业机会委员会通过自愿决议和诉讼，解决了近 97500 项就业歧视指控，并为私营部门、州和地方政府工作场所的歧视受害者获得了 4.82 亿美元赔偿。

以下显示了指控的数量、类别和占比：

· 种族歧视：32309 项（35.3%）

· 宗教歧视：3825 项（4.2%）

· 基于国籍的歧视：9840 项（10.8%）

·肤色歧视：3102 项（3.4%）

几乎所有类别的数字都比前几年有所增加。2016 年，EEOC 首次将 LGBTQ 指控纳入年终总结。该年这些指控有 1650 项，EEOC 并为当年提出解决性别歧视指控的 LGBTQ 个人追回 440 万美元（EEOC，2017）。首席执行官、经理、主管和员工应该从这些数字中认识到在工作场所化解和控制制度性或个人介导的种族主义和歧视的重要性。

化解工作场所的种族和文化的冲突

为了消除所有机构中的种族主义态度、行为和/或实践，组织必须对存在的种族主义透明，并积极作出应对和防止种族主义行为的策略。认识到来自不同文化、种族、民族和国家的人同样容易受到种族主义、排斥态度、做法和行为的影响，是一个好的开端。白人经常成为被告；任何教育或培训工作都不应该把白人雇员（或学生）单独挑出来。如果发生这种情况，那么就很少有机会进行有益的或富有成效的对话，或欣赏其他种族的经验和看法。

警务人员面临的最大挑战是如何处理自己有意识或无意识的消极偏见、成见和歧视。任何人都不可能被迫放弃根深蒂固的偏见。然而，警察必须认识到，在执法过程中，以歧视性或种族主义的方式行事不仅不专业，而且可能导致悲剧的后果。

解决种族主义的第一步是让各级警察部门人员承认，而不是否认种族主义存在。警察局指挥部门必须鼓励所有背景的警官使用解决冲突的技术，在冲突爆发之前处理问题。警察指挥部门还必须接受培训，以使用既定技术缓解工作场所的种族紧张局势或冲突。凭借高度的专业精神和耐心，解决冲突的技术在大多数情况下都将减少劳动力和社区内的种族与族裔问题（除以下内容外，第四章还包括一个缓和冲突的部分）。

冲突解决技巧

国家预防犯罪委员会（NCPC）制定了以下冲突管理时应记住的事项清单：

1. 注意愤怒是一种正常的感觉。

2. 我们如何处理自己的愤怒，以及我们如何处理其他愤怒的人，可以有效管理冲突，并防止冲突以暴力结束。

3. 注意触发因素，这是任何可能导致愤怒或其他负面情绪反应的言语或非言语行为，这有助于帮助解决冲突。

4. 触发因素就像闪电一样，当它们产生时，它们会妨碍沟通。

5. 为了避免触动他人敏感点，要特别注意自己的行为，甚至是肢体语言。

6. 注意，人们已经使用策略来控制他们的愤怒（例如，远离危险的情景），并且需要继续在这个基础之上建立行动策略。

7. 不断努力保持冷静，做一个有效和尊重对方的倾听者。

8. 越能给愤怒“降温”，就越能控制愤怒。

9. 即使你的愤怒可能是正当的，但通常也无助于向对方表达你的愤怒。有时，如果你保持冷静和礼貌，对方会更认真地对待你。

10. 记住，你的目标是控制愤怒，并且在不威胁他人的情况下有效地表达你的需求。可能有必要对可容忍的行为进行定义（国家预防犯罪委员会）。

执法领导人必须掌握解决雇员之间冲突所需的技能。《财富 500 强 CEO》的领导力顾问建议：也许对领导者来说，最重要的是良好的冲突解决能力等于优秀员工的留任。不处理冲突的领导者最终会看到他们优秀的人才走出家门，寻找一个更健康、更安全的工作环境（迈亚特，2012）。

全国大多数执法机构都有警察局的行为准则和道德规范，要求在工作场所采取适当的行为，然而，骚扰、歧视和冲突经常发生。除警官的行为和契约义务外，还存在种族和文化根源的冲突，需要涉及人际关系技能的关注，如管理上的冲突解决。

关于控制偏见行为的警察局一般命令

正如我们前面提到的，控制或制止种族主义和偏见思维是不可能的。然而，命令可以停止或控制行为。我们以 2012 年成立的莱克兰（佛罗里达）警察局行为准则为例。以下是警察局的一般命令，其目的是防止和控制偏见的行为表现：

> 3-1.7 工作场所的骚扰
>
> 警员不得从事任何构成种族、族裔、性别或性骚扰或滥用警

察局一般命令和程序或莱克兰市人事政策和程序手册中规定的权力的行为。

3-1.8 基于偏见的警务

严格禁止警员从事基于偏见的貌相做法。宣誓警员不得采取任何仅基于包括但不限于种族、民族背景、性别、性取向、宗教、经济地位、年龄和文化群体的个人特征的警察行动。

3-1.9 警员报告不当行为的责任

各警员应立即向其主管或分配到专业标准办公室的人员报告其他人不遵守任何联邦、州或地方法律、莱克兰市条例、道德规范、警察局指令、一般或特殊命令、政策或程序的情况。

3-1.10 礼貌、响应和公正

警员在与公众的一切互动中，都应表现出合理的礼貌。警员不得对任何公民使用粗鲁、残忍或亵渎的语言。警员在履行职责和在公众面前对所有个人保持专业态度。各警员不得以作为、不作为或声明的方式表示对种族、信仰、性别、残疾、民族背景、性取向、宗教、经济或婚姻状况、政治或文化群体、民族血统或其他类似个人特征的任何偏见。

警员将为所有市民提供专业、有效和高效的警务服务。

警员不得允许其决定受到种族、信仰、性别、残疾、民族背景、性取向、宗教、经济或婚姻状况、政治或文化群体、民族血统或其他类似个人特征的影响。

警员不得允许其个人意见、协会或友谊影响其决定，并应在履行职责时保持公正（莱克兰警察局行为准则，2012）。

旧金山警察局在 2015 年通过了一项用于防范偏见、不容忍和偏执的承诺：

旧金山警察局“我值班室，不行”的保证

- 我保证不带偏见地忠实、诚实地为旧金山人民服务。
- 我不会容忍我们同事的仇恨或偏见。
- 我将直面不容忍，毫不犹豫地报告任何此类行为。

· 我会维护旧金山警察局的廉洁，维护旧金山人民的信任。
· 我会像对待自己一样对待社区成员。
· 我将以同情和尊重他人的尊严来追求正义。
· 对于那些可能让不容忍染上污点的人没有存在空间。

我保证，我值班室，不行。

（旧金山警察局，2017）

当警察局违反自己的道德规范和行为，在警察局内存在骚扰和歧视和/或对公民的种族主义行为时，他们可能会受到联邦同意法令的约束。同意法令是司法部和执法机构之间的一项协议，由法院指定的监督员执行，以确保司法部对需要作出的改变承担全部责任。

警察的组织

警察兄弟、宗教、种族和族裔组织为其成员提供社会活动、联谊、咨询、职业发展、资源以及与具有共同遗产、背景或经验的人建立联系的机会。例如，纽约警察局有许多俱乐部、社团和协会来满足其多样化组织的一些需要。又如，在纽约警察局，爱尔兰人由绿宝石协会代表，非裔美国人由守护者协会代表，基督教警官由基督警察代表，亚洲或太平洋岛民遗产（包括中国、日本、韩国、菲律宾和东印度官员）由亚洲玉石协会代表，穆斯林由穆斯林警官协会代表，意大利军官由哥伦比亚协会代表。

警察的工作压力很大，所以来自不同背景的人通过与背景相似的人交往来寻求安慰是很自然的。加入这些团体往往意味着打破成员在与社区居民甚至其他警察互动时遇到的陈规定型观念、敌意、冷漠、无知或天真。

有时，我们听到有部门或公众的批评，这些声音实际上突出了不同人群之间的差异。在全国黑人执法高管组织（NOBLE）会议上，一个白人女性（非参会者）询问 NOBLE 缩写的意思。当给她答案后，她问道："黑人有自己的组织是否合乎道德？白人能否有一个组织叫'全国白人执法高管组织'而不被视为种族主义者？为什么已经存在的多元文化、社会和专业组织不能满足每个人的需要呢？"

这名妇女的担忧激起一位参加会议的非洲裔美国人的兴趣，他当时是一名州警。他说，非裔美国警察需要他们自己的团体，因为他们无法融入更大的社会，也无法在白人占主导地位的社会或组织中自由表达自己。以种族或种族为基础的组织是一个让警察感到舒适、培养文化自豪感、与那些有着相同背景常常遭遇挫折感的人在一起的地方。

另一个非营利组织是成立于 1988 年的西班牙国家执法协会（HNLEA）。根据其网站描述，HNLEA 参与司法，致力于在执法界的西班牙裔的进步（拉美裔）及少数族人的权益。该组织正在努力提高拉美裔和其他少数族裔在执法领域的代表性，并充当与各社区、少数族裔官员和执法机构的联络人。

种族、民族、宗教、性取向的组织在执法体系中不是分裂，而是对传统不予接受的团体的支持，这些团体在执法组织中毫无权利。然而，调查 NOBLE 含义的白人女性所表达的情绪在警察中并不少见，警察指挥官和监督人员绝不能忽视。他们必须解决警察局内支持少数民族团体而可能需要面对的问题。他们还必须促进组织内所有正式群体之间的对话和共享活动。所有警察必须听取他们从不同族裔、种族和性取向的群体中获得的利益的解释。就这些组织的必要性进行公开和认真的讨论，将有助于防止执法机构内部的分歧。

基于多样性的工作

尽管公民可能会喜欢让有自己背景的警察在自己的社区和管辖区工作，但这种部署战略可能会产生意想不到的、潜在的不公平后果，因为与白人警察相比，少数族裔警察的职业道路截然不同。并非所有种族或种族多样性的警察都具备与自己的文化或种族群体合作的技能或愿望。因此，仅仅基于多样性的任务分配通常是不公平的，可能对警察和社区都是不利的。基于警察与社区的关系将自动改善的观念，不应将警察局限于在特定领域工作。此外，与附近居民具有相同种族的警察不一定是该地区最好的犯罪斗士或问题解决者。此外，一个与公民背景相同的警察总是对他或她的社区的特殊需要表现出敏感，这仅仅是一种假设。

罗纳德 · 汉普顿是退休的华盛顿特区的大都会警察以及全国黑人警官协会（NOBLE）前执行主任，在 NOBLE 会议上讨论非洲裔美国新警想要在华盛顿特区的黑人社区工作的原因，他举例证明了这一点。想要在华盛顿特区黑人社区工作的该应征者认为，他可以告诉其他非裔美国人该怎么做，但在以白人为主的社区里，这样做并不总是那么适宜。汉普顿指出，这名年轻的新警称他家附近的人为“蛆”。这种仇恨言论是完全不可原谅的，并且主管将让所有下属对自己的行为负责，并且不管谁在谈论谁，都要遵守纪律（汉普顿，2017）。我们举这个例子来说明一些警察可能已经内化了社会对他们的仇恨，因而不会自动成为某些社区中最有效的警察。

1988 年至 1993 年，当罗伯特·伯格林是圣地亚哥警察局的首席执行官时，他像许多其他执法管理者一样，没有根据肤色、性取向或种族部署警察。部署是根据与社区的最佳吻合程度进行的，与警察的技能和能力有关。伯格林局长有 4 个社区关系警察，每位警察负责联络该市的一类：西班牙裔、非洲裔美国人、亚裔和同性恋。他把这些警察描述为他的“眼睛和耳朵”以掌握各个社区中的情况。一些城市利用文化事务委员会履行类似的职能，由来自不同社区团体的人以及来自不同背景的警察组成。

执法女性

职业女性

一直以来，女性都是美国社会一般劳动力的组成部分，多年来主要的传统女性职业角色，如护士、秘书、教师、女服务员和航空乘务员。第一次大规模的妇女进入一般劳动力的运动发生在第二次世界大战期间，尽管有争论说这也发生在内战早期。随着男人们参与战争，妇女大量进入劳动力市场，成功地占领了许多非传统的职业角色。妇女的非传统职业是指妇女占总就业人数 25%或以下的职业。“二战”后，30%的妇女继续在外工作（妇女在劳动力中的历史，1991）。

根据美国劳工统计局的数据，劳动力中妇女的人数在 1950 年（1800 万人或 34%）和 1999 年（6600 万人或 60%）期间以极快速度增长，年增长率为 2. 6%。自那以后，到 2014 年，女性劳动力参与率下降到美国市民劳动力的 57%，比前一年下降了 0. 2 个百分点（见图表 2. 7）。

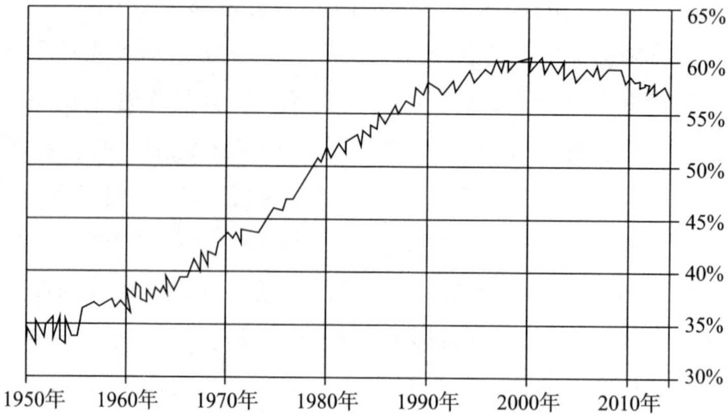

图表 2.7　自 2000 年以来，在职妇女对妇女市场的参与一直在下降

研究预测，未来 50 年，女性在劳动力中的参与将显著放缓，预计到 2050 年，将有 9200 万名女性进入正式工作场所（美国劳工部，2015）。

早年雇用的女性警察，不允许或不要求她们从事街头巡逻的职责。其任务和职责仅限于如青少年犯罪、逃学预防、虐待儿童，针对女性的犯罪和监禁（贝尔，1982）。1845 年，纽约首次聘请警察“夫人”，1888 年，马萨诸塞州和纽约通过立法要求社区人口超过 20000 名的雇用警察夫人照顾女囚犯。根据摩尔的说法（1992），在 19 世纪上半叶，一些警察实践受到挑战，因此允许妇女进入警察领域。1905 年，波特兰市（俄勒冈州）警察局吹嘘其录用了第一个宣誓维护警察职责的妇女；然而，她没有巡逻职责。1922 年，国际警长协会通过了一项决议，支持使用女警，但当时没有妇女巡逻或做侦探。历史上，人们普遍认为妇女无法胜任行使权力和使用武力的执法职能。

直到 1968 年年底，印第安纳波利斯警察局才创造历史，第一次派了两名女警察与她们的男同事平等地巡逻（舒尔茨，1995），终于克服了这种观念。妇女在执法方面的其他标志性事件发生在 1985 年，波特兰市任命了主要城市的第一个女警察局长，1994 年亚特兰大市（美国佐治亚州首府）任命了第一位非洲裔美国女警察局长。

本章前面讨论了 1964 年《公民权利法》第七章，该法在向妇女开放警察部门方面发挥了重要作用。反歧视政策的采用，也让更多女性进入执法领域。虽然越来越多的妇女进入执法领域，但她们仍然遭到男性警察公然的怀疑、怨恨与敌意。

历史上，执法机关有关招募者的最小身高和体重、力量与敏捷性的要求或标准，构成女性进入执法领域的诸多障碍（珀丽莎和缪尔格拉姆，1998）。在20世纪80年代早期，为符合法院命令的法定任务和禁令，大多数公务员考试修改了这些要求（巴尔金，1988）。然而，2003年国家妇女和警察中心（NCWP）出版的研究推论，初级身体敏捷性测试仍然是对妇女不利的，排除了大量妇女。国家妇女和警察中心（NCWP）建议可以采用其他选项，确保合格妇女进入执法领域，进而消除妇女进入执法领域的障碍（朗斯韦，2003）。对这项研究更全面的讨论将放在第三章展开。

执法妇女人数

2007年至2013年期间，宣誓警察中的女性代表人数持续稳定。2013年，统计数据显示，在当地警察部门的专职宣誓警察中，女性约5.8万人，占12%；在警长办公室，女性约2.61万人，占14%。1987年至2013年间，全日制、宣誓就职的女警察在当地警察部门的百分比增长见图表2.8，治安官办公室的百分比增长见图表2.9（里夫斯，2015）。

妇女在执法中的代表性不足，妇女所占比例仍然很小。这一数字增长缓慢，且主要在大型城市警察局。对于较小的警察局来说，要么没有女性，要么只有一小部分女性在警队工作，这较为普遍。大约5%的非裔美国妇女参与执法（里夫斯，2015）。

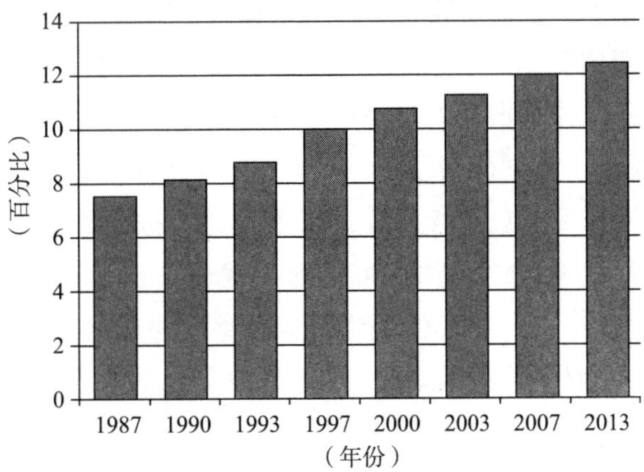

图表2.8　1987—2013年全职宣誓的女性代表在当地警察局人员占比

注：该数字包括收集数据的所有年份。

资料来源：司法局统计局、执法管理和行政统计局（LEMAS）调查，1987—2013年。

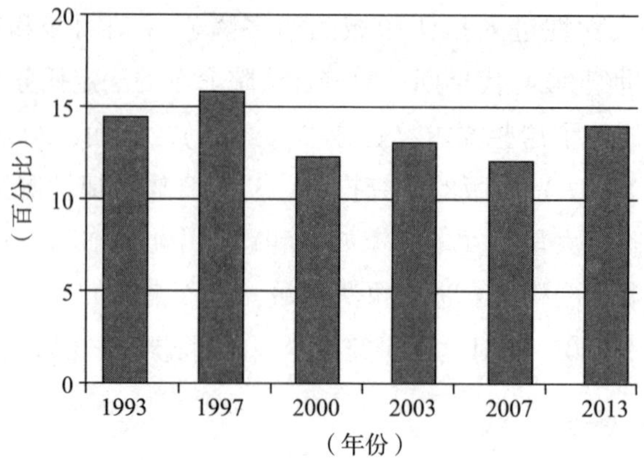

图表 2.9　1993—2013 **年在县治安官办公室宣誓的全职女性警员的百分比**

资料来源：司法统计局、执法管理和行政统计局（LEMAS）调查。

工作场所问题

妇女纳入警务和留用问题成为许多执法行政首长、管理人员和主管在其部门内处理工作场所的问题。女性仍然面临一些独特的障碍，包括克服社会和一些男性同事与领导的态度。其中一种态度是，妇女没有真正的力量来完成体力劳动，这是平民和男性警察的固有成见。还有一种态度是，由于妇女的性别，导致她们可以进入执法部门，然而女性必须满足与男性相同的生理和情感要求。研究表明，招募和留住妇女面临的最大问题是执法中的“文化障碍”（马提斯、凯勒和利姆，2012）。执法机构特别是执法中的妇女面临的工作场所问题涉及性骚扰、性别歧视、角色障碍、“兄弟情谊”、双重标准、差别待遇以及职业与家庭问题。尽管取得了一些成绩，但许多女警察断言，在以男性为主的工作文化中被接受仍然是一个挑战。据旧金山警察局（SFPD）指挥官特蕾莎·尤因（负责该市里脊警察分局的两位女警长之一）称：“女性最终可以被她们的部门接受，但她们必须努力证明自己。她们必须展示自己的能力，并且能够照顾好自己。”（尤因，2017）

1. 性骚扰。性骚扰对一个组织的健康、受害者和犯罪者都有重大影响。在执法过程中，人们长时间工作并对危险报警电话作出反应，存在性骚扰的环境对警察的任务和安全是有害的。性骚扰在任何情况下都是不受欢迎的行为，其特征是对他人滥用权力，有以下不同的形式：

·敌意的环境，包括不受欢迎的性行为，如“笑话”、卡通、海报、戏谑，反复要求约会、要求性好处、身体部位的比较或身体接触，有目的地、不合理地影响一个人的工作表现，或制造威胁、敌意，或攻击性的工作环境。

·性骚扰的同等物，是指一个人被要求通过性行为以换取工作福利，如你被告知你将通过试用期，得到晋升，得到一个好的绩效评估，或者你就不会因为做错了事情而被记录下来，条件是你会从事某种类型的性行为。

·性别骚扰，是不以性行为为基础，而是以性别为基础的行为。它也被称为性骚扰。例如，“妇女不够勇敢，不能当警察”“妇女应该待在家里，生孩子，警察应是真正的男人”（“工作场所问题”，2005）。

性骚扰可在各种情况下发生，包括但不限于下列情况：

（1）受害者以及骚扰者，可能是女人或男人。受害者不必是异性。

（2）骚扰者可能是受害人的主管、老板的代表、其他领域的主管、同事或非雇员。

（3）受害者不必是被骚扰的人，而是任何可能受到冒犯行为影响的人。

（4）非法性骚扰的发生可能没有受害人的经济损害或指控。

（5）骚扰者的行为必须是不受欢迎的。

鼓励雇主采取必要措施防止性骚扰的发生，因为预防是消除工作场所性骚扰的最佳工具。他们应该清楚地告诉员工，性骚扰是不能容忍的。只有通过建立有效的投诉或申诉程序，并在员工投诉时采取立即和适当的行动，他们才能做到实现此目的（“性骚扰的事实”，2008）。虽然在私人和公共部门都存在性骚扰，但我们认为在执法领域尤为可能成为突出问题，因为这个职业领域仍然主要是由男性主导的。

本书的每一个版本采访的大多数女警察（她们要求匿名）说她们在工作场所遭到过性骚扰，大多数女警察表示，当男性警察表现出冒犯行为时，她们会保持沉默，以免受到男性的强烈反应。女权主义者多数基金会执行主任凯瑟琳·斯皮拉尔（Katherine Spillar）负责监督女权主义者多数基金会下属的国家妇女和警察中心，她转述了以下报复的极端例子：女性警察告诉我们（在女权主义占多数的基金会中），她们的男性同事威胁说不接电话。其中一位告诉我们，当一名女警察在一次严重家庭暴力出警现场被犯罪嫌疑人残忍殴打时，男警察是如何袖手旁观的（斯皮拉尔，2017）。

这种缺乏报告的情况也可以直接归因于执法机构的沉默准则和妇女报告不当行为时发生的严重报复。然而，即使在执法部门之外，妇女也不愿意举报骚扰。据估计，“只有5%至15%的受骚扰妇女正式向雇主或就业机会委员会等就业机构报告骚扰问题”（美国平等就业机会委员会，2010）。受访者透露，性骚扰发生在组织的各个层面，而不仅限于男性对女性的骚扰。

部门主管必须制定一个零容忍的性骚扰政策，并将此信息传达给整个部门。还必须针对性骚扰及其预防提供专门政策培训。有些部门修订了升职考试内容，其中包括有关该部门性骚扰政策和程序的问题。阿尔伯克基市（新墨西哥州）警察局迄今已将该部门的性骚扰投诉的调查工作转移到了一个由平等就业机会调查员专家组成的外部城市机构。根据阿尔伯克基市（新墨西哥州）警察局的说法，这种方法有助于加快程序、确保公正、增加对程序的信心。提出投诉的警察不必获得一系列命令的批准。由妇女贸易技术和科学研究机构（IWITTS）开发的针对宣誓主管关于预防性骚扰的8小时警察具体培训课程也很有价值。该课程是案例分析模式，分析警察的合法案例，那些参加培训的人已对该课程给予高度评价。妇女贸易技术和科学研究机构（IWITTS）课程为参加者提供“执法评估工具”包，让执法机构有能力进行自我评估，同时在招募女警察、防止性骚扰、确保公平晋升上制订战略计划。

当骚扰发生时，其结果可能使相关人员的职业、组织的内部环境、部门的公众形象毁灭。对所有执法人员（宣誓和不宣誓）的培训极为重要。曾经由男性占主导的执法机构，正处于多元文化工作环境的过渡之中，男性、女性、种族、族裔和性取向方面的文化身份差异有所增加。新环境中的明智政策和指导、开发和提供培训与处置程序，性骚扰一定会减少。关于歧视和性骚扰的培训，不仅要针对法律和责任问题，还要处理对差异的根深蒂固的态度。

2. 性别歧视。当一个人在工作场所因为性别而受到不平等待遇时，就会发生性别歧视。可能构成工作场所性别歧视的例子如下：

·分配给妇女的工作或项目，被认为是“传统女性”而不是非传统的岗位，如特警、K9、团伙组及毒品。

·使用晋升测试、或其他与工作无关的工作机会、或承担一小部分工作职责，结果是妇女没有得到与男性同等的晋升机会。

·将妇女置于较高或不同的水平上进行业绩评价。

·不给予妇女同等重视的专业培训、会议、专业工作分配等。

·不给孕妇轻松职责，却将这样的任务安排给休班受伤的男子（“工作场所的问题”，2005）。

《联邦怀孕歧视法》（PDA）要求雇主对待“受怀孕、分娩或相关条件影响的妇女”与“其他未受影响但在工作能力或无能力方面相似的人”一视同仁（美国平等就业机会委员会）。最大的抱怨来自怀孕的宣誓警察，当她们通知她们的部门她们怀孕后，她们被调离工作岗位，但没人给她们安排轻松岗位。基于怀孕、分娩或相关医疗条件的歧视是基于性别的歧视。执法机关在保护其他暂时失能人员的工作时，也不得拒绝为休产假的职工保留工作；在休产假返回时拒绝给予资历地位；或者拒绝给予休假期间的养恤金服务时间，除非其他失能职工同样处境不利。市、县、州和联邦雇主必须了解与此类工作场所问题相关的法律，并相应地培训其员工，以避免成本高昂的诉讼。

3. 角色障碍。在一般人口和执法范围内，在工作场所基于性别而给予妇女的障碍和敌意已经逐渐减少。例如，关于保护的观念因性别而不同——谁保护谁？在美国社会，妇女应该保护孩子，但是，对于男性保护女性已经得到更广泛的社会接受而成为传统。在保护行为中，保护者成为支配者，受保护者成为从属者。虽然这种性别角色的感知还没有完全被破坏，尤其在执法和矫治工作上，但是，当今那些职业领域中的女性和年轻男性警察的数量开始减少。现在与女性同事过的男性警察越来越多。在妇女进入危险的、男性占主导地位的，被认为需要“男性”的力量和能力的非传统职业的过程中，许多有经验的警察和矫正官最初过渡很困难。其结果曾被描述为文化间的冲突——雇员中曾经男性占主导，转变为女性成为组织环境中不可或缺的一部分。有经验的男性警察或者矫正官，习惯性地保护妇女，往往觉得除了与在街上的囚犯或暴力的人开展工作之外，他们还有责任保护他们的女同伴。

这些感觉、态度、感知使执法岗位上的男女相互间很不舒服。女性有时感到被屈尊、过度保护，或者仅仅容忍，而不是欣赏和尊重她们的工作。再者，这些态度和感觉正在减少，随着新生代男性警察越来越接受女性参与执法。在我们与众多有经验的警官访谈中，我们发现，少有例外，女性被男性广泛接受，但是接受程度与女性的工作表现密切关联。

据退休警察贝齐·布兰特纳·史密斯说，“与过去相比，妇女在执法中的角色障碍更少了。尽管仍然不是一个完美的世界，但如果女性做好满足标准和要求的准备，她们在特殊任务和晋升中会有更多的机会”（史密斯，2017）。她说，“无论是升职还是特殊任务，女性都必须努力使自己的职位‘适销对路’，她们需要提高自己的能力水平，获得该职位所需的技能、知识和能力”。史密斯进一步补充说，“矛盾的是，如果我们努力平等对待每一个人，事实上，我们可能会冒忽视性别差异的风险，而这最终可能是错误的”。史密斯认为，“我们应该承认，我们并不都是平等的”，她指出，“多样性”这个词并不意味着平等，而是不同的状态（史密斯，2017）。

许多领导者和管理者试图通过忽视性别差异或走向相反的极端和过度补偿来平等对待每个人。过度补偿的例子是根据性别而不是能力来保留和提升妇女。大多数女警官更愿意为一个懂得领导和公平待人的男上司工作，而不是为一个不称职的女上司工作。使一个部门看起来更加多样化绝不应是唯一的目标（史密斯，2017）。在执法队伍中，男女的能力并不一样，有很多证据表明，女性往往具有高超的沟通技巧，使她们能够转移攻击性沟通，从而减少她们在街上遇到的人的暴力反应（在本章和第四章中进一步讨论）。

4. 兄弟会（也被称为老男孩的网络）。当女警被接纳为警察或管教人员的“网络”或“兄弟会”时，通常必须成为“其中的一员”（有关兄弟会中使用的语言如何排除妇女的更多信息，请参阅第四章）。希望成为兄弟会一员的女警察相信：同伴接纳是警察组织内部最大的压力之一。想要被称为“好警官”的愿望是一个强大的激励因素，而未能达到这一地位可能会非常令人沮丧和具有毁灭性。与男性不同，女性必须克服被称为“弱势性别”的社会偏见。许多女警官也表示，她们必须加倍努力才能证明自己并被接受，而男警官只需出现就能获得接受（伍尔西，2010）。

根据希尔兹堡（加利福尼亚）警察局前警察局长苏珊·琼斯的说法，“兄弟情谊”这个词至今仍然存在，并随着相关的行为。琼斯希望有朝一日会出现“执法之家”（琼斯，2017）。在当今男女同校的执法环境中，手足情谊这个词已经过时，那些仍然使用手足情谊的人显示出缺乏文化能力。贝特西·布兰特纳·史密斯警官说，虽然她同意“执法家庭”发出了正确的信息，但她并不认为手足情谊是一个负面的术语，因为它正确地描述其内涵。不过，凯瑟琳·施皮勤不同意这种说法：“我认为语言很重要，我们应该坚持称警察为‘警官’，而不是‘警察或女警’”（施皮勒，2017）。兄弟会和老男孩网络在很大程度上是全国范围内使用变化的同义词。另一个过时语言的例子是“兄弟般的警察”，历史上任何一个警察联盟都有。

通常，当女性试图成为街头、拘留所、监狱的男性警官中的成员时（成为兄弟会的一部分），会被认为太强硬、太冷酷，或者太没情感，可能会因为这些传统上的“不淑女”行为而导致被同伴或主管批评。尽管有些夸大，但一些女警因为她们的昂首阔步、咒骂、吐痰以及过度的侵略性，而被描绘成“简·韦恩”。而女性警官过于温柔，或者不具有充分的侵略性，男人又不把她当回事，她在警察或监狱的工作就不会干好。所以，女性警察面临着两难困境：在工作时必须具有足够的侵略性，但又需要足够温柔以获得男性同事的接受，同时能够有解决问题的不同方法。

当妇女感到被迫在工作场所表现得像男人时，结果可能适得其反，甚至会导致纪律处分。女性可能认为，为了成功，她们必须保持在可以接受的行为的狭隘范围内，并且只表现出某些传统的男性或女性特质。把握这个细节是困难的。这种现象并不是执法所独有的，如建筑业中的女性也是这样断言的，因为建筑业历来是男性主导的领域。

研究发现，大多数女性警官有不同的警务风格，“以服务为导向风格”，她们把自己的角色视为和平恢复者。而男性警官典型性地将自己的角色视为犯罪斗士，并且较其女性同伴更多地使用身体武力。根据 2010 年全国女性和警察中心的研究，涉及 7 个主要的美国警察机构：女警官与男警官相比，不太可能卷入过度武力问题。鉴于目前女性在大城市的警察机构的宣誓警员中占比为 12.7%，我们可以预期，这些机构的女警官应该有大约 12.7%的过度武力被市民投诉和 2%的持续过度武力指控涉及女警官。男警官被市民实名投诉过度武力的可能性是女警官的两到三倍（朗斯威等人，2002）。

警官使用武力解决冲突的意愿可以得到部分解释，因为男人天生比女人强。也就是说，现在女性组成了战术和特警队，并证明了她们在战斗中的能力和实力。妇女已经表明，她们可以在街上照顾自己，但妇女与男子的行为通常有不同的心态。由于许多男人更倾向于“男子气概”，因此更愿意面对身体，尤其是在面对另一位男性时。在某些特别的男子气概的文化（例如，拉丁裔和非裔美国人）中，男人们充满活力，他们可能不愿退缩，因为这使他们“不像个男人”。公民方面的这种态度会引发男警员更加积极的反应。通常，女警官更有可能使用协商、说服和沟通的技巧来试图化解潜在的身体对抗。具有讽刺意味的是，总统的21世纪警务指南要求执法人员仅仅是……传播者、谈判者和说服者。由于对SFPD的审查，《美国司法部指南》的指导原则和建议也支持了这种交流技能的关注（尤因斯，2017）。

从佛罗里达州一个大型警察局退休的警官凯西·比尔施泰特说，“男人通常比女人强壮。但即便如此，女性在抓捕男性嫌犯时也能利用其优势，因为男性是比较强壮的，所以通常他并不觉得有必要通过和一位女警官的战斗来证明他的男子气概。然而，在面对男性警官时，男性犯罪嫌疑人可能觉得有必要证明‘自己是个男人’并对男警官进行反击”（比尔施泰特，2017）。警官凯西·比尔施泰特说，她多次告诉有侵略性的男性，他很强壮，如果拒捕，他可能成功，但她劝男性戴上手铐，带着尊严安静地离开。如果不这样，比尔施泰特也可以让其他警官来制伏他，在这个时候，他很可能会受到伤害，还有面临拒捕和殴打警察的额外指控，故抓捕基本没有失手。语言技能不仅是女性警官必须具备的技能，也是所有警官必须具备的技能。比尔施泰特警官解释说：“了解性别情报很重要。大多数女警察本能地将运用口头技巧来处理男警察可能会更快采取武力的情况。”但是，她质疑执法和惩戒培训师是否经过适当的培训，向警员传授这些口头技巧。她建议，如果没有，则应优先考虑（比尔施泰特，2017）。

乔尼·李是旧金山南部的一名退休警官，她的工作是处理性别歧视以及帮派、毒品、性犯罪和街头巡逻。她是西海岸警察局在1980年雇用的第一批女性警察之一，她这样总结自己的人生哲学：“女人可以做警察工作，我们只是不会打那么多架”（李，2017）。

“当我被录用时，我必须证明我能比一个男性新兵努力两倍。我逮捕了更多的人，写了更多的引文，建立了更多的联系，等等。我会逮捕更多的罪犯，这样人们就不会认为我无法控制自己了。回想起来，那时的我就是‘简·韦恩’。我不建议新的女警官做我做的事。我也遇到过男性官员告诉我，女性不能做这项工作，如果我成为一名警官的原因是和男性官员睡在一起，那么我现在就应该离开。警官的妻子们也对我被雇用有意见，并且在我开始工作之前，长官和警员的妻子们有过会面”（李，2017）。

此外，女警官特别是少数族裔成员的女警官，常常感到自己必须竭尽全力证明自己，包括摆出勇敢的面孔。2016年，比萨·弗伦奇被提升为里士满（加利福尼亚州）警察局副局长。在一次采访中，她说当她第一次成为警官时，她必须快速学习：“我们现在是一个非常进步的机构，但是在那时，那是一个典型的老式的，像往常一样的警务环境……那是一个男性占主导地位的领域，我不得不装出一副勇敢的面孔来证明自己……那时更像是一个单向的沟通模式……那也包括我，因为我作为一位年轻警官最大的错误是没有足够的倾听，没有足够的参与。现在，协作和建立关系是这个部门的首要任务”（弗伦奇，2017）。

5. 双重标准。与女性官员的访谈显示，大多数人认为，她们必须比男性官员表现得更好才能被视为平等——这是一种双重标准。这些女性谈到她们如何给自己施加压力，要求自己的表现达到或超过男性同龄人的期望（LGBTQ员工经常表达同样的情绪）。一名女警官解释说，许多妇女早在社区警务哲学成为其机构的做法之前就已经在使用这一哲学。她提到，当她试图解决问题时，她在评估中受到了批评。她的上司对她的评价是负面的，认为她“过于努力地为原告的问题寻找解决方案”，说她“花太多时间在电话上解释程序”和“过于投入”（琼斯，2017）。然而，今天，女警官报告说，双重标准已经不那么常见了，因为执法部门强调社区警务。现在这种方法已经被视为标准，并被所有警官所期待（琼斯，2017）。

6. 差别待遇。过去，许多执法部门的妇女表示，工作人员对她们的待遇与男子不同。她们说，经常因某些特殊的武器和战术、凶杀案调查而受到晋升或特殊任务的阻碍，因为感觉上这些都是“男性”的工作。多年来，已经发生了一些变化：越来越多的女警官在特殊任务中服役，显示工作没有特殊问题。然而，一个关于妇女参与特殊武器和战术（SWAT）小组的研究结论是："虽然研究是探索性的，调查结果很难概括，结果显示，执法的军事性质和角色分化将继续阻碍女警融入特警亚文化。"这项研究表明，虽然被调查的男性特警队员对团队中的女性有一定的接受能力，但他们普遍认为女性缺乏必要的力量和技能（道奇、瓦尔科和戈麦斯，2010）。

警察主管必须确定他们的女警官是否接受了任务分配和培训的平等机会，这将为她们的最终晋升提供基础和准备。他们需要确定申请晋升的女警官的数量是否与部门女性代表成比例。如果没有，也许女警官需要她们的主管、可信赖的顾问和非正式网络伙伴的鼓励。晋升过程也可能不成比例地屏蔽女警。研究表明，过程越主观，妇女晋升的可能性就越小。使用评估中心和"实际动手"测试据说可以提供防止对妇女的潜在偏见的保护措施。利用结构化面试和选择代表不同种族和性别的面试委员会也可以减少这种风险。许多警察局现在正在培训面试委员会成员的面试技巧。妇女贸易技术和科学研究机构（IWITTS）已经开发了一个很受欢迎的为期半天主管培训会议，"创造一个支持性的工作环境"，以解决女性整合和保留的问题。

7. 事业与家庭。妇女在执法方面面临着另一个困境——试图抚养家庭和事业有成，这两个目标通常很难结合起来。妇女，尤其是单亲女性，她们在进入执法部门时如果有孩子，会经常发现她们难以平衡她们对家庭和工作的义务。如果她们在工作后有了孩子，她们可能会面临不适当的怀孕政策和产假政策（见前面的讨论）。在这两种情况下，女性都会感到内疚、压力和沮丧，她们都想在工作中保持良好的状态并维持家庭生活。进步的刑事执法组织提供创新的工作时间表、修改怀孕期间的任务分配、儿童护理计划、指导和支持小组，以及为妇女提供积极的工作氛围。这样的方案有利于组织内的所有员工。如今，男性在养育子女和家庭方面扮演着更为积极的角色，因此，照顾孩子、创造性工作时间表甚至产假或育儿假对他们也同样重要。

前面提到的警官凯西·比尔施泰特说，在招聘过程中，警官签署了一份文件，告知她们需要工作的轮班、地点，包括墓地。表格还通知她们，任务是根据资历安排的。然而，基于情有可原的情况，如家庭成员重病的，她们可以提交一个"困难"请求。如果被批准，它是一个一次性请假，只适用于一个换班时间，大约4个月，这是为了必要的工作时间安排。

这种“困难”经常是为了制服巡警提出的，因为专业单位会根据配备人员情况进行调整。另外，有孩子并不构成“困难”。她还说，提醒有孩子的双亲家庭中的妇女，她们的配偶也应该关心孩子，这是必要的（比尔施泰特，2017）。

针对妇女的导师计划和非正式网络计划

如果妇女能够获得导师和非正式网络计划的帮助，她们的表现和态度就可以得到提高。导师向缺乏经验的人提供信息、建议、支持和鼓励。辅导的内容包括领导、发展和指导以促进被指导者的个人发展，从而有利于个人和组织。目前，美国社会有大量研究是关于妇女和少数群体的辅导与网络人际关系的，建议执法管理部门向这些研究进行咨询，这些信息将有助于这些方案的成功创建。

导师受信任的顾问或指导者。

非正式网络一个有影响力的同事系统，由于他们在组织中的地位或权力，可以将雇员与信息、资源联系起来，或其他有助于员工晋升或特殊任务愿景的联系。

通常指导是在一段时间内通过对工作的建议、劝告和支持，在一对一辅导情境中发生的。执法机构提供或鼓励使用导师和支持计划的原因有很多。多年的研究发现，有一个或多个导师的女性比没有导师的女性更能获得工作上的成功和满足感。缺乏这种人际网络可能是晋升和特殊任务的一个关键障碍。警官史密斯坚信，辅导是完善和构建被指导者（无论男性或女性），是让他们更成功的工具（史密斯，2017）。在她写给《警界》杂志的一篇文章中说，“找一个导师，最好是几个，但要明智地选择。寻找不仅是警督和野外训练长官，也包括组织的非正式领导人以及其他机构的其他人员。要确保他们有良好的声誉和态度，你要遵守指挥链。你周围的人都积极向上，它让生活更轻松”（史密斯，2017）。

拉美裔和亚裔妇女普遍的陈规定型观念可能使她们更容易在工作场所被忽略，从而导致她们有机会展示自己的技能而被升职拒之门外。管理者应鼓励有经验的亚裔妇女和拉美裔人作为年轻妇女的指导者，尽管她们不应局限于只与同种族或民族的妇女一起工作。

国际女警协会（IAWP）、全国女性执法人员协会（NAWLEE）和全国妇女和警察中心（NCWP）等协会为女警的利益提供来自组织的声音。全国女性执法人员协会（NAWLEE）专注于帮助女性加强警务工作中的领导作用，而全国妇女和警察中心（NCWP）重点在于发展和领导。然而，虽然这些组织提供了极好的资源，但它们不能取代部门、内部辅导计划或妇女非正式网络。

执法妇女的转变

尽管女性在数量上仍然是少数，但现在她们至少认为自己与男性同事是平等的，甚至更有能力。她们认为其工作条件有所改善，骚扰比过去少。现在，妇女的工作能力越来越不可能用传统标准来衡量。例如，言语交际能力与体力相比是同等的，甚至更重要（毕竟，一个警官的非防御性的沟通有助于化解很多情况下攻击行为的发生）。

增加妇女在警务中的人数和影响力带来的好处远远超出了改善警察对暴力侵害妇女行为的反应，尽管这种改善本身就足以证明这一事业的正当性。每一个改善警察服务的进步目标——无论是结束过度用武，促进社区警务，减少社区投诉或减少诉讼——都被证明是通过增加女性在警务中的存在而得到加强的（妇女正义中心，2010）。

妇女在执法方面的进步也见于领导层。有许多妇女工作中提升了警衔，在全国大小警察机构中担任警察局长和治安官。

执法中的同性恋（LGBTQ）雇员

指挥官特蕾莎·尤因斯是旧金山警察局“骄傲联盟”组织的负责人，她报告说，在当今的警务世界里，作为一名同性恋者（LGBTQ）警官通常比过去“更安全”（尤因斯，2017）。尽管如此，执法机构对同性恋（LGBTQ）员工的骚扰和歧视已经曝光，并被定性为一个“持续和普遍”的问题（马洛里、哈森布什和西尔斯，2013）。对同性恋（LGBTQ）警官的仇恨行为从仇视同性恋的言论到普遍的排斥，再到对管理层晋升的限制（同上）。格雷格·米拉格利亚的著作《从徽章后面出来》，让其他警官知道

“封闭”警官问题已有25年之久，现在他们有勇气“走出来”这些痛苦（米拉格利亚，2016）。米拉格利亚说，执法人员是其他人的榜样，但执法人员本身也需要向其他可以作为榜样的人员学习，并向他们学习。他在书中证明，同性恋警官以宣誓的职业身份履行职责，并且以与非同性恋警官相同的自豪感来履行职责。

近年来，执法部门，特别是东海岸和西海岸以及大城市部门对同性恋（LGBTQ）员工的态度有了显著的提高。随着同性恋婚姻的合法化，主流态度已经转变为比以前所有版本的教科书更容易被接受。此外，与性别认同和性取向相关的词汇与意识迅速扩大，特别是在最近几年。在某些领域和机构中，缩写“LGBTQ”取代了“LGBT”，即代表：女同性恋（L）、男同性恋（G）、双性恋（B）和跨性别（T）（这些术语的定义见第十章，第302—303页）。关于LGBTQ中的“Q”代表什么，目前尚未达成全面协议。在对执法部门和行业以外的十几个人进行非正式采访时，作者发现对“Q”没有达成共识。一种含义是“询问”，这意味着个人不确定自己的方向，并且不适应现有的既定类别（LGBT）。大多数千禧一代将“Q”定义为“Queer”，这在过去曾是一个高度贬义的词，表示同性恋。对于许多年轻人来说，“Queer”已经失去了曾经的贬义含义。大学在许多大学课程中都有“同志”研究课程，这些课程涉及与性取向和性别认同有关的各种主题。“Queer”（也称为性别酷儿或性别不符合）已成为不以固定的二进制类别（如男性或女性，同性恋者或女同性恋者）看待自己的个人的总称。这是一个经常用于包含所有非异性恋者的术语，并且侧重于性别的流动性。性别同性恋者和其他不符合性别的人（也称为性别质疑）在社会上仍然被严重误解。当人们谈论性别认同时，指的是人们在性别方面（与他们出生的性别）。性别认同被视为一个广泛的领域。

政策与实践

康科德（加利福尼亚州）警察局的警长肯·卡尔森是同性恋者，他认为执法机构不再禁止雇用同性恋（LGBTQ）人。卡尔森警官已经在康科德警察局工作了将近28年，并于2002年“走出来”。自“走出来”以来，他已被同事公开接受。他在家庭正义联盟（Family Justice Alliance）的主持下活跃于彩虹社区中心，并且是他所居住的社区的宜人山市议会议员。卡尔森警官认为，对同性恋（LGBTQ）员工的歧视通常不再公开和明确，而是以更加微妙的方式存在（卡尔森，2017）。指挥官埃文斯对此表示赞同，并指出，对同性恋者和其他性少数群体的明显偏见远没有以前那么普遍，但并未消失。她认为，对同性恋（LGBTQ）警官的偏见“更多的是在闭门造车。此外，LGBTQ 个人每天都要受到审查（比其他人更频繁），并要根据其他同性恋（LGBTQ）警官的行动进行评判，而较少依靠他们自己的能力”（尤因斯，2017）。

招募

大型执法机构的招募人员经常会参加同性恋者“骄傲游行”和同性恋（LGBTQ）社区组织的其他活动（由于预算原因，中小型部门往往没有能力派招聘人员到 LGBTQ 活动中寻找申请者）。为了确保平等的机会，招募同性恋警官不应仅限于出席活动。部门必须对申请人进行跟踪，例如，（a）在活动中获取申请人的资料；（b）与申请人保持联系；以及（c）提供文件，显示申请人是否已被聘用，或在过程中何时被取消资格。如果这些申请者中有不成比例的人在面试、背景调查或测谎测试等招聘过程中的特定环节失败，那么管理者必须能够从最初的联系点开始捕捉这些信息。此外，这种方法可以帮助确定 LGBTQ 活动或广告的通勤资源是否是公共资金的有效使用。

根据尤因斯指挥官的说法，无论是显性的还是隐性的偏见，都可能是同性恋警员招聘不足的原因：

· 年长的警官如果是招聘和雇用过程的一部分，更有可能对同性恋个人有偏见。

· 部分心理学家或测谎师的偏见或成见也可能起作用。

· 偏见或成见可能存在于候选人面试或筛选过程中的一部分人身上（尤因斯，2017）。

此外，尤因斯指挥官认为，警察机构的招聘机构倾向于将同性恋（LGBTQ）人群归为一类。“许多部门不接受对男同性恋者和变性者的招募。如果他们有女同性恋者，他们可以勾选多样性复选框，就是这样。雇用一两个女同性恋者并不代表所有同性恋者（LGBTQ）”（尤因斯，2017）。

争议

军队或执法部门对同性恋者的担忧曾经包括同性恋士兵或警察会手牵手走路、在俱乐部一起跳舞、向非同性恋同事传递信息或者展示他们私生活中社会其他人不能接受的方面。正如大多数职业的异性恋警官在工作中不会引起别人对他们性取向的注意一样，大多数同性恋（LGBTQ）警官也不会炫耀他们的性取向。和其他员工一样，许多同性恋（LGBTQ）员工也希望能在办公桌或储物柜里展示他们重要人物的相框照片。

卡尔森警官解释说，尽管他知道自己可以在异性恋官员或社区成员周围公开表示对丈夫的爱意，但他不愿意这样做，因为这种行为可能会让他们感到不舒服。他称之为“……排斥的感觉，但它是自我强加的退出的结果”（卡尔森，2017）。自他在自己的部门工作以来，他的经历一直是积极的。“我隐瞒了自己的同性恋倾向长达 15 年。向我的同事坦白并不是一个问题；你们在一起工作的时间越长，这些陈词滥调就越容易被打破。这也与你自己的舒适有关，只是能够做你自己”（卡尔森，2017）。

埃文斯指挥官表示，同性恋（LGBTQ）警察认为对自己重要的另一半表达爱意“更安全”，尽管仍有一些警察对同性恋者感到不自在。她的许多同事不明白她为什么是同性恋并好奇。不适来自不了解。她说她在部门内可以很开放，人们可以随时问她有关同性恋的任何问题。她向其他官员解释说，与所有官员一样，同性恋（LGBTQ）警官只希望根据他们的工作和能力，而不是根据他们的私生活来进行评判（埃文斯，2017）。

同性恋（LGBTQ）警官的待遇差异

历史上，由于许多执法人员认为警察工作的“大男子主义”特性，在对待同性恋（LGBTQ）警官的方式上存在双重标准。传统上男性占主导地位，这使许多男性警官难以接受女性或同性恋（LGBTQ）员工同样具有完成相同任务的能力。他们将自己的工作视为“最强壮、最艰难”的职业。卡尔森警官指出，在执法部门有些“大男子主义”的女性不是同性恋，但对她们的成见和一定程度的歧视依然存在。“她看起来和行为都很‘男性化’，她必须是同性恋”（卡尔森，2017）。许多警官仍然认为“大男子主义”的女性是女同性恋，而传统上认为“女性主义”的女性是异性恋，尽管这种将性别角色映射到性取向的做法通常是错误的。

埃文斯指挥官认为，如今的警察对女同性恋警官的接受程度普遍高于男同性恋和变性人警官。“底线是，如果你（巡逻警官）在街上不能照顾好自己，那么人们就会对你进行评判，而不管你的性别或性取向。如果他们做不到，如果他们碰巧是同性恋或者 LGBTQ，那么其他人就会把这个事实归咎于他们的性取向，而这对我们其他人来说是不好的”（埃文斯，2017）。在一个人的基础上对同一群体中的其他人进行归纳和得出结论是一种成见，这就是偏见的本质。

许多男性官员的自尊可能受到妇女和同性恋（LGBTQ）警官履行职责的能力的威胁（这个问题已在题为“执法中的妇女”的一节中讨论过）。例如，许多人认为，允许公开的同性恋男子担任警察是对警务工作中男子气概形象的威胁：如果一个同性恋男子能够成功地完成必要的任务，那么他们的工作就没有那么男子气概。此外，那些自我形象建立在工作基础上的警官，认为自己是“约翰·韦恩”，通常对与同性恋警官合作的概念最不舒服。对男同性恋者的刻板印象仍然是一些警官对同事持有偏见的一个因素。但是这些刻板印象正在改变。

我们已经到了一个性取向不是首要关注点的时候，今天的警官通常不会带着他们的性取向去工作，所以这也不是什么大问题。在很多情况下，这并不重要；我们已经到了这样的地步：当你看到同性恋官员时，你不一定会认为他们是同性恋。然而，对于警察局面临巨大挑战的变性警官来说，这并非事实。对变性官员的态度转变需要时间，培训是必要的（卡尔森，2017）。

同性恋者向执法的转变

随着同性恋（LGBTQ）警官的“出柜”，执法机构内部的问题依然存在。在许多机构中，由于其他员工的负面成见和态度，被认为是或公开是同性恋（LGBTQ）警官遇到了歧视性待遇和/或敌意。公开招聘和聘用的警员越多，执法机构的组织文化就越会将他们视为“正常人”。执法机构应制定书面政策，协助警员融入警察局，并制订业务计划，以促进雇员接受这些警员。

重要的是，警察局应公开设立同性恋（LGBTQ）警官，以作为同性恋

（LGBTQ）社区的联络人。这种安置方式的另一个好处是为社区中可能对执法职业感兴趣的人作出榜样。随着针对同性恋（LGBTQ）社区成员的仇恨犯罪的盛行，同性恋（LGBTQ）警官可能对处理这些犯罪有着独特的理解和同情心，这可能会引发更多的合作和信息，增加这些犯罪得到解决的机会（埃文斯，2017）。几年前，警方官员意识到，为强奸受害妇女提供女警察问话，使受害者感到安慰，是一项宝贵的服务。当涉及同性恋（LGBTQ）仇恨犯罪受害者时，这种需要也是类似的（见第十一章）。此外，鉴于同性恋（LGBTQ）犯罪受害者由于执法人员的真实或感知偏见而不愿站出来，同性恋（LGBTQ）警官的出现有助于消除“双重受害”的恐惧。

对同性恋（LGBTQ）执法官员的歧视和骚扰

同性恋（LGBTQ）执法人员本身经常成为工作场所中歧视和骚扰的受害者（本章稍后将讨论制止歧视和骚扰工作场所的 LGBT 人士的法规和政策）。尽管全国一些警察局的同性恋（LGBTQ）警官的待遇有所改善，但研究表明同性恋（LGBTQ）警官仍然面临“普遍歧视”（马洛里等人，2013）。

题为“基于性取向和性别认同对执法人员的歧视”的综合报告的主要发现（马洛里等人，2013），显示：

· 针对同性恋（LGBTQ）的歧视常常不只是开除或降职，还包括严重的口头骚扰和性骚扰，包括死亡威胁、歧视性诽谤、不雅暴露和不适当的接触。

· 许多报告显示了对警官的身体骚扰或暴力。其中包括有报告说，有人撞到混凝土墙，有人用椅子袭击，反复有报告说，警察被拒绝支援，人身安全受到威胁。

· 对变性人执法人员组织（TCOPS）的 60 名成员进行的一项调查发现，超过 90%的人报告了他们在部门里的负面经历。

· 超过三分之二的同性恋执法人员报告说，他们在工作中听到了仇视同性恋的言论，超过一半的人报告说，他们的同事把他们当作局外人对待（马洛里等人，2013）。

现在警察对同性恋雇员更加敏感。“由于我对潜在的骚扰的恐惧导致我回避其他人，并尽量独处。在 2002 年‘出柜’之前，我已经收到了所有我要求的调职任务。然而，我注意到，管理层对我工作的看法发生了变化。从2005年到2009年，我申请了13次K9或者摩托车部门，但是没有被调走。在那之前，我可以做任何我想做的事情。最后，在向主任提出这个问题之后，我被安排在机动车组。机动部门的主管只是简单地说我不是他要找的人。在另一个领域，一位虔诚的基督教的官员曾经留给我‘重新编程’的文学作品，这样我就可以从同性恋转变为异性恋。我并不认为这是恶意的、歧视性的或是敌意的，因为他真的相信我需要这样做才能得救”（卡尔森，2017）。

工作场所歧视和骚扰的潜在后果

尽管经过数十年的投诉和诉讼，同性恋雇员受到的歧视和骚扰有所减少，但这些仇恨行为仍时有发生。一些备受瞩目的案件已经导致全国各地的市、县和州雇主因为陪审团裁决与和解而赔偿了数百万美元。其中包括：

·内华达州：变性警官赢得了对学区的第七项索赔（麦金尼斯，2016）。

·阿拉斯加：陪审团裁定前安克雷奇市警官们在种族歧视诉讼案中每人获得近100万美元赔偿（安德鲁斯，2017）。

·加利福尼亚州：洛杉矶市议会批准了一项150万美元的和解方案，该和解方案涉及一名同性恋警官，他声称自己是一名被主管骚扰和报复的受害者（根据奥洛夫，2013；奥坎布，2013）。

有关基于性取向的歧视的法规和公司政策

基于个人性别身份和性取向的歧视在私人和政府工作场所都有发生。联邦政府雇员在工作场所不受性取向歧视。然而，与平等就业机会委员会法律所涵盖的种族、性别和其他类型的歧视不同，没有一项法律适用于禁止基于性取向的歧视。然而，对这一问题的日益认识促使更多的雇主采取措施，防止和惩罚基于性取向或性别认同的歧视事件。几乎一半的州，包括哥伦比亚特区，都有法律禁止在私人和公共工作场所基于性取向或性别认同的歧视（美国公民自由联盟，2016）。

截至2017年2月，这些州包括：

加利福尼亚州、爱荷华州、内华达州、俄勒冈州、科罗拉多州、缅因州、＊新罕布什尔州、罗德岛州、康涅狄格州、马里兰州、新泽西州、佛蒙特州、夏威夷州、马萨诸塞州、新墨西哥州、华盛顿州、伊利诺伊州、明尼苏达州、＊纽约州、＊威斯康星州。

（＊州法律只保护性取向而不是性别认同）

如果州、市或县没有此类法律或法规，则市、县或执法机构需要采用此类政策。有几个州仅在公共工作场所禁止对性取向的歧视，如针对州雇员的有：特拉华州、印第安纳州、密歇根州、蒙大拿州和宾夕法尼亚州。在一些州、市、县的政府制定了以城市法令形式反对工作场所性取向歧视的政策。

一些寻求保护同性恋人员的法庭案件被作为集体诉讼提起，因为州和地方禁止骚扰和歧视的法令很少使用。即使在有政策的地方，执法机构也往往既没有强制执行，也没有强制遵守的手段。市政当局通常选择解决诉讼，而不是冒着法庭审判的风险。消除对同性恋员工的歧视和骚扰仍然是机构领导层关注的一个领域，他们将通过一个更受欢迎的工作环境和更少的诉讼而受益。

行政长官必须制定有关同性恋警官的部门政策和条例。这些政策必须明确指出，歧视、骚扰和未能协助同性恋警官的行为是不可接受的，将导致严重的纪律处分。行政长官必须得到他或她的主管和部门领导的支持，以确保这些规则、政策和程序的意图是明确的，所有雇员都遵守这些规定。所有员工必须承担责任，而那些不支持这些反歧视政策的人员不应该晋升或授予特殊任务。部门主管必须意识到男同性恋和女同性恋警官可能不会报告其他雇员侵害行为。

市或县官员必须支持甚至可能拥护立法，任何提议或颁布的政策都应确定：

- 性取向不妨碍招聘、挽留或晋升。
- 雇用仅仅基于价值，所有的人都符合客观的就业标准。
- 雇用是根据相同的工作标准，标准适用于所有人。

执法管理者和监督者必须定期检查，以确保政策按预期执行。

关于同性恋问题的培训

现在，多元文化意识和多样性计划经常包含同性恋人群的组成部分。

有效的培训将挑战陈规定型观念和神话，并确保人们了解同性恋（LGBTQ）个人之间以及其他所有群体之间存在巨大差异。培训还必须涵盖合法权利，包括讨论有关非歧视的法规和部门政策以及违反法规的处罚。通常，包括来自其他机构的同性恋（LGBTQ）执法官员公开参与这些培训计划可以提供最佳结果。由于警察通常不愿接受外部培训师，特别是那些不是来自执法领域的人员，因此最好使用部门自己的人员进行培训。培训完成后，警官可能更愿意接受机构外部培训人员的“文化意识或理解”培训（通常最好不要将其称为“文化敏感性”培训）（卡尔森，2017）。理想情况下，这种培训使员工能够将与他们一起工作的同性恋（LGBTQ）人员当作人对待，减少偏见并消除错误的假设，并开始改变自己的行为。这种培训进一步促进了尊重所有人的理想。此外，这类培训有助于减少了同性恋雇员或社区成员针对市、县或个人官员进行人事投诉和诉讼的可能性。

埃文斯指挥官除曾任地区警察局局长外，还在旧金山警察学院任教，她带来了社区的同性恋（LGBTQ）演讲者，他们不仅提高了对这个话题的认识，而且还提供了旧金山的社区历史观。她经常从以下问题开始训练：

> 你们家有多少人是同性恋者？（埃文斯，2017）

事实上，大多数人举手，因此，埃文斯指挥官已经确定，这个主题几乎涉及每个人。在训练开始之前，班级成员和教员都会被告知基本规则。他们被要求互相尊重，但鼓励他们不要回避任何问题。“一旦学生被允许提问，问题就会源源不断地出现”（埃文斯，2017）。培训从最初的认识开始，包括一些关于正确术语和代词的基本信息。例如，对于跨性别者，判断一个人希望别人如何称呼他的最尊重的方式就是问，“你想被称呼为先生还是女士？”（美国司法部，2016）。警官就会知道该用哪个代词，即“他”或“她”还应该意识到，有些人属于性别认同范畴，他们认为自己既不是“她”也不是“他”，而且已经开始使用性别中立的代词，包括“他们”。起初，这对于警官来说可能很困难或尴尬，而且代词的用法可能会随着时间的推移而改变。对于认为自己“性别不符合”或“酷儿不符合”的人们，可以问：“您喜欢使用什么代词？”（埃文斯，2017）。

当与同性恋父母的孩子交流时，警官可以问："你的父母或监护人在家吗?" 这有助于当事人特别是青少年感到更舒适；同时，执法专业人员应对所有类型的家庭都表现出专业精神和敏感性。

同性恋（LGBTQ）培训需要包括酌处权和认真沟通，尤其是在调查家庭暴力案件时，因为人们可能不会"外出"。官员在与举报被侵犯行为的男同性恋者交谈时必须保持敏感，以便确定发生了什么事情，可能逮捕责任方并向受害者提供转介服务（埃文斯，2017）。家庭暴力是一个关键的培训主题。

1. 同性恋（LGBTQ）关系中的家庭暴力。自 2015 年 6 月以来，除美属萨摩亚和印第安人的土地外，所有州、华盛顿特区和所有美国领土上的同性婚姻都是合法的。美国最高法院一项具有里程碑意义的裁决推翻了《联邦婚姻保护法》（DOMA），该法允许各州拒绝承认其他州的同性婚姻法；同一天，该法院还裁定加利福尼亚州的第 8 号提案无效，该提案将该州的同性婚姻定为非法。法院在一项裁决中裁定，《美国宪法》第十四修正案的正当程序条款和平等保护条款保证了同性伴侣的基本结婚权利（奥伯格菲尔诉霍奇斯，2015）。

因此，与同性恋（LGBTQ）社区有关的执法培训的另一个新的关键领域涉及家庭暴力问题，也被称为"亲密伴侣暴力"。与异性关系一样，家庭暴力发生在同性恋（LGBTQ）个人之间，是一个重要的社会问题。"女同性恋者虐待另一个女人的原因，可能类似于那些激发异性恋男性殴打的原因"（罗丝，2000）。根据全国针对妇女的暴力行为调查，在同性伴侣关系中，有 21.5%的男性和 35.4%的女性在一生中经历过亲密伴侣的暴力，而只有异性同居史的男性和女性分别为 7.1%和 20.4%。变性人一生中的事件率为 34.6%（格拉斯，2014）。埃文斯指挥官提供了同性关系中的男女不愿报告家庭暴力的几个原因。例如，他们可能因为没有"出来"或殴打者使用威胁而感到尴尬，并且可能会向警察撒谎；如果家庭暴力的受害者是无证移民，那么肇事者威胁说要报警，以使受害者担心被驱逐出境；如果受虐的伴侣的朋友或亲戚不知道他们处于同性关系中，则受虐者威胁要"杀死"受害者（埃文斯，2017）。

对于警官而言，家庭暴力报警通常是工作中最困难和最危险的部分。应对任何家庭暴力事件发生的警官首先需要稳定局势，然后进一步可能涉及逮捕并向确定为受害者的人提供建议和转介（埃文斯，2017）。

在处理同性婚姻夫妇之间的家庭纠纷时，要确定谁是主要侵犯者并不总是那么简单。这种情况，尤其是在有证据表明存在肢体暴力的情况下，可能会导致需要对这两个人进行登记。在同性恋家庭暴力案件中，警官可能并不总是知道该问什么问题。警官需要考虑的另一个因素是，当家庭暴力涉及两名男子时，对于力量，应多方面考虑（埃文斯，2017）。

2. 变性人政策、协议和培训。“变性人指的是那些性别认同、性别表达或行为与传统的男女观念不符，或混合了传统男女角色不同方面的人”。大多数执法人员在其职业生涯之前甚至在其职业生涯期间不太可能与变性人社区成员有任何重大接触，这取决于他们在哪里工作。对于那些不认为自己是同性恋的变性人来说，警官们遇到的大多数问题都与缺乏经验、缺乏培训或缺乏部门政策有关。因此，重要的是警官们接受关于变性人问题的培训，这不仅使警官们在与同性恋（LGBTQ）人士打交道时感到更加自在，而且也使整个社区感到更加自在。

根据美国国家变性平等中心（National Center for Transgender Equality, 2016）2015 年对变性人的调查显示：

· 受访者遭受了警察的高度虐待和骚扰。在过去一年中，58%的受访者在与认为或知道自己是变性人的警察或执法人员交流时说，他们经历过某种形式的虐待。其包括受到口头骚扰、多次被称为错误性别、人身攻击或性侵犯，包括被警察强迫进行性活动以避免被捕。

· 警察经常认为受访者，尤其是有色人种的变性妇女是性工作者。在过去的一年中，与认为或知道自己是变性者的执法人员互动中，三分之一（33%）的黑人跨性别女性和 30%的多种族女性表示，警官认为自己是性工作者。

· 超过一半的受访者（57%）表示，如果需要警察帮助，他们会感到不舒服。

· 在过去一年被捕的人中（占总人口的 2%），将近四分之一（22%）的人认为他们因变性而被捕。

警察宣誓要保护多元化社会中的所有人。如果官员对同性恋个人有偏见，他们不能因为个人信仰而从事有偏见的行为或歧视性行为。警察维护所有人的权利，特别是弱势群体的权利。此外，如果警官目睹同事的骚扰、歧视行为或任何形式的犯罪，他们也不能保持沉默。尽管警官们有个人信仰，但必须与可能和自己不同的同事保持良好的工作关系。警官代表整个社区，他们在执勤（或不执勤）期间犯下的任何歧视行为都可能使他们及其代理机构、他们所服务的社区和整个执法行业蒙羞。

执法机构应制定准则和议定书，并向宣誓和未宣誓的警察提供有关逮捕和搜查变性人的培训。以下（选定的）指导方针是与洛杉矶警察局、同性恋社区成员和洛杉矶县人力关系委员会变性人工作组（洛杉矶警察局，2012）合作制定的。

第一，确保专业、尊重和礼貌的警察联系的指导方针。

· 避免使用被认为贬低或不尊重某人性别认同的语言或词语。

· 使用一个人喜欢的名称、头衔（“先生/小姐”）和适当的性别代词。

· 理解非传统的性别认同或表达方式并不是对某人从事卖淫或其他犯罪行为的合理怀疑。

第二，决定如何称呼变性人或性别身份或性别难以确定的人。

· 尊重而不质疑一个人的性别认同或性别表达。

· 将一个人的性别陈述作为性别决定的基础。

· 询问某人希望如何称呼。

· 当没有自我识别或其他明确的性别认同或性别表达时，使用政府签发的身份证明作为性别认同的证据。

· 记录变性者身份以确保适当对待。

· 不向非涉案人员披露变性人身份。

第三，涉及变性人的实地搜查程序。

· 不进行确定性别的搜查或搜身。

· 没有让变性者比非变性者接受更具侵入性的搜查程序。

· 不质疑被确认为变性者的性别认同。

· 不询问个人解剖或手术状态的详细信息作为确定性别的依据——“无须提供个人性别证明”。

· 不要以与非变性人相似的方式去除与外表有关的物品（假肢、性别编码的衣服、假发、化妆品）。

· 不使用生理性别作为决定由谁来搜查变性人的基础。而是询问变性人是否优先由男性或女性警官进行搜查，如果这种要求能够合理地得到满足而不会对警官的安全造成危险，则批准该请求。

·根据变性人的身份，不拒绝搜查变性人（洛杉矶警察局，2012；瓦斯奎兹，2012）。

警察局还应设有计划或指定的联络官，与社区中的变性者组织或变性人士合作。具有政策、联络和员工培训的警察局可以改善与变性者社区的融洽关系，并减少投诉和诉讼。

警察领导、职业化和协同作用

在当今不断变化的劳动力队伍中，执法领导的目标需要包括弥合警察部门内部的文化和种族差距，以及接受警官的多样性。专业执法领导积极主动地引导本部门提高文化素质。执法工作面临的具体挑战包括承认和赞赏社区与工作人员的多样性，同时有力地利用这些见解。人类多样性必然成为复兴的源泉，而不是在机构和社区内简单地满足立法的要求。

行政长官的作用

在一个多元化社区中，采用和执行公平公正政策的组织向公众发出信号，表明他们明确致力于维护一个多元化的社会。行政长官通过使命和价值观声明、政策发出相关信息，表示行政机关不容忍歧视、虐待或仇恨社区内或行政机关内部受保护阶层的犯罪行为。该机构采取积极主动的态度对雇员进行培训，并向他们通报联邦平等就业机会委员会条例以及州、地方或机构有关歧视的法律和条例，以及违反这些法律和条例的相关后果。不断发出尊重所有人和公平正义的信息的首席执行官，反过来又会赢得社会的尊重。

社区关系和支持

警察局长、县治安官、州执法官员及其行政管理人员应与来自不同背景的社区领导人和官员会面，以了解警察局内存在哪些会阻碍少数族裔雇用的体制性障碍。然后，高管制定政策，从甄选过程开始，培养对多元化工作场所和社区的积极态度（请参阅第三章中的讨论）。

领导力和团队建设对于管理多样化的员工队伍以及与社区团体建立良好的关系至关重要。监督和管理团队必须通过以下方式带头进行这项工作：

· 展示承诺并提供新的领导模式，并将其传达给社区。

· 发展警察与社区的伙伴关系（基于社区的警务），并与社区伙伴频繁召开会议。

在转换期间管理变革过程

当组织文化积极进行变更时，警察局领导负责管理变更流程和行动计划，将其作为实施和过渡管理的组成部分。管理人员不断监控所有方案和策略的进展，以改善警察与社区的关系。管理者和督察以身作则。当发现故意偏离系统时，重新培训和纪律应该迅速有效。强烈建议对警员，尤其是巡逻人员，给予他们与多元化社区合作的能力并予以表彰。理想情况下，针对警官（特别是一线和二线主管）的奖励制度，认可对那些在工作场所和社区中与不同性别、种族、民族或性取向的人建立积极关系的人。

总结

· 在美国，人口特征发生了深刻的变化，导致执法机构的劳动力构成发生了显著变化。每个机构都有更多的妇女、少数族裔以及男女同性恋者。

· 种族主义存在于执法组织内，因为它存在于更大的社会中。种族主义有多种形式，往往是无意识的，影响到各种各样的人。

· 尽管如此，工作场所的种族主义严重扰乱了警察部门的关系和士气，削弱了对周围社区的信任和信心。在法律下不公平执法的官员们正在违背他们加入他们的机构时所作的荣誉宣誓。

· 平等就业机会法的通过，纠正了因种族、宗教、肤色或民族出身、年龄或身体或精神障碍而被视为面临歧视危险的妇女和群体成员受到不利待遇的历史。美国最高法院 2009 年裁定，与雇主有关歧视的内部调查合作的工人不得因牵连同事或上级而被解雇。

· 在过去的 20 年中，大多数执法机构取消了禁止雇用同性恋

（LGBTQ）个人的明确禁令。尽管有研究表明，公开开放的同性恋（LGBTQ）人员会改善服务水平，并且不会对士气或单位凝聚力产生负面影响，但一些机构仍继续拒绝同性恋（LGBTQ）执法。但是，首席执行官必须制定有关同性恋（LGBTQ）人员的部门政策和规定，明确指出歧视、骚扰和不协助同性恋（LGBTQ）人员的行为将导致纪律处分。

· 执法领导人必须致力于制定一种不允许种族主义或歧视行为的组织基调，并必须迅速采取行动反对那些违反这些政策的人。他们必须监督并迅速处理来自其雇员和所服务的公众的投诉。

· 专业执法领导人必须主动引导其部门提高文化能力，努力开发人力资源，以改善执法队伍和社区。

问题讨论

1. 测量对多样性的反应性。使用检查和记分表（见图表 2.10），确定你的警察局对其管辖范围的多样性反应。如果你与执法机构没有联系，就选择一个城市或县警察局，并采访一个指挥官来确定答案并得出一个分数。与指挥官讨论，他或她的警察局打算采取什么举措来解决社区多样性问题？

2. 执法中的制度性种族主义。执法机构通常以所有成员都是同一种颜色为借口，而且制服或工作使每个人都成为兄弟姐妹。许多不同种族和民族群体的成员，特别是非裔美国人，不认同他们一贯受到尊重，并认为执法中存在体制上的种族主义。显然，欧洲裔美国人在执法机构的指挥队伍中占主导地位。与你班上的其他学生讨论，你是否认为这种差异是微妙形式的机构种族主义的结果，或者是被授权作出决定的人的实际自觉努力的结果。考虑考试和晋升过程是否给白人申请人带来不公平的优势，以及他们是否歧视其他种族和民族的警察局成员。来自不同群体的警官是否歧视其他文化的警员？

3. 化解种族和文化冲突。你们地区的警察学院在化解种族和文化冲突方面提供了哪些培训？你们当地的市或县执法机关为警官提供什么样的培训？哪些社区（公共和私人）机构可作为转介或调解此类冲突？讨论应向警官提供哪些培训，以化解、调解和解决种族和文化根源上的冲突。讨论执法机构应采用的方法。

4. 执法中的妇女。你所在的市或县执法机构有多少女警官？这些妇女中有多少人担任督察或管理职务？是否有妇女被指派到非传统职位，如特殊的武器和战术小组、摩托车执法、炸弹单位、人质谈判或社区关系？是否有针对女性雇员的性骚扰或性别歧视事件？如果是这样，这些案件是如何解决的？你所调查的执法机构采取何种措施增加妇女就业，如弹性工作时间、照顾孩子、辅导、培训，或职业发展？该机构在招聘女申请人方面是否有所创新？在小组中讨论你的发现。

使用下列简单评估，分析你的多样性和多元文化，如果反应主要是 3 以下，你的管理和领导应该思考采取行动，以改变组织做法和形象。

1…2…3…4…5

（1 为最小的；5 为最大的）

A. 你的组织在多大程度上将有关宗教、种族、族裔、性取向和多元文化政策，融合它的使命和远景说明？

B. 你的组织在何种程度上将有关宗教、种族、族裔、性取向和多元文化政策，融合它的战略计划（领导者在多大程度上准备给警官“谈话”）？

C. 你的组织在多大程度上是根据警官在多样化社区开展开展雇用、任务安排和晋升？

D. 在多大程度上，你的组织在招募新雇员中有文化差异和少数族候选人？

E. 在多大程度上，种族和文化多样性的社区团体参与你的组织的教育方案，重点是预防犯罪和/或文化意识？

F. 在多大程度上，你的组织提供跨文化意识培训，主要关注于你所在城市的特殊移民和难民？

G. 在多大程度上，你的组织提供多样性教育，关注与工作队伍问题，如尊重差异（包括性取向、宗教背景等）？

H. 在多大程度上，你的组织使用翻译帮助非英语或第二语言为英语的人？

I. 在多大程度上，你的组织的网站或者其他宣传是双语或者多语（在多文化社区）？

J. 在多大程度上，你的组织的网站或者其他宣传叙述多文化和/或多种族的社区？

图表 2.10　分析你的组织的多样性和多元文化意识特征

第三章 执法中的多元文化代表：招聘、保留和晋升

学习目的

学习完这一章，你应该：

· 了解妇女和少数群体在执法事务方面的历史全景。

· 讨论执法机构中妇女和少数群体招募面临的挑战。

· 解释招募的困难和成功策略。

· 说明在执法职业中保留和晋升少数群体与妇女的重要性。

· 确定执法机构的晋升政策和实践，以体现我们工作场所和社区的文化多样性的价值。

提纲

· 引言

· 招募多样化的劳动力

· 吸引和保留妇女和少数群体

· 甄选过程

· 多样化劳动力的保留和晋升

· 总结

· 问题讨论

引言

我们日益多样化的社会产生了对执法官员和代理人能够与许多不同类

型的人有效地合作的需求。因此，雇用和留住合格的雇员，特别是妇女、非裔、亚裔、西班牙裔和其他非传统群体的成员，仍然是全国执法机构的关切和优先事项。多样性是构建和提高执法机关与社区相互信任的重要因素，然而，许多机构很难找到合格的申请者，这导致了招聘危机。这场危机虽然受到经济环境的影响，但似乎主要是社会和人口趋势变化的结果。

招募多样化的劳动力

在美国执法史上，招募妇女和不同群体的成员不是一个新问题。例如，1967 年，总统犯罪委员会的报告建议，雇用更多的少数民族，洛杉矶瓦茨暴乱后不久，他们获得晋升的机会；1968 年克纳委员会报告确定，执法黑人的代表性不足是一个严重的问题，报告建议改进少数族裔雇用和晋升政策与程序；在 1992 年罗德尼金审判后暴动不久发布的，沃伦克里斯托弗委员会关于洛杉矶警察局的报告，引用了洛杉矶警察局的种族主义和偏见问题，委员会建议，改进招聘和晋升程序，使所有团体受益。2014 年，奥巴马总统成立了 21 世纪警务工作组，作为执法机构和社区之间的伙伴关系，以减少犯罪并增加信任。工作组在建议中认为，增加国家执法机构的多样性是建立这种信任的重要方面。该工作组是在经过数年涉及警官的枪击和对执法机构的袭击之后成立的，这些事件导致美国许多主要城市发生了示威和抗议。

尽管多年来提出了关于刑事司法机构更加多样化的建议，但统计数据仍然表明，与人口普查数据相比，少数民族的代表比例仍低了 24 个百分点（马基，2015）。

招募危机和趋势

过去 30 年来，全国执法机构的就业趋势发生了重大变化。在这些变化中最困难的是招募合格的执法职位的候选人。合格申请者人数的减少不仅可以归因于经济，也可以归因于这一时期的重大社会变化。

经济因素与招聘：20 世纪 90 年代末至 21 世纪初，因为经济强劲，美国经历了 30 年来最低的失业率（约 4%）。虽然执法部门有大量的工作岗位，但申请人数却大大低于过去。由于出现雇员市场，那些找工作的人很有选择性。私营部门的许多工作，特别是高科技工作，都随着高薪、股票期权、签署和年终奖金、公司汽车以及更广泛的晋升机会。公共部门的雇主很难与这种激励和机会竞争，因此，公共安全职业似乎不那么吸引人。法院对可口可乐公司、德士古公司和华尔街的史密斯公司关于种族偏见诉讼的判决，也使这段时间的招聘变得困难。许多大公司意识到，其招聘领域内的人口正在多样化，他们知道员工的人口统计必须与外界的人口相匹配，否则他们也会受到诉讼和（或）批评。因此，他们争相招募和提拔有才华的妇女和少数民族。对于向公众出售产品或服务的公司来说，情况尤其如此。开放市场也为临时雇员创造了条件，特别是那些有经验的雇员，由此造成雇主对员工的挽留问题。在此期间，因为较大的机构以更好的福利吸纳有经验的警官，导致规模较小的执法机构工作人员流失。招募工作，每个人都在争夺同一批合格的候选人，类似于美国橄榄球联盟选秀。

与此同时，警察部门的工作人员减少了，因为在20世纪60年代和70年代的警察扩张浪潮中被雇用的许多官员（被称为婴儿潮时期出生的人）开始退休。大多数执法人员在55岁之前退休，早于平民职业。随着生育高峰期的警官们开始加速退休，部分原因是提高了退休福利，这在21世纪初期成为一个行业标准，其结果是雇员短缺。由于2001年9月11日恐怖主义者对美国的袭击，给执法机构和它们的招募能力造成了进一步的压力。警察部门在承担正常、持续的公共安全责任之外，现在被要求承担新的国土安全和情报职责。由于警察服务的需求扩大且资源有限，需要一直招聘合格人员。9·11事件的另一个后果是，执法机构开始面临来自阿富汗和伊拉克两线战争所产生的越来越多的联邦和私人安保工作的招募人员的竞争。此外，国家对恐怖主义的军事反应也影响着现有警力应对传统和新警察任务的能力，特别是在小型和农村的警察部门，即使是一名或两名在国民警卫队或预备役服役的军官的征召，也会产生显著的影响。

造成市、县执法机构经济困境的原因之一是，税收收入不断减少，而警察和消防队员的工资和福利成本不断上升。一些城市背负着它们再也无力维持的劳动合同。例如，一些政府机构与其执法部门和消防队员工会签订了合同，要求提高退休福利，称为“3加50”。这种福利允许雇员在50岁时退休，退休工资为其最高年薪的3%乘以其服务年限。如果每个地区的任何机构都提供这种福利，其他机构也必须效仿，以保持竞争力并留住人员。随着越来越多符合条件的雇员年满50岁，工人大量外流，严重影响了许多公共机构的预算，并造成因经济不景气而无法填补的空缺。简言之，出现了相互矛盾的趋势。地方、州和联邦政府的成本削减迫使裁员、削减服务和无法填补的空缺。与此同时，公众要求提供更有效的服务和保护自己免受恐怖主义威胁。

经过5年的削减和裁员，2013年，全国各地的执法机构开始出现转机。不过，大多数机构仍在裁员，预计人员配置水平永远不会恢复到衰退前的水平。由于受经济衰退的影响，全国许多机构通过谈判签订合同，要求官员支付养老金，这是他们以前从未做过的事情。支持提高警察福利的人指出，这些福利的恶化是招募和留用工作的一个巨大障碍（摩尔，2011）。不仅执行或增加了养恤金缴款，而且减少或取消了制服维修津贴和其他奖励措施。

因为很多人从规模削减的制造业中裁员，所以有大量的申请者，他们来自不同的领域，受过更好的教育，试图进入执法部门。还有更多的“自由人”，即尚未被执法机构雇用的学生，他们通过了警察学院培训。机构可以再次雇用那些最优秀的申请人。然而，在招聘执法人员方面仍然存在困难。

招募困难

这些不断变化的经济力量，再加上社会和人口结构的变化，以及最近执法机构的不光彩形象和危险，已经给中介机构招聘合格员工带来了挑战。地方、州和联邦执法机构设定的严格的资格或招聘标准加剧了这些挑战，这些机构历来淘汰了许多候选人。由于私营部门的工作通常薪水较高，压力较小，许多潜在的求职者放弃了执法部门的工作。因此，警方招募人员发现，申请人的质量正在下降，申请人有信用问题或有毒品和犯罪活动历史的免除（摩尔，2011）。全国各地的机构报告称，在所有的申请者中，只有极少数人通过了包括彻底的背景和信用检查、身体、心理和测谎测试在内的测试过程。这个数字再次被那些从培训学院退学或者在他们被雇用后完成现场培训计划之前离开的人所削减。

美国国防部的一项研究表明，如今美国17岁至24岁的人有71%不符合服兵役的条件，因为他们身体不健全，没有读完高中或有犯罪记录（准备，愿意和无法服务，国防部，2015）。该百分比仅比2009年进行的同一研究低4%。由于执法机构是从相同的人群中进行招聘的，因此招聘的后果显而易见。根据该报告，这些结果在低收入地区尤其如此。这项研究列举了美国年轻人不能参军的三个重要原因：教育程度低（大约四分之一的人没有高中文凭）；参与犯罪活动（大约十分之一的人因犯有重罪或轻罪而至少被定罪）；健康状况不佳（将近32%的人存在健康问题，包括哮喘、视力或听力问题、精神健康问题或近期针对注意力缺陷多动障碍的治疗）。除这些健康问题外，体重问题还使27%的年轻人无法参军。由于执法组织是从相同的人群中招募人员，因此招募的后果很明确。

如同军队，执法机构筛选求职者使用的标准，涉及年龄、身高、体重、教育、吸毒、犯罪前科、信用评级（部门不希望应聘者受到债权或诉讼追诉）和身心健康。因为许多对执法职业感兴趣的人不能达到这些严格的标准，一些标准不得不根据社会力量而改变。在过去，如以前的轻罪前科可能自动丧失资格，然而，今天的大多数机构情况已不再如此。

年龄、身高、体重：联邦、州和地方各级的大多数执法机构都不认为年龄是关键因素，只要候选人身体健康且可以证明他或她达到警官的身体要求即可。随着人口老龄化，一些机构提高了新雇员的年龄上限，包括波士顿（从32岁到40岁）、印第安纳州（35岁至40岁）和休斯敦（从36岁到44岁），甚至有的机构没有年龄上限，通常是因为担心年龄歧视诉讼。然而，年纪较大的求职者仍然需要在测试过程中和在学院中达到与年轻同事相同的体能要求。大多数机构也取消了身高要求，只要求候选人的体重与身高成比例，并通过学院的训练。在过去10年里，全国性的肥胖流行也对执法和征兵产生了影响。虽然在筛选执法职业的申请人时，体重是一个真正的问题，但联邦法律禁止基于体重的歧视，对于候选人的体重要求就是能够通过机构使用的体能测试。

毒品使用和犯罪前科：多年来，大多数执法机构都不考虑有吸毒史的求职者。然而，各执法机构发现，越来越难以找到合适的不受毒品文化影响的申请人，因此放宽了标准。趋势是执法机构不再取消少量毒品吸食，或者甚至在申请前发生的吸毒违法定罪的候选人资格。许多研究发现，十几岁的女孩和男性一样有可能使用违禁药物，因此女性也很难通过背景调查。与过去相比，越来越多的妇女因为违法被监禁，导致她们没有资格从事执法职业。这些趋势对希望增加警察局妇女人数的执法机构构成了挑战。由于这些原因，许多刑事司法机构不再要求求职者有一个完全干净的犯罪记录。

教育：尽管学术界和实务界多年来对高等教育和警务技能之间的关系进行了研究，但对于初级警官的最佳教育程度却没有达成共识。大多数警察部门通常要求高中教育，从历史上看，这些警官表现得很好。越来越多的警察局需要 1 年或 2 年的大学课程或更多，少数警察局期望四年制大学学位。这种趋势是基于论点：从传统警务向以社区为导向的问题解决警务发展，需要一套技能。例如，批判和分析推理，对犯罪的社会经济原因的深刻理解，以及先进的人际和跨文化交流，这是在高等教育中得到培养的（希拉尔和埃里克森，2010）。

教育部 2015 年公布的毕业率显示，不仅有更多的美国学生从高中毕业，而且几乎每个种族和族裔群体的毕业率增长都超过了白人学生。报告显示，两年内，非裔美国学生和西班牙裔学生的毕业率分别上升了 3.7 和 4.2 个百分点，而白人学生则为 2.6 个百分点（美国教育部，2015）。然而，2015 年“准备，愿意和无法服务”一文的研究发现，4 个年轻美国人中大约有一个没有高中文凭（美国强大理事会，2015）。

虽然毕业趋势似乎有所改善，但仍有人担心少数民族警官的资格，特别是在多样化的城市地区，这可能是执法机构试图招聘的区域。因此，现在只有一小部分机构要求候选人拥有四年制大学学位。一般来说，那些拥有这一学位的人比那些受过较少教育的同龄人期望更高的薪水。然而，大多数潜在的申请者都没有大学学位，而且由于诸多原因，包括薪金和福利，这些人被吸引到了执法以外的职业。

为了扩大申请人范围，如圣彼得堡和坦帕（佛罗里达州）的执法机构，已经取消了 2 年的大学要求，如果候选人具有军事或执法经验。标准的放宽在很大程度上是由于急需填补空缺。与此同时，各机构正试图招聘那些更聪明、更世俗、在危机中头脑更冷静的候选人。

虽然全国高中毕业生人数有所增加，但雇主应该注意到，一些学校对文凭的要求已经降低。高中毕业文凭可能并不意味着学生掌握了高等教育和工作所需的基本技能。

其他因素：还有许多其他原因导致许多人受到阻吓或不愿寻求执法职

业。一些大城市警察部门的高曝光丑闻和其他负面宣传也对招聘产生了影响。此外，由于少数民族成员和警察之间恶劣的关系史，那些社区成员——执法机构试图吸引的人——可能会害羞地离开，害怕因为他们加入了被视为敌人的警察而遭到同伴的反对。

此外，近几年反警察的气氛日趋严重，以及出现各种警察枪击事件，进一步减少了想要进入执法职业的任何种族或族裔候选人的人数。由于涉及的风险和薪金低于私营企业，因此一些潜在的申请人决定不从事执法工作。

西班牙裔在执法部门的代表人数不足（马基，2015）。根据安德鲁·佩拉尔塔［2014 年至 2016 年国家拉丁裔警官协会（NLPOA）主席，拉斯维加斯大都会警察局副局长］：造成这种差距的一个可能因素是，如果西班牙裔出生或生活在因警察腐败而臭名昭著的国家，他们可能不想与警察有任何关系。仅仅说服他们报警是一项挑战，因此他们的孩子可能需要一两代人才能把执法视为一种职业（佩拉尔塔，2017）。

第一章已详细讨论西班牙裔或拉丁美洲裔社区成员对美国执法职能的不信任或缺乏了解。这些误解会传达给他们在美国出生的孩子。在许多情况下，他们也不愿申请刑事司法职位。因此，尽管西班牙裔是美国最大的少数群体，但刑事司法系统并没有吸引大量的申请人。

刑事司法教育家和作家戴维·巴洛认为，“……雇用拉丁裔警察代表美国一部分人口的策略可能比其他少数群体更为复杂”（巴洛，2017）。他引用了皮尤研究中心的一份报告，该报告发现，大多数西班牙裔或拉丁美洲裔受访者拒绝接受“西班牙裔”文化的观念。取而代之的是，研究发现，大多数拉丁裔通过对西班牙语的共同欣赏而联系在一起，但他们的经历因原籍国和居住在美国而有很大的不同。报告指出，许多人不希望被认定为西班牙裔或拉丁裔，而喜欢被认定为他们的家庭的起源国，如墨西哥人、波多黎各人、古巴或萨尔瓦多人。在计划吸引拉丁裔人口的招聘策略时，必须考虑这些因素。戴维·巴洛表示：“至少，警察领导应该以了解社区人口构成并寻求适当的文化代表为重点。”

雇员与社区人口比例相匹配的警察局确保了机构的合法性，并促进了民主代表原则。虽然拉美裔和拉丁裔警官不应只在西班牙裔社区工作，但当他们这样做，他们可能比非西班牙裔的警官更容易获得社会各界的合作和支持。

此外，阻碍年轻人申请执法职业的另一个原因是，大多数机构的等级制军事结构可能不受青年欢迎。最后，大多数年轻人都不喜欢琐碎管理。由于这些原因，警务工作已成为一个不太吸引人的职业。

吸引和留住妇女和少数民族

总统21世纪警务工作组有关创造更多样化的劳动力的建议和行动项目：

· 1.8　建议：执法机构应努力建立一支拥有广泛多样性的工作队伍，包括种族、性别、语言、生活经验和文化背景，以提高对所有社区的理解和处理效率。

· 1.8.1　行动项目：联邦政府应制定一项“执法多样性倡议”，以帮助执法部门反映社区的人口统计数据。

· 1.8.2　行动项目：监督这项倡议的部门应帮助地方学习征聘、培训和外联的最佳做法，以改善执法机构的多样性以及文化和语言反应（美国司法部，2015）。

由社区导向的警务服务办公室（COPS）和警察行政研究论坛（PERF）共同开发的2017年出版物《21世纪执法官员的招聘：挑战、机遇和成功战略》（莫里森，2017）提出了三大主题，即：

· 雇用与社区和部门具有共同价值观和愿景的候选人。

· 使招聘过程更有效率。

· 在招聘过程中提高多样性和包容性（莫里森，2017）。

该文件是执法机构在招募工作中使用的极佳资源。

国家妇女和警务研究中心（NCWP）编制了一份自我评估指南，以协助执法招聘和留住更多的妇女担任宣誓警察职务。《结果公布，招聘和留住女性：执法自我评估指导》协助联邦、州和地方执法机构审查它们的政策和程序，以识别和消除各级组织在雇用和留住妇女的阻碍。该指南还提供了一个供机构计划或改革其现行政策和程序时所需使用的资源清单。指南建议增加各级执法部门的妇女人数，作为加强社区警务、减少使用武力、加强警察对家庭暴力的反应，以及为劳动力提供平衡的战略（国家妇女和警务研究中心）。

2015 年夏天，美国各地的军队征兵办公室不仅指派了更多的女性，而且还对候选人进行了体能测试。未来的士兵现在必须证明他们能跑、能跳、能举重、能投重球，以帮助确定申请人是否有能力完成各种军事工作。同样的程序也将有助于执法人员评估候选人履行工作职责所需的基本体能。

招募非宣誓人员：并非每个人都希望或非常适合从事涉及逮捕人员的职业，而对于这些人，刑事司法系统内也有非宣誓职业，不需要成为警察。各部门聘用文职人员担任必要但非执法职位，如调度、公共信息、社区关系、证据收集、研究和记录职位。然而，阻碍宣誓警员招聘的因素同样适用于文职人员。例如，今天大多数机构都缺乏文职调度员。这是一项压力很大的工作，正确的判断和在压力下保持冷静至关重要。调度员的候选人通常必须通过笔试和口试、犯罪背景调查、测谎和心理测试。这项工作压力太大，很难留住优秀的调度员。由于需要长时间工作，晚上、周末和假日轮班，该职位的离职率很高。各机构对经验丰富的调度员的竞争非常激烈，空缺也很频繁。

招聘策略

吸引不同候选人在执法部门和文职部门工作的招聘战略，主要涉及：

1. 承诺：首席执行官和部门必须表现出真诚的承诺。

2. 营销计划：必须制订一个战略营销计划，其中包括行动步骤、目标、目标、预算、问责制和时间表。

3. 资源：必须提供给招聘工作充足的资源，包括资金、人员、设备。

4. 社交媒体平台：招聘人员必须利用新的和新兴的社会化媒体技术寻求和预筛警察局工作的申请者。

5. 招聘人员的选择和培训：招聘人员是该部门的大使，必须仔细挑选，接受培训，以反映社区内的多样性，包括妇女。

6. 招募激励：警察高管应考虑利用财政和其他奖励措施招募妇女和少数族裔。

7. 社区参与：社区应该参与，为宣誓和文职岗位，招聘和雇用妇女与少数民族。

8. 军事介入：应努力与各军事机构建立网络，招募退伍老兵。

9. 实习生、学员、预备队、童子军、高中警察学院课程：高中和大学生是潜在的未来的新警，所以应该有程序来关注这些群体。

为建立一个多元化的员工队伍，过去的招聘策略是不充分的，未给执法机构提供高质量的申请人。在招聘妇女和少数群体方面取得最大成功的机构都有具体的目标、任务和时间表，这些政策必须是顶层设计。2009年，美国司法部与国际警察局长协会联合创建了一个执法人员招聘工具包，这个工具包仍然可用，招聘人员应参考（美国司法部，2009）。

承诺：招聘少数族裔和女性申请者，特别是在竞争激烈的劳动力市场，需要作出承诺和努力。警察主管必须向他们的招聘人员传达这一承诺，并投入必要的资源来实现招聘目标。这种真诚的承诺必须体现在组织内外。在内部，行政长官应该制定政策和程序，强调多样化员工的重要性。针对某些申请者（在法律上）的平权行动和程序不能是空洞的。行政长官必须将促进多样性的价值观和平权行动纳入该机构的各个方面，从其使命宣言到点名培训。在外部，警察高管应通过正式（如媒体）和非正式（如社区警务、代表不同群体的组织的网络）的方法，公开向社会公布该部门的具体雇用和晋升目标。当行政长官提倡思想、政策和程序时，那些对招聘和晋升的需求敏感、坚定的工作人员会贯彻执行。行政人员还应与人事官员建立合作关系，以便决策清楚地反映警察局的招聘目标。建议警察主管人员审核人员甄选过程，以确保无论是测试阶段的排序，还是甄选过程的长度，都不妨碍雇用妇女和少数族裔的目标。

尽管行政长官们在争取支持多样化和平权行动的努力中是真诚的，但必须注意他们的政策和程序不能违反1964年《民权法案》第七条。此外，各州的机构已经颁布了禁止平权行动雇用计划和针对“受保护阶层”的目标的法律必须遵守这些规定（例如，加利福尼亚州的第209号提案于1996年通过，本章将在后面讨论）。知识丰富的人事部门或法律工作人员应该在实施前审查政策和程序。

营销计划：应该制订一项战略营销计划，其中包括目标、预算、责任和将招聘活动提交给报社的时间表等行动步骤。人口数据应该成为该计划的基础之一，它还必须考虑到本部门和社区目前的政治、社会和经济状况。俄勒冈州希尔斯波洛警察局的副局长克里斯·斯金纳研究了吸引执法候选人到某一特定机构的原因。

一个机构可以区分自己的方式是实现执法“品牌”与它们在市场中的地位，当人们在该地区讨论执法服务时成为品牌名称。更重要的是，每个部门都应该努力让潜在的员工认为这是一个品牌的工作（斯金纳，2010）。

副局长斯金纳表明，“创建品牌名称或看起来很容易，真正的挑战是创建一个独特的品牌体验”。本质上，这包括建立一个潜在的申请人和机构之间的积极的情感联系；“否则，申请人将只根据适用于每一个执法机构的合理事实信息来评估该机构”（斯金纳，2010）。该机构必须创造出一种特殊的吸引力，与其他机构相比，把它作为一个工作的好地方和更好的选择。关于如何实现这一点的一些例子包括：参加项目；在部门内介绍好的榜样，特别是那些具有相同性别或背景的候选人；信息丰富和吸引人的网站；以及关于警察局的积极新闻。

为了避免失去合格的申请人到其他机构或私营行业，营销计划应提供快速跟踪通过测试和筛选过程中最好的候选人。快速跟踪是一种积极的招聘策略，在进行任何其他筛选之前，对申请人的驾驶、信用和犯罪历史进行初步的、合格的检查。申请人不符合既定的标准，立即通知。其余的申请人随后由受过培训的高级官员或拟招聘岗位的文职人员进行面试。在面试中获得及格分数的申请人立即收到一封信，通知他们通过了，从而给他们明确的证据表明该机构正在认真考虑聘用他们。这封信还告诉他们，他们必须通过额外的资格审查步骤，包括背景调查，且必须立即开始。申请人必须在 10 天内完成最终测试，否则执法机构可能撤回提议。

为了简化流程，背景调查人员为其他测试，如测谎、心理和医学评估等，设置了时间模块。简化流程很重要，因为在今天的劳动力市场，最合格的申请者不会等待几个月，如果以缓慢的速度进行测试，他们将被其他地方雇用并获得岗位。

此外，招聘计划战略还应包括广告宣传针对下列目标：

· 高中高年级学生。

· 学院和大学，包括后备军官训练队和体育部门。

· 军事基地和后备部队。

· 教堂、寺庙、清真寺、犹太教堂和其他礼拜场所。

· 少数民族社区的社区中心；拉美裔、土著美国人、亚裔和非裔美国人的协会。

· 健身房、健身和武术工作室、运动俱乐部等。

该警察局的妇女和少数民族警官的参与在招聘工作中至关重要（见“招募激励”），代表目标群体的组织和团体的参与也是如此。如果在社区内有高知名度的少数群体和妇女，如运动员和企业高管，应该邀请他们通过媒体发布、传单、宣传册的宣传来促进警察事业的发展。申请表套装包应在警察派出所 24 小时、每周 7 天内提供，以便在人事办公室下班后，潜在的候选人仍可获得相关资料。

资源：必须向招聘工作提供充足的资源，包括资金、人员和设备。财政拮据几乎挑战了每个组织的招聘活动。一个机构的规模或财务状况可能需要更低的成本（或许更具创新性的方法）。例如，许多小型执法管辖区可以实施联合区域测试。西海岸的一个大县成功地组成了一个机构联盟，并每月为执法候选人进行 3 次区域测试。为了参与，每个机构都根据其管辖范围的人口支付费用。或者，每个机构都可以根据从名单上雇用的申请人的数量来支付。然后，汇集资金用于招聘广告（如广告牌、广播、电视、报纸）和最初的测试过程（阅读、写作以及敏捷测试，包括监考人员）。然后向每一个参与机构提供合格名单，这些机构继续对它们感兴趣的申请人进行筛选。通过集中工作，它们可以：

· 省钱。

· 培养更多的申请者。

· 比私营企业和其他公共机构更具竞争力。

· 测试频次更多。

· 减少从申请到聘用的时间。

在招聘多样化的员工方面，上述第二项好处——开发更大的申请者群体——是超越传统求职者范围的核心。执法机构利用互联网的全球覆盖率，可以在其网站上发布职位空缺，以招聘具有各种背景和技能的雇员。现在，执法机构通常会维护自己的网站，描述它们的部门，提供有关工作的信息、测试日期，以及如何获得申请。警察局网站被认为是有价值的招聘工具，用于突出机构内妇女和少数群体的工作，并可用来吸引退伍军人。

执法职业招聘会，通常持续时间不超过 2 或 3 个小时，应该在周末或晚上举行，这样已经有工作的人就有机会参加。应该利用媒体和宣传活动来吸引女性和少数族裔参加活动。在职业招聘会上，一个由妇女和少数族裔警官组成的角色模型小组可以描述他们的工作并回答问题。该小组可能提供的信息可能包括：

· 该机构的历史。
· 测试过程是什么，他们如何准备。
· 帮助他们准备测试的可用目录。
· 有关机构志愿项目、文职职位、学员、童子军、实习和预备队的信息。
· 学院要求、日期、期望、地点和联系信息。
· 关于新雇员和期望的现场培训计划的信息。
· 工作计划和职业阶梯的例子。
· 如果可能的话，到执法机构进行职业体验。
· 解决问题和沟通技巧的重要性——社区警务。
· 警察局在求职者中寻找什么。

高警衔的少数族裔或女性警官也应该向出席的人发表讲话，说服他们考虑成为雇员。有关申请程序和选择过程、身体敏捷性测试和警察学院的信息也应该给予提供。

社交媒体平台：互联网已成为执法职业候选人了解全国各地职位空缺和机构的第一大途径。根据一项研究，18%的受访新警最初是因为网络广告而主动联系警察局的，80%的人表示至少每天都会上网（韦伯和里奇韦，2010）。

现代的执法机构对空缺职位和职业介绍会在自己的网站上和免费的网站上做广告，如 YouTube、Facebook、Twitter 和 Craigslist，也继续使用更多的传统场所做广告。这项技术是一种廉价的方法，可以让成千上万的潜在候选人了解宣誓警官和文职岗位信息。它为机构提供了一个机会，让求职者深入了解有关警察局的信息，以及招聘和选拔过程。社交媒体平台通过宣布测试日期和地点，提供了获取和返回申请程序，也可为用户推荐警察局网站，以促进执法工作。西海岸的一个执法机构发现，它们在招聘网站上创建了一个女性版块后，该学院的女性比例从 8%上升到 50%。该网站介绍了该警察局多元化员工的传记和照片。

新技术也带来了其他好处。使用 Skype 或其他平台的视频会议可以被机构用来预先筛选申请人，以确定他们是否符合资格和满足所有的要求，因此，警察局和候选人的时间都不会被浪费。这同样适用于背景调查人员，他们可以实施远途面试，节省执法机构长途旅行的时间和金钱。

招聘人员的选择和训练：招聘人员是该部门的大使，必须仔细挑选。警察招聘人员应反映社区内的多样性，并且应包括妇女。全职的招聘人员是一种奢侈品，通常只在大型机构有。全职招聘人员方案的好处是，获得这个任务的员工经常接受一些营销技巧的培训。他们没有其他的责任或任务，因此可以专注于其职责，并做好。他们开发人脉、资源和技能，以发挥作用。无论招聘人员是全职的、兼职的，还是按需要分配的，在选择他们的时候，应该考虑以下标准：

· 对招聘目标的承诺。

· 信仰一种价值多样性的哲学。

· 在社区警务环境的良好工作能力。

· 信仰和推销产品的能力：执法作为一种职业。

· 与各种背景的人相处舒适，并能够舒适地沟通。

· 能够毫无屈尊俯就地讨论整个社区代表在警察工作中的重要性及其对警察局的作用。

招聘人员必须得到资源（如预算和设备），并且必须制定指导方针。必须对他们的作用、市场研究方法、公共关系和文化意识进行高度培训。他们还必须理解、欣赏并致力于组织的价值观和道德观。他们必须意识到并控制他们对非本族裔的个人或群体的偏见。

几乎每个州的治安官标准和培训委员会（POST）都开发了一门关于招募技术和方法的课程。大型的进步执法机构（或机构联合体）可以在这些模式课程之后开发一个内部程序。妇女从事贸易、技术和科学研究所（IWITTS）可以为招聘和留住女性提供资源与培训项目。该组织举办全国专题讨论会，并通过个人接触或互联网向各警察局提供技术援助。它们的材料包括一个执法环境评估工具（LEEAT），包括机构检查清单和数据收集方法，以帮助确定某一特定执法机构的最佳招聘策略。

招聘激励：员工推荐系统（ERS）是一种非常有效的招聘技术，有时涉及激励措施。员工推荐系统（ERS）要求警官非正式地评估申请人是否能在组织内表现良好，如果是的话，向机构提出推荐建议。研究表明，通过员工推荐系统招募的警官更有可能在甄选过程中获得成功，被聘用，并留在该机构。

为了实施员工推荐系统（ERS），建议警察主管考虑使用财务和其他激励措施，首先确定这些程序在其管辖范围内是合法的（货币激励计划可能会受到公平劳动标准法案的影响）。2008 年，各执法机构提供招聘奖励的被雇用的州和地方执法人员的百分比如图表 3.1 所示。

金融和其他激励计划对于那些没有能力聘请全职招聘人员的机构尤为有用。它们被用来鼓励军官在值勤或休息时招募会说两种语言的白人、妇女与种族和民族多样化的候选人。其中一个可能的方案是，对于它们所招募的符合资格的每一类人员，给予他们加班费，如果同一申请人被录用，则给予额外的加班费，并对新警通过的每一阶段给予进一步的加班费，直到试用期结束。一些部门为没有专门指定征聘最多 20 小时补偿时间的警官提供招聘双语警官的机会。此外，部门成员亦可获额外 40 小时的补偿时间，用以招聘会说两种语言或属受保护类别的同级人员。美国西海岸的一家机构为难以招聘的职位提供签约奖金。如果一个新兵成功地完成了认证学院的学业并进入了实地培训项目，推荐他们的人将获得 1500 美元。一旦新员工完成试用期并接受“符合标准”的评估，推荐人将获得 3500 美元。如果他们介绍一个被雇用的调度员，部门员工还可以得到 1000 美元，如果调度员成功完成试用期，还可以得到 1500 美元。

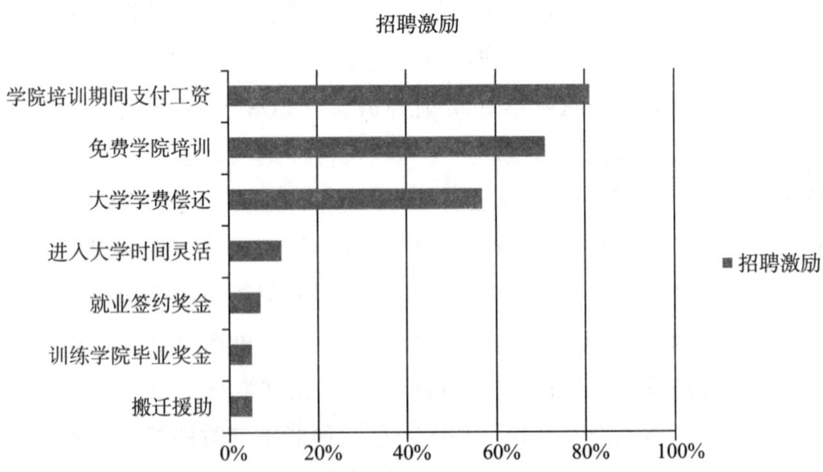

图表 3.1　2008 年机构招收宣誓职位申请人的激励措施

资料来源：里夫斯，布莱恩 A，博士（2012 年）。“雇用和保留州和地方执法人员，2008 年”，10 月，NCJ 238251，www. bjs. gov/index. cfm？ ty = pbdetail&iid = 4514。

一个东海岸执法机构奖励250美元给雇员，其能够招募申请人（任何种族或族裔群体），并完成所有阶段的后台进程，被聘用后开始在警察学院接受培训。同一警察局奖励250美元给雇员，其招募横向警官候选人，并完成了后台程序的所有阶段，被聘用并报到。当这些新警通过试用期时，招聘他们的员工得到250美元作为额外奖励。鼓励所有警察局成员参与招聘工作，包括促进执法作为一种职业，通常是有效的。

为了在招聘员工方面具有竞争力，特别是少数民族和妇女，各机构必须像企业一样提供激励措施。一些市、县向其他机构的经验丰富的官员提供签约奖金。一些部门为受过学院训练的申请者提供3000美元的签约奖金。数额各不相同，但提供这些奖金的做法已在全国各市、县被有能力支付的机构采用。一些司法管辖区还为执法人员提供首付和首套房无息贷款方面的帮助。这些提议不仅用于鼓励现任警察留在警察局，而且还用于招募可能无法在高成本社区生活的新雇员。看着员工离职去收入更高的地方，对于为员工投入时间和金钱的部门来说，可能会令人沮丧。雇用一个新的警官需要大约1年的时间，大约花费4000美元用于筛选过程，还有数千人进行学院培训。因此，采用激励措施来吸引和留住有经验的人员，最终可以节省机构的资金。

社区参与：成功的执法机构在招募和雇用妇女与少数族裔方面吸纳社区参与。来自受保护阶层的代表应该参与最初的会议，计划招聘活动。它们可以帮助确定它们所代表的群体的最佳营销方法，并可以通过亲自联系潜在的候选人来提供帮助。应该提供给它们招聘信息（如小册子和海报），以便它们可以在宗教机构、公民和社会组织、学校和文化活动中传播的招聘信息。以社区为基础的警务工作也为警察提供了良好的机会，让他们向外界散播机构招聘的信息。

代表社区多样性的社区领导人也应参与甄选过程，包括作为申请人的面试委员会成员。旧金山警察局在所有提到的过程中都使用社区领导人。许多进步执法机构都鼓励他们的警官加入以社区为基础的组织，他们与社区成员进行互动，并让该组织参与警察局的招聘工作。

退伍军人：一些执法机构投入时间和资源招募解雇或退休的退伍军人。退伍军人因为在军事组织结构中的经验，往往能够成为优秀的执法人员。

随着伊拉克战争和阿富汗战争的结束，越来越多的退伍军人开始寻找刑事司法工作。2012 年，军方也开始裁员，减少招聘，并要求更少的成员在履行承诺后重新入伍。与以前的战争不同，这些部队已经受过正规的内城战斗技术训练，被称为“维持治安”，这些技术——就像警务，如搜索和“清洁”房屋与其他建筑物。今天的退伍军人也接受了司法部门和惩教人员最大的任务之一的培训——拘留。2011 年，国际警察局长协会发表了一项研究，“将退伍老兵作为执法官员——招募策略”，这为招募退伍军人提供了有用的方法。

2012 年，美国司法部、以社区为导向警务服务办公室（COPS）提供资金，开始一项针对最近退伍军人的招聘计划。警察雇用计划（CHP）为退伍军人和执法机构提供了许多资源，以支持退伍军人雇用活动（美国司法部，2012）。此外，警察职业和晋升服务有限责任公司（Police Career and Promotion Services，LLC）是一家成立于 1985 年的私营公司，也提供资源和信息，帮助回国的美国退伍军人在全国范围内从事执法职业。有关公司的更多信息可见 https：//officer. us. com/。

实习生、学员、预备队、童子军和高中警察学院项目：执法机构应该为高中生和应届毕业生提供各种方案。许多机构已经为 14 岁至 20 岁对执法职业感兴趣的年轻人提供了警察实习和学员项目，以及警察探险家童子军或学员项目。这些通常被称为“发展自己的警察”计划。

2015 年，奥克兰警察局扩大了它们现有的学员计划。奥克兰警察局学员计划涉及申请时年满 17 岁半的高中毕业生和 18 岁至 21 岁的学员。两者都是兼职、小时雇员。该市联合奥克兰联合学区，鼓励符合条件的考生报考学员职位，重点招收奥克兰居民，特别是少数族裔。更多地反映社区人口构成的少数族裔警察，有助于提高警署的正面形象。

作为高中警察学院的一部分，或者其他针对这个年龄群体的项目，应该纳入角色模型和指导组成。指导会让警察与年轻人联系在一起，在年轻人作出吸毒、犯罪或辍学的决定之前，警察以积极的方式影响年轻人。这类项目包括强调培养良好的口语和写作能力的重要性，这些领域的不足将使许多候选人没有资格在执法部门工作。警察体育联盟，在全国许多执法机构已经运行数十年，传统上也充当了这个导师的角色。

许多执法机构结合学院或大学的司法管理计划，开设了旨在为有兴趣从事刑事司法职业的人们提供培训和经验的课程。退休的奥克兰警察局局长霍华德·乔丹在2015年秋季开始在加利福尼亚州奥克兰的梅里特学院讲授为期13周的选修课。乔丹局长认为该计划的主要目的是吸引市中心和当地的年轻人，让他们接触警察工作，并提供信息，说明如果他们被雇用，他们会做什么。课程包括报告写作、无线电程序、防御性驾驶、警察道德、社区关系、背景调查以及如何清理信用记录的技巧。向学员们介绍了军事风格的指挥系统和按时出勤的重要性。重点是引导当地人加入这个项目，因为他们熟悉自己的城市或县、风俗、文化和历史。人们认为，一旦进入工作岗位，当地新警对社区中的种族和族裔群体更加敏感，因为这是他们成长的地方，他们更愿意在调查、报案和发生重大事件时赢得公民的合作（乔丹，2017）。

年轻人显然是任何招聘工作中非常重要的一部分，因此执法机构应制定和使用关于这一年龄组人口统计和态度的调查。此类调查有助于衡量人们对执法职业的兴趣程度，并有助于确定执法机构需要作出哪些改变来吸引最佳候选人。调查还可以提供一个机会，以促进警察实习生、学员、童子军和高中学院计划。

一些城市警察部门和治安官办公室也开设了公民警察学院，以使居民更加熟悉警察工作。通常情况下，该学院是一个为期10周的课程，参与者可以学习犯罪现场调查、警犬使用、汽车巡逻、枪支、报告撰写、法庭作证、监狱操作和大陪审团职能。各部门将此项目视为其志愿者项目的招募工具。它也成为一些参与者从事执法工作的切入点。联邦调查局（FBI）有一所青少年学校，该学院使高中学生有机会参加一些课程，在这些课程中，FBI讲师会提供与典型FBI外地办事处运作有关主题的演讲。联邦调查局还有一个公民学院，提供一个6到8个晚上的课程，让商业、宗教、公民和社区领袖对联邦调查局有一个内部了解。其目的是让参与者更好地了解联邦执法在社区中的作用。课程候选人由联邦调查局雇员、前公民学院毕业生和社区领导人提名，最终由负责当地联邦调查局外地办事处的特别探员挑选。自2008年以来，联邦调查局华盛顿办事处（WFO）还主办了一个年度“未来特工培训”（FAIT）计划，该计划提供了一种实际操作方法，以教育地区高中三年级和四年级学生了解该局的业务。为了成为一名特别探员，该项目展示了联邦调查局的各个部门，包括其刑事、反恐、情报和行政部门（美国联邦调查局，2016）参加这个项目的学生能够理解工作的内容、所需的承诺和性格。

甄选过程

在启动任何甄选程序之前，执法机构必须评估该部门现有雇员和雇员对工作环境的满意度。

雇员满意度

对外招聘的第一步是警察局进行向内审视。即是否有成员包括宣誓或文职警员，因为他们的种族、族裔、国籍、性别或性取向而体验情感上的痛苦。试图从这些社群中招聘申请者的警察局不能有内部问题，无论是真实的或是感性的，关于种族主义、歧视，或对女性、男同性恋、女同性恋者的敌意。一个拥有高离职率或不提拔女性、少数族裔或同性恋者的部门也会阻止优秀的人申请。在有意义的招聘出现之前，部门必须解决任何内部问题。为了确定任何此类问题的性质和程度，执法机构可以对其工作环境通过所有员工进行匿名调查，应审查政策和程序（特别是有关性骚扰和性别歧视），并审查相关统计信息。离职的人员数量及其原因，以及员工晋升等信息。目标不仅是评估妇女和少数族裔的工作环境，而且还确定需要采取哪些步骤来消除他们面临的障碍。

督察和部门主管必须定期与全体员工讨论，以查明是否有问题困扰他们。然后，他们必须证明他们正在采取措施缓解不适的来源，无论是涉及修改实践做法，还是仅仅与其他雇员讨论。

对新聘人员的实地培训方案也应加以审查和评估，以确保新警察不会被任意淘汰或遭受偏见或歧视。当一个新警达到这个阶段的训练，已对新警投入大量资金，应尽一切努力，使他或她成功地完成该项目。然而，过失后留用也会成为组织的负担。当有充分的证据表明，受训者不适合留用，不管是因为种族、种族、性取向或性别，从工作中解脱出来通常是最好的办法。

角色模型、网络和辅导计划应给新警和下级军官机会，以获得相同种族、族裔、性别或性取向的高级警官的支持和重要信息。许多成功的项目，包含不同于新兵背景的角色模型。

筛选申请人（用人标准）

多年来，尽管存在争议，但仍存在一种在执法中实施文化变革的运动，目的是不强调警务的“战士”思维模式，而将其转变为强调沟通和解决问题的“监护人”模式（有关详细讨论，请参见第一章）。从历史上看，执法被认为是男性职业，其筛查程序只注重体力（“战士”），很少强调沟通技巧或解决问题的能力（“监护人”）。现在，大多数机构都消除了阻碍大多数女性和某些男性成为执法人员的障碍。根据女性多数基金会执行董事凯西·斯皮拉尔的说法：身体敏捷性测试项目经常被设计为针对上身强度和力量，并据此删除合格的女性和身材较轻的男性。我们认为，它们不仅具有歧视性，而且在警务工作中并不是真正的职业资格。警察局应测试一般身体素质，并根据年龄、身高、体重等进行测试。更重要的是，测试应强调批判性思维和解决问题的能力与沟通技巧。过于强调身体属性，而对精神属性却没有足够的重视（斯皮拉尔，2017）。

一项针对得克萨斯州科珀斯克里斯蒂警察局的诉讼称，该局在招聘过程中歧视妇女。诉讼称，从 2005 年到 2011 年，通过身体敏捷测试的女性比男性少 80%。因此，该诉讼认为，这些测试违反了 1991 年修订的 1964 年《民权法案》第七条。2012 年 9 月，司法部解决了针对警察局的性别歧视诉讼，结果颁布了一项执行解决条款的同意令。同意令规定了 3 个总体条款：（1）科珀斯克里斯蒂警察局制定了符合第七章的新甄选程序；（2）对一些未通过测试的妇女给予补偿；（3）其他未通过测试的妇女获得具有追溯性资历和福利的优先就业机会（美国司法部，2012）。

测试和就业前筛选包括评估当今执法人员使用社区警务所需的技能、能力和体能。全国各警察局都在寻找能够与公民沟通和合作，并善于解决问题的警员。

一个糟糕的雇用，在任何职业中，对一个组织来说都是非常昂贵的。因此，执法机构必须建立一个完整的计划来招募、筛选和雇用可靠的候选人来填补空缺。招聘机构必须有一个准确的、最新的职位描述，并了解它们正在招聘的职位的现行标准。求职者应该清楚地知道就业标准和工作要求，这样就不会有意外。需要援助的机构在建立有效和合理的就业与培训标准方面，应联系国际执法标准和培训主任协会（IADLEST）。

执法机构必须评估申请人的维度（就业标准），包括但不限于：

· 基本资格，如教育、必要的许可证和公民资格。

· 智能和解决问题的能力。

· 心理素质。

· 身体素质与敏捷性。

· 现行和过去非法使用毒品。

· 犯罪记录、驾驶记录、工作经历、军事记录、信用记录、声誉、测谎等特征。

· 服务他人的才能和能力。

· 民族，种族，性别，性取向和文化偏见（美国司法部，2006）。

最后一个维度，测试偏见，值得特别关注。执法机构筛查不可接受的偏见的招聘程序，是向社会表明，它寻找警察，他们将以公平、正直、勤勉和公正的态度来履行职责，他们将尊重他们所服务的人民的公民权利和尊严，以及他们所工作的人。这种筛查不仅应包括用于衡量态度和偏见的心理测试工具，还应包括人事人员对候选人的仔细背景调查。调查应考虑申请人对种族问题的陈述，以及对个人和雇主提供的参考资料的访谈，以了解申请人如何看待和对待其他种族、族裔、性别和性取向群体的成员。这些访谈将包括以下问题：

· 申请人怎样与其他群体互动？

· 不同群体的人对申请人的评价是什么？

· 申请人是否曾与不同群体或个人的成员发生冲突或关系紧张，以及他或她如何处理？

由于强调社区警务，执法人员也必须寻找那些能够证明自己服务他人的思想和能力的申请者（不仅仅是打击犯罪）。因此，招聘人员希望应聘者具有适应性、分析性、沟通性、同情心、勇气（无论是在身体上还是在精神上）、礼貌、文化敏感、果断、有纪律、有道德、目标明确、廉洁、成熟、负责、尊重和自我激励。各机构也期望警员具备良好的人际沟通能力，以及营销能力，因此对应征者应进行这些特质的筛选，并且他们渴望在不断变化的环境中继续学习和工作。越来越多的官员正面临着不同语言、文化和代际差异的挑战，以及他们所服务的社区成员的不同意见。各机构必须发展在不同群体中产生信任的手段。在今天的社区中，具有文化理解能力的警官和双语警官的重要性日益凸显。

今天，有效的执法官员与邻里团体、社会福利机构、住房法规官员以及许多其他伙伴密切合作，以控制犯罪和改善生活质量。执法人员必须渴望理解一项任务，制订一个计划，并与他人一起完成这项任务。面对当今不断变化的打击犯罪的态度，如果没有一致性，警察和代表们不会有机会获胜。因此，对新警的搜索应该集中在那些证明有能力掌握问题并与他人合作解决问题的人身上。这些潜在的警察必须对那些不同意他们意见的人开放，或者有不同于他们的意见的开放。执法机构应该向候选人明确它们的目标和期望，认识到一些候选人将不符合部门的愿景、使命和价值观，因此应该在这个过程的开始进行筛选。筛选应该包括确定申请者：情绪稳定性、外向与内向、经验的开放性、宜人性与韧性和责任心。

在执行测试之前完成一份工作分析，符合执法机构的最大利益。尽管这是一个耗时的过程，但最终的结果是对申请人申请和筛选的工作的明确描述。利用作业分析数据，可以开发测试和作业性能标准，并作为筛选过程的一部分。在提供给应聘者工作分析的复印件时，申请人若符合标准，可提前决定。

执法职业的能力也可以通过结构化口试来测量。口试小组应该是性别和种族多样化的，并包括当地社区的成员，以减少偏见的可能性。小组还应包括宣誓警察和文职警察。重要的是，所有的评委都支持妇女和受保护阶层应参与警务工作，并接受全面的面试规则训练。口试应提前设计问题，并应测试社区警务所需的技能和能力，包括与各类人员合作、减少暴力、调解纠纷和解决问题的能力。不管候选人是男是女，每个候选人都要问同样的问题。

作者认为，基于联邦资助的服务精神招聘项目（HSS）的调查结果，代表着招聘理念的范式转变，是执法人员招聘最有用的新工具之一。该项目的建议是征聘战略的一个重大变化，因为重点是雇用面向服务的执法人员。

本着“服务精神”招聘：本着“服务精神”招聘（HSS）项目，开发于20世纪90年代，建议招募那些不是因为冒险精神（“犯罪斗士”）而被执法部门吸引的应聘者，而是招募那些具有服务意识的应聘者。招聘不应只针对受过教育的人，而应针对那些在社区警务（COP）和面向问题警务（POP）哲学中能良好工作的人。这些哲学要求能够解决问题的聪明的人。个人的体型大小（远离招聘“大而强硬的警察”）不要紧，如果他们有人际关系和面向服务的技能。那些被招聘的人必须能够接受多样性，不仅在他们所工作的社区内，而且也在他们自己的同事中。

2006 年，社区警务联合会重新审视了本着“服务精神”招聘（HSS）的招募方法，主要集中在妇女和少数民族。评估确定，增加具有不同候选人的范围，这是 HSS 方案的目标，在一些试验机构中成功地增加了妇女和有色人种的招聘。参与 HSS 的试验机构在招募少数族裔和妇女方面采取了新的积极主动的做法。总的来说，对 HSS 计划的持续修改和研究发现：

· 少数民族候选人在整个测试过程中都能从辅导和指导中受益，特别是那些对英语笔试感到困难的以英语作为第二语言的候选人。

· 辅导有助于新警，特别是来自不同社区的新警，适应警察文化，培养他们如何进入这个职业并获得成功的意识。

· 辅导对于留住新员工同样重要，从而保护招聘机构的投资。

· 警官职业，由于轮班工作时间表和缺乏灵活性，对于想组建家庭的女性来说，并不具有吸引力。

· 许多潜在的女性应聘者质疑她们是否可以通过所需的体检以及工作中潜在的身体对抗。

· 很多警察局的少数民族求职者看不到很多长得像他们的警官，导致缺乏榜样模型。

· 媒体对涉及执法人员的负面事件的报道，对于那些考虑从事该行业的人来说是一个形象障碍。

· 许多少数民族来自对执法部门有不利看法的社区。

· 在招聘中的执法机关行政支持至关重要（美国司法部，2006）。

其他有用的资源包括：

· 《招募和留住合格的警员——最佳实践指南》，由国际警察局长协会出版（国际警察局长协会，2011）。

· 《雇用和留住警官》，这是对全国各地警察机构雇用和留住宣誓警官的经验研究成果，由国家司法研究所出版（国家司法研究所，2004）。

·《拆掉墙壁》，提供关于身体灵活性测试的见解，由国家妇女和警察中心出版（朗斯威、斯皮拉尔、特加、阿圭尔、杜普斯、莫尔、哈林顿和斯梅尔，2003）。

“为妇女迈向执法工作的佛蒙特州工程”的项目成功地为（所有种族和人种的）妇女提供了刑事司法工作的准备。该方案的三个关键组成部分是：与警察学院管理的体测相适应的体能训练，由当地一家健身房的持证培训师授课；注重执法职业生涯规划的软技能；以及执法专门技术专题的培训，由警务和惩戒警官授课（托米和乔莉，2009）。图表 3.2 显示了 2008 年各机构雇用的州和地方执法人员中使用选定方法招聘宣誓职位申请者的百分比，这是最新的统计数据。

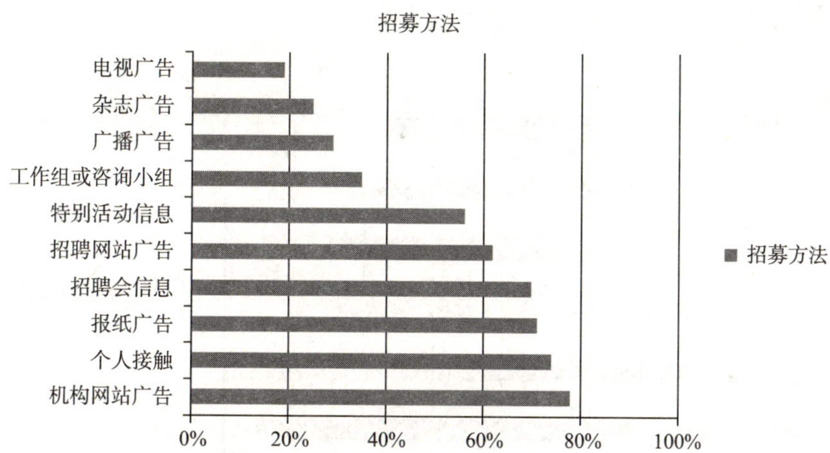

图表 3.2 2008 年机构招收宣誓职位申请人的方法

法律问题和平权行动

在一些州或司法管辖区，招聘工作中可能存在一些有争议甚至法律方面的问题，针对妇女和受保护阶层候选人参加执法工作。一般来说，只招收某一特定种族、族裔或性别的成员是不被允许的。联邦法律禁止在任何特定人群中要求满足特定招聘目标的项目，除非有必要纠正歧视。然而，外展计划和征聘工作设法扩大潜在候选人的范围，使更多的合格个人包括妇女和各团体的成员是合法的。这些项目和工作应旨在使所有潜在申请者了解就业机会，不论他们的种族、国籍、性取向或性别。

在加利福尼亚州，1996 年通过了第 209 号提案，该提案宣布基于种族、性别、肤色或国籍的政府歧视和偏好为不合法。法律规定，任何政府机构，在招聘或提拔雇员时给予优惠待遇，都可以通过州削减其税收来惩罚。2000 年 9 月，加利福尼亚州最高法院的法官确认该提议是合法的。法官们在他们的决定中，严格限制雇主对他们可以合法招募雇员的外展计划的种类；任何向少数族裔和女性提供竞争优势的外展计划都违反了第 209 号提案。许多其他州效仿加利福尼亚州的做法，颁布了类似的法规，但并非全部。2008 年，科罗拉多州选民成为全国第一个拒绝投票提案，该提案将禁止平权行动法案，允许在州招聘、合同和大学录取中考虑种族或性别问题。各机构需要研究哪些策略在其州和管辖范围内是合法的和适当的。在 2008 年，通过特殊招聘工作，专门针对特定申请人群体的被雇用的州和地方执法官员的比例可以在图表 3.3 中看到。

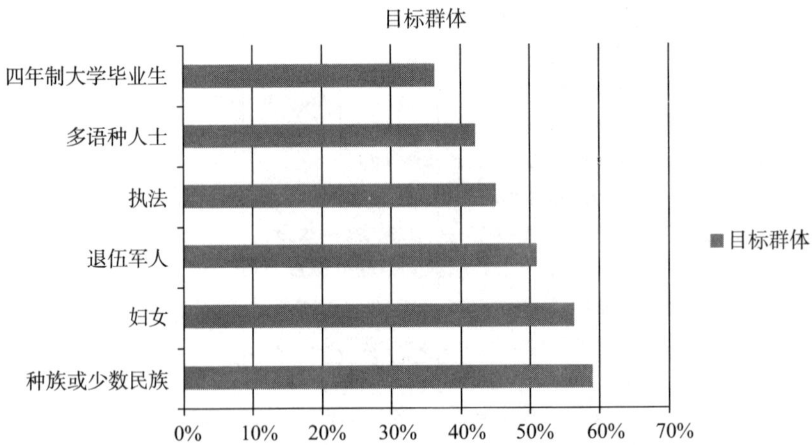

图表 3.3　2008 年针对特定申请群体的专门招聘机构

平权行动和同意法令在争取从种族和种族不同的背景下雇用妇女和个人方面，取得了适度的成功。这些团体的成员晋升为指挥官的比率甚至更少。由此带来了对妇女和非白人晋升相关联的资格问题：他们能胜任这项工作，或者他们是平权行动的产物吗？同事之间可能会微妙甚至明确地向对方表示晋升不是能力的结果，而晋升的候选人可能会觉得他或她的成功不是完全基于资格的。因此，员工可能会经历紧张的关系和士气低落。不可否认，当法院命令授权晋升时，组织内部存在强烈的消极的内部反应。一些白人和（或）男性雇员对同意法令或平权行动所导致的职务晋升，感到愤怒或沮丧。显然，必须采取预防性工作来避免此类问题。

全国黑人执法行政官组织（NOBLE）一贯赞成平权行动，以增加少数族裔在执法职业中的人数。全国黑人执法行政官组织（NOBLE）在全国各地会见了招聘人员和执法部门的其他代表，讨论可能成功的少数族裔招聘策略。其中一项策略是，与10所历史悠久的黑人学院创建一个试点项目，以增加从事执法职业的毕业生人数。该项目包括专题研讨会、讲座、小型会议以及执法实习。NOBLE赞助了工作招聘会，以吸引潜在的求职者，申请者能够与参会机构的代表进行会面。

小案例研究：你会怎么做？

你在一个拥有50个宣誓警官警察局中，负责人事管理的中士。警察局有一个非洲裔男警、两个西班牙裔男警、两个女警。警察局从没有过大量少数族裔或妇女申请宣誓警察的候选人，且你的执法机构不能反映城市的人口状况。你的城市有平权行动项目，到目前为止，没有外展计划招募妇女和少数族裔。你的局长已经要求你，就开展招聘妇女和少数族裔的策略提供建议。列出一个议案目录，就其他警察局在申请人测试之前的流程，列出明细。

多样化劳动力的保留和晋升

招募反映社区性别、种族、族裔和性取向的警官，是执法机构面临的一项重要挑战。保留和提升这些警官同样重要。雇员出于各种原因离开他们的机构，离职面谈应该由宣誓和文职雇员进行，以确定原因。大多数情况下，离职的决定是基于其他地方的晋升机会，或是追求不需要轮班工作或危险的职业。

保留

任何雇员的保留通常是员工良好工作和所有员工都受到尊重和有尊严的积极环境的结果。事实上，一旦一个机构赢得了公平的声誉，所有种族、族裔和性取向的人才会寻求这个机构，并将持续留职更长时间。工作满意度，有关于包括妇女和受保护阶层在内的雇员的保留，往往不仅可以归因于公平的报酬和福利，而且还可以归因于以下方面：

· 领导。

· 指导。

· 培训和发展。

· 解决偏见、歧视和骚扰。

· 沟通。

· 绩效评估。

· 职位描述。

领导：工作满意度和员工承诺常常归功于良好的领导能力。有三个领导职能显著影响员工的满意度和参与度。这就需要为员工营造一种氛围：

1. 可以看出他们的工作价值。

2. 能接触到领导（督察或部门主管），并感到被重视和被欣赏。

3. 可以衡量他们对组织任务，特别是员工所分配的单位任务的贡献是否成功（伦乔尼，2007）。

那些没有看到或理解他们的工作价值的员工有时会认为那是无关紧要的。如果他们没有和他们的领导沟通，他们会感到被漠视。如果他们不知道如何衡量他们对工作单位的贡献，他们就会感到沮丧。这样的员工通常很痛苦，因为他们想让上司欣赏他们的工作。寻找这些迹象并作出必要改变的领导者可以将不快乐的员工转变为满意的员工，并且不太可能离开公司。

执法部门的领导人时不时地从办公桌后面走出来，与他们的成员一起工作，也可以证明“高层”仍然知道做这份工作的意义。为了减少员工的流失，各部门应该制订强有力的、有意义的员工认可计划……以表明他们关心和认可他们所做的重要工作（鲁法，2013）。

指导：本书第二章涵盖了为妇女和不同群体的成员提供指导、支持和非正式网络计划的重要性。指导不是一个新的概念或实践，它既可以是正式的，也可以是非正式的。正式指导包括制定政策和程序，确定角色和职责，并培训高级成员使之成为进程导师和组织目标。指导包括提供一个系统，其中经验较少的员工可以从更多的资深同事那里得到信息、建议、支持和鼓励。指导包括为个人和组织的利益，通过实例领导、发展和指导，便于被指导个人发展。因为指导和提供社交网络机会，有助于员工满意度，所以员工保留的可能性更大。

应该指出的是，导师的角色和实训教官（FTO）的角色是不一样的。实训教官（FTO）负责培训和发展一个有效的新警官，并在过程中不断评估他或她的有效性。同一个警官的导师的角色是支持性的、关系型的，不涉及绩效评估。指导者不仅在训练期间与警官保持联系，而且在完成后继续提供支持、指导和鼓励。

指导和支持项目不仅适用于新警察，而且也适用于老警察。即使是经验丰富的警官，当卷入暴力或令人痛苦的案件（儿童色情、恋童癖、强奸、死亡、重大交通事故）时都需要支持。当死亡涉及同事时，支持项目尤为重要。警官们通常学会划分或隐藏自己的感受。他们需要一种发泄和分享的方式，但通常不求助于配偶、亲密的他人、朋友或家庭成员。一些警察局有朋辈咨询项目，为那些需要帮助的宣誓警官和文职人员提供支持。这些项目创造了更有利于留住雇员的工作环境。

更多关于指导的信息可在国际警察局长协会的出版物上查阅。例如，《警察部门的制度化指导最佳实践指南》（斯普拉夫卡和克兰达）。另一个来源是由非营利性组织"催化剂"所提供"为有色妇女提供最佳指导项目"。

培训和发展：在职培训、教育机会以及在组织内获得特殊任务是三个有助于员工发展的因素，它们可以带来工作知识、经验和满意度，从而可以保留员工。具有帮助其员工获得高级职位的项目的警察局发现，这种做法通常会使该机构工作的员工快乐和富有成效。

"要想在不断变化的职业中取得成功，员工必须提高他们的技能。"马克·J. 特拉在联邦调查局执法公报中写道。"如果组织不能为他们提供这种福利，他们就会到别处去找这些福利"（特拉，2009）。社区警务和技术进步、国内安全威胁的出现，以及网络犯罪和身份盗窃的增长，意味着警官的技能必须不断更新。

各级警官的培训应贯穿于他们的职业生涯。这样的培训不仅应该解决包括搜查和扣押、枪支、防御战术、逮捕程序等在内的必要的、实际的技能，而且还应包括"当前的问题，特别是关于在多样化的社区互动和沟通技能"（特拉，2009）。此外，员工的发展对于满足特殊任务的要求是非常重要的，这些任务增加了在组织内的晋升机会。特别任务包括这些很受欢迎的岗位，诸如特警、帮派、麻醉品、警犬或摩托车单位、骑马巡逻和实战训练等。

一些执法机构已与高等教育机构结成伙伴关系。一个例子是亚利桑那州凤凰城警察局，其与一所大学合作，警官可以在两年内获得领导学硕士学位。作为补偿方案的一部分，参加者每年可获得近4000美元的学费报销(特拉，2009)。其他执法机构通过为攻读学位者提供奖励来提高工作满意度。

提供奖励和大学教育的鼓励的警察局发现，机会与工作绩效改进相互联系，具有学位的警察通常比没有学位的警察具有更好的职业优势。相反，如果一个执法机构不提供这些机会，警察们就会去找那些能够提供机会的执法机构。在线课程现在使获得知识和学位变得更容易了。

解决偏见、歧视和骚扰：一个试图留住员工的部门不能有内部问题，无论是真实的还是被认为的，这些问题与种族主义、骚扰、歧视或对女性、男同性恋或女同性恋官员的敌意有关。种族侮辱、种族或性别笑话、攻击性或贬损的言论或其他言语或身体行为是非法的，干扰了个人的工作表现。

执法机关或其人事部门应分析有关官员离职人数及其原因的统计资料。另一种确定偏见问题的性质和程度的方法是通过匿名调查对所有员工进行评估。目标不仅是评估妇女和少数群体的工作环境，而且是收集信息，以便在必要时采取步骤，消除本组织内部的歧视。

沟通：在督察和部门主管定期与全体员工交谈的机构内，保留率也较高。然后，督察和部门主管可以采取行动减轻不适的来源，这涉及是否修改惯例或仅仅与其他员工进行讨论的行为。

督察和警员之间的沟通可以是正式的和非正式的。正式的反馈通常以绩效评估的形式出现，但也可能以表扬的形式，甚至是以感谢的形式，赞扬警员的良好工作。发现良好的绩效表现应给予正向强化，如果不这么做，警员可能会不高兴，他的表现可能会受到影响。

重要的不仅是一个机构有自上而下的有效沟通，而且沟通应在两个方向上自由进行。不能向上沟通的员工会感到沮丧和愤怒，这会对他们的业绩水平产生负面影响，并可能导致他们脱离组织，无论是象征性的还是字面上的。

绩效评估：良好的员工绩效考核制度是影响员工满意度和保持性的重要因素。评估系统应该使用与工作相关的客观因素，而不是主观的。为了客观，评估必须集中于可测量的和与工作描述相关的特征和行为。它还必须与警察局目标或任务单位的目标有关。绩效评估应每年进行 1 次，要求向员工提供准确的反馈，帮助其确定个人的优势和劣势。它应该是一个鼓励改进的工具，并为此提供指导。评估还应侧重于雇员的短期和长期目标，以便警察不仅在其自身的专业发展方面得到帮助，而且在成为满足组织需要的那种警察方面也能得到帮助。

职位描述：每位宣誓和非宣誓警察应该有一个工作描述，确定职位名称和描述的基本功能、职责和为雇主执行的岗位任务。职位描述列出了职位所需的知识、技能和能力，此外，它描绘资格，如教育或经验、许可证或证书以及工作条件。工作描述是一个及时性文档，当影响警员的职位发生变化时，应该及时更新。在警员年度绩效考核的时候，警员和他或她的督察应该对它每年进行审查，以确保这份文件为警员在工作上获得成功给予了足够的指导。职位描述是消除职场中偏见和歧视的极好工具。

晋升

受保护阶层和妇女晋升到督察和指挥衔级的人数有限，由此被学者和警察研究人员称为 40 多年来警务中的一个严重问题。面对机会如此匮乏，一些警官离开了警察组织。有些机构不提供领导培训机会，或只向晋升名单中的人员提供培训机会。有岗位成功计划和为所有选择或立志成为领导者的员工提供机会和培训的执法机构，创造了一个鼓励参与晋升过程和职业发展的环境。如果有正确的动机和自我完善的工具，即使是一些不合格的应试者也能成为优秀的领导者。

提倡女性晋升的作家和倡导者使用了“玻璃天花板”这个词来描述一个未被承认的障碍，它阻碍了女性晋升更高层次的衔级。无论是否有玻璃天花板，女性仍然只占警察督察和部门主管人员的一小部分。在组织内部，女性和其他不同背景的人对白人男性比他们更容易获得晋升机会而感到沮丧。经常随着挫折的觉醒常常导致生产效率和士气下降、早期的倦怠和辞职，对于这些人来说，其他地方的机会似乎更好。由于一些执法机构缺乏对平等机会的关注，缺乏透明的晋升政策和实践，这对部门内部和外部的运行和关系产生负面影响，常常导致不信任和不满。妇女和不同群体成员的导师和榜样的缺乏，也被认为是这些雇员未能了解在组织中获得晋升所需的原因。

行政长官们需要测量女性和少数族裔确定升职人数，通过确定其申请人数与部门人数之间是否成比例。如果不成比例，也许女性和少数族裔的警官需要从他们的主管、导师或非正式的网络伙伴那里得到鼓励。晋升过程也有可能不成比例地将女性和少数族裔官员排除在外。防止偏见的一些保障措施包括：将过程加权为“实际操作”任务（例如，评估中心测试）、进行结构化面试、挑选代表不同种族和性别的董事会成员，以及培训董事会成员的面试技巧。

如果不能提拔代表各机构所服务的不同人口群体的合格候选人，包括妇女，可能会导致社区继续不信任警察。警察部门内代表人数不足也加剧了警察与居民之间的紧张关系。一些学者和刑事司法专家认为，执法机构各级人员代表性不足，损害了司法部在社会上的形象。

警察行政长官和城市或县的管理者无法承受妇女及其不同群体成员的留职和晋升机会不足的不良后果。一些警察局在招聘和雇用女性方面做得很好，但是，由于体制不完备，女性比男性更容易离开警察局。原因各不相同，但家庭压力是最常被提及的原因。

Y一代：在第一章中，作者介绍了“Y一代”或年龄在18岁和30岁之间的千禧一代的主题。希望招聘和留住这一代雇员的雇主、部门主管和督察，将从了解“Y一代”的特性、学习风格和工作态度中获益（NAS洞察，2006）。这一代人的显著特征是他们的技术熟练，尤其是与前代相比。其他特征包括比上一代的普遍较高的教育水平（尤其是女性）；对平等的期望和强烈的社会良知；两年内晋升的设想；并且他们预期将在5年内换个工作（艾斯纳和哈维，2009）。这些代际差异不仅影响招聘人员如何吸引新的执法人员，而且影响到督察和部门主管如何影响和指导他们的工作，并为他们提供一个环境，使他们能够留在这里并得到提升。优秀的领导者意识到这些差异，会开发和使用最适合这些员工的领导策略。

小案例研究：你是怎么处理的？

你是一个负责特殊武器和战术小组的男性中士，第一个女性警官不久将分到你的小组。特殊武器和战术小组成员发出对小组女性警官持否定性意见的声音。他们抱怨标准将会降低，因为女性身体条件不如男性。当你无意中听到这些争论，或者他们直接告诉你，你驳斥他们，指出警察局女性的身体条件非常出色。这个策略没有效果，小组成员仍持续抱怨，女性警官不能工作，则他们的人身安全将处于危险状态，你怎么办？

总结

·人口的变化，特别是那些导致更多多样性的变化，要求执法人员有能力与不同类型的人合作。警务的性质也扩大了，要求警官掌握一套复杂的技能。社区警务模式的采用，要求各部门更具代表性和更主动服务社区。

·长期以来，对多样化的劳动力的招聘、雇用、保留和晋升对执法机关仍然是一个挑战。可以获得人数和初级合格人员的数量将继续减少；更多的雇主，无论是公共部门还是私营部门，都将角逐最佳候选人。雇用和晋升妇女和少数族裔从事执法职业是可以实现的目标。

·成功的招聘涉及行政长官的承诺；规划，包括目前的招聘实践的评价；充足的资源；正确选择和培训招聘人员；激励手段的使用；社区参与执法必须使用创新的先进的营销技术和广告活动，覆盖潜在的有意向的申请者，以及必须开发快速跟踪雇用流程。

·本着服务精神招聘（HSS）项目建议，为了招募那些历史上不会被执法机构看上的申请者，部门必须寻求具有服务意识的具备与教学、护理、咨询等职业相一致的资格的人。在过去，那些不符合“犯罪斗士”形象的候选人在测试过程中被劝阻申请或取消资格。

·执法工作仍在转型，改变过去咄咄逼人、男性主导（主要是白人）或过去“斗士”模式的警察文化，因此，现在必须克服人们普遍认为警察是一个只需要体力的职业。随着社区警务或“守护者”模式的到来，妇女的作用可以发挥。各部门正在寻找具有良好人际交往能力的人，具有社区和服务特性，他们发现妇女符合这些条件。执法机构也应以同样的理由寻找少数族裔雇员。

·在开始招聘之前，每个机构必须评估当前员工的满意度，并评估工作环境。寻求从妇女和少数群体中招聘申请者的警察局必须首先解决内部问题，无论是真实的或是感知的，这些问题都与种族主义、歧视或对女性、男同性恋或女同性恋者的敌意有关。高离职率或不提拔女性、少数族裔或同性恋者的名声也会阻碍潜在的申请者。

· 留住员工至关重要，并需要一个积极的环境，在这个环境中，所有员工都能得到尊严和尊重。留住员工还需要良好的督察、部门主管，以及具有双向沟通和工作绩效评估的机构。较高留职率很可能出现的组织，是能够满足员工基本需求，为持续的职业生涯发展提供合理的机会，并提供指导和社交网络计划。重要的是，该机构处理任何关于组织内的偏见、歧视和骚扰的指控。一旦执法机构赢得了公平的声誉，所有种族和族裔中有才华的男人和妇女将会到这个机构申请工作，并将长时间留职。

· 在组织内必须有机会晋升受保护阶层和妇女担任督察和指挥人员。这是通过为那些寻求进步的人提供领导培训和指导来实现的。应识别和删除不成比例地屏蔽女性和少数族裔的晋升程序。未能提升合格的候选人，代表机构所服务的不同群体，包括妇女，可能导致社区对警察持续的不信任，损害该部门的形象。

· 雇主、主观、督察欲招聘和保留 Y 一代或千禧一代成员，需要了解他们独有的特征、学习风格和工作态度。

问题讨论

1. 从“斗士”到“守护者”的警务风格。过去几十年来，执法工作发生了根本性的变化。它涉及从“斗士”或体力模式到“守护者”解决问题的警务思维方式的转变。如果你在警察局工作，讨论你对警察局风格的观察，以及它是否倾向于“斗士”或“守护者”风格，或者它是否正在经历转变。如果你是学生，试着对警察主管或行政长官进行访谈。了解哪种风格更流行；向全班展示你在访谈中所学的例子。

2. 雇用多样化的劳动力和警察实践。在你的城市或县，雇用多样化的劳动力是否已经影响了警察实践？是否有证据表明，警察局的性别或族裔结构发生了重大变化，从而改变了官方的警察政策？男女同性恋的就业也是如此吗？受保护阶层是否对非正式警察亚文化有重大影响，对警察工作表现又有何影响？提供例子来支持你的结论。

第四章　执法中的跨文化沟通

学习目的

学习完这一章，你应该：

· 确定执法工作中的语言障碍以及克服障碍的技能。
· 描述影响沟通的文化框架，包括等级和“语境”。
· 解释跨文化、跨种族和跨族裔的典型沟通动力。
· 描述沟通如何防止和缓和跨文化冲突。
· 列出有助于警官效率的关键访谈和数据收集技能。
· 提供不同文化之间的语言和非语言沟通方式的差异的例子。
· 在执法环境中了解适当的男性与女性沟通。

提纲

· 引言
· 语言障碍
· 对英语水平有限的说话者的态度
· 跨文化沟通的思考
· 跨文化/种族沟通的动力
· 言语降级的重要性
· 访谈和数据收集技术
· 非言语沟通
· 执法中的异性间的沟通
· 总结
· 问题讨论

引言

根据所有群体的规范或文化期望来调整行为是不可能的，警官们也不必一一了解无数群体受文化影响的沟通方式的细节。当警官们应对紧急情况时，首要任务是控制局势并迅速评估情况。在这种情况下，没有时间考虑某个特定群体是否具有间接的沟通方式，或者某个群体在跨文化的情感主义连续性上是否具有极强的表现力的问题。当警察说与公民有效沟通的关键是尊重时，他们是正确的；此外，警察沟通的一个总体目标，无论何人，都是为了每个人的安全而预防和降级对抗。也就是说，跨文化交流是有共性的，包括与以英语为第二语言的人交流。对这些概括性的认识，将有助警务人员全面了解市民的沟通方式，包括一些跨文化和种族的正常差异。官员们无需了解与不同群体交流的大量不同的细节。然而，有些基本原则和文化细节会使执法人员在遇到来自不同背景的公民时更有准备。了解有效沟通的原则以及那些普遍适用的原则也很重要。

经过数年与每个背景的市民合作，已故的乔治·汤普森博士，前警官，“语言柔道协会”的奠基人，他表达了一个信念：无论背景如何，都有能够提高沟通有效性的基本沟通的要素。图表 4. 1 概括了这些要素。

对汤普森的话进行演绎，缺失的是尊重的沟通。汤普森将尊重的关键概念进一步延伸：“谈论尊重人（从所有文化背景）是模糊的，但是尊重地对待他人是一种非常具体的行为。”（汤普森，2009）

在一般情况下，无论公民、移民或外国游客的文化或种族背景如何，官员冷静、不具攻击性的语气和不具威胁性的身体姿势都能传达出尊重。然而，尊重的表现因文化而异，尤其是在强调等级制度的文化中。对于大多数美国人来说，持续的眼神交流意味着尊重，因此，警官通过眼神交流了解他人意图的能力，在跨文化交流中非常重要。例如，在某些文化中，尊重是通过间接的目光接触来提供的；在亚洲、非洲和中东的许多地方，人们常常通过间歇性的目光接触或目光转向天空（“持续间接的”眼神接触）来表示尊敬。一些警官将这种行为理解为蔑视或是不诚实的表现，但实际上，第一代难民或来自世界各地的移民以他们所学的默认方式表达了他们的尊重。前联邦调查局特工乔·纳瓦罗说，“很少或根本没有眼睛接触错误地被一些人看做是欺骗的典型标志，特别是在询问时，而诚实的应该‘锁定眼睛’。这没有获得研究和经验的支持，是完全错误的”（纳瓦罗，2009）。此外，当公民以某种声调说话或大声说话时，警官也许认为他们表现出侵略性或将要失控。因为民族中心主义，任何警官很容易落入以自己说话或使用身体语言的方式判断公民的陷阱。

不知道如何应对沟通风格的差异会给已经紧张的局面增加压力。当发生奇怪或意外的事情时，人类将不自觉地出于“警惕”状态。当人们面对诸如他们不习惯的一群存在差异的人时，就好像有一个铃声或警报声。这种警觉和报警的机制会导致压力。因此，对于执法人员来说，他们的工作本质上是紧张和有压力的，了解如何读懂他人，无论是单独还是跨文化交流都显得极为重要。

理解文化差异和他们是怎样影响沟通的，很重要。但有一个重要告诫，让我们理解我们是怎样的相似，以及和所有背景的人相互沟通。

1. 记住，任何文化背景的人都想获得尊重。
2. 对所有文化的、种族的、族裔的群体，最好是提供选择而不是制造威胁。
3. 所有人都喜欢第二次机会。问：“有什么（我们）能说，或者做，以获得你的合作？（我们）就会思考。”

图表 4.1　跨所有背景的有效沟通

来源：改编自乔治·汤普森，“语言柔道协会”的创始人，个人交流，2009 年。

语言障碍

当处理母语不是英语的人时，关键要记住 3 点：

· 听者容易误解语音模式——语调，尤其是被察觉带有情感和意向性。一个人听到的内容并不总是语言的本身意图。

· 听者容易误解词语，尤其当说者的英语不流利时。

· 听者应该使用多项指标，正确理解公民试图表达的内容。

由于英语能力有限的人可能会产生误解，因此警察经常需要修改他们的英语用法，以达到清晰、简单的沟通目的。但在日常交流中，警察没有改变他的说话方式，使听者很难听懂。随着社区警务和执法人员的多样性被日益强调，跨文化交流技能，不仅在与公民建立良好关系方面，而且与专业同事之间也变得越来越重要。在培养跨文化沟通和胜任技能方面，不在本国出生或在家里讲另一种语言的警察可以成为一种宝贵的资源，缓解与讲英语不流利的人遭遇所面对的挫折。以下是一名越南裔警察的个人描述，当他第一次来到美国时，面对英语的困境：

> 在这里的头几个月里，对说英语这件事我总是感到疲倦。我整天都感觉耳朵紧张，神经紧绷。让人们理解我蹩脚的英语并倾听他们的声音是一件很辛苦的工作。有时候，我无法交流，我就不再说英语了。有时我不得不假装明白别人说的话和为什么笑。但在内心我感到非常沮丧。我是一个成年人，我的英语听起来比孩子还差，有时最好不要说任何话。

在全国范围内，人口结构的变化导致了执法需要越来越多的处理多文化人口，其中包括母语是非英语的人。从用有限的英语报警公民，到犯罪证人、嫌疑犯和受害者，没人能保证警察们会理解他们。警察们很容易被语言障碍所挫败，他们觉得很难按照他们的训练方式来完成他们的工作。在一个“好日子”里，一些警察会调整他们的英语，以便更好地被理解；在压力大的一天，许多警察因为不得不放慢讲话速度，更耐心地倾听而感到沮丧。一些执法人员在与非英语母语人士打交道时，表现出明显的不耐烦。即使是那些不说英语的公民，当警察不听他们的故事时，他们也能感觉到。因此，面对语言障碍的公民在交流时往往不成功，哪怕是最低限度的必要信息。也许最困难的情况是，一个英语能力有限的人受到了创伤，进一步影响了受害者的英语口语能力。警察们需要意识到基于公民语言背景的不经意歧视的潜在性，这种歧视可能属于“语言和民族歧视”（何，2013）。

在俄勒冈州的一起案件中，一个名叫洪明泰（Hung Minh Tran）的亚洲男子的朋友被指控参与了一场酒吧袭击。因一个误解导致另一个误解，最终，洪明泰被拖到外面，在被一名女警官拖拽时撞到一些椅子上。“洪明泰说（警察）给了他一些令人困惑的命令，比如走到墙边、靠墙、背离开墙。他不明白她想让他干什么，所以他做了他在电视上看到的事情：跪下来，双手锁在头后面，脸不面对着她，‘所以我不是威胁’”。在那时，警察对洪明泰使用了泰瑟枪。最后，在联邦公民权利诉讼中因为警察行为而支付了超过 80000 美元，这是“不必要的、不合理的和过度使用武力”（伯恩斯坦，2011）。如果这位警察从一开始就运用了良好的跨文化沟通技巧，那么这种情况本来是可以避免的。

显然，一个警察局的双语警察人数越多，与非英语国家公民接触的效率和效能就越高。许多警察局为他们的人员提供外语培训，或招募具有多种语言技能的新警。然而，如果不为这些方案提供资源时，可能会造成严重的后果。非英语国家的公民可能不明白他们为什么被捕或被搜查。如果他们不熟悉法律制度，如许多最近抵达的移民和难民的情况，他们可能不知道自己的权利。使用错误的翻译可能会误导官员，受害者和他或她的翻译可能会给出两个完全不同的故事版本——例如，使用一个虐待儿童嫌疑人的朋友来翻译被虐待孩子的指控。正如在司法部进一步说明的那样，当警察对家庭暴力作出回应时，使用家庭成员或邻居为受害者、行为人或证人提供翻译，可能引发能力、保密和利益冲突等的严重问题，因此是不恰当的（美国司法部，2002）。

语言障碍可能导致不能说英语的人面临严重的问题。在某些情况下，当涉及语言障碍时，会产生敏感性。例如，在洛杉矶一个主要讲西班牙语的地区，据目击者说，一名副警长要求一名西班牙裔男子下车。他用西班牙语回答说：“我是残疾人。”他伸手把左腿从车里拉了出来。这位副警长显然相信那个人在伸手拿武器，结果“用枪的屁股敲了他的头部”（科尔特，1992）。这一事件虽然已经过去，但对于所有现存和未来的警察来说，这是一个教训，不要在拦截车辆时对驾驶员反应过度。

另一个西班牙语的例子与单词 molestar（西班牙语）有关，其含义是“打扰”或“骚扰”。在极端情况下，一个说西班牙语的人可以对一个警察的问题：“你骚扰你的侄女吗?”的回答是“是的”，如果非英语的人也可能回答“是的”，但他们则可能认为他的行为惹恼或干扰了他的侄女。当然，双语警察的数量越多越好。然而，即使没有学习另一种语言，警官们也可以了解其他语言的特征，避免当一个有限的英语使用者与一名警察交流时，所可能产生的误解。例如，有些语言没有动词时态（大多数汉语方言和印度的某些语言），因此你可能会听到“我明天吃”或“我昨天吃”

的说法。当叙述所看见的犯罪时，不流利的英语可能会导致动词时态错误，可能导致警察认为他们不是可靠的证人或他们没有讲真话。同样，一些亚洲地区语言如他加禄语（菲律宾的一种主要的语言），没有用他/她的第三人称术语区分性别。因此，当说英语时，一些菲律宾人混淆了性别，又可能给人一种不诚实或混淆事实的印象。

在文化多样性的在职培训班中，警察有时会表现出对语言差异和困难的不容忍；同样，参加警察学院文化多样性班的警察也反映出这种情绪。经常能够听到："我为什么要了解他们的语言和风俗习惯?"回答这些问题，应该质疑学生，并问："当警察具有有效的沟通技能时，在与市民接触中谁会受益?"显然，社区、警官和非说英语的人都会受益。

跨文化交际和与那些以英语为第二语言的人进行交流，可能对警察来说是令人沮丧和需要极大的耐心的。图表 4.2 列出了与英语为第二语言的其他人交流的基本指南。对于那些不会说英语的人来说，对困难的敏感是有序的，但这只是问题的部分解决办法。在试图解决与非英语公民、犯罪嫌疑人和罪犯打交道的问题时，许多警察局不仅增加了他们部队中双语官员的数量，而且还开始利用电话翻译服务，其中一些是昼夜不停地以多种语言运行。一些 911 应急中心每天 24 个小时可以提供多种语言的翻译。

1. 语速放慢和发音清楚。
2. 即使使用翻译时，也应面朝人直接说话。
3. 避免目光直视，如果对方没有直接的目光接触。
4. 不要使用术语、俚语、习语或简化的形式。
5. 避免复杂的动词时态（例如，"如果我过去已经知道，我可能已经提供帮助"）。
6. 用不同方式重复关键问题。
7. 避免问能够直接回答"是"或"不"的问题，相反，应问开放式问题（例如，将"你将做这?"可以改为问"你将如何满足这一要求?"）
8. 使用短而简单句子，在句子间进行停顿。
9. 使用视觉提示，如手势、示范和简短的书面短语。
10. 使用主动语态而不是被动动词［例如，"我期望你的注意"（主动式），而不是，"你的注意被期望"（被动式）］。
11. 使用英语以外的其他语言撰写重要的书面和在线资料。
12. 经常停顿和暂停，当谈话时管控语速。

（续图表）

13. 限制每句话的信息量。
14. 尊重沉默，非母语为英语的说话者需要在他们的脑海中组织好自己的句子并翻译。
15. 通过让听者重复材料或指示来检查理解，并经常总结。
16. 对当时热情的沟通能力进行鼓励和肯定性反馈。
17. 与母语是英语的人的交流相比，需要更多注意倾听。
18. 保持耐心，每一个第一代移民都努力地理解英语。
19. 语言不必大声，这没有帮助！

图表 4.2　与英语为第二语言的人交流的基本指南

下面的对话发生在一个警察把车停在路边，下车接近司机的时候。司机不是以英语为母语，用蹩脚的英语说："你为什么拦住我？"

警察："我让你靠边停车，因为你闯红灯了。"

公民：（目光闪烁；没有反应）

警察："这是交通违规（没有收到任何反馈）。你明白吗？"

公民："（点头）是的。"

警察："我得给你开一张交通罚单。"

公民：（透过汽车前挡风玻璃；没有反应）

警察："让我看看你的注册信息和驾驶执照。"

公民："驾照吗？稍等（俯身打开置物箱，却什么也找不到；下车，走到后备箱）。"

警察："（有点生气，有点紧张）嘿！（大声地）这是怎么回事？我要看你的驾照。你是这辆车的登记车主吗？"

公民："是的。我拿到驾照了。"

警察："（说话声音大了许多）等一下。难道你不明白吗？你不是这辆车的车主吗？你有驾照吗？"

公民："稍等（在后备箱中找到许可证并将其出示给工作人员）。"

警察："好吧。你介意现在回到车上吗？"

公民："（什么都没做）是的。"

警察："（指着前座）回到车里！"

公民：（回到车上）

图表 4.3　你如何评价该警官的英语使用程度

注意：请分析该警察在这次遭遇中使用的语言和交流过程。

对英语水平有限的说话者的态度

警务工作中，重要的是不要对说话带有口音的人或者对英语知之甚少的人保有刻板印象。一个人在失去口音的年龄之后（通常是在十几岁的时候），可能已经移民到美国。许多移民说着蹩脚的英语，可能因为他们的英语不完美而给人一种“外国人”的感觉，但他们可能很聪明，受过高等教育。英语说不好的人可能是来自另一个国家外交人员或游客。如果没有最大限度的耐心和尊重对待这些人，就会给社区带来严重的后果，更不用说当地警察的名声了。关键是避免根据他们的口音或流利程度对个人作出推论，这包括避免假设他们是否有证件的或无证件的移民。

公民使用第二语言以及随之而来的对官员的失望可能是压倒性的。在某些情况下，整个社会（或作为社会缩影的警察）是否关心某个特定群体使用其母语似乎与该群体的人口规模直接相关。例如，当一大群古巴人或波多黎各人说西班牙语时，占主导地位的白人的焦虑程度往往高于少数亚美尼亚人说他们的母语时。在其他情况下，美国公民除英语之外不说其他语言，有时当周围人使用其他语言时，也会使用周围的语言表达他们的担忧，即人们在“背后”谈论他们——特别是在执法情况下——他们在制定有关犯罪活动的策略。虽然这可能是真的，但通常情况并非如此。

实际上，据说每一个移民群体都拒绝学习英语。然而，在几代移民中，语言习得的模式遵循着一种可预测的路线。移民家庭的第二代和第三代人几乎都能说流利的英语，而许多第一代移民（祖父母和父母）努力学习，有时学习了部分英语，有时根本学不到。这是因为大多数第一代移民抵达美国时已经成年，因此学习英语面临许多美国人在外语课堂上面临的同样问题，也就是说，他们在十几岁或成年时开始学习一门新语言，而不是在儿童时期。正因为如此，成年人常常认为他们“不擅长”一门新的语言，并放弃学习它。

然而，还有许多移民非常想学习英语，并成为对社会有用的成员。在城市地区，学习英语的课程资源往往是有限的（例如，洛杉矶社区大学的英语课程有 4 年和 5 年的等待名单）。新移民充分意识到，没有英语他们就无法融入社会。

另外一些人，包括已站稳脚跟的移民，倾向于对新来者的看法进行过度概括。的确，有些人不想学英语，甚至一些美国出生的中产阶级美国人也不努力提高他们的语言能力。我们多久听到一次以英语为母语的高中毕业生没有学会写作或口语的能力？在这种情况下，懒惰或缺乏高质量的教育或两者都可能是文盲的原因。公平地说，所有群体都有一定比例的懒惰者，但人们往往会对他人产生成见。虽然不是所有第一代移民都学英语，但有很多关于移民的“大众”的神话，他们坚持自己的母语。有趣的是，与之相反，许多在美国出生的人发现，这是完全正常的，在日本工作的美国企业高管在日本工作期间很少或根本没有学过日语。换句话说，许多美国人对那些努力学习一门外语的美国人持宽容态度，但对那些努力学习英语的移民却持排斥态度。对他们来说其他语言似乎“困难”，而自己的语言似乎“简单”。总之，学习任何语言都具有挑战性。

一个移民家庭的母语是这个家庭的交流语言，如果这个家庭的孩子要和可能仍然生活在这个家庭原籍国的亲戚交流，那么说这种语言是必不可少的。从美国出生的公民那里听到这样的评论并不罕见：“如果他们坚持在家里说母语，他们就永远学不会英语。”但大多数人都面临着表达情感、解决冲突、表现出愤怒，甚至只是简单地用第二语言放松的挑战。此外，语言是个人身份的一个组成部分。在最初的几个月甚至几年中，用第二种语言进行交流时，一个人并不能真正地感觉到自我。最初，一个人在用第二种语言进行交流时，常常有一种演戏或另一种身份的感觉。

从生理学的角度来说，用外语交流和适应新文化的生活是很辛苦的。日常工作需要消耗巨大的精力。在本章前面提到的越南裔警察的例子中就说明了，听一段较长时间的外语是非常困难的。在说任何一种语言时，一个人用一组肌肉来表达这种语言的发音。换成另一种语言，特别是作为成年人，需要使用一整套全新的肌肉。这样做会引起精神紧张和面部紧张。所有这些因素结合在一起会导致一个人的“关机”，其结果是无法用新的语言进行交流。难怪在多元文化的劳动大军中，可以看到不同种族的人聚在一起吃午饭和休息。简单地说，它能节省精神和体力，使自己能说自己的语言。

有时警察会说，“我知道他们会说英语，是因为他们自己在一起时说了”（也就是说，当这个群体存在文化混合时）。“‘我一到现场，就不说英语了，’他们为什么要装聋作哑呢？他们认为我很愚蠢吗？”如果说这种情况不发生，那就太天真了。总有一些人试图欺骗他人，为自己的利益而选择使用或不使用英语。然而，人们“假装”不懂英语可能还有其他原因。有几个因素影响了移民在特定时候使用英语的能力。其中一些对执法人员来说尤其重要。一般来说，当一个人对警官感到舒适时，他用英语表达自己的能力是最好的。因此，警官越是咄咄逼人，焦虑就越有可能影响说话人的英语能力。语言故障是一个人感到不安和紧张到不能合作和沟通的第一个征兆之一。提高公民的舒适程度，无论是受害者、嫌疑人还是仅仅需要帮助的人，都符合警官的最佳利益。然而，由于疾病、醉酒、疲劳和创伤等原因，在英语口语能力差的人中也会出现语言故障。

警察们对移民和非英语母语者的态度并不友好，不管是有意识的还是无意识的，这种态度很可能会影响交流。特别是当一个警察受到压力的时候，在这种情况下，消极的态度更容易出现。冷静的态度、真诚的倾听和理解，虽然需要更多的时间和耐心，但对公民（移民）和警察同样有利。处于高度焦虑状态的有限英语使用者，在焦虑状态下的英语表现往往不那么好。

最后，如果人们不愿意和警察说英语，这可能是出于本能的自我保护。如果他们在自己的国家经历过执法人员的腐败或野蛮对待，那么他们的恐惧可能会压倒他们说英语的能力（更多信息见第一章）。

跨文化沟通的思考

为了理解与文化和种族不同群体成员之间的沟通需要，警察们应该认识到在执法背景下跨文化交流的一些特殊特征（见图表4.4）。为了更好地保护和服务代表不同文化的社区，需要超越警务“机制”，研究跨文化交流过程中发生的事情。总的来说，交流是一个挑战，因为“尽管单词相同，意思却完全不同。同样的表达可以很容易地有不同的内涵或情感上的强调。误解是如此普遍和连续，以致我们最终形成相互制约的观点”（格雷，2002）。大多数人认为与别人交谈，提出自己的观点，给出解释并不难。然而，有效的沟通是相互理解，是非单向性的过程。

·警官传统使用的沟通风格和语言一度被认为是可以接受的。现在，由于警察局和我们城市内部的不同群体，有关得体和不恰当沟通的潜规则正在改变。
·在危机和文化不熟悉环境下，沟通可能是紧张的。
·警官们对一个文化群体的感知可能被他们遇到的人群所扭曲。
·沟通能够提高，当警官意识到：
1. 感知。
2. 文化过滤。
3. 高和低语境交际风格。
4. 可能存在的偏见和成见。
·通过沟通，警察有巨大的能量影响他们所接触的市民的行为和反应，缺少跨文化沟通动力的知识将减少这种能量。
·改善与所有市民的沟通，将提高警官与市民互动的安全性

图表 4.4　跨文化交流重要因素

每一个交流行为都包含一个信息、一个发送者和一个接收者。考虑到任何两个人都是根本不同的，他们之间的心理距离总是存在的（即使他们有相同的文化背景）。专业的警察通常接受各种方式训练，以弥合两个截然不同的发件人和接收者之间的差距或心理距离。在跨文化交流的例子中，包括跨种族和跨族裔的交流，在这种交流中，发送者和接收者来自不同的文化，警察们有更大的差距来尝试沟通。图表 4.4 总结了可能有助于跨文化和跨种族交流挑战的关键因素。任何两个人之间都存在着心理距离，因为在心理上每个人的“连线”是不同的。不同文化之间的交流方式可能会导致认知或误解，以及不正确过滤沟通“数据”。

等级和形式对沟通的影响

等级制度：一种根深蒂固的社会结构体系，人们根据自己的地位和权力组织起来。在等级社会中，人们必须根据对方的社会等级高低采取有特定的和明确的不同行为方式。在等级社会中，沟通受到严格限制，人们总会根据对方而清楚地意识到自己所处的地位和权力。

在等级制度占主导地位的沟通风格中，一个关键特征是无法对权威说“不”，因为大家可能不得不说权威想听的话。这一特点适用许多亚洲传统

文化群体的成员，他们是第一代移民，有时是第二代移民。在世界其他地方（如拉丁美洲），下级与上级之间或普通公民与当权者之间存在着巨大的“权力距离”（这种特定趋势将在第五章的沟通风格部分中进行详细讨论）。两个人之间的权力距离对沟通环境有非常重要的影响（请参阅下一节）。

权力距离：指的是权力被看待和分配的方式，在不同的文化中有很大的差异。在“更高权力距离”的文化中，行为和交流是不同的，这取决于个人在等级中的位置；在“低权力距离”文化中，出现了一种平等的现象，行为和沟通在权力距离中是一致的，对地位差异的强调明显减少。

丹麦和以色列是“低权力距离文化”，在这种文化中，老板、下属、普通公民和当权者之间没有明显的等级距离。在中国、委内瑞拉或墨西哥等权力距离较高的文化中，不同社会地位的人通常会接受彼此之间的距离，这直接影响了他们的行为和交流。在高权力距离文化中，人们倾向于把人看成是不平等的，权力和权威是正常的，这一事实作为生活的一部分。

军事和执法是高权力距离专业文化的例子。信息技术，如硅技术就是低权力距离专业文化的例子。在这两种专业文化之间，人们倾向于与权威沟通的方式差异很大。

大多数美国人，在某种程度上相信平等并拒绝等级观念；有时会把等级解释为一个人比另一个人更好（因此，俗话说：“穿裤子的方式大家都一样”）。与这种信念相关的是美国文化对非正式性的强调。但是由于对等级的文化信仰产生的沟通方式差异，对美国人来说，礼节并非真正陌生。例如，与他们的兄弟姐妹或最好的朋友相比，他们与老板的交流方式不同。每种文化的交流都受到等级和形式的影响。

对于那些来自不同文化的人来说，他们强调的是不同的等级和形式，而不是被贬低，他们的交流方式因他们说话的人的身份而有很大的不同。执法人员如果偶然遇到来自强调等级和礼节的文化背景的人，就必须认识到，警察的身份是陌生人，是权威人物，需要基于等级的尊重。至少在最初阶段，关系建设可能具有挑战性。执法部门应该认识到，“开放”可能需要更长的时间，需要获得信任，这是与所有公民一起迈出的关键一步，可能需要付出更多努力。

等级形式要素和沟通之间有着密切的联系。这影响到执法人员的相互作用，不仅是因为执法机构是等级制的，而且因为机构内的劳动力文化多样性和第一代移民和难民可能采取的工作态度。

高、低语境沟通

交流环境：交流发生的“环境”。它包括交流的环境，所涉及的关系以及文化和社会的影响。这些因素构成了交流的环境，影响着人们如何交流。例如，对驱逐出境的恐惧会影响无证移民回答警察问题的方式。文化的影响也会对警察的间接性、直接性和特殊性产生影响。在任何情况下，如果环境中的任何变量抑制了个体（如恐惧或高权力距离关系），警察将不得不更加努力地建立融洽关系和信任，以开启沟通。

高语境/低语境沟通：在很大程度上受文化影响的交流框架，与讲话者在多大程度上依赖信息而非词语来传达意义有关；在低语境风格中，明确而具体的沟通是有价值的；相反，高语境交际的特点是相对间接的，较少依赖口语。

爱德华·霍尔是跨文化交际领域的至今仍有开创性的三本书的作者：《沉默的语言》《隐藏的维度》《超越文化》（霍尔，1959、1966、1976）。他创造了高语境和低语境的术语来描述跨文化和不同风格的交流框架。图表4.5描述了从高语境到低语境下沟通的跨区域频谱。理解这种高语境到低语境的沟通——这与等级关系有关——这将有助于警官理解直接/间接或显性/隐性交流。

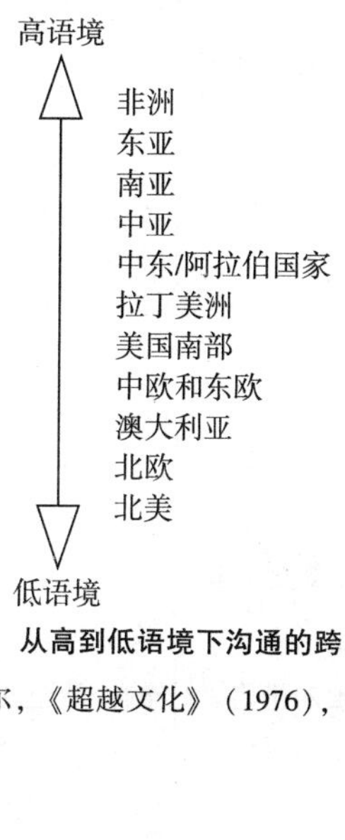

图表4.5 从高到低语境下沟通的跨区域频谱

资料来源：整合自爱德华·霍尔，《超越文化》（1976），吉尔特·霍夫斯泰德和迈克尔·明科夫（2010）。

在低语境（或直接或明确）的交流中，人们依赖于词语来创造意义，而很少依赖于其他因素，比如设置、人们的肢体语言、参与讨论的层次结构，等等。相比之下，高语境（或间接/隐式）的沟通者会从上下文而非语言中获取很多线索。在交流中，倾向于这种高语境结束的人或文化群体表现出以下特点，程度不同：

· “是的”的意思是“我在听”；倾向于避免直接说“不”。

· 愿意保持和谐，避免分歧/冲突。

· 难以回答“是”/“否”以及“也”/“或”类型问题；意识到灰色形状和广泛的语境或范围。

· 维护面子的问题（他们和其他人）。

· 偏爱慢慢地或间接地到达目的。

· “拐弯抹角”的出现（也就是说，这是一个低语境交际者对更高语境风格的感知和过滤），在高语境交际中，拐弯抹角的交际被看作是一种礼貌的交际方式和“正确”的交流方式。

低语境沟通倾向包括以下内容：

· “是”等于“是”和“否”等于“否”。

· 直接沟通，直接回应冲突。

· 相信“真理”比“面子”问题更重要。

· 偏爱获得正确的观点；“拐弯抹角”被认为是负面的。

图表 4.6 扩展了这些趋势，并列出了与之相关的其他文化行为。

高语境文化	低语境文化
人际关系和情境（或“语境”）在很大程度上决定了沟通应该如何进行。 · 服从权威。 · 当权者和其他人之间是有礼节的。 · 这种礼节常常表现在克制和礼貌的交流中。 下级的人倾向于在权威人物面前提供恭敬的沉默和/或同意的陈述。 · 在高语境文化中，人们倾向于告诉	不管他们的关系或背景如何，人们之间的沟通方式是相似的。人们一般不会更正式地向权威人物讲话。 · 重点关注平等。 · 在不同层次的人之间进行偶然的和非正式的交流是可以接受的。 总体上，开放和透明的交流是低语境文化的特征（然而，组织一直是等级制的，甚至在低语境文化中也普遍存在）。

（续图表）

高语境文化	低语境文化
权威人物他们认为权威人物想要听到的东西 人们更关注的是关系的重要性，而不是任务的完成。 ·因此，即使允许打断和关注人们（相对于任务）。 对于低语境任务为导向的人，不断地打断出现注意力不集中，以及沟通模式似乎是离题	·表述个人思想比取悦权威更重要。 更重视完成任务，而不是滋养关系 ·据此，把任务目的和完成事务看作更高价值。 对于高语境个人，任务导向可能显得冷酷和粗鲁，可能干扰建立融洽的关系

图表 4.6　高语境和低语境文化特征

来源：整合自爱德华·霍尔，《超越文化》（1976），纽约加登城，双日出版社。

警察们知道，与所有公民建立融洽关系对建立信任至关重要，而这通常是人们愿意与警察自由交流的初步意愿。这在与具有较高语境沟通风格的人交流时尤其如此。通常，这些风格更具有亚洲和拉丁美洲文化的特点。在任何特定的文化中，也存在性别差异（女性往往比男性拥有更高的语境风格）。执法中的沟通方式本质上是一种较低的语境沟通方式，但警察至少应该能够识别什么时候个人在使用一种更高的语境沟通方式。

在执法关系建立的关键工具之一是神经语言学编程（NLP）、沟通模型和一套建立融洽关系的技巧。警察们成功地使用这套交流工具，在与犯罪证人和受害者的访谈中建立了融洽的关系，涉及的技巧与人际关系中的基本原则有关，即与他人构建和谐关系，以获取相互支持。因此，使用神经语言学编程（NLP）的沟通方式是“建模”，或与证人、受害者或被访谈者进行非言语和言语行为的交流。这样做虽然会给不同文化背景的人带来挑战，但这很有效，可以减少警察与公民之间的文化差距。由于详细介绍神经语言学编程（NLP）所涉及的理论和步骤，超出了本章的范围，要了解更多信息，请参阅《联邦调查局执法公报》《建立和谐关系的微妙技能》一文（桑多瓦尔和亚当斯，2001）。

跨文化/种族沟通的动力

官员们无需太过努力地表现出对文化的理解。警官应该适应沟通方式存在差异，不应该为了“把事情做好”而做出不自然的举动。面对可能与自己有很大差异的文化群体，或者敏感度很高的文化群体，执法代表应该考虑增加他们所接触的人的舒适度。这意味着不要一开始就假设其他人都是外国人或很奇怪的人，也不要认为“我必须了解太多的文化细节才能和这个群体的人交流”“尊重他人，了解一些文化细节，将有助于有效的沟通”。如果警官与来自不同背景的人接触有限，他们可能会无意中传达出缺乏跨文化能力和舒适感的信息。在接下来的几节中，我们将举例说明人们试图适应或应对文化或种族差异的典型方式，以及他们如何在跨文化交流中掩盖自己的不适。

使用语言或语言风格成为“他们”中的一员

> 黑人警察问白人警察：“嗨，你逮捕的是什么人?”
> 白人警察：“那兄弟正试图冲到我前面……”

加利福尼亚州海沃德市警察局长达里尔·麦卡利斯特，利用前面的例子来说明一些白人在跨种族交流时的明显的不舒服的地方。他最讨厌的事是听见其他人模仿他讲话，还显得像是“兄弟”。他解释说，这种模仿语言是不真诚和虚假的。这种不自然的行为让他觉得，如果人们过分地展示他们是多么的舒服时，实际上，他们可能不是。他解释说，他并不认为这种模仿的风格必然是种族主义的，而是传达了他人对他“黑色”的不适(麦考利斯特，2003)。

同样，试图与公民建立融洽关系的警官不应假装熟悉语言和文化，或有选择地使用词语来展示“酷”(例如，与讲西班牙语的人使用绅士称谓，叫一个非洲裔美国人为“我的人”，对美洲原住民称“首领”)。当某个文化背景的人发现自己处于同种人群或家庭时会使用特定方言或俚语，如果警官们模仿群体的某种语言风格，他们很可能表现出的是嘲笑这种风格。最终，警察应该是真诚和自然的，而“假装”另一种交流方式会产生非常消极的结果。

如履薄冰

当来自不同文化背景的人出现时，有些人会努力工作，不冒犯别人。因此，他们不能做他们通常会做的事情。在城市政府雇员的文化多样性会议上，一位白人参与者解释说，当律师上门推销商品或要求捐赠时，他通常不会有问题。他的正常反应是说“我不感兴趣”，然后他就立刻关上了门。然而，他解释说，当一个黑人律师来到门口时，他会和那个人交谈，而大多数时候，他会为任何正在被倡导的事业捐款。他没有能力直接沟通，源于他担心自己会成为种族主义者。本节不深入分析这种行为，只是为了使人们认识到跨文化和跨种族接触的一些典型的反应模式。一个人必须在内心认识到为最终达到与各种背景的人实现真诚、真实沟通目标而产生的过度补偿的趋势（见图表4.7）。

“我的一些最好的朋友是……”

为了展示他们对少数民族群体的宽容和经验，有些人觉得有必要通过这样的方式来证明这一点，比如：“我没有偏见”或者“我有朋友是你们群体的成员”或者“我知道……人”或者更糟的是，“我曾经认识一个人，他也是（比如，犹太/亚裔/非洲裔美国人）”，尽管意图可能是打破障碍，建立融洽的关系，但这些类型的陈述往往听起来很傲慢。对于一个文化或种族不同的群体的成员来说，这种评论是极其幼稚的。事实上，许多人将这样的解释理解为说话者实际上对某一特定群体有偏见。少数群体成员会质疑，在没有上下文背景的情况下，非成员者需要对相同背景的其他人进行解释。这些类型的言论表明说话者可能与特定群体的成员存在隔阂。然而，当一个人说，比如“我知道某人是亚洲人”，正在试图与其他人建立某种共同之处，甚至可以详细地介绍他或她认识的其他人。正如一位犹太妇女在一次跨文化交流会议上所说：“当我遇到一个不喜欢犹太人或者是没有与犹太人打交道的经验的人，这并不意味着我想听他说，在10年前去纽约旅游的飞机上遇见过一个犹太人。”

· 对自己早年生活经历的自我意识，有助于形成对人的认识、过滤和假设。
· 自我意识是关于对与自己存在“差异”的人的感觉。
· 与自己存在差异的人打交道时的假设和不适的管理（例如，我是否试图否认差异的存在，对差异一笑了之，或者模仿“他们”以显示相处甚安?）。
· 在必要时调整沟通风格，能与他人进行真诚的沟通

图表 4.7　自我意识的重要领域

“你们这些人”或者我们/他们的区别

有些人可能会说，如“我想更好地了解你们这些人”或者“你们作出了一些惊人的贡献”。使用“你们这些人”可能是一个人思想中偏见或分裂的另一个信号。当某人认为某一特定群体与他或她自己的群体不同时，即他把所有人简单地分为两类：“我们”和“他们”。与这种划分相伴而生的往往是把积极的品质归到“我们”身上，把消极的品质归到“他们”身上。另一组“成员（团体）中描述的消极和典型的术语”（例如，“他们是懒惰的”“他们是罪犯”“他们是激进的”），而不是“描述文化或种族中立的术语概论”（例如，“他们有重视教育的传统”或“他们的沟通方式是比大多数美国人更正式”）。刻板印象的现象使人们很难有效地交流，因为他们不能准确地感知他人。通过将消极的品质加之于另一个群体，一个人创造了关于他或她的群体优越性的神话。文化和种族上的贬低往往是为了让人们自我感觉更好。

“你盘查我是因为我是……”或种族歧视的指控

在三种反复出现的情况下，警官可能会听到这样的指控：“你盘查我是因为我是（黑人、阿拉伯人，等等）”。第一种情况是，如果一个社区的居民主要来自一个种族或文化，那么这个社区的居民就会对出现在他们社区的任何显然来自不同文化或种族背景的人产生怀疑。因此，他们可能会拨打 911 报告“可疑人物”，甚至可能加上这样的声明，“我认为他有枪”，而这种指控是没有根据的。在这种情况下，警察必须理解“怀疑的人”在成为这种种族主义观念的对象时所感到的极度屈辱和愤怒。当警察确定没有逮捕市民的理由时，警察最适当的做法是对已经作出的盘查进行

道歉，并解释警察局政策要求警官有责任对所有报警进行调查。

事实上，全国各地都发生这样的事件，市民们打电话给警察局，报告一个“可疑人物”，只是因为他或她碰巧不符合该地区大多数居民的描述。鉴于过去曾以不合法的理由阻止少数民族，警察必须竭尽所能地尊重无辜公民，因为他们不知道自己为什么被拦下，而且完全措手不及。许多仅仅因为是不同种族的人而被报告为“可疑”的人，会欣赏警官最后的评论，如“我希望这种种族主义在我们社区内很快结束”或“在我们的社区里还有那么无知的人真是太糟糕了”。他说：“这些真诚的评论很可能会回馈社会，并有助于改善未来与警察部门的互动。”当然，一些被拦下的人不会感谢警察试图解释为什么拦下他们。尽管如此，许多市民还是会对官员理解他们的感受作出积极的反应。

第二种情况是，警官听到“你盘查我是因为我是……”的情景，可能不是因为对警官种族主义意识的任何感觉，仅仅是市民的“反射性反应”(换句话说，它与现实没有关系)。过去许多曾被盘查的人，或者知道有人被盘查的，他们将这种情绪带入到每次与警察的遭遇之中。一位警官解释：“我不认为我自己是偏见的，我认为我自己是一个公正的人，但让我告诉你在城市里每次我盘查黑人的经历，我听到的第一句话就是‘你盘查我就因为我是黑人。’那就把我烦死了，因为那不是我阻止他们的原因。我盘查他们是因为他们违反了交通法规。这真的烦死我了，我快爆炸了。”

被指控因为种族或种族动机而盘查的警官确实需要保持专业，而不是升级潜在的冲突或制造冲突。执法人员不仅要尽量传达他们的敬业精神，口头和非语言的，但也要加强自我控制。处理市民的这类评论的最好办法是提升自己的反应和压力水平。人们可能每天接受这样的评论，人们将警官作为一种符号，并利用警官来发泄他们的沮丧情绪。

让我们假设一名警官并没有因为一个人的种族而阻止他，因此他也没有滥用自己的权力。已故的乔治·汤普森是言语柔道协会的创始人和会长。汤普森（他是白人，也是一名警官）表示，一名警官越专业，他就越不可能让这种说法成为问题。特别是新上任的警官，他们可能会被这种种族主义的指控打得措手不及，而事实上，他们只不过是按照训练要求在维护法律，维护和平。汤普森提倡在市民发表诸如“你盘查我是因为我是……”时，建议这样的回答：“我很感激，但你当时在限速每小时 25 英里的区域内以每小时 55

英里的速度行驶。”或者“我听到了你说的话，但你刚才违反了法律。”语言偏转小技巧：第一，确实是可用的语言表达；第二，不带有评判性；第三，可以说得很快。汤普森认为，公民的言论不应被忽视。沉默或没有回应会使人们更加愤怒，因为他们已经被盘查了（汤普森，2009）。

> 注意市民所说的话，但要分散他们的怒气。你的职责不是与公民争论，而是维持治安。如果你使用战术语言，把你所说的每一个词都集中到你的目标上，那么你听起来会更专业。一旦你开始使用语言作为防御武器，你就会失去力量，危及你的安全。如果你“跳过”他们的争论，保持冷静、控制和客观，你将在大部分时间里获得自愿服从。这种职业沟通的结果是：第一，你感觉很好；第二，你缓和了市民；第三，你在街面控制了他们（在法庭和媒体上），从不私自采取任何措施，对待公众保持尊敬，并且在于他们沟通中解释“原因”（汤普森，2009）。

上述的最后情景，警察可能会听到“你盘查我是因为我是……”此时，市民是正确的，事实上，种族歧视正在发生。社会中仍然存在种族主义的背景下，警察部门的人员不能免疫于种族主义。一些执法人员在执法机构外反映出偏见，利用他们的权力地位以不可容忍的方式来维护权威。我们指的并不是只有白人警察压服具有不同的背景市民。例如，内化主流社会的种族主义的一个非洲裔的美国警察实际上会不公正对待他的同胞。要不然，这种权力滥用可能发生在黑人或拉丁裔警察和白人公民之间（有关种族定性的更多例子，请参阅特定文化的章节，有关该主题的深入报道，请参阅第十二章）。

警察必须考虑公民可能说的“你拦住了我是因为我是……”的原因，并作出相应的反应。上面描述的情景（例如，市民因为种族主义的感觉而报警，但“嫌疑人员”是无辜的；被盘问的市民只是“不断烦扰”警察，且在过去没有被不公正地盘问；公民对官员的指控是正确的）要求警察作出不同的反应。在这三种情况下，警察最好能够记住第一章最后一节的引述：“记住对所有群体的执法历史，问自己一个问题，‘我是过去的一部分，还是未来的一部分？’”（贝里，2017）。

言语降级的重要性

言语降级：指通过沟通方式来降低冲突或对抗的强度、音量或程度，从而转移愤怒，平息潜在的攻击性或暴力情况。

许多官员认识到以防止和缓和冲突的方式进行交流的重要性。然而，执法培训并不能始终如一地为警察提供足够的培训，使他们能够掌握人与人之间和跨种族/民族交流方面的这一关键技能。

面对不安全甚至威胁生命的情况时，警察需要建立支配地位，甚至在适当的时候使用武力，这是警察角色的一部分。也就是说，在许多情况下，显示出支配地位和武力会导致不必要的升级和对抗。许多小事件并不一定会演变成暴力冲突；该警察通常有权防止紧张局势升级。以下是退休警察罗纳德·汉普顿的一些建议，他在大都会区警察局工作了 23 年。

我们为人民工作。这些是我们的“客户”。我们的工作是降级局势，而不是升级局势。当警察赶到现场时，需要运用专业技能来保持冷静，弄清楚发生了什么，评估谁是肇事者，并作出最佳行动方案的决定。大多数情况下，警察的恭敬态度会使人们平静下来。如果我们来到一个场景，激烈地推动事态发展，我们会激怒他们。如果我们抓人，告诉他们我们要逮捕他们，我们就会激怒他们，情况只会变得更糟。我们不需要在某些情况下表现出我们比遇到的人更坚强，也不需要用手拿着枪去接近别人。我们希望我们遇到的人尊重法律，但如果我们以挑衅和对抗的方式接近他们，他们就不会再尊重法律了（汉普顿，2017）（第二章第 50 页，标题为“解决冲突的技巧”，内容概括了管理冲突的准则）。

转移愤怒

上文提到“言语柔道”与个人对种族定性的反应有关。即口头柔道涉及转移愤怒，汉普顿也认为，警察们需要掌握一些沟通技巧，以使局势平静下来，而不是激化局势。他从自己的经历中提供了一个具体的例子：

市民：“我要打他的脸。”（“他”，指的是现场的另一个人）

汉普顿：“如果您知道我必须为此而逮捕您，您为什么要打

他的脸？”（市民很安静）

汉普顿：“我想让您考虑一下为什么打架不是一个好主意。我希望您能得出结论：尊重法律是更好的选择。”（汉普顿，2017）

汉普顿转移或避开了这个人的愤怒，这样做减缓了这个人的反应时间。汉普顿鼓励警察们通过思考是什么触发了他们的愤怒或攻击行为，从而把“指挥和控制自己”作为目标（汉普顿，2017）。例如，一个触发点可能是一个挑衅的语气或不尊重的语言的喊叫，如使用“猪”这个词。进入激烈环境前的自我意识和进入环境时的自我控制同样重要。

英语能力有限的人——交流注意事项

与英语说不流利的公民、移民和外国出生的居民的交流对官员和个人来说都是特别具有挑战性的。如本章前面所述，处于高度焦虑状态的英语能力有限的人在激动时往往无法很好地交流。

在这种情况下，警察需要比平时更耐心。非英语母语人士或英语水平有限的人需要更长的时间来吸收和处理语言，因为他们在回应时会经历几个阶段的心里翻译。分解过程大概是这样的：

· 警察用英语与英语能力有限的人说话。

· 他或她在心里，将警察的话翻译成母语。

· 他或她在心里，以母语思考如何回应。

· 然后，他或她将回答翻译成英语（另一个思维步骤）。

· 他或她以英语回应警察。

当然，在紧急情况和危及生命的情况下，需要迅速作出决定和立即下达指示或命令，往往没有足够的耐心。然而，大量的警察接触的并不是紧急状态。在更普遍的小事件中，与一个英语水平有限的人相处的额外时间和耐心也会对警察有益。当个人受到语言的限制时，警察的耐心会使语言得到更好的处理，这反而可以保持局势平静，防止冲突升级。

有效的沟通有助于保障警察的安全。倾听也可以转移愤怒，减少冲突。无论背景和语言能力如何，倾听都是与人交流中必不可少的。然而，对于那些英语不流利的人来说，警察学会倾听更为重要。当人们觉得他们无法讲述自己的故事或表达自己的情绪时，他们的沮丧和愤怒也会引发或升级冲突。

减少防御性

执法培训通常没有像警察培训那样将重点放在沟通技能上，而是将重点放在警务的其他方面。培养一名全面发展的警官需要各种培训。LEED 模式是一种备受推崇的交流培训模式，该模式由华盛顿州金县的前警长苏·拉尔和华盛顿州刑事司法培训委员会的执行主任于 2011 年开发而成（见图表 4.8）。LEED 代表“听取和公平，有尊严地进行解释，其中包括华盛顿州刑事司法培训委员会所称的基于正义的警务工作的四大支柱”，该战略“……增强了社区对警察的信任和信心，并增加了公民未来的合作和合法行为”（华盛顿州刑事司法培训委员会，2017）。

掌握减少防御性的技能，包括“公正、有尊严地倾听和解释”，将对警官大有裨益，尤其是与警察打过交道，可能处于最轻微的防御性、容易被触发的情况。虽然官员对过去的不公正不负责任，但少数族裔成员的负面历史却是事实。尽管官员很容易因为个人的不尊重而被激怒，但他们是那些必须遵守更高行为标准的人。

· 倾听（Listen）：允许人们讲述他们自己的故事，让他们发泄。倾听是表达尊重最有力的方法。

· 解释（Explain）：解释你在做什么，他们能做什么，以及将要发生什么。

· 公平（Equity）：告诉他们你为什么要采取行动。原因必须是公平的、没有偏见的，并表明他们的故事是会被考虑的。

· 尊严（Dignity）：有尊严地行动，让他们有尊严地离开。以基本的人类礼仪对待每一个人

图表 4.8　LEED：公平公正地聆听和解释

资料来源：华盛顿州刑事司法培训委员会网站，基于司法的警务课程。

与性别相关的沟通能力

凯瑟琳·斯皮拉尔是美国国家妇女与警察中心的联合创始人，也是女权主义多数派基金会的执行董事，她大力提倡在执法部门招募女性警察。她认为，女性的力量很大程度上在于降低冲突和对抗的能力（斯皮拉尔，

2017)。一般来说，根据40多年的研究，女性表现出的警务风格与男性明显不同，其特点是比一般男性警官的风格更少专制倾向。这种说法在很大程度上与许多女性拥有的沟通技巧有关。斯皮拉尔声称，数据显示，女性警察即使在遇到挑战或威胁时，也会比男性警察表现出更少的攻击性。例如，女性往往不会使用对抗性语言或诉诸武力作为对威胁情况的即时反应。妇女的存在往往可以影响人们远离暴力。斯皮拉尔的研究还表明，女性通常倾向于与公众建立更好的关系，她们更关注社区参与，而不是准军事的治安管理（斯皮拉尔，2017)。旧金山警察局的特蕾莎·埃文斯警长也认为，许多女性在警务工作中所具备的沟通技能，是执法部门应该利用的一种重要力量：女警官更倾向于知道如何缓和局势，而不是激怒当事人。谈判、倾听、说服都是沟通技巧的一部分，女性会努力将其作为主要策略。如果没有这些技巧，那么小事件可能会升级为冲突（埃文斯，2017)。

访谈和数据收集技术

访谈和数据收集技术是与跨文化人口进行沟通和干预的基本技能。对于警官，在访谈和数据收集中的主要问题如下：

·建立人际关系以获得为持续工作提供信任和融洽关系。

·对当前情景进行建构和控制。

·对于需要警察到达现场的问题，获得相关信息。

·提供有关执法准则、资源和援助的信息。

·提供需要的行动和干预。

·对不同团体的能力和技术进行援助和支持，以解决他们的当前和未来问题。

图表4.9列出的是在多元文化背景下，以适当方式提供和接收信息的指导原则。

在数据收集和访谈方面，警官在跨文化执法和治安维护的情境下，不能假定一个人的动机和价值与可能相关的其他团体的人一模一样。认识到在动机与价值上的这种差异是非常有效的。例如，对来自亚洲、拉丁美洲和地中海文化的许多人，维护面子或保护自己的荣誉以及家族的荣誉是非常强烈的动机。一位来自加利福尼亚州奥克兰市警察局的亚洲黑帮专家，以一个小女孩的例子来说明这个价值体系，她被警察选中为她被强奸的姑妈做翻译，而荣誉和面子阻止了她的姑妈向警方讲述自己所被犯罪侵害的全部细节。在她姑妈最初的故事里，通过小女孩的翻译告诉警方的，几乎没有关于犯罪的事实或细节。后来，通过一个不是家庭成员的第二次翻译，强奸受害者提供了所有必要的信息。宝贵的时间已经失去了，但受害者解释说，她不能在她的侄女面前透露真实故事，这样会羞辱她的家人。

图表 4.10 列出了警官所需的主要价值或动机。在任何特定情况下，这些价值可能与受害者、嫌疑犯或任何背景的普通公民的动机并不一致。然而，当警官和公民是完全不同的文化背景时，额外的文化或种族变量也可能发生冲突。

1. 知道谁可能有信息，可以问问目标家庭的家长，或者德高望重的社区领导者。
2. 一些文化团体在它们愿意提供信息之前需要建立融洽的关系和信任，不要认为建立融洽关系是浪费时间。
3. 为问题、信息、请求提供背景和语境，少数民族存在不同语境（背景）信息，才能理解手头上的问题或事情。对于那些需要更多细节的人，当超出了你的想象范围时，请保持耐心。
4. 期望答案以不同文化方式进行表达和构建。有些人的回答往往是线性的（例如，按照时间顺序给出信息点）；一些人以曲线形方式提供信息（例如，内容离题）；另外一些人往往以螺旋或圆形方式提供信息（例如，回避信息点）。并且基于文化差异，在提供信息上还存在个人差异。
5. 说话简洁很重要，但是不要错误使用简短话语。记住，人们的综合理解技术经常优于他们的表达技术。
6. “是”并不总是意味着“是”，不要误解礼貌性的答案，尤其是针对真相，甚至是寻求理解。
7. 记住，保持良好的关系和到达目的地并迅速完成工作一样重要。慢下来。
8. 沉默也是一种表达方式，不要打断它，尊重他们的沉默，给他们时间自我表达

图表 4.9　跨文化背景下的访谈和数据收集

1. 生存或避免伤害	6. 避免冲突和紧张
2. 控制和建构	7. 和谐与保持和平
3. 尊重与权威	8. 解决冲突与解决问题
4. 使用专业技术	9. 自尊
5. 支持法律和原则	

图表 4.10 执法中的主要价值或动机

仇恨事件或犯罪后的采访

在访问和收集针对特定背景的个人的仇恨事件和犯罪数据（包括通过电话或信件传达的威胁）时，警察可能会遇到来自其他社区成员的高度情绪化甚至歇斯底里的反应。在警察试图控制局势时，他们必须考虑到还有一个社区需要安抚。例如，一名警察必须愿意对群体成员的高度焦虑作出敏感的反应，而不是淡化他们的恐惧。因此，当警察需要处理多个社区成员和普遍的恐惧时，采访和数据收集可能会持续更长时间。

发现跨越语言和文化界线的欺骗

警察接受过面试技巧的培训，这些技能包括识别嫌疑人或证人何时说谎的能力。当一个人不是以英语为母语的时候，试图评估他的真实性又增加了一层挑战。由一名心理学教授、一名研究科学家、一名退休 FBI 探员和测谎员组成的专家团队进行了一项新奇的研究，其研究结果发表在 2015 年的 FBI 执法公报上（桑多瓦尔、松本、黄和斯金纳，2015）。研究对象来自四个不同的语言和种族群体：中国、西班牙、中东和欧洲裔美国人。他们被要求参加一个模拟的场景，其中一些人被要求从档案室偷一张支票，然后对调查人员撒谎。其他人被告知不要偷支票，在回答调查人员的问题时要诚实。事实证明，非英语口语者（那些偷了支票的人）使用了与英语母语者相同的"欺骗性语言标记"。

该研究分析了被称为"语句分析"的语言和语法特征（桑多瓦尔、松本、黄和斯金纳，2015）。以下是研究人员在分析非英语母语人士对他们的"调查"的反应时观察到的一些欺骗的口头标记。

· 故意使用模糊的词语。

如可能、觉得、有点、大约（如晚上 8 点左右）、有些、据我所知。

·讲出调查员没有提示的事情，特别是“无提示的否定”。

如调查员：“讲讲你的早晨。”调查对象：“我没和任何人说话。”

·“使用副词”——用单词来组织或省略语言。

如“然后我开车回家了。”“后来我和妈妈通了电话。”“当我这么做的时候，我……”

·提供无关的信息。

“下班之后，回家的路上，我从播放列表中听了一些很酷的音乐。”

·说不记得。

“我真的想不起来了。”

·使用不精确的语言

“我没做什么别的。”

·使用“加强副词”，如“我说真的”“老实说”和“真的”（桑多瓦尔等人，2015）。

通过上述研究发现，我们希望跨语言和种族界线的调查人员能够自信地分析在调查中使用非母语英语回答的情况，同时使用与分析以英语为母语的人相同的欺骗语言标记（桑多瓦尔等人，2015）。

非言语沟通

本章之前，我们主要讨论的是通过文化和与之内容相关的因素的语言沟通。非语言沟通，包括声音语调，在人们沟通之间发挥了巨大作用，洛杉矶的加利福尼亚大学的艾伯特·梅拉比安博士，根据经典和大量引用的《无声的信息》（1971），描述了当两个或三个人之间言语信息与非言语信息相互矛盾时人们的互动。在这个情景中，几乎总是声调和肢体语言，包括面部表情传递着个体的真实感觉。显然，低语境（直接/明确）人们关注于语言之外的沟通其他信息，这只是一个强调程度的问题。当然，警察必须关注市民的言语，然而，声调和肢体语言能够暴露更多信息。此外，跨文化需要考虑可能揭示语义的其他因素。

通过下列案例，思考跨文化交流中的非语言沟通作用和对警察日常工作的影响。

他没有马上看着我，我知道他犯罪了，永远不要信任不能用眼睛直视你的人。

美国警察

美国人似乎很冷漠，当你站的位置离他们很近时，他们似乎会很不高兴。

约旦教师

第一个例子，如果警察使用大多数美国人理解的眼神接触规范，他就会对于回避眼神接触的人作出错误判断；第二个例子，由于文化标准定义了可接受的会话距离，警察的安全距离可能受到侵犯。当存在文化差异时，对于非言语沟通可能存在不同解释。来自同一文化背景的两个人之间也可能存在误解，但是当存在文化差异时则这种误解更可能发生。全世界对于普遍性的情绪，如快乐、恐惧、悲伤的表达方式基本相似，然而，跨文化的非语言表达的变化会引起混乱。

以悲伤和痛苦的情绪表达为例，在许多文化中，如阿拉伯和伊朗文化，人们会公开和大声地表达悲痛，相反，在世界其他地区（例如，在中国和日本），人们通常更加抑制或者甚至安静地表达悲痛。在亚洲文化中，通常人们认为如果时机或地点不适合表达，则最好能够克制自己的情感（无论悲伤或者快乐），这样有其他人在场时将更能使他人感到舒适。没有这种文化知识，当看到某人没有公开表达悲伤，可能错误地认为这个人没有痛苦情绪，这就是不正确的，是基于自己文化的种族中心主义的解释。

不同文化群体在表达友谊的非语言表达行为是不同的。友谊的感觉存在于任何地方，但是其表达是存在差异的。在一些文化中，男人之间的拥抱和互相亲吻是可以接受的（例如，在沙特阿拉和俄罗斯），以及妇女手拉手（在中国、韩国、埃及和其他国家）。电视上可以看到俄罗斯体操运动员同性之间互相亲吻嘴唇，在他们的文化中这是可以接受的举止，并不意味着他们是同性恋。在一个文化中被认为是“正常”行为，在另一个文化中可能被视为“不正常”或者是不寻常的。

下列非言语交际领域在跨文化中有差异，一个人表现出非语言差异的程度在某种程度上取决于此人的年龄和他对美国文化的适应程度。

1. 手势：一些美国人的手势在其他文化中具有侵略性。例如，德国、拉丁美洲和法国，“OK”手势就是下流的，它意味着“零”；祈求好运的交叉手指的手势在越南就是冒犯性的；“到这来”的手势（用卷曲的食指和手掌的召唤动作）在大多数亚洲和拉丁美洲是非常具有侮辱性的。

2. 脚的位置：一个警察将他的脚跷在桌子上，将鞋底亮出来，将非常有可能触怒进入办公室的泰国人或沙特人（以及其他文化群体的人），显露某人的脚在许多文化中都是侮辱，因为脚被认为是身体最脏的部分。(另一个这方面的例子是，当伊拉克人用他们的鞋子击打萨达姆·侯赛因的雕像时，就意味着对他的侮辱）警察必须注意对脚的禁忌，并且尽可能避免在与人接触时，如有人躺在地上，与他们的脚进行身体接触。

3. 面部表情：当跨文化时不是所有面部表情都含义相同，对于执法人员来说，当他们遇到亚洲人时，微笑是最大的疑惑。微笑或傻笑可以掩盖痛苦、羞辱和尴尬。一些妇女（例如，日本人、越南人）当她们微笑或傻笑时是用手遮住自己的嘴巴。当听到悲伤的事情，越南人可能微笑，类似的，当警察需要沟通某事，这可能会使某人丢面子，结果也导致某人微笑。这种微笑并不是意味着这人想自作聪明，这仅仅是文化的条件反应。

4. 面部表现：执法人员需要在某种情境之下具有读脸术，以便正确评估处境。人们在脸上表现情绪的程度在很大程度上取决于他们的文化背景。拉丁裔、非洲裔美国人以及地中海区域的人倾向于公开表达情感，其他群体的人，如许多亚洲文化群体的人，往往不公开表达情感，也不情绪化。因此，警察不能仅凭表情就错误地假定某人不合作，或者不愿做见证人。

5. 眼神接触：在世界许多地方，眼神接触都避免直接对视权威人物。例如，在印度某些地方，父亲处罚他的孩子会说：“当我和你说话时，你怎么敢直视我。”而美国夫妇会说：“当我和你说话时，看着我的眼睛。”与某些市民的直接眼神接触可以被视为对那个市民的威胁。对警察保持直接的眼神接触，在某些文化中，意味着不尊重。加利福尼亚州圣何塞市一个大型商店的保安员，提供了一个例子，警察直视那些怀疑盗窃商店商品的拉丁裔/西班牙裔年轻人，在许多情境下，警察的直视眼神接触会招致对方身体反应（例如，年轻人企图拳击警官）。他解释，拉丁裔/西班牙裔人误会眼神接触为对抗和邀架。

6. 身体或会话距离：所有人在与他人交流时都潜意识地与周围的人保持舒适的距离，形成一堵隐形的墙保持与他人足够的距离（这个非语言沟通的亚类被称为空间）。警察为了保障安全更会有意识地保持与他人的距离。当某人侵犯了这个空间，人们经常会感到威胁，并向后退，对于警察来说则会思考保护性措施。虽然人格和语境也决定了人际距离，文化背景也发挥了作用。一般而言，拉丁美洲人和中东人比北欧人、亚洲人和大多数美洲人在近距离范围内更感到舒服。在许多文化里可接受的空间数量决定于其他人是否同性或异性。例如，当伊朗或希腊男性以不舒服的距离靠近时，男性警察应该没有必要感到威胁。当保持安全距离时，警察也应考虑文化背景。忽视警官命令“退后”的中东嫌疑人的案例应给予考虑。在中东的社会互动距离（在世界其他许多地区）都比美国要近。对于警官，安全距离至关重要，这容易导致误解。通常，美国人相互保持一臂多点距离更适度。

对于执法人员，非语言沟通构成了所有维护治安和执法方面的主体部分——但是正如一篇 FBI 关于访谈技巧的文章，“调查人员必须记住，没有识别欺骗的‘新技术’存在”（松本、黄、斯金纳和弗兰克，2011）。两个技术的结合：微表情检测（面部短暂快速的情绪表达）和表达分析（分析词汇选择和语法），被认为是可靠的真实性指标，但是为了让警官掌握这些技术，训练和实践必不可少（松本、黄、斯金纳和弗兰克，2011）。此外，虽然有些微表情被认为在跨文化上是一致的，它们必须在语言情境中被解释，表达分析只有在针对本土话语者才是可靠的。因此，当与多文化人员合作时，警官必须意识到不同团体之间的细微差异的存在（见图表 4.11 和图表 4.12）。

1. 在高压力和危机情景中，肢体语言和非语言信息比警官的语言内容重要得多。例如，警官的话语表达说他或她在那是来帮忙的，但是可能与让人不舒服的身体姿态和对文化陌生家庭的不确定性之间相互矛盾。
2. 对于不同种族背景的人，压力、困惑和不确定性能够传达无意识的信息。例如，在犯罪现场，一个亚洲人行为镇静，眼神紧张和焦急，他或她可能显示“不合作”，实际上这个人非常想帮助警察。

（续图表）

3. 对于英语技能有限的人，非语言沟通变得更为重要，适当的手势和非语言提示有助于美国本土英语说话者理解语言信息。 4. 对于警察理解和避免侵犯性手势和文化禁忌极为重要。然而，移民和国际游客很快就原谅由于健忘和无知所造成的姿势和行为。警察应该了解，许多新来者经常知晓许多非语言举止，然而，知晓冒犯性手势能够帮助警察避免人际关系的冒犯

图表 4.11　非语言沟通：执法的关键因素

·何时的触摸是适当的和不适当的？ ·在人们互动时，什么是舒服的身体距离？ ·什么是恰当的眼神接触？相关人的眼神接触或者没有眼神接触意味着什么？ ·面部表情的文化多样性是什么？例如，点头和微笑在所有文化中是一样的吗？如果某人显得面无表情，是否意味着他或她不配合？ ·对于某个具体文化团体，什么是适当和不适当的手势？ ·某个在文化转变中的人，因此不了解美国式的沟通方式。

图表 4.12　关于跨文化的非语言沟通中的主要问题

警察在与不同文化背景的人沟通必须真诚，当了解了跨文化中的语言和非语言因素，警察没必要感到他们必须每次与不同文化背景的人接触就需要有不同的方式。然而，理解沟通方式的差异有助于警察精确地解释人们的动机和态度，以及不带文化偏见地评估各种情况。

执法中的异性间的沟通

“你必须应付那些家伙参与的各种玩笑，但是，你却不是他们中的一员。如果你说他们的粗俗的笑话和粗俗的言语冒犯了你，那时你就会被他们的团体所排斥。我经常感到在小组办公室里，因为我的存在，男性队员都有目的地控制他们自己。但我对他们所做的是让他们以一种方式行事，因为我作为一个女人的存在。然后他们叫我假正经或传话，说我跟踪他们的言论为性骚扰诉讼做准备。我没兴趣做那事，我只是简单地想在职业工作环境

中作为一个称职的警官。”（一个女警官的意见，希望匿名，在妇女治安警官协会［WPOA］会议时的发言）

随着劳动力市场的不断变化，在传统男性职业中出现了越来越多的女性，男性与女性沟通的领域正在出现许多新挑战。在执法领域，强烈的友爱关系是男性成员关系的主要特点，虽然在某些情况下，女性也会成为这种友情的一部分。女性进入“兄弟会”，通常不得不成为“一个男人”，以接受历史上男性占主导地位的职业。许多女性已经学会以更男性的方式（更直接和果断）进行沟通。一些关于男性和女性说话方式差异的早期社会语言学研究表明：“经常发现，男性说话者更可能面对争论、发布命令、为了争辩而采取反对立场，然而女性更可能避免对峙，通过同意、支持、提出建议而不是命令。互相争斗，团结起来与他人战斗，可以在男性之间建立强大的联系……”（泰南，2001）

一群人因为共同的目标和目的而团结进而产生同事情谊，凝结同事情谊的黏合剂是团体成员之间容易沟通。团体成员的工作之余的兴趣、话题的选择以及笑话，都有助于警察局和执法部门成员的团结。

在一些警察局，女性发现她们或其他女性成为性笑话或者是涉及性话题的目标，因为某些城市警察局主体是男性，他们不必考虑平等地接纳妇女，也不必互相检查自己的言辞。

新进入警察局的年轻人认为，为了能够被接受必须容忍某些行为。一个参加 WPOA 会议的女性警官说，在她工作的监狱里，她每天都会面对粗鲁的语言和涉及性的话题。她的话很长：“我极端烦恼与我工作地方的男性沟通。没有拐弯抹角，我告诉你们——在县监狱，警官非常贬低女性。他们有时取笑强奸受害者，对女性囚犯是粗鲁和下流的，他们一直在设法让我加入到‘乐趣’中来。女人被称为‘女同性恋者’‘阴道’‘讨厌鬼’‘妓女’‘婊子’，我确信我还能说更多。男同事不会这样称呼我，但是却一直这么称呼其他女性。”这位警察还指出，她没有经历过与男性代表在一对一的情况下不尊重的言语行为，但只有当他们在一组时。她大声地质疑，“当男性们自己聚在一起时的情况是什么？为什么（言语行为）会有变化？”

不仅是男性聚在一起会产生这种粗鲁、下流和色情语言。一项针对加利福尼亚执法指挥学院的大型城市警察部门的研究记录了巡逻车的双向无线电和计算机的不适当通信。官方系统中的语言经常是不职业的——粗鲁、下流、攻击性、种族主义和性别歧视。显然，该机构需要加强纪律和训练。

可以说，不是所有的男性都以这种方式交流，但是在传统男性职业环境中，这种现象较为普遍。一些女性加入到使她们感到不安的谈话中，她们并没有透露工作环境的不舒服，但实际上影响了她们的士气和工作效率。有些女性似乎对男性伴侣的性评论感到很自在，并不反感使一些其他女性感到冒犯的用语（例如，“甜心”“亲爱的”“宝贝”）。此外，女性还会对其他女性说一些粗俗的话，让这种冒犯行为永久化，贬低她们的同伴。加利福尼亚州一名缓刑监督官分享说，当她于 2017 年开始工作时，一名女监察员让她坐下，对她说：“如果你想在执法方面取得成功，你可以当婊子、妓女或女同性恋。你需要选择其中一个，否则就会被解雇。”

这名警察还分享了女性在 2017 年仍然害怕她们说出来会遭到报复的情况。她说，她结婚后，她的男上司认为可以拿性开玩笑，于是问道：“现在你结婚了，你累了吗?”由于这名女警察在认识她的男友几个月后，才与他结婚，她的男上司就会问：“你怀孕了吗?”尽管这名女警察被这些问题激怒了，但她没有信心去举报她的男上司，因为她害怕被排斥。在男性占主导地位的机构和职业中，女性发现直言不讳地谈论这类话题和开开玩笑不仅会产生矛盾，还会让她们陷入两难境地。在一个关于职场歧视的跨文化培训研讨会上，一名女警察表示，她觉得女性在与男性同事交流方面的选择有限。她解释说，当一位女性表示反对或大声疾呼时，她就有可能获得难以摆脱的声誉或标签。如果她保持沉默，她必须容忍大量的言语辱骂，并牺牲自己的专业水准。这位警官决定在她自己的部门大声疾呼，因此赢得了“麻烦精”的污名。事实上，除向她的上司诉苦外，她对进一步的行动毫无兴趣，但是却被指控准备提起诉讼。她解释说，诉讼是她最不想要的事情，她想要的只是职业上的尊重。

尽管近年来女性获得更多的法律保护以防止骚扰或恶劣的工作环境，但我们也知道，几乎所有职业的女性仍然不愿意站出来报告不适当的谈话和交流。

一些反对男性同事沟通怪癖的女性说，当她们进入房间或办公室，男性就停止谈话，其结果导致作为团结同事的沟通变得紧张，最终工作场所变成按性别分割，当她不说话时，许多妇女感到被排斥和不被重视，反过来，男性抱怨他们必须改变谈话风格。

在传统男性职业领域，如警察和消防部门，女性发现，她们有时会被迫把自己的职业身份和个人身份进行转换。一名女警官骄傲地告诉其同事关于她实施逮捕行动的事情，而当时他正对女同事保持身材的方式表示赞赏，并告诉她穿制服看上去多么漂亮。这完全脱离主题，可能会使女性感到震惊。在这种情境中，妇女是作为一个专业人士，并希望互惠专业待遇。男性和女性经常问："我在哪里划清界限？什么时候评论变成骚扰？"按照性骚扰的法律定义，当行为人意识到他们的评论是不请自来和不受欢迎的，他们必须有足够合理地停止评论。本章不详细描述性骚扰以及其法律含义（见第二章）。然而，必须知道每个人都有自己的底线。每个人所认为的骚扰各不相同。当跨性别交流时，每一方必须对另一方认为是可接受或是侮辱的行为保持敏感（见图表 4. 13）。

通过性骚扰政策，官员们了解到，居高临下的称呼和性暗示确实会导致恶劣的工作环境。被冒犯的个人，无论是男性还是女性，都有责任表明某些言论是冒犯性的。

并不是所有的男女沟通障碍都属于性骚扰范畴。太过直接性或其他方面的差异也会带来沟通问题。女人比男人更倾向于道歉——因为打断了别人，表达不清楚，或者只是因为安慰别人，让别人感到舒服。例如，女性目击者或受害者所作的带有道歉词语的陈述，不一定会被警察解释为比不带有道歉词语的男性陈述更不可靠。女性和男性在职业场合的表现方式也有所不同。如果让男人解释他的成功，他通常会认为是自己的天赋和技能。问一个女人同样的问题，她会把她的成功归因于外部因素，坚持说她做得好是因为她"工作非常努力""很幸运"或"得到了别人的帮助"（桑德伯格，2013）。

显然，沟通技巧是执法人员与同事、公民和非公民互动的重要工具。努力以及对他人如何"听到"或接收信息的观察和敏感性是跨性别、人际关系和跨文化/种族差异的有效沟通的重要组成部分。

· 使用术语是有包容性的，而不是排他性的。例如，“警官”“主席”“表扬”（而不是非正式的“好孩子”）。
· 避免使用女性感到降低职业地位的术语和词汇。例如，“小鸡”“宝贝”。
· 避免使用贬损女性或对女性刻板印象的术语或词汇。例如，对女性警官的“女同性恋”。
· 避免性别歧视的笑话，即使你认为它们没有攻击性（一定会有人感到冒犯；这同样适用于种族歧视的笑话）。
· 避免使用负面评价或将女性与男性分开的术语。例如，“作为一个女警察，她的工作不错”（暗示这是一个例外而不是规律性的）；这也可以适用于其他文化群体：“他是一个黑人，但是他真的技术娴熟。”

图表 4.13　包容性的职场沟通

总结

· 与以英语为第二语言的人交流要求警官必须很有耐心。语言障碍可能会给非英语说话者和执法人员带来严重的问题。使用不恰当的翻译员会误导警官，以至于受害者和他的翻译可能会给出两个完全不同版本的故事。在某些情况下，当涉及语言障碍时，执法方面需要格外敏感。如果预算允许，增加双语招聘是最实际的解决方案之一；同时，双语警官往往对他们所服务的社区有更好的了解。至少，警官应该知道与其他语言的人交流的基本准则是什么。此外，警官可能会对其他语言的特点感到敏感，而这些语言的使用者（英语有限或者不会说英语）试图用英语进行交流时往往会引起混乱。

· 警官对于移民和母语非英语的人的态度，不管是正面的还是负面的，都可能影响他们之间的互动。一个重要的原则是不要根据他们英语口音或流利程度对其作出推论。从生理角度看，用外语交流会使人筋疲力尽，精神紧张，可能导致人“关机”或无法用新语言进行交流。总的来说，英语能力有限的人在用第二外语英语表达时，如果与警察关系相处很好，则表达较为流畅。语言崩溃是一个人感到不安和紧张到不能合作和沟通的征兆之一。提高警察与他人交往的舒适程度，无论是受害者、嫌疑犯还是仅仅需要帮助的人，都是警官的最大利益所在。

·与所有公民建立融洽关系对于建立信任至关重要，而这是人们愿意与警官自由交流的基础。在与相对“高语境”（间接/隐性）沟通风格的人交流时尤为如此。这些风格的典型特征是来自亚洲、非洲和拉丁美洲文化群体。在文化中也存在性别差异（女性倾向于具有比男性更高的语境风格）。执法中的沟通方式是一种相对较低的语境（直接/外显式）沟通方式；警官必须了解与不同风格的人互动的“语境”框架。

·警察自身的过滤和观念影响他们在跨文化和跨种族接触中表现出来的反应。跟所有的人一样，警察有盲点和情感的“热键”，可能会负面影响与具有不同种族、不同文化背景的人沟通。警察可能会不知不觉地与某些群体的成员交流存在偏见或不适。

·许多警察都知道以一种能防止和降级冲突的方式进行交流的重要性。然而，执法培训并没有始终如一地或充分地侧重于旨在帮助警官掌握降级技能的技能培训。面对不安全甚至威胁生命的情况时，警务人员需要建立支配地位，甚至在适当情况下使用武力；这是警察职责的一部分。但也有许多情况不需要使用武力，使用武力只会导致冲突升级和激烈对抗。

·访谈和数据收集技能是与多元文化群体进行交流和干预工作的基本技术。对于警官，关键的问题包括建立人际关系以获得信任和融洽关系；对现场情景进行建构和控制；获取需要执法人员处置的问题的信息；提供有关执法准则、资源和援助的信息；提供必要的行动和干预措施；以及支持不同群体的能力和技能，以解决他们当前和未来的问题。

·跨文化的非言语交流对警察/公民互动和警察对行为的感知有直接的影响。身体语言包括手势、目光接触、身体或对话的距离，以及面部表情。对于在多元文化人群中工作的执法专业人员来说，意识到不同群体之间可能存在的各种细微差别是很重要的。

·过去，警察使用的沟通和语言风格，不仅在警察机构内，而且在公民中也被认为是可以接受的。由于人口中的文化多样性以及伴随着尊重所有个人的需要，关于什么是适当的潜规则已经发生了巨大变化。这包括需要与执法部门内的妇女进行包容性的沟通。通过沟通，警察有很大的影响力来影响与他们接触的公民的行为和反应。无论背景如何，所有公民都是如此。缺乏对跨文化交际方面知识的了解会削弱与背景不同的人的影响力。

问题讨论

1. 以尊重的方式进行交流。本章的引言讨论了尊重来自不同文化背景的人的必要性。最终，无论是在语言沟通还是在非语言表达上，警察所表现出的尊重让人们拥有了尊严。详细描述那些对你来说定义为“尊重地交流”的行为。“赋予一个人尊严意味着什么?”举例说明你的答案。

2. 陈规旧习的起源。在本章中，我们讨论了警察们需要认识到他们早期的生活经历和后来的成人经历是如何形成他们对不同群体的看法和“过滤”的。你还记得年轻时所了解的不同种族群体吗?你是在宽容的环境中长大的吗?或者你听到诸如“这是他们的方式”“你要小心那些人”“他们懒惰（或不诚实等）”。同时，讨论你作为一个成年人与来自不同种族或文化群体的人交往的经历，以及这些经历会如何影响你的感知。

3. 警务人员与其他语言使用者的互动。图表 4.3 中的对话展示了一名警官和一名非英语母语者之间的互动。你如何评价这位官员使用英语的情况?

A. 至少就以下 4 个方面发表评论:

(1) 用词;

(2) 提问方式;

(3) 习惯用语的使用（至少有 2 到 3 个可以转化为简单英语）;

(4) 语气和态度。

B. 重写警察的台词，让英语能力有限的人更容易理解他的英语。

4. 警察的“敏感问题”。什么情绪化的语言会让你激动?如果你是一名警察，请讨论个人（如嫌疑犯、受害者、投诉人）如何影响你的反应和沟通?具体来说，是哪些人使用过的哪些词语或者他们持有怎样的态度使你敏感?

5. 与市民进行专业性的沟通。在你讨论完问题 4 后，与同事/同学一起参与角色扮演，包括你必须专业地回应辱骂性语言的情况。想想你经历过或能想象到的情景。然后，2 人一组和 1 个观察者一起表演情境，交换角色。让观察员对警察的沟通质量进行评价。这是专业的吗?这有助于缓和局势吗?是否让对方冷静下来了?

6. 对不熟悉群体感到不适。试着回忆一下你发现自己处在一个陌生文化环境中的情景（例如，回应一个不同种族的家庭的电话，或是独自处于另一个文化或族裔群体的背景中人）。你是否经历过不适，程度如何？如果环境不舒服，会影响你的沟通效率或专业水平吗？

7. 以种族或民族为动机进行盘查的指控。你是否遇到过，“你盘查我是因为我是（其他民族）？”如果是这样的话，你应该如何处理这种情况？你认为你的反应如何？

第二部分

执法中文化和社区的具体问题

第五章　与亚太裔美国人的执法接触

第六章　与非洲裔美国人的执法接触

第七章　与拉丁裔/西班牙裔美国人的执法接触

第八章　与阿拉伯裔美国人和其他中东群体的执法接触

第九章　与美国原住民的执法接触

第十章　与帮派、人口贩运的受害者、无家可归者和精神疾病人员的执法接触

第二部分的前五章介绍了亚洲裔美国人/太平洋岛民、非洲裔美国人、拉丁裔/西班牙裔、中东和美洲土著文化在执法和刑事司法方面需要的文化信息。挑选这些文化群体的原因如下：第一，该群体在美国是一个相对较大的族裔或种族群体；第二，该群体的传统文化与美国主流文化不同；第三，在历史上，特定群体与执法官员之间存在问题。

第五章至第九章介绍了每个文化群体中的人口统计、历史背景和文化差异性，还包括与执法和刑事司法有关的具体细节，如陈规旧习、沟通方式、群体认同的术语、冒犯的称号和家庭结构。

第十章讨论执法接触的黑帮、人口贩卖受害者、无家可归者和精神病患者，即代表美国多元文化社区和城市的其他群体。本章与前五章一样，提高了对具体群体特征以及执法关注问题的认识。这些内容为警员提供了洞察群体成员行为以及与弱势群体成员有效沟通的机会。

重要说明：虽然这本书的这一部分有特定的文化和种族群体，我们想提醒我们的读者，美国多元文化人口中的个人并不总是明确地属于一个种族或文化的分类，民族和种族可能会重叠，如黑人拉丁裔。我们对不同群体的分类只是提供信息的一种便捷方式。

每章以总结要点、讨论问题列表结尾。

第五章　与亚太裔美国人的执法接触

学习目的

读完这一章，你应该能够：

· 描述在美国的亚太裔美国人社区的历史背景。
· 标明亚太裔美国人的人口统计特征和人口多样性。
· 讨论族群认同对亚太裔美国人的影响。
· 识别与亚太裔美国人有关的误解和刻板印象。
· 了解传统亚太裔大家庭的结构特点，因为这与执法接触有关。
· 认识亚太裔美国人的交流方式。
· 讨论与亚太裔美国人社区执法接触相关的关键问题。

大纲

· 引言
· 亚太裔美国人的定义
· 历史信息
· 人口统计：亚太裔美国人的多样性
· 标签和术语
· 误解和刻板印象
· 亚太裔美国人的家庭
· 亚太裔美国人的交流方式
· 执法中的主要问题
· 总结
· 问题讨论

引言

在过去的50多年中，亚太裔美国人（有时也称为亚裔美国人/太平洋岛民）人口经历了美国所有少数民族人口中最大比例的增长，在1960年至1990年的30年中的增长超过100%，1990年到2000年的10年间增长了76%，2000年到2010年增长了46%。这种增长归因于：第一，来自环太平洋国家的稳定移民；第二，相对长寿；第三，美国高技术产业接受有特殊的技能和专业知识的移民前来工作。生活在主要城市地区的亚太裔美国人的数量尤其引人注目，居住比例比较高的是纽约城、洛杉矶、圣何塞（加利福尼亚州）、旧金山、檀香山、圣地亚哥、芝加哥、休斯敦、西雅图、费城、弗里蒙特（加利福尼亚州）以及萨克拉门托。大量的亚太裔美国人主要从事于政治、商业、教育、社区领导以及公共服务领域。因此，执法部门与亚太地区人的接触也有所增加。亚太裔美国人是所有外国出生群体中入籍率最高的群体之一：来自亚太国家的移民中大约有58%是入籍公民。2010年至2015年的入籍公民人数增长预计将放缓至30%左右（美国人口普查局，2015）。

亚太裔美国人的定义

亚太裔美国人一词是两个词的缩写：亚洲裔美国人和太平洋岛国人。尽管在本章中，亚太裔美国人被用来指代一个单一的种族/文化群体，但事实上，亚太裔美国人是一个用以概括一个非常多元化的群体的标签——一个由来自不同背景的人组成的不断变化的结合体，并根据自我定义和自我选择的需要添加和删除。在我们的定义中，亚太裔美国人不包括来自中亚的哈萨克斯坦、吉尔吉斯斯坦、塔吉克斯坦、土库曼斯坦或者乌兹别克斯坦（当年组成苏联的部分国家）的移民或难民。由于自我选择的原因，也不包括某些地理上位于亚洲的国家，即使他们被列入“世界人口数据表”（人口资料局，2016）。（例如，来自约旦或以色列的人，可能不认同自己是“亚洲人”）显然，在亚裔人数众多的情况下，尤其是在政治和社区问题上，有必要以一个整体为基础，将亚裔美国人和太平洋岛民群体集合起来，以亚太裔美国人的名义出现。

至少有40个不同的种族和文化群体可以被归入亚裔/太平洋裔美国人的范畴。

1. 孟加拉国人
2. 不丹人
3. 文莱人
4. 柬埔寨人
5. 关岛人/查莫罗人
6. 中国人
7. 斐济人
8. 夏威夷人（或夏威夷土著人）
9. 蒙人（居住在东南亚各偏僻山区）
10. 印度人（亚裔）
11. 印度尼西亚人
12. 日本人
13. 基里巴斯人
14. 韩国人
15. 老挝人
16. 马来西亚人
17. 马尔代夫人
18. 马绍尔群岛人（马绍尔群岛，包括马朱罗、埃贝耶和夸贾林环礁）
19. 密克罗尼西亚（包括科斯雷、波纳佩、丘克和亚普）人
20. 蒙古人
21. 缅甸人
22. 瑙鲁人
23. 尼泊尔人
24. 瓦努阿图人
25. 冲绳人
26. 帕劳人

27. 巴基斯坦人
28. 菲律宾人
29. 塞班岛加罗莱纳州人（来自北马里亚纳群岛）
30. 萨摩亚人
31. 新加坡人
32. 所罗门岛人
33. 斯里兰卡人（前僧伽罗人）
34. 塔希提人
35. 汤加人
36. 泰国人
37. 图瓦卢人
38. 越南人

图表 5.1 列举了在美国最大的六个亚洲群体，在 1700 多万亚太裔美国人口中，华人和菲律宾人占比近 43%。

图表 5.1 所列群体具有明显差异，群体中的个体也存在许多方面的差异。从执法的观点出发，认识亚太裔美国人之间的差异和共性极为重要。例如，在文化的某一方面具有共性，而英语语言能力差异却很大。

一项研究（皮尤研究中心，2013）发现，62%的亚洲人主要以他们的原籍国描述自己（例如，“韩国人”是指祖先来自韩国的那些人，“越南人”是指祖先来自越南的那些人）；然而，也许其他人口统计变量比国籍更重要。例如，无论一个华裔是来自中亚国家乌兹别克斯坦、东南亚国家越南，还是太平洋岛国密克罗尼西亚，族群（作为华人）这一人口统计变量可能比国籍更重要。另一个例子是，宗教可能是比种族/国籍更重要的群体标识符号（比如，信奉伊斯兰教的人）。考虑到穆斯林人口最多的 4 个国家——印度尼西亚、印度、巴基斯坦和孟加拉国（皮尤研究中心，2015）——都位于南亚，信奉伊斯兰教的亚太裔美国人可能会将宗教视为比种族或国籍更重要的标识符号。

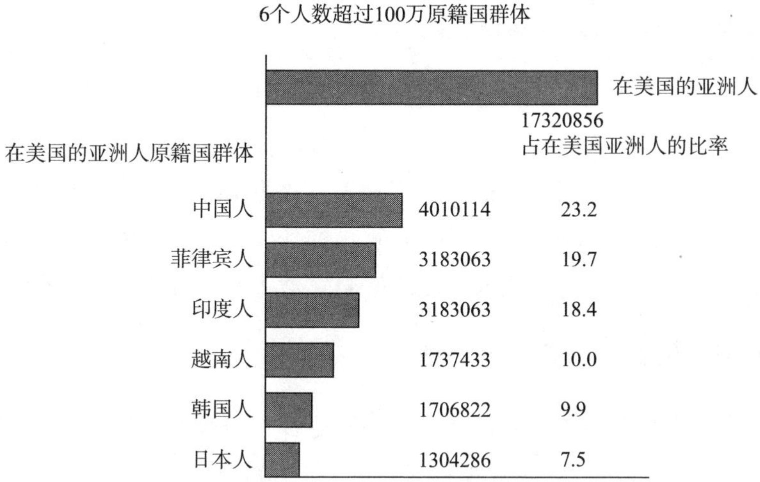

图表 5.1　美国最大的亚洲群体

资料来源：皮尤研究中心，2013 年，基于皮尤研究中心，2013 年；美国人口普查局，2012 年 3 月。

历史信息

19 世纪 50 年代，中国人是第一批到达美国的亚洲人，他们移民是为了到加利福尼亚的金矿工作，后来又在横贯大陆的铁路上工作。在 19 世纪末 20 世纪初，继中国人之后是日本人和菲律宾人（还有少量韩国人和印度人）。由于 1946 年国会采取行动，“印度土著人民”以及菲律宾人拥有入籍的权利，大量亚裔印度人进入美国，即使当时归化数量被限制为每年 100 人（海因斯，2012）。早期的移民多为男性，多数为劳工，从事家务劳动或不太体面的工作。1965 年移民法修改之前，进入美国的亚裔和太平洋岛民数量受到严格限制，家庭成员往往要等上 10 年或更久才能团聚。随着移民法的变化，大量移民从中国、日本、韩国、南亚各国（例如，印度、斯里兰卡、孟加拉国）、菲律宾和东南部其他地区来到美国。包括亚洲其他国家（例如，越南、泰国、新加坡、柬埔寨、马来西亚）。越南战争后，20 世纪 70 年代末至 80 年代初美国接纳了大量东南亚难民。高科技和互联网公司对工程和科学专业知识与技能的需求，导致 20 世纪 90 年代末和 21 世纪初，许多亚太地区国民以特殊工作签证移民到美国。

与亚太裔美国人的执法接触

亚太裔美国人的早期经历的特点是，大多数人希望将他们拒之门外，并给已经在这里的人设置巨大的障碍。许多亚太裔美国人发现，与种族动机的社区事件相比，通过和执行“反亚裔”的联邦，州和地方法律更具敌意和歧视性。执法与刑事司法机构和官员的作用是执行这些法律。因此从一开始，亚裔美国人与执法人员之间就充满了冲突、困难和混杂的信息。

反亚裔的联邦、州、地方法律

几乎所有早期的美国联邦移民法的实施都让新来的亚洲人感到既不受重视也不受欢迎。随着1850年中国人在金矿和铁路上的大量涌入，许多美国人对中国人愿意为低工资而长时间工作表示很不满。随着越来越多的公众压力，1882年的《排华法案》禁止10年内中国劳工移民，随后的修正案又无限期延长了这项禁令。因为这项禁令，以及在美国的中国人口主要是男性，使中国在美国的人口从1880年的105465人下降至1920年的61639人（高木，1998）。但排华法案只适用于中国人；在19世纪90年代，大量日本移民进入美国西海岸劳动力市场和农场。与中国人遭遇相似，公众限制日本移民的压力接踵而至。然而，就日本人来说，日本政府不希望由于禁止日本人移民美国的禁令而“丢脸”或者丧失国际信誉。相反，在1907日本政府与西奥多·罗斯福总统谈判达成了一项“绅士协议”，导致日本政府自愿限制将日本劳工输入到美国。然而，已经在美国的日本人的家庭成员被允许在“绅士协议”下进入美国。大批“图片新娘”开始进入美国，导致日本裔美国人大幅增加——从1900年的25000人增加至1940年的127000人（丹尼尔斯，1988）。后来的法律禁止或阻止亚洲国家的移民。1917年的《移民法》禁止环太平洋地区所有国家的移民，菲律宾除外（当时是美国领土）。1924年的《移民法》将所有国家的移民数量限制在1890年在美国居住的原籍国的2%，并一直持续到1965年。此外，直到1952年，大多数亚洲移民才有资格成为美国归化公民，由此具有选举权（非洲人和美洲土著人比亚洲人更早获得此项权利）。

自20世纪初菲律宾移民到美国以来，20世纪20年代大量的菲律宾劳工开始进入美国，因为美国对不熟练的劳工需要，部分原因是中国和日本的移民受到法律限制。与以前亚洲群体的移民相似，随着 1934 年泰丁斯-麦克杜菲法案通过，菲律宾移民很快就被限制为每年 50 人的配额。此外，1935 年的国会决议反映了明显的反菲律宾情绪，根据菲律宾人不再回到美国的协议，国会提供了一条免费的、单向的途径让菲律宾人返回家园。

从 1943 年废除《排华法案》开始，反亚洲移民法终于废除。其他法律被废除，允许亚洲人和太平洋岛民入境，但过程很慢。直到 1965 年，以麦卡伦-沃尔特法案修正案的方式开启了亚洲移民大规模进入美国的方式（每个国家的固定配额为 20000 人，而不是 1890 年在美国居住的 2%的本国人口）。1965 年修正案还确立了“第五优先”类别，允许美国需要的高技术工人进入。在这一类型下，20 世纪 60 年代中期，印度、韩国、菲律宾、日本、新加坡移民和其他亚洲国家出现了美国第二波移民浪潮。1965 年“第五优先类别”（EB-5，绿卡申请）帮助美国与苏联开展太空竞赛时迎来第一波南亚专家移民（来自印度、巴基斯坦、斯里兰卡），同时也使大量专业和高学历的南亚移民到美国。例如，1966 年至 1977 年职业和技术工人类别下的印度移民 83%（大约 60000 人）是工程师（大约 40000 人）和具有博士学位的（大约 20000 人）（普拉沙德，2001）。

将近 100 万难民和移民的第三大浪潮从 20 世纪 70 年代中期开始，一直持续到 20 世纪 80 年代中期，他们从越南和其他东南亚国家抵达美国。1980 年难民法：（1）确立了“难民”的定义；（2）减少对进入美国的难民人数的限制；（3）设立难民安置办公室；（4）允许难民在 1 年后调整身份，成为永久居民，4 年后成为美国公民（鲍威尔，2005）。从 20 世纪 90 年代中期到 21 世纪初，对高新技术、工程和互联网技术人才的需求，导致从印度、巴基斯坦、新加坡、韩国、中国（包括香港、台湾地区）和其他亚洲地区的又一波移民涌入。移民政策的进一步变化，如 2000 年《21 世纪美国竞争力法案》和 2004 年《H-1B 签证改革法案》，促进了移民数量的增加，尤其是拥有高等学位的移民。

虽然许多移民群体（如意大利人、犹太人、波兰人）一直是被歧视、偏执和偏见的目标，但亚太裔美国人也如同非洲裔美国人一样，经历了更广泛的法律歧视，妨碍了他们作为美国人充分参与的能力。这种歧视严重影响了他们的福利和生活质量。有些州用法律禁止亚洲人和白人通婚。州和地方法律对亚洲企业和个人实施限制性条件和税收。州法院也同样有偏见。例如，在1854年加利福尼亚最高法院审理的“人民诉霍尔”案，因1名白人和3名中国证人提供的证词，证明白人被告霍尔杀害了1名中国男子，被判犯有谋杀罪。加利福尼亚最高法院，根据州法律禁止黑人、黑白混血儿或印度人在法庭上作证赞成或反对白人，故推翻了对霍尔的判决。法院的判决是：

> 印度人常用的仅指北美印第安人，但在哥伦布时代，被中国水域冲刷过的海岸都被称为印度。其次，“白色”这个词必然排除所有其他种族仅指白种高加索人；最后，即使不是这样，我也会以公共政策为由反对中国人的证词［人民诉乔治霍尔·W. 霍尔案，加利福尼亚案第四册第399页（1854年10月）］。

这部分反亚太裔美国人的法律和伤感是我们无法回避的，日本裔美国人在美国历史上是唯一在没有合法程序而被赶出了自己家园和被拘押的移民。罗斯福总统的9066号行政命令导致100000名日裔美国人在1942年被疏散和监禁。对亚太地区的美国人来说，日裔美国人的被拘禁，代表了反亚洲情绪可以多么迅速地导致无辜人民受害。

人口统计：亚太裔美国人的多样性

正如在定义亚太裔美国人一节中所指出的，这是一个由许多不同的种族和文化群体组成的极为混杂的群体，他们的教育和社会经济多样性以及其他背景、代际和生活经历各不相同。

亚太裔美国人目前估计有2250万人，占美国人口的6.5%以上（美国人口普查局，2015)。虽然长寿和出生率是人口增长的原因，但来自环太平洋国家的移民是亚太裔美国人人口增长的主要原因。目前（见图表5.2)，华人占亚太裔美国人人口总数的23.4%，其次是亚裔印度人(18.9%)、菲律宾人（18.5%)、越南人（9.4%)、韩国人（8.6%)、日本人（6.7%)，“所有其他亚太裔群体”占14.5%。在“所有其他”类别中，按数量排序，最大的几个群体是：巴基斯坦人、柬埔寨人、蒙人、泰国人、老挝人和孟加拉国人。

据司法部的一份报告称（里夫斯，2015），截至2013年，亚太裔美国执法人员占当地警察部门的2.4%，占警长办公室的1.6%。为了弥补与人口分布不匹配的情况，警察需要理解在任何地点的任何文化群体的文化。总的来说，需要了解的主要亚太裔美国人群体是6大群体：华人、亚裔印度人、菲律宾人、越南人、韩国人和日本人（此外，还要考虑当地社区的趋势和社区居民的具体因素）。了解这些亚太裔美国人日益增长的趋势对于警官招聘和其他人力资源方面的考虑也很重要。目前，从事刑事司法工作的亚太裔美国人主要是日本人、中国人和韩国人。为了适应不断变化的亚太裔美国人人口基数，在某些地方，从菲律宾、越南和亚裔印度社区招募和培养警官至关重要。此外，考虑到未来几十年世界人口的预期增长，招募和培养具有与中国、印度、印度尼西亚和人口最多的巴基斯坦等亚洲国家相关的文化知识、语言和技能的警官是明智之举（人口资料局，2016）。

超过一半的亚太裔美国人是在国外出生的（1240万人），占美国外国出生人口的29%以上（美国人口普查局，2015年）。见图表5.3，在外国出生的亚裔/太平洋裔美国人中，以下5个国家的人数最多：

亚太裔美国人的群体	亚太裔美国人的人口百分率（%）
中国人（包括来自台湾地区的人）	23.4
亚裔印度人	18.9
菲律宾人	18.5
越南人	9.4
韩国人	8.6
日本人	6.7
所有其他的亚太裔美国人	14.5
所有亚太裔美国人	100.00

图表5.2　亚太裔美国人的群体

来源：根据美国社区调查数据计算（美国人口普查局，2015）

出生的国家	外国出生的数量（人）
中国（包括香港、台湾地区）	2444610
印度	2114754
菲律宾	1902486
越南	1291135
韩国	1078555

图表 5.3　基于出生国的在国外出生的亚太裔美国人的分布

来源：美国社区调查数据（美国人口普查局，2015）。

如前所述，外国出生的亚太裔美国人的58%构成第二大归化移民；只有那些出生在欧洲的移民归化比率最高（美国人口普查局，2015）。许多日本人、菲律宾人、柬埔寨人和印度尼西亚人居住在西部各州。中国人、韩国人、越南人、老挝人和泰国人广泛分布在美国的大城市。许多亚裔印度人和巴基斯坦人主要居住在东部各州，其次是得克萨斯州。明尼苏达州的明尼阿波利斯市和加利福尼亚州的弗雷斯诺市是美国苗族最多的城市（普法伊费尔、沙利文、杨和杨，2012）。英语熟练程度在不同的群体中存在差异：最近移民的群体（东南亚人）中英语说得不好的比例最大。

执法人员根据其管辖范围的不同，需要确定在亚太裔美国人社区工作时需要何种第二外语和技能的培训。

对于许多亚太裔美国人群体，尤其那些最近移民美国的，美国执法系统还是一个谜团。因此，一些亚太裔美国新移民一开始可能不愿公开交流或与警方合作。

在越南，如果你被逮捕了，那么律师的工作就是证明你是无辜的。直到无罪成立之前，你仍然被关在监狱里。在美国，被拘留的嫌疑人通常在24小时内交保候审或自己交纳保释金后被释放。对于越南移民来说，这似乎是花钱买到一条出狱的路（越南社区倡导者在社区会议上对当地商人不愿与警方合作情况的评论）。

标签和术语

如前所述，属于“亚太裔美国人”是一个用以概括一个非常多元化的群体的标签。这个标签其实并没有被普遍接受，但是为了实践目的，它被经常采用，并偶有变化（例如，亚裔和太平洋裔美国人、亚裔美国人/太平洋岛民、亚裔和太平洋岛民）。在 1997 年，美国政府将这个群体划分为两个类别：“亚洲人”和“夏威夷土著及其他太平洋岛国人”。具体使用哪些术语是基于自我指定和自我偏爱的原则。亚洲和太平洋岛民对这个问题很敏感，因为直到 1960 年人口普查之前，人口一直被归入“其他”类别。随着 20 世纪 60 年代末的民族自豪感运动和少数民族研究运动，亚洲和太平洋岛屿的后裔开始指定自我偏爱的术语作为群体参考。在此之前，一直用“东方人”一词，许多亚太裔美国人认为这个词带有冒犯性。对许多人来说，东方象征着许多历史的参照、不公正以及对亚洲和太平洋地区人民的刻板印象。它也是西方人设计一个术语（例如，欧美/西半球），并提醒许多亚太裔美国人有关殖民主义思想及其对环太平洋地区国家的影响。

以前提到过，每个群体里的个体都有其具体名称（例如，中国人、日本人、越南人、巴基斯坦人、夏威夷人）。一些人喜欢将美国人作为他们称谓的一部分（例如，韩国裔美国人、菲律宾裔美国人）。对于执法人员，最好问他属于哪个群体和喜欢的称谓。

在打击犯罪和维护治安工作中，无论警官被激怒的程度如何，绝不接受使用如“Jap”（日本人）、“Chink”（中国佬）、“Gook”（外国人，对韩国人、日本人、菲律宾人的蔑称）、“Chinaman”（中国佬）、“Flip”（无礼的）、其他蔑称术语，以及其他刻板印象的描述，包括“中国消防演习”“DWA（亚洲驾驶）”“傅满洲胡须”“神风特工队小子”“黄小子”“黄祸”“李小龙功夫那一类人”“斜眼”“毛巾头”“越南酒吧女郎”和“母夜叉”，这些并不能传达出执法中的职业精神和对社区多样性的尊重，必须避免使用。在本部门（或与同僚或公民）听到这些词的官员应立即向使用这些词的人提供有用的反馈。出于习惯经常使用这些词的官员可能会发现他们自己或他们的上级处于尴尬的境地——换句话说，在晚间新闻上——不得不向被冒犯的公民和社区解释为什么使用这些词。

误解和刻板印象

了解亚太裔美国人多样性、历史背景和他们的生活经验并关切其生活，将有助于执法人员打击犯罪、维护和平。了解一些有关亚太裔美国人的误解、生活环境和刻板印象是很重要的，因为这些会导致他们遭遇偏见和歧视。许多美国人并不了解亚太裔美国人的多样性，仅仅是通过电影和媒体对他们进行碎片化的了解，这些误解使亚太裔美国人被认为是简单的、一维的人物，并把他们归为一个刻板的群体。通常，亚太裔美国人群体在语言、历史、习俗、文化、宗教信仰和生活经历等方面的复杂性会变得令人困惑并且具有威胁性，因此更容易应对刻板印象。尽管如此，执法人员也必须要了解亚太裔美国人的各种刻板印象。对于任何种族群体，当这些刻板印象不真实地反映某个群体时，不应只是简单地消除对群体的成见和误解，而是要意识到这些是自己的误解并管理自己的行为。

执法环境中会对亚太裔美国人造成影响的一些误解，如下：

1. 觉得亚太裔美国人“都一样”。

也就是说，由于他们在姓名、行为和外貌特征上有许多相似之处，许多执法人员会对他们区分不清，或者以群体方式与亚洲人打交道（例如，他们总是“神神秘秘的”；他们总是拉帮结派）。

2. 将亚太裔美国人视为成功的“模范少数群体”或者“超级少数群体”。

一些人持有成见，认为所有亚太裔美国人都很成功，这一成见被媒体进一步强化（卡瓦依，2005；王，2015）。这导致了针对亚太裔美国人的群体间敌对和仇恨犯罪，并掩盖了不同亚裔和太平洋岛民群体之间的真正差异和多样性。一些亚太裔美国人群体不得不强调“模范少数群体”这一成见的不精确性。新移民群体的语言障碍和不适应问题影响了一些亚洲家庭的内在凝聚力，导致青少年违法和高犯罪率（例如，旧金山海湾地区的东南亚青年）。因此，“模范少数群体”这一成见并不适用于所有人，但是当人们不能够认识群体内部的区别时，这是一种常见的刻板印象。

很显然没有一个群体能够“全部成功”或者“都是罪犯”。然而，教育或经济上的“成功”和“模范少数群体”的刻板印象对亚裔美国人产生了负面影响。例如，由于他们在教育和经济领域获得的成功，执法组织可能不会花时间招募亚太裔美国人从事执法职业（执法组织会假定他们更加关注其他领域。例如，教育和商业追求等）。该成见也隐藏着对那些成功人士的真实歧视，仿佛从“玻璃天花板”或“竹子”看提升和发展机会（“玻璃天花板”指的是，亚太裔美国人在职场上虽然看着前景挺光明，但一旦到了一定高度，就到顶了，再也升不上去了。而“竹子”这种植物更代表了亚太裔这个群体）。已形成的成见，已经导致针对亚洲和太平洋岛民的暴力和犯罪。在许多亚太裔美国人的记忆中，有一个典型的例子，它代表了当今亚太裔美国人非常关注的问题。

> 文森特·陈被谋杀，以及随后法院系统无力将凶手绳之以法，现在是亚太地区美国社区中一个众所周知的案例。本案的肇事者是罗纳德·埃本斯和迈克尔·尼茨，他们是汽车制造厂的两名白人工人，他们把日本汽车工业的成功归罪于文森特·陈（一位美籍华人），认为亚太裔夺走了美国人在汽车制造厂的工作（高木，1989）。

最近的例子包括2010年发生在费城的针对亚裔美国高中学生的袭击，导致13名学生受伤入院（汤普逊，2009），以及2016年针对加利福尼亚州萨克拉门托地区亚裔美国居民的一系列抢劫和其他犯罪（章，2016）。

3. 由于一些亚太裔美国人的肤色、宗教信仰或本土服饰，可能将其视为“外国恐怖分子”。

许多亚太裔美国人移民来自信仰伊斯兰教的人口较多的国家（例如，印度尼西亚、巴基斯坦、孟加拉以及印度），并且保持着他们的文化传统和民族服饰。不幸的是，有时候有人会仅仅因为某个人的外部特征就下定其是“外国恐怖分子”的不当结论。此外，锡克教徒——戴头巾和留胡子——发源于印度和巴基斯坦，经常被误认为穆斯林。9·11事件之后出现了这些例子——其中一个是被拘留讯问的嫌疑人是锡克教徒，他戴头巾，被误认为塔利班成员（塔利班成员也戴头巾，但种类不同）；此外，深色皮肤的南亚人（如孟加拉人）被误认为是阿拉伯人。

2012年有一个被广泛报道的案例，威斯康星州的一个锡克教寺庙发生了枪击事件，造成6人死亡，3人受伤（雅琪诺、施维策和尚托拉，

2012)。2017 年的另一起事件涉及一名海军老兵，他认为自己在堪萨斯州奥拉西的一家酒吧里射杀了“两名伊朗人”，然而，这两个人来自印度。1 人死亡，1 人受伤（杨和迪哥科莫，2017）。

从执法角度看，许多针对亚太裔美国人的仇恨犯罪，都与将该群体视为外国人而非美国人的成见有关。

4. 误解亚太地区的文化差异和习俗，把这些差异视为对其他美国人的威胁。

在语言、背景、文化和生活经验方面，超过 40 个亚太裔美国人群体存在巨大差异。当我们缺乏对任何群体的具体知识，自然就会基于我们自己的成见、假设和过滤系统作出结论。大多数时间，不适当的假设和成见，会因为与亚太裔美国人的受欢迎的接触和实际人际互动而改变。从执法角度看，推动社区警务以及文化能力训练为改变成见和了解种族社区提供了机会。然而，执法机构必须干预机构内个人或群体把亚太裔美国人文化差异视为存在的威胁。对亚太裔美国人视为威胁的误解和偏见，需要执法机构持续的关注。

亚太裔美国人的家庭

如此多文化差异的群体被放在一个亚太裔美国人的标签之下，各个亚太裔家庭内部也存在巨大差异。然而，亚太裔美国人家庭的共性特征对打击犯罪和社区治安维护具有重要价值。亚太裔美国人家庭成员之间有很强的凝聚力，在同一个屋檐下生活三到四代人很常见。此外，大家庭会有一个持续的关系网络，能够跨越巨大的地理距离。例如，家庭成员（所有人都认为他们属于一个集体）能够进行广泛的沟通，并且与在美国、加拿大、中国香港和越南的家庭成员同时开展活动。在为这些社区服务的过程中，警官们与大家庭的成员的接触并不罕见。

文化冲击与亚太裔美国人的家庭

因为亚洲和太平洋岛国的传统文化与美国文化非常不同，许多亚太裔美国人家庭（无论难民、移民、商人、学生还是游客）当进入和居住在美国时，都会经历一定程度的文化冲击。文化冲击不仅源于价值观和传统上的差异，也源于两国城市化、工业化和现代化之间的差异。警察需要意识到，亚太裔美国人可能会通过“氏族”应对文化冲击（例如，唐人街、韩国城）。其他生存机制包括避免与存在差异的人进行接触和互动，包括警官在内。执法人员成功地与亚太裔美国人合作的主要关键点是，如何更好地与居住在这些“氏族”社区内的家庭进行沟通，为其家庭成员提供信息、帮助和指点。

家庭成员的角色

在大多数亚太裔美国人家庭，人际关系和沟通模式倾向于等级化，父母或祖父母等长辈是一家之主。尽管许多决策和活动由年长者决定，但其他家庭成员也能够提出建议。通常，如果家里有祖父母，父母也许作为家庭的发言人，但在重大决定上会征求祖父母和其他人的意见。在任何需要作出决定或选择的执法接触中，重要的是让家庭有时间尽可能以“私人”方式讨论问题。这需要给家庭成员充足时间以母语相互讨论，一些美国人对此会觉得不舒服。此外，自我控制和把事情控制在家庭内是亚太裔美国人的主要价值。因此，警官会发现，允许亚太裔美国人就某种情况得出与警察相同的结论时，事情会迎刃而解。例如，警官对年长的家庭成员去解释需要逮捕某位家庭成员，而不是直接地说某个人被逮捕了，其必须跟他走。警官的这种方式能够让年长者使其家庭成员更加配合。在这种情况下，看似次要的考虑，但是却能在很大程度上对相关各方进行说服、控制与合作。

尽管没有明确的规则规定，是应该向家庭男性还是女性户主进行执法调查，但应该注意的是，对于大多数亚太裔美国人家庭来说，母亲在管理和决策上的角色非常重要。换句话说，即使一个家庭的户主是父亲或祖父，女性角色依然十分重要。

儿童、青少年和青年

大多数亚太裔美国人家庭至少有两个或两个以上的家庭成员在外工作。因此，家里如果有小孩子，父母在工作时，就会很依靠其他家庭成员或其他人照顾小孩子。家庭中年纪大的孩子照顾年纪小的孩子很常见。

在新移民和难民家庭中，亚太裔美国人的孩子在充当父母与其他人的中间人方面发挥着特殊的社会作用，因为年轻的孩子更易学习英语和美国的做事方式。在与新移民和难民组成的亚太裔美国家庭的交流和联系过程中，小孩子经常充当警官的翻译，这会使孩子处于极为尴尬的境地。工作人员应慎重确定年轻的家庭成员应起到的作用，并确定不同家庭成员对其翻译内容的敏感程度，以及如果信息被不正确地诠释，可能造成的后果。例如，当小孩子在学校遭受性虐待时，要求小孩子给不会说英语的父母进行翻译，可能会因为羞耻省略和改变所翻译的内容。同样，由于大多数亚太裔美国人家庭强调等级制度，孩子们会尽职尽责地把家里长辈当时说的话告诉警察，即使孩子知道这些信息是假的。因此，在采访亚太裔美国人家庭时，最好能请到翻译。在任何情况下，即使孩子充当翻译，警官也应该与年长的家庭成员直接沟通，以免认为警官疏忽他们而觉得被冒犯。

亚太裔美国人的家庭暴力

关于亚太裔美国人对家庭暴力（如对配偶进行身体上的虐待、虐待儿童、性虐待）的研究显示，家庭暴力事件数量呈上升趋势。造成这种增长趋势的原因可能包括亚太裔美国人总体人数的增长、数据收集和方法的改进以及不同群体对家庭暴力的认识提高。无论如何，直到最近几十年，研究人员和社区倡导者才开始收集亚太裔美国人家庭暴力的有关数据。2002年至2003年进行的全国拉丁裔和亚裔美国人的研究发现，超过10%的亚裔美国人经历过“轻微暴力”（如推搡、扇耳光），约2%的亚裔美国人经历过“严重暴力”（如窒息、用武器威胁）（章，2009）。2010年发布的一项研究表明（达比、帕特尔和普尔），78%的涉及亚太裔美国人的凶杀案的凶手是与受害者关系亲密的人（10%的罪犯是女性；90%为男性）。

影响数据收集的一个因素是，将敏感问题限制在家庭范围内，使用自助和个人努力的方式，是亚太裔文化的价值观和规范的一部分。一位研究人员解释说：“……社会科学研究表明，亚太裔美国女性共有的价值观和文化规范、相同的父系社会背景、经济上的错位以及被孤立等，这些都会抑制她们去寻求帮助。”（李，2015）不幸的是，正如研究人员邱和金指出的那样：“与其他群体相比，亲密伴侣暴力行为的受害者不太会去看心理健康医生。其他群体寻求心理健康服务的几率是亚洲人的四倍以上。”提供多语种的服务对亚太裔美国人社区来说至关重要。

考虑到这一领域日益增长的需求和问题，警察在亚太裔美国人社区对家庭暴力的发现、评估和干预的作用至关重要。对文化影响和交流方式敏感的警察（如下一节所述），对于有效收集最初信息和后续的干预对于亚太裔美国人家庭来说具有重要意义。

亚太裔美国人的交流方式

以下是对亚太裔美国人语言和非语言沟通方式进行的重要概括。由于沟通方式不同而产生的误解很可能会导致冲突和对警察不满，甚至会导致警察的安全和控制问题。

1. 警察要花时间从目击者、受害者和嫌疑人那里获得信息这一点很重要，即使他们英语水平有限。口译员、语言库资源和会讲亚太裔语言的工作人员的协助可以使这一过程更为顺利。在打击犯罪和维护和平的情况下，亚太裔美国人往往得不到帮助，因为警官没能从英语说得不好的人那里获取信息。

2. 亚太裔美国人往往比一般美国更注重“家庭”或“群体”。因此，在表达上不使用“我”或自我指涉不应被认为是回避。警察可能会担心，亚太裔美国人一个人时也可能使用“我们”而不是“我”。例如，在交通事故中，亚太裔美国人可能通过使用“我们看见……”描述他或她所看见的。通过这样的群体表述传达个体所看见的内容，是亚太裔美国人的群体倾向。另一个使执法人员担心的是，某些亚洲语言倾向于混淆代词，在“他”和“她”之间来回切换以指向一个人。其原因是，在某些语言中，如在汉语中，“他”和“她”发音是没有区别的。在听取证人陈述或审讯时应该保持耐心，亚裔美国人并没有试图说谎，无论他们紧张不安，还是警官失去耐心都只会使事情变得更糟。

3. 警察应该意识到，许多亚太裔美国人不会直接对权威者说“不”，因为他们认为这样很粗鲁，会使警察“丢面子”。当警察听到亚太裔美国人回答“是的”时，可能有以下几种含义：（1）“是的，我听到了你所说的话”（但我也许同意，也可能不同意你的观点）；（2）“是的，我明白你所说的话”（但我可能不会这么做）；（3）“是的，我知道这对你很重要”（但是我觉得没那么紧迫）；（4）“是的，我同意”（并将按你的要求做）。

沟通的语境和非语言方面的信息也十分重要，因此执法人听到亚太裔美国人回答“是的”，要辨别其细微差异。有两个例子可以说明这个问题：第一，如果一个亚太裔美国人说，他或她将“尽力出席”，这通常意味着他或她将不会出席，特别是在志愿活动和社区邻里安全会议等情况时。第二，如果一个亚太裔美国人在回答一个问题时说：“这有希望”，他通常意味着：“别等了，可能不会发生了。”如上所述，这样的沟通方式可能比其他方式更适用于亚太裔美国人，因此执法人员对于语言细微差异的敏感性将有利于理解这种沟通方式。在回答“是的”可能含义模糊时，因此建议执法人员改变问题方式，以便其以动作作出回答和理解，并辅之以语言回答，例如：

> 当问一个是与否的问题时，可能得到模棱两可的回答：
> 警察：“我需要你星期二出庭，明白吗？”
> 亚裔证人：“是的！”
> (提供语境并改变问话方式，以引出一个表示理解的回答)。
> 警察：“把这个信息告诉法官很重要，星期二你怎么去法庭？”
> 亚裔证人：“我兄弟有辆轿车，他星期二会带我去法庭。”

4. 亚太裔美国人倾向于“高语境”(隐性；间接)的沟通方式。这意味着警察为了有效沟通，必须提供人际关系环境和语境。语境对于亚太裔美国人来说，意味着社区成员了解社区的警察，可能以前有过工作关系(例如，犯罪预防会议、警察体育联赛)。此外，社区其他成员基于从前与警察合作过，提供可能有用的资料或信息。语境也意味着，在向亚太裔美国人提问或要求他们参与活动之前，可以对其提供执法程序和法律的教育。通过提供背景信息、建立人际关系，执法机构和人员会更易与亚太裔美国人合作。

5. 要注意非语言和文化上的细微差别，这些细微差别可能会影响警察和亚太裔美国社区成员间的有效沟通。许多亚太裔美国人发现，与地位较高的人或警察等权威人士进行目光接触既不舒服也不合适。因此，许多亚太裔美国人在谈话时低头看地面或者避免目光接触。警察不应该将这种非语言行为自动地理解为当事人缺乏信任、不尊重警察或者不诚实。同样地，警察也应意识到可能的非语言手势和行为可能影响到他们的职业角色。例如，在许多亚洲文化中，食指卷曲是要求一人上前的手势主要用于服务员、孩子和小狗。对于警察来说，用五指比只用食指更有礼貌。

6. 亚太裔美国人也许不会像警察预期的那样表现出情绪。指导亚太裔美国人价值观的是儒家的“中庸”思想。这意味着，任何事情处于极端情况都不好。因此，亚太裔美国人倾向于适度地表达积极或消极的情绪。通常，在危机情境下，非语言的情感表达会受到控制，从而亚洲裔美国人似乎会“面无表情”。在这种环境下，警察需要正确理解和解读这种无情绪展示。例如，仅仅因为凶杀案被害人的父母没有对警察的报告表现出震惊，并不意味着他们没有经历严重的情绪危机。

执法中的主要问题

漏报犯罪

亚太裔美国人，因为他们有与执法机构接触的经验（例如，反亚裔移民法；违反餐馆卫生规范；感觉警察无回应力），而不愿意报告犯罪，不寻求警察帮助。在许多亚太裔美国人记忆中，他们原籍国的警察会对待他人很暴力（例如，在东南亚和其他亚洲国家）。发生在家庭内部的犯罪（例如，入室盗窃、家庭暴力）或者小型家族企业的范围内（例如，抢劫中餐馆）经常不被报告，除非这些犯罪与更大规模的犯罪活动有关。

许多移民和难民由于不了解美国的法律制度，因此避免与执法人员有任何接触。扩大服务范围加强社区警务工作将提升警察与亚太裔美国人的接触和人际关系，有助于纠正漏报犯罪的现象。

亚太裔美国人社区与执法部门的交互作用

随着执法、刑事司法和社区宣传系统之间的协作日益增多，亚太裔美国人社区开始从有效的多文化执法行动中对警察产生信任和信心。许多“城市警察学院”体现了警察、社区倡导者和公民的团结合作，共同在亚洲社区开展警务工作。这些项目旨在开放公民和警察之间的沟通渠道，帮助公民了解警务政策和法规。

洛杉矶警察局的机场警察局是第一个建立扩展服务工作的单位之一，这改善了洛杉矶韩国人地区的亚太裔美国人社区与警察的关系，也为其提供了更好的服务（陈，1985）。现在，旧金山、纽约、奥克兰、芝加哥、波士顿和西雅图的城市中心，有大规模亚太裔美国人社区的地方都进行了扩展服务工作（第一章介绍了各类社区警察拓展服务的资料）。另一种拓展服务的方法是亚太裔社区服务人员使用双语服务警官（社区服务警官），即拥有警徽和制服的非宣誓警官，他们为加利福尼亚州圣地亚哥市的东南亚社区提供服务。

增加亚太裔美国警官

在联邦、州和地方执法和刑事司法岗位上，亚太裔美国人的比例明显偏低。根据司法统计局的一项调查显示，超过 47.7 万名当地全职警察中，只有不到 3%是亚太裔美国人（里夫斯，2015）。其他研究比较了美国平等就业机会委员会和司法部的数据与人口普查结果，发现亚裔美国人在警察部门的代表性不足，平均只占当地人口的 31%～33%（治理，2015；美国司法部/平等就业机会委员会，2016）。

亚太裔美国人警官的数量如果很少，就会阻碍许多部门为亚太裔人口较多的社区提供有效的服务。亚太裔美国人代表性不足的原因包括：（1）与亚太裔美国人社区的执法关系的历史；（2）亚太裔美国人缺乏对执法职业的兴趣，在某种程度上是由于他们认为职业晋升机会有限；（3）执法人员在亚太裔美国人社区的形象；（4）缺乏对执法领域不同职业和获取途径的了解；（5）对背景调查、身体要求和申请过程感到担心和害怕；（6）在亚太裔社区中从事执法职业的榜样和倡导者的人数有限。随着美国亚太地区人口不断增加，执法部门开始强调在征聘工作中多元文化的重要性。

有针对性的招聘工作可以采取多种形式，如利用社交媒体、延伸至基础教育学校、参加社区活动等（美国司法部/平等就业机会委员会，2016）。爱荷华州得梅因等城市响应了增加亚太裔美国警察的具体要求，于 2007 年设立了亚洲外联资源官员的全职职位；在得克萨斯州奥斯汀，一位前 911 接线员是越南人，现在负责警察局的亚洲移民拓展计划，协调警察参加中国新年庆祝活动；雇用亚洲警员的努力正在进行中（范，2015）。

针对亚太裔美国人的仇恨犯罪

到目前为止，由种族歧视所引发的仇恨犯罪中，针对美国黑人的犯罪数量更多（见第六章）。然而，此类犯罪超越了与肤色有关的种族主义。美国移民和那些被认为是移民者通常被认为是造成经济状况不佳、就业机会缺乏以及一些人无法成功的原因。亚太裔移民，无论是第一代、第二代、第三代还是第四代美国人，经常被归为一类——“移民”。

> 通过分析这些仇恨犯罪的潜在历史背景时，需要注意的是，美国人始终有着对亚洲的刻板印象是“永远的外国人”，这助长了对亚洲人、夏威夷原住民和太平洋岛民的歧视、敌意，甚至是暴力。在经济困难时期，美国与亚洲国家的政治和经济关系紧张，也导致针对亚太裔美国人的暴力事件增长。最近，针对移民的煽动性言论激发了对那些被认为是移民的人（包括亚裔美国人、夏威夷原住民和太平洋岛民）仇恨暴力（亚太实验室认可合作组织，2012）。

2013 年 8 月，美国司法部宣布，一些其他群体将被纳入追踪仇恨犯罪的国家计划之中，即统一犯罪报告计划（见第十一章）。这些群体包括来自南亚的人，如锡克教徒和印度教徒，以及来自亚洲不同地区的佛教徒。作为国会亚太裔美国人核心小组成员之一，加利福尼亚州国会议员阿米·贝拉说：

> 我很高兴米勒局长已经批准了联邦调查局咨询政策委员会的建议，在追踪仇恨犯罪的种类时增加几个类别，包括针对锡克教徒、印度教徒……犯罪的美国人。在橡树溪枪击案 1 周年之际，当时 6 名锡克教美国人在仇恨犯罪中被射杀，我相信这一改变将保护国内公民权利，并帮助执法部门保护我们的社区。使所有美国人确信，不论宗教、种族、性别或信仰，都会感到安全，我们可以治愈我们的家庭，缅怀那些死于橡树溪事件的人们（那卡帕克，2013）。

2015 年，有 6800 多起因种族歧视而引发的仇恨犯罪。基于以这种新方式收集和呈现的数据，超过 3%的此类犯罪针对的是亚太裔美国人。在美国，又有其他针对个人的仇恨犯罪报告，这些报告针对的种族不止一个。另外，数据还显示，在 1300 多起针对宗教的犯罪中，有 22%的案件针对的是伊斯兰教。少数针对的是锡克教、印度教和佛教（各占 1%以下）(美国联邦调查局，2015)。

亚太裔美国人社区的犯罪

在亚太裔美国人社区的许多犯罪，尤其是在亚太裔难民和亚太裔移民群体内的犯罪，都是来自同一社区的成员犯下的。执法人员经常发现很难从人口贩运、敲诈勒索、入室抢劫、盗窃和其他犯罪的难民和移民受害者那里获得合作。在某种程度上，缺乏合作源于害怕犯罪分子报复，受害者往往知道谁是犯罪分子。亚太裔美国人受害者的其他问题包括：（1）治安官员和机构的反应程度；（2）缺乏对警察机构的熟悉和信任；（3）对执法机构的有效性的认知水平；（4）对过去执法机构的歧视性定型观念和形象(例如，移民法)，以及对针对亚太裔美国人犯罪的不作为。最近，亚太裔美国难民和移民往往是犯罪的首要目标，部分原因是他们不信任大多数机构（例如，银行、警察局、医院)。因此，他们更倾向于在家里藏或储存现金和其他贵重物品。警察机构的主要挑战是教育这些群体，并与亚太裔美国人开展合作，以减少社区内的犯罪。

人口贩运是在亚太裔美国人社区实施的主要犯罪之一。国际劳工组织估计，世界范围至少有 2090 万人（包括来自亚太地区的 1170 万人）是强迫劳动的受害者。(国际劳工组织，2012)（关于人口贩运影响文化群体和民族的进一步讨论见第十章）流入美国的最大人口贩运群体来自东亚（联合国，2016)。

人口贩运　为性剥削、强迫劳动或其他违法犯罪活动而运送人员。

人口贩运已成为一项全球性业务，许多受害者来自亚洲国家；这些非法活动通过各种方式剥削受害者而带来巨大利润（联合国，2016）。由于人口贩运的秘密性和隐蔽性，很可能越来越少被报道。受害者，尤其是那些被性剥削的受害者，通常会被贩运者洗脑，让他们认为自己是罪犯而不是受害者。许多被带到美国的女性，有时是男性，被告知他们将得到合法的、赚钱的工作，而国内的经济状况让他们不顾一切地相信贩运者的谎言。通过电视和其他媒体描绘的美国生活的美好愿景，使他们燃起了希望。在明尼苏达州的一个案例中：德兰利用合法移民身份和高薪工作的虚假承诺，从越南招募了一名女子前往美国。事实上，德兰将受害者和另外两名越南人偷渡到了美国南部和墨西哥边境，他向受害者强加了一大笔债务，并强迫受害者在德兰儿子的越南餐馆工作来偿还这笔债务（美国司法部，2014）。

执法人员参与亚太裔美国人社区的人口贩运活动调查，已成为他们工作的主要领域之一。据估计，每年有 10 万到 30 万在美国出生的儿童被卖到色情行业。联邦调查局和其他执法机构已经启动了许多全国性的项目来帮助打击这种现象。2016 年，美国联邦调查局牵头了一项国际合作——“跨越×国行动”，其中 82 名未成年人获救，200 多名毒贩和他们的同伙被逮捕（美国联邦调查局，2016）（有关“跨越×国行动”的详情，请参阅第十章贩卖人口受害人一节）。

许多人口贩卖的受害者是年轻的移民或移民的子女，他们的父母在美国极度贫困，并持续受到战争或种族灭绝的创伤。在北加利福尼亚州，有报道称对柬埔寨裔美国女孩有特殊需求（布朗，2011）。这些女孩和她们的父母及祖父母经历过或逃脱了现代史上最严重的悲剧之一（柬埔寨种族灭绝导致 170 万人死亡，占总人口的 21%）。在一个柬埔寨家庭中，种族灭绝所造成的情感创伤很可能代代相传，对家庭的影响是巨大的。人口贩运的施虐者可以是家庭成员（例如，家中兄弟是皮条客）。许多被迫从事性交易的家庭未成年人仍然和父母住在一起，最后在按摩院或脱衣舞俱乐部工作，提供陪护服务，甚至做针灸师。

这些曾遭受过暴力和种族灭绝的家庭成员常常因为恐惧执法而不敢寻求帮助。执法人员必须努力与他们建立信任，鼓励这些受害者敞开心扉。

也许在这些案件中最重要的是赢得商业性剥削受害者的信任。这些案件往往需要受害者愿意配合合作调查，并最终指证罪犯。在与受害者建立信任的情况下，这些受害者通常会通知警察新的手机号码、地址和工作状态的变化。即使很小的改变也会起到作用。例如，认识到这些受害者大多夜晚是清醒的，并且可以使用手机，这意味着最好此时与其进行联系。如果将联系时间限制在工作日上午 8 点到下午 5 点，就会错过与这些案件受害者保持联系的最佳时机（泰普拉和图科尔，2008）。

联合国带头在全世界范围内努力结束这一局面，制定了《贩卖人口协定书》，该协定书于 2003 年生效。截至 2016 年 10 月，已有 170 个国家签署了该协定书（联合国，2016）。

总结

· 由于早期移民法和亚太裔美国人遭受的其他歧视性待遇，亚太裔美国人与执法官员的交流中充满了冲突、困难和混杂的信息。在一些亚太裔美国人的历史记忆中，警察的形象是令人恐惧和厌恶的。执法人员需要走出去，建立信任，赢得合作，以便服务和保护亚太裔美国人，从而有效地实现他们的目标。

· 亚太裔美国人的标签涵盖了 40 多种不同种族和文化群体。由于个人生活和世代经验，这些群体之间存在显著差异（例如，不同的文化和语言）。虽然很难理解这些社区中个体的细微之处，但警官们可以了解不同世代和移民群体中个体的各种动机的决定性因素。

· 针对亚太裔美国人的优先术语，因语境、群体和个人偏好而异。执法人员需要知道哪些是不可接受或贬义的术语，以及哪些是优先考虑的术语。当有疑问时，警察们应该询问亚太裔美国人他们可以接受哪种术语。当同事在对亚太裔美国人使用攻击性词语、标签或行动时，建议警察应向同事提供有益的意见反馈。这将减少误解并且改善警察与亚太裔美国人社区的工作关系。此外，这将有助于提高社区内各部门的专业形象。

· 在语言、历史、习俗、文化、宗教和生活经历方面，亚太裔美国人群体的复杂性可能会令人困惑并感到威胁。因此，很容易形成对这些群体的误解。主流美国人对亚太裔美国人的一个关键性刻板印象是，他们非常相像。治安官员意识到亚太裔美国人具有多样性是重要的。有些人持有亚太裔美国人都是成功人士的刻板印象，媒体进一步强化了这种刻板印象。

这种成见导致了针对亚太裔美国人的社会群体间敌对行为和仇恨犯罪。

·亚太裔美国人标签之下有太多的文化群体，我们发现，在不同的子群体的家庭运行方式有所不同。但是它们也有共同点，亚太裔美国家庭通常在家庭成员之间具有很强的联系，在同一个屋檐下生活三到四代人这一情况在美国并不少见，执法人员与亚太裔美国人家庭合作成功的一个关键是了解如何最好地向家庭成员提供信息、帮助和指导。警察需要意识到亚太裔美国人可能通过在家庭或社区中寻求帮助来应对文化冲击，换句话说，变得“排外”（例如，唐人街、韩国城）。

·许多亚太裔美国人担心他们难以清楚地沟通，警察必须认识到，双语者和母语非英语者都愿意与警官有效沟通，警官必须花时间让他们这么做。保持联系、花更多时间、使用翻译、保持耐心，可以让亚太裔美国人将他们的想法表达清楚。警官应该意识到亚太裔美国人在沟通方式中的非语言部分，包括眼神接触、触摸、手势以及情感表达。口音、有限的词汇以及不正确的语法可能让警官以为亚太裔美国人不懂如何沟通。重要的是记住，亚太裔美国移民和难民的英语的听和理解能力通常比口语能力要好。

·在大多数亚太裔美国人家庭，关系和沟通模式倾向于等级制，父母或祖父母作为户主。在做任何重大决定时，通常都会征求长辈的意见。在最近的移民和难民家庭中，亚太裔美国儿童由于他们的英语能力和对美国做事方式的认识，在父母和外部社区之间起着特殊的翻译或中介作用。然而，在执法人员中，最好雇用专业翻译人员，而不是依靠年轻的家庭成员。

·亚太裔美国人由于过去因为隐私和其他因素而与执法机构的接触经验，不愿意报告犯罪，也不愿向警察寻求帮助。执法部门和警官需要与亚太裔美国社区的社会群体建立合作伙伴关系。建立关系的方法通常通过社区警务官员、双语警官、社区活动人员参与社区活动来进行。

问题讨论

1. 执法互动。许多反亚太裔美国人的法律和事件让亚太裔美国人认为执法机构对其并不友善，这种观点对执法的影响是什么？提出改变这种观点的对策。

2. 亚太裔美国人的多样性。亚太裔美国人有 40 种以上的种族和文化群体。在打击犯罪和维护治安工作中你最可能接触哪个群体？根据你所在的社区的趋势，你期望在将来的工作中遇到哪些群体？

3. 亚太裔美国人群体的不同之处。在第一章中，描述了几代移民和难民的一些行为差异。你如何应用这些描述以更好的理解：（1）涉嫌交通违规的一个亚太裔美国难民；（2）可能是入室抢劫受害者的亚太裔美国移民；（3）可能是入室盗窃受害者的亚太裔美国人；（4）可能涉嫌帮派活动的东南亚青年。

4. 术语选择。“亚洲美国人和太平洋岛民”的术语被许多出版物和许多人使用，作为在该类之下众多社会群体的总称。当种族和文化信息需要确定称谓时，你如何适当地针对具体的群体使用准确的种族称谓？

5. 成见和误解的影响。对于亚太裔美国人的成见和刻板印象极大地影响了这个群体。你遇到或听到哪些有关亚太裔美国人的刻板印象？这些刻板印象对亚太裔美国人的影响是什么？给出执法中对这些刻板印象的建议。就国土安全问题询问一个亚太裔美国人，对亚太裔美国人的刻板印象的了解有什么帮助？

6. 文化中的沟通模式变化。你是怎样认为本章有关语言和非语言沟通知识有助于警察接触亚太裔美国人？理解方式和行为的文化因素有助于你的反应更加敏感和客观吗？提供一些例子说明修改问话方式，可以引起亚太裔美国人的不同反应，说明其理解问话的内容。

7. 自我控制和避免执法。你认为，许多亚太裔美国人坚持在自己社区，自我控制和通过社区解决自己的问题，其原因是什么，什么时候这种努力是可取的，什么时候没有效果？在这方面，警察机构如何能更好地服务于亚太裔美国社区？

8. 人口贩运和其他人口。本章强调了基于非法交易目的而被运往美国的亚裔美国人或亚洲人的人口贩运。众所周知，在美国犯罪分子利用按摩业作为性交易的手段，许多按摩馆的老板和员工都来自亚洲。然而，美国的人口贩运不仅限于亚洲人，对你生活或工作的辖区进行研究（或者选择一个最近的都市），并列出其他人口非法交易受害者的人口特征（例如，年龄、性别、种族和原籍国）。

第六章　与非洲裔美国人的执法接触

学习目的

阅读本章后，你应该能够：

· 描绘出非洲裔美国人的历史背景，尤其是当涉及市民与警察之间的冲突时。

· 认识到非洲裔美国人社区之间的主要差异，包括阶层、文化和宗教。

· 解释选定的非洲裔美国人身份运动。

· 理解非洲裔美国人的刻板印象对执法和跨种族认知的影响。

· 确定非洲裔青年、大家庭、性别角色和单身母亲的选择特征，因为这些特征涉及执法接触。

· 通过描述非洲裔美国人的口头和非言语交际风格的特点来说明误解的可能性，这与主流风格明显不同。

· 列出和讨论与非洲裔社区执法接触有关的关键问题。

大纲

· 引言
· 历史信息
· 人口特征：非洲裔美国人的多样性
· 身份问题和族群识别术语
· 黑人生命问题
· 刻板印象和跨种族认知
· 非洲裔美国人家庭
· 语言和沟通

· 非语言交流：与权威的互动和反应
· 执法中的主要问题
· 内隐偏见及其对执法的启示
· 总结
· 问题讨论

引言

告诉黑人去遵守法律没有必要……（因为）它几乎总是被用于对付他们。

——参议员罗伯特·肯尼迪参观美国瓦茨暴乱现场，1965

（施瓦辛格，1978）

联邦调查局前局长詹姆斯·科米在题为“硬道理：执法与种族”的演讲中说：

我们必须更好地了解我们所服务和保护的人民——通过试图深入了解我们的内心，成为一个守法的年轻黑人在街上走来遇到执法人员的感觉。我们必须了解那个年轻人可能怎么看我们。我们必须抵制犬儒主义的懒惰捷径，并以尊重和礼貌对待他（科密，2015）。

奴隶制、种族主义和歧视的影响对黑人与白人之间的关系发挥着决定性作用。警察对非洲裔美国人恐吓的历史继续影响着当今警察在黑人社区执法的作用；然而，潜在的偏见和文化差异也发挥着作用。理解非洲裔美国人的历史和文化对于刑事司法体系和执法者改善公共关系和转变观念具有重要意义。目前，大多数非洲裔美国人是第五代和第六代美国人。黑人文化的某些方面严重受到非洲文化的影响，白人文化的某些方面则受到欧洲文化的影响。非裔美国人和警官之间的历史、文化和种族障碍构成了重大挑战。愿意为了解非裔美国人社区作出特殊努力，并与其中的个人保持密切联系的警察将努力打破侵略和负面历史包袱的循环。

历史信息

许多美国联邦的非洲裔美国人或者黑人（术语可以相互交换）到西非或中非寻根，对于一些人，非洲亲戚最初被欧洲人绑架，尤其是在奴隶贸易早期；其他人则是由于部落冲突成为战俘；然而其他人则是家庭放弃或被唯利是图的部落首领通过贸易的方式被卖做奴隶，在 17 世纪至 19 世纪被作为奴隶卖到美国的黑人，他们的家庭和文化受到撕裂。黑人只是代表着到达美洲的移民，无论是在美国北方还是南方，都违背了他们的意愿。这个经历使非洲裔美国人作为一个群体，非常不同于为了更好的生活而选择到达美国的其他移民，也不同于逃离宗教或政治迫害而选择到达美国的难民。奴隶制是当今我们看到的黑人与白人中的社会冲突的核心，执法部门承担着特殊的负担，因为它在非裔美国人的待遇中发挥了作用。

历史上，在美国，奴隶是被视为“劣等生物”，奴隶被明确地定义为受到一些有影响力或人的统治。然而，大多数奴隶主可能认为像对待动物一样对待人，让他们工作并买卖，是不道德的，因此他们希望把自己想象成好人是虔诚的、有道德的。因此，他们必须说服自己，他们的奴隶不是真正的人，而是低等生命。他们把重点放在肤色和发质等种族差异上，作为“证据”，证明黑人毕竟不是真正的人。种族主义作为一种令人恐惧的不公正行为的密闭辩护而开始。在美国的司法体系中，宪法规定在人口普查中，黑人被计算为五分之三的人。许多奴隶主经常残忍地强奸女性奴隶，而且经常是在青春期之前，以及强迫他们其中最健康的奴隶配对和繁殖，而不顾奴隶自身的依恋和偏好如何（许多非洲裔美国人的遗传背景属于高加索人，这证明了奴隶主对女性奴隶的侵犯行为）。

奴隶的历史观念通过延伸，已经造成黑人市民的世代遗传的心理和社会问题。奴隶制和种族隔离制（例如，吉姆乌鸦法）导致合法性歧视——给黑人的较差的住房、学校、卫生保健和工作——今天依然能够感受到这种影响。

虽然奴隶制在 1863 年正式结束，但是许多种族主义依然存在。这些观点甚至现今仍然存在，在各个社会阶层的许多非洲裔美国人身上留下了深深的伤疤。奴隶制的心理创伤以及当前的歧视继续在许多生活领域妨碍了平等的机会和保护。

美国教育体制中的历史课倾向于呈现扭曲的、不完整的黑人家庭生活画面，强调奴隶时期家庭破裂。这种历史版本通常忽视了奴隶解放以后出现的奴隶的道德力量、社区团结以及对家庭的忠诚。毫无疑问，这些属性影响了非洲裔美国人社区重建。

尽管许多奴隶主试图摧毁黑人家庭生活，大多数奴隶设法组成了以父母为首的持久家庭，以及奴隶夫妇通常享受长期的婚姻。虽然白人奴隶主经常愿意尽可能地拆散家庭（包括卖掉奴隶），有证据显示奴隶们尽可能地保持他们的家庭联系。根据美国历史学家查·米勒所说，“尽管事实上奴隶制撕碎了许多家庭，像其他所有在这些环境下的人一样，黑人仍保持着联系、爱情和亲属关系”（米勒，2017）。

非洲裔美国人的生存以及非洲裔美国人对美国社会的贡献证明了人民的强大力量，因此值得高度尊重。本章不讨论非洲裔美国人对社会的贡献，但是必须说，执法人员中的一些人认为，对于底层黑人，犯罪经常是一种生活方式。

与非洲裔美国人的执法互动：历史包袱

当今我们社区中的许多警察和与非洲裔美国人的问题是源于历史，其中一些问题可以直接追踪到内战重建时期，在奴隶制时期，当时警察和军队被要求归还逃跑的奴隶（巴顿，2017）。

17 世纪和 18 世纪末期的美国，在许多殖民地的奴隶起义前后，殖民者制定了严厉的蓄奴法律，甚至轻微违法都会受到严厉惩罚，在执法部门和黑人之间形成了消极的基调。美国警察被召集组成“奴隶巡逻队”并执行有种族偏见的法律（威廉姆斯和墨菲，1990）。在全国许多地方，警察被期望继续执行严重歧视的法律，包括对黑人实施的宵禁以及限制黑人进入许多设施和进行许多活动。

大多数警官接触过警察和少数族裔社区之间关系不佳的历史先例，以及执法中的机构偏见。这个历史的“包袱”不能被忽略，因为对一些人来说，它是一个触发器，促使在个人警察之间形成具有挑战性的动态。

人口特征：非洲裔美国人的多样性

截至 2015 年，黑人约占美国人口的 13.3%（美国人口普查局，2015）。原来主要居住于美国东南部，第一次大迁徙包括向北和向西移动的 130 万黑人，发生于 1916 年至 1930 年之间。第二次大迁徙发生于 1941 年至 1970 年之间，涉及 500 万黑人，最初向北迁徙，后来移民至西海岸，大部分人是为了寻找更好的工作机会（莱曼，1991）。虽然这是黑人如此大规模离开南方的最初原因之一，但不是主要原因。许多黑人离开南方的唯一目的是为了逃离种族主义和歧视。

历史上，超过 50%的黑人生活在城市区域，乡村黑人人口已经下降，很大程度上是因为大迁徙；流动人口导致郊区人口的增长（一些乡村黑人可能直接迁徙到市中心，而另一些可能会迁徙到城市郊区，具体人口流量实际上并不为人所知）。在任何情况下，城市核心区经历着人口不断循环，主要通过黑人、拉丁人及其各种新移民，如“来自于中部非洲的避难者”（彼得歌德，2013）。最生动的例子之一是底特律城，超过 82%的人口是黑人（美国人口普查局，2015），虽然大多数白人和移民群体居住于城市外围（尽管近年来底特律的白人人口略有增加）。同样，其他城市，如华盛顿特区、圣路易斯、芝加哥和克里夫兰，主要人口是黑人和新移民，当他们的价值观与文化习俗存在冲突并发现在同一个城市之中且竞争资源时，会造成层层紧张。城市紧张的另一层原因是士绅化，使人口进一步多样化。如果地方执法部门不准备应对人口变化，包括更大的种族融合，那么警察很可能会受到额外的压力（约旦，2017）。

与白人一样，非洲裔美国人在美国居住时间最长的地区也存在文化差异，包括“南部”和“北部”以及城市、郊区和农村的特点。

虽然许多非洲裔美国人处于较低的社会经济阶层，但他们代表了所有的社会经济阶层的人，从底层到高层，并且已经不断地进入郊区中产阶层。尽管如此，在许多重要的生活领域对黑人的歧视仍然是生活中的一个事实，与白人相比，黑人所占的比例要高得多，认为在生活的多个领域中存在不平等待遇（见图表 6.1）。

与所有种族（人种）的群体一样，黑人在影响价值观和行为方面存在显著的阶层相关的差异。然而，肤色，而不是阶层，倾向于确定社会对黑人的反应和态度。例如，许多成功的专业人士抱怨说，他们被阻止只是因为他们看起来不属于某个社区。因此，经济上的成功并不能保护个人免受歧视，包括执法部门给予的待遇。无论个人的繁荣或教育水平如何，在美国许多非洲裔美国人的种族经历在许多方面都是相似的。

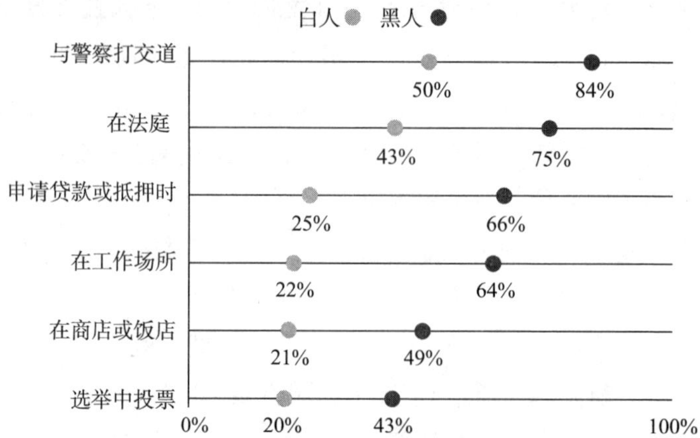

图表 6.1　对美国黑人待遇的看法因种族而异

2016 年该国黑人的待遇不及白人。资料来源：皮尤研究中心（2016）。“关于种族和不平等的观点，黑人与白人之间是天壤之别”。

尽管存在种族经验的共性，在非洲裔美国人中存在丰富的文化多样性。在过去的 400 年，黑人家庭来自于许多不同国家（例如，牙买加、特立尼达、伯利兹、海地以及波多黎各）。到目前为止，最大的一批人是从非洲直接来到美国，且来自非洲的新移民团体在此后陆续抵达。非洲人在黑人移民人口中所占比例越来越大，2000 年至 2013 年间的增长率为 137%（安德森，2015）。

最大的非洲移民群体来自尼日利亚、埃塞俄比亚、埃及（北非）、加纳和肯尼亚，主要定居在以下各州，每个州至少有 10 万人居住：

· 纽约
· 加利福尼亚
· 得克萨斯
· 马里兰
· 新泽西（安德森，2015）

> 非洲黑人移民在融入社会的指标上总体表现良好。总的来说，他们受过良好的教育，大学毕业率大大超过了大多数其他移民群体和美国本土人。非洲黑人移民的收入与其他移民的持平，落后于当地人，尽管他们的人力资本水平更高，英语技能也很强。高技能的非洲移民就业不足的情况已有记录，可能是由于最近的抵达日期、在转移本国证件上的困难以及劳动力市场歧视等因素造成的。佛得角是所有非洲国家中向美国派遣移民的历史最长的国家，几乎所有移民都是通过家庭团聚渠道进入美国的，但佛得角移民以及几个难民来源国（尤其是索马里）的教育程度、就业和收入最低。来自索马里的难民是美国所有移民群体中正规教育水平最低，融入最困难的群体之一（卡普斯、麦凯布和菲克斯，2011 年）。

宗教背景不同（见图表 6.2），但大多数在美国出生的黑人是来自历史上的黑人教堂的新教徒并且主要是浸信会，少数是卫理公会、五旬节和圣洁，等等（皮尤研究中心，2014）。美国第一个由黑人运行和控制的教会是非洲卫理公会圣公会主教教堂，它的创建是因为在美国北方和南方的教堂都禁止黑人进入，或者是要求黑人与白人分开就座。非洲裔美国人中，黑人穆斯林的比例要小得多，其中包括伊斯兰教国家和美国穆斯林传教团。在基督复临安息日会成员、耶和华见证会成员、五旬节派成员（尤其是讲西班牙语的黑人）中，尤其是在加勒比血统的宗教团体——桑蒂亚、坎多布尔、沃顿和类似教派中，还有大量且快速增长的黑人人口，融合了天主教和西非（主要是约鲁巴）的信仰和仪式。拉斯塔法里教已经远远超出了它起源的牙买加，已经成为来自许多其他讲英语的加勒比海国家的移民（包括白人）中的有影响力的宗教。

· 所有州 75%的非裔美国人表示，宗教非常重要。
· 在接受调查的种族和族裔群体中，非洲裔美国人被确定为最虔诚的。
· 79%的非洲裔美国人被确认为基督徒。
· 53%的基督教非洲裔美国人被确定为新教徒（例如，来自历史悠久的黑人教堂）；14%被确定为福音派新教徒。
· 5%被确定为天主教徒；2%为耶和华见证人；1%的摩门教徒（少数人还认为是穆斯林、犹太人、印度教徒和佛教徒）。

图表 6.2　宗教和多样性

资料来源：皮尤研究中心。(2014)。宗教景观研究。http：//www.pewforum.org/about-the-religious-landscape-study。

宗教，灵性和教会在非洲裔美国人的生活中一直发挥着重要作用。跨宗教和阶级的许多非洲裔美国人尤其对教堂充满爱，它是黑人社区的支柱，经常是政治或社会抗议活动的中心。部长经常在非洲社区受到高度重视；宗教对许多人来说是生活的基础，有助于家庭凝聚力。在奴隶制时代，上教堂的时间是唯一的非工作时间，黑人精神在这里得以繁荣发展。教堂在非洲裔美国人社区生活中的中心地位，也意味着它以仇恨犯罪为目标；任何违反教会的事情都是对社区灵魂的攻击。

身份问题和族群识别术语

在 20 世纪六七十年代，民权运动和黑人骄傲运动给黑人身份指出了新方向。民权运动导致并改善了教育和就业机会，以及积极的政治参与。一些参与民权运动的成年人知道他们自己不可能直接受益，他们希望他们的斗争努力将给他们的孩子一个更好的生活。参与社区教会和黑人大学的许多中产年轻人，成为争取平等权利运动的领导（麦卡杜，1992）。

不论在美国出生还是在加勒比海出生的黑人，受到社区识别意识增长以及种族身份骄傲的鼓舞，也已经开始重视学习和认同美国文化。尽管存在非洲裔美国人与非洲人之间的巨大文化差异，整个西半球的黑人发现，他们能够为自己丰富的非洲文化遗产而骄傲，包括其伦理价值和社区凝聚力。影响美国黑人文化或被许多非洲裔美国人推崇的非洲文化价值观的例子有（沃克，1992）：

· 人与人之间的合作相互依赖（关注群体），与西方式个人主义（关注个人）相反。

· 与自然和精神世界的伙伴关系体现在与自然生态的接近和与精神世界的交流中，类似于土著美国人的信仰。

· 人与人之间的平衡与和谐体现在将人际关系作为重中之重，这与西方将“行动”（成就）作为优先于人际关系的观点形成鲜明对比。

· 生活中的欢乐与庆祝。

· 时间是螺旋形的，专注于“现在”，这可以与西方的“时间就是金钱”和时间远离我们的观点形成对比。

· 将自我奉献给社区。

· 推崇尊重长辈。

20 世纪 60 年代和 20 世纪 70 年代的黑人自豪运动与当前对文化根源的关注相结合，使许多非洲裔美国人摆脱了在解放后一直困扰着非洲裔美国人文化的“奴隶心态”。对种族和文化遗产的骄傲，在一定程度上取代了因为白人至上思想所产生的民族自卑。

由于包括非洲裔美国人在内的几个族裔随着其身份和自豪感的积极发展，已开始为其族裔进行更名。尽管这可能会造成混淆，但对于团体成员而言，它代表了成长和对自己取名的渴望，而不是被统治社会所标签。直到 20 世纪 90 年代早期，最广泛接受的术语是“黑人”（black），取代了“黑鬼”（Negro）（黑鬼取代了有色人种）。“黑鬼”（Negro）已经几十年不用了，虽然一些老年黑人一直使用该术语（其中一些年轻的非洲裔美国人也是如此）。对许多人来说，术语 Negro（黑鬼）象征着非洲裔美国人沦为奴隶制。用“黑人”（black）代替“黑鬼”（Negro）来象征种族骄傲。在诸如联合黑人学院和全国有色人种发展协会（NAACP）之类的标题中，可以找到避免使用黑人和有色人种的例外。非洲裔美国人，是一个许多人都喜欢的术语，着眼于积极的历史和文化根源，而不是种族或肤色。

在 20 世纪 90 年代，使用术语非洲裔美国人的人口数量增加（相似的，如意大利裔美国人或者波兰裔美国人）。许多人认为，黑色这个词比白色更不适合描述肤色。但是，一些黑人并不认同非洲裔美国人，因为它不能完全代表他们的背景，如加勒比海地区或海地人。自 20 世纪 80 年代和 90

年代初以来，有时使用有色人种一词，但是这个通俗易懂的词组在警务人员中使用有限，因为它用来描述任何非白人的人，其中包括亚裔/太平洋裔美国人，拉丁裔/西班牙裔美国人和美洲原住民。

黑人生命问题

由于视频片段和媒体报道显示一些激进分子表达了极端的反警察情绪，许多警官对 BLM（黑人生活问题）运动有发自内心的消极反应。可以理解，在执法人员和大多数公众看来，高呼可恶的反警察口号的个人形象并没有积极促进 BLM 的目标或理想。一些激进分子对反警察的关注也没有考虑到全国各地的社区中，执法机构和黑人社区组织拥有积极的伙伴关系和改善关系的协作策略。BLM 的出现是为了响应警察对黑人的杀害和殴打。社会媒体和传统媒体都创造了该运动的有力甚至扭曲的形象。执法人员对传统媒体和社交媒体可能传达的混合影响非常熟悉，因为警察的行动往往是类似报道的主题。

以下是从退休的大都会特区警察罗纳德·汉普顿的角度来看的 BLM [罗纳德·汉普顿（Ronald Hampton）也是国家黑人警察协会的执行董事，任职 23 年。]

> 这是一个年轻人的有力运动，他们观察到过度和不成比例地使用暴力侵害黑人的行为。太多无辜的黑人被警察杀害。
>
> 年轻人正在遭受不公正的挫折。他们不怕，会为正义辩护。他们受益于技术发展，并且正在相互交流。他们正在组织并且可以迅速动员起来（汉普顿，2017）。

汉普顿对措辞“黑人生命很重要”以及人们对此的异议进一步发表了评论：

> 黑人生命重要并不意味着其他生命不重要，蓝人生命（蓝色生命指美国警察，他们通常穿蓝色制服）至关重要，白人生命至关重要，这是显而易见的。但是，黑人生命和其他生命同样重

> 要。只有运动开始后，人们才开始回应“生命至关重要”。黑人生命至关重要是一项社会运动，旨在引起人们对不公正杀戮的关注，并使人们意识到黑人的正义缺乏。(汉普顿，2017)

关于警官的生活，一位著名的非洲裔美国作家和教育家写道：“重要的蓝色生命表达了我们社会中的一个事实。重要的黑色生命的存在是一种提醒”(科布，2016)。

BLM 是一种意识形态的政治运动，在白人邻里守望者乔治·齐默尔曼于 2012 年枪杀了一名手无寸铁的 17 岁非洲裔美国青年崔温·马丁后出现。佛罗里达陪审团认定齐默尔曼先生没有犯二级谋杀罪，无罪释放后不久，创立了 BLM 的艾丽西亚·加尔扎在脸书上发布了“黑人，我爱你，我爱我们。我们的生命至关重要”（《卫报》，2015 年；科布，2016）。大约 1 年后，18 岁的迈克尔·布朗被密苏里州弗格森市的一名白人警察枪杀，这起事件在执法人员内部和外部进行了激烈的辩论，讨论该官员的致命行动是否合理（美国司法部，2016 年）（深入探讨使用过度武力的法律标准，或有关警察使用武力训练的讨论，这超出了本书的范围）。加尔扎组织了标签为黑人生命至关重要的从美国主要城市到弗格森的“自由骑行”活动。最终，一个大陪审团认为该官员对迈克尔·布朗的枪击是合理的（美国司法部，2015）。此后，每当随后发生警察杀害手无寸铁的黑人的事件时，BLM 变得尤为活跃。

即使 BLM 不是组织者，美国的许多反警察抗议活动也归因于 BLM 运动。无论如何，白人和黑人官员对抗议活动的看法有很大不同：

> 黑人警官和白人警官与普通民众中的黑人和白人更不一样，他们对警官涉嫌杀害黑人的抗议活动的看法分歧很大。一方面，几乎70%的黑人警官认为举行这些抗议活动的部分原因是为了追究警察对其行动的责任（莫林、帕克斯特普和默瑟，2017 年）。另一方面，不到 30%的白人官员持这种观点（美国司法部，2015）。

BLM 的核心信息围绕“剥夺黑人生命……基本人权和尊严的方式”(见 www. blacklivesmatter. com)。尽管该运动是针对杀害手无寸铁的黑人而开始的，但其理想和目标已大大扩大。与以前的黑人骄傲运动（例如，黑豹）相比，BLM 内部拥有强大的女权主义领导。该运动的网站列出了 10 项承诺和肯定，广泛关注所有黑人的正义，包括那些被边缘化的人（美国司法部，2015）。例如：

> 我们致力于集体，充满爱心和勇气地为黑人以及整个人民的自由与正义而努力。在我们开拓自己的道路时，我们有意建立和培育了一个深受爱戴的社区，该社区通过一场充满恢复力而不是耗竭力的美丽斗争而联系在一起。

结果之一是，该运动的含义令人困惑。BLM 因没有传达单一的重点信息或集中领导而受到批评（科布，2016）。在一个极端情况下，BLM 被视为一个仇恨团体。一些人认为 BLM 在警察和社区之间造成了不必要的裂痕，该运动为人们提供了借口，那就是利用种族这一点作为警察制止他们的唯一理由（约旦，2017）。其他人则将其视为正义和平等的积极声音，并肯定了黑人对社会的贡献，包括那些被边缘化的人（例如，LGBTQ、残疾人和无证件的黑人移民）。其他人则认为该运动影响到透明度方面的政策决定，包括使用人体摄像机，以及建立全州数据库来收集和分析警察对武力事件的使用（约旦，2017）。BLM 不同方式的表述反映了高度分化的政治和个人观点。无论以哪种方式查看，BLM 都是多方面的运动。而且，正如对警察的刻板印象是不合理的一样，活跃于运动中的个人代表着极大的多样性和远见。

刻板印象和跨种族认知

社会和执法人员对非裔美国人的许多印象来自对媒体中消息和图像的接触。人们普遍认为老套观念在起作用，就像公民将所有警察视为压制性的和残酷的一样。警察们知道，每当有关于警察对黑人的暴行的宣传或种族刻板印象的报道时，他们的这种做法将在全国范围内受到打击。这些公众的看法并没有区分警察部门和警察，这对大多数选择职业以服务社区的警察专业人员来说是不公正的。

种族主义白人对黑人的看法反映了同样的问题。当任何时候晚间新闻出现有关非洲裔美国人犯罪时，那些带有偏见的人可能感到他们的种族主义是正当的。一位郊区的非洲裔美国人的母亲在社区论坛上指出：

> 每次我听到有谋杀或强奸案件时，我祈祷这不是黑人犯罪。每当媒体报道黑人犯案时，我们所有人都受罪。当一些消极的事情发生时，我不再被看作是与我的白人邻居一样具有共同价值观和希望的人。我成为一种象征，我的丈夫和儿子会感到更害怕。人们对待我们谨慎和礼貌，但内心里我们知道，他们对黑人最恶劣的犯罪分子的刻板印象已被激活。

媒体特别是电视和电影中对黑人罪犯的频繁描述进一步强化了这种形象：

> 此形象通常归因为警务人员从高级的汽车或富裕社区中拉出黑人驾车者的决定；行人在接近黑人男性时过马路或抓住钱包的决定；销售人员在整个商店内追踪一名黑人顾客以免被盗的决定；政客决定使用黑脸来点燃人们对犯罪失控的担忧（约翰逊，2013）。

犯罪行为的定型观念（有时称为“黑人犯罪协会”）的普遍存在，导致对黑人抱有不合理的恐惧。这些刻板印象产生了关于“其他”的标签，种族差异极大地凸显了刻板印象如何在完全不同的观念中发挥作用。辛普森（O. J. Simpson）的刑事审判和随后在20世纪90年代中期的无罪审判是刻板印象的很好例证，它们与反对种族的看法有关辛普森是否无罪或有罪（约旦，2017）。根据针对20世纪90年代中期的民意测验，大多数非洲裔美国人认为辛普森无罪，而大多数白人则认为他有罪（见图表6.3）（罗斯，2016）。

刻板印象的后果是社会学和犯罪学领域众所周知的普遍现象，并且对执法行为具有明显的含义。

虽然2012年崔温·马丁悲剧中的社区志愿者乔治·齐默尔曼不是警

察，并且“崔温案”不是警察刻板印象的具体例子，但它说明了许多人认为这是一种普遍的跨种族观念，刻画了意识和潜意识刻板印象的信念。在“崔温案”中的批判性学习是对刻板印象、偏见和潜意识决策之间关系的理解，而潜意识决策又会反过来影响行动和行为。

偏见，缺乏联系和无知使它们容易成长为群体的感知力。关于“其他”的评论通常基于偏见。不幸的是，无论它们是否有效，感知都被视为现实或“真理”。图表 6.3 展示了统治社会的一些成员对黑人、白人男性的不同印象。

同样，尽管大多数警官没有表现出明显的种族主义，但非洲裔美国人对警务人员的行为也具有某些负面含义。此外，许多官员正在接受培训，以了解每个人都有偏向和偏见，这与执法中的社会一样是一个大问题（弗里德尔，2017）。图表 6.4 中列出的看法是在 20 世纪 90 年代初，由时任加利福尼亚州阿拉米达市 NAACP 分会副主席（已故的艾尔·德维特）提交给北加利福尼亚州警察的。当德维特向警察提出这份清单时，他解释说，随着时间的流逝，非洲裔美国人对警察的行为形成了看法，这种行为导致了骚乱，种族问题和缺乏信任。波特兰 NAACP 前主席斯基珀·奥斯本以及格雷格·帕顿（非洲裔美国人，前华盛顿州巡逻士兵）表示，图表 6.3 中列出的项目今天完全有效。改善跨种族观念和防止种族误解将不可避免地通过加强合作和安全来使所有相关方受益（巴顿，2017）。

黑人男性	白人男性
自大的	自信的
脾气大	自信心强
攻击性的	坚定自信的
支配性人格	天生领袖
暴力倾向	任性的
天赋好	聪明
性能力	性实验

图表 6.3　黑人和白人是否被平等看待

近年来，在对辛普森的内疚或无罪的看法上，种族差距有所缩小（罗斯，2016）。

警察行为	黑人感知
被拦截或驱逐从所谓的“白人社区”	白人希望黑人“待在他们自己的地方”
立即对黑人进行怀疑和反应而不区分毒品贩子和便衣警察	警察将黑色的皮肤作为可能的原因
使用不合理的武力、殴打、增加指控	当被拦截时，黑人必须顺从许多人但如果不遵守规定，他们会被枪杀
消极态度、笑话、肢体语言、与人交谈	警官是种族主义者
快速触发、摔倒制伏、意外射击	因为我是黑人所以会有坏的态度
接警反应慢、低优先级、低的逮捕率	低收入黑人社区的犯罪并不重要
实施地方限制和白人政治利益的技术	警察是维持现状的有力武器
警察团结在一起，对还是错	我们反对他们的心态，他们团结在一起，所以我们必须团结在一起

图表 6.4　一些黑人对警务人员行动的看法

图表 6.3 中的项目在今天完全有效。通过加强合作和安全，改善跨种族观念，防止种族误解，将不可避免地使所有有关方面受益（帕顿，2017）。

非洲裔美国人家庭

来自各个背景的美国家庭千差万别，其子女由祖父母、养父母、亲戚、已婚或未婚父母以及同性恋父母抚养。同性恋非洲裔美国人家庭数量不断增加，需要面对更大的社会以及他们自己社区能否接受的挑战，根据多次民意调查收集的数据，2012 年同性非洲裔美国夫妇的估计人数为 84000，其中有三分之一抚养子女（卡斯塔尼和盖茨）。同性伴侣中有一半以上为女性和年轻人。大多数非洲裔美国人家庭在大家庭成员之间，特别是在妇女之间，有着非常牢固的联系。女性亲戚在填补家庭角色时经常互相替代；例如，如果母亲无法抚养孩子，祖母或姨妈可能会抚养孩子。有时，几个不同的家庭团体合住一所房子。当出现问题时（例如，因为发生事件导致警官来家中），大家庭成员很可能会在场并提供帮助。一个警官可能看到许多叔叔、婶婶、兄弟、姐姐、表妹、男朋友或女朋友，他们松散地结成一个家庭。无论有什么关系，争取任何这些家庭成员的帮助都是有益的。

男人和女人的角色

在美国一些城市的核心地区，特别是在住宅区域，大多数非洲裔美国妇女独自和孩子生活在一起的现象非常普遍，因此，普遍观点是非洲裔美国家庭是母系制，女性是典型的户主。长期以来，有各种理论解释这种现象。一些人指出，有证据显示非洲的某些部落过去是（并且或者现在是）母系制，影响了现代非洲裔美国文化。在美国，在奴隶制时代，黑人妇女在家庭中发挥了关键作用，因为奴隶主、警察以及其他人不断尝试损害“黑人男子气概”（班尼特，1989）。而另一个解释是妇女管理家庭“体系”主要是由于因为父亲缺失而导致的责任失位。

与许多文化中的动态相似，非洲裔美国人的父亲通常视自己为一家之主，而母亲通常是家庭的幕后主妇，即使她在家庭外有一两个工作（乔丹，2017）。当父母双方在场时，警官只是直接询问或关注于父亲或者母亲一方时，就是一种侮辱和不尊重。母亲的观点自信并不意味着父亲是消极的或无关紧要的而可以被忽视，父亲的沉默并不显示同意警官的行为，先获得他的认同总是重要的。

单身母亲和非洲裔美国妇女

单身母亲，尤其在内城，并不总能获得她应得到的尊重，外界总是批评她的生活方式——或者他们认为的她的生活方式。她经常被那些怀疑自己在城市黑人社区中的警察带有偏见地定性。例如，从理论上讲，刚刚与男友吵架的未婚非裔美国人，同时，她也是位享受福利救济的母亲，她应该收获与白人郊区的已婚母亲从警官那里获得的相同的职业礼貌。然而，实际上并非总是如此。非洲裔美国妇女有时会抱怨白人警官通常会用粗俗语言来对待她们。这种行为通常也可以归因于对女性缺乏尊重（约旦，2017）。

内华达州里诺市退休的副警察局长恩德拉·贝里和一名非洲裔美国人就警察与单身母亲之间的关系提供了建议。他建议官员们尽力建立融洽的关系和信任。以下是他协助单身母亲的建议（贝里，2017）：

· 给低收入母亲提供额外帮助。例如，将她们与社区资源联系起来。

·积极参与青年活动，并鼓励她们参加有组织的社交活动。

·把你的名片给单身母亲，以示你可以提供进一步的联系。

·在没有问题的情况下进行后续探访，以使母亲与美好时光联系在一起。

·确保你已经向单身母亲解释了她的权利。

·使用与其他未成年人初犯轻罪行（例如，入店行窃）相同的判断力；考虑将孩子带回家并与母亲交谈，而不是立即将孩子送到少年管理中心。

所有这些行动将有助于在警官与非洲裔美国单身母亲之间建立信任。退休的大都会特区警官罗纳德·汉普顿还建议警员注意他们可能基于阶级而产生的刻板观念和看法。一个专业的单身白人妇女可能会决定自己生儿育女，她们被不同地看待，有时她们比那些有孩子的贫穷非洲裔美国妇女更受尊重（汉普顿，2017）。他的建议：

> 用对待中上层阶级社区中妇女的方式，相同地对待您在低收入社区中遇到的所有妇女。

与非洲裔美国人妇女有关的其他领域尤其值得关注。从历史上看，执法部门没有将非洲裔美国妇女的性侵犯视为和白人妇女的性侵犯同样重视的程度。过去和当前的看法与经验可能会导致报告率降低。司法部估计，与白人妇女相比，黑人妇女不报告强奸案件的比率高得多。据性侵犯和家庭暴力幸存者作家和倡导者布鲁克·阿克斯泰尔称，这种现象有多种原因——被强奸后寻求帮助，一些非洲裔美国女性可能希望避免损害其社区，特别是社会持有与性有关的定型观念的非洲裔美国人。此外，由于警察的不公正待遇，历史上是针对黑人社区的，因此一些非洲裔美国妇女更不愿举报性侵犯（阿克斯特尔，2012）。

孩子/青少年/青年

因为一些黑人家庭，特别是在市中心的黑人家庭，没有父亲，所以在他们的童年中期（7 岁至 11 岁）的年轻男孩有发生严重行为问题的风险，而这些问题经常出现在学校。据贝里说，一些单身母亲不知不觉地把年幼的儿子置于“父亲”的位置，向他们传达了必须照顾家庭的信息。这些年幼的孩子可能会误以为他们是一家之主，并且在学校中可能会试图控制老师，老师通常是白人女性。将这些孩子推荐给可以提供榜样的机构的官员，即使是在有限的时间范围内，也更有可能获得家庭和社区的信任和尊重。最终，大家将从社区成员那里获得合作（贝里，2017）。

在年长的非洲裔美国男孩中，尤其是在内城区，数据显示其犯罪率异常高，这在很大程度上是由于其生活中艰难的经济状况以及缺乏积极的榜样角色在他们的生活中做表率（约旦，2017）。尽管如此，大多数非洲裔美国青少年还是守法公民。在美国城市中，有强大的新兴青年组织，如加利福尼亚奥克兰的“青年起义”，以及其他致力于青年领导和社区转型的青年赋权计划（约旦，2017）。

年轻人给警察留下了一些印象，因为他们听说过无缘无故被停职的人，并且听到了有关警官如何与被停职者互动的报道。不合理的停止产生的消极和集体影响如何强调都不为过。据非洲裔美国人的青少年和成年人报告说，当他们居住在以白人为主的社区（包括他们碰巧居住的地方）时，他们经常被警察拦下。例如，一名住在加利福尼亚州弗里蒙特市中上层郊区的19岁非洲裔美国男性报告说，他在两周内被不同的警官拦住并审问了四次。有一次，对话是这样进行的。

警察：你在这干吗？

年轻人：我在慢跑，先生。

警察：为什么你在这个社区？

年轻人：我生活在这，先生。

警察：哪里？

年轻人：那儿，在山上那所大房子里。

警察：你能够证明么？向我出示你的身份证。

非洲裔美国人中的年轻人的父母必须应对其子女无缘无故被停职的可能性，必须警告其子女警惕不当行为对警官的后果。罗纳德·汉普顿分享了他对黑人和白人父母对孩子谈论警察的不同方式的个人看法。

> 在餐桌上，白人家庭通常会告诉孩子们有警察能帮助他们，他们应该在需要时给警察打电话。当我过去和我的小女儿谈论与警察的相遇时，我一遍又一遍地向她传达的信息是她必须如何与警察互动，她应该做什么和不应该做什么，她应该如何表现，她必须具备怎样的礼貌。如果我们的孩子与警察不当互动，他们会感到有些担心（汉普顿，2017）。

汉普顿还为弥合黑人青年与执法之间的鸿沟提供了长远的见解，强烈建议警察的招募始于年轻的非洲裔美国人。他鼓励黑人青年考虑执法专业，以帮助非洲裔美国人社区成员更多地表达自己的声音，并在社区内部树立积极和尊重的警务模式。

语言和沟通

非洲裔美国人和其他市民的种族冲突涵盖了沟通方式的差异，直到20世纪90年代，其经常被忽视或最小化，然而许多人知道文化差异。例如，白人警官和越南裔市民可能潜在地影响各自的沟通方式，以及对对方的感知。同样，当关注许多非洲裔美国人的交流模式时，语言发挥着作用。

黑人英语或非洲裔美国白话英语

> 什么是黑人英语？
>
> 从字面上看，Ebonics仅表示“黑色语音”［黑檀木（Ebony）的“黑”和语音（Phonics）的“声音”的混合］。该术语是由一群黑人学者于1973年创建的，他们不喜欢“非标准黑人英语”（Nonstandard Negro English）等术语的负面含义，该术语是在20世纪60年代首次对非洲裔美国人语言社区进行现代大规模语言研究时提出的（里克福德）。
>
> 非洲裔美国人白话英语（AAVE）可与Ebonics互换使用，某些人将其视为英语的方言，而另一些人则将其视为语言。AAVE满足某种语言的所有要求；它具有连贯的标志系统；它具有元素和规则的语法；并且用于交流和社交目的（基于帕特里克，2006年）。

许多非洲裔美国人说或有时说黑人英语、非洲裔美国人白话(AAVE)、非洲裔美国人英语、黑人白话或黑人英语白话。学术界和社会语言学家倾向于使用非裔美国人白话，通俗地讲，它被称为黑人英语。个人通常会使用“代码切换”这一语言术语，这意味着可以在标准英语和黑人英语之间灵活地来回切换，在同龄人和家庭成员之间说后者，而在情况需要时切换到前者（例如，在工作中、在采访中，以及与非黑人朋友和同事一起时)。

语言学家对 Ebonics 的起源进行了多年的研究，并取得了重大发现。起源于西非语言的非洲裔美国人白话或黑人英语演变为奴隶从其主人那里“学习”英语，尽管他们之间存在许多部落语言差异，但他们之间还是相互交流。因此，黑人英语似乎源于在美国使用的英语的早期变体，并且与某些西非部落语言所共有的某些语法模式混合在一起（沃尔弗拉姆和托博特，2004、2005)。

对于非洲裔美国人说的这些语言种类，许多人持有并不科学的看法。说黑人英语包括一些教育工作者在内的人受到人们嘲笑，人们不了解其基础和合法性（里克福德，2009)。说法有许多非标准英语版本，它们不是该语言的“不合标准”“不足”或“贫困”版本。取而代之的是，大多数人都有一套完整而一致的语法规则。例如，印度人说多种英语，有些人不熟悉，而英国人说多种英国英语方言，每种方言都包含美国人不使用的独特的语法结构和词汇。同样，一些非洲裔美国人说的英语版本由于缺乏对英语起源的理解而在历史上被标记为不合格。

有些人经常使用黑人英语，而另一些人则根本不使用它或很少使用它。受过教育和没有受过教育的人都会说这句话。这不是非洲裔美国人专门讲的；一些白人南方人也可以听到一些黑人英语的语音模式。关于黑人英语的地位存在激烈而复杂的争论（它是一种单独的语言还是一种方言)；使用黑人英语的最重要方面之一是需要教师尊重儿童使用的语言多样性，同时还要教他们标准的英语。

与使用黑人英语有关的歧视被称为语言或语言分析。“与种族剖析一样，语言剖析会对（个人）造成毁灭性后果，这些人被认为以不想要的口音或方言说话”（鲍尔，未注明日期)。对于非黑人来说，认为黑人英语是“糟糕的”英语并不罕见。个人或官员对这种讲话方式的看法可能导致对使用它的人的负面看法或判断（马科尼、史密瑟曼、鲍尔和斯皮尔斯）。

尝试建立信任并与历史上很少有理由信任警察的人重建关系时，警官不应尝试模仿黑人的口音、方言或说话风格。这些模仿被认为是非常侮辱性的，可能给黑人留下被嘲笑的印象。与非洲裔美国人交流时，保持真实、真诚是很重要的，而不是通过使用俚语或模仿一种风格来耍酷，这对警官来说是不真诚的。

非语言交流：与权威的互动和反应

如果任何一方误解了对方的意图，言语和非言语的交流都容易升级。误解会把最良性的情况变成敌对的遭遇，另外，警员和公民也可能将其降级。“警察拥有权力和徽章。友好的态度，伴随着微笑和清晰的敬意，可以大大改善与非洲裔美国人的互动”（奥斯本，2017）。官员的好斗姿态可能会激怒局势，就像公民的威胁姿态一样。但是，警官有责任通过语言和非语言技能来学习如何解除对立的局面。警官，特别是男性，可能会使用会被解释为具有侵略性的姿势接近年轻的黑人或女性，如果警察把手伸向他的枪或在没有枪支的情况下伸手，则更是如此挑衅（奥斯本，2017）（请参阅第四章，言语降级的重要性）。

对话期间的眼神交流是非洲裔美国人和主流风格可能不同的另一个领域，并且有可能导致沟通错误。在一项研究中（赫奇特、杰克逊二世和里博，2003）发现：“……说话时，（白人）美国人用眼神交流更少，非洲裔美国人用眼神交流更多，而在倾听时，非洲裔美国人用眼神交流更少，欧洲裔美国人更多。警务人员可能会误解黑人公民的聆听风格，错误地推断出聆听过程中较少的眼神交流等于缺乏参与或粗鲁。此外，我们还对警察进行了专门培训，以确保缺乏眼神交流也是欺骗的迹象（Jordan，2017）。同样，与警务人员交谈的非洲裔美国人的凝视可能会被误解为侵略的表现。”

可以从几个不同的角度来解释避免与权威人物目光接触的模式。它可能表示有意违抗，如：“您无缘无故地阻止了我，我也不必看着您”（奥斯本，2017）。同时，有些人长大后会听到父母或其他权威人士的声音，劝告他们在与他们交谈时，尤其是在受到管教时，不要直视他们。奥斯本认为，这种顺从性比过去少见了（奥斯本，2017）。

言语表现与情感主义

黑人英语口语风格强调情感反应——“真实”是术语。这意味着可以表达自己的愤慨，情绪激动并向某人表达您的感受。许多非洲裔美国人认为，主流文化被教导要保留和调动自己的情感。这是一种文化差异，执法部门可能会误读（帕顿，2017）。

语言学家和社会学家托马斯·科赫曼的职业生涯都在研究易导致误解和错觉的黑人与白人间的文化差异。具有历史意义的是，芝加哥非洲裔美国市长哈罗德·华盛顿向市政厅出版社分发了科赫曼的“冲突中的黑白风格”（1981），因为他相信他被这个城市的白人严重误解了。根据科赫曼的观点，“如果一个人不知道文化差异，那是无知。但是，如果一个人知道文化差异，却一直说主流文化最优，‘白人正确’，那么你就是种族主义者”（科赫曼，1981）。

在他的书中，科赫曼解释道，黑人和白人具有对许多问题的不同的观点和方法，包括交谈、公共演说、权力。以下是里诺前助理警察局长恩德拉·贝里给警察的建议所支持的观点：

> 当你遇到一个比你更响亮、更情绪化的非洲裔美国人时，不要发疯。观察声音模式和音调。黑人听起来很激进（即使不是）。黑人被教导（社交）外在和公开的情感。有时我们先是情绪化，然后冷静下来，变得更加理性。白人起初可能更理性，但随后随着失去控制而变得更加情绪化（贝里，2017）。

这种文化差异对整体交流有着明显的影响，包括如何与愤怒的公民接触和做出反应。科赫曼解释说：“许多白人‘是’善于自我约束的修炼者，‘并且’这种做法会对他们自发自强的能力产生抑制作用。”他还指出，“黑人产生的精力和精神强度是一种他们可以舒适管理的东西，但是白人只能努力地管理”（科赫曼，1981）。之所以会出现互动问题，是因为没有一个种族了解它们之间存在文化差异。科赫曼指出："黑人起初并没有看到这种相对不匹配，因为他们相信正常有生气的风格不会影响白人……白人担心黑人在不失去自我控制力的情况下无法承受如此激烈的互动（因为对于白人来说，这种情绪的'放手'意味着缺乏控制）"（科赫曼，1981）。换句话说，一个没有意识到在黑人文化中表现出包括愤怒在内的强烈情绪的非黑人可能无法想象自己可以在不失去控制的情况下表现出这种强烈的情感。他可能会感到威胁，并确信这种情绪的释放肯定会导致身体上的对抗。

虽然种族主义也可能是交际失误的一个因素，但不同的言语习惯总是受到潜在因素影响。在几个文化意识训练课程中，警察曾经报告，当白人邻居听到非洲裔美国人情绪激烈地讨论时，会向警察报警称有人打架。当警察赶到"打架"现场，相关各方反馈说他们没有打架，仅仅是交谈。当继续处理所有报警时，警官逐渐意识什么是打架的不同感知。警察对文化风格差异的认识影响着他们接近市民的方式，在保持警惕的同时，甚至可以帮助理解报告"打架"的呼叫调度。

> 我们喜欢聚在一起玩纸牌和多米诺骨牌，我们将它们猛撞在桌子上，我们吵吵闹闹，我们的声音响亮而富有表现力的，听起来我们好像在战斗，我们喜欢交谈时很夸张，然而这种行为可能会被误解（奥斯本，2017）。

罗纳德·格里芬牧师，著名的底特律市非洲裔美国人领袖，后来加入了底特律警察局委员会。他回忆在朋友和与邻居聚会一起打牌时的沟通方式。他说，"如果任何人正在外面听，他们将会听到我们说话，有时是笑声，有时是大声谈话和砸桌子，这是强烈的社交时刻，如果你在那里，你就会明白这是什么情况"（格里芬，2009）。

贝里例证了白人警官怎样用自己的文化解释黑人的愤怒，以及情绪化影响了判断。他谈到了一位发表声明的警官："一旦他们（例如，黑人）遇上我，我就想采取控制。"这个警官在黑人为主的地区工作了 3 个月时间，实施了 120 次拦截和 42 起逮捕（主要是轻微违法，如徘徊和无法识别身份）。然后，他在白人为主的地区工作了同样时间，实施了 122 次拦截和仅有6起逮捕。警官接着说："一个群体按着我的要求做，另一个群体却质疑和挑战我。"他对被认为是"不到位"的人的控制非常极端，导致他被起诉（贝里，2017）。他在黑人社区感到受到威胁的程度远高于白人社区。

其中，涉及的一个因素是警察无力应对其权力受到质疑或者挑战的情况，如果他使用适当的沟通技术，他将有效利用工作环境而不是制造对抗。专业倾听，而不是与其他背景的人进行喊叫比赛，需要大量的自我控制，这将带来最佳结果。正如一位非洲裔美国人警官在接受媒体采访中所说，"我确保无论'罪犯'说什么，我都不在意。大多数警察暴力案件起因于警察在面对侮辱时无法控制自己的情绪"。

威胁和攻击行为

科赫曼曾在全国范围内为警察部门举办过文化意识培训课程，他问的问题是："打架何时开始?"他说许多白人相信"打架"是已经开始"明显"存在暴力时（当暴力迫在眉睫）。因此，对于白人，打架开始于喊叫的开始。此外，对于白人来说，当某种程度的愤怒显现并伴随着侮辱则打架已经开始。另外，如果喊叫包括威胁，许多白人倾向于认为暴力已经开始了（科赫曼，2013）。

科赫曼解释，尽管言语对抗和威胁确实是打架的前奏，但它们也可能是打架的替代品。许多黑人倾向于明确区分言词威胁和身体对抗。科赫曼解释，对于一些黑人来说，直到一个人做一些具有身体挑衅性的事情时，打架才开始（科赫曼，2013）。因此，大声交谈，伴随着非言词信号（例如，手插入口袋或者相互间距离拉近）显示更多的威胁。

然而，当受过安全训练的警官遇到两个与自己文化不同的好战个体时，他们可能在认为"没有什么可担心的"这件事情上遇到障碍。同样，在当今社会中，任何人可能携带武器，这可能是一个非常现实的威胁，警官必须重视威胁。但是，有时可能会发生文化差异，在没有伴随暴力的情况下表达出极大的愤怒。在这种情况下，警察实际上可以通过一种方式和交流方式来加剧敌对行动，这种方式和交流方式表明缺乏对文化/种族不同表达方式的理解。

执法中的主要问题

种族感知，偏见和沉默守则

一项全国调查的结果比较涉及了 8000 名黑人和白人宣誓警察的态度，表明了种族问题是一个分裂的问题，在某些地区“警察之间的种族差异比整个公众之间的差异明显得多”（格拉姆利克，2017）。尤其是黑人和白人官员在如何看待非洲裔美国人的致命枪击案（2015 年和 2016 年）上有很大差异。非洲裔美国人警察将死亡视为在执法中的一部分的可能性是后者的两倍，而白人警察则将死亡视为“孤立事件”，比例分别为 57%和 27%（格拉姆利克，2017）。公众对白人和黑人的看法也有所不同，白人比黑人更没有察觉到“有广泛的虐待模式”，但是种族之间的差距并不像执法部门那样大（黑人占 79%，白人占 50%）。黑人和白人警察的生活经历并不相同，因此，尽管种族内部存在差异，但每个种族群体的观点却是由完全不同的现实所塑造的。对于执法专业人士而言，种族是一个分裂问题，因为在更大的环境中，种族是一个分裂问题。

在公开指控之后，司法部的报告详细说明了对少数群体的差别待遇，持有偏见的警察必须面对这些偏见，并意识到这些偏见会导致行动。“我没有偏见。我公平对待所有公民”。对许多警官来说，这种说法是正确的，尽管这种说法的明确话语往往是信号偏见。偏见可能具有明显和公开种族主义的外在表现和明显表现，或者可能以更微妙的方式表现出来。“尽管所有人都有一种或多种偏见，但警官必须能够在被要求采取行动时中止偏见”（丹，2017）。以下是非洲裔美国人警官对白人警官搭档关于偏见的观察：

> 我和我的工作搭档几年前去了一家全白人的夜总会。他在这对白人夫妇身上发现了可卡因。他倒了出来，却没有被逮捕。后来我们在一家全黑人的夜总会里。他在一个人身上发现了大麻并逮捕了他。我很震惊，但是当时我什么都没说，因为我刚进入这个部门。他曾两次告诉我说，他“很高兴”与黑人警察一起工作，对黑人社区“没有任何困难”。

刑事司法和少数群体问题研究人员詹姆士·约翰逊博士对上述事件做出了反应，“该警官通过行使‘沉默蓝色法令’验证并合法化了其白人搭档的偏见行为。[①] 由于黑人警官什么也没说，白人警官认为没有必要面对或承认自己的种族偏见行为”（詹森、约翰逊，2013）。

正是这种沉默的守则破坏了非洲裔美国人与执法部门之间的信任，并使个人无法与警察合作。“当警察违反蓝色的沉默守则时，我们将打破沉默的守则，也就是说，我们将作为证人大声疾呼，并更愿意提供线索。社区成员经常不想让自己社区的人受到伤害，但是，一旦我们看到警官愿意打破沉默规范，我们就准备打破沉默规范……”（奥斯本，2017）

来自加利福尼亚州奥克兰市的退休警察局长霍华德·乔丹（Howard Jordan）指出，大多数警察部门都制定了政策，要求警务人员举报从事不当行为的其他同事。例如，奥克兰警察若未能报告另一名官员有不当行为，其推定纪律的结果是被解雇（詹森、约翰逊，2017）。

内隐偏见及其对执法的启示

偏见[②]和维持治安这个话题非常敏感，但是近年来在执法培训中得到了承认和强调。备受瞩目的警察开枪射击和殴打手无寸铁的黑人案件一直是对偏见进行大量社会科学研究的动力。司法部和其他组织已记录了巴尔的摩和芝加哥等美国多个警察部门对少数群体过度使用武力和种族歧视的情况（美国司法部、民权司，2016、2017）。

在过去的几十年中，研究人员研究了种族背景，对威胁的感知以及警官的行为（科雷尔、帕克、贾德、沃特尼尔、扎德勒和基齐，2007）。例如，在此类的第一个实验研究中，结果显示了将黑人与犯罪和暴力相关联的刻板印象（黑人犯罪协会）如何对威胁感知产生潜意识的影响（佩恩，2004）。研究参与者被要求在看到黑白面孔的图像后不到 1 秒钟（即 1/2

① 《沉默的蓝色守则》——警察文化中普遍存在这样的潜规则，导致警官没有报告同伴的不当行为、错误或犯罪。

② 司法部的社区关系服务部制作了一个出色的警务“工具包”，名为“理解偏差：资源指南”（美国司法部）。

秒）内将物体识别为枪支或工具（例如，扳手）。研究表明，把物体当作一支枪的速度和识别与黑脸之间存在相关性，把物体当作一个工具的速度和识别与白脸之间存在相关性。因此，在这项早期研究中，人们更有可能“与黑脸联系在一起时将工具误认为是枪支”。在解释他的研究结果时，佩恩说：“人们不必偏执于种族偏见的影响……”

在后来的研究中（普兰特等人，2005），参与者观察了个人面部的图像，这些对象弹出并叠加在面部上。这些物体是枪支或不是武器的其他物体。研究对象必须按“射击”或“不射击”键。研究的第一阶段表明，即使叠加的物体不是枪支，警察和非警察都更可能错误地向黑人射击（普兰特等人，2005）。在过去的10年中进行了更多的研究，结果表明，与非警察相比，警察的“高质量使用武力训练在准确性（射击/不射击反应方面）上产生了影响，这正是人们所期望的”（弗里德尔，2007）。例如，在一项探索执法武器训练效果的关键研究中（克雷尔等人，2007），研究人员研究了警察绩效的两个方面：关于射击/不射击反应的准确性和决策速度。该研究将同样数量的警察作为社区成员（每组中大约125名受试者）进行了比较研究。

关于准确性，社区成员表现出明确的种族偏见模式，做出向未武装的黑人目标代表开枪的错误决定。警察还偶尔向未武装的目标开枪，但表现出较少的种族偏见，因为他们对未武装的白人和未武装的黑人射击的可能性相同。但是，警察和非警察部门在响应时间（决策速度的度量）中均显示出“清晰，有力的偏见证据”。在结果和准确性方面，由于受过培训，警察的错误较少，他们的错误比容易与偏见相联系的社区成员的错误可能性更低（克雷尔等人，2007）。

第一章介绍的公平和公正警务（FIP）课程提出了一些关键结论，包括上述内容，这些结论来自多年社会科学研究对隐性偏见的研究。我们在这里回顾FIP的核心原则：

· 偏见是正常的人类属性。

· 偏见通常是无意识的或“内隐的”。

· 即使在有意识的水平上拒绝偏见和刻板印象的人中，隐性偏见也很多。

· 隐性偏见会影响我们的行动。

· 了解隐性偏见如何影响我们的观念和行为是“超越”隐性偏见的第一步（FIP 网站，2017）。

弗里德尔博士在她的《产生无偏见的警务：一种基于科学的方法》（弗里德尔，2017）一书中解释说，当威胁不明确时，隐性偏见更有可能起作用。

> 例如，2014 年南卡罗来纳州哥伦比亚的（一名）警察开枪射击案。州警察拦下一名年轻的黑人男子，在该男子下车后，向他索要驾照。那个年轻人迅速转过身去，走进了汽车。这名警察很显然非常生气，就开枪了。黑人男性的这种不明确的行为产生了威胁的感知。如果一位穿着得体的白人妇女的行为方式相同，则感知（和结果）可能会有所不同（弗里德尔，2017）。

隐性偏见的反义词是显性偏见（请参阅第 1 章）。种族主义言论和种族主义行为，如仇恨言论和仇恨犯罪是明显偏见的例子。明显有偏见的人知道他们对某些群体有偏见。他们会毫不犹豫地与同龄人一起使用种族化的称呼，并且具有强烈的偏见感，以至于出现通过电子邮件或短信（包括在专业环境中）发送种族主义信息的情况。他们总是使其他群体成为替罪羊，提升自己的种族。但是，有明显偏见的人可能仍会说“我不是种族主义者”，但随后会发送包含种族歧视言论的短信，并侮辱一个种族、宗教中所有的人，等等。

由显性和隐性偏差产生的行为均基于刻板印象。在隐性偏见的情况下，个人不知道自己持有其他群体的刻板印象，也不知道哪一天，他们很有可能会采取歧视性行为。

现任刑事司法讲师的退休警察局局长霍华德·乔丹经常从他的学生那里得到有关区分种族主义者和种族主义倾向人士的问题。“有些警官否认自己是种族主义者，但发现与同事分享种族主义笑话很正常，因此表现出种族主义倾向”（约丹，2017）。

官员失误和隐性偏见的案例

罗纳德·汉普顿（Ronald Hampton），退休的大都会区警察，美国国家黑人警察协会前执行董事，于20世纪90年代开始在哥伦比亚大学为学生讲授刑事司法。一名白人警察对一名黑人下班警察枪击事件正在广泛宣传；汉普顿继续在他的刑事司法课上利用这一事件作为教学工具。

背景：一名黑人便衣警察在晚上11点下了班，他在回家的路上发现一辆出租车的司机被一名手无寸铁的黑人抢劫。围观者在这位下了班的警察经过之前打电话给911，但值班警察尚未到达。下班的警察把他的车停了下来，下车介入抢劫行为的处置。他手里拿着武器，制服了抢劫者，并向他持枪。就在那一刻，值班警察把车停到了现场，并把车停在出租车对面的街道上。从那里，他们看到黑人便衣警察向抢劫者持枪。当下班警察转向对面的其中一个白人警察时，立即遭到枪杀（汉普顿，2017）。

（作为旁观者，值班的白人警察是否说："警察，放下你的枪。"该警察声称他是这样做的，而出租车司机说，值班警察刚下车就进行射击。下面的讨论问题的重点不在随后进行的调查的细节上，而是在白人警察看到黑人警察将枪指向另一个人身时所采取的行动。）

汉普顿给了他刑事司法学生作业：枪击事件发生后不久，汉普顿让他的学生在西夫韦（Safeway）外面进行了一次非常简短和非正式的民意测验。这件事在公众心目中记忆犹新。

一半的学生被要求采用下面的问题。

对来自附近商店的白人顾客进行调查。其余一半的学生被要求采用问题B来调查白人顾客。鼓励受访者如实作答。

白人顾客的问题：

第一，如果您在相同的场景下（见上文现实事件中所述）看到一个黑人拿着枪，那么你会自动假设这个人是谁？"警察"还是"抢劫者"？

第二，如果您看到一个白人在相同的场景中拿着枪（如上文现实事件中所述），那么您会自动假设这个人是谁？"警察"还是"抢劫者"？

回答是完全一致的。回答第一个问题的白人顾客都说，拿着枪的黑人将是抢劫的人。回答第二个问题的白人顾客都说，拿着枪的白人将是警察。

我们需要讨论以下问题：

· 重新阅读有关隐性偏差的章节并讨论这个开枪射击案例。那个白人警员声称他并未认出那个拿着枪的黑人是一名警官。

·如何防止错误的射击？

·哥伦比亚特区社区和首都特区警察局受到警察失误射击的严重影响。如果您是该社区的警察局长，你会对警察和社区采取什么适当的后续行动？

种族分析

波特兰全国有色人种协进会前主席、民权活动家奥斯本曾计划暂时住在俄勒冈州波特兰以外的一个高档社区，主要是白人社区的朋友家里。他担心，因为邻居不认识他，有人会报警。由于他认为自己需要保护自己免受欺负，因此在他去之前，他致电了当地的警察局长。他的朋友斯基珀已经有过多次因为在“错误的社区”中而被阻拦的经历，因此他希望自己在社区中生活时免受侮辱。在奥斯本提前与警察局长交谈之后，他的朋友斯基珀感到有信心，警察将知道不应对邻居的任何“可疑人员”电话做出回应（奥斯本，2017）。

“您因为我是黑人而阻止了我”。真相有时可能存在于某些警官的绝对否认与声明中：“我们总是因为我们是黑人而被阻止。”毫无疑问，他几乎没看到警察在同一天中阻止过其他人。但是，与警察相比，公民没有得到专业、真实甚至合理的报酬。我们知道，有些警官在阻止他们认为将构成犯罪的公民时，会感到自己在进行“良好的警务”。但是，这种认为某人有罪的“感觉”实际上可以反映出偏见或是一种替代真实“数据”的假设。观察和选择“看起来有罪的”驾驶者可能是下意识的偏见的结果（参考第十二章中的“参考阶梯”，因为它涉及种族貌相）。

本章前面提到的特雷冯·马丁案并不是警察进行种族貌相的一个例子（他是“邻里守望”志愿者），但他把关于种族貌相的讨论升级到了该国最高的位置。判决1周后，奥巴马总统向全国表示，他也不能幸免于与他的黑皮肤有关的“怀疑”的耻辱。奥巴马总统承认：“特雷冯·马丁本可能是35年前的我。”在成为参议员之前，他像许多非裔美国人一样，也经历过“……被追随……在百货商店……搭上电梯（一名妇女紧紧抓着钱包）……听到车锁的咔嗒声……”（联邦新闻社，2013）

美国法院行政办公室社会科学分析师詹姆斯·约翰逊博士居住在华盛

顿特区都会区。他和他认识的其他黑人无论是专业人士还是非专业人士，都曾有被警察拦下的经历，并受到以下质疑："你有身份证吗？你要去哪里？你有毒品吗？"根据约翰逊的说法，阻拦我们的理由是"我们符合条件"。警官通常会说："这个社区发生过一些抢劫，您符合嫌疑犯的描述。"约翰逊解释说："发生这种情况时，我们将被视为已经犯罪。"

警察对待嫌疑人的方式与对待他们认为无辜的人的方式不同。仅仅因为我们的肤色就假定我们不属于某个特定的社区，所以我们被形容为"嫌疑犯"。当被问及这些年来警察是否在处理种族偏见方面取得了进展，约翰逊回答说："我们正如美国黑人愿意相信的那样，但是我们的一些经历提醒我们，我们还有很长的路要走。似乎只要这个国家向前迈出一步，就会发生某种事情，使它向后退两步。你可以列出非洲裔美国人的名字，这些人由于肤色而被不公正地描写，受伤甚至被杀。那不是进步"（约翰逊，2013）。

从本质上讲，当警官带入偏见并且根据肤色而不是根据他们的行为来阻止少数群体时，美国黑人到相邻国家的旅行自由就被剥夺了。约翰逊建议警察放慢他们的思考过程，并挑战他们的一些个人偏见，尤其是在没有明显的错误做法的迹象时。建议警官在对种族偏见采取行动之前，应采取以下心理步骤：

·如果我看到一个人只是在街上走，我首先要对自己承认，我不确定是否有任何理由阻止这个人。

·我将问自己以下问题：

"为什么我认为这个人应该被拦截？"

"这个人在做什么让我觉得他/她可疑？"

"这个人是迷路或需要帮助吗？"

"这个人的种族是我想拦截他们的原因之一吗？"

·如果出于一些原因我决定我应该拦截这个人，我会说一些类似的话：

"社区中发生过抢劫，所以我希望你能意识到潜在的危险，你看起来迷路了，所以我在想你是否需要某些帮助或指引"。这只适用于社区最近才有的抢劫案。如果那个人生活在那个社区，不诚实会对该官员的信誉产生负面影响（约翰逊，2013）。

在减慢心理进程的过程中，警官作为有意识的决策以识别潜在的偏见，如果存在，避免基于种族偏见或偏见做出推断或草率下结论。警官可以通关相关沟通增加合作，同时，评估他们拦截的人的行为。

大多数官员不会因种族偏见而采取行动，同时，公众往往不了解警察为什么会拦住一个人（约旦，2017），不了解整个背景（例如，“合理怀疑”）。我们提醒读者口头降级的重要性（见第四章），这样公民对被阻止的无理抗议不会触怒该官员并导致不必要的对抗。

警察/权威对待的认知

研究表明，许多黑人在遇见警察期间的心理经历与白人在被警察拦下时的心理经历有很大不同（纳杰多夫斯基、博顿斯和戈夫，2015）。在一项研究中，研究人员要求黑人和白人都描述他们在与警察相遇时的想法。在接受采访的黑人中，有27%的黑人认为该警察会将其描述为犯罪分子。相反，只有3%的白人认为他们会受到关注。一些黑人认为警察会把他们视为威胁，因此他们在与警察相遇时“会发抖、紧张，尽力避免眼神交流”（纳杰多夫斯基、博顿斯和戈夫，2015）。反过来，这种不自然的行为可能导致警察得出结论，认为这个人确实具有欺骗性和可疑性，从而导致交流的恶性循环。

图表6.5显示了2013年盖洛普民意测验的结果，其中提出了以下问题：“您能想到过去30天中与警察打交道时受到不公平对待的任何情况吗，例如交通事故吗？”有将近4400名成年人接受了调查。35岁以下的年轻黑人男子中有24%表示与警察打交道是不公平的，而对于35~54岁的黑人男子的结果相似。来自不同性别和年龄的反馈有所不同，55岁及以上的男性和女性报告有关警察的不公平的处理事件明显减少（分别为10%和11%）。图表6.6显示了1997年至2013年同一调查问题的结果。2004年的最高点代表了在所有年龄段的黑人中，有25%的黑人报告了警察的处理不公。到2013年，这一数字下降到17%（纽波特，2013）。

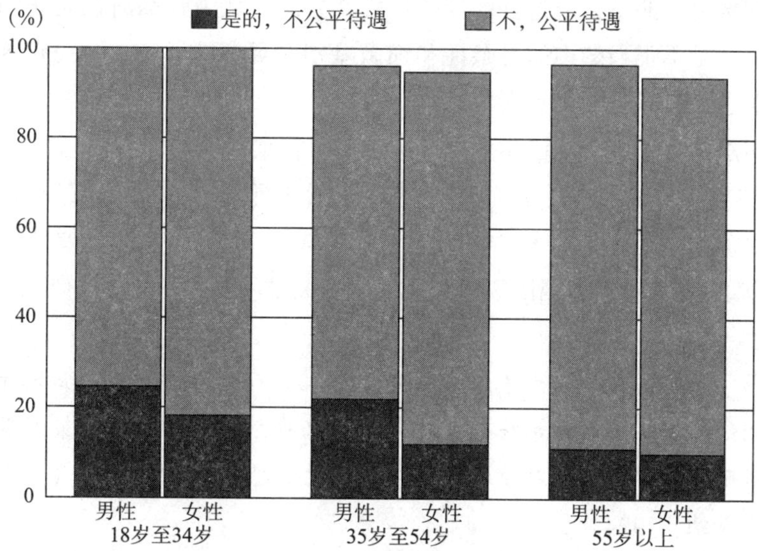

图表 6.5　近三十天警察对待黑人的认知

来源：纽波特，弗兰克。盖洛普调查：少数民族权利和关系民意调查（2013 年 6 月 13 日至 7 月 5 日）。内容经允许使用；但是，盖洛普调查保留所有重新出版的权利。

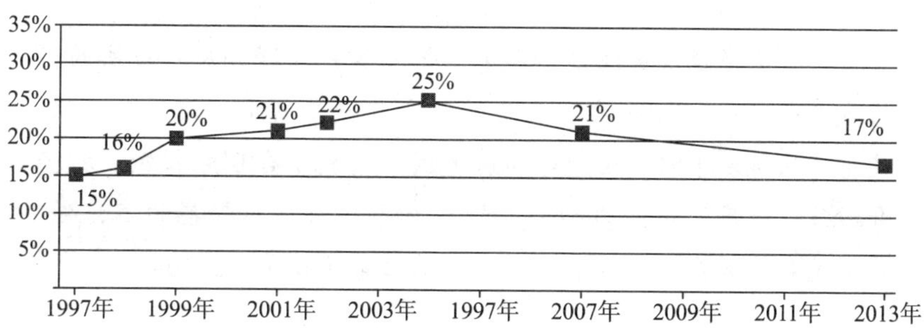

图表 6.6　近三十天警察对待黑人的认知（1997—2013）

来源：盖洛普调查：少数民族权利和关系民意调查（历史观点 1997～2013）。内容经允许使用；但是，盖洛普调查保留所有重新出版的权利。

过度和歧视性使用武力

过度使用武力的技术和政策方面不在本教科书的范围内讨论。但是，由于报告和研究表明，针对少数群体，尤其是非洲裔美国人存在歧视性使用武力的历史。因此，我们包括以下内容：需要更好地筛选警官申请人、更好地培训反升级策略以及让他们认识到过度使用武力是对基本人权的侵犯。同样可取的是，通过社区警务计划，公民对武力什么时候是正当的和什么时候是不正当的中的复杂性和细微差别有更好地了解，公民在这方面缺乏信息或者知道的是错误信息。

司法部分别报告的巴尔的摩和芝加哥等警察部门的详细信息（2016 年和 2017 年）未描述每个部门整个警察队伍的行动。也就是说，歧视性行为到目前为止还不能被称为“历史”。提供与 25 年前一样重要的历史观点，以下是 1994 年美国国家研究所提出的关键问题之一的司法研究报告：

> ……过分的武力不仅应归因于个人的人格特质，还应归因于组织的影响。这是系统范围的问题的征兆，它牵涉管理政策及其所服务的部门，这对于社区警务计划的成功将越来越重要（斯克里夫纳，1994）。

2016 年 8 月，司法部在巴尔的摩警察局（BPD）公布了调查结果。调查结果表明该部门：

> ……从事违反宪法第一和第四修正案以及联邦反歧视法的行为方式或行为。BPD 没有必要的理由就进行制止，搜查和逮捕；使用非法执法策略，迫使非洲裔美国人受到不合理的拦截、搜查和逮捕；过度使用武力……（这）加剧了社区对警察的不信任，特别是在非洲裔美国人社区（美国司法部民权司，2016）。

2017 年 1 月，司法部在芝加哥警察局发布了报告：“司法部发现了芝加哥警察局侵犯民权的一种模式”（美国司法部、民权司，2017）。

> 司法部今天宣布，已找到合理的理由相信芝加哥警察局（CPD）违反了宪法第四修正案，从事使用包括致命武力在内的武力的模式或做法。该部门发现，CPD 官员的做法不必要地危害自身，并导致不必要和可避免的使用武力。这种模式或做法是由于培训和问责制方面的系统性缺陷造成的，包括没有对警察进行降级培训，也没有对使用武力进行有意义的调查……该部门的调

查结果进一步指出，CPD 的模式或做法的不合理主要集中影响在黑人和拉丁裔居民区，因此恢复警察社区信任将需要采取补救措施，以解决歧视性行为以及对少数群体社区的非法和违宪武力模式的不当性（美国司法部、民权司，2017）。

在侵犯人权的背景下，可以看到对非洲裔美国人过度和歧视性武力的更大背景。美洲人权委员会发布了一份报告，从国际人权的角度审查了使用过度和歧视性武力的警察的贡献（美洲人权委员会，2016）。该报告是书面陈述，支持以“警察过度使用武力对付美国黑人”为主题的听证会。报告中的以下声明强调，有必要对警察进行适当的培训，将其作为“人权法规定的义务”（美洲人权委员会，2016）：

根据国际人权法对警察进行适当的培训是一项义务

作为国家的特工，警官承担着保护和确保生命权，使生命免受酷刑和虐待的自由以及免受他人歧视的权利的负担。侵犯这些权利通常归因于警察培训不足。为了确保警官有能力执行其工作而不会使自己处于危险或侵犯他人权利，必须对他们进行充分的培训，并且其培训必须满足旨在保护人权的国际标准和国内法所要求的最低限度的基本要求。

美洲人权委员会认为国际标准涵盖国际准则和原则，包括《行为守则》和《基本原则》。用消除种族歧视委员会的话来说，“执法人员应接受强化培训，以确保他们在履行职责时尊重并保护人的尊严并维护和维护所有人（包括没有种族、肤色、民族或族裔血统的人）的人权”（美洲人权委员会，2016）。

1992 年，罗德尼·金案引起了公众对在美国过度使用武力和暴行的严重问题的关注。暴力的存在一直是黑人、其他少数族裔所宣称的一个问题，但是直到 20 世纪 90 年代初，几起案件被高度宣传之前，许多白人要么是不相信，要么对这种现实视而不见，要么考虑到在全国没有因为跨种族的暴行而被逮捕的人数便认为这是一种异常。另一个是一名来自海地的黑人美国人阿伯纳·路伊玛遭受到的暴行，他于 1997 年在布鲁克林第 70

区车站的洗手间内被捕并被用扫帚鸡奸。“此案成为警察暴行的全国性象征，使人们意识到纽约市警察在全市范围打击犯罪时也正在骚扰或虐待年轻黑人，”（陈，2007）。

2006 年，智能手机上随时可用的摄像机让可见性和警察过度使用武力（包括致命射击）的责任制方面发生了改变。菲兰多·卡斯蒂尔被杀是 2014 年至 2016 年之间几起备受瞩目的案件之一。在因尾灯折断而造成的交通停车中，卡斯蒂尔在女友黛蒙德·雷诺兹和她的女儿面前被枪击了 7 枪。雷诺兹女士通过手机捕捉了他生命中的最后时刻，并在脸书上直播了视频。这段录像迅速传播开来，并立即得到了全国新闻的报道。导致其死亡的警察被指控犯有二级过失杀人罪，并被定罪，罪名是将轻微情况升级为不合理使用致命武力的情况（卡佩奇和史密斯，2016；伯曼，2016）。

正如美国检察官珍妮·杜肯在对西雅图警察局关于过度使用武力的指控进行的调查中说的那样，“警察被教导如何打架，而不是如何避免打架”（普克基宁，2011）。全国各地的警察部门负责人和司法部代表参加了由 PERF（警察行政研究论坛）赞助的 2015 年计划，题为：“对使用武力的再设计”（PERF，2015）。降级方法必须是全国所有警察部门的优先培训问题（请参阅第四章）。在该计划中，有人关切的是必须加强执法的“监护人”角色而不是“战士”角色，以提高沟通技巧以及警官评估和应对威胁的能力。前警察局长霍华德·乔丹补充说，“监护人”一词现在通常用于描述许多部门正在招募和雇用的警官类型（乔丹，2017）。警察部门还需要认识到，与传统主题（例如，自卫）一样，减轻压力的技巧也必须经常有效地解决。公民的辱骂行为是工作中最糟糕的方面之一，但是公民不需要像专业人员那样行事。

显然，尽管从不断发生的事例中我们知道，警察的野蛮行为并不只是过去的现象，但大多数美国警察都避免过度使用武力。在使执法部门和少数族裔社区关系更加紧密方面取得了长足的进步。绝大多数执法代表选择他们的职业是为了帮助人们并为社区服务。

对个人和机构的仇恨犯罪

仇恨犯罪会引发种族冲突，这种冲突可能深入社区，并在全国范围内引起骚动，包括骚乱和内乱。受仇恨罪行恐吓的社区需要与执法代表进行频繁沟通，并保证为了防止进一步的恐怖活动正在尽一切可能（本书第十一章提供了有关受害者需求和应对策略的广泛信息）。

根据联邦调查局 UCR 仇恨犯罪统计报告（FBI：无条件响应，2015），美国执法机构在 2015 年报告了 4216 例单偏见仇恨犯罪事件。根据该报告，尽管仇恨犯罪的受害者仅占美国人口的 13.3%，但其中超过一半（52.2%）是非裔美国人。种族主义仇恨犯罪通常是恶性的，旨在基于个人身份的关键维度（例如，肤色）来恐吓个人。

> 从私刑到烧毁的十字架和教堂，再到将一个人拴在卡车上并将其拖到道路上 3 英里来谋杀一个人，反黑人暴力一直是并且仍然是典型的仇恨犯罪，其目的不仅是伤害和杀戮一个人，而是要恐吓一整个族群的人。对非洲裔美国人的仇恨犯罪对于历史上把他们召回和延续的社会产生了特别不利的影响，不仅可能威胁非洲裔美国人，还可能威胁其他少数族裔和宗教团体。

纵观历史，非洲裔美国人一直是仇恨犯罪和边缘化的受害者。内战之后，“3K 党”特别针对黑人教堂，以作为恐吓整个社区的方式。教堂一直是黑人社区的支柱。摧毁教堂或在教堂内进行仇恨犯罪会亵渎建筑物，并在很深的个人层面上损害个人和社区。

> 2015 年 6 月，1 名白人至上主义者（1 名失业的 9 年级辍学生）在祷告会期间向黑人教堂开火。在美国最古老的黑人教堂之一中发生了这种种族主义和侵犯礼拜权利的可怕行为。2015 年 12 月，鲁夫被控发射 60 多发子弹，并被判犯有 33 项联邦仇恨罪，罪名是在他人教会研究圣经时杀害了 9 名黑人。在鲁夫承认有罪的证词中，他声称自己“必须这样做……有人必须这样做”。当被问及为什么时，鲁夫引用了 2005 年 FBI 关于黑人每天杀死和强奸白人女性的统计数据。他进一步解释说，与黑人相比，他所做的“微不足道”。他觉得自己“必须这样做”，因为再也没有人有足够的勇气可以这样做了。他说，在 20 世纪 80 年代和 90 年代，“光头党”会做到这一点，现在有人需要这样做。起诉鲁夫的美

> 国律师说，鲁夫瞄准了黑色会众，并选择在教堂杀死他们，以增强他的仇恨信念。据报道，他没有表现出任何懊悔，而是对非洲裔美国人怀有仇恨（沃特斯和苏里文，2016；贾维，2016）。

有人指出，这起仇恨犯罪是在查尔斯顿市中心的一座历史悠久的伊曼纽尔非洲教堂发生的，该教堂是美国内战开始的一座城市，当时南卡罗莱纳州也因在州议会中悬挂邦联旗帜而受到批评。据鲁夫说，他是为白人种族才犯下了罪行，并且他想发动内战。鲁夫被判犯有谋杀罪和仇恨罪（根据格林，2015；本特利，2017）。

内城与社区警务

尽管在改善内城一些城市中警察与社区成员之间的关系方面取得了进展，但非洲裔美国人、其他种族和族裔团体仍批评执法部门对自己社区的管理不力。警官在城市地区经历了恶性循环，那里的公民越来越多地拥有高度尖端的武器；因此，警察必须采取更多的自我保护措施。恐惧和仇恨的消极循环经常发生，警察和公民经常以极端的防御态度接近对方。退休警察罗纳德·汉普顿除在大都会特区工作已有23年之久外，还是国家黑人警察协会的执行官。他强调了在内城区采取社区警务方法的重要性：

> 作为警察，我们在市区和高档社区为人民服务。所有社区的人都是我们的客户。但是在市中心，我们经常为战斗做好准备。当我们在街上接近人们时，我们需要像其他人看到我们一样看到自己。当我们走向服务的人们时，我们需要把手伸向枪上吗？我们是否拥有指挥和控制自己的能力，我们是否知道触发我们的因素是什么？我们是否了解我们将要服务的社区？我们需要了解，当我们不了解时，我们会有恐惧，并且依赖枪支，因为那是我们认为可以保护我们的东西。相反，即使公民不尊重我们，我们也需要对他们保持尊重。步行和结识人们是增加我们安全系数的最好方法之一。我们做得越多，我们就越能提高安全性。与此同时，我们也将公众转向了我们（汉普森，2017）。

汉普森论述的要点摘要：

· 了解人们在你所在辖区的生活和工作方式。

· 表示尊重，您最终将获得回报。

· 向社区成员介绍自己。

· 参加社区会议并倾听需求。

· 无论何时何地都应做出响应，以设法有所作为（汉普森，2017）。

从他自己的经历中可以说明最后一点："市民告诉我，小巷子里的街道上没有路灯，他们在这些地区行走时会感到恐惧。我决定可以帮助解决这个问题，并与市政府官员取得了联系。最终，问题得到了解决。这是一个很小的姿态，但是却有很大的作用。"（汉普森，2017）

在市中心，特别是在贫困地区，在儿童生活的早期发展积极的警情关系是至关重要的。这种早期的互动可能会对个人与执法部门的关系产生终身影响。一个典型的计划是杰克逊维尔公司的警察运动联盟（PAL），其是美国最古老的警察/公民伙伴关系之一，在杰克逊维尔的大部分地区为大多数非洲裔美国青年服务了 40 多年。杰克逊维尔的 PAL"建立在这样一个观念上，即尊重警察的年轻人更有可能遵守他们执行的法律"（杰克逊维尔的 PAL，2017）。

此外，PAL 的理念是："……如果年轻人在球场、体育馆或教室里尊重警察，那么年轻人很可能会尊重警察执行的法律。这样的尊重对青少年、警察、邻里、商业界都有好处"。佛罗里达州杰克逊维尔 PAL 前执行董事马特·内梅斯中尉解释说，在许多情况下，警务人员充当教师、导师和教练的角色，成为无法或不愿履行父母责任的父母的代理人。该方案为城市中暴力、犯罪和高中辍学率最高地区的儿童和青年提供服务。年龄从 5 岁到 17 岁的青少年参加体育课，体育课后辅导和家庭作业等课程。马特中尉列举了许多案例，其中年轻人 10 年后返回以"感恩的心"参加 PAL。他将 PAL 与杰克逊维尔的少数族群和非少数族群社区成员的伙伴关系描述为"对预防的长期投资，PAL 为迷途中的年轻人提供了机会。它为他们提供了他们原本不会拥有的方向"（内梅特，2013）。

像 PAL 这样的计划可以促进与官员的积极关系，最终可以使一些年轻人考虑执法。退休警察局长霍华德·乔丹谈及执法"学前教育"计划的作用，可以进一步激发和吸引年轻人从事警务工作。由警察专业人士和培训人员执行的此类计划可帮助年轻人决定警务对他们来说是否是一个不错的选择，如果是的话，职业如何为他们的社区提供回报的机会（约旦，2017）。

努力建立警察与社区之间的积极关系

社区成员和警察部门之间建立积极关系的方式差异很大。理想情况下，每个执法机构都应寻求个人和面对面的机会来建立信任，尤其是没有与执法机构建立积极关系的历史的社区团体。虽然应首先努力使其成功，但是社区治安并非绝对可以保证建立积极的社区关系。在非裔美国人和其他少数族裔社区内，许多不适当的警察行动导致了联邦“同意令”的实施。一些警察领导人认为，同意令并不表示积极关系；同时，许多社区领导也给予了支持。但是，同意令被视为其目的是通过合法手段强迫改变有偏见或不公正的行为或行动。

> 同意令　当司法部发现警察局有“偏颇的治安模式或做法”时，司法部将与该机构达成法律协议，旨在招募、训练、使用武力和纪律方面带来积极的变化。同意令可由法院强制执行。

截至2017年4月，全国有14个警察部门根据同意令开展活动（美国司法部、民权司，2017）。这些合同被许多人视为解决诸如过度使用武力和歧视性做法等问题的重要工具。洛杉矶警察局是一个很好的例子，表明同意令在过去的12年（直到2012年）如何从曾经的大都市警察局转变为“过分武力，错误逮捕，不合理的搜查和扣押”的（洛杉矶警察局，2017）同意令最终成为一种指导，帮助将明显歧视非洲裔美国人和其他少数群体的组织文化转变为最终赢得公众信任的组织文化。

尽管围绕同意令仍存在争议，但有些官员认为他们在原本要求很高的工作中增加了过多的文书工作和官僚主义，他们服务于目的。同意令是联邦政府以及地方和州警察局和社区的一种尝试，目的是试图以迅速而戏剧性的方式改善社区/警察的互动。有些结果可能受到非正式的影响，而另一些则会受到同意令的影响。

无论是否有法令，改善与社区关系的关键都取决于以下方面：

· 领导；

· 部门的组织文化和愿景；

· 目标和战略；

· 了解警察和社区的互惠互利；

· 执法专业人员和社区成员之间的有效沟通；

· 相互理解和教育，以打破刻板印象，并以正面的形象代替它们。

警务人员，社区成员和领导者需要开发一次与警察部门和社区进行“一对一”互动的机会，以打破积极沟通的周期并消除刻板印象。他们需要在危机发生之前发展持续的关系。这在非洲裔美国人社区中尤为重要，在这些社区中，人们历来对执法不信任。

总结

· 奴隶制和种族主义的经历塑造了非洲裔美国文化，并继续在许多非洲裔美国社区和个人身上留下心理上的伤疤。执法代表了过去曾明确压迫非洲裔美国人和其他少数群体的制度的一部分。保护和确保在美国非洲裔美国人社区中实现司法公正，常常需要警官付出更多努力，以建立信任并赢得合作。

· 非洲裔美国人在从下层阶级到上层阶级的所有社会经济阶层都有代表，并且越来越多地进入中产阶级。与所有种族和民族一样，在影响价值观和行为的黑人之间存在着显著的阶级关系。但是，颜色比阶级更重要，它决定了更大的社会对黑人的反应和对待方式。因此，种族经验无论个人的繁荣或受教育程度如何，美国的许多非洲裔美国人都是相似的。

· 公民权利和黑人骄傲运动，以及对非洲文化的积极认同，在某种程度上取代了白人种族至上主义态度所培养的自卑感。非洲裔美国人用来指称自己的术语不断变化，反映了种族赋权和文化成长的阶段。黑人生命重要运动（BLM）特别是赋予青年力量的运动，其广泛目标是肯定所有非洲裔美国人的贡献，包括那些先前被边缘化的人。黑人生命重要运动产生于社区对警察对手无寸铁的黑人的多次高调致命枪击事件的反应。

· 单身母亲，特别是在内城区的单身母亲，并不总是会得到应有的尊重。警察应花费时间与其建立融洽关系。

· 许多非洲裔美国人在语言风格之间来回切换，或使用通常称为“黑人英语”或“非洲裔美国人白话英语”的语言。对别人多种形式的语言的接受对建立融洽的关系有很大帮助。黑人英语是英语的一个非标准变体，它的使用并不意味着无知。来自各个阶层的许多非洲裔美国人在同龄人和家庭成员中讲黑人英语，而在情况需要时（例如，在工作中、在访谈中以及与白人朋友和同事一起时）则使用标准英语。

· 在交流方式方面，在非洲裔美国人的文化规范中，高表现力和情绪化的言语是可以接受的。这与不言而喻的白人主流规范形成鲜明对比，阻止情绪的公开和自由表达，尤其是愤怒。因此，来自不同背景的警察不应过分地解释可能与他们自己的风格不同的风格，因为这具有侵略性并导致暴力。同样，处于权威地位的人可能会误解某些走路、站立和着装方式，并将这些方式视为挑衅。

· 警察部门是周围环境的缩影，黑人和白人官员在种族问题上的观念往往存在很大差异。在与非洲裔美国人的警务和执法互动中，隐含的偏见、差别待遇、种族貌相、过度使用武力和仇恨犯罪仍然是现实。偏见，不公正和仇恨行为在社区和整个警察部门造成痛苦。弥合阻碍警察与非洲裔美国人之间关系的鸿沟需要进行深远的变革，并需要警务人员做出特殊努力，以打破侵略性沟通的周期并消除刻板印象。

问题讨论

1. 种族主义。对黑人和白人的影响。在本章的“历史信息”部分中，作者指出，奴隶制给后代的黑人公民带来了巨大的心理和社会问题。奴隶制的遗产如何继续影响黑人和白人，对执法有何影响？

2. 侵犯性术语。官员们应始终避免使用种族上的术语，即使没有非洲裔美国人在场。是什么原因呢？

3. 蓝色的沉默代码。在这个例子中，一个非洲裔美国人警察，他是一个部门的新成员，当他面对同伴在夜总会中对待黑人公民的差别待遇问题上，选择保持了沉默。要讨论的问题如下：

· 您认为阻止该官员发表言论的原因是什么？

· 对于黑人和白人警察之间的持续关系，他的沉默可能会带来什么后果？

· 这个差别待遇的例子应该如何处理？

· 在您回答了这些问题之后，请在与非洲裔美国人和其他种族社区的社区警务论坛中讨论部门如何传达其对警察专业精神和道德的承诺——这是在重建与历史上没有与执法有积极关系的社区的信任方面至关重要的步骤。

4. 过度和歧视性使用武力。自从警方在密苏里州弗格森对迈克尔 · 布朗开枪以来，“弗格森效应”（也称为“去维持治安”）一词就已经出现。研究这个短语，解释其含义，并解释围绕它的争议。

5. 内城。在本章的最后，作者提到了在城市地区造成的恶性循环，特别是在公民日益拥有高度尖端武器的地方。因此，官员们必须采取更多的自我保护措施。每个人都带着恐惧和敌意看待对方，并以极端的防御态度接近对方。显然，对于这种普遍发生的现象没有简单的答案，仅靠警察是无法解决的。讨论你对警察应对这些潜在威胁生命的压力的方式的观察，以及这些压力的应对或缺乏如何影响与非洲裔美国人的关系。警察在工作中需要什么类型的支持，您是否认为警察部门在提供所需支持方面做得很好？

6. 当警官试图有所作为时。许多年轻的非洲裔美国儿童在家里过着没有父亲的生活。这意味着他们没有第二个父母身份作为榜样，因此被剥夺了成人支持的重要来源。没有人可以代替不在的父母，但是警察可以采取一些支持的姿态来给孩子的生活留下深刻的印象。编制一份清单，警察可以采取行动以证明在这种类型的环境中对儿童的照顾。集体讨论一个建议，包括一些理想的建议，但可能不切实际。您的第二个清单可能更实际，并且包括即使资源很少也可以执行的操作。编译两组建议（现实和理想建议）。张贴这些列表，以提醒官员们如何尝试在社区中有所作为，不仅与非洲裔美国儿童，而且也与其他少数族裔儿童。

第七章 与拉丁裔/西班牙裔美国人的执法接触

学习目的

学习完这一章，你应该：

- 讨论拉丁裔/西班牙裔美国人这一群体身份术语的含义。
- 描述拉丁裔/西班牙裔美国人社区在美国的历史信息。
- 强调拉丁裔/西班牙裔美国人社区的人口特征和多样性。
- 了解目前附加在拉丁裔/西班牙裔美国人身上的误解和成见。
- 解释拉丁裔/西班牙裔美国人的家庭结构对执法的重要性。
- 讨论拉丁裔/西班牙裔美国人之间的交流方式。
- 强调涉及拉丁裔/西班牙裔美国人的重点执法问题。

提纲

- 引言
- 拉丁裔/西班牙裔美国人定义
- 历史信息
- 人口统计：拉丁裔/西班牙裔美国人的多样性
- 几代移民之间的一般区别
- 拉丁裔/西班牙裔美国人家庭
- 拉丁裔/西班牙裔美国人的交流风格
- 执法中的关键问题
- 总结
- 问题讨论

引言

大多数警察对拉丁裔/西班牙裔美国人以及其社区、语言、文化知之甚少，警察学校也几乎没有关于这些内容的培训。随着全国许多州的人口增长，更多地了解拉丁美洲人的文化背景，将使学院教员、实地培训干事和高级警官课程教员受益。

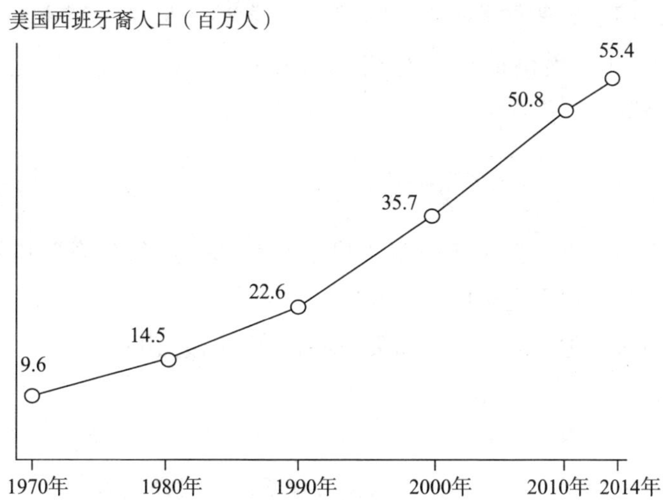

图表 7.1　西班牙裔人口增长

拉丁裔/西班牙裔美国人是目前美国所有人口中增长速度最快的文化族群。在 2014 年，西班牙裔人口达到 5540 万人，比上一年增加了 120 万人（2.2%）（参见图表 7.1）（克罗格斯特和洛佩兹，2015）。但是，2014 年的 2.2%的增长率仍延续了始于 2007 年的缓慢增长趋势。

> 大萧条开始时，拉丁美洲的移民降温，拉丁美洲的生育率急剧下降。移民在 20 世纪 80 年代和 90 年代是拉丁裔人口增长的主要推动力，但在 2000 年后开始放缓。而且，就墨西哥而言，自 2009 年以来，移民趋势现在已转回墨西哥（斯普勒 & 洛佩兹，2016）。（参见图表 7.2）

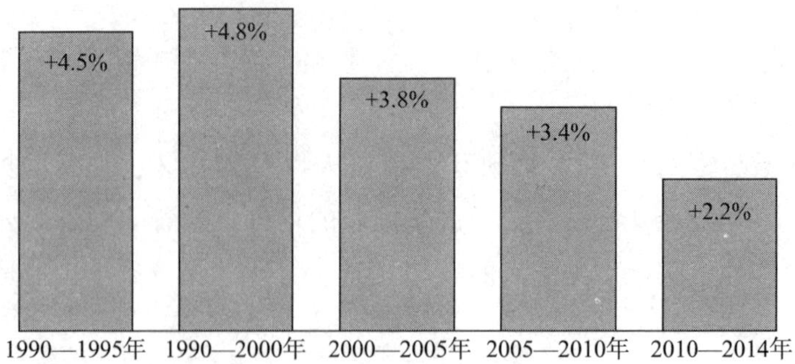

图表 7.2　美国西班牙裔人口的年平均变化百分比，人口增长越发缓慢

到2060年，美国的西班牙裔人口预计为1.19亿，占美国人口的28.6%（美国人口普查局，2015）。

术语

在本文中，我们会交替使用“拉丁裔”和“西班牙裔”以及“拉丁裔/西班牙裔”。以下是美国人口普查局、国土安全部和学术研究人员的其他定义（有关其他内容，请参阅第一章有关移民类型的定义）。

外国出生人口是指出生时并非美国公民或在美国，波多黎各或其他美国领土以外出生，且其父母不是美国公民的个人。

美国出生人口是指出生时就是美国公民，既包括在美国、波多黎各或其他美国领土内出生的人，也包括父母双方是美国公民但在外国出生的人。

合法移民是指被授予合法永久居留权、准予庇护、承认其难民身份的人，或者允许其以特定授权的临时状态进行较长时间居住和工作的人。这一群体包括“入籍公民”，通过入籍成为美国公民的合法移民；获准居留的“合法永久居留外国人”在美国作为永久居民或难民；以及“合法的临时移民”，他们被允许在美国生活，并在某些情况下在美国工作特定时间（通常超过1年）。

保护区城市，县或州没有适用于城市，县和州的“保护区”的正式定义。但是，这是某些国家/地区所采用的术语，这些国家/地区已采用旨在保护未经授权的移民的政策，而不是仅仅因为违反联邦移民法而起诉他们。

未经授权移民/无证移民是指在外国出生但居住在本国的非公民中所有没有成为合法移民，或者入境时没有持有效证件或持有效签证入境但逾期滞留或存在其他违反入境条件的人（这两个术语可以互换使用）（帕塞尔和科恩，2016）。

美国的无证移民

本书第一章中就涉及过有关未经授权移民的一般问题。根据最新可用统计数据，截至 2014 年，美国无证移民总数为 1110 万人，比 2007 年的 1200 万人的峰值减少了两年。在 2007 年至 2014 年期间，来自墨西哥的无证件移民下降了约 650 万人，其中包括：

· 墨西哥离开美国的人数几乎与进入美国的人数相当。这归因于美国的经济衰退以及可提供的就业机会减少。

· 在墨西哥边境加强执法。

· 非法越境的危险越来越大。

· 墨西哥经济状况的改善（帕塞尔和科恩，2016）。

来自墨西哥的无证移民约占该国移民人口的一半（52%）（帕塞尔和科恩，2016）。

这是两个 10 年来增长模式中的首次重大逆转（帕塞尔和科恩，2016）。图表 7.3 显示了 2011 年墨西哥原住民的身份和法律地位。

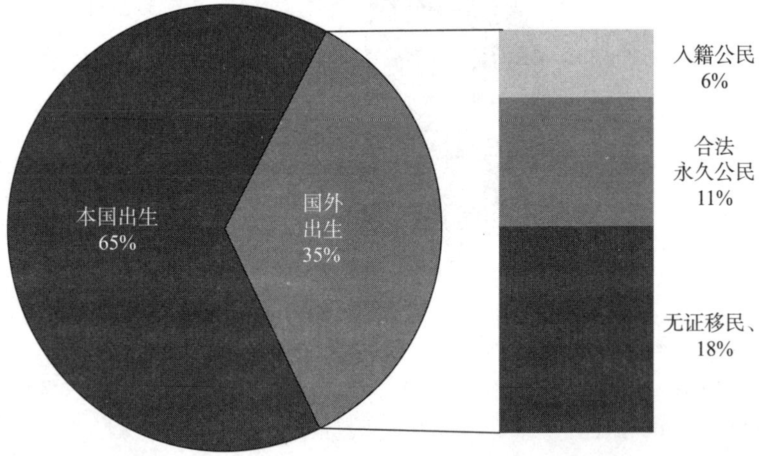

图表 7.3　2011 年美国墨西哥原住民的身份和法律地位

图表7.4显示了1990年至2014年美国无证移民人口的估计数，从350万人到1110万人。

拉丁美洲人对如何处理未经授权的移民有分歧（见图表7.5）。

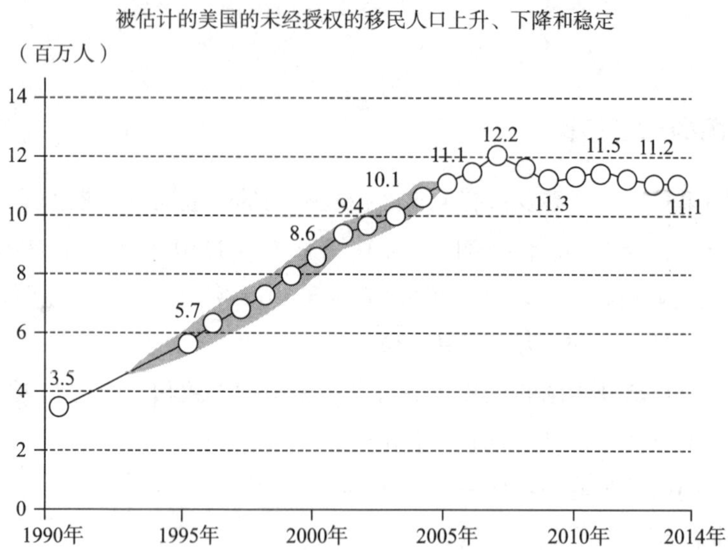

图表7.4　1990~2014年美国无证移民人口估计

来源：http：//www.pewresearch.org/fact-tank/2017/04/27/5-facts-about-illegal-immigration-in-the-u-s/。

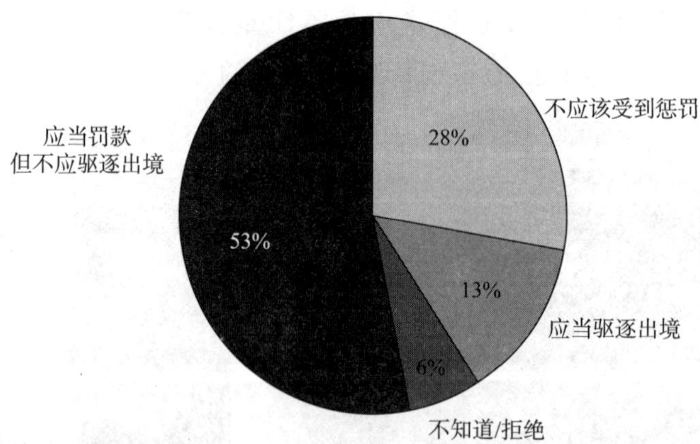

图表7.5　拉丁美洲人在未经授权的移民该怎么办方面存在分歧

来源："非法入境令人担忧，分裂了拉丁裔"，马克·H.洛佩兹，里奇·莫林和保罗·泰勒，皮尤研究中心，2010年10月

第一章介绍了有关邦计划的信息，该计划允许美国移民与海关执法局（ICE）与州和地方执法机构建立伙伴关系或共同签署协议备忘录。根据该协议，如果州或地方机构与ICE达成协议，官员可以在其管辖范围内执行联邦移民法。移民权利团体和一般公众都对287（g）移民执法计划提出了投诉。该程序本身是一个有争议的程序，在全国范围内都有支持和反对。反对允许州和地方执法人员执行联邦移民法的论点包括：（1）挪用州和地方机构的资源进行联邦执法工作；（2）警官有可能种族歧视个人怀疑没有证件；（3）加大执法力度并不会减少犯罪率（迈尔斯和考克斯，2014）。

在全国范围内，执法机构对于是否与ICE合作执行移民法律存在各种分歧，他们认为与ICE的接触会破坏他们与移民社区的关系，因为移民社区已经不太可能举报犯罪。参与安全社区计划的情况也是如此，该计划从2008年到2014年被优先执行计划（PEP）取代，该计划重点关注被定罪的罪犯和其他危害公共安全的人。

在一些城市、县和州已经制定了使之成为圣所辖区或更普遍的“圣所之城”的政策。20世纪80年代是圣所政策的首次出现，当时城市和教堂提供“圣所”，归因于拉丁美洲内战而来到美国的移民。里根政府计划将那些逃离者驱逐出境，一些城市制定了政策为移民提供保护。

> 主张民权的人士认为，庇护政策的一些最大支持者是警察部门，其中许多部门依靠社区获得有关犯罪的线索。
>
> 大城市警察局长小组在2013年的一份声明中宣布，对于致力于与社区建立信任的部门，移民执法是“主要关切”。巴拉克·奥巴马总统的《21世纪警务报告》还发现，去耦治安和移民执法是改善社区治安的关键。

2015年，一名年轻女子在旧金山被一名无证件的移民杀害了，该移民被驱逐了7次，此事件导致美国国会通过了一项立法，对那些拒绝执行移民法的城市进行惩罚（拉斯穆森报告，2015）。两项法案均未通过。2017年1月3日，国会通过了《动员反对庇护城市法》，该法案如果获得通过并签署为法律，将禁止向拥有政策的任何州或地方政府提供至少1年的联邦资助，或阻止他们协助移民当局执行联邦移民法的法律。当时，移民与海关执法局列出了大约300个被认为是庇护管辖权的州和地方政府。此处涵盖了以上内容，因为尽管“庇护城市”以及与之相关的政策和法律适用于所有无证移民，但对西班牙裔/拉丁美洲裔人口的影响最大。影响和反弹甚至包括在美国出生或合法移民的人（洛佩兹、莫兰和泰勒，2010）。有关更多信息，请参见第一章。

拉丁裔/西班牙裔美国人定义

“Hispanic”（西班牙裔）一词并不描述一个种族群体。举例来说，一个人是白人、黑人或者亚洲人的同时也可以视为西班牙裔人。西班牙裔人是一个通用术语，指所有居住在美国和波多黎各地区有西班牙姓氏和讲西班牙语的人。一般而言，Latino（拉丁美洲）是指西海岸、部分东海岸以及东南部的首选标签。术语“Latino”（拉丁裔）是一个表示拉丁美洲人的西班牙单词，它反映出西班牙语词源中的性别特征：latino表示男性，Latina表示女性。西班牙裔虽然不是普遍的，但是东海岸地区尤其是波多黎各、多米尼加、古巴社区内更喜欢使用“西班牙裔”（Hispanic）一词。（尽管这些社区内的个别人可能更喜欢用他们国家传统中的专门术语）。皮尤研究中心对多种族美国人进行的一项新调查发现，对于三分之二的西班牙裔美国人来说，他们的西班牙裔背景是他们种族背景的一部分，而不是相互独立的。这表明西班牙裔人对种族的看法不一定符合美国的官方定义（冈萨雷斯·巴雷拉和洛佩兹，2015）。美国政府人口普查局将西班牙裔和拉丁裔明确区分为定义民族血统而非个人种族的术语。

有时，“西班牙语姓氏”一词可能用于表示一个人可能有西班牙姓氏，并且在拉丁美洲具有种族根源，但可能不会讲西班牙语（许多拉丁裔/西班牙裔美国人就是这种情况）。La Raza是另一个用词，由20世纪70年代的拉丁美洲民权运动在美国推广，表达拉丁美洲人民的骄傲和团结；“raza”这个词的字面意思是“种族”。与La Raza一样，Chicano是源自20世纪60年代后期的民族自豪感的另一个术语。Chicano专指墨西哥裔美国人，主要在西海岸，西南和中西部使用。从历史上看，“Chicano”一词是贬义词，但近年来，它被年轻一代的墨西哥裔美国人视为骄傲。

美国人口普查——西班牙裔人和拉丁裔人调查类别

1976 年，国会通过了 94-311 号公法，要求将有关西班牙起源和血统的自我认同问题纳入政府调查和人口普查中。因此，“Hispanic”（西班牙裔）一词成为联邦、州、地方政府文件和人口统计的官方用语。到 2003 年，联邦出台标准，允许 Latino（拉丁裔）和 Hispanic（西班牙裔）相互替代使用（管理和预算办公室，1997）。截至 2013 年，美国人口普查局提议将 2020 年人口普查的措辞从“西班牙裔”改为“西班牙裔种族”（阿亚拉、休伊特，2013）。改变这种措辞的理由是因为许多西班牙裔人不认同或者不明白他们自己适合哪种标准种族类别。举例来说，根据皮尤西班牙裔研究中心的调查，半数（51%）拉丁裔人认为自己属于“其他种族”或志愿者“西班牙裔/拉丁裔”。同时，36%的人认为自己是白种人，3%的人认为自己是黑种人。那些完成这次调查的人可以被标记为一个或多个种族，但是只有一个西班牙裔种族类别。提议这次改动的其中一个目的是为了减少调查问题的无反应数量，从而提高美国人口中西班牙裔/拉丁裔人口普查数量的精准度，该普查的准确性与西班牙裔/拉丁裔人的人数有关。（泰勒、洛佩兹、马丁内兹和贝拉斯科，2012）。

标签与术语

正如前面所提到的，拉丁裔/西班牙裔美国人这个词是一个很方便的概括标签，可以在某种程度上达成一致，指的是一个非常异质的群体。与亚裔/太平洋裔美国人相同，理解使用哪一术语的关键是基于自我偏好的原则。与拉丁裔/西班牙裔美国人团体交流时，对使用“Hispanic”（西班牙裔）一词要保持敏感性。对于那些来自加勒比海地区的人（例如，波多黎各人、古巴人、多米尼加人）来说，术语“Latino”在自我定位和自我认同上同样存在问题。

2003 年以前，联邦和其他政府机构名称只使用“Hispanic”（西班牙裔）一词。现在，Latino（拉丁裔）和 Hispanic（西班牙裔）相互替代使用。在法律、程序、法规以及大部分的报告和出版物中，都使用这些政府名称。根据皮尤研究中心报告，超过 51%的受访者根据他们家庭的来源国，自称为“墨西哥人”“古巴人”“波多黎各人”“阿根廷人”“萨尔瓦多人”“多米尼加人”。只有24%的人用术语西班牙裔或者拉丁裔来描述自己的身份。21%的受访者说他们经常使用“美国人”这一术语（泰勒等人，2012）。如果执法官员将一些说西班牙语的人描述为拉丁裔或西班牙裔，或者将他们分类成除其来源国之外的其他国家的公民，这些说西班牙语的人可能会因此而生气。所有说西班牙语的人都持有相同的政治观点的这种假设是错误的，特别是如果这些人来自不同的国家，在文化还是国籍方面都不享有共同的身份时。相反，他们常常对自己当地、省、国家身份感到自豪，以至于可能讨厌自己与一些来自西班牙语世界的其他地方的人归为一类（纳迪拉、马德拉，2008）。对于执法官员来说，涉及个人时最好使用的术语是那些人喜欢被称呼的术语。问这些人他们是什么国籍，这种做法是完全可以接受的。永远不要问“你是什么种族”，因为拉丁裔或西班牙裔都无法描述其种族。在某些情况下，问这个问题会被认为是不礼貌的，并且在工作场所甚至可能是非法的，并且可能会使您面临反歧视法律的潜在责任。

无论执法官员怎么被激怒，都不能使用像“wetback”（美口语“湿背人”）、“Mex”（美俚语墨西哥人）、“spic”（美俚语含贬义，美籍西班牙人）、“greaser”（小流氓）或其他带有贬义的民族俚语。这些和其他刻板条款并不表达对执法和维持和平重要的社区多样性的专业精神和尊重，必须在执法中避免。执法官员在自己的部门（与同事或公民）中，听到这些或类似术语时，应当立即反馈这些使用不当的情况。那些出于习惯，经常使用这些或其他贬义术语的官员可能发现他们自己或其上司会非常尴尬地向被冒犯的市民或社区解释为什么他们使用这些术语，并且解释他们如何不带偏见或成见。

历史信息

简短的历史回顾主要集中于美国较大的拉丁裔/西班牙裔社区，尤其是那些具有墨西哥、波多黎各人和古巴种族历史渊源的社区。

19世纪，根据“命运宣言”，美国开始实施并吞南、北、西边大片土地的扩张政策。正如洛佩兹和里瓦斯1973年指出的那样，美国认为自己是“普罗维登斯”选择的一个民族，通过征服、购买和兼并形成更大的联盟。

随着美国1803年并购路易斯安那州领土，1845年并购佛罗里达州，1845年并购得克萨斯州以及1846年并购西北地区（俄勒冈州、华盛顿州、爱达荷州、怀俄明州和蒙大拿州）后，美国与墨西哥发生冲突几乎是不可避免的。在“瓜达卢佩伊达尔戈条约”的签署下，“墨西哥—美利坚战争”由此结束。墨西哥割让得克萨斯州、新墨西哥州、亚利桑那州和加利福尼亚州地区，获得美国1500万美元赔款，这些地区居住着超过10万墨西哥人。从这段历史中可以明显看出，许多墨西哥裔美国人被定型为“未经授权的移民”是毫无意义的，特别是因为超过100万墨西哥裔美国人的系谱可以追溯到19世纪中叶居住在美国西南部的家庭。此外，对于拉丁裔/西班牙裔美国人（特别是墨西哥裔美国人）而言，美国和墨西哥之间的界限被视为是人为的。“西南地区与墨西哥的地理、生态和文化交融，被认为是对西南部地区拥有主权的人们的持续团结。”（蒙铁尔，1978）。

虽然三分之一墨西哥裔美国人的系谱可以追溯到19世纪中叶的美国家庭，但是由于墨西哥革命带来的经济和政治变化，这一群体中的大多数人在1910年后移居美国。

另外，波多黎各在1897年之前是由西班牙统治，当时其被允许建立地方政府。1898年，美国入侵波多黎各，并将其作为美西战争的一部分予以吞并（与古巴、菲律宾和关岛一起）。虽然古巴（1902年）和菲律宾（1949年）获得独立，但波多黎各仍然是美国的领土。1900年，美国国会通过了“福雷克法”（Foraker Act），允许总统任命1名总督，来构建执行委员会和选派代表团。其中执行委员会由11名总统任命的人（其中仅有5名必须是波多黎各人）组成。代表团由当地选举产生的35人组成。实际上，该领地是由美国总统任命的总督和行政委员会进行管理。1917年的“琼斯法案”使得波多黎各人成为美国人。波多黎各直到1948年才选出第一任总督路易斯·穆尼奥斯·马林。1952年，波多黎各获得了英联邦地位，西班牙语又被允许成为学校的教学语言（英语是第二语言）。第二次世界大战之后，大批波多黎各人开始移居美国。由于拥有公民身份，波多黎各人可以轻松出入，他们定居在东海岸，主要是纽约市（部分原因是因为可获得的工作和负担得起的公寓）。

古巴人到美国共有3次移民潮。第一次发生在1959年至1965年间，主要由白人、中产阶级或上层阶级的古巴人组成，他们受过良好教育，事业有成、家底颇丰。古巴联邦政府难民计划、学生贷款计划、小企业管理贷款计划纷纷成立帮助第一次浪潮中的古巴移民在美成功定居（埃斯、特拉达，1985年）。在1958年和1960年，实行了与封锁古巴的商业、经济和金融贸易的禁运。进出口贸易被停止了（赫夫鲍尔、肖特、埃利奥特和科茨，1960）。

第二波古巴移民浪潮发生在1965年到1973年。这次浪潮起源于卡马里奥卡港的开放，允许所有想离开古巴的人可以离去。在第二次浪潮中离开的人更多的是工人和中下阶层，主要是白人男性和女性。

第三波古巴移民发生在1980年夏天到1982年年初，被称为马里尔船升降机。这次是规模最大的（大约12.5万人乘船到美国），主要由工人阶层组成，比之前的浪潮更能反映古巴人口的整体情况。大部分移民到美国的古巴人都希望有更好的经济机会。这次马里埃尔移民中，有许多罪犯和精神病患者被菲德尔·卡斯特罗视为不受欢迎（加维尔，1993）。

在美国移民中，除墨西哥、波多黎各和古巴移民这3大主要群体外，还有来自南美和中美洲21个国家以及加勒比的移民。由于政治，经济和社会原因，这些移民的到来始于20世纪80年代初，增加了拉丁美洲/西班牙裔美国人社区的多样性。一些群体如多米尼加人（在东海岸一个快速增长的群体）未经授权进入美国境内，其总数难以确定。

2015年，奥巴马总统敦促国会重新开放美国驻古巴大使馆，并取消美国的贸易禁运。尽管受到共和党控制的国会的抵制，美国在哈瓦那开设了大使馆，这是50多年来的首次设置大使馆，而古巴人则在华盛顿特区开设了大使馆。然而，在本版书撰写之时，封锁禁止旅游业，两国之间的金融交易仍然有效。

人口统计：拉丁裔/西班牙裔美国人的多样性

历史信息表明，尽管大多数人使用通用语言，但美国的拉丁美洲人跨越了许多原籍国、社会经济群体和教育水平。此外，巴西的语言是葡萄牙语，而不是西班牙语，因此巴西拉丁裔/西班牙裔美国人的语言联系是独特的。以下是美国西班牙裔/拉丁裔人口的一些人口统计学要点，说明了共性和差异：

1. 年龄：拉丁裔/西班牙裔美国人比普通美国人群年轻（见图表 7.6）。2014 年，未满 18 岁的西班牙裔人口为 32%，而黑人为 26%，亚裔为 20%，白人为 19%（帕滕，2016）。西班牙裔是 2014 年美国最年轻的主要种族/族裔群体（见图表 7.7）。

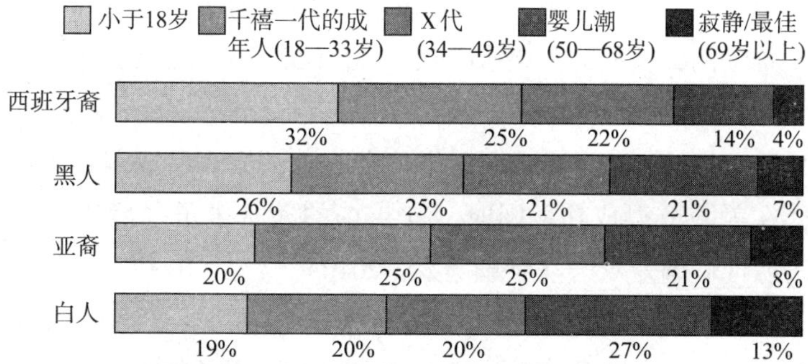

图表 7.6　十分之六的西班牙裔是千禧一代或更年轻

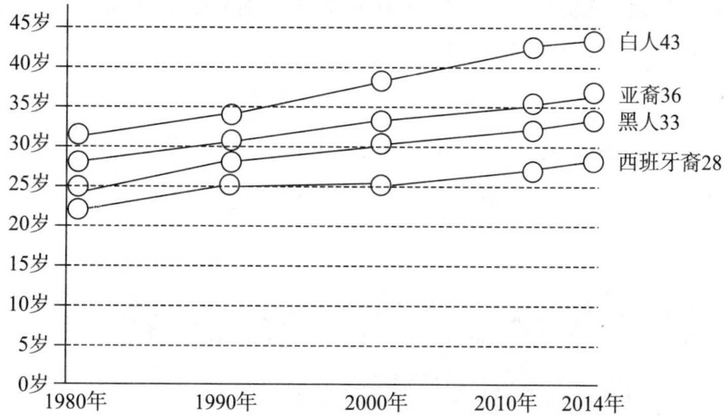

图表 7.7　西班牙裔是该国最年轻的种族/族裔群体

2. 生育率：2011 年，全国 15 至 44 岁妇女诞下的婴儿中，四分之一是西班牙裔人所生（“西班牙裔人口趋势”，2013）（见图表 7.7）。从 2007 年到 2010 年，美国的整体出生率下降了 8%，降至 2011 年以来的最低水平。“美国本土出生的妇女的生育率在这几年下降了 6%，但外国出生的妇女的生育率骤降 14%。墨西哥移民妇女的生育率甚至下降更多，为 23%”（“美国生育率下降创新低”，2013）。根据一些人口统计学家和社会学家分析，出生率下降的原因与许多西班牙裔妇女对母亲身份、家庭规模、求职欲望和避孕方法的看法改变有关。另一个被提及的原因是长期的经济衰退，一直以来导致了出生率的下降。

3. 语言：拉丁裔/西班牙裔美国人的自我认同在西班牙语的知识和应用中得到最充分的证实。西班牙语通常是拉丁裔/西班牙裔美国人保留的最重要的文化。据2014年美国人口普查显示，在美国的5400万拉丁裔/西班牙裔人口中，有68.4%的人会说英语或表明他们说得很好，而1980年的这一比例为59%。英语水平的提高是由美国出生的西班牙裔（大多数是千禧一代）推动的，他们的英语水平从1980年的72%增长到2014年的89%（斯蒂普乐、布朗，2016）。

在接受调查的西班牙裔美国人中，有87%的人表示成年移民需要学习英语才能在美国取得成功。同时，有95%的人希望子孙后代能说西班牙语，这表明他们偏爱双语（泰勒等人，2012）。

4. 贫困率：2013年，美国的官方贫困率是14.5%，比2012年有所下降。西班牙裔人是主要种族和族裔群体中唯一经历过贫困率和贫困人数统计学上显著变化的群体，无论是贫困率还是贫困人数都下降了，比2012年下降了2.1%（美国人口普查局，2014）（见图表7.8）。

5. 教育：2014年，25岁及以上的西班牙裔人的百分比：

·至少有高中文化程度占61.7%，而2000年为52%。

·至少有学士学位或更高的学位占14%，而2000年是10%（帕滕，2016）。

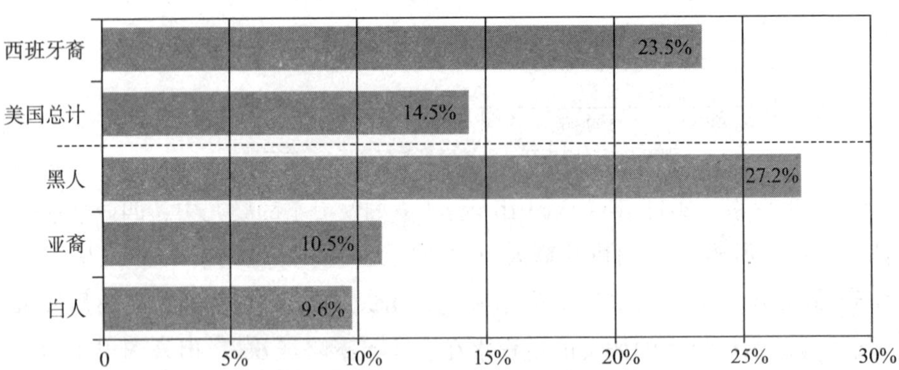

图表7.8 西班牙裔贫困率高于美国总体贫困率

资料来源：美国人口普查局，2014b。

美国拉丁裔/西班牙裔人的出生率与地区分布

2015年，被识别为拉丁美洲人或西班牙裔的人中有63.3%具有墨西哥背景，有9.5%的人具有波多黎各人背景，有3.7%的古巴人，有3.7%的萨尔瓦多人，多米尼加人占3.1%，南美血统人占6%（美国人口普查局，2015）。

美国的西班牙裔集中度

三分之二的西班牙裔人生活在美国加利福尼亚州、得克萨斯州、佛罗里达州、纽约州和伊利诺伊州的5个州（见图表7.9），尽管拉丁裔人口增长最快的是南卡罗莱纳州、肯塔基州、阿肯色州、明尼苏达州和北卡罗来纳州（见图表7.10）。同一份报告指出：

> ·墨西哥裔、萨尔瓦多裔和危地马拉裔或在这些国家出生的人占加利福尼亚州拉丁裔人数最多，而在佛罗里达州，拉丁裔往往来自古巴、哥伦比亚、洪都拉斯和秘鲁。在纽约，波多黎各人、多米尼加人和厄瓜多尔人占主导地位，尽管每个州都有来自各个国家的人。
>
> ·墨西哥人是西班牙裔中最大的群体，在加利福尼亚州约有1200万人，在得克萨斯州则有840万人。这两个州加在一起占美国墨西哥总人口的61%（莫特尔、帕滕，2012）。

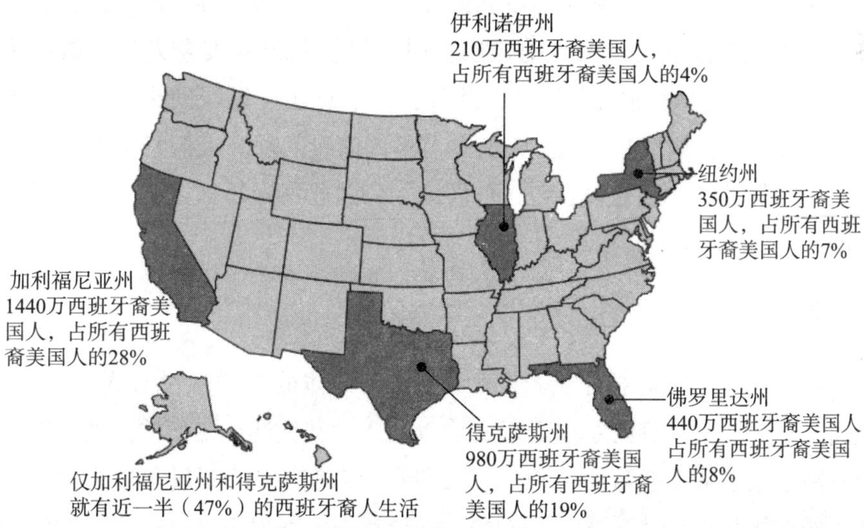

图表7.9　仅在5个州居住着三分之二的西班牙裔

资料来源：西班牙裔人口趋势，2013。

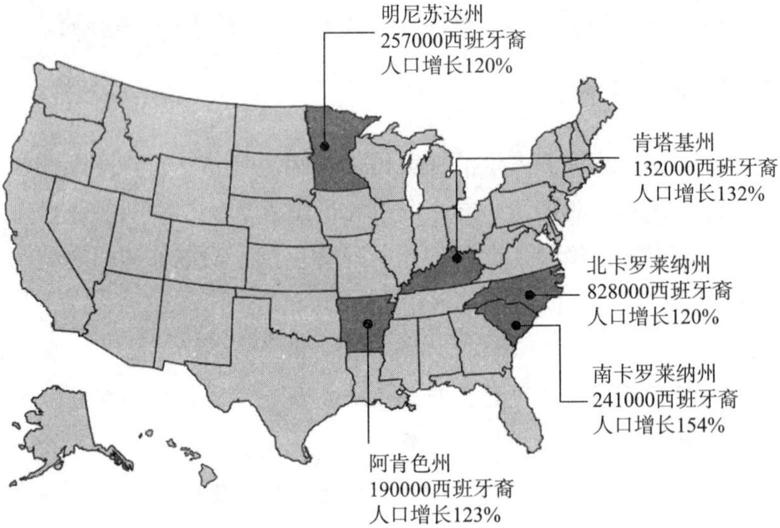

图表 7.10　自 2010 年以来增长最快的五个州

资料来源：西班牙裔人口趋势，2013。

几代移民之间的普遍区别

在本书中，我们描述了与不同世代相关的 5 种移民类型的一般行为和特征。该框架和说明旨在帮助执法、刑事司法和公共安全人员在被称为“移民”的广泛类别中进行区分。此外，该信息还可以帮助执法人员准备与完成移民的社区成员接触。在美国有不同的时间段。人们经常使用“移民”这个标签，因为它没有传达任何区别，因此很容易被笼统化和造成刻板印象。

谬论和陈定型观念

许多执法人员对拉丁裔/西班牙美国人群体的多样性没有太多经验，仅通过刻板印象（通常是电影形式）以及通过其执法职责所涉及的联系非常有限地来了解这些群体。拉丁裔/西班牙裔美国人的刻板印象将这一群体中的个体简化为“一维”的人物，并导致许多美国人将这些不同群体中的成员称为每个人都是“墨西哥人”。对拉丁裔/西班牙裔美国人所关注的问题的认识和敏感性，历史背景和生活经验将有助于打击犯罪和维持和平特派团的执法。对任何种族或种族群体有效的关键在于，我们了解某些文化概括是有效的，但是存在误导的陈规定型观念，并且可能以微妙的方式影响我们的思维。

影响拉丁裔/西班牙裔美国人的一些陈规定型观念包括：

1. 将所有拉丁裔/西班牙裔美国人视为“非法外国人”：尽管许多人可能对美国未经授权的拉丁裔/西班牙裔移民的数量进行争论，但大多数人不属于这一类。绝大多数是美国公民或合法居民。

2. 将拉丁裔/西班牙裔美国人视为懒惰和贫穷的工人：很难理解为什么有些人继续持有这种刻板印象，或者是什么因素持续存在。鉴于我们对美国和全球的拉丁裔/西班牙裔美国人的劳动力了解，拉丁裔/西班牙裔美国人社区倡导者提出这样的论据：很难想象有谁会被贴上“懒惰”或“穷工人”的标签，因为他们愿意从早到晚在田里工作或其他许多美国人认为是卑劣的工作中的劳动者。

3. 将拉丁裔/西班牙裔美国人视为未受过教育的人，对教育活动不感兴趣：2014 年，至少受过高中教育的 25 岁及以上的西班牙裔美国人的比例为 61.7%，而 14%的西班牙裔美国人具有本科以上学历，这两个类别每年都在增加（斯蒂普乐、布朗，2016）。

4. 将拉丁裔/西班牙裔美国人的年轻男性视为帮派成员和毒贩：有些人持有刻板印象，尤其是关于内城区的年轻男性，即拉丁裔/西班牙裔美国人通常参与帮派和非法毒品交易。拉丁裔/西班牙裔文化是面向群体的，年轻人和老年人都倾向于聚集在一起并被视为群体，而不是个人或夫妇。群体中的“外出”往往是社会化的首选方式。但是，鉴于拉丁裔/西班牙裔美国人年轻男性是帮派成员的刻板印象，很容易将 5 名年轻的拉丁裔/西班牙裔男性一起散步构成一个“帮派”。这种刻板印象导致对拉丁裔的怀疑、敌意和偏见，并为诸如例行交通拦截和不正当搜查等不当待遇提供了正当理由。这种陈规定型观念也可能导致执法人员不公正地将拉丁裔/西班牙裔美国人与犯罪活动联系起来。

5. 假设所有拉丁裔/西班牙裔美国人都说西班牙语：2014 年，在家里讲西班牙语的 5~17 岁的拉丁裔/西班牙裔美国人中，有 68.4%的人也说英语“好”或“很好”（斯蒂普乐、布朗，2016）。此外，许多拉丁裔/西班牙裔美国人家庭在美国已经有 6 代或更多的世代了（比许多其他族裔更长），而英语是他们唯一会说和写的语言。因此，告诉拉丁裔他们的英语很好，而又不了解他们的背景，这既是侮辱又是愚昧。

6. 假设所有未经授权的移民都来自墨西哥：大多数未经授权的移民的确来自墨西哥，在美国非法移民占人口的比例最大。但是，也有大量来自中美洲、南美洲以及亚洲、欧洲、加拿大和非洲的无证移民（尼特尔，2016）。

拉丁裔/西班牙裔美国人家庭

名字

包括警察在内的非拉丁裔/西班牙裔人，经常会有此困惑，即西班牙语国家的民众使用两个姓氏，而英语国家的民众则不同，姓氏是家族姓氏和记录名称。例如，一个人命名为 OCTAVIO CHAVEZ HERNANDEZ 可能使用 CHAVEZ 作为他的姓氏，而不使用母亲的姓 HERNANDEZ 作为他的姓氏。一些拉丁裔/西班牙裔美国人可能会无意中误导刑事司法当局，说他们两个名字中的第二个是他们的记录名称，有些人可能会故意这样做。这种混淆可能导致必须启动记录检查，发出引用，甚至使用错误的姓名指控个人。混乱的另一个来源是拉丁裔/西班牙裔已婚妇女可能会在她们的娘家姓中添加丈夫的姓氏。她们会在夫姓前加上西班牙文 DE（意思是“的”），因此，OCTAVIO 的妻子，ANA MARIA（奥克塔维奥的妻子安娜玛丽亚）将表达成 ANA MARIA DE CHAVES。

家庭的重要性

了解家庭对拉丁裔/西班牙裔美国人的重要性可能对维持社区稳定和打击犯罪是至关重要的。显而易见，拉丁裔/西班牙裔美国人这一类别由 25 种以上不同的文化群体组成，各群体之间的家庭经验存在着诸多差异。

LA FAMILIA（西班牙语，家庭）也许是与拉丁裔/西班牙裔美国人一起工作和沟通最需要考虑的因素之一（我们在这使用西班牙术语“LA FAMILIA”，是为了指明英文术语“FAMILY”中所没有的其他文化含义）。

拉丁裔/西班牙裔美国人家庭最明显的特点是相互依存、团结和忠诚，其包括小家庭和大家庭成员以及邻居、朋友和社区成员。家族历史是首要的，其牢牢植根于与过去和未来相关的一系列义务。考虑到不同的忠诚纽带，亲子关系作为主要纽带出现，所有的儿童都尊重其父母（“RESPETO”超越了英语术语“RESPECT”的文化含义）。

传统意义上，父亲的角色一直是规训者、决策者和家庭的领导者。父亲的话是法律，他不会被质疑。父亲倾向于关注家庭的经济和福祉问题，很少关注家庭的社会和情感问题。另外，母亲通过关注家庭的情感和表达问题，被视为可以平衡父亲的角色。大家庭成员如祖母、阿姨和叔叔以及教父母（PADRINOS）可以补充母亲的情感支持。在美籍拉丁裔/西班牙裔家庭中，按照传统，长子是继父亲之后的第二位决策者和家庭主要继承者（PRIMOGENITO）。由于整个大家庭的中心重要性，警察可以期望在拉丁裔/西班牙裔社区工作与受害者或嫌疑人的表兄弟姐妹、姑姑、叔叔和祖父母接触。但是，在美国，主流文化关注点是高度个人主义，因此，超出核心家庭的支持范围可能正在减少。

男人和女人在拉丁裔/西班牙裔美国人家庭中的角色

尽管在许多拉丁裔/西班牙裔美国人家庭中，表面上父亲似乎是唯一的决策者，但是其他许多人会涉及决策的制定。一般来说，如果家中有祖父母，父亲在制定重大决策时可能会咨询他们和他的妻子。拉丁裔妇女更有可能在美国就业，原因是机会增加，有时英语能力更强，导致更多的独立，同样也有压力。由于这些原因，习惯于成为一家之主的丈夫或父亲有时会被迫调整其在家庭中的自我定位，这在父亲拥有最终权威的文化中可能很难做到。

在执法方面，如果官员可以给该父亲和其家庭提供一些私人空间来讨论关键问题，这可能是至关重要的。由于拉丁裔/西班牙裔美国人的文化中具有像尊重和大男子主义（见后面）这样的中心价值，父亲和其他家庭成员在家庭中展示控制权尤为关键。因此，执法人员可能会发现，在某种情况下保持控制权的最好办法是让公民通过一个“决定”来思考，从而得出和警察一样的结论，并进行自我控制，做出有利于各方最佳利益的行为。

在拉丁裔/西班牙裔美国人家庭中，性别角色是明确的；男孩和女孩从小就受以两种不同的行为准则教育（科马斯·迪亚兹和格里菲思，1988）。传统的性别角色可以在两种性别相关的行为规范中进行讨论：大男子主义和女子主义。文学上，大男子主义意味着男性、刚毅和活力。在拉丁裔/西班牙裔美国人文化背景下，大男子主义意味着男性要对家庭的福祉和荣誉负责，并担任养家糊口的角色。大男子主义也与拥有对妇女的权力相关，同时有守卫和保护她们的责任。男孩被视为天性强大，并不需要女孩所要求的保护，而女孩被认为天生柔弱。

基于对圣母玛利亚的信仰，女性被社会化为女性主义的角色，女人被认为在精神方面是超越男性的，因此能够忍受男人带来的一切伤害（史蒂文斯，1973）。女性被期待能为了她们的丈夫和孩子而自我牺牲。在拉丁裔/西班牙裔美国家庭中，妇女的角色是家庭主妇和孩了的照料者。在目前美国背景下，拉丁裔/西班牙裔美国人社区中的女性和男性的传统性别角色发生了重大变化，导致了众多冲突。由于女人已经开始工作赚钱，并有了一定经济独立（例如，她们可以出去，与家庭以外的其他人社交），她们开始追求许多与拉丁裔/西班牙裔女性传统角色不一致的经历。

由于这些变化，对执法人员来说，应该接触家庭中的男性管理者还是家庭女性成员，并不明确。但是，如果警察在执法调查中首先搞定父亲，可能会更为正确。

儿童、青年和年轻人

在拉丁裔/西班牙裔美国人家庭中，理想的状态是孩子对父母和其他长辈都是顺从并尊重的。成年人有时在孩子面前说话，就好像他们不在场，也好像孩子们不能理解大人的谈话一样。孩子被教育要懂得尊重，即对所有的权威人物、老年人、父母、亲戚和其他人要作出适当的行为。如果孩子不懂得尊重，就会受到惩罚和责骂。在许多传统的家庭中，父母（和其他亲属）会认为体罚一个不懂得尊重且行为不端的孩子是合理的。

在拉丁裔/西班牙裔美国人家庭中，高度依赖家庭成员（年长的儿童和其他成年人）来照顾年幼的儿童。父母双方经常工作。因此，在拉丁裔/西班牙裔美国人家庭中，儿童拥有钥匙，或邻里中大龄孩子照顾儿童是很普遍的。在英语为第二语言的家庭中，孩子们在与老师打交道、去看病并与警察和社区中的其他权威人物互动时，通常充当父母的中介人。

虽然使用儿童和家庭成员作为翻译被视为在专业上和文化上是不适当的，但往往这是执法人员唯一可用的手段。请记住，当孩子们比父母更好地理解和说英语时，父母可能会被倒置，因为孩子们就拥有不恰当的权力，作为翻译和谈判者。此外，该官员需要认识到一个话题对不同的家庭成员的敏感程度，而且必须评估一个错误翻译引起的结果。例如，要求青少年给不懂英文的父母翻译说该少年曾经喝酒并驾驶偷来的车，可能导致内容被明显改变。由于少年的尴尬和对惩罚的恐惧，以及可能对父母感到羞耻或尴尬，这个孩子可能会改变内容，以避免负面的后果。在任何情况下，当一个孩子作为父母的翻译人员时，警官应将所有口头和非言语的交流引导给父母。否则，父母可能会认为这个警官不重视他们，是对他们的侮辱。个人主义强调了在任何交流中个人素质的重要，因此，基于个人主义的文化价值，治安官的这种敏感性对拉丁裔/西班牙裔美国人是特别重要的。这一文化概念意味着个人之间的关系是人们，而不是作为机构的代表，或仅仅是作为个人“发挥其作用的个人”。

拉丁裔/西班牙裔美国人的交流风格

虽然我们不希望造成任何形式的成见，但有必要解释拉丁裔/西班牙裔美国人口头和非口头交流风格中的关键特征。风格差异引起的误解会导致拉丁裔/西班牙裔美国人认为警察机构提供的社区服务糟糕、引起冲突以及造成对治安官的安全和控制问题。

1. 拉丁裔/西班牙裔美国人较高的家庭文化价值导致了其非常以家庭和群体为导向。因此，当拉丁裔/西班牙裔美国人在回答问题之前与其他家庭成员经常进行“眼神核对”，以及缺乏使用“我”字陈述或自我引用时，警官不应该将这些行为视为不诚实。“眼神核对”的一个例子是，当接受采访的人快速地瞥一眼一个家庭成员时，就会中断与该警官的眼神交流。这名官员可能会担心，因为在可能要求用“我”来声明个人观察的情形中，拉丁裔/西班牙裔美籍证人可能希望使用代词“我们”。例如，一位目睹商店抢劫的美籍拉丁裔/西班牙裔家庭成员在描述他或她所看到的事物之前，可能先与其他家庭成员进行非语言的核对。这种语言和非语言行为与拉丁裔/西班牙裔美国人的家庭和群体取向是一致的。

2. 在执法人员在场的情况下，即使该官员要求用英语回答，该拉丁裔/西班牙裔人仍向其他人讲西班牙语，也不应该被自动解释为对官员的侮辱或企图隐瞒信息。在执法这种紧张时刻，以英语作为第二语言的人会自动回到第一语言，即对他们而言是容易接受、更舒服的语言。另外，讲西班牙语给了个人更多的表达方式（与其他的发言者和家庭成员讨论和解释复杂的问题）。因此，可以提供给执法人员关于重大事件的更清晰更有用的信息。

3. 对于警官来说，花时间从证人、被害人和嫌疑人那里获取信息是非常重要的，即使个人的英语口语能力有限（借助会讲西班牙语的警官、翻译人员和语言库资源将有所帮助）。通常拉丁裔/西班牙裔美国人在打击犯罪和维持治安秩序方面是起不了作用的，因为警官不能或不会从非讲英语的人那里获得信息。

4. 虽然拉丁裔/西班牙裔美国人可能因警察权威而对执法人员表示尊重，但他们并不一定信任警官或组织。尊重适用于对长辈和被认为处于权力地位的任何人。在西班牙语中，通过使用“USTED”（正式的“您”）而不是“TU”（非正式的“你”）来表示这种尊重。然而，表示尊重并不能确保信任。信任的文化价值需要一些时间来发展。与少数民族社区的许多人一样，拉丁裔/西班牙裔美国人也经历了来自大多数社区某种程度上的偏见和歧视，有此经历的公民需要时间来与执法人员建立信任关系，因为执法人员被认为是大多数社区中的一份子。

5. 个人主义的文化价值强调参与者在任何互动中的重要性。拉丁裔/西班牙裔美国人不仅非常考虑所有交流的内容，也考虑交流背景以及与交流者的关系。这意味着，官员为了有效沟通，提供有关为什么要问问题，问问题的人是谁（关于该警官的信息）以及在该背景下将如何使用该信息等信息是很重要的。其他的语境元素，如在问问题或要求他们的解释或要求之前，向拉丁裔/西班牙裔美国人提供关于程序、法律等的解释和信息，会使警官的工作轻松。执法机构和官员通过提供背景信息并与社区成员建立事前关系，创建了与拉丁裔/西班牙裔美国人个体开展合作的环境。

6. 警官应认识到非语言和其他文化差异，这可能会削弱有效的沟通。许多拉丁裔/西班牙裔美国人特别是年轻一辈，发现与警察类似的执法人员保持眼神交流是不舒服的，有时候是不恰当的。在拉丁裔/西班牙裔美国人文化中，与那些职位高、重要性强或有权威的人直接进行强烈的眼神交流被视为是缺乏尊重的。因此，在这样的背景下，许多公民可能不会把视线聚焦到警察身上。作为警察来说，不将这种非言语行为视为缺乏信任或作为不诚实的回应是很重要的。

7. 拉丁裔/西班牙裔美国人可能会表现出看似回避的行为，如声称不具有某一身份或者说自己不会说英语。在许多拉丁裔/西班牙裔美国人移民的一些国家，警察和执法机构不被视为公共服务机构，但与政治压制政府保持一致。由于许多拉丁裔/西班牙裔美国人可能担心与执法部门的互动，因此警官应花时间解释身份和合作的必要性，并承认参与其中的拉丁裔/西班牙裔美国人的理解力的重要性。

8. 来自拉丁美洲和西班牙的拉丁裔/西班牙裔人在身体语言和面部表情方面表现力极强，而且往往与他人密切交谈。在大多数情况下，官员不应该认为这些表达手势会对他们的人身安全构成威胁（纳塔拉、玛德拉，2008）。

执法中的关键问题

大男子主义

在本章前面讨论过的“machismo”（大男子主义）这一术语来自西班牙单词“macho”。它是指强烈的男性自豪感或夸张的力量感，是西班牙世界中基本态度的组合（韦氏新世界字典）。刑事司法官员，尤其是执法人员，需要去了解所遇到的拉丁裔/西班牙裔男性中的这种潜在特征。刑事司法培训员（学院和现场）应该让学生和试用员工做好工作，他们可能会因大男子主义而遭受来自拉丁裔/西班牙裔男子较高程度的抵制。与体现这种特质或态度的个人打交道是很难的。举例来说，在家庭暴力事件中，男人是责任方，他可能不明白伤害配偶构成刑事犯罪，这已经不仅仅是家庭问题，还是民事控制问题（纳迪拉和马德拉，2008）。

少报犯罪与执法合作

执法人员可能遭遇与拉丁裔/西班牙裔美籍犯罪受害者合作方面的困

难（更多有关这方面的讨论，请参见第一章）。在某种程度上，这种合作的缺乏与恐惧拉丁裔/西班牙裔社区内出现报复有关。过去与原籍国执法机构（例如，他们原籍国残暴的军事力量）接触的经验可能导致他们不愿举报犯罪。其他人可能不寻求警察援助或帮助感觉这样做是毫无意义的。最后，许多移民和难民根本不了解美国的法律制度，因此可能会尽量避免与执法人员进行任何接触。外联活动和社区警务工作将加强与拉丁裔/西班牙裔美国人社区的关系，并可能有助于减轻对犯罪行为的漏报和改善关系与合作。

仇恨犯罪和对拉丁裔/西班牙裔移民的歧视

2015年，该国报告了4029例单偏见仇恨犯罪，其中约9%是专门针对拉丁裔的仇恨犯罪（2015年仇恨犯罪统计，2016）。根据皮尤研究中心对美国种族的调查，“在美国，约有一半的西班牙裔（52%）表示由于种族或族裔而遭受歧视或受到了不公平的对待” （克罗斯塔德和洛佩兹，2016）：

> 西班牙裔美国人受歧视或受到不公平对待的经历因年龄而异。在18岁至29岁的西班牙裔美国人中，有65%的人说他们由于种族或民族而受到歧视或不公平待遇。相比之下，只有35%的50岁及以上的西班牙裔美国人说的相同——差距达到30%。此外，在美国出生的西班牙裔美国人（62%）比移民（41%）更有可能说自己遭受了歧视或不公平的待遇。种族之间也存在差异。例如，有56%的非白人西班牙裔美国人说这是在他们的生活中发生的，这一比例高于白人西班牙裔美国人（41%）（克罗斯塔德和洛佩兹，2016）。

拉丁裔/西班牙裔的种族相貌分析

最近的历史记录了许多在警务中进行种族貌相的事件。这些措施包括纽约市的“拦截和搜身”政策，这些政策主要针对拉丁美洲和非洲裔青年男子，允许警察审问他们，然后搜查违禁品。在90%的情况下，没有发现这种违禁品，但是这种做法对社区关系造成了灾难性的影响，并在2013年被认定为违宪。此事后来遭到纽约警察局工会的质疑，后来撤回了上诉。

司法部在2011年得出结论，东避风港（新泽西州）警察局在交通停靠站期间针对并虐待了拉丁裔驾驶员。滥用行为包括误捕、殴打、非法搜查以及最终阻碍调查（美联社，2014；利普斯，2014）。

拉丁裔/西班牙裔美国人必须能够相信，他们将得到公平对待和保护，因为他们参与并与当地执法部门和公众联系在一起，这是安全和执法部门必须尽其所能确保信任不被破坏（参阅第十二章，种族定性）。

增加对拉丁裔/西班牙裔美国人社区的警察服务

警察邻里资源中心于1991年在伊利诺伊州罗林梅多斯市较大的西班牙裔社区成立，展示了警察部门、拉丁裔/西班牙裔美国人社区以及地方与区域企业之间合作的积极成果。在此期间，罗林梅多斯市的犯罪率显著降低，但是在警察社区资源中心关闭后，东园公寓的枪击、刺伤、抢劫、加重炮击和其他犯罪事件的有所增加。2008年，警察局接到了73起此类犯罪的呼吁；这个数字在2009年升至86起，在2010年和2011年升至94起，在2012年升至119起。

使用双语社区服务人员（民间社会组织）作为未经宣誓的警察为加利福尼亚州圣迭戈的少数民族社区服务的外联方法提供了另一个可行和有效的途径。社区服务警察在那里提供转介、教育居民的各种方案，并在需要时帮助他们举报犯罪。同样，拉丁裔/西班牙裔美国警察外联协调员的协助已在某些社区中成功用于与社区居民进行联络和外联。

执法部门应意识到有必要弥合拉丁裔/西班牙裔美国人社区与执法和公共安全机构之间的服务差距。为此，发现在解决问题或指控官员有不当行为时，警察执行官与社区和宣传机构的拉丁裔/西班牙裔美国领导人之间的会面会很有帮助。其中，包括在北卡罗来纳州达勒姆（Durham）完全用西班牙语举办的公民警察学院，该地区有大量拉丁美洲人。他们的公民警察学院的西班牙语版本包括以西班牙语印刷的小册子和注册表格。这些课程是免费向公众开放的课程，每周两次，向居民提供有关警察操作的第一手资料（公民警察学院，2017）。弥合差距的另一种方法是让警察学习西班牙语。一些警察会证明，即使是“生存”的西班牙语培训，如问候语和基本短语，也对社区关系产生积极影响，因为它们表明警官对拉丁裔的尊重（有关警察部门语言培训的讨论，请参阅第四章）。

增加拉丁裔/西班牙裔美籍警察的人数

有色人种的警官可以通过带给部门的特定知识、技能、经验和形象来提高警察的效率（巴洛，2017）。在过去的10年中，拉丁裔/西班牙裔美国人在联邦、州和地方执法部门中的人数显著增加（在第二章中进行了讨论）。尽管人数有所增加，但拉丁裔/西班牙裔美国人在当地警察局和警长办公室的人数仍然不足。尽管该社区的规模巨大，但当地执法人员试图为拉丁裔/西班牙裔美国人人口众多的州、城市和社区居民提供有效服务的努力仍受到少数拉丁裔/西班牙裔美国人官员的阻碍。任职人数不足的原因包括：（1）与拉丁裔/西班牙裔美国人与社区执法关系的历史；（2）拉丁裔/西班牙裔美国人对执法职业的兴趣有限且缺乏知识；（3）拉丁裔/西班牙裔美国人社区中许多人拥有执法人员的形象；（4）社区成员对背景调查和移民状况、身体要求和申请过程的担忧；（5）在拉丁裔/西班牙裔社区内，执法人员招募和宣传工作的效率低下和方向错误；（6）缺乏拉丁裔/西班牙裔美国人的榜样和执法职业倡导者。

执法机构已经清楚地看到有必要提高其能力，以更多的双语/双文化人员和更明显的榜样为拉丁裔/西班牙裔美国人社区服务。“总统21世纪警务工作队”包括建议1.8，该建议虽然不只是针对拉丁美洲人，但指出“执法机构应努力创造一支劳动力队伍这包括广泛的多样性，包括种族、性别、语言、生活经验和文化背景，以增进对所有社区的理解和效力”。与该建议相结合的是行动项目1.8.1：“联邦政府应制定一项执法多样性倡议，旨在帮助社区多样性执法部门要反映社会的人口统计数字”和1.8.2：“负责监督该计划的部门应帮助当地学习招聘，培训和推广的最佳做法，以改善执法机构的多样性以及文化和语言反应”（“总统21世纪警务工作队”，2016）。

总结

· 拉丁裔/西班牙裔美国人这一标签包含来自北美、中美洲和南美地区的超过25种不同的民族、文化和地区性团体。执法人员必须意识到这些群体之间的差异（例如，国籍、本土文化、地区差异和认知以及语言方言），以及可能由个人生活经历造成的群体内部差异。由于主流美国人对拉丁裔/西班牙裔美国人的成见被视为消极意义多于积极意义，因此警察特别努力地给予这拥有丰富文化遗产的骄傲人群尊重和尊严，这是非常重要的。

· 提及西班牙裔人的首选术语取决于个人，并且可以包括墨西哥裔美国人和拉丁美洲人。然而，皮尤研究调查结果显示，大多数人更喜欢用他们家庭的原籍国而不是泛民族的术语来确认自己的身份。如果有疑问并且需要指定时，警察应询问个人他们更喜欢哪个术语。如果执法人员将讲西班牙语的人和有拉丁裔/西班牙裔背景的人描述为拉丁裔人或西班牙裔人，或者将他们错误地与其所属国以外的国家联系起来，那么可能会冒犯这些人。

· 警官们也永远不要以为拉丁裔是移民，因为许多人已经在该国世代相传，甚至可能不会讲西班牙语。当拉丁裔/西班牙裔美国人使用冒犯性的术语、含糊的发音、标签或行动时，建议警官向同事们提供反馈。此类反馈将有助于减少误会的风险，并改善拉丁裔/西班牙裔美国人社区内警官的工作关系。

· 由于拉丁裔/西班牙裔美国人认为移民执法针对无证或未经授权移民，认为警察是无效和无反应的，并考虑到在美国受到的歧视性待遇，拉丁裔/西班牙裔美国人与美国执法人员的接触经历已经变得无比复杂。一些公民仍然可能会记住这段历史，并将不会忘记警察服务是令人担忧和需要避免的事情这一成见。

· 预计2060年美国的西班牙裔人口为1.19亿人，这将占美国人口的28.6%（美国人口普查局，2015）。美国无证移民的数量已从2007年高峰期的1200万人波动到2014年估计的1110万人。美国人在移民问题上分歧很大，仇恨犯罪和对许多少数族裔的仇恨言论有所增加。关于有证移民和无证移民的拉丁裔普遍化的趋势导致对作为美国公民的拉丁裔/西班牙裔美国人的歧视、仇恨言论和仇恨犯罪。

· 了解一些针对拉丁裔/西班牙裔美国人的错误观点和成见是重要的，这些错误观点和成见使得这一人群遭受偏见、歧视。与任一民族或种族群体有效交流的关键是认识到陈规定型观念，并在与个人互动时监测我们的思维和行为。

· 被称为拉丁裔/西班牙裔的群体之间存在许多差异。然而，家庭可能是在与这些社区合作和交流时需要理解的最重要的概念。拉丁裔/西班牙裔美国人家庭的特点常常是相互依存、团结和忠诚，包括核心家庭和大家庭，也遍及邻居、朋友和社区成员的网络。为有效地与拉丁裔/西班牙裔人互动，执法人员应了解家庭结构中传统的性别角色，尽管这些角色已开始发生变化，正如有更多妇女在外工作。

· 根据最近对美国种族的研究，"在美国，略多于一半的拉丁裔/西班牙裔美国人表示，由于种族或族裔，他们受到歧视或受到不公平待遇"。

· 一些拉丁裔/西班牙裔美国人基于在政治压制国家的经历，可能会担心自己无法有效沟通或可能遭到警方的报复。为了有效沟通，治安官应该保持交流，提供额外时间，使用翻译员，并且耐心对待说话者。警官必须认识到一些拉丁裔/西班牙裔美国人交流风格中的非语言交流方式，如眼神接触、触摸和手势；在英语是第二语言的情况下，一定要记得听力和理解能力通常比口语能力更有用。

· 基于各种各样的理由，拉丁裔/西班牙裔美国人可能不愿意举报犯罪，也不会寻求警方的帮助。对于执法部门以及官员来说，通过社区办公室，双语警官和警官参与社区活动等策略，与拉丁裔/西班牙裔美国人社区建立关系和工作伙伴身份非常重要。执法部门的官员要竭尽全力建立信任、提供外联工作并赢得合作，以有效服务拉丁裔/西班牙裔美国人。通过开展打击犯罪的社区合作来建立伙伴关系是提高有效性的关键。

问题讨论

1. 拉丁裔/西班牙裔美国人的多样性。拉丁裔/西班牙裔美国人由超过25个不同的地区、国家、民族和文化的群体构成。你在打击犯罪和维护治安秩序的工作中最有可能遇到哪些群体？你预计在未来的工作中会遇到哪些群体？

2. 术语选择。拉丁裔、西班牙裔、墨西哥裔美国人，墨西哥人、波多黎各人等术语的使用让很多人感到困惑。如果需要这样的民族和文化信息，你如何找出适合描述个人的术语？当你使用的术语冒犯了与你交谈的人，你会怎么做？

3. 攻击性的术语和标签。如果同伴警察（或同伴学生）发表了对种族或种族不敏感的声明，你会怎么说？警察部门管理层应如何应对？

4. 错误观念和成见的影响。描述一些你听到或遇到的针对拉丁裔/西班牙裔美国人的成见。对于拉丁裔/西班牙裔美国人来说，成见会产生什么样的影响？请给出建议来管理执法中出现的这些成见。你可以通过哪些方式帮助那些对拉丁裔/西班牙裔美国人抱有成见的官员意识到这种成见的影响？

5. 不同文化中的言语和非言语交流风格不同。你如何看待言语和非言语的沟通方式如何帮助警官对待拉丁裔/西班牙裔美国人？理解特定于文化的行为是否有助于你在与人打交道时变得更加敏感？你可能会以何种方式在执法中使用对拉丁裔/西班牙裔美国人家庭动态的理解？

6. 避免执法和漏报犯罪。你认为为什么许多拉丁裔/西班牙裔美国人待在自己的社区并且不举报暴力犯罪？在这方面，警察机构如何能够为拉丁裔/西班牙裔美国人社区服务？

7. 拉丁裔/西班牙裔美国人和执法的未来。拉丁裔/西班牙裔美籍人口是美国人口中增长最快的群体。你认为为服务、语言、劳动力、招聘和培训对执法工作有何影响？

第八章　与阿拉伯裔美国人和其他中东群体的执法接触

学习目的

· 学习完这一章，你应该：

· 罗列出属于“中东人”这一类别的群体，定义“阿拉伯人”和“穆斯林”。

· 描述阿拉伯/中东移民到美国的原因。

· 举例说明中东群体之间的差异和相似之处。

· 解释有关阿拉伯/中东的成见对执法的影响。

· 确定执法部门对穆斯林表示尊重的基本方式。

· 了解一些精选出来的与执法交流相关的传统阿拉伯裔美国人/中东大家庭结构特点。

· 定义传统阿拉伯/中东交流风格和文化习俗的特点。

· 列出并讨论与阿拉伯裔美国人和其他中东群体开展执法交流的关键问题。

提纲

· 引言

· 中东人和相关术语的定义

· 历史信息与阿拉伯裔美国人口统计

· 差异性与相似性

· 成见

· 伊斯兰教

· 家庭结构
· 沟通风格和文化习俗
· 执法中的关键问题
· 总结
· 问题讨论

引言

中东人来到美国有许多原因：为了获得教育并开创事业，为了摆脱战争、暴力及不稳定的政治局势，为了投资商业来获得合法入境美国的权利。大多数执法人员会与许多不同国家的中东人接触，因此执法人员基本掌握过去和现在发生的事件会令其受益。美国人对中东人以及中东地缘政治事件的态度可能会对执法活动持续产生影响。

第二代、第三代和第四代的阿拉伯裔美国人有时还被视为好像刚刚从中东来，并被认为可能是潜在的恐怖分子。这些成见会显著影响人们对阿拉伯裔美国人及其他中东人的看法。9・11 事件后，这种观念显著增强。引人注目的恐怖主义事件之后，对中东人的仇恨、反对事件不断增加。反穆斯林仇恨团体以及针对阿拉伯裔美国人和其他被认为是阿拉伯人、穆斯林或中东人的仇恨犯罪的增加，仍然是执法部门持续关注的重要问题。了解阿拉伯裔美国人和中东人的异质性，以及相关的社会成见的影响，将有助于警察处理和这些不同背景的人群的关系。

中东人和相关术语的定义

对于美国的普通民众，谁是中东人，特别是谁是阿拉伯人，是让人倍感困惑的。虽然伊朗人和土耳其人通常会被认为是阿拉伯人，但他们其实不是阿拉伯人。许多人认为所有的穆斯林都是阿拉伯人，反之亦然。事实上，许多阿拉伯人也是基督徒，穆斯林世界人口实际上是由几十个民族组成的。穆斯林人口最多的国家是印度尼西亚，它位于东南亚，并不在中东地区，穆斯林人口第二多的国家是印度，在南亚。

阿拉伯人信仰的主要宗教是伊斯兰教，其信徒被称为穆斯林。他们有时也被称为 Moslems（穆斯林），但 Muslims（穆斯林）是首选术语，因为它更接近阿拉伯语的发音。伊斯兰教分为两个主要教派：什叶派和逊尼派（人们被称为什叶派人、逊尼派人）。

以下内容摘录自底特律自由新闻报的工作人员与阿拉伯裔美国人社区成员商议后于 2001 年编制的《关于阿拉伯裔美国人，你一直想知道的 100 个问题》，底特律市区被称为“阿拉伯裔美国人在美国生活的中心”，据说密歇根州有 25 万人口来自中东（沃里库，2014）。

> Arab（阿拉伯人、阿拉伯的）是描述一个人的名词，也被用作形容词意思是“阿拉伯国家的”。Arabic（阿拉伯语）是描述语言的名词，通常不被用作形容词。Arabian 是形容词，指沙特阿拉伯的，阿拉伯半岛的或“阿拉伯马”的。当涉及民族或国籍时，使用黎巴嫩、也门或任何适当的词语来确定国家是更加精准的。

所有阿拉伯人的共同点是阿拉伯语，即使不同国家的阿拉伯语有所不同（例如，阿尔及利亚的阿拉伯语不同于约旦的阿拉伯语）。一般认为中东由以下国家构成，除了其中 3 个国家以外，其余国家都是阿拉伯国家：

- 亚丁
- 巴林
- 埃及
- 约旦
- 科威特
- 黎巴嫩
- 阿曼
- 巴勒斯坦权力机构（也称为巴勒斯坦）
- 伊拉克
- 伊朗（非阿拉伯国家）
- 以色列（非阿拉伯国家）
- 卡塔尔
- 沙特阿拉伯
- 叙利亚
- 土耳其（非阿拉伯国家）
- 阿拉伯联合酋长国
- 也门

还有其他阿拉伯国家不位于中东地区（如阿尔及利亚、突尼斯、摩洛哥和利比亚），这些国家的大部分居民讲阿拉伯语，并信奉伊斯兰教宗教。在本章中，我们主要介绍来自中东地区的阿拉伯国家的难民和移民信息。这些人构成了会造成文化差异和特殊问题的中东新移民主体。为便于执法，需要予以说明。本章也会谈及一些有关已存在的阿拉伯裔美国人社区（在 19 世纪末期开始抵达美国的人）的问题。我们首先简要介绍 3 个非阿拉伯国家的人口情况。

伊朗人和土耳其人

伊朗人在写作中会使用阿拉伯文的变体，但大部分都是讲波斯语而不是阿拉伯语。尽管土耳其的少数民族群体会说库尔德语、阿拉伯语、希腊语和亚美尼亚语，但土耳其人讲土耳其语。几乎 100%的伊朗人和土耳其人是穆斯林。在伊朗，大约 90%的穆斯林是“什叶派”或伊斯兰教的“什叶派”分支，其余穆斯林是“逊尼派”（世界概况，2017）。在土耳其，几乎 100%的穆斯林是“逊尼派”（世界概况，2017）。亚美尼亚人是在土耳其遭受迫害的少数民族，基本上是基督徒。1915 年至 1923 年，对亚美尼亚人的种族屠杀夺去了 100 万到 150 万人的生命。一些亚美尼亚人和土耳其人之间依然存在矛盾。土耳其继续否认亚美尼亚人是第一次世界大战期间种族屠杀的受害者（阿朗戈，2015；今日扎曼，2012）。2015 年 4 月，亚美尼亚种族屠杀 100 周年纪念活动在世界各地的许多首都城市举行。土耳其政府承认对亚美尼亚人有暴行，但否认有任何企图消灭全体亚美尼亚人（阿朗戈，2015；今日扎曼，2012）。

在美国，许多伊朗人是犹太人或巴哈伊人，这两个群体都是伊朗的少数民族。在伊朗的穆斯林人口中，大部分属于国教，即伊斯兰教什叶派。波斯人是伊朗最大的民族，但还有其他民族人群，包括阿泽里人、库尔德人、阿拉伯人和土库曼部落（世界概况，2017）。

许多伊朗裔美国人和土耳其裔美国人在 20 世纪 70 年代来到美国，并都出自上层社会的专业群体，如医生、律师和工程师。1979 年伊朗人质危机期间，美国境内的伊朗人经常成为仇恨犯罪和反伊朗情绪的对象；被误认为伊朗人的中东人（阿拉伯人）和南亚人（来自印度的印度人）也普遍遭受这种经历。现在居住在美国的许多伊朗犹太人当时是在伊朗国王衰落后离开了伊朗；美国主要城市如旧金山湾区，洛杉矶和纽约有大量的伊朗犹太人口。此外，伊朗穆斯林人口被发现存在美国的主要城市，如纽约、芝加哥和洛杉矶。虽然伊朗人和土耳其人不是阿拉伯人，但他们有关自豪、尊严和荣誉的家庭价值观与传统阿拉伯世界的价值观相似。

以色列人

以色列是中东唯一一个大部分人口不是穆斯林的国家。以色列人口中，约有20%是阿拉伯人，包括基督徒和穆斯林，约四分之三是犹太人（世界概况，2017）。犹太人口分为两个主要群体：德系犹太人和西班牙裔犹太人。德系犹太人起源于中欧和东欧犹太社区成员，50%以上西班牙裔犹太人来自中世纪时期的西班牙、其他地中海国家和中东阿拉伯国家。以色列的大多数犹太人是德系犹太人，少数是西班牙裔犹太人（差距越来越小）。以色列在美国的移民可能是阿什肯纳兹犹太人也可能是西班牙裔犹太人，还有可能是二者的混血；警官不能从他们的外表判断他们的民族。以色列人可能看起来像美国犹太人、基督徒或穆斯林阿拉伯人或者都不像。

以色列犹太人中存在许多极端的政治和宗教分歧；此外，许多以色列犹太人也是俗人。他们之间存在着巨大的政治分歧；其中，一些涉及巴勒斯坦被占领土内的犹太人定居点有关的持续紧张和敌对状态。

住在以色列边境的大多数阿拉伯人是巴勒斯坦人。1948年阿以战争中，来自5个阿拉伯国家的军队袭击了以色列。阿以战争结束后，巴勒斯坦人把家留在了以色列。1967年的六日战争导致之前属于埃及、叙利亚和约旦的土地被以色列侵占，该土地上大部分人口是巴勒斯坦人。因此，1948年以色列独立战争后，以色列占领的领土，拥有巴勒斯坦人口大约100万人。以色列独立日在阿拉伯世界大多数国家中被称为“nakba”，意思是“灾难”。

巴勒斯坦/以色列局势给双方和整个中东地区都造成了极大的敌对状态。2000年秋，由于未能达成1993年《奥斯陆协定》所要求的谈判协议，敌对活动增加。2000年至2005年，第二次起义或巴勒斯坦“起义”发生，紧张局势持续加强。2006年，敌对行动继续发生，以色列和黎巴嫩爆发战争，黎巴嫩向以色列本土进行火箭袭击。同样，加沙的暴力事件在2005年也开始了，断断续续持续到2009年，它对以色列发动火箭袭击，并对全世界包括美国产生了影响。尽管以色列2009年从加沙撤军，但2014年，另一场持续50天的加沙—以色列战争又爆发了。目前，许多巴勒斯坦人渴望在西岸建立自己的独立国家，而极端虔诚的犹太“定居者”们往往不断扩大定居点，这继续加剧了该地区的紧张局势。

这些政治紧张局势对美国执法官员有着明显的影响，特别在那些拥有大量犹太人和阿拉伯人的社区，或居住着大量以色列人和巴勒斯坦人的社区（如洛杉矶、纽约、芝加哥）。所有执法机构都应该了解掌握巴勒斯坦和以色列之间的紧张关系可能如何在美国显现。公众活动如以色列独立日庆典和以色列或巴勒斯坦政治集会都有可能引起冲突，在以色列和巴勒斯坦问题上，一些大学校园的政治气氛变得越来越紧张和激烈，在这种情况下需要有警察在场，但同其他情况一样，过多的警察在场会使敌对行动升级。中东当前发生的事件往往会对世界各地产生重大的连锁反应。

2010 年年底，在中东和北非地区的多数阿拉伯国家发生“阿拉伯之春”。通过游行示威和其他各种形式的抗议活动，世界主要城市都能感受到其影响。美国大部分城市都只遭遇轻微抗议。然而，2011 年占领华尔街示威者似乎是在模仿“阿拉伯之春”的示威游行（卡纳福，2011）。

监测全球事件和社区趋势将有助于警方采取预防性措施，避免该国的各种中东民族之间发生对抗。第十一章会更深入地探讨这种监测的重要性。

历史信息与阿拉伯裔美国人口统计

尽管许多最近在美国的移民和难民是出于政治原因而离开了他们的国家，但并非所有阿拉伯裔美国人都如此。阿拉伯移民到美国主要有两次浪潮。第一次浪潮发生在 1880 年和第一次世界大战之间，主要是来自叙利亚和今天所知的黎巴嫩（当时这些地区是土耳其奥斯曼帝国的一部分）。在这次浪潮中定居的移民，大约 90% 是基督徒。许多人是为了获得更好的经济条件才前往（因此他们是移民，而不是被迫离开国家的难民）；此外，许多男性是出于逃避为奥斯曼帝国提供军事服务而离开家园（萨姆汉，2006）。这些移民中大部分是农民或工匠，并且他们一个镇一个镇地向农民兜售商品。这一类的犯罪统计数据并没有被过多报道，部分原因是因为在阿拉伯移民社区内，人民只关心他们自己（萨姆汉，个人通信）。

与第一波移民潮在动机和构成特征方面形成鲜明对比的是，始于第二次世界大战之后的第二次阿拉伯移民潮大部分是由学生和专业人士组成的。他们试图摆脱祖国的经济不稳定和政治动荡。因此，这些团体带来了“早期移民所不具备的政治意识”（佐格比，2013）。在第二波移民潮中，最大的群体是巴勒斯坦人，其中许多人是在1948年左右（导致以色列独立的巴勒斯坦分裂时期）来到美国。20世纪70年代，在以色列、埃及、叙利亚和约旦六日战争之后，美国目睹了另一大批巴勒斯坦人的涌入。在20世纪80年代，由于黎巴嫩的内战，一大批黎巴嫩人来到美国。也门人（来自也门）在整个20世纪陆续到达。自20世纪50年代和60年代以来，由于国家政治的不稳定，许多叙利亚人和伊拉克人也将美国变成了他们的家园（佐格比，2013）。因此，这些第二波移民主要是出于各自祖国的政治动荡来到美国，并在改变美国阿拉伯裔美国人社区的性质方面发挥了作用。

密歇根州底特律地区是中东移民如何影响美国的最具代表性的例子。阿拉伯人在19世纪后期开始到达底特律地区，但第一次大规模涌入是在1900年至1924年，当时汽车工业吸引了来自世界各地的移民（伍德拉夫，1991）。今天，底特律/迪尔伯恩地区拥有美国最多的阿拉伯裔群体，阿拉伯裔美国人占迪尔伯恩地区人口的30%左右。此外，底特律地区的中东人口中有很大一部分是迦勒底人——讲迦勒底语的伊拉克基督徒。虽然他们来自中东的核心，但大多数人并不认同自己是伊拉克人，并且有些人被别人当作阿拉伯人时会深感不满（哈达德，2006）。

精选的阿拉伯裔美国人口统计数据

来自阿拉伯国家的移民陆续在美国定居。尽管从2017年特朗普政府开始试图禁止几个穆斯林为主的国家移民、旅行，让移民变得更加困难。但在旅行禁令实行之前，奥巴马政府已经允许增加了来自中东国家的移民。从2013年到2014年，国土安全部对来自中东国家移民授予的绿卡（合法永久居民）数量同比增加了32%（美国国土安全部，2014）。

根据2013年美国移民政策研究所及美国人口普查局数据显示，那一年来自中东移民总数接近70万人（巴塔洛娃，2015）。根据2013年的估算，中东移民中来自伊拉克、黎巴嫩和沙特阿拉伯的人数最多。美国对伊拉克的战争始于2003年，而伊拉克难民或避难者大量涌入美国则需要花费数年的时间。

尽管2010年美国人口普查局估计美国的阿拉伯裔美国人人口不足200万人，但阿拉伯裔美国人研究所基金会表明更准确的估计数是370万人以上（阿拉伯裔美国人研究所基金会，2014）。2010年至2014年，来自沙特阿拉伯的美国移民增长了93%，是所有原籍国移民增长人数最多的（卡玛洛塔，2016）。2016年，约12000名叙利亚难民获得了难民身份（皮尤研究中心，2016），他们都经过了美国多个情报机构18个月至24个月的审查（见第一章）。

阿拉伯裔美国人人口最多的社区位于洛杉矶、底特律、大纽约地区、芝加哥和华盛顿特区。根据佐格比国际研究，2010年拥有最多阿拉伯裔美国人口的5个州分别是加利福尼亚州、密歇根州、纽约州、佛罗里达州和得克萨斯州（阿拉伯裔美国人研究所基金会，2014）。

差异性与相似性

差异性

阿拉伯裔美国人群体之间差异很大。了解这种多样性将有助鼓励人们摆脱成见。如前所述，中东的阿拉伯人至少来自13个不同的国家，其中许多国家相去很远。阿拉伯国家的政府也不同，从君主国到酋长国到共和国都有。来自海湾国家（例如，沙特阿拉伯、卡塔尔、阿曼、巴林、阿拉伯联合酋长国）的来美访问者如学生、游客、商人和外交官通常较为富有，但约旦、黎巴嫩和巴勒斯坦的来访者一般不会给美国带来财富；事实上，很多人极度贫穷。另一个区别是服装，在中东的一些国家，许多年长的男士穿戴头饰，但在年轻男士中不太常见。同样，在中东的年轻女性可能不会选择戴从头到脚包裹她们的头套和长裙。

年轻一代的阿拉伯裔美国人，可能会表现出完全不同于他们被期望的行为（这在大多数移民和难民群体中很典型），令一些父母和祖父母非常失望。此外，与其他移民群体一样，有一些阿拉伯裔美国人已经在美国生活了几代，并完全融入了美国文化。因此，他们可能无法以任何方式识别出自己的祖籍。其他人虽然也曾在美国居住了好几代，但有意识地试图保持阿拉伯传统的活力，并将其传递给子女（参阅第一章）。警官不应该将既定的阿拉伯裔美国人视为新移民。

阿拉伯裔美国人在社会阶层和经济地位方面存在着广泛的差异。尽管居住在美国的许多阿拉伯裔美国人都是受过良好教育的专业人士——例如，2011 年，来自沙特阿拉伯、埃及和科威特的国外出生的成年人中，50%以上拥有学士学位（特拉萨斯，2011）——一部分来自农村地区（如来自黎巴嫩南部、约旦河西岸的巴勒斯坦人、也门人），他们的观点和接受现代化的程度都不同。另外，尽管拥有传统的价值观，但许多新移民的观点是现代的。例如，虽然在美国，一些人往往对阿拉伯妇女有成见印象，但许多阿拉伯妇女并不坚持这一形象。约翰·佐格比描述了现代阿拉伯妇女对这种成见的蔑视："例如，在上流社会受过教育的巴勒斯坦人中，你可以找到许多口头直言不讳的女性，你可能会看到年轻的丈夫在推婴儿车的时候妇女们在讨论世界事件"（约翰·佐格比，2013）。

另外，某些阿拉伯政府（例如，沙特阿拉伯）对妇女施加限制，要求她们不能与男性交往，必须始终戴面纱。阿拉伯男性通常是女性的监护人，对女性的生活具有很大程度的决定权（人权观察，2016）。限制较少的阿拉伯国家（例如，黎巴嫩和约旦）的妇女可能与那些政府给予她们较少自由的妇女表现出截然不同的行为。尽管如此，来自任何国家的传统穆斯林家庭中的女性通常与家庭以外的男性接触有限，并且穿着传统服饰。由于这些传统带来的一些影响涉及美国的阿拉伯妇女和男性警察，将在本章作进一步讨论。

审查人们来美国的动机有助于减少成见。移民（适应美国生活中很少会遇到问题）与难民有区别。有些被迫离开原籍国的难民，认为他们在这里是暂时的，因为他们正在等待冲突结束。因此，他们可能不愿改变传统方式，致使执法人员与之建立关系可能需要更多时间。

相似性

尽管无论是社会经济地位、传统主义水平还是来到美国的动机存在许多差异，执法官员为了建立融洽关系和信任都应该了解与阿拉伯文化相关的价值观和信仰。警官将认识到，稍后列出的一些信息不仅适用于阿拉伯文化，同时以下信息将帮助警官深刻理解信念。许多阿拉伯裔美国人都同意这些信仰是理解传统阿拉伯文化的关键。

传统阿拉伯价值观：

1. 传统的阿拉伯社会维护荣誉（阿拉伯语：ayb）；阿拉伯人可以被公开羞辱的程度不适用于普通西方人。警官认识到，应向所有人表示尊严和尊重，但那些文化中强调羞辱（sharam）和丧失荣誉（如中东、拉丁美洲）的公民可能对尊严和尊重的丧失作出比其他人更严重的反应。人们为了避免羞耻会远走他方，以至于他们不会举报犯罪。尽管如此，与10年前相比，阿拉伯裔美国人渐渐地越来越愿意接受社区警务管理。例如，他们与政府共同努力，顺利起诉犯罪（哈达德，2017）。

2. 对家人的忠诚优先于其他个人需求。一个人与他或她的家人完全交织在一起；传统阿拉伯家庭的保护和隐私往往优于与外界的关系。阿拉伯家庭成员往往避免在别人面前发生分歧和争议，更愿意自己解决问题（哈达德，20017）。

3. 交流应该彬彬有礼，热情好客，强调人与人之间的和谐。太过直接和坦率被认为是非常不礼貌的。从传统的阿拉伯观点来看，如果诚实回答会导致丧失荣誉，特别是对于自己或家人，那么一个人可能不适合做出完全诚实的回答（这可能不适用于既定的阿拉伯裔美国人）。这方面的跨文化交流不容易被大多数西方人理解，并且经常受到批评。当然，尽管通过“荣誉”这一文化理想会使一些论点正当化，但是警官们除整个事实以外不会接受任何事情。但是，这不应该导致警官明确地将注意力放在间接沟通方式上。我们建议警官围绕这种风格工作，而不是暗示公民不诚实。

成见

西方国家对阿拉伯世界抱有消极的成见，而这些成见已经转移到具有阿拉伯血统的美国人身上。正如所有关于民族的扭曲信息一样，警察人员必须认识到，成见如何影响正确的理解。

电影和电视

也许针对阿拉伯最具攻击性的成见来自媒体。电视节目、电子游戏和电影，这些经常以负面的方式描绘阿拉伯人。即使是针对儿童的电影和节目，也会传播“阿拉伯人是恶棍”这一成见。由于许多美国人自己不认识阿拉伯人，故而媒体形象已经深入人心。2012 年年底，在洛杉矶黎凡特文化中心的一次演讲中，《电影中的坏阿拉伯人：好莱坞如何毁灭人们》一书的作者杰克·沙欣讲述到，他在他的研究中发现，“从好莱坞早期开始，相同的成见就不断被重复，肚皮舞者、恐怖分子、危险但无能的阿拉伯人、淫乱的酋长、唯命是从的女人……即使在虚构的电影或电视节目中，阿拉伯人的负面形象不断被重复，倾向于让大众不再敏感，牢固树立成见”（罗曼，2013）。

沙欣认为，在 2001 年恐怖袭击事件发生后的第一个月里，好莱坞创造的气氛造成了有记录地针对阿拉伯裔美国人实施的 326 起仇恨犯罪。尽管袭击事件发生后的军事报复被称为“反恐怖主义”，而不是“反伊斯兰教”；电影业继续渲染对阿拉伯人和穆斯林的负面成见。

沙欣认为，“电影当然要以已经发生的事实为基础，但是如果阿拉伯人是恐怖分子这一形象仅仅是我们从现在起才看到的，如果我们继续诋毁所有的穆斯林和阿拉伯人都是恐怖分子而不去审视清楚这是一个疯狂的边缘，那么我们正在完成什么？”（沙欣，2001）

尽管一些制片人和制片公司对他们在制造成见方面的潜力变得越来越敏感，但一些穆斯林和阿拉伯裔美国人组织认为还有改进的空间。

对“恐怖分子”的成见，9·11 事件后的激烈抵制以及正在发生的挑战

即使在 9·11 事件发生前，阿拉伯人已经常被认为是恐怖分子。1995 年 4 月在俄克拉荷马城发生的爆炸案是一个最有力的例子来证明人们对阿拉伯人存在歧视。爆炸案发生后，许多记者和政治领袖都立刻表明这场悲剧似乎是穆斯林恐怖分子所为。这是在没有任何支撑性证据的情况下就得出的初步结论。而蒂莫西·J. 麦克维的被捕和定罪证明他们错了。这种猜疑的结果是引起人民对阿拉伯人的猛烈抨击，包括：给阿拉伯人打许多仇恨电话；遍布全国的阿拉伯人成为替罪羔羊。

在 9·11 事件后，引发的愤怒演变为对阿拉伯人和穆斯林的猛烈抨击。袭击发生后的 9 周内，发生了超过 700 件针对阿拉伯裔美国人和穆斯林美国人或者被认为是阿拉伯裔美国人或穆斯林美国人的暴力犯罪。甚至只是深色皮肤，戴着头巾的锡克教徒，他们既不是穆斯林也不是中东人，也成

为袭击发生后仇恨犯罪的目标和受害者（锡克教徒持续成为仇恨犯罪的目标，比如 2012 年在威斯康星州的锡克庙年发生的枪击案）。

9 · 11 事件是阿拉伯裔美国人在美国历史上的关键节点。10 年之后的今天，了解 9 · 11 事件的影响跟当时袭击后同样重要：

> 这次袭击后，主要的影响是部分阿拉伯裔美国人自我意识的提高（包括脆弱感的加强），以及其他美国社会更广泛地认识到这些社区的存在（尽管这些认知……伴随着一定程度的厌恶）。在可预见的将来，阿拉伯裔美籍个人和组织会因不忠而被处于审查的监控下并且会向那些袭击美国的人表达同情（反歧视委员会研究机构，2008）。

执法部门需要认识到，当恐怖分子在全世界以伊斯兰教的名义犯罪时，这些针对阿拉伯裔美国人的威胁和仇恨犯罪会带来更高的风险。上述引用的反歧视委员会报告包括两个全球新闻的例子以及其对针对阿拉伯裔美国人实施的仇恨犯罪的影响。当全球事件发生时，一些极度不宽容的个人会点燃恐惧和愤怒，对那些似乎是中东人的人大肆抨击。这导致阿拉伯裔美国人已经产生的并且正在忍受的焦虑将不断持续（反歧视委员会研究机构，2008）。

增进了解将有利于所有有关方面。阿拉伯人对世界文明的贡献在许多领域都很大，包括数学、天文学、医学、建筑学、地理学和语言。许多鼎鼎有名的阿拉伯裔美国人参与到各个专业领域，比如国家阿拉伯裔美国人医学协会、密歇根阿拉伯裔美国人法律协会等组织，这些组织受人敬重，拥有大量会员（哈达德，2017）。在过去的 10 年里，阿拉伯裔美国人的政治敏锐性与政治活动参与程度大大提高。在商业和企业领域，涉及硅谷的信息技术，“名单上有很多来自中东的杰出的技术创新者和领袖”（库马尔，2016）。

目前，影响执法人员看法的成见包括一些神话——9 · 11 事件、波士顿马拉松爆炸案和美国的其他事件发生后，所有恐怖分子都具有阿拉伯和中东国籍或穆斯林宗教背景。

了解各种多元文化社区的关注点、多样性和历史背景将有助于执法人员在对付恐怖主义时完成保护公共安全、维和任务。重要的是要了解一些与恐怖主义有关的群体的神话和刻板印象，以及这些刻板印象如何可能有助于形成偏见、歧视，并给这些群体成员带来偏见遭遇。对那些可能是潜在恐怖分子的多元文化群体的刻板印象，将这些群体中的个体简化为单一的讽刺漫画，将其描述为无法面对面作战的“无能懦夫”或无法被阻止的“自杀妖怪”。对执法人员来说，了解潜在恐怖分子的不同刻板印象是很重要的。在跨文化执法中，关键一招是与任何群体接触，能够明智地辨别关于该群体的神话和刻板印象。另外，当这些刻板印象不适用于与他们交往的人时，警察需要意识到这些刻板印象，并且能够监控他们的思维和行为。

伊斯兰教

美国人和阿拉伯裔美国人之间的误解部分归结于宗教上的差异以及对这些差异缺乏容忍。伊斯兰教被一些来到美国的穆斯林新移民和穆斯林非洲裔美国人所信奉。在美国，许多穆斯林从文化上认同自己的宗教，但这确实意味着他们是“虔诚的教徒”。术语“伊斯兰教的”不一定就与文化或民族有关。穆斯林或者那些信奉或认同伊斯兰教的人来自世界各地。“伊斯兰教”并不代表“阿拉伯语”，也不意味着“中东人”。（在本章前面解释过的人口统计群体）“伊斯兰教的”只是一个涉及伊斯兰教的形容词。在美国大部分的穆斯林不是阿拉伯人或中东人，而是非洲裔美国人。许多阿拉伯裔美国人（特别是来自第一次阿拉伯移民潮的）是基督徒，由于他们是阿拉伯人，非阿拉伯裔美国人往往会认为他们是穆斯林。穆斯林是指那些信奉伊斯兰宗教的人（之后一节将定义更多的术语以及明确相关区别）。

总的来说，大多数美国人因为成见并不理解什么是伊斯兰教，错误地将穆斯林与恐怖主义分子或极端分子联系在一起。在美国，许多阿拉伯裔美国人继续践行宗教中与日常生活紧密相关的传统习俗，但绝不是所有阿拉伯裔美国人都这么做。然而，一些穆斯林只会在圣日去清真寺。一些穆斯林完全没有“官方的”隶属关系。

伊斯兰教意味着服从上帝的意志。对传统的虔诚的穆斯林来说，上帝的意志（有点类似于西方的命运概念）是一个中心概念。伊斯兰教以前被叫作“穆罕默德教”，这种宗教称呼是不正确的，因为它暗示穆斯林崇拜穆罕默德①而不是真主（阿拉）。人们相信，上帝给人们的最终信息由先知穆罕默德揭示。阿拉是阿拉伯语中对亚伯拉罕之神的简称。阿拉伯穆斯林和阿拉伯基督徒都使用这词。

《古兰经》以及伊斯兰教的核心

《古兰经》是穆斯林的神圣经文，被视为是上帝的话语。伊斯兰教的框架由5个核心支柱或者说是中心指导思想组成：

1. 信仰上帝；
2. 每天祷告5次；
3. 给予施舍（关心穷人）；
4. 斋月期要斋戒（从日出到日落）；
5. 一生中至少去1次麦加（在沙特阿拉伯）朝圣。

执法官员可以在某些情形中尊重穆斯林践行宗教仪式的需要。其中一个情形就是当他们需要去表达对上帝的信仰并被尊重时。清真寺是伊斯兰教的寺坊，相当于教堂或犹太教堂，人们总是在清真寺一起做礼拜。但是，如果教堂会众不在，人们也可以单独祷告。例如，监狱内虔诚的穆斯林一天会连续祷告5次，警官不应该嘲笑他们或阻止他们这样做。请记住，每天祷告5次是伊斯兰教的核心，而信奉伊斯兰教的穆斯林无论如何都会坚持这一“命令”。祷告发生在以下时间：

· 日出前1小时。
· 中午。
· 下午三四点钟。
· 日落。
· 日落后90分钟。

清真寺里的禁忌

如果警察能够尽可能地避免进入清真寺以及中断祈祷（紧急情况下，

① 另一种拼写是Muhammad（默罕默德），更接近阿拉伯语的发音。

有时可能做不到），就是对穆斯林社区的敬意。在阿拉伯人的生活中，宗教是至关重要的；与穆斯林社区建立融洽关系的最快捷途径就是尊重伊斯兰的习俗和信仰。因此，除紧急情况外，建议警官：

· 切勿穿鞋踩在祷告垫或地毯上。

· 避免在祷告中的人面前行走。

· 当人们祷告时要轻声说话。

· 穿着保守（男人和女人都要求穿着保守；不合适穿短裤）。

· 邀请人们离开祷告区后再与他们交谈。

· 切勿触摸《古兰经》，或将其放在地板上，或将任何东西放在上面。

要求人们在进入前脱鞋是清真寺的合理规则，但这必须留给警官自行决定。当然，在考虑差异之前，要率先考虑警官的安全。

斋月：圣月

庆祝斋月是伊斯兰教最神圣的时刻之一，时间会持续 1 个月。如同犹太人和中国的日历，伊斯兰教的日历是基于月球周期，与月相有关，每年的日期不尽相同，因此斋月也没有固定的日期。

在斋月期间，穆斯林从日出到日落，不能吃、喝、吸烟，或者满足其他某些“生理需求”。穆斯林在斋月期间会禁食，以此践行自律并经历和展现世界各地认同这一宗教的穆斯林的团结。在斋月的第二十九个晚上，当新月出现时，这个月的禁食就正式结束了。禁食解除，人们便用宴会和其他活动庆祝 3 天。比起一年中的其他时刻，斋月期间，穆斯林教徒往往会在清真寺更频繁祷告。

斋月对穆斯林的重要和圣洁程度就跟四旬斋和圣诞节对基督徒的重要和圣洁程度一样；当其他非穆斯林认识到斋月的重要性时，这一事实是值得赞赏的。一个拥有大量阿拉伯裔美国人的城市（迪尔伯恩、密歇根州）于斋月期间在其商业区放置节日灯，表达出对阿拉伯裔美国人为城市带来多样性的接受和赞赏。阿拉伯裔美国人社区对这个象征性的表示反映颇好。

有关宗教习俗的知识

了解宗教习俗，包括被认为是神圣的习俗，将帮助警官避免造成问题和冲突。例如，在加利福尼亚州的旧金山郊区，有个人因出车祸而死亡，警察为了取这个人头发的样本进入了太平间，这时，警察和一群来自突尼斯的穆斯林差点儿发生暴力冲突。

很明显，这具尸体已经被阿訇（一位宗教领袖）蒙福。根据宗教信仰，任何进一步的接触都会玷污这具已经圣化过、准备埋葬的尸体。这些警察只是为完成调查，在做他们应做的事，但他们并不知道这个禁忌。由于不知道该禁忌再加上语言障碍，造成了一个极其混乱和对抗的局面，在这个局面下，警察失去了必要的控制。一个更好的行动方案本该是警方解释其要做什么并获得允许其处理已圣化过的尸体。如果这些公民没有给予许可，警方到那时才将不得不决定如何处理。大多数阿拉伯裔美国人社区成员会遵守警察的意愿。在许多其他涉及警察/公民交流的情况中，最初的做法为整个互动制定了基调。警官应进一步了解与死亡有关的禁忌，伊斯兰教禁止任何形式的尸体解剖；因此，除非与犯罪调查相结合，否则不进行尸检。一些专家解释说，“身体入侵违反了（伊斯兰教中）关于保护人体完整的神圣信仰。虽然宗教本身并没有严格禁止尸体解剖……但是……这是对随时间而变化的教义解释”（伯托，2012）。

基督教、犹太教和伊斯兰教之间的相似之处

在阅读上述穆斯林信仰的原则时，请注意伊斯兰教的某些宗教活动方面在基督教和犹太教中也能找到。这 3 个宗教都是单一主义者，也就是说，每个宗教都只相信一个上帝。这些宗教的追随者相信上帝是一切的起源，无所不知，无所不能。由于上帝是仁慈的，所以有可能赦免信徒们的罪过，尽管在不同的意识形态中获得赦免的做法各不相同。这 3 种宗教都有一本以信仰为核心的圣书：犹太教有《旧约圣经》（旧约前 5 本），基督教有《圣经》，伊斯兰教有《古兰经》。这 3 种宗教都将自己的经文视为上帝的直接言辞，或是受上帝之道的启发。这 3 本书有相似之处。例如，每一本都存在十诫的概念。这 3 本书中都包含许多同样的人的故事，如亚当、诺亚、亚伯拉罕、摩西、大卫和所罗门。另外，《圣经》和《古兰经》都有关于玛利亚、耶稣和施洗约翰的故事。每本书的口头朗读或朗诵都构成了日常做礼拜的一部分。

先知在每个传统中都存在，是被尊为传递上帝之道的人。从科学的角

度看，犹太教首先成为宗教，其次是基督教，然后是伊斯兰教。伊斯兰教建立在犹太教和基督教的基础之上，并相信早期书籍中先知的真实性。例如，伊斯兰教的信仰中把摩西和耶稣都视为正当的先知，也是穆罕默德的先驱。穆罕默德被视为是上帝选出的最后一位先知。由于有关基督教和犹太教的解释各不相同，伊斯兰教信徒也以不同的方式解释该宗教。对《古兰经》的不同解读可能会导致该宗教拥有更多（或更少）的宽恕。最后，据说伊斯兰教和犹太—基督教的传统都源于同一宗派；亚伯拉罕是以撒和以实玛利的父亲，以撒的后裔成为以色列的子民，而以实玛利是阿拉伯人的先祖。

更多术语的定义："伊斯兰教徒"和"圣战"

"伊斯兰教主义者"一词是指那些认同伊斯兰教并且认为其教条应直接影响政治生活的穆斯林。把"伊斯兰教主义者"等同于"恐怖主义分子"，这是一种常见的误解。伊斯兰教义或政治派别范围很广，还有许多细微的定义（汗，2013）。

要了解"伊斯兰教主义者"（人）和"伊斯兰教"（意识形态）的方法之一就是去思考一些基督徒的政治联盟。从事政治的基督教徒可能在宗教信仰中被认为是极端宗教主义者或保守派，但他们并不是恐怖分子。美国基督教政治组织成员在宗教上是认同的，并且其政治议程在不同基督教政治联盟中各不相同，正如他们在伊斯兰教主义者中的那样（汗，2013）。

媒体经常用"伊斯兰教主义者"这个词来表示极端宗教主义者，通常这个词和伊斯兰极端分子被一起使用。据乌梅拉·汗——一名研究防止美国穆斯林社区的激进化和暴力极端主义化以及向联邦调查局（FBI）和司法部就反恐事宜提供咨询的专家讲道：

> "伊斯兰教主义者"一词总是带有政治性的，但这个词并不能说明一个特定的群体或个人有多么保守或极端；伊斯兰教主义者传达出政治立场。与"伊斯兰教的"一词相反，伊斯兰教主义者不是一种生活方式——极度"伊斯兰教的"。你作为穆斯林的个人身份是与伊斯兰教有关，以及你认同"伊斯兰教"的东西；但从政治上讲，你仍然可以是非常独立的（汗，2013）。

圣战是另一个经常被认为是极端主义的术语，其意思是阿拉伯语中的“斗争”。“Jihadi（圣战的）或 jihadist（圣战的）是形容词，如“Jihadist movement（圣战运动）中的 Jihadist 是形容词。或者可以表示一个人，如“a jihadist”（一个圣战者）。圣战的概念既指内在的精神宗教斗争，也指伊斯兰教反对敌人和压迫的外在斗争。后者的概念有时在主流美国媒体中被描述为是一场“神圣的战争”，并且是“基地”组织等恐怖组织意识形态基础的扭曲变异。尽管内在的个人斗争通常被认为是更重要的圣战含义，而人身冲突是次要的圣战含义，但由于媒体对恐怖组织的大肆报道，许多人可能只知道暴力圣战的概念（它被不准确地用作恐怖主义的同义词）。

极端宗教主义

一些人将激进穆斯林的行为归因于对《古兰经》的“不同解读”，这常常需要对某些段落进行解释。例如，一位学者指出《古兰经》的某些现代著作或解释，如“穆斯林的道路”，这词常常用于灌输给极端主义青年男子（华勒斯和埃弗隆，2010）。然而，其他宗教和宗派也产生了极端主义分子，他们在信仰的指示下实施暴力。例如，三 K 党。伊斯兰极端宗教主义或极端主义与恐怖主义并不类似。乌梅拉·汗观察到：

> 事实上，来自不同伊斯兰思想学派的学者有时与“极端主义”相关联，如瓦哈比派和萨拉菲派，他们发布了教令（对公认权威机构制定的伊斯兰教法要点的观点或裁定）谴责恐怖主义。例如，瓦哈比派和萨拉菲派在他们的学习和实践上可能保守，但并不意味着他们践行伊斯兰教的方式会直接导致恐怖主义。恐怖主义是伊斯兰教的一种偏离（汗，2013）。

汗强调，执法人员不应该推断一个明显有宗教信仰的人具有恐怖分子的倾向。“执法部门看到人们践行宗教的外在表现后，成见通常也会随之而来”（汗，2013）。她进一步解释说，那些不知道伊斯兰教的人往往是更有可能加入恐怖组织的人。“我们看到参与其中的人的年龄越来越小，他们不知道从什么宗教开始学习。当他们了解一个异常的意识形态时，他们不能判断什么是真正的伊斯兰教，而什么不是伊斯兰教”（汗，2013）。

家庭结构

阿拉伯裔美国人通常有一个亲密的家庭，家庭成员有着强烈的忠诚感，履行对所有成员包括大家庭（姑姑、叔叔、表兄妹、祖父母）的义务。有传统思想的家庭也坚信家庭的荣誉，并且家庭成员尽量避免会给家庭带来羞耻或羞辱的行为。阿拉伯裔美国人的行动单位（这可能对在美国世代生活的人不是很准确）不是个人而是家庭。

因此，如果一个人的行为不合适，整个家庭都会受羞辱。同样，如果一个家庭成员在阿拉伯世界被袭击，会有某种报应发生。对于警察来说，阿拉伯家庭的以下三个特点将会影响警察与阿拉伯家庭成员的互动：

> · 大家庭成员通常如同“核心家庭”（母亲、父亲、子女）那般亲密，不会被视为次要家庭成员。如果发生一个治安问题，警察可以预想到将会有几名家庭成员参与到此事中。尽管警察可能认为这是干涉，但从阿拉伯文化的角度来看，这仅仅是参与和关心。参与的人数并不意味着能压制一名警官。
>
> · 家庭忠诚和保护被视为家庭生活中最重要的品质之一。因此，羞辱、嘲笑、侮辱或批评家庭成员，特别是在公共场合，会产生严重的后果。
>
> · 年轻的一批阿拉伯裔美籍难民或移民可能不愿意接受警方援助。因为家庭成员间是紧密联系的，他们也可以组成封闭的“单位”，在这单元里，成员更喜欢自己处理私人事务或冲突。因此，如果警察想取得合作，不得不努力建立融洽关系。

与阿拉伯裔美国人家庭成员的执法互动和这三个特征之间有一个重要的联络点。前迪尔伯恩警察局下士贝罗解释说：“当我们在家响应号召时，警车就像磁铁般有吸引力。每个家庭成员都会走出家门，每个人都想立刻说话。对于一个不了解这个背景的警官来说，会对他造成一种压倒性的感觉”（贝罗，2013）。

没有接受过如何适当而专业地理解和应对有关文化差异培训的警察可能因以下方式被该家庭疏离：（1）没有尊重家庭成员的兴趣和参与；（2）试图以权威的方式控制沟通。其后果可能是，警官难以建立必要的融洽关系来获取有关手头冲突的信息，并且不会被信任或受到尊重。为了有效开展工作，执法人员必须表现出对阿拉伯家庭价值以及沟通方式差异的尊重。

家庭领导者

跟许多具有传统家庭结构的文化一样，阿拉伯家庭中的男人几乎是家庭的领导者，其角色和影响力很强。传统婚姻里妻子也有很大的影响力，但更多的时候是在“幕后”。阿拉伯女人在私下交往时和她在公开场合一样，很少违背丈夫。然而，正如本章前面提到的，有许多女性脱离了传统模式，比她们的母亲或祖母更倾向于畅所欲言、直言不讳和坚定信心。中东女性的原籍国也可能是决定她公共行为的一个因素。

传统上，在许多阿拉伯国家，父亲通过成为严格的纪律执行者和要求绝对的尊重来维系自己的地位，因此造成子女甚至妻子对其一定程度上的敬畏。最重要的是，在美国出生和长大的大多数阿拉伯裔美国人已经采取了中产阶级的“美国式”儿童养育方式，即子女参与了一些决策制定，并被平等地对待。此外，如同美国各类家庭中角色的改变，在美国的成熟阿拉伯裔美国人家庭中，父亲作为传统家庭的领导者和母亲作为第二决策者的模式已不再流行。对于受过教育的阿拉伯裔美国人来说，虐待妻子和儿童并不被视为受人尊敬的做法，但这种做法仍然存在，就像他们在美国主流社会所做的一样。

在传统的阿拉伯社会中，男性展示权力和影响力是很常见的。尽管从某些西方角度来看，这种特征可能会具有负面影响，但这一特征有助于确保家庭成员遵守重要事项。丈夫或父亲可以是当权者的天然盟友。例如，在涉及孩子的事情上，我们建议警官让孩子父亲、母亲一起参与。在家庭问题上，即使妻子看起来要服从她的丈夫，但女性常常是负责人。要与女性进行沟通，即使是间接的，同时要尊重男性对自己公开地位的需求，这将会赢得男性和女性的尊重。

儿童与美国化

美国化，包括融入美国社会、适应美国社会，也包括适应不同的行为、态度和价值观，年轻的移民和难民子女通常比他们的父母适应得更快，学习新语言也相对容易。另外，美国社会同龄人的影响和压力开始使得父母的管束黯然失色，特别是在青春期开始时（阿布汉达，2017）。被父母所珍爱的阿拉伯儿童，常常面临着弥合父母的原籍文化和在新收养国的期望之间的文化鸿沟的挑战。孩子们可能会反抗和拒绝他们原籍国的语言、习俗和传统，认为自己是“美国人”而不是“阿拉伯人”（阿布汉达，2017）。

阿拉伯家庭中的孩子被教导要尊重父母、长辈和当权者，维护家庭的尊严和声誉，为家庭带来荣誉，声誉受到高度重视。父母担心并强烈反对美国社会中的某些行为，尤其是那些与酒精和两性身体有关的行为（伊斯梅尔，2017）。“当年轻人实行了这些行为时，羞愧会给家庭带来痛苦、冲突和对孩子的限制。然而，当一个孩子的行为，尤其是一个女孩的行为被认为是性行为不端时，这个家庭的荣誉就被毁了。当这种情况发生时，家庭的所有成员都要遭殃”（伊斯梅尔，2017）。

改变那些反对孩子行为的父母的态度，警察可以做的事少之又少。但是，如果警察回应时注意到该家庭因为孩子的行为而变得功能失调，那么就可以开始给该家庭某种社会服务干预或提供转介。如果一个家庭已经在在涉及儿童及其父母的问题上需要警方援助，那么他们也需要其他类型的援助。同时，新移民和难民不一定会接受社会服务干预，特别是如果个别案件中工作人员不会说阿拉伯语。“连接文化”是在华盛顿特区专门从事阿拉伯裔美国人跨文化知识的公司，根据其总裁伊斯梅尔的观点，比起社区内部的人，一些人可能会更愿意向社区以外的人揭露更多的信息。如果个人家事或争执披露给自己所属的文化、宗教或种族群体的人，难民和移民会担心给家庭带来耻辱（伊斯梅尔，个人通信，2013）。

沟通风格和文化习俗

与所有的移民团体一样，人们保留其文化习俗的程度也各不相同。以下对日常行为的描述并不适用于所有阿拉伯裔美国人，也不一定只适用于新移民。移民通过有意识的选择或者有时无意识的文化行为（他们的文化行为没有在自己意识的支配下），在来到新的国家后长期保留传统和习俗。

问候、名字、靠近、触摸

拥有阿拉伯血统的阿拉伯裔美国人从 19 世纪后期开始陆续来到美国；第二、第三和第四代阿拉伯裔美国人都是 100 多年前定居美国的阿拉伯移民的子孙后代。然而，对于新来的阿拉伯裔美国人来说，有一些需要注意的习俗，包括称呼长辈或身居要职的人。“最常见的称呼是‘先生’或‘女士’。紧随其后的是姓氏或名字（在一些阿拉伯国家，姓氏用在‘先生’或‘女士’的后面）。让阿拉伯妇女在婚后保留自己的名字也是惯例。因此，‘未婚名字’和‘婚后名字’两个称呼之间的区别可能会让一些人感到不解”（伊斯梅尔，2017）。

阿拉伯语是一种语音语言，但你可能会看到相同的名字以两种不同的方式拼写。例如，“穆罕默德”也可以拼写为“Muhammad”和“Lobna”，还可以拼写为“Lubna”。在英语中，使用不同的元音通常会改变单词发音。但在这些阿拉伯名字中，“o”和“u”是可以互换的，尽管拼写不同，但每个名字的发音仍然相同（伊斯梅尔，2017）。

许多保留传统风俗习惯的阿拉伯裔美国人习惯握手，并且会将右手放在靠近心脏的胸前，来表示他们的热情、深深的敬意和感激之情。在访问中东时，建议美国人每当看到这种姿势时都要作出回应。执法人员可以自行决定他们是否习惯使用这种手势——大部分人们不会期望从执法人员那里看到该手势，如果他们能够表达出诚意，人们可能会赞赏其使用这种手势。一般来说，当与来自中东的阿拉伯人握手时，他们不会短暂或坚定地握手（许多文化团体对“他死鱼般的握手”这个表达方式是陌生的）。传统阿拉伯式握手的时间比其他美国人更长，握手更轻柔。年长的孩子会被教育要与成年人握手以示敬意。如果执法人员与自己年长的孩子握手，许多阿拉伯人会报以感激之情。对于刚来的阿拉伯女性移民或难民来说，除非她先伸手，否则通常不宜握手。这尤其适用于戴头套的女性。

许多同性的阿拉伯人通过在脸颊上亲吻以表欢迎。例如，两名沙特阿拉伯男性打招呼的方式可能是多次在各自脸颊上亲吻。传统的阿拉伯世界中禁止公开接触异性，男性官员应尽可能地不要碰触阿拉伯女性，甚至是不经意的。除非如上所述，女性首先伸出手来握手。

警察应该了解到，一些刚到美国的阿拉伯裔美国公民（黎巴嫩人）可能会对一名警察的靠近做出意想不到的反应。例如，警察只是要求一个人出示驾驶执照，但这个人为了能跟警察交谈会从车里出来。从个人的角度来看，他或她只是试图表示礼貌（因为在原籍国，就是应该这么做的）。警察总会意识到安全问题，可能必须要简单地解释到，在美国，要求公民留在车内。

好客

无论阿拉伯人在生活中地位如何，好客是他们的代名词。一般来说，客人会受到最热情、最奢侈的考虑。在阿拉伯文化中好客不是一种选择，更多的是义务或责任。在阿拉伯世界的某些地方，可以用一种共同的表达来回答别人对热情好客的感谢之情，即“不要感谢我，这是我的责任”(在这里，“责任”这个词比起否定含义更具有积极的含义)。不好客，会与阿拉伯文化格格不入。执法人员需要去了解如何深深地铭记热情好客的需要，并且不应曲解这种行为。

无论是在家中，还是在企业主的商店或办公室，当一个警官进屋时，一个阿拉伯裔美国人可能会提供咖啡和一些吃的东西。这不能被误认为是一种贿赂，根据阿拉伯人的观点，这不带有负面内涵。根据贝罗警官的说法，如果警官没有接受他们提供的招待，大多数人都会感到不高兴。阿拉伯裔美国人花费时间来社交和招待，可以了解并衡量谁值得信任。很明显，在紧急情况下，我们没有时间去做这些愉快的事。然而，随着社区警务实践日益增多的趋势，警官也许会发现，在部门政策范围内，自己会涉及更多地可能决定接受小小热情招待的情形（贝罗，2013）。

言语和非言语交流

一般来说，无论是语言还是非语言的，阿拉伯人都非常热情并且富有表现力，当其他人向他们传递温暖时，他们都会心存感激。缺乏文化知识的美国人，仅仅因为种族中心主义（通过自己的文化标准和规范来判断他人的倾向）会在一些非言语交流领域误解阿拉伯裔美国人的行为。

对话距离。两个人之间可接受的对话距离通常与文化影响有关。警官非常重视安全问题，在与他人沟通时会与人保持一定的距离。一般来说，警官喜欢站在离公民一臂之外或者更远的地方，以避免可能的攻击。这个距离与“主流美国人”在谈话中站的距离相近。当这个距离被打破时，警官们会感觉受到了威胁（有意识或无意识的）。许多阿拉伯人，尤其是那些刚到这个国家的阿拉伯人，倾向于让美国式的会话距离在可接受的范围内变得更近。在阿拉伯文化中，“感受到人的呼吸”这种距离并不认为是冒犯的。然而，许多美国人不了解这种正常对话中的亲密举动，对此有所误解，执法人员在考虑到安全的同时，可以记住这种比正常距离站得更近的行为（正常距离是对该警官而言）不一定构成威胁。

当美国人到中东旅游时，他们常常会注意到与美国主流文化规范相比，人们倾向于彼此间更加接近。这对美国的警务人员有重大意义，特别是在与刚来不久的移民和难民交流时（当阿拉伯人与你讲话时站得非常近，建议你为了保持融洽关系不要后退），一些阿拉伯人可能会盯着别人的眼睛，因为观察瞳孔可以研判他人的反应（例如，瞳孔散大意味着积极的回应）。然而，男性警察应避免直视女人的眼睛。

手势。一些阿拉伯国家的第一代移民可能展示一些独特的手势和肢体语言。例如：

· 表示不理解某些事情。右手举起，手掌向上，并来回摆动。

· 表示让某人等一下。手掌向上，手指和拇指触摸。

· 表示“永不”。将右手食指指向上方，并快速反复地从左向右移动。

· 说，“不”。头部稍微向后移动，眉毛像下巴一样隆起；也会通过舌头点触上颚来发出声音。

· 动员别人离开。右手伸出，手掌向下，然后好似将东西推开般移动右手。

与许多其他文化群体一样，将某个手指直接指向某个人被认为是粗鲁的，可以被视为是蔑视的标志。阿拉伯移民，特别是较年长的移民，常常是用整只手去指。“OK”或“竖起大拇指”的手势被认为是淫秽的。再次，这只适用于那些尚未融入美国主流文化的人。

情感表现力

一些阿拉伯裔美国人可能会以一种非常情绪化的方式表达自己，有些警察会将这种情绪化看作是一种威胁。当看到一个家庭成员陷入麻烦时，一个女人把手放在她的脸上并且不断地大声说“哦，我的上帝”这样的话，是很平常和自然的。虽然其他美国人也可以对此做出同样的反应，但值得指出的是，在美国主流文化中，往往是抑制自己的情绪，让其不“失控”。一些美国人认为是“失控”的事情，阿拉伯人（其他群体如墨西哥人、希腊人、以色列人和伊朗人）则认为是完全“正常”的行为。事实上，阿拉伯人在主流美国人中所观察到的缺乏情绪化可能会被误解为缺乏兴趣或感情。

尽管沟通特征从来不适用于同一文化群体中的所有人（我们已经看到，阿拉伯裔美国人之间存在很大的差异），但是群体特征可以适用于很多人。阿拉伯人，尤其是相对近期的第一代新移民，倾向于在讲话时表现情绪（如前例所示）。与很多亚洲文化中的人不同（如日本人），阿拉伯人没有被“教导”去压抑他们的情绪。阿拉伯人和其他地中海群体一样，如以色列人或希腊人，当他们兴奋或生气时往往会大喊，并且在进行交流时会非常活跃。他们可能会在演讲中重复插入类似“我对上帝发誓”的表达。这只是一种文化习惯。

然而，西方人往往负面评价这种“风格”。对一些西方人来说，在陈述中，情绪化、重复、强调的表达会给人留有一种印象，即这个人没有说出真相或夸大其词。不熟悉这些文化习惯的警官可能会感到不知所措，特别是涉及整个群体的人时。面对一大群人（如多个大家庭成员）时，警官应该确定该团体的发言人并避免对这种不同的文化风格流露出不耐烦或恼怒。

谩骂、猥亵和侮辱

在阿拉伯裔美国人社区工作的警官应该知道，对于阿拉伯人来说，言语是非常有力量的。如果一名警官对阿拉伯人说脏话从而表现出缺乏专业精神（甚至用“该死的”等字眼），要修复这种伤害几乎是不可能的。

了解职业化的警官清楚地知道，这种语言和交流对任何人而言都是侮辱性的。然而，选择使用淫秽和侮辱性字眼，特别是结合某人的种族背景，意味着警官可能永远无法在族裔群体中建立信任。这种风险会导致在需要合作时无法确保合作。即使少数警官表现出此类行为也会长时间损害整个部门的声誉。

英语语言问题如果时间允许，在提问“你会说英语吗?”这个问题之前，警官应该尝试评估阿拉伯裔美国人是否最近的抵达者，或者是一个可能对这个问题反应消极的公民。口音重并不一定意味着一个人不会说英语(尽管情况可能如此)。与英语能力有限的人士进行沟通的具体技巧（参见第四章)，应当使用在阿拉伯裔美国人身上。警官应该慢慢地，非侵犯性地进行提问，并尽可能提出开放式问题。从长远来看，警官的耐心和愿意花费额外时间的意愿都将是有益的。

执法中的关键问题

对警察的看法和相互作用

要概括阿拉伯裔美国人对警察的看法是不可能的，但可以公平地说，大部分阿拉伯裔美国人社区都非常尊重执法。另外，一些移民，如约旦人和巴勒斯坦人，不了解美国的制度，因所属地区的政治问题而对警察有着根深蒂固的恐惧（詹姆斯·佐格比，2013)。鉴于他们不相信政府，他们更可能拒绝警方的帮助，这使他们处于明显的劣势，因为他们更容易成为受害者。他们的恐惧，加上大家庭相互依存和乐于助人的特点，导致家庭成员不想得到警方的帮助。因此，即使明显需要警察介入，警察也会遇到一些宁愿自己处理冲突的家庭。一些新移民和难民认为，必须离开家庭(如向警察和社会服务提供者）寻求帮助的行为是不光彩的，如果有选择，他们不会选择这种令自己和家人都难堪的方式。另外，近年来，由于与社区建立伙伴关系有助于对新移民美国人进行再教育；因此，与10年前相比，如今人们不再那么不情愿把警察视为一种资源（哈达德，2017)。

与美国社区警务（公民可以接触警察）不同，这种执法模式在中东基本上是闻所未闻的。尽管这个世界地区的政府存在很大差异，有些是专制政权。但是，在谈到中东执法的极端情况时，警察局长哈达德说：“人们只能想象，在阿萨德政权的统治下，叙利亚的执法情况是怎样的，它与今天美国的社区警务形成怎样的对比”(哈达德，2017)。美国的伊拉克移民曾经抱怨在萨达姆·侯赛因的统治下，“萨达姆的执法者把他们的珠宝偷走了，即使这意味着要割掉他们的手指才能拿到”（哈达德，2017）。

谦逊，女性着装和女性多样性

在阿拉伯和穆斯林文化中，谦逊是非常重要的。根据信仰和文化习俗，阿拉伯妇女可能会盖住头发，穿宽松的衣服。然而，女性的着装存在着明显的差异和对比。重要的是要抵制基于穆斯林妇女和“面纱”形象的成见。跨文化专家罗布娜·伊斯梅尔描述了一个反差例子：“两个阿拉伯裔美国妇女正在互相交谈，一个穿着黑色斗篷或长袍，她的头发用一条黑色围巾遮盖。另一个穿着破洞牛仔裤，膝盖露在外面。”这两个女人的穿着差异很大。然而，仅仅靠外表是不可能判断出一个女人的宗教信仰、政治背景或教育程度的（伊斯梅尔，2013）。

伊斯梅尔经常遇到这样的假设：如果一个女人遮住她的头发，那么她是一个新来美国的人，没有受过教育，不会说英语或几乎不会说英语。然而，这可能与现实完全相反（伊斯梅尔，2013）。同样，根据伊斯梅尔的说法，一个人的身份和衣着偏好受到一系列因素的影响，包括家庭背景、年龄、个性、经历和教育。在某些情况下，年轻女性可能会穿得比她的母亲更保守，但同时也被认为是女权主义者和进步主义者。

作为一名警察，如果搜查时需要妇女摘掉头巾，那么向她们解释原因是很重要的（如安全或是危险）。贝罗警官是一名阿拉伯裔美国人，他经常向其他执法人员建议：“敏感地处理这个问题，不要制伏这位女人，或恐吓她，或抓住她的头巾，而是要求她进入一个私人房间去摘掉它或者让一位女性警官帮助完成这个程序”（贝罗，2013）。

美国警官可能很难理解一个传统阿拉伯女人被强行摘掉头巾的感觉。即使一个女人以妨碍治安行为而被捕，她也会因这名警官采取强烈的侵略行为来摘掉她的头巾，或以任何方式触碰她而感到生气。当法定程序要求摘掉头巾时，警察应该解释该程序并表达某种歉意，以表尊重。美国公民和移民服务局（USCIS）按以下方式规定已经解决了同样的问题：

> 美国公民和移民服务局要求个人在拍照时摘掉非宗教的头饰。然而，美国公民和移民服务局允许一个人戴着头饰作为她们的信仰宗教行为的一部分。如果拍照时能从一个人身上获得合理

> 的相似度，可以看到整个脸，而且宗教头饰不会在脸上投下阴影，那么她可以戴宗教头饰。因此，美国公民和移民服务局会要求个人摘掉或调整覆盖全部或部分面部的宗教头饰……（美国公民及移民服务，2012）

因此，美国公民和移民服务局警官接受穆斯林妇女佩戴头饰的照片。由于警察部门处理的是安全问题（如隐藏武器），所以他们可能无法像美国公民和移民服务局那样适应这种特殊的文化差异。女性和头巾问题应该以极其敏感的方式处理。伊斯梅尔重申贝罗的重要性建议：如果为了彻底搜身，必须取下女人的头巾，应该首先要求她在有女性警官陪同的私人区域，自己将其摘下。另外，应该在所有不相关男性的视野之外来完成这件事（伊斯梅尔，2013）。

阿拉伯小企业主

低收入地区的阿拉伯杂货商和酒类商店老板与其他少数民族成员之间存在种族和民族关系紧张问题。在市中心，阿拉伯店主和非洲裔美国人之间的动态与韩国人和非洲裔美国人之间的动态类似。非阿拉伯人经常认为阿拉伯人非常有钱，并认为他们是通过剥削当地居民以获取经济利益。詹姆斯·佐格比博士解释说，因为在某些地区，很少能看到非阿拉伯人在阿拉伯人拥有的商店中工作，故而这种看法得以加强。根据佐格比的说法，当地居民并不了解大部分阿拉伯人是政治难民（例如，巴勒斯坦人），他们来到美国是为了过上更好的生活。尽管存在成见，即这些店主与“阿拉伯钱”（石油货币）有联系，但他们第一次到来时，这些店主唯一能做的工作就是经营小规模的“边际”企业。大多数阿拉伯小型杂货店、酒类商店和加油站都是家族经营的企业。例如，两兄弟或父亲和两个儿子管理经营。对他们来说，出于经济考虑，雇用家族外的人是不可能的（詹姆斯·佐格比，2013）。警察在店主与居民之间发生冲突时，可以尝试解释他们难民的身份地位，但是当然，解释本身并不能解决问题。许多美国出生的贫穷公民因为资源稀缺而对移民和难民怀有极大的敌意。

酒在穆斯林宗教中是被禁止的，但阿拉伯酒商却将其卖给客人。在阿拉伯裔美国人社区中，存在着有关穆斯林移民和难民是否应该经营这类业务的争论。然而，对于大多数新移民来说，选择非常有限。多年来，其他族群成员也拥有了零售商小店。

关于市中心阿拉伯店主还有另一个层面的问题。许多市中心居民（包括阿拉伯裔美国人和非洲裔美国人）都认为市中心不像其他地方一样极度需要执法人员。在阿拉伯裔美国人社区中，出现了一种模式即社区内的阿拉伯裔美籍店主认为他们自己必须承担店内的犯罪问题（詹姆斯·佐格比，2013）。如果阿拉伯店主遭到抢劫或者遭受警察不支持或严厉的对待，他认为自己不得不亲自保护自己和自己的商店。在某些案例中，阿拉伯店主会在店内袭击行窃者，但会冒着成为受害人的风险。像许多其他少数族裔成员一样，一些市中心的阿拉伯店主已经放弃了警察。警察无法解决困扰市中心的社会弊病，但起码，需要去灌输信心，即警察在处理移民/难民店主遭遇的犯罪时会尽可能地支持他们。此外，阿拉伯商店或加油站店主经常协助那些刚抵达美国的亲戚从事类似的事业。这些新移民中很多都不知道与经营生意有关的制度或所有规定。曾发生过一些店主因经营“非法”企业而遭受责罚的实例，但事实上，他们只是不熟悉正当授权所需的全部过程（哈达德，2017）。

针对阿拉伯裔和穆斯林美国人的仇恨犯罪

位于加利福尼亚州萨克拉门托地区的两个伊斯兰教中心是仇恨犯罪的主要目标，亵渎伊斯兰教圣经《古兰经》对于穆斯林和伊斯兰来说都是不能容忍的。在一个案例中，《古兰经》的书页被撕下来扔到一个伊斯兰教中心。在另一个伊斯兰教中心，仇恨犯罪分子烧毁了《古兰经》，并在书里面填满培根（一种伊斯兰教禁止的食物），然后把《古兰经》书铐在中心的围栏上（格洛弗，2017；罗查，2017）。

“伊斯兰恐惧症”与“仇外”一词相似，意为对陌生人或外国人的恐惧或仇恨。“伊斯兰恐惧症”一词——意思是对穆斯林的恐惧或仇恨——是20世纪90年代初在英国的穆斯林背景下创造出来的（兰尼米德，1996）。对穆斯林的敌意在西方文化中已经存在了几个世纪，但自从9·11事件以来，它变得更加极端和暴力，并且“变得更加臭名昭著和频繁”（盖洛普，2011）。9·11事件之后的数周和数月里，非官方（非司法部）报道了一系列针对阿拉伯裔美国人、穆斯林美国人以及那些被认为具有相同背景的人仇恨犯罪。9・11 事件发生后的 9 周内，就报道了 700 多起针对阿拉伯裔美国人的暴力犯罪，并且从 2002 年 1 月 1 日至 10 月 11 日为止，被报道的仇恨犯罪有 165 起。这一数字高于过去 10 年的大部分年份（反歧视委员会研究所，2003）。然而，美国阿拉伯反歧视委员会（ADC）强调，这并不代表仇恨犯罪的实际数量；因为有很多受害者害怕再被施以暴力，许多案件没有公开。密歇根州迪尔伯恩警察局长罗纳德・哈达德指出，当一个人受到迫害时，恐惧是一种普遍的人类情感，而这种恐惧因素在解释为什么许多仇恨犯罪未得到报道方面具有重要作用。另外，承认阿拉伯的“荣誉”和无论任何时候都要维护和谐的价值观在解释缺乏向警察报告方面也很重要（哈达德，2017）。

“单一偏见”型仇恨犯罪（有单一动机）是指针对来自一个民族或国家群体的人实施的仇恨犯罪。在 9・11 事件发生之前，此类犯罪是被报道的仇恨犯罪中排名倒数第二的。9・11 事件之后，针对阿拉伯裔美国人或者被认定为阿拉伯人或穆斯林的仇恨犯罪达到初始高峰，随着社区成员和执法人员共同努力遏制事件数量，该高峰已经显著下降。

在与伊拉克交战前的几个星期，联邦调查局警告说类似的仇恨犯罪可能激增。联邦调查局的高级官员与美国阿拉伯和穆斯林领导人会晤，向他们保证美国联邦调查局优先防止和调查仇恨犯罪。这是他们当初在 9・11 事件之后没有采取过的行动。他们还组织了针对成千上万名生活在美国的伊拉克人的采访，部分目的是为了消除伊拉克社区的疑心，即万一战争发生，执法官员是不会容忍任何民族抵制运动（“美国联邦调查局”，2009）。

2008 年，反歧视委员会报告了 2003 年至 2007 年针对阿拉伯裔美国人的仇恨犯罪和歧视情况。虽然与紧迫的 9・11 事件后期相比，实际的仇恨犯罪数量有所下降，但仍然有大量的仇恨犯罪、歧视行为（特别是在机场和工作场所）以及针对阿拉伯裔美国人的边界和海关问题。在 2003 年至 2007 年，恶意破坏和摧毁清真寺和伊斯兰中心财物的案件呈现上升趋势（反歧视委员会研究机构，2008）。

从 2010 年开始，针对阿拉伯和穆斯林美国人的仇恨犯罪再次增加。南方贫困法律研究所总结了美国联邦调查局的数据，称“2011 年有 157 起反穆斯林仇恨犯罪，比 2010 年的 160 起略有下降。2011 年的犯罪发生在宣传抨击伊斯兰教期间，这种攻势从 2010 年开始，一直持续，甚至愈演愈烈”（南方贫困法律中心，2013）。

2013 年 8 月，美国司法部宣布，一些额外的组织将被纳入国家仇恨犯罪追踪项目，即《统一犯罪报告计划》（在第十一章中讨论）。这些组织包括阿拉伯裔美国人和南亚人，如锡克教徒和印度教徒（也包括来自亚洲各地的佛教徒）。

在引人注目的恐怖袭击事件（9・11 事件）后，阿拉伯裔美国人和其他被认为是阿拉伯人、穆斯林或中东人的人，经常成为仇恨言论和仇恨犯罪的目标，因此警方需要加强警惕。其他因素也助长了反穆斯林/反阿拉伯的偏见和仇恨行为。2015 年全年，有新闻报道称，近 100 万叙利亚难民为逃离战争和破坏到欧洲寻求庇护；由于许多人将“难民”和“恐怖分子”等同起来，在移民问题上的分歧越来越大。与此同时，美国总统竞选团队在 2015 年至 2016 年的竞选演说中呼吁“完全禁止穆斯林进入美国”，这进一步加深了人们对穆斯林是恐怖分子的偏见（2017 年发布的针对大多数伊斯兰国家的旅行禁令，遭到了联邦上诉法院的挑战和阻挠，理由是认为“禁穆令”是对宗教的歧视；该案件被提交到最高法院，最高法院裁决允许部分执行禁令。在这篇文章发表之后，将对旅行禁令案进行全面审查）。

美国联邦调查局 2015 年的数据显示，针对穆斯林、阿拉伯人或那些被认为来自中东的人的袭击达到了 9・11 事件后的水平（美国联邦调查局，2015）。2016 年，反穆斯林仇恨团体增加了近 2 倍（南方贫困法律中心，2016）（参见第十一章“反阿拉伯/反穆斯林事件的受害者”）。

执法部门、联邦机构以及阿拉伯/穆斯林美国人

根据 2006 年维拉司法研究所发布的一项研究显示，“9 月 11 日之后，阿拉伯裔美国人比起成为仇恨犯罪的受害者，更害怕遭受种族形象定性和移民强制”。近 100 名阿拉伯裔美国人和超过 100 名执法人员（美国联邦调查特工和警察）在 2003 年至 2005 年期间参加了此项研究。该研究中的被采访者来自阿拉伯裔美国人社区和执法部门，他们都认为 9・11 事件后，双方间的合作和信任遭到恶化。阿拉伯裔美国人说他们的被害意识增强，来自执法人员的猜疑增多，更为关注保护自身的公民自由（亨德森、奥尔蒂斯、杉卫、米勒，2006）。

9·11事件对阿拉伯裔美国人团体产生极大的影响。阿拉伯裔美国人描述到由于不断增强的媒体关注和针对性政府政策（例如，特别的住所要求、故意采访、对团体成员进行逮捕、驱逐出境），每种场合都加深了公众的猜疑。尽管团体成员也报道仇恨犯罪受害率有增加，但比起担心遭受个人实施的骚扰和暴力行为，他们更担心成为联邦政策和实践的受害者。执法中，最显著的改变是工作中增添了反恐这一新压力。当地警察和美国联邦调查局参与者都同样指出这种压力频繁导致政策定义不清，应用不一致。

2014年，美国公民权利委员会发布了一份题为《联邦公民权利与阿拉伯和穆斯林美国人社区的接触》的报告，目的是调查美国政府在9·11事件后在打击侵犯公民权利行为方面所做的努力。调查结果显示（美国民权委员会，2014）：

·许多有穆斯林背景的美国人仍然感受到已有成见和调查的歧视，他们不愿报告侵犯行为，包括工作场所的侵犯行为；

·美国海关和边境巡逻队、运输安全管理局和联邦调查局继续对“广泛的宗教和种族特征”开展调查；

·一些联邦政府机构对美国穆斯林社区的培训项目没有将穆斯林作为一个异质群体进行介绍，也没有充分体现其差异性和文化多样性；

·美国穆斯林担心被列入政府观察名单；害怕美国情报部门的监视及穆斯林在大学和宗教机构的言论自由和结社自由限制；

·美国穆斯林对执法的信心和信任受到“过于热心的政府监控项目”影响。

穆斯林公共事务委员会主任哈里斯·塔林在该委员会作证时强调，与阿拉伯裔美国人和其他穆斯林建立执法伙伴关系，对解决与宗教和种族歧视有关的各种问题十分重要。他指出，在少数族裔社区成员的执法参与方面存在两种趋势（穆斯林公共事务委员会，2014）：

1. 将少数族裔社区成员视为嫌疑人。
2. 将社区成员视为合作伙伴。

简短的报告将这些定义为“可疑的合作趋势”与“合作趋势”（美国民权委员会，2014）。社区警务研究有力地表明：有效的警务工作应当包括与社区成员及组织发展和建立伙伴关系。国际警察局长协会认为，解决犯罪和维持秩序依靠与社区居民的合作，也包括各种移民（美国民权委员会，2015）。

招募阿拉伯裔美国人从事执法工作

纽约市警察局穆斯林警官协会是美国第一个在执法中代表穆斯林美国人的兄弟会组织。2015 年，纽约警察局宣布了一项计划——招募更多的穆斯林警察，希望他们除加大打击极端主义的力度外，还能帮助警察与社区建立关系（詹金斯，2015；兰金，2015）。到 2016 年，这支 36000 人的警官队伍大约有 1000 名穆斯林警官，比前一年增加了几百人。许多穆斯林组织鼓励他们的成员追求执法，但存在重大的招募障碍。来自专制政权国家的新移民，经常内化对警察腐败的负面看法，因此需要对他们进行大量的再教育，才能开始以不同的观点看待警察。一些阿拉伯裔美国人认为，在执法中存在反穆斯林的偏见，这是由于联邦监控项目以及以安全的名义进行的大量调查造成的。

密歇根州迪尔伯恩市警察局聘用的人员中，42%是阿拉伯裔美国人，他们从事各种级别的警察工作，包括宣誓就职的警官、实习生和候补警官。此外，该市的高中也有形形色色的优秀警官代表。迪尔伯恩警察局长罗纳德·哈达德说，在 190 名警察中有 20 名是阿拉伯裔美国人，这种表现是“与社区成员一起走的一座小桥”（哈达德，2017）。

重建信任的必要

过去 30 年发生的重大事件助长了人们对伊斯兰教的恐惧，也增加了一些穆斯林和阿拉伯裔美国人社区成员对执法部门的总体不信任。自海湾战争开始，紧接着的 9 · 11 事件，以伊斯兰教名义的暴力行为发生之后，

2015 年至 2016 年总统竞选和 2017 年行政命令主要针对大多数的伊斯兰国家，社区成员觉得执法代表自动将他们视为嫌疑人。伊斯梅尔认为，应该集体谴责和强烈反对，这对大多数遵守法律的阿拉伯裔美国人是“心理和身体上的双重伤害”。因此，当社区成员遭遇犯罪行为时，他们可能会犹豫是否打电话给警察，因为他们害怕被警察当作犯罪嫌疑人而不是犯罪行为的受害者（伊斯梅尔，2017）。

9·11 事件后，一些辖区尽管在消除与警察之间的文化隔阂方面取得了很大进展，但一些阿拉伯裔美国人社区与执法部门之间的相互不信任仍挥之不去。2002 年至 2014 年，纽约警察局在中央情报局的帮助下，成立了一个叫“人口统计单元”的监控部门，其目标是对穆斯林社区的信息进行分类。便衣警察监视纽约地区的清真寺、穆斯林业主企业和其他伊斯兰机构，这导致了大规模的基于宗教的个人间谍活动。在两起联邦法律诉讼案件和公众批评之后，该部门于 2014 年被撤销（博耶特，2014）。

一些移民本身具有对执法部门的恐惧，因为在他们的祖国，警察腐败和警察暴力一直是正常生活中的一部分。因此，必须考虑到与阿拉伯裔美国人和中东人建立信任、融洽关系的重要性、必要性。据詹姆斯·佐格比博士（华盛顿特区阿拉伯裔美国人协会基金会主席）说，一个特定的司法管辖区，社区警务思维越发达，执法部门与阿拉伯裔美国人之间的沟通障碍就越容易消除。“我们发现，当美国联邦调查局和警察局的领导层愿意坐下来与社区领导人谈话时，公民会更愿意分享信息并提供建议，因为警官们已经竭尽所能建立了信任”（詹姆斯·佐格比，2013）。

总结

· 人民对阿拉伯人和中东人是谁感到一些困惑。尽管普遍被认为是阿拉伯人，但伊朗人和土耳其人其实不是阿拉伯人，他们不会讲阿拉伯语。许多人都假定所有的穆斯林都是阿拉伯人，反之亦然。许多阿拉伯人也是基督徒，穆斯林世界人口实际上由二十几个民族组成。虽然在阿拉伯人中，最主要的宗教是伊斯兰教，它的信仰者被称为穆斯林。以色列是中东唯一一个主要人口是犹太人的国家，也有信奉基督教或者伊斯兰教的阿拉伯人居住在以色列。

·第一波阿拉伯移民潮发生在1880年和第一次世界大战之间，主要是来自于叙利亚的移民，目的是追求更好的经济生活。从第二次世界大战后开始的第二次阿拉伯移民潮大部分是学生和专业人士，他们试图逃避原籍国的经济不稳定和政治动荡。拥有最多阿拉伯裔美国人的社区位于洛杉矶/奥兰治县、底特律、大纽约地区、芝加哥和华盛顿特区。加利福尼亚州拥有最大的阿拉伯裔美国人社区“集群”。

·不同阿拉伯裔美国人群体之间差异很大。了解这种多样性将有助于警察不将阿拉伯人归为同一类别，并且将鼓励人们摆脱成见。尽管如此，在与阿拉伯裔美国公民互动时，警官们应该牢记几个基本的阿拉伯文化价值观念，并且这些文化价值观在不同的文化群体中都存在。关于“荣誉”的文化价值观念至关重要。家庭忠诚往往优先于其他需求。沟通应该要彬彬有礼并且热情好客；荣誉和避免羞耻支配人与人之间的交往和关系。

·阿拉伯裔美国人已被媒体错误地定性和定型；就像所有成见一样，不准确的看法已经影响了人们对阿拉伯裔美国人的看法。警官应该意识到成见可能影响他们的判断。9·11事件之后，阿拉伯人、穆斯林和那些被认为是穆斯林的人在全国范围内普遍成为替罪羔羊。此外，2015年和2016年针对穆斯林的政治言论创造了一个更加开放的环境，导致针对穆斯林的仇恨言论和仇恨犯罪激增。

·除非绝对必须，警官应避免打断清真寺中在祷告的人们，以此向穆斯林阿拉伯人表明对他们宗教的尊重。在清真寺中要保持良好的行为举止，如不要踩在祷告垫上，不要走在祈祷的人的面前，不要触碰《古兰经》。最后，警官应该尝试与社区成员就与宗教庆典有关的噪音和停车等问题制定解决方案。

·阿拉伯裔美国人的基本单元不是个人，而是包括大家庭在内的家庭，特别是对刚到美国的人和传统家庭而言。如果家庭成员涉及治安事件，警官应该预料到其他家庭成员将会积极参与，但这不是企图干扰警察事务。在传统和表面上，父亲是家庭的领导者，许多谈话都应该直接与他进行；这并不意味着该警官应该忽略任何在场的女性。

·在与那些保留传统生活方式的阿拉伯裔美国人交流时，警官应考虑一些特定的文化习俗和禁忌。尊重一些阿拉伯妇女穿着庄重的偏好。男性警官不应该碰触女性，并应当留心女性在男性警官面前展现出的庄重。传统的阿拉伯人非常重视好客，这是中东的文化标志。交流中的文化差异会影响警官的判断和反应。在阿拉伯世界中，不会轻视高度情绪化（语言和非语言）和大声说话的行为。

·对于潜在的针对阿拉伯裔美国人和其他中东团体实施的仇恨犯罪，执法机构必须持续保持警惕。此外，一些中东移民从他们自己的经历中带来了对警察的负面看法，这导致他们难以相信警察。

·许多阿拉伯裔美国人认为，当执法人员接近他们时，他们感觉自己会自动成为嫌疑人。自 9·11 事件以来，整个阿拉伯裔美国人社区受到了间接损害，这种损害一直持续到今天。当他们是犯罪的受害者时，他们可能会犹豫是否报警，他们害怕被当作犯罪嫌疑人而不是受害者。9·11 事件后，一些辖区尽管在消除与警察之间的文化隔阂方面取得了很大进展，但一些阿拉伯裔美国人社区与执法部门之间的相互不信任仍挥之不去。

问题讨论

1. 警察与族群社区的关系。对以下事件进行讨论：在神圣的斋戒月快结束的时候，在靠近底特律的一个城里，警官给许多停在清真寺对面的车开了罚单。根据社区人们所说，与停车场相邻的商店已经关闭，尽管严格来说这些停车位只提供给商店顾客，但阿拉伯裔美国人没有预料到在下班后利用这些停车场会产生问题。从社区关系的角度来看，大量罚单造成了非常负面的感受和一种集体认知，即“他们（意味着警察）不尊重我们，他们不想理解我们”。你对于这些事情有什么处理办法？对于如何避免这种情况，你有什么建议吗？就社区和警方为防止这个问题能做些什么，发表你的观点。

2. 谁是家庭的领导者？在大多数传统的阿拉伯家庭中，尽管母亲在家庭中确实拥有很大的权力，但父亲是规定的领导者。在公开场合许多阿拉伯妇女将尊重丈夫的决定，但在这种与警察有关的情况下，警察不应该低估妇女可能提供的内容。那么，警察在尊重父亲地位的同时，如何承认母亲的地位并获得她的意见？

3. 跨文化的非语言差异。当阿拉伯裔美国人互相问候时，他们有时会握手，然后将他们的右手放在心脏附近的胸前，这是诚意的表现。在你看来，如果一个阿拉伯裔美国人以这种方式向警官表示问候，警官是否应该使用同种姿态予以回敬？这样做的优点和缺点是什么？

4. 热情招待警官：一种文化手势。热情是阿拉伯文化中的一种美德，同时也能帮助人们了解（并且看看他们是否能够信任）与他们互动的其他人。考虑到这种文化中强调好客，如果一个人提供一杯咖啡和一些吃的东西，警官应该怎么做？鉴于这种文化倾向，部门对于接受招待的政策是否应该重新审视？与那些采用了社区警务理念的部门相比，你的回答会有所不同吗？

5. “但这是我祖国的风俗”。1991 年 1 月，美联社报道说，一名来自约旦的加利福尼亚州斯托克顿男子因涉嫌“贩卖女儿成奴隶”而被捕。据称，他从安排婚事中收取了 25000 美元。在警察将女孩带到收容所后，一名警察中尉上报了父亲的抗议，这位父亲声称他有权为了获利安排女儿的婚姻。父亲与警方联系并解释说，这是他的国家完全被接受的习俗。警方解释说，他不能在这个国家这样做，“这是奴役……”这位父亲之后去了女儿所在的收容所，并因为制造骚扰而被捕。如果你正在调查此案件，你将如何进行？你如何评估父亲所说的有效性？如果你发现这个行为确实“在他的国家完全可以接受”，你如何解释美国的做法？对警方的陈述（“这是奴役……”）作出你的评论。从需要与这个人合作的角度出发，应该采取什么样的措施？

6. 警官的自由裁量权：放她走？在关于警察看法的部分，作者提到了一起涉及一名沙特阿拉伯妇女在 7-11 便利店行窃的事件。她恳求军官放她走，因为她担心被送回家后，在那里她会受到严厉的惩罚（通常在沙特阿拉伯，如果一个人行窃，他或她的手就会被砍断）。这位警察决定，该女子系初犯，便让她离开。你对这个警察的决定有什么反应？你会怎么做？

第九章　与美国原住民的执法接触

学习目的

学习完这一章，你应该：

· 能够描述美国原住民的历史背景，特别是当它涉及执法代表和现今印第安人的动态发展时。

· 了解术语含义：保留地、印第安地区和联邦承认的部落。

· 了解大多数传统印第安部落的文化共同点。

· 认识传统美国原住民交流方式，包括语言和非语言互动方面。

· 举出一些用来蔑视美国原住民的术语、标签和成见的例子。

· 了解传统美国原住民大家庭的某些特征，特别是非原生家庭和不同文化的人的融入问题。

· 列出并讨论与美国原住民执法交流有关的关键问题。

大纲

· 引言

· 历史信息和背景

· 美国原住民人口、保留地、部落和身份

· 美国原住民之间的相似之处

· 语言和沟通

· 冒犯性术语、标签和成见

· 家庭与文化适应问题

· 执法中的关键问题

· 捕鱼

· 总结
· 问题讨论

引言

“这只是一群印第安人——放他们走吧！”（考克斯，2017）

吉姆·考克斯是一名科曼奇印第安人，曾当过俄克拉荷马州中西部城市警察局局长。当他在俄克拉荷马州还是一名青年时，曾在一个令人受伤的情境下听到警官对他这样说，这只是一群印第安人——放他们走吧。当时，他和其他美国原住民青年坐在一辆老式的纳什汽车里。警察拦下了车并发现这些青少年喝醉了酒。警官并没有采取适当的行动，即逮捕这些年轻人或至少通知其家长将孩子领走，而是让他们自行离开。考克斯记起那天他的感受就是印第安人是不值得警察去花费时间和精力的人。他认为这位官员话里的意思是，如果这些年轻人自杀，也没什么要紧，因为他们只是“印第安人”（考克斯，2009）。即使在成为警察之后，他仍然记得这种对印第安人进行不平等对待的感受。博士佩吉·鲍文是一位美国原住民，也是刑事司法方面的助理教授，他表达了这样的感觉：“当时的评论令人厌恶，但如今仍在发生”（鲍文，2013）。

美国原住民、加利福尼亚州和平官员（已退休）若泽·里维拉说：

> 当一名公务人员与一名印第安人进行接触时，横亘在他们之间的是500年积累的沟通上的挫折与不顺……官员应该意识到他们在沟通时内心装着的“包袱”（里维拉，2013）。

坐牛①（拉科塔人），在疯马的精神下

白人保留的哪些条约已经被北美印第安人摧毁了？没有一个。白人曾与我们一起制定的哪些条约他们还保留着呢？没有一个。当我还是个男孩的时候，苏族人拥有这个世界；太阳升起并落在他们的土地上；他们派出

① 坐牛，1831—1890，印第安人苏族部落首领。

了10000人参战。谁杀了勇士？我们的土地在哪里？谁拥有它们？白人凭什么说我曾经偷过他的土地？然而，他们说我是一名小偷。哪里有白种女人曾经被我俘虏或侮辱？然而，他们说我是名糟糕的印第安人。哪位白人曾见过我喝醉？又有谁见过我虐待我的孩子？我曾经破坏过哪条法律？就因为我是北美印第安人，我就该是如此邪恶的吗？（马西森，1992）

历史信息和背景

记录下的历史对美国第一批“印第安人”的起源提出了争议。一些研究人员称，印第安人在40000多年前就从亚洲抵达这里，其他研究者表明印第安人是在这块土地上自我衍生出来的。最近的DNA研究表明，美洲的原住民持续不断地从西伯利亚来到北美。人类学的研究发现表明据估计这一具体时间在15000年前（鲍威尔，2012）。无论如何，不顾印第安人在北美生活的漫长历史和印第安人是第一个“美国人”的事实，传统美国历史书籍对1492年克里斯多弗·哥伦布抵达后印第安人的存在只是进行简单提及。对土著人民无关紧要地描述反映了种族中心主义和欧洲中心主义历史观。

现在甚至印第安人这个词也不是一个美洲原住民最初用来指定他们的部落或社区的术语。因为哥伦布不知道北美和南美的存在，他以为自己已经到达了印度大陆，包括那时的印度、中国、东印度群岛和日本。事实上，当时他到达的地方是现在所谓的西印度群岛（加勒比地区），他把遇到的人叫作印第安人（洛斯印第安）。最终，这成为美洲所有土著人民的名字。然而，在白人来到南美和北美定居前，几乎所有的“印第安人”部落都有自己的名字，尽管具有一些相同的文化价值观念，但美国原住民并不认为自己是一个集体或自己应该被称为印第安人。多年来，大多数部落都以自己的语言来称呼自己，如“人民”“部落”“朋友”。白人用于各种部落的一些术语甚至不是真实的名字。例如，“苏族”，意思是敌人或蛇，最初是对敌方部落的称谓，然后被法国商人采用。传统上，美国原住民文化遗产通常不是被描述为美国人民共同遗产的一部分，而是经常呈现出一些色彩缤纷的“异域风情”。

种族灭绝或屠杀整个部落是如今人们不再想去关注的美国历史中的一

部分，然而，当今的现实是欧美裔和印第安人的关系长期以来被敌意、蔑视和残酷所特征化，欧美人将印第安人视为不配为人或“野蛮人”，并且忽视或粉碎他们丰富的文化。因此，许多美国印第安人不会和白人共同庆祝感恩节或克里斯托弗·哥伦布日。可以说其中非常重要的原因是美洲原住民认为哥伦布发现了美洲是不太人性的。

如果对于美洲原住民在1492年哥伦布发现美洲之前的历史存在的忽视仅仅只构成民族中心主义的一个方面，美国印第安人与“白人”之间的经历在很大程度上也是可以被剥削、暴力和强迫迁移中的一种词语所概括的。这种历史背景影响了美洲原住民对欧美及其文化的看法。尽管美国大多数人都能感觉到，美国原住民在美国历史上没有受到平等对待，但许多人并没有意识到当今社会对美国原住民的偏见。总的来说，美国印第安人和阿拉斯加原住民群体是美国一个数量很小的传统的“被遗忘的少数群体”，约有540万人口，仅占总人口的2%（美国人口普查局，2015）。

说美国没有在第一批美国人的意识和权利方面取得一点进展是不准确的。今天，在美国各地的公立学校，一些教育工作者正在酝酿讨论在美国早期历史上与美洲原住民接触的现实本质。在政府层面，前总统比尔·克林顿通过与部落政府部门进行协商发布了行政命令“13175”号，重申了对部落主权的承诺。这项命令的目的是“在制定具有部落影响的联邦政策上与部落官员建立定期、有意义的磋商与合作，加强美国政府与印第安部落之间的联系，减少对原本无经费任务的印第安人部落的征税”（联邦纪事，2000）。奥巴马总统在乌鸦印第安人部落的保留地蒙大拿州对其发表演讲中承认，美国政府未能遵守其对美洲原住民的承诺，用“悲惨的历史”代指。

> 很少有人像美国原住民一样长期被华盛顿政府所忽视——第一批美国人……我了解这段悲惨的历史……我们政府在政务中并不总是诚实或真实的（泽莱尼，2008）。

2013年，奥巴马总统签署了一项行政命令来建立美国原住民事务白宫委员会，“作为促进和维持部落社区繁荣和活力的一种手段”（白宫，2013）。在奥巴马总统执政期间，与印第安部落首领举行了例行会议；

2016 年 9 月召开了第八次联席会议。

美国政府并不总是对原住民善意行事，反而严重和反复漠视以具有法律约束力条约形式保护下的印第安人权利。因此，个人和部落不愿相信政府或代表“这个制度”的人的话语。

无论执法人员是否认识到这一点，他们始终都被以同样的眼光看待，并带着这种“包袱”与美国原住民进行交流。历史上，来自保留地之外的警察已是僵化和专制政府控制的象征，几乎影响了印第安人生活的每一个方面。官员和大多数公民一样，很少理解包括刑事司法系统在内的政府是如何不允许印第安人保留他们的文化、身份、语言、圣地、仪式和土地而给他们造成巨大的痛苦。因此，为了如今能有效和公平地处理印第安人，官员有责任通过自我学习来了解历史上印第安人人民的待遇。执法人员必须了解印第安人社区并加倍努力建立融洽关系。这样做会提高取得合作的可能性，同时有可能获得那些从不相信任何政府的人的尊重。

有一个例子展示了美国原住民和执法人员建立信任的过程。该例子发生于西雅图，一名印第安人木雕师因为在街上没有及时放下他的小雕刻刀而被警察枪杀之后。随着社区紧张局势的上升，死者家属、其他美国原住民和当地执法官员之间也进行了调解讨论。许多木雕师对于许多较新官员对美国原住民、其他少数民族和无家可归的人表现出的不尊重而感到愤怒，并且对警察习惯于用“命令和控制”的方式方法要求顺从以及采用快速不必要的升级武力来惩罚讨厌或者不服从警察的人表示不满。死者的兄弟直截了当地问道：“谁给你权力扮演上帝？”（布伦内克，2012）。虽然这次讨论和后来举行的会议在缓解社区紧张局势方面取得了巨大成功，但西雅图市警察局仍然因是否存在违宪过度使用武力的做法以及是否需要培训、监督和纪律方面进行严肃体制改革而受到司法部的调查（布伦内克，2012）。对相关各方来说这是一个不愉快的局面。如果所有方面都能保持充分信任，这种情况本可以避免发生。

美国原住民和军人服务

对于一些美国印第安人来说，另一种现象加剧了联邦政府一再违反信任的情况。在武装部队服役是美国印第安人引以为荣的传统。200 多年来，印第安人在参与美国军事行动中表现出色。从 1778 年任职的乔治・华盛顿总统开始，美国军事领导人已经认识到美国印第安人是勇敢的、有决心的，并且具有“战斗精神”。美国印第安人在 19 世纪作出了很多军事贡献，从 20 世纪开始还更加大规模地参军。第一次世界大战期间，估计有 12000 名美国印第安人在军队中服役。在“二战”中甚至有更多的人服役。

> 在总数不到 35 万人的美国印第安人中，有超过 44000 人在 1941 年至 1945 年之间的欧洲和太平洋战场中表现突出。处于后方的男性和女性美国原住民也都表现出服务国家的强烈愿望，是战争不可或缺的一部分。4 万多名印第安人离开了他们的保留地去到军械库、工厂和其他军事工业工作。美国印第安人也投入了 5000 多万美元购买战争债券，并向红十字会、陆军和海军救援组织慷慨捐助……在越南战争期间，美国原住民的强烈爱国主义和勇猛再次得到彰显，超过 42000 名美国印第安人在越战中参战，他们中的 90%都是志愿参战的。

关于美国原住民参与战争的描述，不能不提到纳瓦霍密码员们，在“二战”期间，他们代表美国海军陆战队作出的成果难住了日本密码破译专家。出于安全方面考虑，这个秘密已被保守了 20 多年，这些纳瓦霍老兵的服务于 20 世纪 60 年代后期向公众进行披露，并最终在白宫举行的感动仪式中被褒奖（杰维茨，2001）。

在“沙漠风暴”行动、“波斯尼亚”战争以及阿富汗和伊拉克战争中，美国原住民继续在美国武装部队中服役，估计有超过 12000 名美国印第安人（第一批美国人，2003）。图表 9. 1 显示了美国印第安人/阿拉斯加原住民 2012 年服役期间在美国军队中所占人数和百分比。百分比显示了与其他所有种族的对比（美国退伍军人事务部，2012）。可见，美国印第安人和阿拉斯加原住民多年来的服役为军队作出了巨大贡献。截至 2012 年，有超过 22000 名美国印第安人和阿拉斯加原住民在军队中服役（美国国防部，2012）。

服役时间	美国印第安人/阿拉斯加原住民退伍军人（人）	百分比（%）	其他人种（人）	百分比（%）
第二次海湾战争	17570	11.4	2261573	10.5
第一次海湾战争	21380	13.9	2522033	11.7
越战期间	56543	36.6	7205748	33.3
朝鲜战争	9801	6.4	2295464	10.6
第二次世界大战	5007	3.2	1865559	8.6
和平时期	44004	28.5	5470503	25.3
总数	154305	100.0	21620880	100.0

图表 9.1　按服役期和种族划分的美国印第安/阿拉斯加土著（AIAN）退伍军人

美国原住民人口、保留地、部落和身份

根据印第安事务局（BIA）的统计数据，美国有 567 个联邦政府承认的部落政府（也可以使用部落和民族这个词），包括阿拉斯加的原住民群体，如阿留申人（印第安事务局，2016）。2015 年美国原住民人口最多的 3 个州按降序排序为：加利福尼亚州、俄克拉荷马州和亚利桑那州（美国人口普查局，2015）。

每一个联邦承认的部落都有自己独特的历史和文化，并且通常具有一种单独的语言。各自拥有自己的政府、学校、执法和经济体系。前文提到的奥巴马总统签署的行政命令强调了这个问题："美国承认政府对政府的关系，以及与联邦承认的部落之间独特的法律和政治关系"（白宫，2013）。然而，由于历史和政治原因，仍有许多部落不能从联邦承认的地位中受益。这些部落的成员不一定有资格获得联邦印第安人计划中的特殊福利。另外，这一领域的欺诈行为相当猖獗，人们假称是印第安人血统以便不公平地从政府处获得利益和抢走其他宝贵机会。一些部落可能会得到州政府的承认，或者正在寻求联邦承认的过程中，而另一些部落则可能不会寻求承认。一些印第安人部落因政府利益和资源而互相对抗的态度反映了一些寻求认可的印第安人群体中竞争日益激烈的问题。

印第安人："包括所有拥有印第安人血统、目前处在联邦管辖下的部落成员，所有自1934年6月1日起居住在任意印第安人保留地内的人及其后代，以及所有印第安人混血或拥有印第安人血统的人，其中爱斯基摩人和阿拉斯加的其他土著民族也属于印第安人"（美国法典，2007）。

印第安人部落："包括所有印第安人部落、组织化的团体、印第安人村庄或居住在保留地的印第安人。'成年印第安人'指年满21岁的印第安人"（美国法典，2007）。

印第安地区：对美国管辖权下印第安人保留地以内的所有土地，以及美国境内的所有有依赖的印第安社区，无论是在原来的还是之后获得的领土内，也无论是否在一州界限内，还是对所有的印第安园地而言，印第安头衔从未消亡过（美国法典，2017）。

印第安保留地是一个部落通过法规、行政命令或制定条约的形式保留下来的专属用地。它可能建立在祖先留下来的土地上，或者是在部落被迫通过联邦条约放弃其原有领土时唯一可用的土地上。保留地也是联邦政府委托印第安部落代管使用的土地。印第安事务局管理经营超过5600万英亩的土地，这些土地由美国印第安人、印第安部落和阿拉斯加原住民代管。人口普查显示，110多万印第安人和阿拉斯加原住民生活在保留地（佩里，2016）。但应该指出，共有460万人生活在美国印第安人保留区或阿拉斯加原住民村庄；因此，76%的居民不是美国印第安人或阿拉斯加原住民（佩里，2016）。

美国最大的印第安保留地是纳瓦霍族保留地，它延伸到3个州——亚利桑那州、新墨西哥州和犹他州。印第安人不会被迫留在保留地内，但由于许多离开的人强烈渴望与家族文化保持联系并受其熏陶，以及受到在城市生活经历中的文化冲击，许多人回到了保留地。20世纪50年代，联邦政府设立了"迁移计划"（印第安人城市迁移计划），旨在通过承诺提供经济机遇吸引印第安人离开自己的保留地，让他们最终融入美国主流文化。这个项目的结果是，根据与印第安部落签订的条约，政府对印第安人保留区的责任大大减少。第二次世界大战后，大量的印第安人离开自己的保留区。对美好生活的承诺既是诱惑，也是胁迫，让大量移民离开自己的保留区，减轻了美国政府对保留区内印第安部落的义务。

印第安人搬到城市后所经历的文化差异是如此巨大，以致美国印第安人在总体上很难保持他们的文化凝聚力。政府的“迁移计划”导致了印第安人家庭生活极度弱化或被完全破坏。美国城市的文化与保留地的文化如此不同，从保留地到城市的文化价值观完全冲突。印第安人徘徊在两个文化世界之间，几乎没有手段生存。结果，印第安人成为美国下层阶级的一部分。印第安城市居民被称为“看不见的少数群体”。

总体而言，印第安人口的特点就是在保留地与城市之间进行不断移动，有时是从一座城市迁移到另一座城市。在城区，当警察遇到美国印第安人时，他们未必会知道这些人是如何融入城市生活的。在农村地区的警察更容易了解特定部落的文化。在这座城市里，一个人的部落背景可能还不如这个人是美国印第安人这个事实重要。

自 20 世纪 80 年代初以来，超过一半的美国原住民人口一直生活在保留地社区之外。由于一些保留地的生活可能比较暗淡，许多人为了追求教育和就业机会就离开了那里。虽然仍旧有很多人回保留地参加家庭活动和部落仪式，但许多人试图在城市地区重新开始自己的生活。

与其他依据文化或伦理来进行分类的群体（如亚洲人、非洲裔美国人）一样，将所有美国印第安人归为一类，并假设他们是同性质的是不正确的。例如，仅在亚利桑那州，就有许多不同的传统部落：东北部有霍皮族，南部有皮马族和帕帕戈斯，中北部有阿帕奇人，西部有尤马群体。所有这些部落的人都来自于现今被称为亚利桑那州的地方。相对的“新移民”是大约 1000 年前抵达的纳瓦霍人和阿帕奇人。总的来说，这 6 个部落存在文化差异，每个群体都有自己的历史和生活经历。

一般来说，在美国，美国原住民中存在着不同的文化群体。每个部落都发展出自己的一套传统和信仰。尽管有一些显著的相似之处，每个部落都认为自己与其他部落截然不同。然而，自从政府让整个部落群体从其家园中搬迁出去，他们被迫移民而离开家园，最终分散到全国各地。例如，由于 1830 年印第安人搬迁法令的颁布，5 个部落——切罗基族、乔克托族、契卡索族、克里克族和塞米诺尔族——被迫搬到俄克拉荷马州中一个指定为印第安人领土的地区。其中一些部落是传统的敌人，尽管如今他们已经学会了和平共处。①

执法人员可能会发现自己对美国印第安人的身份感到困惑。身份问题对于执法行为非常重要，因为管辖法律规定了哪些政府部门、部落或州/地方政府可以逮捕和起诉罪犯（即是印第安人还是非印第安人，管辖权将在本章稍后讨论）。个人可能自称拥有“印第安人血统”，但部落有自己的标准来决定部落成员身份，因为决定部落成员身份是部落主权的基本属性。联邦政府在制定“特殊印第安人权利计划”的合格标准时，通常会依据部落意愿来作决定。

相反，非印第安人可能会自称是印第安人。当一个部落成员离开保留地时，他或她将受到周围县和州法律的约束。但是，当一名印第安人处于美国原住民可能从事狩猎或捕鱼等条约权利的“惯常”地区时，印第安人身份问题就会出现。例如，如果狩猎季不对非美国原住民开放，并且国家野生动物官员看到有人拿着步枪，那么该官员可能会询问该人并要求进行身份证明。为了行使美国原住民在“惯常土地”上的权利，非美国原住民可能会假称自己是印第安人。如果官员怀疑遇到的人是否真的是印第安人，他们应询问该人属于哪个部落，然后联系部落总部来验证该人的身份。每个部落都有自己的管理和权威部门，其成员将能够回答身份特征的问题。通过与部落部门进行联系核实该人身份信息而不是自行对印第安血统进行判断，官员能够帮助部落成员和执法官员建立良好的关系（贝克尔，2013）。

另一个在身份判断方面令人困惑的是，美国西南地区的一些原住民有西班牙名字或姓氏（由于通婚或因为他们采用或被早期西班牙征服者——来自西班牙的征服者给予这些名字）以及可能“看起来”像西班牙裔或拉丁裔（如霍皮族）。官员可能很难确认他们的身份，所以官员不应该因为名字或外表而认为某人是拉丁裔。许多美国原住民不希望与拉丁美洲人划分在一起，因为他们不是拉美裔；他们可能会怨恨一些拉丁美洲人否认他

① 一些读者可能听说过“眼泪之路”，是切罗基民族用来描述他们在 1838 年、1839 年被迫从佐治亚州、田纳西州和北卡罗来纳州迁移到现在俄克拉荷马州地区的过程。他们把这段行程叫作“眼泪之路”，因为在强制迁移过程中，充满饥饿、疾病和疲倦的悲剧性影响，上千的切罗基族男人、女人和儿童死亡。在今天，经历过“眼泪之路”的人的后代依旧能感受到凄凉。此事虽然没有保存任何记录，但仍有许多关于那些拒绝参与强制行军而并被联邦当局杀害的人的故事。

们印第安人的血统，而只认同他们遗产中跟西班牙有关的那部分；许多部落与墨西哥混血人种有过战争历史。另外，墨西哥、中美洲和南美洲的大多数人都具有“印第安人”血统（美国中央情报局世界概况，2017）。

美国原住民之间的相似之处

美国原住民部落、社区和个人之间的文化、语言、历史和社会经济地位存在显著差异。然而，在肯定其多样性的同时，仍然有可能讨论美国原住民族群体的总体文化特征。以下部分描述的文化特征适用于那些在生活定位上是传统“印第安人”的美国原住民。在意识到部落差异的同时，执法人员还应该明白，在许多不同的社会领域、美国原住民部落以及美洲大陆以外的印第安同类之间存在巨大的文化联系。

关于地球和宇宙的哲学

“印第安人和西方人之间最显著的区别就是各自看待自己在宇宙中所扮演角色的方式不同。普遍的非印第安人认为，人类优于其他所有形式的生命体，宇宙是以他认可的方式被其使用……一种态度被认为是为人类的利益而掌握自然（西方哲学）”（巴蒂，1982）。通过与西方哲学（人们认为有能力改变自然）的对比，我们可以深入了解所有几乎确定的美国原住民的共同价值观和哲学。在承认每个印第安部落或民族各自具有特征的同时，还有一系列关于地球和宇宙的共同价值观和信仰，让我们对自然和“地球母亲”深表敬佩：根据美国印第安人哲学“地球是神圣的，是一个活的实体。通过与地球、自然和宇宙的精神参与，每个人将自己与环境联系在一起”。

印第安人并不认为自己比所有其他万物（如动物、植物）优越，而是将自己视为所有创造物中的一部分。通过宗教典礼和仪式，印第安人能够超越自己与宇宙和谐相处，与大自然相通。

不了解这种哲学的人可能往往认为这是原始的甚至是落后的而不屑一顾。其服装、仪式、典礼和舞蹈常常被视为是丰富多彩的但也是稀奇古怪的。然而，从一个印第安人的角度来看“西方人在轻率地追求神圣进步的过程中不能长时间地停驻下来学习这种基本的真理，实际上是一场悲剧——

令西方人感到更意外和惊愕的是，他现在正在被迫认识到这一点（随着地球的衰退）。曾经急于教育‘落后者’的人总是不愿意向落后者学习”（巴蒂，1982）。现在许多非印第安人都认同美国原住民对环境的观念。现在，人们将曾经认为是落后的信仰如今视为是保护我们环境的关键。美国原住民谈及“地球智慧”时表示这是来自他们的传统文化，即所有人都应该拥抱环境的未来。

一段印第安祷文：

> 噢，我们的大地母亲，天空父亲。
> 我们是你们的孩子，带着疲惫的背影。
> 我们给你带来你所喜爱的礼物。
> 然后为我们编织一件明亮的衣裳，
> 愿边缘是降落的雨，
> 愿镶边是屹立的彩虹。
> 我们可能惬意地走着，周边草儿绿绿葱葱，鸟儿欢乐歌唱。
> 噢，我们的大地母亲，天空父亲（佚名）。

当执法人员与正在庆祝或祈祷的人进行接触时，无论是在保留地还是在公共场合，尽可能保持尊重是至关重要的。执法人员应该制止传播优越感和种族中心主义或者“那些仪式是落后原始”的态度。美国原住民的祈祷、仪式和典礼代表了古老的信仰和哲学，其中许多都跟保护地球、与地球和谐相处有关。因此，执法人员应该不惜一切代价，尽量避免干扰祈祷者和神圣仪式的进行，正如人们避免打扰教会仪式一样（执法人员也应该意识到，在仪式中进行拍照会造成仪式中断，这种行为是被禁止的。总的来说，在拍摄美国印第安人之前，执法人员应该征得对方的许可。对许多部落来说，这样的做法都是应当的。某些保留地的访问者会被告知如果他们拍照，相机将被没收）。

在美国的某些地区，人们正在振兴美国原住民文化，而不是让它衰落下去。对一些部落和个人来说，其结果是一种“泛印第安人主义”，在这种现象中印第安民族认同感、自豪感日益高涨。某些具有不同传统的部落或社区成员通过遵循特定的与印第安人相关的某些行为来确定为一个群体。例如，包括男性留长头发，象征着力量和权力——如果你以此为耻，你就不能留长发（鲍恩，2017）；使用圣管（即烟斗石管，有时也叫作和平管）；并参加用于净化身体的仪式、蒸汽浴室和神圣的太阳舞蹈。许多部落在其传统习俗中都具有这些元素，部落在不同程度上对于其中某一种传统习俗有偏向性地进行（里维拉，2013）。

应该指出的是，并非所有的印第安人都肯定地看待泛印第安人运动。有些人认为这很有可能滥用传统或错释仪式的意义。有些部落通过强调自己独特的风俗习惯和实力来进行身份认同，而不是利用泛印第安人运动来确认身份（里维拉，2013）。

语言和沟通

即使各群体间沟通存在很大差异，但也是能够总结出大部分人的交流方式的。以下内容包含语言和非语言方面的沟通信息，以及执法官员与美国原住民进行互动的小窍门。此外，下面的段落对一些拥有传统看法的美国印第安人展现出来的交流和行为模式进行了描述。然而，任何关于沟通特点的描述不会适用于一个群体内的每个人，尤其是在一个如此多样化的群体中。

公开和自我披露

许多美国原住民在刚开始见面时，会与他人进行小心互动、避免太过坦率（如披露个人和家庭问题），以展现善良友好和创造和谐氛围。这通常意味着一名官员必须努力工作来建立融洽关系，获得信任。相比之下，在美国主流文化中，高度重视表现出友善和开放这一点。在西海岸和南部的某些地区尤其如此。因为主观期望接收到不同的行为模式，非印第安人可能会认为印第安人是疏远的和冷淡的。印第安人的看法可能是：欧美国家由于过度开放，是表面敷衍、不可信赖的。主流美国文化鼓励公开表达自己的意见，强调语言和进行自我表露的重要性；而美国原住民文化鼓励镇静和控制情感，他们珍视的核心文化价值观就是“倾听，你就会学到很多”（赖斯·理查斯，2012）。

沉默和中断

沉默的成果是什么？它们是自我控制，真正的勇气、耐力、耐心、尊严和崇敬。沉默是性格的基石。

——拉科塔·苏

在美国原住民文化中高度重视能够保持安静、静止并观察的能力。因此，沉默确实是一种美德（在主流美国文化中，认为“沉默是金”，但这可能更多的是对一种理想的表达，而不是对事实的描述）。印第安人被教导去研究和评估情况，只有当一个人有适当的准备时才可以行动或参与（鲍恩，2017）。当执法官员联系美国原住民时，他们可能把这种沉默寡言误会成闷闷不乐或缺乏合作。这种行为不应该被误解或者被当作私怨。一定要理解这一种文化特征，这并非人身侮辱的一种行为、活动或态度。警察还必须考虑到，打断一个印第安人讲话被认为是非常冒犯的，应尽可能避免。作为在保留地的生存技能，佩吉·鲍文博士从小就学会了保持沉默，特别是避免直接与男性进行交谈。直接交流被认为是对权威的挑战。尽管出于媒体的影响已经在一定程度上发生了变化，但与当权人交谈时缄默不言仍然很普遍（鲍恩，2017）。

谈话和问题

只是为了打破沉寂而进行的交谈，被视为是不重要的。人们在主流社会观察到的小问题（如“你好，最近怎么样？你的周末过得如何？”等）在传统意义上并不会被美国原住民所要求。言语被认为是强有力的，因此要慎重选择。如果其他人主导了对话，这种文化特点可能会导致美国原住民被动且显得孤僻。当执法官员询问表现出这种倾向的美国原住民时（他们宁愿保持拘谨或沉默），官员不应过于催促寻求答案。在传统上，语言以及非语言的攻击行为总是会被鄙视。故而，问题应该是开放式的，并且该官员要乐意尊重沉默以及可能需要的时间以便找出所需信息。

非语言交流：眼神交流，触摸

谈及美国印第安人文化，人们通常会说印第安人避免进行直接的眼神交流。虽然对于一些部落来说这是事实，但并不适用于所有人。一些印第安部落认为，长时间直视别人的眼睛是不尊重的，就像用手指指着某人被认为是不礼貌一样。直接的眼神交流被一些部落看作是一种冒犯或者是种对隐私的侵犯。纳瓦霍部落成员想表达愤怒时，往往会进行彼此凝视。对非印第安人来说，一个在眼神交流方面坚持潜规则的印第安人似乎是狡猾、推诿的。警察和其他执法人员不能仅仅因为该人没有维持直接的眼神接触而自动判断某人有罪或怀疑他。如果眼神交流会使美国原住民压抑，为了使其放轻松，警察可以减少眼神交流。避免与警官目光接触也可以传达出一种信息，即警官正在使用的方法过于强大和苛刻。

谈及空间感受，大多数美国印第安人对陌生人的肢体触碰会感到不舒服，无论是被轻拍后背还是被搂住肩膀。没有触碰或者只限于短暂握手的方式都是合适的。已婚夫妇并不喜欢在公众面前展露自己的感情。另外，人们应该避免拥挤或站得太近。请记住，印第安人与陌生人的关系比主流文化更为正式。因此，如果警官没有保持适当的距离，可能会被视为过于激进。将要拍打或对美国原住民搜身的警官首先要向其解释过程。

执法官员在与女性印第安人进行交流时可能会遇到特殊困难。鲍恩回忆说，在某女士离开保留地之前，她无法与当权者保持直接目光接触，因为这种行为是不被鼓励的。就像直接与男性说话一样，如果女孩和女人试图与男人直接进行目光接触，就会惹上麻烦。在一定程度上，情况依然如此，特别是在相对封闭的保留地（博文，2013）。

对于美国的执法官员来说，坚持判断美国原住民的文化交流方式是建立良好融洽关系的关键。

语言

目前，一些美国原住民能够使用今天美国使用的 149 种北美本土语言中的一种进行交流，使用人数最多的语言是纳瓦霍语。一些美国原住民语言已经消失，还有一些目前正濒临灭绝。在这 149 种语言中，至少有 14 种语言的使用者都少于 50 人。

对于很多美国原住民来说，英语是第二语言。那些不会说英语的人可能会被禁止发言。此外，由于许多美洲原住民倾向于安静且非强制下地说话，执法人员必须表现出耐心并留出额外的讨论时间。交流不该匆忙进行。英语不好的美国原住民在组织答案时需要花费更多时间将他/她自己的语言翻译成英语（对于所有第二语言不流利的演讲者都是如此）。与其他语言一样，英语单词或概念并不总是能够准确翻译成各种印第安语。印第安语言丰富，表达出反映世界独特观点的概念。当美国原住民讲他们自己的语言时，警察必须在最大程度上表现出对美国原住民讲他们自己的语言的尊重。换句话说，警察会很好地抵制自己强迫印第安人在公众场合只使用英语的诱惑。请记住，印第安人长期以来一直被强迫进入盎格鲁-撒克逊社会，在这期间，许多人被剥夺了说他们母语的权利。

冒犯性术语、标签和成见

> 美国原住民是在历史和当代美国之间过渡的人。对美国原住民而言，其面临的挑战是如何在社会中保护文化遗产、消除成见并调整认知。美国原住民常常被以陈旧且带有歧视的态度对待（七火委员会，2013）。

在本章开头引用的采访中，一位科曼奇印第安退休警察局局长吉姆·考克斯描述了一种场景，即警察在他面前将他和他的朋友称为“只是一群印第安人”。由于他对自己的文化遗产引以为傲，故而对这种麻木不仁的交流深感不满（考克思，2017）。另外，无论警官多么恼火生气，在打击犯罪和维和行动中进行种族歧视都是不被任何一个群体所接受的。在警官听到其他人使用对美国原住民不尊重的术语和陈观旧念时，应该公开抗议这是种缺乏专业性和不尊重社区多样性的行为。

有许多对美国原住民来说是冒犯性的词：chief——首领（达到这个级别的领导者是非常荣幸的），squaw——美洲印第安女人（非常冒犯性的），buck——美洲印第安裔或非洲裔小伙子，redskin——红皮肤人，Indian brave——美洲印第安武士和 skins——皮肤（一些年轻的印第安人可能会使用皮肤这个词来代表他们自己，但如果其他人使用这个词，就很有冒犯性）。勇士、首领、美洲印第安女人和北美印第安人的婴孩这些词不是本地印第安语，而是错误的翻译，错误的发音，或是缩短了术语导致的，并且被“非美国原住民”延续下去（七火委员会，2013）。另外，许多印第安人对他人使用印第安部落名称或使用其作为运动队的吉祥物，是非常反感的。

其他用于指称美国原住民的术语是：apple——苹果（一个略微过时的术语，指的是高度同化的印第安人：外表为“红色”，内心为“白色”）以及 people——人们（一些印第安群体更常用这词指代自己）。在美国一些地区，印第安人称保留地为 rez，但由非美国原住民说出这个词时，该词将不会被人理解（鲍恩，2017）。即使其他印第安人可能使用亲属关系术语，但当非印第安人使用这些词时，如跟长辈进行谈话时使用 grandfather（祖父）一词，是自视高人一等的。作为一种经验法则，最好向美国原住民提问他们希望如何称呼，然后尊重他们的偏好。关键是避免对用于直接称呼或间接提及个人的名字作出假设（鲍恩，2017）。

其他常用的冒犯性术语包括 siting Indian style——坐式印第安风格，指的是坐在地板上的盘腿姿势；Indian giver——印第安送礼者，用来描述一个收回礼物或提供礼物的人；wild Indians——野印第安人，用来描述行为不端的孩子；powwow——帕瓦仪式，意思是讨论；bottom of the totem pole——人微言轻，意味着最低社会阶层。另外，我们注意到一些美国印第安人考虑到人们对印第安人的成见，在工作场所中故意选择不揭露自己的族群身份。同事们“在房间里没有看到一个印第安人”，可能会对印第安人发表评论或者使用冒犯性的表达方式。这些人会因为别人“无意地”提到美国印第安人而深感冒犯和伤害。

当非印第安人提出自己可能有或可能没有真正的印第安血统时，印第安人会对此感到不快，如“我具有部分印第安血统——我的曾祖父是切罗基族人”。虽然这可能是为了建立融洽关系，但说“我一些最好的朋友是印第安人”会更有效（去“证明”一个人没有任何偏见）。人们不应该根据小说、电影、假期旅行或对银饰的兴趣来与美国印第安人保持亲密关系。非印第安人首次遇到美国印第安人或家庭时，以上是最容易引起冒犯，最常犯错误的情形之一。还有一种是秘密地揭露自己家族中有一个印第安“公主”——部落不明，身份不明，但在家族神话中有点魅力。其意图可能是想建立融洽关系，但对印第安人来说，这些类型的陈述暴露出对印第安人的成见。

许多在美国长大的人们都记得印第安人曾被狭隘地描绘成鲁莽的、野蛮的、原始的人。在较早的讲述美国原住民历史的教科书中，包括历史书中，印第安人被说成是“屠杀”了白人，而白人对印第安人进行简单的“反抗”或“斗争”（哈里斯·莫兰，2004）。好莱坞也必须要承担推广成见的一些责任。“在好莱坞，对美国原住民中的片面描写由来已久，其中包括例如好战的野蛮人或打呼噜的部落成员等刻板的成见”（波尔，2009）。

其他普遍的成见或诽谤性言论包括“所有印第安人都是醉鬼”（有一种论点提出，白人向印第安人介绍“烈酒”或含酒精饮料作为攻击他的手段），“你不能相信一名印第安人”“那些该死的印第安人”以及“印第安人中唯一的好人是个死人”——这个评论可以追溯到 1869 年一名美国将军的发言（哈里斯等人，2004）。

尽管许多社会问题持续存在，但有关美国原住民的教育和政治参与方面还是取得了进展。执法官员不能固守美国原住民没有受过教育的刻板印象，有越来越多的美国原住民读大学，在教育、娱乐、体育和工业等行业升至高位。奥巴马总统的“世代原住民”倡议进一步刺激了美国原住民教育工作者和学生可利用资源的增加（美国教育部，2016）。

家庭与文化适应问题

尊重长者

“没有什么比印第安人看到其祖母或外祖父被语言挑衅，或被呼来喝去更令其生气的事。如果这种情况发生，火花一触即发” （里维拉，2013）。不同于美国主流文化，印第安文化出于对智慧和经验的尊重，重视衰老的过程。人们并不觉得他们必须去掩盖衰老迹象，因为这个阶段的人生被高度尊重。部落的长辈或美国原住民社区的老年人必须在执法过程中受到人们最大程度的尊重。这包括即使他们不直接涉及手头的治安案件，官员在家庭访视中也要承认他们的存在。在一些部落（如切诺基族）中，祖母常常拥有家庭中最大的权力，并且是第一决策人。对于执法人员来说，让长辈参与讨论是一种可取的做法，他们可以就不同情况给出建议或看法。在家庭和部落中，长辈有执行行为的能力一般会得到尊重。

然而，还应该指出的是，由于在一些美国原住民中有同化或个人偏好，任何特定家庭中的长辈们都往往不干涉已婚夫妇的问题。尽管在美国原住民文化中长辈们受尊敬的程度高于美国主流文化，但他们可能会在某些与警察接触的情况下退让，让年轻的家庭成员处理问题。如果有疑问，建议以更正式的方式开始进行接触，首先应顺从老年人。官员可以观察长辈参与的程度以及较年轻家庭成员是否让他们加入。

大家庭和亲属关系

在美国主流社会中，人们通常首先考虑并将自己视为个体，在此之后，他们可能会或可能不会认同自己所属的家庭或各种社区和他们隶属的团体。在传统的美国原住民文化中，一个人的主要身份与其家庭和部落有关（即以群体为导向）。当家庭中的某个人（如青少年）出现问题时，一些执法人员可能有能力进行转介。仅为该人提供咨询转介可能会在文化上造成疏离。家庭咨询可能是更适合的选择。从传统文化的角度来看（和许多其他文化一样），西式个人咨询或治疗是一种对待问题的外来方式。“研究发现，美国原住民中男性和女性符合抑郁、焦虑或物质滥用障碍标准的人更有可能向精神治疗师寻求帮助，而不是从专业或其他医疗来源寻求帮助”（美国精神病学协会，2010）。

今天，由于被强迫同化、极端贫困以及缺乏教育和就业等问题，部分家庭和部落的凝聚力减弱了。然而，许多美国原住民仍然拥有彼此亲近的大型亲属网。父母或母亲以外的其他人（如祖母、阿姨）抚养孩子的情况并不少见。例如，当执法官员进入一个印第安人的家，要求与孩子的父母进行对话时，最终官员可能会跟不是生母或生父的人交谈。各种各样的亲戚可以像母亲或父亲一样在主流文化中发挥作用。即使这个孩子与另一个亲戚住在一起（并且可能在整个童年时期由几个亲戚共同抚养），这并不意味着印第安人的亲生父母没有尽到育儿职责。极度紧密的家庭和部落联系允许此类儿童抚养方式存在。该官员不能认为这种安排是异常的，或者父母忽视了他们的孩子。

儿童与父母分离

如果可能的话，警察必须了解到不要将儿童与自己家人分开的重要性。许多在城市地区和保留地的美国原住民家庭都有回忆或曾从家中长辈那里听到过有关联邦政府例行地有系统地将儿童从自己家中带走的故事。在许多情况下，儿童被安置在印第安事务局管理的公立学校内，这些学校通常在数百英里以外。这种剥夺了他们自己的语言和文化对儿童进行教育的现象开始于19世纪后期。其潜在的前提是印第安人是野蛮人，不知道如何对待儿童。儿童会因讲自己的语言和宗教传统中的祷文而受到惩罚。在政府想要消减印第安人人口的企图下，他们几乎被赶出家园并被强制安置在陌生的环境中（鲍恩，2017）。

对很多家庭而言，尽管儿童被强制与父母分开的痛苦经历发生在多年前，但其后遗症仍在蔓延（里维拉，2013）。在20世纪初，有一个著名的案例，多名印第安霍皮族父亲被判处到阿尔卡特拉斯岛进行强迫劳役。他们的罪行是因为不希望他们的孩子被印第安事务局带到寄宿学校，他们把孩子从印第安事务局官员那里带走并隐藏起来。因为隐藏儿童违反了联邦法律，霍皮族父亲被捕并被控犯有煽动罪。这个案例至今仍然在被讨论（里维拉，2013）。"穿着制服的人带走了孩子"这些记忆是一些印第安人随时就能想起的画面。这正是如今执法官员与美国原住民进行交流时会产生的"心理包袱"。官员们可能完全没有意识到过去发生的强行带走儿童的悲剧在美国原住民记忆中产生的影响。

鉴于美国原住民父母完全可以保护他们的孩子，因此建议官员让父母获悉针对其孩子采取的任何行动。执法人员必须了解1978年由国会通过的"印第安儿童福利法案"（ICWA）。在该法案通过之前，从家中离开后的印第安儿童被安置在白人养父母家。当时没有印第安寄养家庭，部落也没有办法处理有关儿童的案例。随着"印第安儿童福利法案"的通过，其任务就是寻找适合的家庭来安置儿童。首先安置给一名部落成员，如果没有可能，然后是安置在美国原住民的家中。"印第安儿童福利法案"在实践中的工作方式正在被法院考察。"养父母诉女婴案"一路上诉到了最高法院（沃尔夫，2013）。当官员去带回原住民孩子时，如果不了解"印第安儿童福利法案"及其含义，可能会造成严重后果。如果执法人员能够很好地对待这些孩子包括了解印第安儿童的合法权利，他们可能会与印第安人家庭建立良好的关系（即在保留地之外保持交流）（鲍恩，2017）。

心理健康和适应问题

夹在两种文化中间并且家庭破裂的人，往往会变得沮丧、酗酒、依赖药物或自杀。然而，那些与自己的文化宗教保持紧密联系并有亲密的大家庭关系的印第安群体成员往往很少有这种行为。在文化和家庭的支持下，他们与主流文化的隔离状态并不像缺乏这种支持的个人和家庭那么明显（鲍恩，2017）。

在美国，有关自杀和种族歧视的研究中，那些描述为自我毁灭行为的模式的相关著作已然存在。这一论述还被推广到那些生活绝望的印第安群体中，其中很多是丧失族裔身份的印第安群体。心理学家乔恩·佩雷斯博士是印第安卫生服务（IHS）行为健康组的前主任，根据其报告：

> 由于极度贫困，缺乏经济来源和广泛滥用药物而导致的代际创伤已经粉碎了这些社区。自杀成为对多种问题的单一反应。如果你身处其中，而且你对未来没有任何希望，那么自杀似乎是一种选择（迈尔斯，2007）。

国家疾病控制预防中心报道，“15 岁到 34 岁的美国印第安人/阿拉斯加原住民青少年和年轻成年人的自杀率比全国平均水平高 2.5 倍”，并且在这个年龄段中自杀成为了死亡的第二大原因（国家疾病控制预防中心，2015）。2016 年 10 月，由北达科他州参议员海蒂·海特坎普提出的一项法案被确定为法律，以成立一个委员会，该委员会将审查并提出建议，以满足印第安儿童独特的教育和身心健康需求（弗劳尔，2016）。这项法案的主要目的是找到降低印第安保留地自杀率的方法。

在过去的几十年里，许多研究报告表明美国原住民的酒精消耗量相对较高，一些研究人员通过研究多个现有的数据库并根据某些因素进行调查——发现美国原住民的饮酒量实际上与美国白人相似（伊扎迪，2016）。然而，在一些印第安保留地使用冰毒和其他毒品是一个普遍存在的问题，这造成了与家庭暴力和忽视儿童有关的巨大问题。

> 使用非法药物会导致个人行为受损，这通常会导致暴力和其他犯罪行为的发生。虽然一些保留区的犯罪率仍然比全国平均水平高 5 倍（在某些情况下甚至更高），但毒品的广泛使用和滥用，以及在印第安农村活动的多个犯罪集团和团伙的贩运，造成了大

量的暴力和财产犯罪。根据2009年至2014年财年报告，印第安农村执法项目处理的毒品案件数量增加了7倍；在此期间，缉毒行动数量增加了11倍（缉毒总局，2015）。

对印第安人造成如此多问题的原因可以追溯到政府处理和规范印第安人生活的方式。白人占统治地位的社会绝不会承认印第安人的文化身份；因此，许多印第安人已经内化了他们所经历的来自外部世界的压迫。下面这句话反映了南加利福尼亚州警察局的一名美国原住民执法官员的观点："我对自己的根所知甚少。我的母亲和祖母被剥夺了了解她们文化的机会（由于强迫同化），什么也没有传递。我感到空虚，对那些有权决定某些传统不值得保留的人产生强烈的愤怒。强制否认我们的种族导致了极高的酒精和非法药物使用以及高集体自杀率。"

虽然有些人会质疑压力和压迫的长期影响，但在表观遗传学的科学领域里，越来越多的证据表明，这些影响在生理上是可以遗传的。2013年，在圣地亚哥的一次演讲中，哈佛大学的李博士报告称："……表观遗传学的科学研究已经开始证明，代际创伤是真实存在的，并对当今的人口产生影响……本地治疗师、药师和老年人一直都知道这一点，这是本地口头传统中的常识"（比科伊，2013）。

此外，许多年轻人感到生活在两个文化世界之间的压力，当涉及他们自己的身份问题时，感到疏远。他们不像印第安保留地或尊重传统的社区所接受的那样，不完全是传统印第安世界的一部分；他们也没有完全适应占主导地位的美国文化。

执法中的关键问题

对警察的看法

美国原住民对警察的普遍不信任源于历史上其与联邦、州和地方政府"体系"之间的负面关系。在印第安人看来，官员代表的是一个不支持印第安人权利、部落或社区的体系。与执法部门的大多数接触本质上都是消极的。因此，许多美国原住民从来没有机会与执法人员建立信任和合作关系。

受害率/与其他群体的比较

根据 1992 年至 2001 年的全国犯罪受害情况调查，美国印第安人暴力案件受害率是黑人的 2 倍多，是白人的 2. 5 倍，是亚洲人的 4. 5 倍（佩里，2004）。美国印第安人占美国人口的 0. 5%，但所有暴力犯罪受害者中，美国印第安人比例为 1. 3%。这些罪行既伤害男性也伤害女性；受害人来自不同的地域、年龄组，经济水平也各有不同。

从 2009 年开始，美国原住民的公共安全问题被司法部部长埃里克 · 霍尔德宣布为首要任务并引起了国会领导者的关注。2010 年，奥巴马总统签署了“部落法律和秩序法案”，以“解决部落社区中的犯罪问题，并强调要减少针对美国印第安和阿拉斯加原住民妇女的暴力行为”。早期的结果显示政府承诺得到兑现（见图表 9. 2），但是针对美国印第安人和阿拉斯加原住民的暴力侵害犯罪率仍然很高。“联邦法律和政策要对可悲的保留区状况负主要责任，那里的犯罪率一般是全国平均水平的 2 倍多，在一些地方，犯罪率飙升到全国平均水平的 20 多倍……在一些保留区，当地妇女被谋杀率是全国平均水平的 10 倍”（莱利，2016）。

美国原住民妇女和强奸案

21 世纪初发表的一份报告指出，美国原住民妇女的暴力犯罪受害率至少是其他妇女的 2 倍（佩里，2004），故从当时起就开始引起了广泛关注。2007 年，国际特赦组织收集线索，发表了题为“不公正的迷宫”的报告。1 年后的后续报告警告说，“这不仅仅是一个公共卫生或刑事司法问题，而是一个严重的人权问题，美国政府有义务根据国际公认的人权标准来解决该问题”（国际特赦组织，2008）。2010 年至 2012 年的一份报告显示，相较 19. 9%的白人女性，28. 9%的美国印第安女性或阿拉斯加原住民妇女“在其一生中遭受过强奸伤害”（史密斯、陈、巴西尔、吉尔伯特、梅里克、帕特尔、沃林和吉安，2017）。

印第安地区强奸犯罪的盛行很大程度上是由于“那部如迷宫一般的阻止部落逮捕和起诉罪犯的古老法律”（沙利文，2009）。奇克索民族部落警察局局长杰森 · 奥尼尔解释说，如果一名女性是印第安人，在印第安土地上，并且袭击者也是印第安人，他（奥尼尔）可以帮助她。如果不是，他没有太多可以做的事情（沙利文，2009）。奥尼尔将袭击者形容为几乎“不可触及的……因为80%的受害者描述的罪犯都是来自保留地之外的”（沙利文，2009）。

> 2年前，横跨南北达科他州的斯坦丁罗克苏族保留地有5个印第安事务局官员巡视一个跟康涅狄格州差不多大小的地区。全国许多保留地地区的官员共同提到了严重的强奸犯罪问题，有数百起案件未报案，未经调查和起诉。根据司法部的说法，三分之一的美国原住民妇女在其一生中遭受过强奸。部落领导人说，侵犯者认为美国原住民的土地几乎是自由放任的，没有一个执法机构可以触及它们（沙利文，2009）。

	2002年	2010年	2013年
白人（‰）	32.6	18.3	22.2
黑人（‰）	36.1	25.9	25.1
美国印第安人/阿拉斯加原住民（‰）	62.9	77.6	56.3
亚洲人/夏威夷土著/其他太平洋岛民（‰）	11.7	10.3	7.0

图表9.2　12岁及以上每千人的暴力受害率

信息来源：杜鲁门，詹妮弗L.和琳恩·朗顿（2014）；美国司法部、司法办公室、司法统计局（《刑事受害》，2013）。

2013年，美国国会通过了“反妇女暴力重新授权法案”，该法案最终将允许美国原住民部落“行使其主权，可以对在印第安地区袭击印第安人配偶、约会对象以及违反保护令的印第安人和非印第安人进行调查、起诉、定罪和判决”（美国司法部，2013）。奥巴马总统表示，“以前，部落对那些即使娶了原住民妇女或居住在保留地的非部族成员也没有管辖权。但只要我签署该法案，这种情况就结束了”（史道夫，2013）。

事实上，进展是很缓慢的。经过2年，修改后的法案才开始实施（宾杰里，2015）。一些部落必须修改它们的法律以符合美国联邦政府的要求；在某些情况下，这些变化是复杂且昂贵的。虽然已经承诺拨款来帮助部落支付这些费用，但资金迟迟没有发放（麦克朗，2015）；1年后，政府承诺了其他项目和资金。此外，很不幸的是，该法并没有涵盖其他各种犯罪，比如两个陌生人之间的犯罪——包括性侵犯。显然，在未来几年里，对美国女性原住民提供法律服务和保护必须成为各层级执法人员的当务之急。

针对美国原住民的仇恨犯罪

2015 年，在涉及种族或种族偏见的仇恨犯罪中，有 3.3%是针对美国印第安人或阿拉斯加原住民的。考虑到美国原住民只占全国人口的 2%，这个比例是相对较大的。在这些犯罪中，很多都是非常暴力的，而且似乎被误导为针对有色人种而不是具体针对美国原住民的犯罪。在某些情况下，美国原住民受害者被攻击者用“黑鬼”指代。在一个案例中被误认为是太平洋岛民。攻击者在他的脸书上写道：“刚刚对某个 6.5 英尺（1.98m）高的汤加小子拳打脚踢”（凯因，2011）。

许多美国原住民认为，针对他们的犯罪行为没有得到公平或及时的调查。前面提到的被误认为是汤加人的受害者被棒球击中后鼻孔和鼻窦腔破裂，但他被关在监狱里，6 天没有得到医治；他的妻子被一名警卫告知“如果他想接受治疗，他需要去请他的印第安医生”（凯因，2011）。

管辖权

> 调查原住民土地上的罪行对联邦调查局人员及其执法同伴来说是一个不寻常的挑战。在印第安地区工作，就像我们所说的那样，通常意味着在孤立的充满文化差异的禁土上开展工作。例如，一些年龄较大的美国原住民不会讲英语……在许多保留地，很少有铺设的道路或标记的街道。警察可能会在午夜被召集到 120 英里外的犯罪现场……（美国联邦调查局，2012）

自 1908 年以来，美国联邦调查局在调查印第安土地上发生的犯罪方面发挥了重要作用。回顾历史能更好地解释美国政府在印第安地区开展执法行动的作用。1885 年，美国通过了“恶性犯罪法案”，这赋予了联邦政府对于在印第安保留地发生的重大罪行进行排他性管辖的权力。1994 年的“犯罪法”扩大了在印第安地区的联邦刑事管辖权，因为联邦承认了印第安部落的主权地位，这使得大多数州无法在印第安地区对印第安人行使刑事管辖权。在有限的基础上或与联邦政府一起的情况下，司法管辖权属于部落自身。在印第安地区的联邦刑事司法管辖权来源于《美国法典》第18卷，第1152条（普通犯罪法）和第18卷第1153条（恶性犯罪法）。

> 除了联邦调查局外，内政部印第安人事务局也在执行联邦法律方面发挥着重要作用，包括对涉及违反《美国法典》第18卷第1152条和第1153条的案件进行调查和提出起诉。……简而言之，许多联邦和部落执法机构对于有效地管理印第安地区的刑事司法是很有必要的。决定哪个执法机构、联邦或部落对特定的罪行负有调查的主要责任，可能取决于所犯罪行的性质以及任何适用的地方准则，这些准则在不同的司法管辖区有所不同（美国司法部，2015）。

1953年，由于在公法第280条的框架下进行了一些修改，某些重要事项归入州管辖权范围内（而不是联邦或部落），如在阿拉斯加州、加利福尼亚州、明尼苏达州、内布拉斯加州、俄勒冈州和威斯康星州等地，这增加了印第安地区执法责任的情境性。2010年的《部落法律与秩序法》旨在澄清一些司法问题，但并未改变公法第280条在州的地位。《部落法律与秩序法》颁布5年后，部落和联邦政府代表参加了圆桌会议讨论，讨论结果表明，该法案产生了清晰的衡量标准，但结果喜忧参半（李，2016）。

联邦调查局基于若干因素为全国各地分配资源，这些因素包括确定的犯罪问题、管辖责任以及非联邦调查局调查资源的可用性。另外，凭借1988年颁布的《印第安赌博管理法案》，联邦调查局对涉及印第安地区博彩设施中的赌场博彩行为有联邦刑事管辖权，包括那些在州刑事司法管辖下的印第安保留地地区。

2015年，联邦调查局的4个印第安地区分区（阿尔伯克基、明尼阿波利斯、菲尼克斯和盐湖城）占了所有印第安地区案例初始值的71%（美国司法部，2015）。同年，“在20多个联邦调查局外地办事处工作的大约127名专职特工和41名联邦调查局受害专家，支持印第安地区调查事务”（美国司法部，2015）。尽管通过这些努力和资源的应用，近年来针对印第安地区案件后续情况，仍然存在一些偏见（帕特森，2016；威廉姆斯，

2012）。正如《法律杂志》的一篇文章所述，“……联邦政府的资源有限，加之调查和起诉印第安地区犯罪的一系列障碍，这意味着极少有人这样做”（莱利，2016）。

在联邦涉及印第安地区执法的其他领域，偶尔联邦调查局会与印第安事务局联合为印第安地区官员举办区域培训会议。但自20世纪90年代中期以来，大多数培训会在美国印第安警察学院进行，该学院与新墨西哥州阿蒂西亚的联邦执法培训中心位于同一地点。针对印第安地区的专业培训包括“印第安儿童福利法案的课程，印第安地区管辖权问题的课程，以及由于工作地点的偏远，在长时间工作情况下没有后备支援如何应对独自工作的挑战的课程”（赖特，2010）。

2009年5月19日，对前奇克索民族天马警察局长杰森·奥尼尔①（艾达，俄克拉荷马州）的访问：

问：对民事警察而言，在印第安土地上，表示尊重最重要的方式是什么？

答：首先，对民事警察而言，了解部落主权、部落以及其历史是很重要的。同时，部落警察了解民事警察所面临的问题也同样重要。这会有助于达成合作。部落警察优先要做的事是在其管辖范围内，与包括州和当地的所有机构建立良好关系。

问：民事警察尤其需要从印第安文化中学习什么？

答：他们应该熟悉宗教并且明白每个部落都是独一无二的，有其自身的文化和信仰。他们也需要基本理解印第安管辖权。我们已经与俄克拉荷马州一起合作确保州学院传授这种知识。民事警察需要面对与印第安地区有关的问题，所以应当在这个领域得到专门培训。

问：你是否能够想到一些美国原住民对民事警察感到失望的事情？

答：当一些执法机构没有认识到自己与部落警察是平等的或

① 奇克索民族天马警察局长，因在执法合作方面的探索研究而被大家所熟识，2008年，在美国原住民执法协会拉斯维加斯召开的全国性会议上，他也因此被授予了局长头衔（天马警察局领导被任命为警察局长，2008）。

者没有把部落警察当作警察时，美国原住民和部落警察就会感到失望和沮丧。我们中许多官员都上了警察学院，为了完成共同目标，我们与外部机构在跨部门协议下一起工作。我们都需要去认可彼此。另外，民事警察在印第安地区内部或周边执行任务时没有与部落警察进行协商，也会令人失望。合作以及相互认可是关键。例如，我们与俄克拉荷马州麻醉品和危险药物管理局有交叉培训。我们派遣了一名调查员到对方办公室，反之亦然。

问：美国原住民怎么谈论民事警察？

答：大部分我们接到的电话都是来自那些已经与民事警察打交道并且想让我们部门参与调查的原住民公众。当民事警察在印第安地区工作，他们在执行任务时应该向我们进行咨询。我们可能会协助他们或者想出一个更为有效的解决办法。

问：在与美国原住民进行执法互动方面，你有没有想要向我们的文章读者传递一些特殊信息？

答：我们必须相互联系。在印第安地区以及周边，管辖权规则犹如迷宫。保障公共安全的唯一途径是通过执法合作努力。这对所有人都有利。

交流是关键。在任何要求服务期间，执法官员花时间与其需要服务的人进行交流是十分必要的。通过这种方式，官员也知道如何有效开展工作。

部落和民事警察

印第安事务局下属的司法服务办公室管理印第安地区的执法活动。这些团体面临的问题是严重的。“司法服务办公室持续不断地去解决印第安社区发生的问题，这些问题是各种各样的、分散的并在较大地理区域内传播”。这些社区经常面临社会经济挑战，如高失业率、高毒品滥用率，这对应急服务人员提出了巨大挑战（美国内政部，2013）。另外，部落警察数量和刑事司法服务资源是长期缺乏的。图表 9.3 显示，尽管因在招聘、训练、挽留方面下了功夫，情况也在慢慢发生好转，但在 2015 年，仍然只有 52%的部落执法机构拥有充足的人员配置。美国政府问责局公布了一份报告，对这一困境进行了简要总结：

在美国司法部的一项研究中，研究人员估计，在印第安地区，每1000名居民中的执法人员不到2名，而非部落地区如密歇根州底特律市和华盛顿特区，每1000名居民中的执法人员人数则为3.9名至6.6名。有限的执法资源所面临的挑战因许多保留地的地理隔离和辽阔地域而变得更加严重。在有些情况下，官员可能需要行驶数百英里才能到达犯罪现场。例如，在南达科他州的松树岭印第安保留地有大约88个部落官员，这些人员要为3466平方英里内的4.7万名居民提供服务，这相当于每39平方英里土地上配置一个官员……（美国政府问责局，2011）。

年份（年）	所占总部落执法机构比例
2006	36%
2008	59%
2010	52%
2012	52%
2014	50%
2015	52%

图表 9.3　印第安事务局/部落执法机构拥有充足配置人员占比

资料来源：美国内政部。预算理由和业绩信息：印度事务。2011 财年报告中的 2006 年数据；2013 财年报告中的 2008—2010 年数据；2017 财年报告中的 2012—2015 年数据。

尽管鉴于人力和地理限制，部落执法部门显然不能处理所有的事情，但是在部落土地进行治安管理也可能导致部落和民事执法之间的混乱和摩擦加剧。部落警察的管辖权可能有限，非印第安人并不总是受印第安部落法的约束。一些部落已经将他们的守则合法化，并适用了民法典（例如，对于基本的轻罪，民事罚款可能向部落法庭提起），但仍然会在部落法庭审判非印第安人（部落法庭清算所，2017）。

对印第安人执行法律时，警察可能会陷入一种不寻常的情况。他们可能会被认为是在“印第安土地”（部落警察有管辖权）的地区进行逮捕。该地区可能与非印第安土地毗邻，有时会形成“棋盘式”的管辖权模式。

部落警察在印第安保留地上通常拥有管辖权，民事执法机构很难知道司法管辖区从哪儿开始，到哪儿结束。根据许多部落和地方、州官员签署的跨区域协议，非部落警察有权进入印第安保留地以继续执行任务。犯罪嫌疑人在印第安保留地被非部落警察逮捕的事情并不罕见（鲍恩，2017）。

部落警察或部落当局在民事执法机构进入印第安保留地时希望能够得到通知，但事实并非总是如此。在没有进行事先通知的情况下进入印第安保留地并直接与犯罪嫌疑人或证人接触，这是对部落警察权威的侮辱（鲍恩，2017）。民事警察应该将自己视为部落警察的合作伙伴。显然，在危险或紧急情况下，时间可能不允许民事警察从部落警察那得到授权。在可能的情况下，必须尊重印第安保留地的权力。

不同地区之间，民事和部落执法人员的合作程度和态度各不相同。退休警察局局长考克斯最近还担任俄克拉荷马州警察局的执行主任，他谈到了他所在的州在有关管辖权问题以及地方、州和部落在交叉管理的立法程序方面取得的进展（如袋与狐部落、切罗基族、克里克族、科曼奇族和奇克索族）。2013 年 11 月 1 日又有了进步，俄克拉荷马州立法机构通过了众议院 1871 号法案，赋予了部落执法官员与其他和平官员同样的权力。

> 受部落委托、与印第安事务局签订执法合同或契约、并经执法教育和培训委员会认证、联邦认可的印第安人事务局执法官员或部落执法官员，所被赋予的国家警察权力应限于部落领地之内或定义为印第安国家的领土之内，并在部落领地上执行州法律或市政条例。

在过去几年中，GPS 设备的应用日益增多，有助于更好地识别位置、管辖权和资源。交叉培训和合作在该州复杂地势上显得尤为重要（考克斯，2017）。在俄克拉荷马州，印第安地区大约跨越 8000 英里没有连续的边界（在 77 个县中有 63 个在印第安地区）。因此，印第安土地和非印第安土地之间的交错会导致一种不平衡的逮捕和起诉制度。这种逮捕和起诉制度取决于犯罪是否发生在印第安地区，有无印第安受害者或印第安肇事者。现在在俄克拉荷马州，跨区域管理已经相当普遍，这使得部落警察和民事警察都可以在对方的管辖范围内进行逮捕。退休局长考克斯希望他在俄克拉荷马州了解的模式和取得的进步也会让其他国家受益（考克斯，2017）。

全国各地的警察部门（如新墨西哥州和华盛顿州），也一直在努力工作来与当地印第安部落建立关系。俄勒冈州的部落警察是联邦政府委托并被俄勒冈州认可的拥有执法权威的警察。在俄勒冈州，如果一名部落警官逮捕一名非印第安人，这名非印第安人将被送入县监狱并在县巡回法庭受审。如果这名部落警察逮捕的是一名印第安人，该名印第安人将被关在部落监狱，通常被关押在县监狱，并在部落法庭受审。如果有意愿合作，对各警察部门和印第安部落部门之间可以带来很大的好处。对印第安人和非印第安人来说，倡导这种类型的努力意味着抛开历史并超越成见。

最后，在小印第安保留区，民事警察和部落成员之间进行跨文化交流也是相当频繁的。甘布尔港的斯克拉拉姆部落位于华盛顿西北部，占地 8-10 平方英里，2013 年有 1300 名成员，前副局长莱瑞·贝克就在该部落工作。这个部落是一个拥有自己的法院、法律、检察官、公设辩护人和警察部门的主权自治部落。县和州对这个小部落保留地没有管辖权力，因此其成员可以自由接受或不接受部落法律官员的管理。贝克副局长说：“只有民事官员，即非美国原住民的执法官员，才会对保留地进行管辖。由于小部落可能主要由家庭成员组成，因此当保留区以外的警员被部落雇用进行执法时，成员才会感到没有压力。况且由非美国原住民管制保留地在华盛顿 26 个主权自治部落中也是很常见的。”（贝克，2013）

对印第安人的种族形象定性

就像拉丁裔和非洲裔美国人等其他群体经常成为形象定性的受害者一样，美国原住民也是如此（参见第十二章关于种族形象定性的广泛信息）。如果一群美国原住民乘坐外观破旧的汽车，或者一辆表明是印第安人保留地牌照的汽车，警察会仅仅出于成见认为他们可疑并将他们拦下（勒维，2015）。对美国原住民的负面偏见是非常强烈的，并且已经延续了好几代。在亚利桑那州进行的一项研究表明，“在高速公路巡逻中，对美国原住民的搜查率可能会比白人高 3.5 倍……”（领袖论坛，2011）如果没有合理的理由使其停车，执法官员下一步就应当审视自己是否心怀原住民是犯罪分子的成见。像其他族群成员一样，印第安人一再报告说他们无缘无故被阻止，这增加了他们对警察的不信任。

在美国的一些少数群体中，在执法过程中涉及被认为是过度使用武力或导致少数人死亡的情况，通常被认为是基于种族问题。受到媒体关注的事件，如在丹佛发生的患有精神疾病的美国原住民保罗·卡斯特韦被枪杀事件，加剧了少数族裔和执法部门之间的紧张关系（罗伯茨，2016）。虽然涉及使用致命武力的事件往往会引起印第安人的警觉和愤怒，但至少有一份研究报告充分地表明，“每10000次拦截/逮捕中，因警察介入而导致的入院和致命伤害的比率在种族/族裔群体之间没有显著差异”（米勒、劳伦斯、卡尔森，2017）。美国疾病控制与预防中心的其他数据表明，根据种族群体人口规模计算，美国原住民的“合法干预死亡”发生率高于非裔美国人（里昂、福勒、杰克、贝茨、布莱尔，2016；美国人口普查局，2015）。合法干预死亡的定义是“警察或其他执法人员……在逮捕或试图逮捕违法者、镇压骚乱、维持秩序和其他法律行动的过程中造成的伤害”。

佩奥特仙人掌

许多州都有特定的法律规定了美国印第安人对佩奥特仙人掌传统的、宗教的用法可以不受州禁毒法律的规制，以下是对佩奥特仙人掌的定义：

> 佩奥特仙人掌是一种小型的芜菁状的无脊椎仙人掌，（含有）9种生物碱类物质，其中部分碱类物质的主要成分是墨斯卡林，本质是迷幻剂。也就是说，它们能诱发做梦或幻想。使用佩奥特仙人掌的理由在不同的社会情形下是各有差异的。在某些情况下，它可能会导致恶心或者致使信徒们可能在视觉、嗅觉和听觉上感受异常。在理想状态下，可能会产生彩色视觉，并且可能会“听到”佩奥特仙人掌在唱歌或说话。该状态在4小时内消失，不会产生任何不良后果，而使用佩奥特仙人掌也不会上瘾（巴比，1982）。

佩奥特仙人掌的各种用途有：（1）作为狩猎时的护身符。（2）作为药物。（3）作为预测天气的辅助手段。（4）作为帮助寻找丢失物的物品（相信通过佩奥特仙人掌诱发的幻觉，佩奥特仙人掌可以指示丢失物体的位置，佩奥特仙人掌甚至在战争中被用于帮助确定敌人的位置）。（5）作为随身携带的保护物。人们相信佩奥特仙人掌是一种强大的象征并且对其存在感到崇敬。

干燥的佩奥特仙人掌装饰物被装在一个小袋子里，然后通常被放置在一个“佩奥特仙人掌盒子”内（斯旺，佩奥特仙人掌盒子包含用于宗教仪式的物品以及个人物品，2010）。如果触碰佩奥特仙人掌装饰物和其他药物，这些东西可能会被“毁坏”。警察可能需要没收佩奥特仙人掌，但应该以适当和尊重的方式去做。应当礼貌地要求美国原住民带走一个装有佩奥特仙人掌的包，而不是强行把它拿走。

在 1990 年的宗教自由案件中，最高法院裁定给予州政府在取缔某些宗教活动方面更大的自由。这项裁决会影响一些遵循北美原住民教会（NAC-NA）活动的美国原住民在仪式上使用佩奥特仙人掌，北美原住民教会约有 25 万名成员（莫里斯，2010）。在此之前，基于人权法案中对宗教自由的保证，美国政府允许美国原住民在宗教仪式上使用佩奥特仙人掌。换句话说，在合法的美国印第安人宗教仪式之外，佩奥特仙人掌的使用通常是非法的。

从执法的角度来看，如果毒品是非法的，那么任何群体都不应该得到豁免，事实上，执法官员必须维护法律。例如，一些边缘组织自称为美国原住民教会，它们的成员试图声称将大麻和其他物质用于美国原住民的宗教仪式。北美原住民教会对此作出回应，发表了一份正式声明，声明称“我们不承认、宽恕或允许在我们的任何宗教服务中使用大麻或佩奥特仙人掌以外的任何物质”（美国原住民教会，2016）。

从公民权利的角度来看，宗教自由适用于所有人，不应该将某一群体挑出来遭到不公平的更严格的对待。从历史上看，佩奥特仙人掌的合法和非法立场是极为复杂的。在联邦层面，对禁止使用佩奥特仙人掌有进行过多次尝试，许多州也颁布法令宣布使用佩奥特仙人掌为非法。然而，一些州已经修改了这条禁令，允许传统的美国印第安人将佩奥特仙人掌作为圣物来使用。此外，在一些州，反佩奥特仙人掌法已被州法院宣布是违宪的，因为佩奥特仙人掌承载了美国印第安人的宗教习俗。

在州层面上，本身历史含混不清，加之 1990 年联邦层面上的判决，导致许多美国原住民就此感到困惑和怨怼。由于认识到 1978 年 8 月 11 日出台的通常被称为美国印第安人宗教自由法案的法案已经不足以保护本土美国原住民在传统和文化宗教意义上使用佩奥特仙人掌的公民权利。所以，国会通过了 1994 年美国印第安人宗教自由法修正案，由克林顿总统签署。

> 以下是该联邦法律的部分内容（《美国印第安人宗教自由法》，1994），第 3 节：
>
> 1. 对许多印第安人来说，传统仪式上使用佩奥特仙人掌作为宗教圣物几个世纪以来一直是生活方式中不可分割的一部分，对于印第安部落和文化的延续也是重要的。
> 2. 自 1965 年以来，印第安人在仪式上使用佩奥特仙人掌受到联邦法规的保护。
> 3. 尽管至少有 28 个州颁布了类似于或符合联邦法规的法律来保护印第安宗教实践者在仪式中使用佩奥特仙人掌，但仍有 22 个州没有这样做。这种缺乏统一性的做法给参加这种宗教仪式的印第安人带来困扰。
> 4. 对印第安人在宗教层面使用佩奥特仙人掌缺乏充分和明确的法律保护，可能会使印第安部落和文化被亵渎和被边缘化，并增加他们遭受歧视性待遇的风险。

在北美原住民教会外（成立于 1918 年），使用佩奥特仙人掌严格来说是被禁止的，并且一般被教会成员认为是一种亵渎。在北美原住民教会内部，有非常具体的与圣物使用有关的规则和仪式。但在司法系统层面，这个问题最终产生另一个难题，即非印第安人在北美原住民教会内使用佩奥特仙人掌是否合法，如犹他州的詹姆斯“火焰之鹰”穆尼案（非美国原住民）。一些教会成员说，限制美国原住民使用佩奥特仙人掌将构成种族歧视。经常与印第安人社区接触的官员应该了解法庭的裁决即是否属于北美原住民教会成员或“具有印第安人身份”是判定允许或不允许使用佩奥特仙人掌的关键因素。与美国原住民社区经常接触的官员应该随时了解与之相关的法庭判决。建立与北美原住民教会领导人之间带有尊重的沟通也可以帮助官员确定佩奥特仙人掌在某些情况下是否被滥用。

执法官员应该从美国原住民的角度了解佩奥特仙人掌在文化中的重要性和地位。作者不是要建议进行关于执法或者不执法的特定行动，而是希望当从印第安人的角度理解佩奥特仙人掌的使用时，官员将更有可能表示出对古老仪式的尊重，研究人员表示这种古老仪式可以追溯到5000年前。如果官员突然进入正在使用佩奥特仙人掌的祷告会或者击鼓仪式，并强行开展逮捕行动，再要与社区建立信任是非常困难的。当佩奥特仙人掌成为一个争议问题时，官员必须认识到他们自己的种族中心主义（即潜意识地将其他文化或文化习俗视为原始的、异常的或劣等的）。在使用佩奥特仙人掌的具有争议的社区工作的执法人员应该预想会发生的问题并且应该与印第安人社区成员探讨这个问题。官员们还应该了解在他们的辖区与佩奥特仙人掌使用相关的法律，如果使用佩奥特仙人掌是非法的，也要了解他们的执法机构相关的执法政策。从历史上讲，联邦政府曾积极压制和改变美国原住民的文化传统。曾经禁止佩奥特仙人掌的使用被美国原住民团体认为是“权利法案”在保障宗教实践自由时的失灵。

非法侵入和圣地

在许多州，传统的印第安收获地或神圣的坟墓和宗教遗址现在都地处联邦、州，甚至是私人土地上。印第安人持续到访这些地方，如同他们的祖先为了收集资源或祈祷来到这些地方一样。执法部门关注的焦点是牧场主、农民和房主之间在印第安人眼中的圣地上发生的冲突。执法官员对非法侵权指控的应对方式决定了是否会发生对抗升级（里维拉，2013）。当有争议时，军官可以通过选择使用强硬的方法来解决印第安人的问题（例如，“你现在立刻离开这片土地”），从而疏远印第安人。另外，执法官员也可以表现出同情心，美国原住民可能会对目前冲突的解决表现得更加支持。即使没有立即解决问题，执法官员们至少可以防止冲突升级。

正如一位著名的印第安人法律学者在《哈佛法律评论》中所写的那样，“令人不快的事实是，美国继续占领印第安人的土地”（沃什伯恩，2017）。鉴于警察无法解决这个复杂且非常古老的问题，唯一可用的方法就是能够敏锐地进行倾听和沟通。“当这名执法官员被陷于一种进退两难的境地时，如果他很机智敏锐，他可以试图与土地所有者进行交谈并告知情况，尽管土地所有者往往不关心历史，声称‘现在，这是我的土地’。

但是，还是有些人会对美国原住民的需求表示理解并最终达成一致”（沃什伯恩，2017）。

在北达科他州法戈市的一个案例中，冲突升级与财产所有权关系不大，更多的是由于对使用宗教场所的无知，以及官员表现出了咄咄逼人的姿态。警察在远处的田野里发现了一场无人看管的大火，事实证明，这场火是当地美国原住民用来为印第安人的汗蒸仪式加热岩石的。虽然汗蒸屋已经存在了很长时间，但一名不知情的第一年工作的执法官员发起了对这栋建筑的突袭，并在察觉到有人反抗逮捕后，用手铐将至少1名印第安人从雪地里拖走。印第安人没有武器，只穿着短裤。对印第安人的指控被撤销后，法戈警察局为其警官制订了文化能力培训计划（哈根，2017；约翰逊，2017）。

土地和水的问题——斯坦丁罗克，2016

2016年4月，美国原住民在北达科他州安营扎寨，抗议一家名为“能源转移伙伴”的公司安装输油管道。到8月，又建立了两个营地，总共容纳了3000多名抗议者，抗议者由联邦政府认可的美国原住民部落成员和其他支持者组成。斯坦丁罗克吸引了世界各地个人和组织的注意，包括美国国会议员、电影明星、退伍军人团体、大赦国际，以及参与该项目的一名挪威银行投资者；所有人都公开声明支持美国原住民的事业，包括社交媒体在内的媒体以不同的方式呈现和报道了斯坦丁罗克事件。

现场执法人员包括北达科他州高速公路巡警和莫顿县治安部门。8月，北达科他州州长宣布进入紧急状态，以获得提供安全保障的救济资金，莫顿县的官员很快跟进。最终，来自6个不同州和北达科他州国民警卫队以及一家私人安全公司参与执法（德雷斯勒，2016）。

争论的焦点是这条管道要经过的一大片土地。这片土地从斯坦丁罗克保留地向北延伸，最初是根据1851年签订的《拉勒米要塞条约》为苏族（Sioux）开辟的；美国政府在1889年单方面收回了这片土地。从本质上讲，当地的美国原住民认为该条约仍然有效，该领土上有墓地和圣地（杨，2015）。

抗议者和执法部门之间的互动升级，有报道称警察使用了催泪瓦斯、橡皮子弹、消防水龙管和装甲运兵车。抗议者冲破了一个装有“木桩和旗杆”的围栏后（柯恩，2016；埃克里奇，2016），这家私人保安公司向人群投放警犬和催泪瓦斯。2016 年 10 月下旬，执法部门努力清除一个抗议者营地的私有财产；抗议者反驳说，这是部落财产。11 月，当抗议者试图清除一座桥上的路障时，警察用消防水龙管和催泪瓦斯向他们进行扫射（王，2016）。在一名部落代表寻求联合国人权理事会的帮助后，该理事会在 2016 年 11 月发表了一份声明，其中部分内容如下：

> 执法官员、私人保安公司和北达科他州国民警卫队已经使用不正当的武力来对付达科他州输油管道抗议者……紧张局势在过去两周升级，当地保安部队对付抗议活动的手段越来越军事化，一些抗议者使用暴力不应成为剥夺其他所有人和平集会权利的正当理由（联合国人权，2016）。

总的来说，美国原住民抗议者情绪激动，他们觉得他们的传统和主权地位再次被忽视，他们的历史被推土机铲除了。拉登娜·阿拉德——斯坦丁罗克苏族部落的历史保护官员、抗议营地的发起者，他写道："如果我们允许一家石油公司挖掘并摧毁我们的历史、我们的祖先、我们作为一个人的心灵和灵魂，这难道不是种族灭绝吗？"（阿拉德，2016）当然，情况比这里几段话所能表达的更为复杂。但在与美国原住民打交道时，明智的做法是避免出现过于咄咄逼人的姿态，尽可能寻求美国原住民领袖、立法者和执法官员的建议和支持。

美洲原住民遗址——使用、亵渎和掠夺

1993 年的《美国原住民宗教自由实施法》是参议员艾诺伊及其共同发起人为将印第安土地上的宗教场所归还给美国原住民部落作出的一次尝试。克林顿总统当年签署了一份减缩版本命令，主要用于佩奥特仙人掌的使用（见前一节），并且用两年时间签署了关于保护美国原住民遗产地的行政命令。

> 第一部分：圣地的来处
>
> 1. 在管理联邦土地方面，每个在联邦土地管理方面负有法定或行政责任的行政分支机构在切实可行的范围内，在法律允许且

> 在与主要机构职能不存在明显不一致的情况下，应该为印第安宗教实践者提供住所并允许对圣地的仪式使用；避免对这些圣地的实体完整性造成不利影响。在适当的情况下，机构应守护圣地的秘密。
>
> 2. 出于秩序的目的……“圣地”指的是由印第安部落或印第安宗教的特定权威代表个人所确定的在联邦土地上任何一处具体的、离散的、狭义的联邦土地上的位置，或被认定为印第安宗教的权威代表，由于其印第安宗教的宗教意义或仪式使用而被神圣化，前提是印第安宗教的部落或特定权威代表已通知机构该场所的存在（联邦纪事，1996）。

印第安人保留区和公共土地上的人类遗骸（头骨和骨头）被破坏，对美国原住民的影响甚至比侵犯圣地还要严重。在大多数情况下，为了贩卖美国原住民文献和文物，甚至出现了抢劫盗取行为。对考古遗址的破坏行为往往没有被刑事起诉。某些地区的官员在进入非印第安家庭时发现这些遗骨被作为到印第安地区旅游过的纪念品而被“展示”。1990 年由美国国会通过，并由前总统乔治·沃克·布什签署的美国原住民坟墓保护和遣返法案是为应对这种犯罪行为。当官员看到遗骨时，他们必须调查是否有违法行为发生。官员应联系保护印第安文物的州执法机构以决定执法工作应如何开展。

印第安赌场和博彩

在美国，美国原住民保留地被认为是主权地区，因此，像其他任何城市的领导人一样，领导人负责提供和确保融资，以支付基本的基础设施和服务资金。迄今为止，印第安人保留地最成功的公共资金来源是赌场和其他类型的博彩盈利。大多数文件的法律措辞统一使用术语——印第安博彩来形容这个行业。

保留地上的合法赌博行为起源于 1976 年的一个具有里程碑意义的案例，在该案中，最高法院裁定各州不再对印第安部落拥有监管管辖权。由于随后发生的诉讼，后来最高法院裁定各州无权禁止美国原住民部落组织和参与合法化的营利性赌博。《印第安博彩管理法案》于 1988 年成为法律。这是美国原住民第一次有权管理其主权土地上的所有博彩活动。

关于印第安博彩业有很多争议。一方面，根据一项研究报告，“部落开放赌场4年后，就业增加了26%，部落人口增加了约12%……在赌场开放后的4年或更长时间内，经济活动的增加似乎带来了一些健康益处，死亡率下降2%”。另一方面，根据同一项研究，“在有赌场的各县，破产率、暴力犯罪、汽车盗窃和盗窃案增加了10%”（埃文斯和托波列斯基，2002）。

作为一个整体，美国印第安人通过赌博产业取得了显著的进步，因为它使一些部落在一定程度上实现了经济上的独立。截至2013年，大约240个公认的部落在28个州运营着400多个印第安博彩业务，“从宾果大厅到数百万美元的赌场”（美国政府问责局，2015年）。然而，“57%的这些部落每年的赌博总收入不到2500万美元。还有20%……每年的收益不到300万美元”（国家印第安赌博委员会，2016）。

捕鱼

“如果你想打架，去当地的酒吧谈论捕鱼权利（如在华盛顿州的一些地方）。捕鱼问题是一个非常热门的话题”（里维拉，2013）。

无论是英语还是有关特定部落的语言，关于美国原住民捕鱼权利的条约措辞都是明确无误的。例如，与西北印第安人签订的有关河流捕鱼权的条约规定“只要河流在流动”就赋予印第安人捕鱼的权利。即使在印第安人的土地上，只要西北部的河流仍然在流动，印第安人就仍旧与华盛顿州就其违反条约的条款作斗争。

印第安人继续说：“我们与政府签订条约允许我们在这里捕鱼。”以捕鱼为业和以捕鱼为乐的渔民，试图阻止美国原住民行使他们的条约权利，声称印第安人正在摧毁这个行业。美国原住民的观点是，他们为家庭提供食物，并为自己或部落赚取额外的钱来度过一整年（150年来，许多保留地上没有工业。不过存在这种情况的仅为少部分）。然而，一线官员无法解决这个已经困扰了祖祖辈辈的问题。一线官员的行动受到部门职能的影响。另外，部门的指挥官处于困境之中，夹在州捕鱼业以及试图执行联邦条约的人们之间。尽管如此，他/她仍然可以向官员传达在接近并与美国原住民沟通的方式上需要提高文化敏感性。另一种方法可能是危险的，至少有一种情况表明，在加利福尼亚州北部，穿着防弹衣带着自动武器的治安官使用霰弹枪在河边来回追逐美国原住民（里维拉，2013）。

有关捕鱼和一般用水权的类似问题出现了。在经过 10 年的谈判之后，一项旨在解决蒙大拿州西部水权的正式协议被当地农民和牧场主暂停。该地区的农业依赖于为农作物和牲畜提供充足的水源，农民们指责州政府与有意保护捕鱼权的美国原住民勾结。“几代人的误解已经濒临危机关头”，撒利希族与库特奈族部落联盟的通信主任罗伯特·麦克唐纳说，“它正在开始撕裂我们的社区结构”（希利，2013）。

许多涉及美国原住民的“违法”案件是复杂多样的。与此同时，联邦政府并没有履行与美国原住民的历史条约。美国原住民对这些公然违反他们权利的做法感到沮丧。政府对美国印第安公民缺乏诚信的历史给该文化群体带来了巨大的痛苦。很显然，对执法官员来说，同情心和善解人意是必需的。官员应该表现出耐心和机智，请记住历史已经决定了执法机关与美国印第安人之间的现有关系。强硬的态度和愤怒的表现会疏远美国原住民并且无法达成所需的合作来解决出现的问题。

总结

·从历史上看，来自印第安保留地之外的警察一直是刻板和专制政府的象征，他们几乎影响了印第安人生活的各个方面。与大多数公民一样，官员很少了解政府，包括刑事司法体系是如何通过反对印第安保留地的文化、身份、语言、圣地、仪式和土地而给印第安人造成巨大痛苦。

·每个联邦承认的部落都有其独特的历史和文化，并且通常有一种单独使用的语言。每个部落都有自己的政府、学校、执法机构和经济体系。联邦承认意味着部落与联邦政府之间存在法律关系。“印第安地区”是指在美国政府管辖下的印第安保留区范围内的所有土地，以及位于美国边境范围内的所有未独立的印第安社区。印第安保留地是一个部落通过法律、行政命令或制定条约已经保留下来的专用土地。

·美国原住民部落、社区和个人之间的文化语言、历史和社会经济状况存在显著差异。然而，美洲原住民的许多圈子和部落之间有着强烈的文化联系。对地球和宇宙有一套共同的价值观和信仰，导致其对自然和“地球母亲”的深切尊重。根据美国印第安人的哲学，地球是神圣的，是一个鲜活的实体。印第安人并不认为自己比动物和植物优越，只是所有创造物中的一部分。通过宗教典礼和仪式，传统的美国原住民能够超越自我，与自然界相连，与宇宙和谐共处。

· 许多喜欢传统交流风格的美国印第安人倾向于形式化、谨慎小心地与陌生人进行交往。看起来冷漠或有敌意的行为可能是文化风格的一部分。警察不应该自动地将缺乏合作归结于所观察到的行为。激进的质疑可能导致回避反应。此外，与一些传统部落成员直接进行眼神接触是对隐私的侮辱或侵犯。在判断文化风格上予以把握是建立良好融洽关系的关键。

· 当今，存在许多有关美国原住民的冒犯性术语和成见。例如，术语chief——首领、redskin——红皮肤人、buck——美洲印第安裔或非洲裔小伙子、squaw——美洲印第安女人、brave——美洲印第安武士和 skin——皮肤，尤其是被非印第安人使用时，更具冒犯性。许多美国原住民对使用印第安部落名称或使用其作为运动队的吉祥物感到非常反感。

· 传统大家族是紧密相连、相互依存的，并且非常尊重长辈。警察应该记得询问长辈的意见或建议，因为他们通常是家庭中的主要决策者。家庭动态中一个特别敏感的领域涉及儿童与家庭的分离。这可以追溯到儿童被强行带离自己父母的时期。比起那些缺乏家庭和文化支持的人，身处紧密联系的大家庭且认同他们部落文化的美国印第安人更会调整自己。而与此相反的印第安人可能具有严重的社会和健康问题，包括抑郁症、酗酒、吸毒和自杀倾向。

· 与美国原住民相关的执法关键问题包括司法管辖权、受害者、捕鱼、佩奥特仙人掌的使用、非法侵入的指控、对圣地的侵犯以及印第安博彩和赌场。其中，涉及一些美国原住民认为他们的权利被剥夺的问题，如涉及佩奥特仙人掌时，宗教表达权被剥夺；涉及非法侵入时，尊重祖先的权利被剥夺；涉及捕鱼时，其与美国政府签订的条约所保障的权利被剥夺。

问题讨论

1. 盛行的成见。列举一些常用的针对美国原住民的成见。对于可能遭遇这些成见的美国原住民，你与他们交流的个人经验是什么？执法人员如何被盛行的针对美国原住民的成见所影响？

2. 有效交流的建议。如果你曾与美国原住民交流过，就有效沟通、融洽关系建立以及对官员有益的文化知识等方面，你会给予其他人哪些建议呢？

3. 政府打破对美国原住民的承诺。拉科塔族著名领袖坐牛，他代表许多印第安人的想法。在谈到美国白人时，他说道："他们给予我们许多承诺……但是他们从来没有遵守过；他们倒是承诺过会夺走我们的土地，然后真的抢走了。"我们现在称之为美国的土地曾经是原住民部落的圣地。因此，今天我们中的许多人在印第安土地的遗址上生活、建造，并在某些情况下摧毁它们，人民曾在这些土地上深深扎根。例如，当印第安人非法侵入某人的土地，宣称自己只是访问祖先墓地时，你如何处理这一问题。你应该说什么或做什么才能不疏远美国原住民，不冒着失去信任与合作的风险？

4. 管辖权。

（1）当州立法与以美国原住民与联邦政府签署的条约为基础的联邦法律发生冲突时，执法人员应该怎么做？当被要求执行某些违背印第安人条约权利的行为时，前线官员如何才能赢得美国原住民的尊重和合作？

（2）圣地亚哥治安部门在 20 世纪 90 年代早期设立了一个特殊单位，旨在对一些因外部流入而使得毒品和暴力泛滥成灾的美国原住民保留地进行巡逻。"联邦法律"第 280 号将"刑法"的司法管辖权和执法权转移给了一些州。请对你所在地区或州的执法管辖权问题和部落土地进行研究(若适用)。注意了解是否还有未解决的地区或存在争议的领域。

5. 斯坦丁罗克的抗议者。

如果你是莫顿县治安部门的负责人，你会采取什么措施来防止或尽量减少冲突升级？

第十章　与帮派、人口贩运的受害者、无家可归者和精神疾病人员的执法接触

学习目标

阅读本章后，你该能够：

- 描述三种主要帮派及其犯罪活动水平。
- 描述青少年帮派形成的原因。
- 确定减少帮派问题的执法策略。
- 界定人口贩运及其对受害者的影响。
- 描述人口贩运对受害者身心健康的影响。
- 确定制止人口贩运的执法策略。
- 界定无家可归者的概念。
- 确定应对无家可归者的执法策略。
- 界定精神疾病的概念。
- 解释应对精神病患者的警察规程。

大纲

- 引言
- 帮派类型和犯罪活动
- 帮派的成因
- 减少帮派问题的执法战略
- 人口贩运的受害者
- 对受害者生理和心理健康的影响
- 阻止人口贩卖的执法策略

· 无家可归的人口统计
· 缓解无家可归危机的治安策略
· 了解精神疾病的维度
· 与精神病患者接触时的警察规程
· 警方与精神病患者的积极应对策略
· 总结
· 问题讨论

引言

帮派、人口贩运的受害者、无家可归者和精神病患者是大多数美洲多文化城市和社区的代表群体。执法人员出于各种原因与这些群体成员保持联系：帮派——涉嫌犯罪活动；人口贩运——受害者；无家可归者——商家的投诉；以及精神病患者——公共安全的投诉。这些群体的人之间存在着巨大的差异。总的来说，了解这些群体，然后认识个体差异，就像对待任何类型的群体一样，可以防止消极的固定观念和偏见，而这些往往会导致对执法的偏见。

执法部门如何应对帮派问题、人口贩运和无家可归者及精神病患者所带来的挑战，是制定多元化社会中治安策略的重要组成部分。与跨文化社区领袖、非营利组织和其他政府实体建立持续的关系，对于执法部门应对和处理这些社会问题至关重要。为应对这些多元文化团体和社区的执法挑战而制定的社区策略，对警察部门声明的服务社区的使命至关重要。

帮派类型和犯罪活动

1982 年，人口在 10 万人以上的美国城市中，只有 27%的城市报告有帮派问题（米勒，1982/1992）。在 20 世纪 80 年代中期，犯罪团伙开始从城市扩展到郊区，再扩展到美国农村。2017 年，美国联邦调查局（FBI）报告说，在美国和波多黎各有约 33000 个犯罪活跃团伙，有约 140 万成员（美国联邦调查局，2017）。这一判断与 2013 年的数字没有发生变化。美国帮派的构成大致为 88%的街头帮派成员（包括以社区为基础的帮派和全国性帮派)，9.5%的监狱帮派成员（包括联邦和州监狱)，2.5%的匪徒摩托车帮派（OMG）成员（美国国家帮派情报中心，2013)。

根据联邦、州、地方和部落执法部门的帮派数据分析和报告，以下是2015年司法机关全国帮派情报中心报告中的一些关键统计数据和事实（美国国家帮派情报中心，2015)：

· 大约50%的执法机构报告称，在其管辖范围内，街头帮派和与帮派相关的犯罪活动有所增加。

· 大约30%的司法管辖区报告称，帮派对执法部门构成的威胁有所增加。

· 超过68%的矫正受访者表示监狱帮派成员增加了。

· 大约26%的司法管辖区和44%的监狱报告称，帮派成员加入了国内极端主义团体。

· 帮派成员对技术和社交媒体的使用有所增加，使得他们能够招募潜在客户、进行交流、定位竞争对手，并拖延执法工作（社交媒体包括Facebook、YouTube、Instagram、Twitter和Snapchat)。

· 超过54%的执法机构报告称，在帮派调查中使用社交媒体。

为了减缓帮派及其犯罪活动的增长，联邦调查局（FBI）在国会的指导下，于2005年成立了国家帮派情报中心（NGIC)。NGIC从联邦、州和地方执法部门收集汇编有关帮派的增长、移民、犯罪活动和帮派关联的相关情报，这些情况都已对美国构成重大威胁。国家帮派情报中心由来自多个联邦部门代表组成：美国联邦调查局（FBI)，美国缉毒局（DEA)，美国酒精、烟草、火器和爆炸物局（ATF)，美国监狱局（BOP)，美国国防部（DOD）和美国海关及边境保护局（CBP)。其职责是通过及时传播信息，并提供对情报的战略/战术分析以支持执法活动。

帮派的定义

从地方到联邦，各级政府的执法机构和司法管辖区对“帮派”的定义各不相同。国家帮派中心（NGC）提供了一个关于执法的功能性定义，使用了以下列出的5个特征。虽然在定义上有一定的灵活性，但研究人员普遍接受这5个标准来将群体划分为帮派（德克尔和库里，2003；埃斯本森，温弗里，何和泰勒，2001；克莱因，1995；米勒，1982/1992；斯佩格，1995）：

1. 该群体，尤其是街头帮派，有 3 名或 3 名以上的成员，一般年龄在 12 岁至 24 岁①之间。

2. 成员间共用一种身份，通常与一个名字相关联，并且通常有共同的符号，通常包括服装风格、涂鸦、文身和手印。

3. 成员们把自己看作一个帮派，并且被其他人承认为一个帮派。

4. 该群体具有一定的持久性和组织性。

5. 该集团参与了更多的犯罪活动（NGIC，2010）。

三种最常见的帮派和定义

NGIC 对街头帮派、监狱帮派和匪徒摩托车帮派的定义如下：

街头帮派是在街上形成并在全国各地社区活动的犯罪组织。以社区为基础的团伙被限制在特定的社区和司法管辖区，除了他们的社区之外，没有其他已知的成员。国家级帮派在多个司法管辖区都有存在（NGIC，2015）。

街头帮派是最常见的帮派类型，控制着最大的地理区域。他们分布在城市、农村和印第安地区。街头帮派犯下的暴力罪行包括袭击、贩毒、入室抢劫、杀人、恐吓、贩卖武器、性交易和抢劫。青少年加入街头帮派，积极参与犯罪行为或暴力行为。并且，在执法机构认定的犯罪团伙成员中，65%的成员在 18 岁或 18 岁以上，而 35%的人在 18 岁以下（NGIC，2011）。

监狱帮派是美国刑法体系中产生和运行的犯罪组织。监狱帮派是自我延续的犯罪实体，他们将活动扩展到了监狱之外（NGIC，2015）。

在美国的联邦和州监狱系统中，国家、地区和地方监狱帮派普遍存在。它们是高度结构化和组织化的网络体系，对监狱运作和街头黑帮犯罪有一定的影响。根据 NGIC 的说法，国家一级的监狱帮派构成了巨大的犯罪威胁，因为大多数监狱帮派与外部有某种形式的关系。监狱黑帮头目严格执行既定的内部规则和行为准则（NGIC，2013）。

因为监狱帮派是制度化的，监狱里的帮派成员在大多数情况下，不能

① 更常见于街头帮派。

像街头帮派和匪徒摩托车帮派成员那样犯同样的罪。然而，他们对囚犯和狱警犯下了杀人罪、袭击罪和其他罪行。监狱帮派成员严重参与走私违禁品，特别是毒品、武器、手机和烟草。监狱帮派成员与国际毒品走私组织有联系，他们控制着许多街头帮派，这些帮派贩卖毒品并以他们的名义进行犯罪。被监禁的成员通过访客、便签、辩护律师、腐败的监狱工作人员、法庭会议、走私的手机、机构电话、社交媒体和新释放的囚犯与外面的帮派成员进行交流（NGIC，2013）。此外，监狱帮派是按照种族和族裔以及在州管教机构内组织起来的。Bloods、Crips、Sureños、Almighty Latin King and Queen Nation 和 Gangster Disciples 被列为最常报告的 5 个监狱帮派（NGIC，2015）。

匪徒摩托车帮派。非法的摩托车团伙成员必须拥有并能够驾驶摩托车，以达到和维持该集团的成员资格。这些 3 人或 3 人以上的帮派通常从事某种犯罪行为（NGIC，2015）。

一般来说，匪徒摩托车帮派是高度结构化、组织化的网络体系，其帮派成员从事如侵犯公民人身和财产的暴力犯罪、武器贩运和毒品贩运的犯罪行为。美国有 300 余家活跃的分会，其中许多帮派因其与跨国犯罪集团和其他犯罪企业的强烈关联而构成严重的国内威胁。匪徒摩托车帮派分会与主要的国际毒品走私组织（NGIC，2015）一起参与了跨境（加拿大和墨西哥）毒品走私活动。

匪徒摩托车帮派从街头帮派、监狱帮派和极端组织招募成员。特别是黑人匪徒摩托车帮派，众所周知是从街头帮派中招募的。匪徒摩托车帮派的成员通常会与敌对帮派和帮派内的成员发生暴力冲突。匪徒摩托车帮派的许多成员都从事各种白领职业或是企业所有人。一些匪徒摩托车帮派利用他们的业务为他们的犯罪企业提供便利。会员拥有的业务包括：摩托车修理店、文身店、汽车维修设施、酒吧（所有者/经营者）、建筑/总承包商、保镖/保安和卡车/运输实体（NGIC，2015）。

犯罪活动

图表 10.1 列出了与街头帮派、监狱帮派和匪徒摩托车帮派有关的犯罪活动。

街头帮派	监狱帮派	匪徒摩托车帮派
非法偷渡	走私违禁品（毒品、香烟、手机、同狱囚犯和武器）	非法偷渡
袭击	攻击	袭击
入室盗窃	监狱职员贪污	贿赂
支票诈骗	敲诈勒索	入室盗窃
儿童色情贩卖	谋杀	儿童色情贩卖
伪造	卖淫	伪造
信用卡诈骗	抢劫	信用卡诈骗
大规模的药物分销	威胁和恐吓	街道药品销售
街道药品销售		大规模药物分销
敲诈勒索		毒品运输保护
销赃		药品生产
仇恨犯罪/公民权利		爆炸物持有
入室行窃		制造/非法交易
杀人		爆炸性的
人口贩运		敲诈勒索
身份盗窃		销赃
偷窃		仇恨犯罪/公民权利
洗钱		违规行为
抵押贷款欺诈		杀人
机动车盗窃		人口贩运
处方欺诈		身份盗窃
卖淫		保险欺诈
抢劫		盗窃和偷窃
社会保险欺诈		洗钱
税务欺诈		抵押贷款欺诈
威胁和恐吓		机动车盗窃
武器走私		卖淫
		抢劫
		税务欺诈
		威胁和恐吓
		故意破坏公物行为
		非法持有武器
		武器走私

图表 10.1　帮派犯罪活动的类型

资料来源：国家帮派情报中心，2015 年。

墨西哥贩毒组织

美国联邦、州和地方各级的执法官员一直致力于打击墨西哥和中美洲贩毒集团或贩毒组织通过边境流入美国边境州（如加利福尼亚州、亚利桑那州、新墨西哥州和莱克斯州等地）的非法毒品。街头帮派、监狱帮派和匪徒摩托车帮派与这些贩毒集团建立了伙伴关系。这仍是一个持续存在的问题；作为回应，美国执法机构采取了阻截毒品和其他措施，逮捕了无数人并查封了毒品。值得关注的是，贩毒、人口贩运这些犯罪活动所引发的暴力行为已经从美国当地社区蔓延到了墨西哥边境附近地区。

墨西哥跨国犯罪组织（TCOs）是美国面临的最大毒品犯罪威胁。2015年，美国缉毒局（DEA）在美国50个州中至少38个州发现了8个墨西哥贩毒集团，这些集团贩卖海洛因、冰毒、可卡因和大麻等毒品。这些集团包括：

1. Sinaloa Cartel。

2. Gulf Cartel。

3. Juarez Cartel。

4. Knights Templar（Los Caballeros Templarios or LCT）。

5. Beltran-Leyva Organization（BLO）。

6. Jalisco New Generation Cartel（Cartel Jalisco Nueva Generacion or CJNG）。

7. Los Zetas。

8. Las Moicas。

每个集团在美国各地都有分支机构。图表10.2显示了在该国5个地区中受走私影响最大的地区。

具有最强贩毒势力的分会	地区
Sinaloa	西海岸、中西部、东北部
Gulf、Juarez 和 Los Zetas	西南边境
BLO	东海岸

图表10.2 具有最强贩毒势力的分会

资料来源：国家药品监督管理局（2015）。

根据美国缉毒局2016年全国海洛因威胁评估（NHTA）总结，2014年吸食海洛因的人数是2007年的3倍。据疾病预防控制中心（CDC，2017）数据显示：

·2010年至2017年，与海洛因相关的过量死亡人数增加了3倍多。

·2014至2015年，因过量使用海洛因导致的死亡率增加了20.6%，2015年有近13000人死亡。

·2015年，25岁至44岁的男性，海洛因死亡率最高，为每10万人13.2人，比2014年增长了22.2%。

墨西哥贩毒集团、街头帮派、监狱帮派和匪徒摩托车帮派使用海洛因对美国成千上万人的生活造成了悲剧性的影响。

国家和地区帮派

州、县和城市的执法机构在多元文化的司法管辖区越来越意识到当地帮派的影响。此外，执法部门已经确定了几个国家级的帮派，这些帮派正在扩大规模并融入社区帮派。

The Bloods 被确定为招募的领导者，其次是：

1. Crips。
2. Sureños/La Eme。
3. Latin Kings。
4. United Blood Nation。
5. Gangster Disciples。
6. OMGs。
7. Norteños/Nuestra Familia。
8. Black P. Stone。
9. Vice Lords（NGIC，2013）。

国家级的西班牙裔帮派，如MS-13、La Eme、Sureños和True Bloods，是美国西南边境地区最活跃的犯罪团伙。在美国与加拿大的整个北部边境地区，所有主要的帮派类型——街头帮派、监狱帮派和匪徒摩托车帮派，都是犯罪活动频繁的。北部边境地区还有几个不太为人所知的基于种族或地理位置的帮派。例如，该地区多个部门报告了索马里帮派的存在，如：

the True Somali Blood 和 Somali Hot Boyz；Caribbean gangs，the Zoe Pound Gang，the Jamaican Posse；and Asian gangs，specifically the Asian Boyz。

军队中的帮派

在美国武装部队的军事人员及其家属中发现帮派成员并不少见。截至2013年6月，NGIC已经确定了至少54个团伙的成员曾在美国军队服役或与美国军方有关联。根据国家帮派情报中心的数据，几乎所有主要街头帮派以及监狱团伙和非法摩托车帮派都有成员曾在美国海内外部队服役。确定有受过军事训练的成员的帮派包括：

1. Bloods。
2. Crips。
3. Folk Nation。
4. Gangster Disciples。
5. Latin Kings。
6. MS-13。
7. Sureños。
8. Aryan Brotherhood（AB）。
9. Bandidos。
10. Hells Angels Motorcycle Club（HAMC）。
11. Outlaws。
12. Pagans。
13. Vagos Motorcycle Club（国家帮派情报中心，2013）。

尽管实际人数不详，但身为帮派成员的军事人员和退伍军人对执法构成严重威胁，特别当这些受过武器和战术训练的帮派成员对其他人员进行相应的培训。对个别帮派成员的军事训练可能造成犯罪技术熟练并具有致命性的帮派，以及对对手和执法人员造成致命伤害。此外，军事人员获得武器的渠道和他们跨越美国边境的能力使他们在团伙招募方面具有吸引力（NGIC，2015）。

政府中的帮派

在军队中，帮派成员存在于市、县、州和联邦政府的各个层级。在一份题为《匪徒摩托车帮派与军事 2014》的报告中，美国司法部烟酒枪械管理局（ATF）指出：匪徒摩托车帮派及其支持俱乐部继续向现役军人和政府工作人员（包括文职人员和承包商）示好，以表彰他们的知识、可靠收入、战术技能和献身精神。通过我们的广泛分析，已经发现许多支持俱乐部正在利用现役军人和美国国防部（DOD）承包商和雇员将他们的触角伸向美国各地（美国司法部，2014）。

目前尚不清楚有多少政府雇员是帮派成员，但有记录显示许多人在市、县、州和联邦机构工作。ATF 的报告指出，匪徒摩托车帮派的成员从事的职业有电工、巴士司机、警察、机械师和停车场管理人员。匪徒摩托车帮派的员工可能无法访问敏感文件，但是可以访问本地、州和联邦执法部门拥有和操作过的家庭地址和车辆。这些帮派包括：

1. Down and Dirty。
2. Infidels。
3. Midgard Serpents。
4. Pagans。
5. Red Devils。
6. Wheels of Souls（美国司法部，2014）。

少年帮派

青年和街头帮派这两个词通常可以互换使用；然而，后者的使用往往会使青年帮派与成人犯罪组织混淆（NGIC，2011）。街头帮派是由青少年和年轻人组成的。在传统上，帮派招募青少年是因为他们的未成年地位、脆弱性，以及他们不可能在监狱里长期服刑，诸如黑帮饶舌团伙（Gangster Rap gangs）等，通常由青少年组成，现在一般被用于诱骗合法企业洗钱（NGIC，2011）。

印第安人帮派

印第安人在美国各地街头犯罪帮派的规模和数量各不相同。一般来说，规模较小的保留区活跃的帮派较少，成员人数也较低，通常为 5 人至 25 人不等。然而，由于印第安人保留区较大，因此帮派更普遍。在纳瓦霍族保留地，已经确认了 60 个到 70 个活跃的帮派，大约有 1500 人到 2500

人声称有帮派关系（美国司法部，2013）。据 NGIC 称，一些地区帮派，如“土著暴民”和“土著骄傲”，主要在北达科他州、明尼苏达州、南达科他州和威斯康星州活动。这些帮派最初在监狱系统中形成，然后扩展到保留地。

NGIC 的数据显示，像 Barrio Azteca、Bloods、Crips、Mexia Mafia 和 Norteños 这样的国家级团伙在几个保留地活动。此外，由于靠近加拿大和墨西哥的一些保留区，因此与帮派有关的跨边界毒品贩运问题仍在继续（NGIC，2011）。其中一个例子是位于华盛顿的科尔维尔印第安人保留地，由于它与加拿大接壤，在整个保留地毒品走私活动频繁。在西班牙裔帮派和匪徒摩托车帮派的协助下，毒贩将可卡因、大麻和甲基苯丙胺通过该地区运往南北各地（NGIC，2013）。

帮派的种族和族裔构成

从 1996 年至 2011 年的 15 年间，在 10 项全国青年帮派调查中对帮派成员的种族和族裔背景进行了评估（NGC，2011）。这些年来的调查结果显示，帮派成员的种族和族裔的组成在调查年份内较为稳定；然而，西班牙裔/拉美裔美国人和非裔美国人的比例过高，而白人的比例则极低（见图表 10.3）。后文提供有关所有 3 种帮派的种族和族裔特征的进一步资料。值得注意的是，尽管这 3 种主要帮派中白人成员的人数很少，但在美国，白人成员是仇恨/偏见群体中比例最高的（见第十一章）。

匪徒摩托车帮派和街头帮派通常根据种族、地理、保护、资源和对犯罪活动的控制形成联盟和竞争。监狱帮派最常在州和联邦监狱中形成种族和族裔界线（NGIC，2015）。

年份	西班牙裔或拉美裔	黑人或非裔美国人	白人	其他
1996	45.2%	35.6%	11.6%	7.5%
1998	46.5%	33.6%	11.8%	8.0%
1999	47.3%	30.9%	13.4%	8.4%
2001	49%	33.7%	10.3%	7%
2002	47%	35.7%	10.4%	6.9%
2004	48.7%	37.8%	7.9%	5.7%
2005	50.1%	32.6%	9.5%	7.7%
2006	49.5%	35.2%	8.5%	6.8%
2008	50.2%	31.8%	10.5%	7.6%
2011	46.2%	35.3%	11.5%	7.0%

图表 10.3 帮派的种族/民族，1996—2011 年

资料来源：国家帮派中心（2011 年）。此第七版提供了最新数据。

帮派与性别

2010 年，略高于 92%的帮派成员为男性，而女性仅约为 7%（国家帮派中心，2011）。NGC 报告称，在过去 12 年中，这一比例保持了一定的稳定。全国青年帮派调查分析显示，据报道，在大城市以外的帮派中，有近一半是女性帮派成员，而在大城市中，这一比例约为四分之一（国家帮派中心，2011）。女性比大多数男性更早离开团伙（戈特弗里德森和戈特弗里德森，2001；索思伯里、克罗恩、利佐特、史密斯、托宾，2003）。一些专家将这种现象归因于成熟，而另一些人则认为是怀孕造成的。另一种现象是，至少在 25 个州，由多族裔和混合性别帮派组成的混合帮派有所扩大（国家帮派中心，2011）。

与帮派有关的谋杀

几乎每座有犯罪团伙的城市都发生过驾车杀人和其他方式的谋杀案件。图表 10.4 显示了 2007 年至 2012 年与帮派有关的谋杀数量。多起与帮派有关的凶杀案通常发生在大城市和郊区县，而不是在较小的城市和农村。全国青年帮派调查（NYGS）分析强调了 2007 年至 2012 年期间与帮派有关的凶杀案（NGIC，2014）：

1. 从2007年到2012年，全国青年帮派调查样本中的执法部门所报告的帮派杀人案总数平均每年超过2000起。在同一时期内，美国各地发生了15500多起凶杀案。这些数据表明，与帮派相关的凶杀案间每年约占凶杀案总数的13%。

2. 人口密集地区占帮派凶杀案的绝大多数：近67%的案件发生在人口数量超过10000人的城市，仅17%发生在郊区县。

3. 在2010年至2011年期间，人口数量超过10000人的城市中与帮派有关的凶杀案数量下降了2%，然后在2011年至2012年期间上升了28%。

4. 在所谓的“帮派之都”芝加哥和洛杉矶，在某些典型的年份中大约一半的凶杀案与帮派有关；2011年至2012年，仅这两座城市就占到NGC统计的帮派谋杀案件的四分之一左右。

5. 在为农村县和小城市服务的报告帮派活动的机构中，大约75%的机构报告称没有与帮派有关的杀人案件，这些地区每年帮派凶杀案发生率约为5%甚至更少。

据多家媒体和政府消息来源称，2016年芝加哥共发生4331起枪击案和762起谋杀案。这是自1996年以来芝加哥发生的杀人案之最。街头帮派犯罪活动和暴力的增加，以及警察部门不愿采取积极的行动，因为公开的警察枪击事件被认为是导致枪击事件增加的罪魁祸首（爱德华兹，2017；加拉赫与夏皮罗，2017）。

年份	2007	2008	2009	2010	2011	2012	2007年至2011年的平均值与2012年比值
谋杀数	1975	1659	2083	2020	1824	2363	100%：123.6%

图表10.4　与帮派有关的谋杀数量

来源：NGIC（2014）

帮派所使用的枪支

执法人员知道枪支在帮派暴力中起着重要作用，帮派成员更有可能携带和使用枪支。在一项为期5年的研究中，对于帮派谋杀率较高的5座城市，疾病控制和预防中心（CDC）分析了来自国家暴力死亡报告系统（NVDRS）的相关枪支使用数据。疾病预防控制中心的研究城市是洛杉矶，加利福尼亚州；俄克拉荷马城，俄克拉荷马州；长滩，加利福尼亚州；奥克兰，加利福尼亚州；纽瓦克，新泽西州。疾病控制和预防中心的调查结果显示，每座城市90%以上的与帮派有关的凶杀案都涉及枪支。此外，大多数枪击事件都发生在公共场所，可以推断它们是快速行动且具有报复性质（CDC，2012）。

帮派的成因

帮派成员的危险因素

所有刑事司法专业人员都应了解驱使年轻人成为帮派成员的风险因素，以下5个风险因素是由桑贝里（1998）、埃斯本森（2000）、希尔、路易和霍金斯（2001）以及豪厄尔和埃格利（2005）共同努力确定的。

· 具有暴力和酗酒/吸毒方面的前科。
· 家庭管理不善和父母—子女关系问题。
· 学校依附程度和学业成绩低下，以及教师的负面评价。
· 与参与犯罪的同龄人紧密联系。
· 居住在有大量不良青年、容易获得毒品和火器的混乱社区。

减少帮派问题的执法战略

1992年，联邦调查局制定了一项国家帮派战略，旨在将已证明有效的调查和起诉等实践纳入打击有组织犯罪/毒品的国家战略。通过促进联邦、州和地方执法机构之间的协调和信息共享，联邦调查局的安全街道与帮派单位能够查明构成重大威胁的暴力团伙企业，并通过能胜诉的协同调查来追捕这些犯罪分子。联邦调查局的安全街道和帮派部门在全美管理着160条街道安全与帮派工作队（FBI，2013）。同样，州和地方执法机构从一开始就对帮派威胁作出反应，但并不能总是保持一致的应对水平。这是由于多种原因导致的，即缺乏预算资金、缺乏政治支持和缺乏有效资源，以及无情的帮派威胁的挑战。

美国历史上最大的帮派——跨种族的例子

2009年5月21日，在位于加利福尼亚州洛杉矶东南部的夏威夷花园市和附近社区，大约1400名联邦、州、县和市执法官员逮捕了88名拉丁裔帮派成员。据美国司法部称，这起多方抓捕行动与谋杀一名警察局副局长、出于种族动机袭击非裔美国人和非法贩毒有关。这是美国历史上规模最大的一次帮派逮捕行动，导致起诉了夏威夷花园市的147名拉丁帮派成员和同伙，并且其成员与墨西哥黑手党有联系。在洛杉矶县警察局副局长格瑞·奥尔蒂斯被夏威夷花园市的帮派成员何塞·奥罗佐枪击致死后，对该团伙的调查便已开始，而这名副局长则试图因一名非裔美国男子的枪击案而逮捕奥罗佐。枪击案发生后，奥罗佐因谋杀罪被捕，被判有罪，并被判处死刑。在此次大规模逮捕行动之前，10名被告已经被拘留，49人仍在逃或候审。对其的指控包括违反联邦法律（诈骗与腐败组织法）、谋杀、谋杀未遂、贩毒、劫车、敲诈勒索、绑架和恐吓证人。17个特警队协助此次逮捕行动，警方缴获了105件枪支武器和31磅甲基苯丙胺（冰毒）。26名儿童被保护性拘留（联邦调查局，2009）。

这一主要的多机构帮派行动表明，执法人员特别是某些地区的执法人员需要熟悉帮派的文化、种族和族裔等方面情况，培训学院和部门管理人员必须致力于保持对跨文化帮派活动的关注，定期更新有关这一主题的培训内容。

人口贩运的受害者

2014年，包括美国在内的全球范围内，人口贩运是每年1500亿美元的非法行业，约2100万人被强制劳役和性贩卖受害者被拐骗（国际劳工组织，2014）。国际劳工组织（ILO）估计，910万（44%）人口贩运受害者在国内或国际间转移，而1180万人（56%）仍留在当地。在平均年龄上，人口贩卖的受害者要被奴役18个月；但是，这可能因奴役的类型而异（国际劳工组织，2014）。

即使不能代表问题的真实程度，现有的全球人口贩运形势也很严峻。国际劳工组织确定亚太和非洲的受害者比例最高，但受害者遍及全世界，包括北美（国际劳工组织，2014）。以下是现代奴隶的全球图景，受害者大致分为三类：

·710 万受害者——建筑、制造业和公共事业的强制劳役（占所有人口贩运受害者的 50%）；

·350 万受害者——农业、林业和渔业的强制劳役，占 25%；

·340 万受害者——家庭强制劳役（24%）（国际劳工组织，2014）。

人口贩卖，尤其是性剥削，在美国非常普遍，尽管其中很多都没有被报道或报道不足，这使执法部门难以查明。受害者不仅被贩运者压制，他们还害怕去找警察，因为她们知道或相信自己可能会被指控犯罪，尤其是卖淫。然而，1865 年批准生效的美国宪法第 13 修正案规定如下：

在合众国境内或属合众国管辖的任何地方，不准有奴隶制或强制劳役存在，已经定罪的罪犯作为惩罚者不在此限（美国国会图书馆，2015）。

人口贩运，也称为人口贩卖和现代奴役，是州、联邦和国际法规定的一种犯罪。人口贩卖的受害者可以是任何人——不论年龄、残疾、种族、宗教、族裔背景、性别、性别认同、性取向、社会阶层或公民身份。人口贩子也可以是任何人，包括有组织的犯罪团伙、家庭成员、企业主、皮条客、男女老幼以及任何来自种族或族裔的人（了解亚洲/太平洋美洲社区人口贩运的具体例子见第五章）。

关于人口贩卖的偏见和误解

许多人对人口贩运的问题一无所知，他们的观点建立在电影中所呈现的谬见和刻板印象的基础上。执法人员尤其需要了解有关人口贩运的常见误解，这些误解导致受害者遭遇极大程度的歧视和偏见。

以下是一些执法人员应该注意的常见误解（国际警察局长协会，2006）。以下是一个说明这些假设不准确的例子。

受害者：

·知道他们要做什么。

·犯下违法行为。

·根据所提供的服务获得报酬。

·有行动自由。

·能够逃脱，但选择不逃脱。

基卡·塞尔帕是一名年轻的女性，来自委内瑞拉，有着会计背景，她作为移民来到美国。她被介绍给男友的表妹桑德拉，答应给她找一份保姆的工作。桑德拉拿了塞尔帕的护照和钱，告诉塞尔帕，她的男朋友欠她钱，塞尔帕必须通过工作来偿还。第二天，桑德拉带着塞尔帕去了纽约皇后区的一家妓院，塞尔帕和20个男人发生了性关系，桑德拉保管着钱。这一年，塞尔帕住在桑德拉的房子里，不能自己离开，不得不为了吃饭而依靠桑德拉。最终塞尔帕逃了出来，但由于桑德拉扔持有她的护照，最终她还是回到了妓院（福克斯，2014；联合国人权，2017）。

正如上面的例子所表明的，当涉及受害者时，警察需要敏感且不带偏见。除了以上提到的误解外，还有其他一些关于人口贩卖的误解可能会导致警官们找不到线索：

· 人口贩运总是涉及跨越边境。

· 美国公民不能被贩卖。

· 从文化角度看，贩运者的行为是恰当的（如当走私者和受害者都具有相同的背景）。

· 当贩卖者和受害者是亲戚或者已婚时，这不是贩卖（国际警察局长协会，2006）。

联邦法律对人口贩卖的定义

2000年《人口贩运受害者保护法》规定了《美国法典》第22编第78章第7102节所述严重形式的人口贩运的法律定义。

（《美国法典》第22编第78章第7102节定义）

<table>
<tr><td colspan="2">摘自《美国法典》第22编第78章第7102节的定义</td></tr>
<tr><td>· 胁迫（Coercion）
“胁迫”一词是指：
（A）对任何人造成严重伤害或对其进行人身限制的威胁；
（B）旨在使人相信不履行某项行为会导致严重伤害或人身限制的任何方案、计划或模式；或
（C）滥用或威胁滥用法律程序。</td><td>（A）旨在使人相信，如果该人没有进入或处于这种情况继续下去，该人或另一人将遭受严重伤害或人身限制的任何方案、计划或模式；或
（B）滥用或威胁滥用法律制度。

· 人口贩运的严重形式（Severe forms of trafficking in persons）</td></tr>
</table>

（续表）

<table>
<tr><td colspan="2">摘自美国法典第 22 编第 78 章第 7102 节的定义</td></tr>
<tr><td>· 商业性行为（Commercial sex act）
“商业性行为”一词是指将有价值的东西给予或接受给任何人而进行的任何性行为。

· 债务奴役（Debt bondage）
术语“债务奴役”，指债务人将其个人服务或其控制下的人的个人服务作为债务的担保抵押而产生债务人的地位或状况，条件是这些经合理评估的服务的价值不适用于债务的清算或这些服务的期限和性质没有受到限制和界定。
· 非自愿的奴役（Involuntary servitude）</td><td>“人口贩运的严重形式”是指：
（A）以商业为目的、以欺骗或胁迫的手段进行的性交易，或诱骗未满 18 岁的人进行的性交易；或
（B）以武力、欺诈或胁迫的方式招募、窝藏、运输、提供或获取某人的劳动或服务，使其被迫成为劳役、奴役、债务奴役或奴隶。

· 性交易
“性交易”一词是指招募、窝藏、运输、提供、获取、赞助或招揽某人从事商业性行为（众议院美国法典，2017）。</td></tr>
</table>

人口贩运的迹象

美国国土安全部提供了一份仅供参考的清单，用以识别人口贩运受害者的迹象。并非所有的指标在每一种情况中都存在，指标的存在与否并不一定能够证明人口贩运的存在。如果有人怀疑有人是人口贩运的受害者，国土安全部要求拨打 24/7 执法热线。以下是一些有助于识别人口贩运的常见指标（美国国土安全部，2017）：

· 该人看起来是否与家人、朋友、社区组织或教堂断了联系？
· 孩子是否辍学？
· 该人的行为是否发生了突然或剧烈变化？
· 未成年人是否从事商业性行为？
· 该人是否迷失自我或感到困惑，或表现出遭受心理或生理虐待的迹象？
· 该人在治愈的不同阶段身体是否有淤伤？
· 该人是否害怕、胆怯或是顺从？
· 该人是否有被禁止进食、饮水、睡眠或医疗的迹象？

· 该人是否经常与他或她所顺从或似乎控制着局面的人在一起，如他们去了哪里或与谁交谈？

· 该人是否似乎被教导着该说什么？

· 该人是否生活在不适宜的条件下？

· 该人是否缺乏个人财产，生活状况不稳定？

· 该人是否有行动的自由？该人可以自由离开他们居住的地方吗？是否有不合理的安全措施？

帮派在性贩运中的作用

在美国，关于人口贩运研究最少的方面之一就是帮派在性贩运中的作用。在一项为期 3 年的研究项目中，研究人员分析了圣地亚哥县数百名现任和前任帮派成员、学校、执法机构和受害者服务提供者的数据。2016 年的研究涉及 1250 多名研究对象，是当时美国规模最大、最全面的人口贩运案例研究之一。圣地亚哥大学开展的大规模合作研究模式是设计未来人口贩运研究的国家模式（国家司法研究所，2016）。研究结果包括：

· 帮派参与：在圣地亚哥，至少有 110 个帮派利用个人进行商业性行为。据估计，该地区 85%的皮条客/性贩卖推动者都是帮派成员。

· 受害：圣地亚哥县每年约有 9000 名至 12000 名性交易受害者/幸存者，平均有近 2000 名执法部门联系人。

· 区域性商业性经济：据估计，在圣地亚哥，性交易每年产生 8.1 亿美元的收入，使其成为仅次于毒品交易（每年 47.6 亿美元）的第二大地下经济。

· 客户：根据对监狱里的性贩运者进行的采访，性交易的需求非常广泛，性交易的客户来自所有社会经济和种族背景。

· 招募：大量的招募发生在高中和中学校园，为了商业利益而进行儿童性剥削的平均年龄为 15 岁（国家司法研究所，2016）。

加利福尼亚州参议院 1322 号法案的通过

为了保护未成年受害者免受商业性剥削或卖淫罪名的指控，加利福尼亚州立法者通过了参议院 1322 号法案，该法案于 2017 年 1 月 1 日成为法律。这项新法律在美国尚属首例，它允许执法人员或法官将商业性剥削的未成年受害者安置在加利福尼亚州社会服务部门，而不是以卖淫罪逮捕和起诉未成年人。在加利福尼亚州，18 岁以下的人同意发生性行为仍然是非法的。此外，加利福尼亚州现行的《福利和机构法》300（b）（2）要求，如果官员确定未成年人处于不安全的情况下，他或她必须将其从伤害中解救出来（加利福尼亚州立法机构，2016）。据该法案的起草者，加利福尼亚州参议员霍莉·米切尔称：参与卖淫的未成年人是受害者，我们在道义上有责任为他们提供一个可以保护他们的安全场所。青少年拘留中心不是那样的地方。与拘留和刑事指控被视为强奸受害者相比，被定罪不是加利福尼亚州对待虐待受害者的方式。我们从来没有想过要逮捕强奸或家庭暴力的受害者，以使他们免受犯罪者的伤害。今天，我们为受害者提供安全避难所和环绕式服务。参议院 1322 号法案将为人口贩运的未成年受害者提供同样的保护（米切尔，2016）。

如果人口贩运受害者有因遭受人口贩运而犯下的罪行记录，这些记录应予以注销或删除。在美国，有几个州已经颁布了一些规定，规定幸存者可以请求法院下令撤销或免除因贩运人口而对他们作出的刑事判决。2010 年，纽约成为第一个通过法律允许人口贩运的幸存者撤销卖淫罪的州。2013 年，佛罗里达州的法律甚至进一步规定，取消“在……人口贩运的受害者期间所犯罪行的任何定罪”。

撤销判决是对“事实无罪”的正式承认。撤销的判决法律应该适用于成人和儿童，因为任何被迫、欺骗或胁迫从事犯罪活动的人都不应被视为已同意该活动。各州还应确保这些法律涵盖受害者被迫犯下的其他各种的非暴力罪行。

这些法律不仅使受害者能够纠正过去的不公正现象，而且有助于贩运受害者恢复和重建他们的生活。撤销判决提高了幸存者找工作的能力，降低了他们的经济脆弱性和被再次贩卖的风险。在缺乏撤销判决法律的情况下，人口贩运受害者被永远视为前罪犯，这在许多方面使他们重建生活的努力白费了（美国国务院，2016）。①

① 本文节选自美国国务院 2016 年 6 月发布的《贩卖人口报告》。

记录人口贩运的程度

在全国范围内，直到2013年1月，当联邦调查局的统一犯罪报告项目根据2008年《威廉·威尔伯福斯人口贩运受害者保护再授权法》的授权，开始收集有关人口贩运犯罪和逮捕数据，政府才开始报告和收集人口贩运数据。该法案要求联邦调查局在自愿的基础上，收集所有州的人口贩运犯罪数据，并在简要报告系统和国家事件报告系统中增设了两项违法行为。简要报告系统提供了犯罪嫌疑人的犯罪数量、逮捕许可、青少年或成年人身份、性别、种族和族裔；它不提供受害者信息或犯罪细节。为协助执法部门打击人口贩运，国家事件报告系统提供了受害者和嫌疑人的详细情况。另外，大约30%的执法机构使用这个系统向联邦调查局提交信息。这两种报告系统中缺失的是受害者和嫌疑人的性取向类别。这一点很重要，因为许多受害者都是性少数群体（LGBTQ）。以下两项附加罪行的定义根据联邦法律对“严重形式人口贩运”的定义进行了调整（FBI，2016）：

人口贩运/商业性行为：以武力、欺诈或胁迫的方式诱导他人参与商业性行为，或诱使实施此类行为的人未满18岁。

人口贩运/非自愿奴役：通过招募、窝藏、运输或提供渠道获取某人，并以武力、欺诈或胁迫方式使其成为非自愿的奴役、劳役、债务奴役或奴隶（不包括商业性行为）。

俄勒冈州波特兰市穆尔特诺玛县地方检察官办公室副检察官格伦·乌吉弗萨向听众提出了4个问题，以评估他们所在的地区是否存在性贩运问题，这是执法人员和检察官性贩运培训项目的一部分。问题是：

1. 你所在地区有互联网吗？
2. 你所在地区的个人有可支配收入吗？
3. 你所在地区的人想要赚更多的钱吗？
4. 你所在地区的人喜欢性吗？

检察官乌吉弗萨表示，如果所有4个回答都是“是”，那么执法人员所在社区极有可能发生性贩运。他补充说，大多数大城市和小城镇都存在性贩运问题，如前所述，在分析统计数据时应该格外谨慎。检察官乌吉弗萨的经验是，执法人员经常在其他类型的报警电话中发现性贩运受害者，包括家庭暴力、失控报告和商店盗窃。

联邦调查局（FBI）简要和国家事件报告系统（UCR），2015

联邦调查局从2013年开始收集人口贩运数据，当时大多数州没有提交任何信息。2015年（有数据的最近年份），只有20个州在UCR简要报告系统项目中提交了数据（FBI，2016），50个州中有9个州在基于国家事件的报告系统中提交了数据（FBI，2016）；因此，有关人口贩运的报告甚至还没有开始反映案件的真实数字。联邦调查局承认，许多犯罪行为从未报告给执法部门。为了充分了解人口贩运，有必要从试图满足受害者需求的受害者服务组织收集信息（FBI，2016）。

联邦执法部门的人口贩运数据

除了调查和执行联邦法律的具体机构，以下机构还调查和执行人口贩运犯罪：联邦调查局；国土安全部国土安全调查局（HSI）；国务院外交安全局；国防部刑事调查局，包括美国武装部队成员、部门承包商和平民。联邦机构的调查总计超过2000次，最终4113人被捕（美国政府会计办公室，2016）。

全国人口贩运热线（NHTH）成立于2007年，接收有关人口贩运的电话、电子邮件和在线提示数据，并为受害者和幸存者提供共享信息。训练有素的使用者会将人口贩运的报告交给有关当局。这条免费热线每周7天、每天24小时运作，为来电者提供200多种语言服务。NHTH由北极星（Polaris）运营，这是一个非营利性的非政府组织，接受美国卫生与公众服务部和其他私人捐助者的资助。

2016年，NHTH接到近2.7万个电话，报告了约7500起人口贩运案件。根据该年的热线数据，我们追踪了下列类型的人口贩运活动（数字为近似值）：

- 性贩运（5500人）；
- 劳动力贩运（1000人）；
- 性贩运与劳动力贩运（300人）；
- 其他未指明的贩运类型（700人）。

NHTH记录了2016年受害者、呼叫者的以下特征：

- 大多数是女性（超过6000名女性；近1000名男性）；

· 一小部分是性别少数群体（70人）；

· 成年人数量几乎是儿童的两倍（近5000名成年人和2500名儿童）；

· 美国公民多于外国公民（大约2000名美国公民和1400名外国公民）。

· 报告中接收被贩卖劳工最多的5个行业是家政、农业、旅游销售、餐馆/食品服务和健康/美容服务。数据显示，性交易或性交易营销的主要场所包括酒店/汽车旅馆、商业前台和住宅妓院，以及在线广告（NHTH，2017）。

为什么人口贩运的受害者不自我报告？

许多人口贩运的受害者没有报告他们的受害情况，导致执法部门依赖调查和公众提供的线索。这使得调查和计算已经发生的犯罪数量变得困难。此外，许多受害者并不认为自己是受害者。不愿进行自我报告的原因如下（美国司法部，2017）：

1. 未成年人和成年受害者都是被隔离的，他们被贩卖者诱导惧怕执法，或者谎报他们的情况。

2. 受害人可能会因为参与非法活动（如卖淫）或对外国受害者的无证件身份或与本国腐败当局的经历而害怕执法。

3. 贩运者利用这些恐惧，用逮捕或驱逐出境威胁受害者。

4. 受害者逃避其他问题，如家庭虐待、吸毒成瘾或极度贫困；人贩子会利用这些问题来确保受害者的顺从。

5. 贩运者利用受害者的特定弱点，包括先前存在的心理创伤、药物依赖、残疾、无家可归、流离失所和孤立。

6. 贩运者通过暴力、欺诈、胁迫、强迫使用毒品、暴力、威胁、恐吓、债务奴役和没收护照来控制受害者。

劳动人口贩运机制

根据美国联邦调查局的调查，非法劳工通常出现在低技能或临时工人的劳动安排中，包括农业、旅游销售人员、餐馆和产品服务。美国联邦调查局（FBI）的劳动力贩运调查中，约有三分之一是家庭劳役，比如强迫受害者在家里做饭、打扫卫生、照顾老人、照顾孩子或从事其他家务劳动。尽管一些受害者是美国公民，但联邦调查局的大部分劳动调查都涉及外国出生的受害者。在联邦调查局的案件调查中，大多数来自美国以外的劳工贩运受害者来自墨西哥、中国和菲律宾（FBI）。

性交易机制

性贩运者，也被称为皮条客，利用许多不同的场所和背景对受害者进行性贩运，其中包括（美国司法部，2016、2017）：

· 街头卖淫；

· 通过在线广告进行卖淫交易；

· 酒店或住宅的三陪服务；

· 在酒吧、赌场、群组家庭、卡拉 OK 酒吧、按摩店、晚间俱乐部、住宅、脱衣舞俱乐部、卡车、停车站或其他娱乐场所进行卖淫。

儿童色情贩卖

要给贩卖儿童的罪犯定罪，检察官只需证明受害者未满 18 岁。公诉人不需要证明受害人曾遭受过暴力、欺诈或胁迫，也不要求受害儿童被跨州转移（当然，如果罪犯做了所有这些事情，公诉人将把它作为证据进行收集）。人口贩子积极招募儿童，因为他们更容易控制，获得更高的利润，通常性传播疾病较少。人贩子最常从公交车站、火车站和学校招募受害者。一般来说，人贩子的目标是来自破碎家庭或离家出走的未成年人。受害者往往屈服于人贩子，他们用食物、衣服、关注、友谊、爱和安全的地方睡觉来吸引他们。一旦一个人贩子利用未成年人的弱点而控制了他们之间的这段关系，他或她就会经常使用暴力、恐吓或心理操纵的手段迫使孩子成为一名卖淫者。许多人贩子都是帮派成员，有暴力犯罪的历史（美国司法部，2016）。

无家可归的年轻人和人口贩卖

2017 年的一项研究结果显示，每 5 个无家可归的年轻人中就有 1 名是人口贩卖的受害者。这大约有 900 人，年龄在 17 岁到 24 岁之间，来自 11 座美国城市和加拿大的两座城市：

· 19. 4%的无家可归年轻人是人口贩卖的受害者——15%的人口贩卖是为了性，7. 4%的人口贩卖是为了劳动，3%的人口贩卖两者兼具；

· 34%的无家可归的同性恋年轻人在人口贩卖中幸存下来，尽管他们只占采访总数的19%；

·27%的同性恋年轻人（超过四分之一）曾被贩卖用于性交易；

·50%的无家可归的年轻人同性恋群体曾在他们的生活中从事过性交易；

·66%的年轻人在没有安全地方过夜时从事性交易（爱德华，2017；瑞安，2017）。

在性贩卖中区别对待年轻的同性恋人群

非政府组织继续报告说，流浪和无家可归的同性恋年轻人难以获得非歧视性的社区服务。此外，同性恋受害者不太可能向当地执法部门报告他们被剥削的情况，也不太可能获得所需的服务（美国国务院，2016）。无法自给自足的同性恋年轻人更容易受到人贩子提供的食物或庇护所的诱惑，以商业化的性行为为代价。由于社会偏见，同性恋性交易受害者比异性恋性交易受害者更容易因卖淫被执法部门逮捕（美国国务院，2016）。执法部门需要更多地意识到对性少数群体受害者的偏见，培养对这些年轻人的敏感性和同情心。

对受害者生理和心理健康的影响

性人口贩运受害者

为了衡量性交易对受害者身心健康的影响，研究人员调查了美国12座城市的107名幸存受害者。研究结果显示，92%的受害者有神经系统症状，69%的受害者报告有身体伤害（即被拳打脚踢和被强奸）；三分之二的受害者感染了性传播疾病。来自幸存的性交易受害者的其他调查数据显示：

·86%的人至少有一种影响他们整体健康的症状；

·67%的人至少有一种心血管和呼吸道症状；

·62%的人至少有一种肠胃症状；

·54%的人至少有一个牙齿症状；

·81%的人经历过抑郁；

·71%感到羞愧和内疚；

·62%有创伤后应激障碍；

·21%曾试图自杀（莱德尔和威泽尔，2014）。

精神健康需求

人口贩运受害者（强迫劳动和性行为）遭受人口贩运者的身体和心理虐待往往产生严重的精神或情绪健康问题。受害者通常有严重的内疚感、创伤后应激障碍、抑郁、焦虑、药物滥用（酒精或麻醉剂）和饮食失调。除了接受身体伤害和疾病的医疗护理外，人口贩运受害者通常还需要进行心理护理作为其综合医疗的一部分。提供文化上适当的、基于创伤的精神卫生治疗是复杂的。帮助创伤受害者的障碍和困难包括（犯罪受害者办公室，2017）：

·可获得的适当精神卫生治疗服务有限。

·员工在与幸存者建立信任关系方面面临挑战。

·强制的精神健康治疗，包括在封闭的治疗设施中，在与受害者一起相处时可能产生适得其反的效果。

·同时发生的创伤，诊断为精神疾病和药物滥用或药物上瘾。

·同时遭受多种类型的虐待（身体、性、精神等）。

·受害者不认为他们被虐待（因此，没有尝试逃脱）。

·文化、语言障碍和与远离家乡的思绪。

阻止人口贩卖的执法策略

美国政府

美利坚合众国是批准联合国贩运人口协议的 170 个国家之一。该议定书于 2003 年 12 月生效，是一种国际法律文书，要求成员国将贩卖人口的犯罪行为定罪并提起公诉（联合国，2016）。

奥巴马总统签署了《2015 年人口贩运受害者司法法案》。该法案要求美国司法部监督联邦执法人员和检察官接受反贩卖人口的培训；要求联邦司法中心，即联邦司法系统的研究和教育机构，根据《美国法典》第 18 编第 77 章的规定，为法官提供有关责令与贩运有关的犯罪受害者赔偿的培训；责成国土安全部门实施一项针对部门人员的贩运人口培训计划；要求美国司法部实现和维护国家战略打击人口贩卖活动；设立国内人口贩运受害者基金，以支持现有的合法授权赠款或活动；修订了联邦对虐待儿童的定义，将人口贩卖纳入其中（《美国法典》，2017）。

行动纲领的清单

警察执行和管理人员需要积极主动地在其管辖范围内寻找制止人口贩运的方法。国际警察局长协会（IACP）编制了一份文件，“人口贩运犯罪：鉴定和调查的执法指南”，为各部门提供了有用的信息（IACP，2006）。以下是行动议程清单：

1. 就人口贩运问题进行全体工作人员的培训，包括派遣人员。
2. 教育你的社区有关贩卖人口的罪行。
3. 为你的部门开发外语资源。
4. 确定为受害者提供援助的非营利机构。
5. 在人口贩运案件发生之前发展合作关系。
6. 评估可能成为非法活动前沿的地点。
7. 确定雇用低工资工人的工业/服务型企业，并了解如何招聘和对待他们。
8. 评估你所在社区的当地性产业及其形式（如街头卖淫、按摩院、脱衣舞俱乐部）。
9. 在你的社区中找出为外国或“异国情调”女性作广告的伴游公司。
10. 确保官员对卖淫犯罪场所的响应以及记录人口贩运的线索。
11. 找到雇用佣人的社区（IACP，2006）。

人口贩运事件调查

执法机构必须优先调查所有有关人口贩运犯罪的报告。各机构必须有书面的政策和程序，以确保其官员得到适当的培训，并遵循劳工和性贩运的调查指南。随之而来的期望是，警官要对受害者的医疗、情感和心理健康需求敏感地作出反应。对受害者辩护律师的要求应立即提出，而不是拖延。重要的是，警察，从回应的巡逻警官到指定的侦探，要尊重和不评判受害者。IACP 指出：受害者在能够协助调查和起诉罪犯之前需要感到安全。受害者可能处于危险之中，这是由多种因素造成的，包括贩运活动的范围、贩运者对受害者证词的破坏性看法以及贩运者使用暴力的倾向。你需要和受害者一起解决并保证他们的安全。在受害者的安全或健康受到威胁的情况下，最好是立即将他们带离现场。如果被逮捕，小心不要让受害者再次受到伤害。如果没有人被逮捕，应努力建立一种关系，这样受害者将来就会相信你或其他警察（IACP，2006）。

面谈成功的礼仪

为了增加成功采访人口贩运受害者的概率，国际有色人种促进会提出以下几点建议：

1. 注意，人贩子应该比较难以区分各个受害者以及理解许多受害人可能愿意通过“合作”获救。

2. 对创伤，其影响和效果进行自我教育，或者与一位创伤专家合作，协助其进行面谈。

3. 采用富有同情心和无偏颇的态度。

4. 如可能，应穿着便衣与受害人/证人进行面谈。

5. 单独、私下里采访，记住，受害者可能需要一名顾问或律师在场出席以做支持。

6. 当需要翻译人员时，选择一名你确信与走私者没有任何联系的熟练翻译。

7. 不要用文件或法律地位开始你的面谈，因为这可能会吓到或迷惑受害者，妨碍与其建立信任。

8. 不要问“你是奴隶吗？”或者“你是被拐卖的受害者吗？”

9. 在关注受害者本人遭遇前先让他描述一下其他同类人群的遭遇，一般来讲，谈论别人的遭遇更容易一些。

10. 为受害者提供讲述自己故事的机会；这可能有助于他们这样做（IACP，2006）。

警察局长、治安官和州执法局长必须相互合作，并与联邦执法机构合作，在其管辖范围内侦查、调查、逮捕和起诉人贩子。如果需要对人口贩运调查进行专门培训，机构执法人员需要对在联邦或地方一级接受培训的官员负责。此外，执法部门领导人应精通打击人口贩运的国家战略，并将这一战略通报其雇员和地方检察官（第十一章，介绍了与受害者进行互动的信息；这些信息非常适用于人口贩运的受害者）。

受害者服务提供商

人口贩运的幸存者应该是此项服务的中心。所有的受害者都应该得到安全和支持。需要接受高质量的护理、富有同情心的反应和必要的服务来帮助幸存者从受害的记忆中恢复过来。创造信任和尊重的条件将帮助受害者重新恢复正常生活，帮助他们走向自给自足和独立。

贩运受害者通常需要各种紧急和长期服务。这些服务包括但不限于强化病例管理、受害者宣传、住房、食品、医疗和牙科护理、精神卫生治疗、药物滥用治疗、支持团体、口译/翻译服务、移民和其他法律援助、扫盲教育、就业和培训服务。

没有任何一家机构能够对贩卖人口罪的所有方面和每名受害者的具体需要作出反应。

需要社区范围和多学科协调一致的反应。

每个人都有自己的作用！在儿童福利系统、离家出走和无家可归的青少年项目、移民和难民服务项目、性侵犯保护计划和家庭暴力庇护所工作的人员经常确认和服务人口贩运受害者。你不需要成为一名专门的人口贩运受害者帮助服务提供者来为人口贩运受害者提供良好的服务。然而，至关重要的是，当你与受害者进行接触时，你应该知道在你的社区中有哪些可以利用的资源，并提供以创伤为基础、以受害者为中心、针对贩运受害者的具体需求量身定制的服务。

迷你案例研究：联邦调查局公布了“×郡行动”的结果

第五章以“跨国×郡行动”为例，说明执法部门在打击人口贩运方面取得的成功。请阅读以下由联邦调查局提供的行动细节，并在总结结束时回答问题。

“×郡行动”的细节

通过国际执法行动“×郡行动”（Operation Cross County ×），

美国解救了82名未成年人，逮捕了239名人口走私贩。联邦调查局主导的行动从2016年10月13日持续到15日。此外，柬埔寨、加拿大、菲律宾和泰国的执法机构也展开了自己的行动。

警方在几个地点展开行动，包括酒店、卡车停车站和街头。国家保护服务机构和受害者援助机构帮助了在逮捕毒贩时获救的青少年。州和地方执法部门对因州指控而被捕的成年人进行了处理；因联邦指控而被捕的成年人则由联邦执法部门处理。

作为在佐治亚州行动的一部分，联邦调查局亚特兰大市区儿童剥削特别工作组执行了2项搜查令；收缴7支武器；在乔治亚州的莱克城，营救了1名少年受害者；逮捕了15名皮条客和54名妓女。被捕者的年龄从19岁到55岁不等。

在乔治亚州雅典的行动逮捕了5名成年人，他们是为了与未成年人发生性关系而旅行的。查获2支火器。成年人的年龄在22岁到66岁之间。没有关于受害者的信息。

在乔治亚州奥古斯塔的行动逮捕了1名皮条客。

亚特兰大逮捕了2名来自佛罗里达州奥兰多市的逃犯，他们涉嫌谋杀1名14岁的性交易受害者和剥削1名15岁的受害者。嫌疑人是1名26岁的男性和1名20岁的女性。

"×郡行动"是美国联邦调查局无罪倡议的一部分，该行动始于2003年，全年都在进行，目的是营救被贩卖的未成年受害者。"×郡行动"是该行动历史上规模最大的一次行动，有55个联邦调查局外地办事处和71个州和地方工作队参与了美国106个城市的行动。在国际上，在加拿大进行了几十次行动，在柬埔寨、泰国和菲律宾的6个城市进行了大约10次行动。

协助FBI调查乔治亚州的有12个市警察局、8个县治安部门、2个县地方检察官办公室、乔治亚州调查局、乔治亚州总检察长办公室、乔治亚州社区监督局、乔治亚州家庭和儿童服务部，以及4个非政府服务组织。①

① 资料来源：美国联邦调查局，2016年。

回答以下问题：

1. 为什么“×郡行动”的重点是营救未成年人？

2. 有多少成年人因卖淫被捕？那些因卖淫而被捕的成年人可能是性交易的受害者吗？你会问什么样的问题来确定他们是否是性交易的受害者？

3. 对于那些因性交易被捕的成年人来说，年龄范围意味着什么？

4. 对于那些因与未成年人发生性关系而被逮捕的成年人来说，年龄范围意味着什么？

5. 多家执法机构的参与如何说明国家打击人口贩运的战略？

6. 家庭和儿童事务部将在这一行动中发挥什么作用？

无家可归的人口统计

介绍

解决无家可归者难题并不是美国执法部门的一项新任务。费城警察局出于人道主义与同情之心，在19世纪80年代，每年将其分局作为近10万多名无家可归者的住所（蒙科宁，1981）。近一个世纪后，在20世纪80年代，美国城市开始出现无家可归者大幅增加的现象，人们将其发生主要原因归咎于经济衰退。根据美国国家无家可归和贫困问题法律中心报道，每年约有350万人，包括超过100万名学龄儿童经历过无家可归。

每夜无家可归者的大概数量

每年，美国住房和城市发展部（HUD）都会发布一份“时间点”（PIT）评估报告，该报告是根据全美各社区组织在每年1月的一个晚上所报告的无家可归者的范围数据得出的。这些地方规划组织提供“连续照顾”计划，其工作人员负责协调一个地理区域的无家可归服务，可能包括一个城市、县、都会区或整个州。以下是2016年住房和城市发展部估计的一个晚上无家可归人数的主要调查结果（美国住房和城市发展部，2016）：

1. 2016年1月，全国无家可归者近55万人，同比下降3.0%；2007年至2016年间，无家可归者总数下降了15%。2007年的统计没有那么全面；在早些年，它不包括那些在没有庇护的地方、紧急避难所、过渡性住房计划或安全避难所居住的人。

2. 个人（即非家庭）占无家可归人口总数的65%，比2015年下降了不到1.0%。

3. 有孩子的家庭占无家可归者的35%。平均而言，一个无家可归的家庭由3个人组成。这比2015年下降了6%。

4. 退伍军人约占无家可归人口的10%。自2015年1月以来，这一数字下降了17%。减少的部分原因是住房和城市发展部发放的住房券以及退伍军人事务部的病例管理。

5. 长期无家可归者的比例接近22%，比2015年下降了7%。

6. 无家可归者（街头无家可归者）占32%，比2015年增加了2%。

7. 受庇护的无家可归者（即选择紧急避难所、过渡性住房项目或安全避难所的受访者）为68%。与2015年相比下降了5%。

8. 2016年，5个州的无家可归人口几乎占到了全国无家可归人口的一半：

· 加利福尼亚州（占无家可归人口总数的22%）约11.8万人；

· 纽约，16%，约86000人；

· 佛罗里达州，6%，约34000人；

· 得克萨斯州，4%，约23000人；

· 华盛顿，4%，大约21000人。

图表10.5显示了各州对无家可归者的估计。

对无家可归者预估值的批评

无家可归者的拥护者认为美国住房和城市发展部（HUD）的“特定时间点”（PIT）内的估计值很低，并不能准确地计算无家可归者的人数。正如全国无家可归者联盟（NCH）所指出的，PIT方法只计算特定时间内无家可归的人。人数可能保持稳定，但人口可能会发生很大变化，因为有些无家可归者可能获得住房，而另一些人则成为新的无家可归者。“持续周期内计算”（PPC）是一种替代方法，它将统计一段时间内无家可归者的人数（NCH，2009）。NCH指出，对无家可归者的研究还存在其他问题，包括只统计住在收容所或街头的人。此外，这种方法可能只对统计使用收容所或施舍处等服务的人数有用；然而，这往往导致很少统计可能住在汽车或其他地方的无家可归者的人数（NCH，2009）。

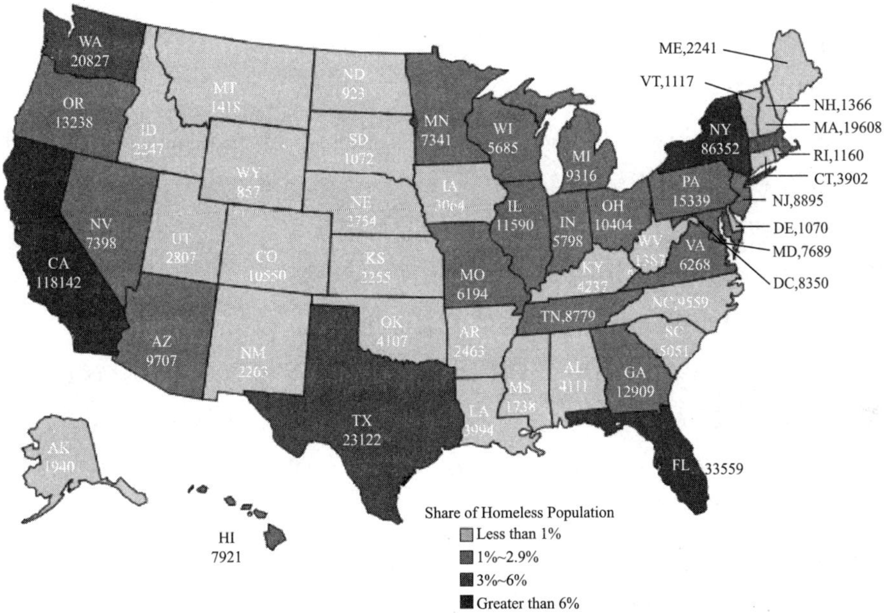

图表 10.5　2016 年各州无家可归者的估计

资料来源：美国住房和城市发展部，2016 年。

注：Share of Homeless Population　无家可归人口比例

Less than　不足

Greater than　远超

美国城市内的饥饿与无家可归现象

2016 年 12 月，美国市长会议发布了“饥饿和无家可归调查”。从 2015 年 9 月至 2016 年 8 月，共有 24 个州的 32 座城市接受了调查。主要发现包括（美国市长会议，2016）：

1. 调查数据显示，71%的被调查城市首次申请粮食援助的人数有所增加。

2. 在那些请求粮食援助的人中：

· 63%来自家庭；

· 51%的人找到了工作；

· 18%是老年人；

· 8%的人无家可归。

3. 据估计，14%需要紧急粮食援助的人没有得到援助。

4. 调查数据显示，产生饥饿问题的 3 个主要原因是低工资、高住房成本和贫困。

5. 在接受调查的 32 座城市中，每 1 万人中有 51 人无家可归，而全国每 1 万人中有 17 人无家可归。

6. 大多数接受调查的城市都认为有必要提供更多的住房援助和经济适用房，以减少无家可归的现象发生。

7. 研究城市只能为大约 80%的无家可归人口提供紧急避难所。

2015 年，美国有 4310 万贫困人口，比 2014 年减少了 350 万人（美国人口普查局，2016）。其中，关于种族、族裔、性别和年龄：

2016 年，美国住房和城市发展部（HUD）PIT 估计无家可归人口的种族和民族细分为：

· 白人 48%；

· 非裔美国人 39%；

· 西班牙裔美国人 22%；

· 多重种族 7%；

· 美洲原住民 3%；

· 太平洋岛民 2%；

· 亚裔美国人 1%。

关于性别问题，HUD 估计如下：

· 男性 60%；

· 女性 40%；

· 跨性别者不到 1%。

HUD 的估计年龄细分如下：

· 年龄在 18 岁以下为 22%；

· 年龄在 18 岁至 24 岁之间为 9%；

· 24 岁以上为 89%。

图表 10.6 说明了受庇护者和未受庇护者的性别、族裔和种族。

特征	所有无家可归者	受庇护的人	未受庇护的人
性别			
女性	39.5%	44.4%	29.2%
男性	60.2%	55.4%	70.3%
跨性别者	0.3%	0.2%	0.6%
族裔			
非西班牙裔	77.9%	76.7%	80.6%
西班牙裔	22.1%	23.3%	19.4%
种族			
欧洲裔美国人	48.3%	43.9%	57.7%
非裔美国人	39.1%	45.1%	26.4%
亚裔美国人	1.0%	0.9%	1.2%
美国原住民	2.8%	2.1%	4.2%
太平洋岛民	1.6%	1.2%	2.4%
多重种族	7.2%	6.8%	8.1%

图表 10.6 受庇护和未受庇护的无家可归者的性别、族裔和种族

资料来源：2016 年度向国会提交的无家可归者评估报告（美国住房和城市发展部，2016）。

性少数群体（LGBTQ）青年

不同的研究表明，性少数群体青年占无家可归青年的 20% 到 40%（youth，2017）。2017 年无家可归的性少数群体青年信息显示（NAEH，2017）：

· 性少数群体遭受了更高概率的人身和性侵犯。

· 性少数群体心理健康问题发生率较高，并发生不安全的性行为。

· 性少数群体中无家可归的同性恋青年的自杀率高于无家可归的异性恋青年（62% 比 29%）。

· 性少数群体中无家可归青年报告遭受了来自无家可归青年庇护所和收容中心的同龄人和工作人员的辱骂、骚扰和个人批评。

关切生活质量

无家可归的人经常需要食物、水和住所，因此对于许多无家可归的人而言，他们甚至很难维持基本食物或金钱保障。无家可归的人面对的是营养不良、医疗保健不足、饮食不佳、个人卫生条件差和缺乏睡眠。无家可归的成年人平均预期寿命在 42 岁至 52 岁之间（奥康奈尔，2005）。此外，无家可归者还有其他生活质量方面的问题。2015 年数据显示（美国市长会议，2015）：

1. 心理健康问题：29%的无家可归成年人患有严重精神疾病。
2. 残疾：22%的人身体残疾。
3. 工人阶级：18%的人有工作岗位。
4. 家庭暴力：17%是家庭暴力的受害者。
5. 艾滋病：4%为 HIV 阳性。

联邦法律对无家可归的定义

以下是《美国法典》第 42 章中联邦《麦金尼-文托法案》中关于无家可归的两个定义。一个是成人无家可归的一般定义，第二个定义特别适用于无家可归的儿童和青年。这两个定义及其关键要素如下：

无家可归的成年人：（1）缺乏固定、正规和充足时间的夜间住所的个人或家庭；（2）居住在公共或私人场所的个人或家庭，并且那些场所并非为人类设计的、普通人不会将其用作睡眠场所，包括汽车、公园、废弃建筑、公共汽车或火车站、机场或野营场所；（3）居住在政府监管下的公共或私人经营住房之中的个人或家庭，这些房间旨在提供临时居住场所（包括由联邦、州或地方政府为低收入者或慈善组织、住房和过渡住房支付费用的旅馆和汽车旅馆）；（4）居住在不适合人类居住的避难所或地方的个人，或者离开了他或她暂时居住的机构的人（美国法典，2010）。

无家可归的儿童和青年：与无家可归的成年人有类似的住所/过渡住房，但包括因住房丧失而分享其他人的住房；居住在汽车旅馆、拖车公园或露营场；或被遗弃在医院；或正在等待寄养安置（《美国法典》，2016）。

无家可归的原因

经历过无家可归的人有许多相互关联的原因。历史表明，贫穷的经济加上高失业率，导致贫困和住房短缺加剧。个人破产、长期酗酒和吸毒、家庭暴力、家庭破裂、缺乏家庭或政府资助以及精神疾病也是造成无家可归的原因。成为非法移民或离家出走也可能是原因，对性少数群体青年来说，与其性别取向和性别认同有关的家庭冲突是导致无家可归的额外因素。

2015 年，当被要求列出有孩子的家庭无家可归的 3 大原因时，美国市长会议确定了缺乏可负担住房、贫困和失业 3 项。就个人而言，无家可归的首要原因是缺乏负担得起的住房、失业和贫困，其次是精神疾病和缺乏治疗，以及（精神性）药物滥用和缺乏治疗（美国市长会议，2015）。

无家可归的退伍军人

无家可归的退伍军人曾参加过第二次世界大战，朝鲜战争，冷战，越南战争，格林纳达战争，巴拿马战争，黎巴嫩战争，波斯湾战争，阿富汗和伊拉克战争，南美洲军队的反毒品行动以及在非战争中服役。许多无家可归的退伍军人患有创伤后应激障碍（PTSD）和药物滥用。与其他无家可归者群体一样，退伍军人缺少家庭和社会支持。不幸的是，军事职业和训练并不总是可以转移到文职劳动力队伍中，使一些退伍军人在竞争就业时处于不利地位。

当没有避难所的时候

当无家可归的人需要临时庇护时，他们会变得富有创造力和适应能力。图表 10.7 显示了许多无家可归者最终睡觉和聚集的地方。安全是执法部门对无家可归者的首要关注，尤其是在他们睡觉的时候。在极端天气（寒冷、潮湿或炎热）缺乏避难所会导致许多健康问题的发生。

1. 弃置楼宇	12. 公园
2. 小巷	13. 露台
3. 檐篷	14. 野餐桌
4. 长椅	15. 休息区
5. 巴士站	16. 人行道
6. 纸板箱	17. 地铁站
7. 汽车	18. 防水布
8. 建筑地盘	19. 帐篷
9. 有遮蔽的巴士站	20. 火车站
10. 无家可归者营地	21. 空置建筑物
11. 天桥	22. 空置房屋

图表 10.7　没有庇护所的时候，2017

犯罪型无家可归

无家可归的人不断被警察、企业主或其他政府代表从大多数临时居住地点带离。结果，无家可归的人无法休息和获得充足的睡眠。当无家可归的人不离开时，他们就会被警察以违反城市条例的罪名逮捕，如擅自闯入或扰乱治安，这被称为犯罪型无家可归。为了评估将无家可归者维持生命行为定为刑事犯罪的市政法规数量和类型，对 187 个城市进行了调查，结果显示如下：

· 禁止在某些公共场所露营。

· 27%禁止在某些公共场所睡觉，如公园。

· 76%禁止在某些公共场所乞讨。

· 65%禁止在某些公共场所闲逛和流浪。

· 53%禁止在某些公共场所坐着或躺着。

· 43%禁止在车内睡觉。

· 9%禁止与无家可归的人分享食物。

当政府官员向警察施加压力，要求他们在其管辖范围内执行有关无家可归者的法律时，警察处于困境。即使采取这样的执法措施，警察仍然应该尊重和同情无家可归的人。警察不应该要求无家可归的人离开公共或私人场所，而是应该尽一切努力找到紧急避难所并提供帮助。与此同时，美国各地为无家可归者争取权益的人士正联合无家可归者，通过公众意识、立法和法院来解决这个问题。

2014 年，联合国人权委员会调查了美国无家可归者的待遇。委员会发表了一份报告，批评将无家可归者的生活活动，如吃饭、睡觉和坐着等视为犯罪，称其为“歧视性、残忍、不人道和有辱人格的待遇”（联合国，2014）。此外，美国还违反了《公民权利和政治权利国际公约》（联合国，2014）第 2、第 7、第 9、第 17 和 26 条。联合国人权委员会呼吁美国对其刑事定罪法采取纠正行动，并声明：缔约国（美国）应与州和地方当局接触，以：

1. 废除州和地方两级将无家可归定为犯罪的法律和政策；

2. 确保所有利益相关者，包括各级社会、卫生、执法和司法专业人员密切合作，加强努力，根据人权标准为无家可归者寻找解决方案；和

3. 通过为实施刑事定罪替代方案的地方当局提供持续的财政支持，并从将无家可归者定为刑事罪犯的地方当局中撤出资金，为非刑事化和实施此类解决方案提供激励措施（联合国，2014）。

犯罪被害

无家可归者极易受到人身和财产犯罪的伤害。他们没有大多数美国人所拥有的安全感。1999—2015 年的数据显示有：

· 大约 1600 起针对无家可归者的暴力行为，导致 48 个州、波多黎各和华盛顿特区的近 430 起谋杀案发生。

· 平均而言，谋杀案受害者年龄在 40 岁以上，并且是男性。

· 近 80%施暴者年龄在 30 岁以下，并且是男性。

大多数执法机构没有对针对无家可归者实施的犯罪行为进行汇总与分类，因为 FBI 的统一犯罪报告项目没有在其犯罪受害情况和嫌疑人统计中收集无家可归者的状况。此外，无家可归者地位不受联邦仇恨/偏见犯罪法的保护。

保护无家可归者免遭仇恨犯罪的州法律

截至 2016 年 7 月，阿拉斯加州、佛罗里达州、缅因州、马里兰州、罗

得岛州、华盛顿、波多黎各和哥伦比亚特区颁布了“仇恨犯罪法”来保护无家可归者。无家可归人员保护者可参考的案例很多，如2001年巴尔的摩南部的一宗案件，3名青少年在4个月内将3名无家可归男子殴打致死，并殴打了其他几个无家可归的人。这3名青少年都称自己的行为是愚蠢的，并因残忍的谋杀和袭击而被判入狱（克莱茵，2003）。据全国无家可归者联盟（NCH）主任梅根·哈斯廷斯称，这些法律的通过允许法官对袭击无家可归者的人加重处罚。“我们需要发出一个象征性的和实质性的信息，即对无家可归者的攻击坚决零容忍。国家统计局建议修订联邦仇恨犯罪统计法，将针对无家可归者的罪行包括在内，并支持各州立法努力，将无家可归者作为一个受保护的阶层纳入州仇恨犯罪法规”（克莱茵，2003）。

缓解无家可归危机的治安策略

公众对政府和执法机构的信任是有效应对无家可归危机的关键。社区中的无家可归者必须相信，在双方的关系建立之前，其将得到警察和当地政府的保护和尊重。他们需要有信心，相信警方在帮助他们的行动中非常专注和积极，并且他们没有受到骚扰或攻击的危险。此外，无家可归者和他们的支持者必须从警察那里看到与他们的言论相匹配的积极行为。第十一章讨论了对仇恨/偏见犯罪作出反应的人道执法策略，而这些策略对那些经历过无家可归的人来说同样具有价值。以下列举了几个为满足无家可归者的需要所作努力的实际判例：

·华盛顿州的西雅图市。2017年2月，西雅图市成立了一个导航小组，由外联工作人员和训练有素的警察组成，他们正致力于将未受保护的无家可归者与住房和基本资源联系起来。该小组的部分职责是帮助那些有化学成瘾和精神疾病的无家可归者（西雅图市，2017）。

·堪萨斯州威奇托市。威奇托市警察局有一个无家可归者外联小组（HOT），负责所有与无家可归者有关的911电话或无家可归者的服务电话。该小组试图通过引导无家可归的人到庇护所或服务机构（如精神健康、药物滥用、就业）来让他们远离监狱。HOT由3名警官和1名警长组成，他们工作时间可调整，以满足无家可归者的需求（威奇托市，2017）。

预防和终结无家可归现象的联邦战略计划

2010 年 6 月，美国无家可归问题机构间理事会（United States Interagency Council on Homelessness，USICH）及其 19 个成员机构启动了“打开房门”的行动，这是第一个全面的联邦战略计划，旨在防止和结束无家可归现象的发生。USICH 的目标是预防和结束所有类型的无家可归，包括长期无家可归者、退伍军人、个人、家庭、青年和儿童的无家可归。USICH 自成立以来，与联邦政府、各州、地方社区、无家可归者倡导者以及私营和非营利无家可归者组织有着广泛的合作（USICH，2015）。USICH 制定了有助于解决 5 个中心主题的战略。这些主题强调了（USICH，2015）以下几点的重要性：

1. 增加领导、协作和公民参与。
2. 增加获得稳定和负担得起的住房。
3. 加强经济安全。
4. 改善健康和稳定。
5. 重塑无家可归危机体系。

图表 10.8 标示了每个主题下的组织目标。USICH 在 2010 年修订了几项与青年和教育相关的最初目标，阐明了响应国家倡导者和服务提供者反馈的能力。这些目标对刑事司法专业人员是有帮助的，因为他们提供了解决问题的战略计划，可以继续指导无家可归者的工作（USICH，2015）。

主题和目标
主题 1：增加领导、协作和公民参与 目标 1：在各级政府和所有部门提供并促进合作领导，以激励美国人致力于预防和消除无家可归现象。 目标 2：通过增强有关协作、无家可归、成功的干预措施知识，加强公共和私人组织的能力，以预防和结束无家可归现象。 主题 2：增加获得稳定和负担得起的住房 目标 3：为无家可归或处于无家可归风险的人们提供负担得起的住房。 目标 4：提供永久性支持性住房，以预防和结束长期无家可归的情况。 主题 3：加强经济安全 目标 5：增加无家可归者的受教育机会和有意义的、可持续的就业机会。

（续图表）

主题和目标
目标 6：增加主流项目和服务的机会，以减少人们无家可归的财务脆弱性。
主题 4：改善健康和稳定
目标 7：将初级和行为卫生保健服务与无家可归者援助计划和住房相结合，以减少人们无家可归的脆弱性和影响。
目标 8：在诸如寄养和少年司法等系统之外，促进青少年的健康和住房稳定。
目标 9：促进与医院和刑事司法经常接触的无家可归者的健康和住房稳定。
主题 5：重组无家可归者危机应对小组
目标 10：将无家可归者服务转变为预防无家可归者的危机应对系统，以防止无家可归并迅速使无家可归者重返稳定的住房。

图表 10.8 《终结无家可归联邦战略计划：主题和目标》概述

来源：美国无家可归问题跨部门委员会（2015 年）。

救济处和收容所

位于美国各地许多城市的救济处为饥饿、贫穷和无家可归的人提供食物。许多教堂、清真寺和犹太教堂会在出现极端天气期间提供紧急避难所，教友们志愿 24 小时与无家可归者待在一起。在这样的施粥场和紧急避难所做志愿者对警官和刑事司法专业的学生非常有益。在非危机模式下进行一对一的接触是消除对无家可归者刻板印象的最佳方式之一。这种接触使志愿者能够把无家可归的人看作是正常人，并能够进行积极和有效的互动，从而增加无家可归的人对执法者的信任和信心。

迷你案例研究：你会怎么做？

在下面的案例研究中，我们可以看到两种情况：（1）所涉及的人出生在美国并能流利地说英语；（2）所涉及的个人是移民，能够讲有限的英语。在回答案例研究之后的问题时，请描述每个情形中的挑战。

假如你是正在执勤的警察，你和另一名警察在你巡逻区内的一间家庭式餐厅吃午饭。一名带着小孩的无家可归的成年男子走进餐厅，两人都走向你和你的同伴。这个人告诉你，他无家可归，他和他9岁的女儿正在寻找临时住所和避难所，并且已经一天没吃饭了。1个月前他被解雇，1个星期前被赶出了公寓，并且他没有家人和朋友可提供帮助，突然，他9岁的女儿看着你，开始哭泣，并恳求道："请帮助我和我的爸爸。"

· 在这种情形下，你会有什么感觉？
· 你将会对这个孩子和他的父亲说什么？
· 以你现有的知识、技能和资源，你会如何帮助这对父女？

教育与训练

关于无家可归者的意识培训应该成为警察学院和在职培训的常规内容。课程至少应包括无家可归的原因和解决办法，以及如何以人道和尊重的方式与无家可归者进行互动。一些执法和公共安全训练项目已经在他们的文化多样性课程或社区警务课程中包含这个主题。刑事司法和应急服务的大学生、警察和其他急救人员，都能从无家可归意识教育中获益良多。一些可列入此类指导和社区会议的实用技巧列于图表10.9。

1. 提供食物（一顿饭或面包）、水或餐券。
2. 一般来说，除非有缓解措施，否则不要给无家可归的人钱。
3. 如果你愿意，可以向流动厨房、避难所、救援机构或其他非营利组织捐款，帮助无家可归的人。
4. 在需要的时候帮助无家可归的人找到紧急避难所。
5. 想办法和无家可归的人交谈，尊重他们

图表10.9　关于在街上遇到无家可归的人的5条建议

了解精神疾病的维度

2014年，美国物质滥用和精神卫生服务管理局（SAMHSA）估计，在18岁或以上的美国成年人中，约有五分之一（18.1%或4360万人）患有可诊断的精神障碍或精神疾病，980万人（4.1%）患有严重精神疾病。从2008年到2014年，任何类型的成人精神疾病比例保持相对稳定

（SAMHSA，2015）。此外，在2014年，11.4%或280万12岁至17岁的青少年有重度抑郁发作（SAMHSA，2015）。

> 精神疾病是一种精神上、行为上或情绪上的健康障碍，其程度从无影响或轻微的影响到严重的损害，影响一种或多种主要的生活活动；并符合第四版《精神疾病诊断统计手册》中规定的诊断标准（美国国立精神卫生研究所健康与公共服务部，2015）。

根据阿尔茨海默症协会2016年公布的数据，估计有540万美国人（占比约11%）患有老年痴呆症，而65岁以下的美国人约有20万人（4%）患有老年痴呆症。

阿尔茨海默症是最常见的痴呆症状。痴呆症是一个统称，它描述了当大脑中的神经细胞（称为神经元）死亡或不再正常工作时所发生的各种疾病和情况。神经元的死亡或故障会导致一个人的记忆、行为和思维能力发生变化。在阿尔茨海默病中，大脑的变化最终致使患者基本丧失了基本的身体功能，比如行走和吞咽。此病最终是致命的（阿尔茨海默症协会，2016）。

患有严重精神疾病的人可以包括任何儿童、青少年、成年人和老年人。精神疾病超越了种族、性别和性取向。严重的精神疾病包括严重的抑郁症、精神分裂症、双相型障碍、强迫症（OCD）、恐慌症、创伤应激障碍（PTSD）和边缘性人格障碍（全国精神疾病联盟，2009年）。大多数经过训练和经验丰富的执法人员熟悉这些精神障碍和精神病发作时期（Psychotic episode），因为他们遇到过精神病患者。警务人员知道，精神病发作是精神病患者的一个关键时期，因此，在这些事件中，最主要的目标应该是稳定患者以保证无伤或无生命损失。

> 精神病发作时期（Psychotic episode）：指患有严重精神疾病发作时的一段时期内，在此期间内患者有可能伤害自己，或伤害其他人。

精神疾病是警察、医疗服务和社会服务的一个问题，也给当地社区带来负担。由于在接触精神病患者时很有可能发生沟通不畅和误解的情况，许多接触可能很快变成负面的。遇到患有精神疾病的人需要提前做好准备，包括了解可能出现执法情况的类型，包括精神病患者本人或报告事件的人类型。

呼救的类型

无论机构的上班时间或规模大小，执法人员都会在各种情况下遇到精神病患者。根据美国司法部的报告称，这类电话涉及刑事罪犯、扰乱治安人员、失踪人员、投诉人、受害者和需要照料的人。图表 10.10 给出了每种情况的例子。

类型	例子
罪犯	·精神疾病患者构成人身或财产犯罪。 ·精神病患者犯有毒品罪行。 ·精神病患者有自杀倾向。 ·患有精神疾病的人可能会以妄想的方式伤害他人，因为该人对他或她构成威胁。 ·患有精神疾病的人扬言要伤害警察，以强迫警察杀死他（通常称为“警察自杀”）
扰乱治安人员	·家庭或社区成员报告精神病患者的恼人或破坏性行为。 ·医院、敬老院或精神卫生机构要求警察协助控制精神病患者。 ·巡逻的警务人员遇到一名精神病患者，其行为举止混乱
失踪人员	·家庭成员报告说精神病患者下落不明。 ·大家庭或精神健康机构报告精神病患者走失和/或失踪
投诉人	·有精神疾病的人打电话给警察，报告真实或想象的情况或现象。 ·有精神疾病的人打电话给警察，抱怨从家人或看护者那里得到的照顾
受害者	·精神疾病患者是人身或财产犯罪的受害者。 ·家庭成员、看护人或服务提供者忽视或虐待精神病患者
需要照料的人	·警方被要求将精神疾病患者送往医院或精神卫生机构。 ·警察遇到一名患有精神疾病的人，他/她忽视了自己的基本需求（食物、衣服、住所、药物等）

图表 10.10　执法人员遇到不同类型的精神病患者

资料来源：《精神疾病患者》，美国司法部，社区警务办公室，2006 年 5 月。

执法人员个别或集体接受训练，以处理不同类型的事件。同样，警务人员亦会从研究和制定对5种最常见的精神病患者的反应策略中获益，这些措施如下（佩克，2003）：

1. 家庭成员、朋友或其他有关人员在精神疾病发作的紧急情况下向警察求助；

2. 患有精神疾病的人感到自己有自杀倾向，并呼叫警察求救。

3. 警务人员在公众场合遇到行为不当的精神病患者。

4. 公民报警是因为他们感觉受到了威胁，这种威胁缘于精神疾病患者的异常行为，或仅仅缘于其在场。

5. 精神病患者因想象中的威胁而进行报警求助。

虽然这是执法人员与精神病患者接触最频繁的5种情况，但绝不会有两次完全相同的接触或遭遇。此外，值得一提的是，警务人员会继续在公园、学校、学院、企业、护理场所及任何其他有人居住的地方发生这类接触。执法人员必须时刻对精神病患者的行为与需求保持高度的注意和敏感。

与精神病患者接触时的警察规程

执法人员在遇到精神病人时有很大的自由裁量权。一般来说，有3种选择：拘留、强制治疗、非正式处理。拘留是基于其已经犯有罪行。

拘留

警察将精神病患者拘留起来，并将他或她送进监狱，此类人往往曾因有犯罪行为而被记录在案，随后获释，与相同情况下的任何其他人都一样。一些官员可能认为，逮捕精神病患者可能会导致该人在教养所接受治疗，但是无论在何种情况下，这都没有在刑事司法系统中出现过。所有逮捕都应以实施犯罪为依据，执法人员应始终遵守美国宪法的正当程序保障。仅因将其送去救治而逮捕精神病患者的做法是不允许的。

送院治疗

精神病患者的住院是通过自愿或非自愿的承诺来完成的。通常，执法人员会涉及协助某些家庭的成员作出将另外的家庭成员送往医院的承诺，因为这些家庭成员都是需要住院或在诊所接受心理健康治疗。警察一般会守候到救护车到达，根据执法机构的协议和具体案件情况，将其送往相应的治疗机构。如果在这种情况下患有精神病的人拒绝自愿接受，警察就必须考虑该人是否对自己或他人构成威胁。当确定精神病患者会对自己或其他人构成威胁时，警察就可以合法地让其接受非自愿的治疗。在这种情况下，警察会将该人拘留并送往当地一家治疗和收容精神病患者的医院。执法人员在对任何人作出自愿或非自愿承诺时，应遵守精神卫生专业人员指南、当地法律及其机构的程序。在这种情况下，工作人员会将此人收押，并根据机构的情况，将其送往或计划使用救护车将其送往当地一家治疗和收容精神疾病患者的医院。这件事就变成了民事案件而不是刑事案件，不会反映在一个人的逮捕记录上。执法人员在对任何人作出自愿或非自愿承诺时，应遵守精神卫生专业人员指南、当地法律及其机构的程序。

非正式处置

非正式处置是执法人员和精神病人遭遇后，除了逮捕或住院外的第三种选择。通常，警察在逮捕或住院时没有书面报告。同样，非正式处置的唯一记录是在警官的笔记本上和 911 中心的计算机自动调度系统（CAD）。非正式的行为可以是让一个精神病患者平静下来，让一名负责任的家庭成员或朋友照看，或者什么都不做。

武力使用

· 加利福尼亚州贝克斯菲尔德。2016 年 12 月 12 日，午夜过后，贝克斯菲尔德警察局接到 911 报警电话称，一名可疑男子在居民区持枪。一名患有老年痴呆症的 73 岁西班牙裔男子在没有按照警方命令将手从夹克上移开并停止靠近后，在屋外被一名警察连开 7 枪。老人当场死亡，警察没有找到枪，但是他们在他身上发现了一个木制的十字架。在撰写第七版时，加利福尼亚州司法部长的民权执法部门已经对这起枪杀事件展开了民权调查（汉密尔顿和罗查，2016；埃弗斯利，2016）。

· 加利福尼亚州圣何塞。2015 年 12 月 21 日，联邦陪审团在一起民事诉讼中裁定，一名 38 岁的越南裔男子获得 1180 万美元的赔偿，此人背部中弹，腰部以下全部瘫痪。这名来自圣何塞警察局的警官没有戴眼镜，当这名精神病患者手持刀威胁要自杀时，她在他的背部开了枪，被认为使用了过度的武力。2014 年 1 月，这名有精神病史的男子在自家前院被枪杀（卡普兰，2015；沃兹沃斯，2015）。

· 得克萨斯州达拉斯。2015 年，得克萨斯州达拉斯市议会批准了一项价值 160 万美元的和解协议，该协议针对的是一名 54 岁、患有精神疾病的白人男子，他在 2013 年被一名达拉斯警察击中胃部。这名男子坐在他那条街上的办公椅上，手里拿着一把刀，行为古怪。当两名警察接近他时，他站了起来，被告知要他放下刀。他一动不动，然后被一名警察开枪击中。最初，这名精神疾病患者被控以严重侵犯公职人员的罪名，指控的依据是其中一名警官的虚假陈述。在一名邻居拿出枪击视频来反驳这一虚假陈述后，对他的指控被撤销。结果，警察局局长戴维 · 布朗（David Brown）停职了一名警察，并解雇了另一名警察，这名警察后来被一名公务员指控犯有严重伤害罪。在枪击事件发生后，警察局开始使用执法记录仪（霍尔曼，2015；尼科尔森，2014）协助执法。

沟通是避免冲突升级的主要方法（见第四章）。在与精神疾病患者进行接触时，警官应减少个人攻击性沟通的想法，这尤为重要。这些人很容易受到恐吓和威胁。警官的态度应该是冷静和不具威胁性的。一旦官员用尽了所有非物质手段，他或她应该使用必要的最低限度的武力来约束个人。

美国各地的许多执法机构都在尝试让训练有素的危机干预服务提供者与警官同行。这些人员被派去处理涉及精神健康问题。让医疗服务提供者带头进行联系，可以让工作人员关注医疗服务提供者和处于危机中的人的人身安全。专家可以指导患者接受适当的治疗，这样问题就更有可能得到和平解决。

新警每年平均花费 8 小时在全国警察院校中进行针对精神疾病的危机干预训练和相关的降级策略培训。警察行政研究论坛建议，有关与精神病患者接触的训练应以情景为基础，并应训练警官在现实演习中考虑他们的所有选择，以配合不同类型的巡逻呼叫。警察培训管理人员需要检查并强调哪些做法和方法对处理精神疾病患者有效。图表 10.11 列出了选定的建议。

1. 以尊重的方式进行交流。
2. 用平静而不具威胁性的声音说话。
3. 直接询问和要求。
4. 如果需要的话，重新表述你的询问和要求。
5. 要有耐心，并采取额外的步骤进行沟通，如果需要的话，还要深入沟通。
6. 不要争论、贬低或轻视他人。
7. 不要对他人构成威胁。
8. 保护他人和自己免受任何身体伤害。
9. 如果这个人精神病发作，需要进行身体约束，使用适当的技术使他或她的身体受到的伤害最小化。
10. 如果对方对你或其他人有暴力行为，仅使用必要的、合理的最低限度的武力。
11. 通知主管人员，并在警察报告中至少记录对精神疾病患者使用武力的情况。
12. 根据您所在部门的政策，具体在以下方面处理该事件：(1) 逮捕，(2) 送院治疗，和 (3) 非正式处置。
13. 如果精神病患者身体受伤，请务必为其寻求治疗

图表 10.11　对与精神病患者接触的警务人员的建议

前联邦调查局局长詹姆斯·B. 科米认识到，目前尚无有关警察使用武力事件的全国性数据收集资料，无法就涉及警察的枪击事件进行知情讨论，因此联邦调查局于 2015 年宣布，将领导建立一套法律体系让执法机构自愿报告有关使用武力事件的信息。执法部门和其他组织的领导人接受了联邦调查局的提议，并在 2016 年年初，国家使用武力收集工作组与联邦调查局举行了系列会议的首场，成员包括（FBI，2017）：

- 地方、部落和联邦机构代表；
- 国家刑事调查机构协会；
- 州统一犯罪报告项目协会；
- 国际警察局长协会；
- 主要城市酋长协会；
- 主要郡治安官协会；
- 全国黑人执法执行官组织；
- 国家行政长官协会；
- 警察行政研究论坛。

据美国联邦调查局表示，数据收集将于 2017 年 1 月开始，并将使用联邦调查局统一的犯罪报告（UCR）程序。

警方与精神病患者的积极应对策略

1999 年，第一届精神健康会议讨论了如何在司法系统内减少对精神疾病患者的诋毁和歧视以及精神健康问题。司法部长谈到了精神病患者因犯罪（通常是轻微犯罪）而被监禁的情况，以及基本或完全缺乏对其潜在精神健康问题的治疗。在 1999 年的会议之后，司法程序办公室与公众服务部合作，开始关注多个新领域：

· 刑事司法和精神健康系统一体化的挑战；

· 通过心理健康法庭项目对精神病罪犯进行适当治疗；

· 改善青少年司法系统的精神健康服务；

· 建立社区伙伴关系，以满足精神病患者的需求。

警察部门必须不断提高对精神病患者的需要和公民权利的认识，并对这一弱势群体进行沟通训练。从本书第七版起，有关医疗保健改革的争论就一直在进行，而辩论超出了本节的范围；然而，随着医疗保健系统的不断变化，成千上万的人可能因为他们的精神疾病而得不到治疗。无论是否进行医疗改革，警察和精神病患者之间都必须采取积极的应对策略。如：

1. 与多元文化社区领袖、当地宗教组织和其他社区机构（如无家可归者收容所、食品仓库、社会服务、医院/心理健康诊所）建立伙伴关系，为有精神健康问题的人提供全方位的帮助。

2. 向希望自愿处理社区内精神健康问题的当地多元文化商业组织提供援助。

3. 制定和更新专门的警察培训方案和继续教育课程，以面对有精神健康问题的人。

4. 制定和更新法律执行机构内部处理精神健康问题的政策、程序和做法（如危机干预小组）。

5. 与当地消防部门、紧急医疗服务部门合作，并与执法机构合作，集中相关的资源与策略，以避免在精神健康疾病方面的挑战。

精神疾病治疗方法

许多精神疾病患者由于没有得到足够的家庭或援助系统的支持，因此往往没有能力照顾自己，也时常会遭受精神病发作、重复住院治疗以及受到精神创伤等。他们通常无法知道自己的身体状况，并且通常会否认自己生病，并拒绝接受治疗。这成为执法人员的挑战，因为这些人对他人构成威胁。1999 年，纽约州颁布了一项法令，这是缘于一名女性的死亡（肯德拉·韦伯代尔），当时她被一名精神病人推到火车前，精神病人既没有服药，也没有接受精神分裂症的治疗。“肯德拉法律”通过法院命令的形式，规定某些人必须对其所患疾病进行门诊治疗（纽约州，精神卫生办公室，2006）。大多数美国都有类似的法律，但纽约已将大量资源用于制定这一立法；一项研究显示，由于某些法律的存在（诸如肯德拉法律），必须接受治疗的患者不会像没有治疗过的患者一样频繁被逮捕或重新住院（贝鲁克，2013）。

迷你案例研究：CIT（危机干预小组）

田纳西州孟菲斯市 CIT 模式的策略令人印象深刻。请阅读以下内容，然后找出并解释至少两个可能会阻止警察局采用 CIT 模式的障碍。在确定障碍之后，讨论克服这些障碍的方法，从而使该模式对警察局更加适用。

田纳西州的孟菲斯市

为了复制在孟菲斯市启动 CIT 项目的成功经验，通过 NAMI、孟菲斯大学 CIT 中心、CIT 国际公司和国际警察局长协会的合作，制定了一种国家 CIT 培训课程模式。截至 2017 年，共有 2632 个警察部门接受了 40 小时的 CIT 培训（危机干预小组中心，2017）。每个国家精神疾病联盟（NAMI），CIT 培训包括：学习心理健康专家和有经验的人员，个人与他人互动从心理健康危机中恢复。

自在孟菲斯市建立 CIT 模型以来，接到心理健康电话的警察受伤人数下降了 80%。与其他监狱分流计划相比，警方报告称，CIT 在减少精神危机求助时间方面做得更好，在满足精神疾病患者的需求方面更有效。此外，CIT 在监狱分流项目中节省了公共资金，减少了因精神疾病再次被捕的人数，而且在维护社区安全方面做得更好（NAMI，2017）。

总结

· 有 3 种主要类型的帮派：街头帮派、监狱帮派和匪徒摩托车帮派。街头帮派和匪徒摩托车帮派的典型犯罪包括偷渡、武装抢劫、殴打、人口贩运、汽车盗窃、贩毒、敲诈勒索、诈骗、冒用身份、谋杀、武器贩运和仇恨犯罪。街头帮派的成员最多，大多数成员是成年人，但大多数加入帮派的年轻人也都属于街头帮派。其次是监狱帮派，最后是匪徒摩托车帮派。

· 青年和街头帮派这两个词通常可以互换使用，但街头帮派一词的使用往往会将少年帮派与成人犯罪组织混淆。青年帮派成员的原因变量包括 5 个危险因素：（1）暴力犯罪和酗酒/吸毒的少年犯罪；（2）家庭关系差，亲子关系有问题；（3）学校依恋程度低、学业成绩差、教师贴上负面标签；（4）与从事违法犯罪的同龄人有联系；（5）有大量青少年所处环境混乱，容易获得毒品和枪械。

· 通过促进联邦、州和地方执法机构之间的协调和信息共享，联邦调查委员会能够继续查明构成重大威胁的暴力团伙，联邦调查局还能够通过协查来调查这些犯罪分子，以保证胜诉。州和地方执法机构从一开始就一直在应对帮派的威胁，但是却一直没有保持一致的反应水平。涉及联邦、州、县和市执法官员的多家机构针对帮派的行动表明，执法人员需要熟悉帮派的文化、种族和族裔情况。

· 人口贩运是一种犯罪行为，涉及以武力、欺诈或胁迫的方式诱使他人参与商业性行为和非自愿奴役。在全球范围内，人口贩运是一种每年贩卖约 2100 万名受害者，产值 1500 亿美元的非法产业。许多人口贩运的受害者没有报告他们的受害情况，因此执法部门只能依靠调查和公众提供的线索来侦查犯罪活动。

· 对性贩卖幸存者的研究表明，大多数人都有精神问题，至少有一种主要疾病影响他们总体健康。贩运受害者遭受的身心虐待往往产生严重的精神或情绪健康问题。受害者通常有严重的内疚感、创伤后应激障碍、抑郁、焦虑、药物滥用和饮食失调。人口贩运受害者除了要接受身体伤害和疾病的医疗护理外，通常还需要接受心理护理作为其综合治疗的一部分。受害者可能有身体、性或精神虐待史，并且可能没有将其定义为虐待。因此，他们可能不会试图摆脱贩运者，并可能遭遇文化和语言障碍以及远离家乡。

· 美国是批准《联合国贩运人口议定书》的 170 个国家之一。有一项国际法律文书要求成员国将人口贩运罪定为刑事犯罪并提起公诉。每个警察部门都需要积极主动地设法制止其管辖范围内的人口贩运活动；国际警察局长协会（IACP）制定了一份行动指南，以帮助警察部门开展这方面的工作。警察局长、治安官和州执法局长必须相互合作，并与联邦执法机构合作，在其管辖范围内侦查、调查、逮捕和起诉人口贩运者。

· 无家可归者是指缺乏正常和充足的夜间住所的人。在美国，无家可归的问题日趋严重，这一问题影响到所有多文化群体。无家可归的主要原因包括缺乏负担得起的住房或住所、贫穷和失业。无家可归者是仇恨犯罪的目标针对者。

· 公众对政府和执法机构的信任对于有效应对无家可归危机至关重要。社区里的无家可归者必须相信，在得到有效解决之前，他们会得到警察和当地政府的保护和尊重。在警察学校和在职培训中，应经常进行无家可归问题意识培训。课程至少应包括无家可归问题的产生原因和解决方案，并着重强调如何以人道和尊重的方式与无家可归者进行交流。

· 精神疾病是一种精神、行为或情绪健康障碍，其影响范围从无或轻微的影响到影响一项或多项主要生活活动的严重损害。精神病发作是指患有严重精神疾病的人受到损害，并有危及自己或他人的危险。精神疾病患者可以是罪犯、扰乱社会秩序者、失踪者、投诉人、受害者和需要照顾的人。遇到患有精神疾病的人需要做好准备，包括了解可能出现哪些类型的执法情况，这些执法情况可能来自精神疾病患者本人或报告事件的人。

· 大部分警务人员在有效处理精神健康问题方面所接受的训练有限。警务人员必须知道，除非对警务人员的安全构成威胁，否则对精神病患者使用武力或提升武力级别可能是不必要的。执法人员可使用其他处理精神病患者的方法，而在地方、州和国家等各级层面，亦须提供更多相关训练。

问题讨论

1. 帮派的类型。列出你工作或生活区域内的特定街头帮派和非法摩托车团伙的清单。研究每名帮派成员的相关犯罪活动资料。在汇总有关资料之后，讨论警察部门可以用来限制帮派成员和犯罪活动的策略。

2. 迷你案例研究：你会如何回应？假如你是一名警官，刚刚被分配到一个新的社区。你今天晚上在一个多元文化的社区聚会上会见了一群家长。由于一些警察在交通拦截时对某些公民使用了亵渎语言并对某些非洲裔美国青少年极不尊重，因此这个社区对你们的机构较为恐惧。附近有几个街头帮派，家长对此最大的抱怨是，即使是好孩子也被警察当作帮派成员对待。你在这次会议上会怎么说？你对父母的指控有何反应？

· 你在这次会议上会怎么说？

· 你对父母的指控有何反应？

· 你能向你的同事提出什么建议，以改善他们与年轻人的关系？

3. 人口贩运。编译两个列表；一个是劳动人口贩卖的受害者，另一个是性人口贩卖的受害者。确定一旦他们从贩运者手中被解救出来会有什么需求。评估以下人群的需求可能有何不同：

a. 一名未成年女性。

b. 青少年男性。

c. 成年男性。

d. 成年女性。

e. 性少数群体（LGBTQ）。

f. 新移民（任何国家）——不会说英语。

4. 无家可归问题。在你工作或生活的辖区内，编制一份无家可归者的现状和产生原因清单，统计无家可归者的人数，并指出他们的种族、年龄和性别。确定该地区临时收容所的数量、救援任务，以及食物分发处。此外，请参阅图表 10.7，确定您所在地区的所有 22 种无家可归者类型。在完成这些任务后，确定单独或集体应对策略，以帮助在您的多元文化社区中无家可归的人。

5. 警方遇到精神疾病患者。在你的社区中选择一家城市、县或州的执法机构，并收集以下信息：

a. 警察在学院接受多少小时精神健康问题的培训？

b. 在职培训中，警察每年因精神健康问题接受多少小时的培训？

c. 审查警察局的书面政策、程序和与精神病患者接触的做法。

d. 警察局是否跟踪并记录所有警官与精神病患者的接触情况？

e. 警察局是否遵循执法部门应采取的5种应对策略来处理有精神健康问题的人的问题？

第三部分

仇恨/偏见和种族定性犯罪的应对策略

第十一章　仇恨/偏见犯罪

第十二章　种族定性

第三部分介绍的内容涉及隐性和明确的仇恨和偏见，广义地说，是对公民权利的侵犯。重点关注的是个人对他人的犯罪，以及执法官员的种族定性。“基于偏见的警务”是指故意和无意地带有偏见的决策和警察行动，在这些行为中，司法行政导致种族定性。

第十一章包含有关应对仇恨犯罪或事件的政策、实践和程序的信息。在本章中，重点主要是动机与受害者的种族、族裔、民族出身、宗教或性取向有关仇恨犯罪和事件（这些例子并没有表明针对所有“受保护”群体和弱势群体的仇恨犯罪的广度；文章篇幅也仅允许针对特定群体）。本章介绍了收集个人或有组织群体仇恨/偏见所引发的犯罪和事件数据的原因。本章以实例结束，以帮助学生、刑事司法系统成员和社区制定敏感和有效的方案来处理这些犯罪和事件。本章概述的政策、培训、实践和程序是由美国司法部社区关系服务处推荐的，目前在全国大多数执法机构都在实施。

第十二章提供了关于种族貌相的详细资料，包括历史背景、警察拦截中对种族和族裔的错误行为，以及防止执法人员进行种族定性的战略。本章讨论警察和公民对种族定性的看法，以及当貌相作为一种法律工具被执法机关证明是正当的时，其所涉及的内容。第十二章将有助于执法人员获得防止种族貌相扎实的工作知识。

每章以总结要点、讨论问题结尾。

第十一章　仇恨/偏见犯罪

学习目标：

阅读此章节后，你应当能够：

· 描述仇恨犯罪问题的范围，包括历史观点以及全国范围内仇恨犯罪数据收集的报告系统；

· 定义和区分仇恨犯罪和仇恨事件；

· 阐释分析种族犯罪和仇恨犯罪趋势为何需要标准化与详尽化的数据资料；

· 阐释仇恨犯罪和仇恨事件的来源；

· 讨论针对仇恨犯罪的应对策略和适当的受害者援助技术；

· 确定与反犹太主义、反阿拉伯/穆斯林受害、性取向和性别认同、种族、族裔和国籍有关的仇恨犯罪；

· 认定仇恨犯罪集团及其监控组织；

· 阐释仇恨犯罪法律，调查程序和罪犯起诉。

大纲：

· 引言

· 仇恨/偏见犯罪的问题

· 仇恨/偏见犯罪和仇恨/偏见事件的定义

· 仇恨/偏见犯罪理论渊源

· 犹太人与反犹太主义

· 反阿拉伯/反穆斯林事件的受害者

· LGBTQ 与性别认同受害
· 有组织的仇恨犯罪团体
· 仇恨/偏见犯罪和意外事件调查
· 仇恨/偏见犯罪和事件的控制与起诉
· 执法对策
· 仇恨/偏见犯罪和事件受害者学
· 总结
· 小案例的研究答案
· 问题讨论

引言

“仇恨犯罪”一词是在 20 世纪 80 年代中期引入的，用以识别由仇恨或偏见引起的犯罪（雅各布斯和波特，1998）。由仇恨/偏见引起的犯罪在美国已经影响了几代人，并且使该国的大多数移民群体受害，其中包括爱尔兰人、意大利人、中国人、波兰人和波多黎各人。即使是土著居民，美洲原住民也无法幸免于仇恨犯罪。此外，非裔美国人仍在成为偏见、歧视和仇恨动机犯罪的受害者。

有关种族犯罪的相关数据必须在地方执法机关层面加以收集，并以标准化的方式进行处理之后，再传递到州郡和国家的数据交换处理中心，从而使得警务资源在仇恨犯罪的侦查、起诉和被害人援助等方面得以进行合理分配。此种数据交流系统不仅为刑事司法体系提供了必要的数据信息，也为政策制定者、公民基本权利的倡导者、立法者、被害方律师和普通大众提供了相关信息。如果这些数据是广泛且准确的，则其就为描述仇恨犯罪提供了可靠的数据支持。收集数据的机构还能够利用统计数据来加强其“增加新的仇恨犯罪刑罚”论点和理由的信服力。此外，所收集的信息还用于刑事司法培训课程以及对社区进行有关问题的教育。花费大量精力进行跟踪、分析、调查和起诉这些犯罪的另一种可能也是最重要的理由是，某一次事故可能对其受害者来说是一生的悲剧，也可能是整个社区遭到破坏的开端。

公众对种族犯罪的认知与回应与日俱增，这可能缘于众多以社区为基础的组织和受害人援助团体的努力。通过揭示并使公众关注到偏执暴力的行为后，这些组织为随后的官方行动奠定了基础。美国的司法体系必须对境内的种族犯罪集团加以监控。揭示与公开某一问题并不能保证其得到解决，但却是所有产生改变策略的关键部分，并且也能在社区与刑事司法体系中引起关注。总之，这是问题得以解决的简单但却有效的第一步。美国联邦调查局（FBI）前局长詹姆斯·科米在 2014 年向反诽谤联盟发表演讲时说："我们需要更好地跟踪和举报仇恨犯罪，以充分了解我们社区和社区的情况和如何阻止它"（美国联邦调查局，2016）。本章包括有关仇恨犯罪的一般信息，并重点介绍反犹太、反阿拉伯/穆斯林以及性/性别认同仇恨犯罪，以说明仇恨犯罪的性质（有关针对文化、民族、种族和族裔群体仇恨犯罪的其他特定信息，请参见第五章至第九章）。

仇恨/偏见犯罪的问题

刑事司法系统以及有受害者的社区必须解决仇恨/偏见犯罪问题。仇恨/偏见罪行的受害者特别敏感且不安，因为他们无法改变自己的肤色、种族、族裔、宗教背景、性别、性别认同或性取向，因此常常感到无能为力并且无法改变局势。此外，所涉及的个人不是唯一的受害者，因为对类似罪行的恐惧通常会影响整个公民群体。由于基于种族、宗教、种族背景、性取向、性别或性别认同而对人进行的身体攻击是暴力行为的一种特别隐蔽的形式。由于他人的"差异"而对他们进行口头攻击，会使受害者和社会都感到痛苦。偏见犯罪的连锁反应如图表 11.1 所示。

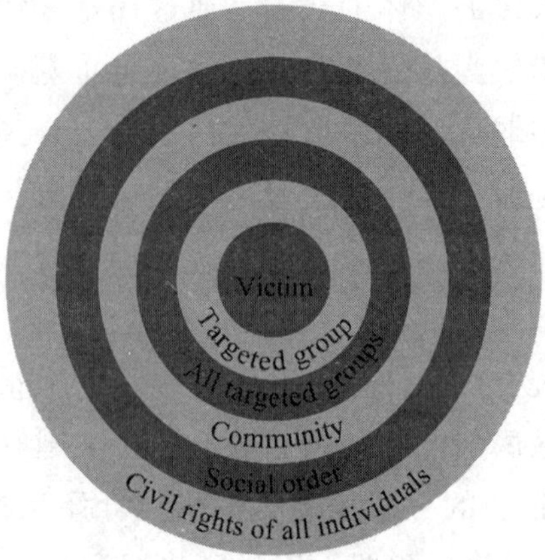

图表 11.1 偏见犯罪的连锁反应

来源："应对仇恨犯罪：多学科课程"，国家预防仇恨犯罪中心。美国司法部。检索自 www. hhd. org/sites/hhd. org/files/Responding%20to%20hate%20crime%20%20A%20multidisciplinary%20curriculum. pdf。

注：Victim　受害者

Targeted group　目标群体

All targeted groups　所有目标群体

Community　社区公众

Social order　社会秩序

Civil rights of all individuals　所有人的民事权利

不幸的是，这类事件也可能发生在执法工作中的同事之间。当执法部门认真对待此类事件时，它会向社区成员发送一个——当地警察局会保护他们的信号。在执法机构和惩戒系统内进行同样的操作会向所有雇员发出至关重要的信息。如果不及时进行有效的调查、解决和起诉，刑事司法系统，尤其是地方执法机关将成为被批评的对象。仇恨/偏见犯罪会在该行为发生的社区内造成冲击。执法人员和惩戒人员涉及他们所服务的人群或工作范围内的仇恨和偏见时，必须了解全球和当地情况。刑事司法专业人员必须意识到在美国已经发生并仍在继续产生影响世界的冲突。

多年来的研究表明，许多煽动仇恨犯罪的人是出于对兴奋的渴望，而且多达60%的罪犯是因为产生与受害有关的快感而进行犯罪（国家司法研究所，2008）。第二类最常见的仇恨犯罪群体是那些认为自己（肇事者）正在对情感或心理性质的"攻击"作出反应而受害的人。仇恨犯罪者可能会因为以下原因而感到受害者侵犯了自己的权利：

· 由于族裔或种族而看起来有所不同；
· 有与犯罪者不同的宗教信仰；
· 性取向与作案者不同（或看起来不同）；
· 代表与犯罪者不相同的具有多样性的其他方面。

（戴维斯，2017；麦克德维特，2017）

仇恨犯罪行为人也可能受到与他们不同的人的防御和威胁，并对被认为是局外人的人实施犯罪，以此“保护”他们的邻居（戴维斯，2017；麦克德维特，2017）。

最不常见的肇事者是受种族或宗教意识形态或者种族偏执狂驱使的顽固狂热分子。这些人通常是本章后面讨论的极端主义组织的成员或潜在的新威胁。一些仇恨犯罪的肇事者生活在美国边境，并且极其担心墨西哥人、南美和中美洲人、古巴人以及其他以合法或非法手段进入美国的人。他们认为，好斗的言论和暴力对于阻止更多的移民进入美国是必要的。墨西哥人是美国最大的移民群体，因此是仇恨犯罪最常见的受害者。

在20世纪80年代后期和90年代，美国社区对仇恨暴力的意识迅速增强。许多州委托特别工作组推荐控制暴力的方法，并通过了新的立法。尽管许多人反对偏执和仇恨暴力，但很少有社区采用综合方法来解决这一问题。有许多有效的程序可以处理特定环境中偏执或仇恨的特定方面；但是，很少有为防止仇恨暴力渗透社区而作出努力的典范。

仇恨犯罪是种族主义的最极端和最危险表现。包括社区警察（情报信息的重要来源）在内的刑事司法专业人员必须从历史和当代角度了解仇恨/偏见犯罪问题的范围。直接参与犯人管教工作的惩教人员也是如此。

仇恨/偏见犯罪数据收集的目的

执法机关在全国各地区建立良好的预警系统是十分必要的。收集仇恨/偏见犯罪数据可以从以下几个方面帮助警察进行执法：

· 识别现行与潜在的问题（如犯罪趋势等）；
· 应对多样化社区的需要；
· 组建多样化的人才队伍；
· 在仇恨犯罪问题的影响程度以及为何对其采取优先应对措施的原因

等方面，对刑事司法人员进行培训。

当警察对犯罪模式有所了解之后，其能更好地分配资源以阻止、调查和解决相关问题。追踪种族犯罪活动与犯罪案件能够使司法工作人员在犯罪形式出现变化时能够更适当地分配警务资源。对于此类犯罪的主动应对、调查和起诉，能够展示出警方是真正关心此类问题并且其将此类犯罪看作是重点事项。当警察部门努力去减少仇恨/偏见犯罪时，其所服务的社会各界将认为警察积极回应了他们关切的事项。机关进行积极应对的第二个益处便是让少数群体，包括妇女更易于将执法机构看作是一个好的职业发展机会。

国家范围内的仇恨犯罪

1990 年的《联邦仇恨犯罪统计法》鼓励各州收集并报告因受害人的种族、宗教、残障、性取向而犯罪的仇恨犯罪数据。FBI 在 1992 年与州和地方执法机构合作，开始收集与仇恨或偏见事件、犯罪、受害者、罪犯和动机有关的数据。2009 年，《马修 · 谢泼德仇恨犯罪预防法》成为法律，将现有的美国联邦仇恨犯罪法扩展到适用于由于受害人的实际或感知的性别、性取向、性别认同或残障引发动机的犯罪。立法终止了受害人参加联邦保护活动的先决条件。

FBI 发布了一份作为统一犯罪报告（UCR）计划中一部分的年度报告，该计划收集针对种族、宗教、性取向、种族或民族出身、性别和性别认同以及残障等偏见为动机的犯罪数据。然后将每种偏见类型划分为更具体的类别。例如，当执法机构确定由于对个人种族的偏见而实施仇恨犯罪时，该机构可将偏见归类为反白人、反黑人、反美洲印第安人或阿拉斯加原住民、反亚裔或太平洋岛民或反多重种族，它描述一组受害人，其中有不止一个种族的代表。根据定义，大多数仇恨或偏见犯罪统计数据都是“单一偏见事件”（涉及一种偏见的事件）。多种偏见事件是指由于两个或多个偏见而导致的两种或多种犯罪类型。2013 年 8 月，美国司法部（DOJ）宣布将在追踪仇恨犯罪的国家计划中加入其他几个群体。这些群体包括居住在美国的南亚人，如阿拉伯人、锡克教徒和印度教徒以及来自亚洲各地的佛教徒。

作为统一犯罪调查报告（UCR）项目的一部分，美国联邦调查局

（FBI）每年都会在《仇恨犯罪数据》（Hate Crime Statistics）中公布相关数据。然而，就警察应对种族犯罪的能力而言，大多数州都缺少相应的人才储备。这也就意味着在同一座城市中工作的调查人员甚至可能都不知道其他事件中另一地区所收集到的关键信息。2000 年，加利福尼亚州推出了其称为国内对抗仇恨犯罪最高等级的数据库。加利福尼亚州采用了一种计算机系统，其能使得全州的警察部门传唤姓名、相貌甚至文身类型等能够辨别出与仇恨犯罪有关的特定人员或者团体。

UCR 计划是包括城市、县、州、联邦、部落、大学和学院执法机构在内的全国范围内进行的合作统计工作。但是，UCR 中报告的仇恨犯罪信息的收集是自愿的，并非所有机构都收集或向 FBI 提交数据。在 2015 年（有数据可用的最近一年）内，UCR 记录了 5818 起单一偏见事件，涉及 7121 名受害者（见图表 11.2）。

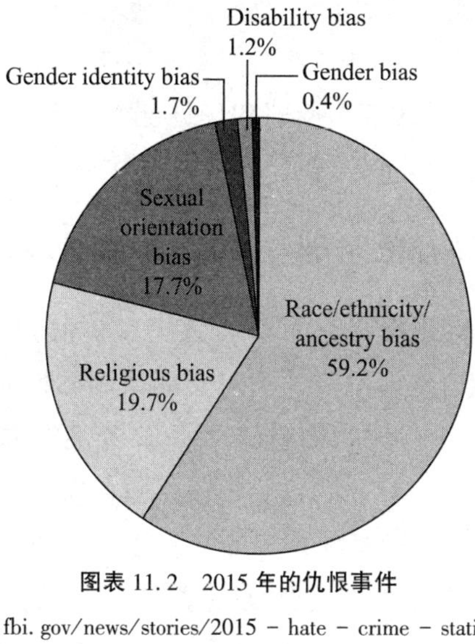

图表 11.2　2015 年的仇恨事件

来源：https：//www.fbi.gov/news/stories/2015 - hate - crime - statistics - released；https：//ucr.fbi.gov/hate-crime/2015/home/topic-pages/incidentsandoffenses-final。

注：Disability bias　残障偏见

Gender identity bias　性别认同偏见

Gender bias　性别偏见

Sexual orientation bias　性取向偏见

Race/ethnicity/ ancestry bias　人种/种族/祖先偏见

Religious bias　宗教偏见

· 由于人种/种族/祖先偏见而成为犯罪目标的人占 59.2%；
· 由于宗教偏见被攻击的占 19.7%；
· 由于性取向偏见而被攻击的占 17.7%；
· 由于性别认同偏见而被攻击的占 1.7%；
· 由于残障偏见而被攻击的占 1.2%；
· 由于性别偏见而被攻击的占 0.4%。

在由于宗教偏见引起的仇恨犯罪中，有 695 起反犹太事件，其中有 731 名受害者；有 257 起反伊斯兰事件，其中有 307 名受害者。反犹太和反伊斯兰仇恨犯罪的总数远远高于其他任何群体。在 5493 名已知罪犯中有 48.4%是白人，24.3%是非裔美国人，16.2%的人是未知种族（美国联邦调查局，2016）。

但是，由于许多仇恨犯罪都未被报告，因此统计数据并不能代表真实情况，本章稍后将对此进行讨论。

2015 年仇恨犯罪统计报告首次包括“……7 个额外的宗教反偏见类别（反佛教、反东正教、反印度、反耶和华见证人、反摩门教徒、反基督徒、反锡克教徒）以及反阿拉伯的偏见动机”（美国联邦调查局，2016）。

美国联邦调查局 UCR 计划与国家犯罪被害调查（NCVS）

FBI 的年度仇恨犯罪报告是了解美国国家仇恨犯罪问题的重要工具，但仅靠这一点并不能清楚地说明这类犯罪的范围和性质，这是因为执法机构的举报系统具有自愿性质，而且许多受害者没有向警察举报犯罪。因此，尽管该报告能对仇恨犯罪的趋势提供一定的数据体现，但它并不能完全反映出整个问题。FBI 年度报告（基于摘要的系统）中的数据几乎没有提供有关犯罪、受害者、犯罪者或被捕者特征的信息。认识到这些缺陷后，FBI 创建了基于国家事件的报告系统（NIBRS）。新系统要求以电子方式将数据从本地机构级别的记录管理系统提交至州系统，并最终提交给 NIBRS。该报告系统能够提供有关其他类别犯罪的更多详细信息，包括并发犯罪、武器、伤害、地点、财产损失以及受害者、犯罪者和被捕者的特征（包括其性别、种族和年龄）。这些信息每年都会被进行分析并形成 NCVS 报告。

这些信息与 FBI 的 UCR 计划中收集的一部分统计信息结合在一起，能够对数据进行更全面的报告和分析。为了使 UCR 计划和 NCVS 之间就仅包括以个人为受害者的那些犯罪的数据具有可比性。对 UCR 和 NCVS 数据的比较，发现两者之间一些惊人的相似之处，但也存在一些重大差异。2016 年 2 月，当时的联邦调查局局长詹姆斯 · 科米批准了一项建议，要求在 2021 年 1 月之前逐步淘汰联邦调查局 UCR 报告系统，并将 NIBRS 确立为犯罪报告的国家标准（美国联邦调查局，2015）。

犯罪的漏报

司法部称，三分之二的仇恨犯罪未向警方报告。司法部的一份报告指出，“向警方举报的所有仇恨犯罪受害人数从 2003—2006 年的 46%下降到 2007—2011 年的 35%”（美国司法部，2013）。最新的报告表明尽管人们越来越重视仇恨犯罪，但由于暴力袭击的受害者怀疑警察是否会提供帮助，因此多年来的报案有所减少。该研究基于对 2007 年至 2011 年这段时间的调查得出以下结论：

· 24%的仇恨犯罪受害人说，他们没有举报犯罪是因为他们认为警察不能或不会提供帮助；

· 15%的仇恨犯罪受害者表示，害怕报复或使罪犯陷入困境是不向警方举报犯罪的原因；

· 23%的仇恨犯罪受害者没有举报犯罪，因为他们认为这是私人或个人事务，或他们选择以其他方式处理犯罪（美国司法部，2013）。

犯罪受害者中心专门工作组的另一项研究涉及对仇恨犯罪受害者的反馈和采访。调查结果是，受害人没有报案，原因是：

· 对仇恨犯罪的构成、法律的适用方式以及整个刑事司法程序缺乏了解；

· 对犯罪受害者的权利和可获得的支持服务缺乏了解；

· 害怕受到犯罪者的报复；

· 害怕受到刑事司法程序的二次伤害，特别是那些在其原籍国被军事人员和（或）腐败的警察所吓倒的移民；

· 缺乏英语能力或不了解举报仇恨犯罪的机制；

· 害怕被确认为无证非法移民并被驱逐出境；

· 主观认为执法人员不想处理仇恨犯罪；

·因成为任何犯罪（尤其是仇恨犯罪）的受害者而感到羞耻或尴尬；

·文化或个人信仰，认为一个人不应该抱怨不幸并应该独自解决问题；

·害怕在家人、雇主、朋友或普通大众面前被暴露为同性恋、女同性恋、双性恋或变性者，以及担心暴露后的潜在后果；

·害怕老年人或残疾人的报复，因为这些人在感情上和（或）生活上依赖对受害犯下或正在犯下仇恨罪行的人；

·一些残疾人无法表达自己是仇恨犯罪的受害者（阿何恩，2011）。

线上种族主义的发展

一方面，种族侮辱和称谓通常不像民权时代那样公开。然而，偏执者现在可以隐晦地、匿名地、有时公开地表达他们的不容和偏见。网络上充斥着种族主义的网站，此外，读者可以自由评论与种族相关的文章。每天，人们都在对包括移民、同性恋、黑人、犹太人和穆斯林在内的众多目标群体发表恶毒的言论。这类评论往往不会被从聊天室中删除，它们的存在表明，虽然在平等权利方面取得了总体进展，但仍然存在着深刻的社会种族主义。然而，消除仇恨言论的努力常常与那些认为这是一种言论自由的人发生冲突。在网上表达的不容忍确实可以煽动暴力，就像面对面地表达仇恨一样，并且也成为对种族关系的一大挑战。

仇恨/偏见犯罪和仇恨/偏见事件的定义

仇恨犯罪

根据《美国法典》第 18 篇第 249 条，仇恨犯罪是针对个人、财产或社会的刑事犯罪，其全部或部分动机是因为犯罪者对种族、肤色、宗教、残疾、性取向或性别认同有偏见（美国司法部，马修·谢泼德和小詹姆斯·伯德《2009 年仇恨犯罪预防法》）。仇恨犯罪的定义通常不仅包括针对个人或团体的暴力行为，而且还包括针对纵火或故意破坏的财产犯罪，针对政府建筑物、社区中心或礼拜场所的财产犯罪。由于有时难以确定罪犯的动机，因此只有在调查确定了充分的客观事实后，才能得出“使一个合理和谨慎的人断定罪犯的行动全部或部分是出于偏见”的结论（美国司法部，马修·谢泼德和小詹姆斯·伯德《2009年仇恨犯罪预防法》）。

仇恨事件

仇恨事件所涉及的行为虽然是出于对受害者的种族、宗教、种族、性别、性别认同、残疾或性取向的偏见所致，但并非犯罪行为。敌对或仇恨言论，或其他不尊重或歧视行为，可能是出于偏见的动机，但并非违法。此类事件只有在其直接煽动肇事者对人员或财产实施暴力或潜在受害者有合理的担忧其会遭受身体伤害的情况下才构成犯罪。

仇恨犯罪数据收集的定义

为确保报告的统一性，美国联邦调查局统一犯罪报告程序采用了以下定义：

偏见（Bias）——根据种族、宗教、残障、性取向、种族、性别或性别认同对一群人采取的消极意见或态度。

偏见犯罪（Bias Crime）——一种完全或部分出于犯罪者对种族、宗教、残疾、性取向、种族、性别或性别认同的偏见为动机的刑事犯罪，也称为仇恨犯罪。注意，即使罪犯错误地认为受害者是他或她所针对的群体的成员，但该罪行仍然是偏见犯罪，因为犯罪者的动机是对群体的偏见。

双性恋（Bisexual）——从生理/浪漫或情感上受到来自男人和女人共同吸引的有关人群。

残障偏见（Disability Bias）——由于人身体或精神上的障碍，因而无论这种残疾是暂时的还是永久的，先天性的或由于遗传、意外、伤害、高龄或疾病而获得的，都对该人群采取的否定意见或态度。

种族偏见（Ethnicity Bias）——由于共同的传统，对一群相互认同的人预先形成的负面意见或态度。通常由一种共同的语言、文化（通常包括共同的宗教）和（或）强调共同祖先的意识形态组成。这里的“族裔”的概念不同于和它密切相关的“种族”概念，因为“种族”主要是指基于生物学标准的分组，而“族裔”也包括其他文化因素。

同性恋（Gay）——注意：一般来说，这个单词是指男同性恋者，但也可以用来形容女同性恋。在这个语境下“Gay”一词优于“Homosexual”一词。但是，根据FBI的UCR计划的目的，如果报告有反同性恋偏见，则该偏见的受害者应该指的是男性。

性别（Gender）——此术语与性别同义，表示新生儿在出生时是男性还是女性，如“是男孩”还“是女孩”。

性别偏见（Gender Bias）——根据一个人或一群人的实际或感知的性别（例如，男性或女性）对一个人或一群人进行的负面评价或态度。

性别认同（Gender Identity）——一个人对自身性别是男性、女性或两者兼有的内在感知，人们对性别的内在感知可能与出生时分配的性别有所不同。注意：跨性别者可以通过性别特征表达自己的性别身份，如服装、头发、声音、举止或不符合社会性别期望的行为。

性别认同偏见（Gender Identity Bias）——基于一个人或一群人的实际或感知的性别认同，如对变性人或性别不一致者的偏见，对他们预先形成的负面意见或态度。

性别不一致者（Gender Nonconforming）——描述不符合社会对其性别的期望的人。例如，穿着传统男装的妇女或穿着化妆的男人。需要注意的是，性别不一致者可能是或可能不是女同性恋、男同性恋、双性恋或变性者，但可能被认为有这样的倾向。

仇恨犯罪（Hate Crime）——偏见犯罪。

仇恨团体（Hate Group）——其主要目的是增加其成员对成员或组织不同的种族、宗教、残疾、性取向、族裔、性别或性别认同的人的仇恨、敌视和恶意。例如，三 K 党（Ku Klux Klan）和美国纳粹党。

异性恋（Heterosexual）——在生理或情感上被异性吸引的人。与“直的 Straight”是同义词。

同性恋者（Homosexual）——在生理或情感上被相同性别的人所吸引的人。有些人认为这是一个过时的贬义词，但这取决于使用它的上下文。当前的新闻标准限制了该术语的使用。“女同性恋”和（或）“同性恋”是目前被接受的术语，指的是被其他同性伴侣所吸引的人。

蕾丝边（女同性恋）（Lesbian）——在生理或情感上被其他女性吸引的女性。有时更倾向于将“女蕾丝边”（lesbian women）描述为“女同性恋”（gay women），但是，根据 FBI 的 UCR 计划，如果报告中某人存在反同性恋倾向，则该人犯罪的受害者指的是男性。

LGBT——“女同性恋、男同性恋，双性恋和变性者”的通用缩写，在这里用于指代为女同性恋、同性恋、双性恋、变性者和性别认同者提供服务的社区组织或活动（本教科书中也使用了第二章中定义的 LGBTQ)。

种族偏见（Racial Bias）——对一群拥有共同身体特征的人［如肤色、眼睛和（或）头发、面部特征等由遗传传递的身体特征］产生的种族偏见或态度，这些特征将人类区分为独特的群体。例如，区分为亚洲人、黑人或非洲裔美国人和白人。

宗教偏见（Religious Bias）——一种预先形成的对一群人的负面看法或态度，这群人如天主教徒、犹太人、穆斯林、新教徒和无神论者，对宇宙的起源和目的以及存在或不存在至高无上的神灵有自己的信仰。

性取向（Sexual Orientation）——指一个人被同性和（或）异性，包括女同性恋、男同性恋者、双性恋者和异性恋者（异性恋者）的身体或情感上的吸引。但请避免带有攻击性的“性偏好”或“生活方式”。

性取向偏见（Sexual Orientation Bias）——根据一个人或一群人的实际或感知的性取向，预先形成对他们的负面意见或态度。

变性人（Transgender）——属于或与出生时分配的性别完全不同的人，也可称为“变性人”。变性人可以在任何时候、部分时间或不向外界表达其性别认同；变性人可以决定改变自己的身体，使之在医学上符合其性别认同。避免使用以下术语：“he-she” “she-male” “tranny” “it” “shim” “drag queen” “transvestite” and “cross-dresser”。

仇恨/偏见犯罪理论渊源

引言

犯罪学家，社会学家和其他学者在过去的 30 年中对仇恨犯罪进行了研究，但关于其起因并没有一个固定的结论。尽管读者应该理解，有时会有社会力量被认为是仇恨犯罪的原因（见下文），但犯下此类罪行的个人仍然应对其行为负责，也应该受到惩罚。被认为是导致仇恨犯罪的社区特征包括以下几点：密度高、人满为患、人群聚集、有迁入暴力、不平等和经济匮乏，每一个特征都将在本章后进行更全面的讨论。提供以下仇恨犯罪理论渊源的描述的目的是，通过了解它们，政府和社区机构就有可能改变可能滋生仇恨的社会条件。

城市动力学及其他理论

移民聚类：仇恨事件和犯罪往往不是凭空发生的，而是更大范围的社会和经济交流的一部分，其中一个方面涉及移民问题。没有受过专业培训的新移民（如那些在高科技领域的移民）倾向于居住在他们自己的民族或种族背景的移民已经建立起来的地方，这些地方称为“种族飞地”。他们往往聚集在国家的同一地区或城市，他们通过亲近的亲戚或朋友，在寻找住房和工作方面寻求帮助，应对语言障碍，并找到熟悉的宗教和社会机构的安全保障。无论是无证移民还是有证移民都是如此，这些移民聚集区历史悠久，形成了从小意大利和希腊镇到西班牙哈莱姆和韩国城的各个社区。根据加利福尼亚州大学洛杉矶分校（UCLA）社区健康科学部教授和主席史蒂文·华莱士的说法，一个民族社区的成员相互之间提供了一种延续，这种延续可以让后代人更加轻松地融入美国价值观和社会。正如华莱士教授所说：“种族飞地是一个移民可以与他们相似的人交往的地方，这是一个他们可以说除英语外的其他语言的安全的地方。这里还保持着一些传统和习俗，因此移民能较舒适地融入新文化。由此产生的社会和经济支持解释了这样一种看法：居住在少数民族聚居区的移民往往比生活在聚居区以外的类似移民健康状况更好”（华莱士，2017）。

第一代移民社区居住在廉租区是很常见的：由于廉价的或政府补贴的住房，这些核心城市地区通常是来自不同背景的低社会经济阶层的少数民族居住的地方（华莱士，2017）。移民可以获得就业和福利，并且和同自己的种族或文化相近的人一起生活可以带来一定程度的舒适感。但这些地区经常因住房不合标准、较旧而变得贫穷，并且人满为患、社会冲突和犯罪（包括毒品和帮派活动）的发生率很高。随着新移民和各种种族和文化群体的成员进入核心地区，他们与该社区的现有成员发生冲突，这种现象世代相传。新移民和已建立的社区成员经常争夺住房、工作、医疗服务和教育。（由于联邦和州当局削减社会方案）因此在经济实惠的医疗服务系统崩溃、缺乏负担得起的住房和减少福利的情况下，如 1990 年、2003 年和 2008 年至 2013 年，种族和族裔群体之间的冲突升级。随着这些情况的加剧，歧视、偏见和仇恨暴力事件增加。那些富裕的人想搬出去，不仅是为了改善自己的生活，也是为了摆脱冲突。尽管华莱士在 20 世纪 80 年代发表了他的初步发现，尽管细节有所改变，但他并不认为“（关于社会原因的基本理论）在过去 30 年中发生了很大变化”（华莱士，2017）。

贫穷极大地助长了仇恨暴力。在这个国家的许多地区，当主要工业出现衰退、倒闭或搬迁时，低技能和非熟练工人中出现经济困难的可能性就会增加。2007 年至 2013 年，在全球经济危机期间，底特律等几个美国大城市甚至申请破产。由于汽车移动制造工厂的关闭，底特律在经历了多年人口减少之后，一直处于金融混乱之中。此后，那里的犯罪激增，该市出现了 20 世纪 70 年代以来最高的谋杀率（达姆龙，2012；弗舍尔，2012）。失业和贫困通常对移民和少数族裔带来困扰，这些困扰通常表现为骚扰和暴力。在同一时期，有一些例子表明，郊区的情况也一样，因为这些郊区社区的贫困增长速度在某些情况下是城市的两倍（达姆龙，2012；弗舍尔，2012）。这些经济挑战带来的压力可能导致暴力事件增加。

小型案例研究：来自亚洲的移民定居在历史悠久的社区

阅读以下说明，然后讨论您对以下问题的回答：

在一个负担得起的城市地区（历史上主要是黑人聚居区），针对老年人和弱势亚裔美国人的袭击导致亚裔美国人和非裔美国人之间的隔阂。亚洲移民在市政厅举行集会，抱怨他们是种族暴力的目标。根据警方调查，肇事者主要是黑人青少年。该地区的许多黑人居民和活动人士对亚洲移民的抗议表示不满，称这种暴力行为已经发生在非洲裔美国老人身上很长一段时间了；因此，任何搬进有暴力行为的社区的人都可能成为受害者。当时的经济压力以及亚洲移民和黑人邻居之间的语言和文化障碍加剧了这种紧张关系。

1. 警察部门可以采取哪些措施来应对这个社区发生的人口变化？

2. 有哪些社区计划可以用来减少这两个群体在这个社区对老年人的犯罪？

3. 警察局与国家、地区、州和（或）地方组织以及社区之间的社区网络是如何建立起来的？

4. 如何通过媒体和学校实施社区教育计划？

5. 如果你有责任使社区居民和谐相处，减少对他们的攻击，你还会采取什么措施？

6. 什么样的社区警务资源可以用来预防、调查和解决社区内任何公民成为犯罪受害者的问题？

迁入暴力：当具有一个种族或种族的人进入由不同种族或种族的人组成的邻里居住或营业时，可能发生迁入暴力。基于感知的和实际群体差异的敌意，不断变化的人口统计信息可能会对社区产生重大影响。但是，在不同种族或不同族裔的社区中存在新的迁出者或新的迁入者并不会自动导致群体间冲突或暴力。

从历史上看，大多数外来暴力案件都涉及黑人、西班牙裔或亚裔受害者，他们以前全是在白人的郊区或社区中居住或从商。但是，白人并不是唯一的犯罪者。他们也是受害者。其他冲突案例还涉及具有有来自中东和南亚的新移民的社区，在这些新的混合社区中，社区成员认为他们的担忧被忽视了。

多元文化社区的趋势监控

监视社区中的状况为预测潜在的负面事件并进行相应的准备提供了有用的信息。评估预测应包括对经济状况、社会/文化条件以及社区内的政治环境的分析。通常，这些因素（包括仇恨言论、事件和犯罪）与社会动荡之间存在联系。

经济环境：经济萧条时期，容易发生犯罪、社会动荡、暴动和骚乱。大量的移民（有证和无证）也加剧了对现有工作和服务的争夺。在国际上，贫穷人口过多和战争迫使更多的人进行移民。许多地区经历了真正的冲突，因为现在有大量的人与他们竞争服务和工作，使得原居民不得不在苦苦挣扎。加利福尼亚州不断经历来自墨西哥、中美洲和南美洲的合法和非法移民。新移民（最弱的群体）成为人们发泄由于自身的幸福感下降了而沮丧的攻击目标。社区中已形成的种族和种族混合群体将他们视为对新移民的优惠待遇，并作出了相应的反应。

由于联邦决定往往是在不考虑当地资源是否足以应对移民涌入的情况

下作出的，因此导致了移民定居在了经济不景气社区。由于这些善意的国家政策没有得到彻底的执行，警察和社区问题可能会演变。追踪移民涌入社区的情况，加上对政治决策的认识，应使执法人员和官员对社区新移民的搬迁和文化适应问题保持警惕，并提高反移民态度。趋势跟踪还提供了一个与社区合作、制订过渡管理计划和维护和平预防方案的机会。国家移民政策和政治对市县有着巨大的影响，因此刑事司法机构必须对其进行监督和制定相应的规划。

正如所讨论的，城市问题可能导致仇恨犯罪的条件趋于成熟。以下内容摘自20多年前的一份警察行政研究论坛出版物，如今依然是正确的："贫富悬殊和大规模移民的压力共同加剧了城市紧张的局势，这些压力不仅存在于美国城市，也存在于世界各地的城市……"文章指出，"城市的紧张局势往往因另一个层面的种族或种族多样性而复杂化。"少数民族越来越多地被困在城市郊区的贫民窟或棚户区，在政治和财政上也被排除在外。他们不断遇到困难的情况也间接导致了城市生活的不稳定性。（德格内斯特和沙利文，1997）

世界各地的城市都发生了冲突，包括城市衰败、过度拥挤、社会服务差和种族紧张导致的暴乱，而且这种冲突可能会继续下去，特别是随着越来越多的移民的涌入（德格内斯特和沙利文，1997）。

然而，皮尤研究中心（Pew Research Center）2011年的一项调查显示，富人和穷人之间的冲突如今掩盖了种族紧张和移民与土生土长的本地人之间的摩擦，成为美国社会紧张局势的最大根源。大约三分之二的美国人认为美国的贫富之间存在着"强烈的冲突"（莫林，2012）。

政治环境：刑事司法机构的行政人员必须监督立法、敏感的法庭审判和政治事件，因为这些事件不仅影响到他们所服务的司法管辖权，也影响到国家和世界。通常，在美国以外发生的事情也会对当地居民产生影响。执法部门必须认识到外国的政治斗争及其可能导致当地社区族裔和种族群体两极分化，从而导致冲突。警察必须有能力认识到潜在的问题，并努力防止或减轻群体间的冲突。只有承认他们在预防和调解社区冲突方面的主要作用，维护和平的警官才能开始补救长期存在或正在出现的紧张局势。在2016年有争议的总统辩论和唐纳德·特朗普的新政府执政期间，美国和欧洲的政治环境中有许多需要监控的事件。因为刑事司法系统是在更大的政治背景下运作的。

社会和文化环境：通常，贫穷和对体制的失望、对种族主义的看法以及不平等待遇也为社会动荡创造了条件。居住在附近的不同民族也会创造潜在的不稳定的社会条件。此外，在家庭层面上，核心家庭凝聚力的下降增加了社会微观单位内的压力。失业，特别是年轻人失业，是另一种可能带来危险后果的社会状况。

最后，帮派和非法毒品的使用及其对社区的影响导致了社会和文化条件成熟，使社区容易发生爆炸性事件和仇恨/偏见犯罪。然而，这些因素都不能单独解释为社区暴力。因为所有这些因素，加上政治和经济条件，都助长了不满情绪。官员们常常发现自己无能为力，因为他们无法消除数十年来已埋下伏笔进而可能导致社会剧变的社会征兆。

仇恨犯罪/事件的目标

仇恨犯罪的心理文化根源是人性本身。人们在文化上习惯于憎恨那些与他们出生地、长相、信仰或偏好不同的人。正如音乐剧《南太平洋》(South Pacific) 所说："你已年复一年地被教导接受仇恨和恐惧。"令人恐惧的仇恨的罪行提醒脆弱的公民，他们不能理所当然地认为他们是安全的。总的来说，他们开始形成一种心态，仇恨犯罪可以发生在任何地方的街道、社区、工作场所，甚至他们的家里。并非所有看起来是出于偏见或偏见的犯罪和事件本身都涉及仇恨。例如，许多非暴力事件是冲动实施的，或作为从众行为或精神不稳定行为，或表现为蓄意恐吓行为。

有无数使黑人、亚洲人、西班牙裔和白人受害的仇恨/偏见犯罪的例子。显然，这种仇恨可以追溯到很多代以前的人。这些例子包括在第二部分"执法的文化细节"中。以下各节涉及犹太人、阿拉伯人/穆斯林和同性恋者和性别认同者都是仇恨或偏见犯罪的受害者。

犹太人与反犹太主义

犹太人

截至2013年，皮尤研究中心指出，美国犹太人约占美国成年人口的

2%（利普卡，2013）。犹太人属于宗教、文化或族裔群体，尽管他们有时被错误地称为种族群体。因为犹太人的宗教信仰和习俗常常与大多数人不同，使它们在整个历史上都经历着被歧视、迫害和暴力。即使他们完全被同化（融入社会），正如20世纪初德国的情况一样，他们仍然没有被接受为正式公民，并最终经历了仇恨犯罪和种族灭绝。反犹太主义这个词的意思是“反对犹太人”，在字面上包括犹太人和阿拉伯人。然而，这个词的通俗用法是指反犹太情绪。

欧洲的反犹太主义有其宗教渊源：犹太人不接受耶稣基督为上帝之子，而且他们被描绘成基督的背叛者甚至杀手。这一指控引发了宗教中的反犹太主义，基督徒认为这是反犹太行为的正当理由。在过去的半个世纪里，宗教领袖在消除几个世纪的偏见方面取得了长足的进步。例如，1965年罗马天主教的一项法令（诺斯特拉艾特）规定，教会不追究犹太人对基督之死的责任。教宗领导下的梵蒂冈第二委员会颁布的这项法令不仅鼓励人们停止指责犹太人，而且致力于加强宗教团体之间的联系和增进了解。虽然普世关系上取得了一些进展，但仍有一些诞生在2000年后的基督徒，他自己也是犹太人，却也相信今天的犹太人对基督的死负有责任。1987年至2015年，反诽谤联盟（ADL）的国家主任亚伯拉罕·福克斯曼对两种不同类型的“阴险的反犹太主义”表示了极大的关注。一种是因为他错误地认为犹太人对以色列的忠诚大于对美国的忠诚。另一个与犹太人杀害基督的信仰有关（AICE，2011）。在人类历史上，没有任何一个团体被指控杀害另一个宗教团体的上帝，这一宗教层面可以解释反犹太主义的危害性和悠久历史。

反诽谤联盟（ADL）多年来的全国性调查揭示了美国人对犹太人的看法和反犹太教的态度。2016年10月展开的最近的调查发现：占美国14%的人口，大约3400万名美国成年人，持有反犹太主义信仰（ADL，2017）。ADL在2017年1月和2月进行的民意调查显示：“……尽管美国的反犹太主义态度略有上升至14%，但绝大多数美国人对他们的犹太邻居持尊重的态度。然而，反诽谤联盟（ADL）首次发现，大多数美国人（52%）表示，他们担心美国针对犹太人的暴力，更高比例的人（76%）担心针对穆斯林的暴力。超过八成的美国人（84%）认为，政府在打击反犹太主义方面发挥重要作用，高于2014年的70%。”（ADL，2017）

历史上，反诽谤联盟（ADL）在2011年进行的一项全国性调查发现，15%（近3500万成年人）的美国人具有“深刻”的反犹太主义态度，这一比例比2009年的12%有所上升。然而，这已经是急剧下降的结果，因为他们在1964年的初步调查，29%的美国人被发现持有反犹太主义的态度。反诽谤联盟（ADL）将2009年至2011年的增长归因于“美国金融不安全、社会不确定性、文明程度下降和两极分化加剧等更广泛趋势”（ADL，2011）。报告指出，在高失业率和经济问题时期，关于犹太人和金钱、影响力和商业权力的古老神话和陈旧规定观念变得更加普遍和消极。根据目前的统计，犹太人仍然是最有可能成为仇恨犯罪目标的宗教或种族群体。然而，涉及穆斯林的仇恨犯罪在过去几年出现惊人增长，本章后面以及第八章详细讨论这个问题。

另一种类型的反犹太主义属于一些人所称的反犹太复国主义（即反对建立以色列国作为犹太人的家园）。这种反犹太主义虽然有政治倾向，但仍然提到“犹太人”，把所有犹太人都等同于镇压巴勒斯坦人民。当中东发生冲突，特别是以色列人和巴勒斯坦人之间的冲突时，警察必须意识到其对美国的潜在影响。尽管犹太人对以色列的政治认同差异很大，但反犹太的态度有时表现为反犹太复国主义情绪。多年来，犹太教堂和其他犹太机构都贴上了反以色列和反犹太涂鸦的标签，显然是对巴以冲突的回应（详见第八章）。

反犹太主义犯罪的盛行

反诽谤联盟（ADL）发布了一份关于反犹太主义事件数量的年度报告，该报告是根据来自所有州和哥伦比亚特区的官方犯罪统计数据以及受害人、执法人员和社区负责人提供给ADL区域办事处的信息汇编而成的。这一数字比联邦调查局每年制作的UCR报告收集的数据更加详尽，它们也识别了骚扰和恐吓的犯罪和非犯罪事件，包括散布仇恨文学、威胁和诽谤，涉及人身和言语攻击、骚扰、财产毁损、故意破坏和其他反犹太情绪的表达。

2017年，反诽谤联盟（ADL）对反犹太人事件的年度审计记录了2016年针对犹太人和犹太机构的1266起反犹太人事件，其中袭击、破坏和骚扰事件同比增长34%。“虽然与前几十年相比，美国的反犹太主义事件仍然较低，但在过去一年和 2017 年第一季度，暴力袭击的数量急剧上升”（ADL，2017）。

2017 年年初，针对犹太人的仇恨攻击和涂鸦事件激增，不仅发生在美国，在加拿大和欧洲也是如此。2017 年 4 月反诽谤联盟（ADL）报告指出，在 2017 年第一季度，541 起反犹太人事件的初步报告包括以下内容：

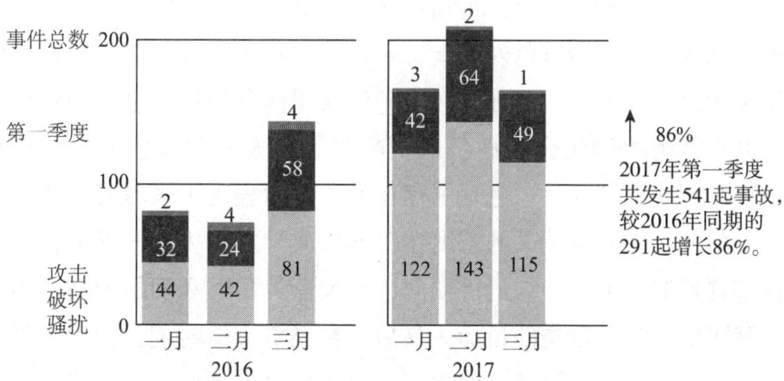

图表 11.3　第一季度比较，反犹太人事件：美国

来源：反诽谤联盟（ADL），www. adl. org/news/press-releases/us-anti-Semitic-incidents-spike-86-percent-so-far-in-2017.

· 380 起骚扰事件，包括 161 起炸弹威胁，比 2016 年同期增长 127%；

· 155 起破坏公墓事件，包括 3 起亵渎公墓事件，增长 36%；

· 6 起人身攻击事件，减少 40%。

自 2017 年 ADL 报告发布以来，发生许多炸弹威胁实际上是两个人的恶作剧（陈，2017；赖曼，2017，麦克沙恩，2017）。

ADL 第一季度报告还表示：“受 2016 年的总统选举和加剧的政治气氛的影响，反犹太人犯罪的数量增长。有 34 起事件就与选举有关。例如，在丹佛，2016 年 5 月贴出的涂鸦上写着‘杀死犹太人，投特朗普一票’。11 月，佛罗里达州圣彼得堡一名男子被人搭讪，对方告诉他‘特朗普要完成希特勒当时开始的事情’（陈，2017；赖曼，2017，麦克沙恩，2017）”。

如上所述，2014 年反犹太主义仇恨犯罪开始增加；并且一些人认为增长与极具争议的 2016—2017 年总统竞选有关。

反犹太主义团体和个人

美国有几个不同的群体表现出反犹太人的态度，一些最极端的群体对犹太人犯下仇恨罪。根据南部贫困法律中心（SPLC）的研究，美国有917个活跃的仇恨团体，其中521个明显敌视犹太人（SPLC，2017）。这些组织包括白人至上主义团体，如三K党、雅利安民族、白人雅利安抵抗（战争）、共产主义团体和新纳粹光头党。这些群体往往憎恨所有与他们不同的人，但却仅仅把大量注意力集中在黑人和犹太人身上。反犹仇恨组织最多的两个州是得克萨斯州（62个）和加利福尼亚州（31个）（SPLC，2017）。

那些认为是美国对以色列的支持导致了9·11事件，事件执行人已经证明了反犹太主义的另一个方面。一些仇恨团体利用这一论点煽动反犹太情绪，并在其组织的集会上和公众中削弱对犹太人和以色列的同情和支持。此外，那些强烈反对以色列国存在的人可能表现出强烈的反犹太主义态度。虽然反犹太复国主义的态度在美国造成针对犹太人的暴力行为不像在欧洲那样普遍，但在中东危机期间，犹太裔美国人和阿拉伯裔美国人一样，仍然可能成为被攻击的目标。最后，在经济衰退时期，犹太人常常被指责为经济衰退的罪魁祸首，而犹太人“影响力”的概念（即犹太人控制媒体、银行甚至世界经济的毫无根据的指控）使犹太人成了替罪羊。深入研究这些荒诞的说法不在本节的范围内；然而，关于犹太人的有害的错误信息广泛传播，反犹太主义继续蔓延。

犹太教堂不是反犹太主义的唯一目标。例如，2011年，“一名俄勒冈州白人至上主义者和他的女友，与3个州的4起谋杀案有关，他们被警察逮捕时正开车去萨克拉门托‘杀死更多犹太人’”（SPLC，2012）。2017年，计划在蒙大拿州怀特菲什镇（7000人口）为马丁·路德·金日举行新纳粹游行。多年来，新纳粹极端分子和居民之间，特别是那些反对这一组织的人之间，一直存在着斗争现象。包括民选官员和人权组织在内的反对派策划并动员了一大批反抗议者。蒙大拿州是一个“开放携带枪支”的州，携带枪支不需要许可证，斗争的双方都计划在这场新纳粹游行中使用武器。但最终，新纳粹取消了游行，非暴力反对派取得了胜利。我们可以认为是一个很好的研究案例（贝克特，2017；朱利安，2017）。

犹太社区的忧虑

一些社区居民可能会在犹太人一年中最神圣的日子（罗什哈萨纳和赎罪日，通常在初秋）感到担心焦虑。事实上，在这10天的假期里，许多犹太教堂在礼拜期间都会雇用比平时更多的保安。亵渎行为也可能在犹太教堂和其他犹太机构中随机发生。这些偏见行为给在其他国家经历过反犹太主义暴力的犹太人，特别是那些经历过大屠杀的犹太人，带来了痛苦的记忆；并且一些记忆和恐惧已经影响了后代。青少年在建筑物上画的纳粹十字记号不一定和先前任何反犹太暴力行为有关，但由于这个符号的历史意义，它可以唤起许多犹太社区成员，特别是年长的犹太人的恐惧。

警察必须明白，犹太人社区的不同阶层都容易受到反犹太主义的伤害，因此建议警察倾听并认真对待犹太人社区成员表达的担忧和恐惧。同时，警察可以向他们解释说，破坏行为有时是孤立的或随机的，并不针对任何群体。警察应该意识到，反犹太主义有着悠久而鲜活的历史，即使有些恐惧看起来被夸大了，但他们是在犹太人的经历的基础上产生的。因此，接受市民举报的警员应向市民保证，当地执法机构对仇恨犯罪和事件的看法是严肃的、有必要的，警方将提供额外的保护措施。

执法部门能做什么

必要时，官员可以采取以下步骤在犹太社区建立友好关系并提供保护：

1. 只要有一名警察认为某一行为可以被归类为对犹太人的仇恨犯罪时，就应该对其进行调查、跟踪和处理。将反犹太主义行为视为轻微犯罪而不予理会，将导致社区缺乏信任。

2. 当针对社区其他群体（如同性恋、非裔美国人、亚裔美国人群体）的仇恨犯罪和事件发生时，官员应立即通知犹太社区领导人。他们的机构可能是下一个目标。

3. 警员应注意在人们的门阶或汽车挡风玻璃上散布仇恨文学的团体和个人。即使还没有发生暴力，但这种仇恨文学会使接受者变得非常恐惧。

4. 在与当地组织，如犹太社区关系委员会（JCRC）或反诽谤联盟（ADL）地区办事处的合作下，官员可以通过联席会议提供信息，说明个人如何加强犹太机构的安全（如提供不易碎玻璃、夜间照明设施的信息）。

5. 执法人员应熟悉犹太日历的重要日期，尤其节假日（犹太新年和赎罪日）（请注意，犹太人的假期周期是基于农历的，因此假期日期每年都不同）在大批犹太人聚集在一起时，安全和保卫就显得尤为重要。

6. 最后，应与社区中的犹太保护组织建立联系，并寻求协助，以向当地的犹太机构和礼拜场所发送必要的信息。JCRC 和 ADL 就是很好的例子，它们是在美国几乎每个主要城市都有犹太保护组织的代表机构。这些组织以及犹太联合会可以极大地协助执法机构向社区成员传播信息。

由于犹太人的历史，反犹太人的事件并不令许多犹太人感到惊讶。如果警官能够平息恐惧并彻底调查威胁，那么就可以与犹太社区成员之间建立牢固关系。

反阿拉伯/反穆斯林事件的受害者

阿拉伯人和穆斯林

皮尤研究中心（Pew Research Center）估计，生活在美国的穆斯林人数约为 330 万人，占美国人口的 1%。尽管人数很少，但穆斯林受到仇恨犯罪的影响尤其严重，尤其是在 2001 年 9 月 11 日之后。根据 FBI 的调查，2001 年，针对与穆斯林信仰有关的个人、机构和企业犯罪的事件从 2000 年的 28 起增加到 481 起，增长了 1600%（美国联邦调查局，2001）。在 2015 年美国总统大选期间，针对美国穆斯林的仇恨犯罪再次飙升，既是对全球恐怖主义袭击的强烈反对，也是对分裂指向性很强的语言（例如，提及“穆斯林禁令”）的反应。美国人再次看到仇恨犯罪呈指数呈飞跃增长，许多人公开表达反穆斯林或反阿拉伯情绪（见图表 11.4）。根据联邦调查局的调查结果，因为许多事件尚未报告给当局，因此人们认为针对中东血统的人的仇恨犯罪的真实数量要比公布的统计数字要高得多。根据全国穆斯林民权和倡导组织美国-伊斯兰关系委员会（CAIR）的数据，在同一时间段内，美国穆斯林报告的仇恨犯罪和“反穆斯林”事件的数量超过 1700 件，其中包括公众骚扰、仇恨邮件、炸弹威胁、人身攻击、财产损失和谋杀。

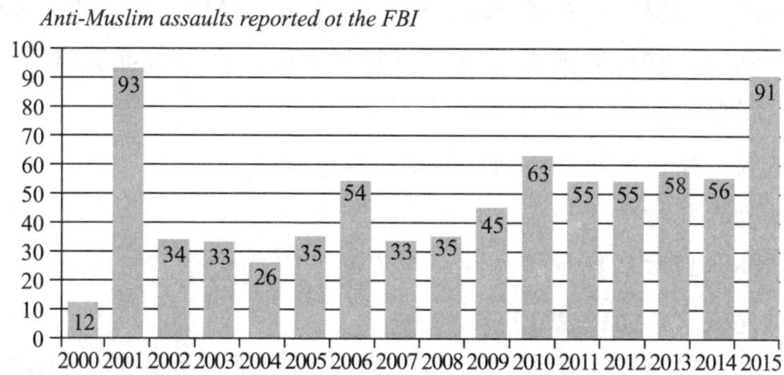

图表 11.4 2000 年以来最高级别的反穆斯林袭击

来源：www. pewresearch. org/fact-tank/2016/11/21/anti-muslim-assaults-reach 911-era-levels-U. 5 Federal Bureau of Investigation-data-show/。

阿拉伯和穆斯林身份确认及错误辨识

阿拉伯人和中东裔穆斯林在美国生活了数百年，尽管近年来中东的冲突导致该地区移民增加。除此之外的一些人则是来美国学习或寻求职业机会，成为永久居民或归化公民（更多信息见第八章）。然而，中东移民和来自中东的老牌美国人往往是仇恨言论和仇恨犯罪的受害者，他们被那些认为所有中东人都是移民或穆斯林的人当作仇恨犯罪的目标。老牌的阿拉伯裔美国人可以是第二代、第三代甚至第四代阿拉伯裔，就算有血统，他们与原籍国的联系可能很小。而且我们更要理解，中东地区内部的人民之间也存在分歧，（不包括巴勒斯坦权力机构，也被称为巴勒斯坦）这个地区包括 17 个国家。虽然不是全部，但大多数是阿拉伯人。但伊朗人不是阿拉伯人，以色列虽然位于中东，但却是一个以犹太人为主的国家。同样，不是所有阿拉伯人都是穆斯林，相当一部分阿拉伯人实际上来自北非或东非。反阿拉伯或穆斯林受害可能会影响到这些群体中的大多数人，甚至其他看起来像“阿拉伯”或“穆斯林”的群体。锡克宗教的男性信徒通常戴着头巾，不允许剪胡子，往往被误认为是穆斯林。第五章以亚裔美国人为重点，列举了南亚仇恨犯罪受害者的例子，因为他们被错误地认为是穆斯林或阿拉伯人，或者仅仅被认为是与他们毫不相关的“移民”。

反阿拉伯/穆斯林犯罪盛行

从广义上讲，仇视伊斯兰教被定义为对伊斯兰教和穆斯林的恐惧或仇恨。根据凯尔的说法，“这一现象助长了反穆斯林的陈旧观念、歧视、骚扰，甚至暴力。它对美国穆斯林参与公共生活产生了负面影响”（CAIR，2015）。仇视伊斯兰教的一些特征包括：

·认为穆斯林文化和伊斯兰教是一成不变的。

·认为穆斯林文化与所有其他文化完全不同。

·伊斯兰教本身具有威胁性，在美国不应被允许，如被允许，也应该是有限的允许（CAIR，2015）。

伊斯兰恐惧症在美国经历了一个强烈的周期，在最近针对阿拉伯人、穆斯林和那些似乎是中东后裔的仇恨/偏见犯罪激增之前。2010 年，一项在曼哈顿下城修建清真寺和伊斯兰文化中心的有争议的计划，在前世贸中心街区内引发了大规模反对，并导致了反对在全国各地修建或扩建伊斯兰礼拜场所的提议（CAIR，2015）。

在美国，最近针对阿拉伯人，穆斯林和那些有中东血统的人的仇恨或偏见犯罪激增之前，伊斯兰恐惧症经历了激烈的循环。

随着反穆斯林仇恨犯罪的激增，美国反穆斯林仇恨组织的数量也在激增（见图表 11.5）。据 SPLC 称，最大的民间反穆斯林组织是“ACT for A-merica”，该组织自称国家安全国家步枪协会（NRA）。

在 9·11 事件之后的几年里，针对穆斯林的仇恨犯罪再次激增。此时，正逢美国与伊拉克、阿富汗的战争，以及后来由内战引发的叙利亚难民危机，这场内战迫使数百万穆斯林在欧洲、美国和加拿大寻找新的家园。由于各国接受穆斯林难民的压力，以及穆斯林信仰者在欧洲和美国犯下的众多恐怖袭击事件，造成了恐惧和猜疑的气氛越来越浓，反穆斯林言论和仇恨罪行越来越多。据联邦调查局（FBI）统计，2015 年，共有 257 起针对穆斯林的仇恨犯罪事件，为 2001 年以来的最高纪录，比 2014 年报告的 154 起增长了 67%（FBI：UCR，2015）。

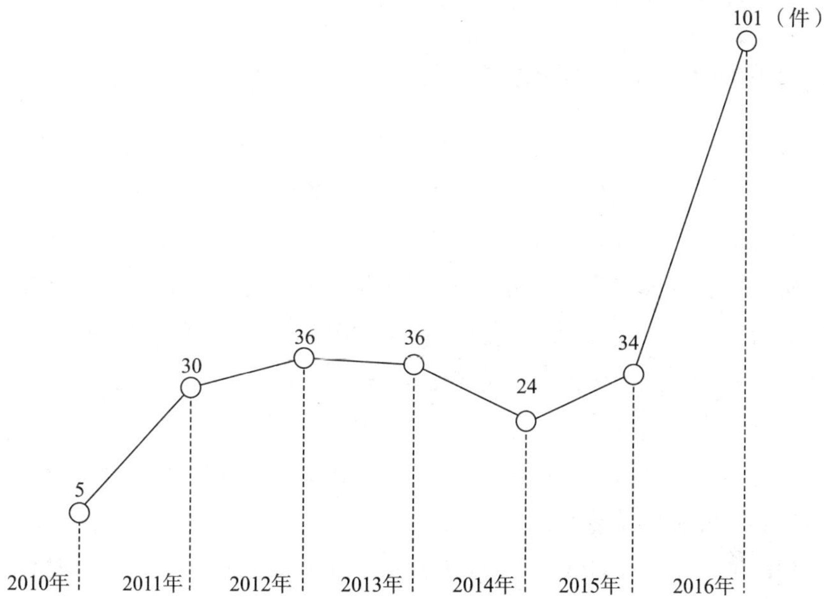

图表 11.5 2010—2016 年反穆斯林群体

来源：The Southern Poverty Law Center. www. splcenter. org/fighting-hate/extremist-files/ideology/anti-muslim。

2016 年期间，仇恨犯罪持续上升，这一年总统竞选异常激烈，当时的候选人唐纳德·特朗普呼吁监控清真寺，建立穆斯林数据库，颁布一些针对伊斯兰国家的旅游禁令，一些人将其与纳粹德国为了密切监控犹太人活动而让他们佩戴的黄星相比较。追踪极端组织的 SPLC 指出，特朗普的言论鼓舞了那些已经对穆斯林感到愤怒或怀疑的人（阿卜杜勒卡德，2016；SPLC，2016）。袭击的例子包括：头巾（许多保守穆斯林妇女喜欢的传统头巾），在 2016 年秋天，1 名穆斯林妇女购物时其头巾被 1 名男子点燃（霍金斯，2016；摩尔，2016）。2016 年 8 月，皇后区 1 名阿訇及其助手在人行道上被枪杀。这一年的早些时候，1 名男子公然表示对伊斯兰教的猥亵，在明尼阿波利斯枪杀了两名身穿传统穆斯林宗教服装的男子；在圣路易斯，1 名男子用枪指着一个外出购物的穆斯林家庭，告诉他们"所有人都应该死"（利希特布，2016）。另一个针对穆斯林的仇恨犯罪例子发生在 2016 年的堪萨斯州花园城：3 名男子在执行引爆卡车炸弹的计划之前被逮捕，爆炸地点是索马里穆斯林居住和礼拜的公寓大楼。这些人是一个叫作"十字军"的民兵组织的成员。该组织以其反移民、反穆斯林和反政府的意识形态而闻名（美国司法部，2016）。

阿拉伯/穆斯林社区的担忧

纵观美国历史，美国绝大多数极端主义者或恐怖分子的暴行都是白人至上主义者所为（克雷文，2015；伊巴拉，2015）。然而，近年来，以伊斯兰教名义进行的暴力活动十分猖獗，导致了“暴力倾向者”或“恐怖主义穆斯林”成见的出现，也导致了一种错误的看法，即中东人不爱美国，不以美国的最大利益为重。皮尤研究中心2016年的一项调查发现，几乎一半（49%）的美国成年人认为美国至少有“一些”穆斯林是反美的，其中11%的人认为“大多数”或“几乎所有”穆斯林都是反美的（基希，2016）。大约同时进行的另一项调查发现，46%的美国人认为伊斯兰教比其他宗教更有可能鼓动暴力。

穆斯林团体，如CAIR，已经开始努力消除人们的这种看法，该组织指出《古兰经》谴责暴力，认为不公正地夺走某人的生命或财产是一种犯罪行为和大罪。其他的成见包括伊斯兰教压迫妇女，强迫她们戴头巾以示屈服，穆斯林领导人指出这并非事实。根据SPLC的“教学宽容计划”，美国的穆斯林妇女可以自己决定如何解读《古兰经》的各种教义，虽然伊斯兰国家的许多妇女确实受到压迫，但这是由文化传统而非伊斯兰法律造成的。例如，对女孩的“名誉杀人”主要与中东、北非（以及南亚）有关，它源自与“荣誉文化”而非“法律文化”有关的根深蒂固的传统（加拿大司法部，2016）。

执法部门能做什么

根据CAIR的说法，穆斯林在原籍国与警察的负面经历，以及担心他们会因其宗教或种族派别而被错误地怀疑犯有罪行，导致他们担心与执法机关打交道。反过来，这可能会使他们缺乏举报仇恨犯罪的意愿。警察可以通过证明他们对穆斯林的习俗和对习俗有充分了解和尊重，来消除穆斯林对其的不信任感。在第八章中已详细讨论过，这些措施包括进入清真寺或房屋时脱鞋，以及不向异性者伸手，因为宗教穆斯林不愿触摸与自己无关的异性者。在这种情况下，派遣与寻求帮助的人的同性别的官员可能会对其有所帮助。此外，阿拉伯文化重视尊重和“面子”，因此，警官如果采访家人以外的人可能会取得更大的成功。执法部门还应努力与当地和地区的穆斯林组织结成联盟，并将所有针对穆斯林的犯罪行为作为潜在的仇恨犯罪进行调查。

更多信息可在“执法官员穆斯林社区指南”小册子中找到，该小册子可在美国伊斯兰关系委员会网站上找到（CAIR，2005）。

初步数据显示，2017 年前 3 个月，美国海关和边境管理局（CBP）的案件占美国伊斯兰案件受理委员会（Council on American Islamic Case Intakes）案件总数的 23%。与 2016 年同期相比，2017 年 CBI 类案件增加了 1035%。在 2017 年 1 月至 3 月记录的 193 起美国海关和边境管理局案件中，181 起是在 1 月 27 日签署“保护国家免受外国恐怖分子进入美国”行政命令（也称为穆斯林禁令）后报告的。（CAIR，2017）

LGBTQ 与性别认同受害

在某些情况下，缩写“LGBTQ”已取代了“LGBT”，后者代表“同性恋、双性恋和变性人”。如第二章所述，对于 LGBTQ 中的“Q”代表什么，没有达成一致。一个意思是“Questioning”，这意味着个人不确定他们的方向，并且不适应现有的、已建立的类别（即 LGBT）。大多数千禧一代把“Q”定义为“Queer”，这个词一直是一个贬义性很强的词，意思是同性恋。但对许多年轻人来说，“Queer”已经失去了它曾经的贬义含义。

康科德（加利福尼亚）警察局的同性恋警官肯·卡尔森说，多年来，所有关于同性恋的词汇都是贬义的。直到 1993 年，“同性恋”一词才被美国精神病协会列为精神疾病的一种诊断。同性恋领袖后来引入了“同性恋者”和之后的“同性恋”一词，而同性恋女性开始称自己为“蕾丝边”，以使自己与众不同。由于其他同性恋双性恋者寻求代表和保护，也增加了“双性恋”和“变性人”两个词。

在讨论反同性恋者的态度时，重要的是要理解“恐惧”这个词，“恐惧”被定义为“对某些特定事物或情况的非理性、过度和持续的恐惧”。例如，同性恋恐惧是“对同性恋者或同性恋的非理性仇恨或恐惧”（柯林斯在线英语词典）。有时，同性恋恐惧症会导致同性恋恐惧症行为，从嘲笑同性恋者到导致伤害或致死的身体伤害行为，这些行为都是全方位的。

在本文中，在政府报告系统中，同性恋恐惧行为被称为反性取向或性别认同偏见事件和违法行为。针对同性恋个人的仇恨犯罪不同于其他偏见犯罪，因为它们针对的是本书中讨论的每一类人组成的群体。在美国，同性恋组织的成员包括所有种族、民族和宗教的人。

针对性取向和性别认同的仇恨犯罪法律

每年，美国成千上万的同性恋者被骚扰、殴打或谋杀，仅仅是因为他们的性取向或性别认同。起诉大部分留给各州，因为大多数罪行都由州或地方警察调查。直到 2009 年，马修·谢泼德和小詹姆斯·伯德的《防止仇恨犯罪法》才获得通过，该法以这位因性取向而遭受酷刑和谋杀的 21 岁怀俄明州学生的名字命名。该法规定如下：

·扩展现有的对“性别认同、性取向、遗传和残疾”的联邦保护。

·允许司法部在地方执法部门无法或不愿充分处理这些罪行时，协助地方一级的仇恨犯罪调查。

·授权联邦调查局开始根据受害者实际或感知的性别身份、性取向、性别和残疾追踪仇恨犯罪。

·取消仅仅将仇恨犯罪狭义地定义为某人在参加联邦保护活动（例如，投票或上学）时所犯的暴力行为的限制。

·要求联邦调查局跟踪针对变性人的仇恨犯罪的统计数据（《立法文摘》，2009）

仇恨犯罪法因州而异，有些州根本没有仇恨犯罪法。截至 2017 年，有 17 个州和哥伦比亚特区制定了专门针对因性取向和性别表达而针对同性恋和双性恋者犯罪的法律。13 个州的法律只涉及性取向，16 个州没有涉及性取向或性别认同的仇恨犯罪法律（Movement Advancement Project，运动推进项目，2017）。

LGBTQ 仇恨/偏见事件和违法行为的受害者

那些赞成扩大仇恨犯罪法以涵盖同性恋和双性恋人群的人说，这样做很重要，因为仇恨犯罪比普通犯罪更为恶劣，因为仇恨犯罪针对的是整个群体而不是个人。仇恨犯罪的动机是偏见并且受害者需要更长的时间在情绪和心理上进行恢复，并可能导致更严重的抑郁症、焦虑和创伤后应激率

（卡尔森，2017）。

LGBTQ 受害的范围：联邦调查局（FBI）的 UCR《2015 年仇恨犯罪报告》（最新一份）显示，报告的单一偏见事件有 5818 起，其中 1030 起（17.7%）是基于性取向偏见，99 起（1.7%）是出于性别认同偏见（FBI，2016）。2015 年的数据显示，反同性恋仇恨犯罪比 2014 年增长了约 5%。两年间，针对变性人的仇恨暴力上升了 13%（FBI，2016）。然而，与往年一样，UCR 的统计数字仍然远远低于向全国反暴力计划联盟（NCAVP）和其他此类组织报告的事件和犯罪数量。NCAVP 是一个由 35 个反暴力组织组成的网络，这些组织监测、应对并努力结束仇恨和家庭暴力事件以及影响同性恋社区的其他形式的暴力。该联盟每年都会制作一份记录美国针对同性恋者和性侵犯者的偏见事件的数量的报告。

由于向 NCAVP 报告偏见动机事件的同性恋受害者人数明显高于 FBI，研究人员和同性恋权利团体质疑 FBI UCR 报告的有效性、调查结果和影响力。由于执法部门自愿遵守 1990 年《仇恨犯罪统计法》，美国许多机构没有向联邦调查局报告仇恨/偏见事件和罪行。因此，联邦调查局的 UCR 报告的同性恋仇恨犯罪可能只占案件的一小部分。

在男女同性恋争取获得结婚和领养权利的那些年里，基于性取向或性别认同的偏见犯罪有所增加，导致一些州不得不采取行动阻止这些争取权利的努力。由于这些问题的突出，同性恋人士和社区获得了更多的关注，有积极的也有消极的。统计和各种证据都表明，当同性恋问题受到关注后，同性恋社区和个人更有可能成为暴力的目标。

LGBTQ 受害者画像：根据 NCAVP 在不同的人口统计数据中，白人在同性恋和双性恋受害者中所占比例最大（45%）。图 11.6 显示了 2011 年受害者的种族/族裔。

由于反同性恋导致的谋杀案通常与其他谋杀案的残忍程度不同。2016 年，在佛罗里达州奥兰多一个同性恋社区的人经常光顾的夜总会，1 名枪手向人群开枪，造成 50 人死亡，53 人受伤。这被称为美国最致命的一次持枪袭击和最致命的针对同性恋社区的袭击（阿尔瓦雷兹、佩雷斯·佩纳和豪斯，2016；海斯、洛唐、切尼、米勒、洛蒙杰罗和罗杰斯，2016）。同性恋有色人种更容易成为与仇恨暴力有关的凶杀案的目标。2015 年，50%的反同性恋杀人案受害者是黑人；12%是拉丁美洲人，38%是白人

（普拉卡什，2016）。

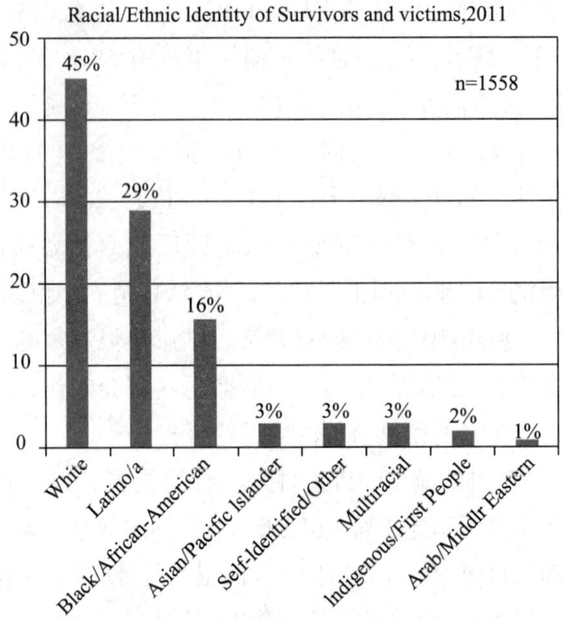

图表 11.6　2011 年受害者的种族/族裔身份

来源：“2011 年美国对女同性恋、男同性恋、双性恋、变性人、同性恋和受艾滋病毒影响社区的仇恨暴力”。摘自 www. avp. org/storage/documents/Reports/2012_ NCAVP_ 2011_ HVReport. pdf。

注：Racial/Ethnic Identity of Survivors and Victims，2011。2011 年幸存者和受害者的种族/族裔身份

White　白人

Latino/a　拉丁美洲人

Black/African-American　黑人/非裔美国人

Asian/Pacific Islander　亚洲/太平洋岛民

Self-Identified/Other　自我识别/其他

Multiracial　多种族

Indigenous/First People　土著/原住民

Arab/Middle Eastern　阿拉伯/中东人

2006 年至 2015 年的反同性恋谋杀案的分析见图表 11.7（普拉卡什，2016）。

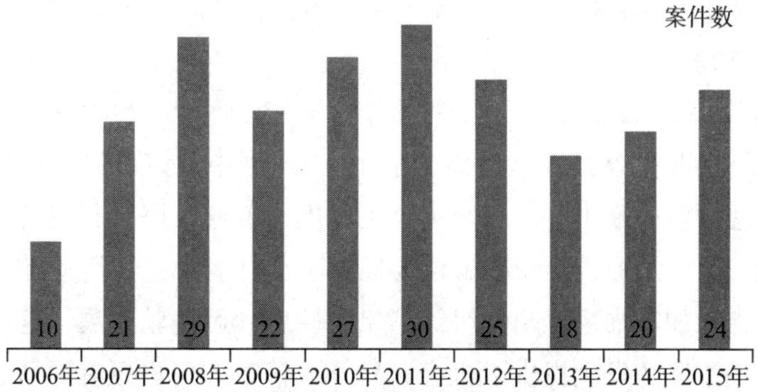

图表 11.7　2006 年以来每年发生的仇恨暴力杀人案件数量

来源：全国反暴力计划联盟（NCAVP）2015 年《LGBTQ 和受艾滋病毒影响的仇恨暴力报告》http：//avp. org/wp－contenUuploads/2017/04/ncavp＿ hvreport＿ 2015Jfinal. pdf（accessed September 18，2017）。

自 2006 年以来，针对同性恋者的凶杀案数量增加了 1 倍多。但反同性恋偏见的受害者不愿向警方或社区内的组织上报他们的经历。原因包括：

·害怕受到罪犯的报复。

·担心尴尬或警察的虐待。

·害怕被家人、朋友或同事排斥，害怕可能失去工作、照看孩子或居住的权利。

·家人，朋友和同事敦促不要上报事件。

·事件造成的创伤导致人们希望“忘记”并“继续前进”。

·对自己在“错误”的地方，说“错误”的话，或以“错误”的方式表演或穿衣感到自责。

·相信自己无能为力或警察不作为。

·认为仇恨事件不够严重，不足以报告。

·不了解国家或地方反暴力组织和收容中心（如同性恋社区中心）或其他为警察提供替代方案的项目，或认为这些组织在没有官方警察报告的情况下不会提供帮助（NCAVP，2010）。

文化和语言的差异，以及性别、年龄和阶级，通常会导致人们认为倡导组织可能对受害者的背景不敏感。NCAVP 坚信，影响年轻人和老年人、移民、有色人种、军队中以及其他边缘化人群中的反同性恋偏见犯罪的报告率严重偏低（NCAVP，2012）。

根据 2015 年的报告《美国联邦调查局反同性恋仇恨犯罪统计数据指向报告问题》

“说到同性恋合法的州，如加利福尼亚、马萨诸塞州和纽约……这些州都在反同性恋仇恨犯罪率最高的前 10 个州当中。该研究基于这样的假设：同性恋同盟国家中，同性恋仇恨犯罪更为普遍，因为犯罪者有更多的攻击目标，第二个原因是受害者认为警察不会怀有敌意，因此他们选择了举报。因此，加利福尼亚州和纽约等州同性恋社区蓬勃发展，这可能为反同性恋仇恨犯罪的发生提供了机会。另外，警察部门也更有同情心，也促进了对这些事件的举报。但这并不一定意味着在那些地方发生了更多的仇恨犯罪”（克拉克·弗洛里，2015）。

性取向仇恨犯罪的跨性别受害者与外表上性别相符的男同性恋者相比，被识别为变性者的人更容易遭受身体暴力（波勒斯，2012）。跨性别女性不仅更容易遭受暴力仇恨犯罪，而且这些仇恨犯罪更有可能导致死亡。在 2015 年的前 10 个月中，“美国的跨性别杀人案受害者人数达到了历史最高水平……现在，2015 年跨性别杀人案受害者人数比有记录的任何其他年份都要多”（凯拉威和布莱登，2015；斯塔福德，2015）。

性取向仇恨或偏见犯罪与校园

男同性恋、女同性恋者和异性恋教育网络（GLSEN）每两年对学校进行 1 次调查，以评估来自 50 个州和哥伦比亚特区的同性恋学生的经历。其 2015 年报告中的一些主要发现包括：

· 85%的同性恋学生报告说，他们在过去一年中受到口头骚扰（如称呼、威胁），27%的学生报告说受到身体骚扰（如推搡），13%的学生报告说，由于性取向，他们在学校受到身体攻击（如拳打脚踢、用武器打伤）。

· 71%的同性恋学生报告说在过去一年里受到口头骚扰（如称呼、威胁），20. 3%的学生报告说受到身体骚扰（如推搡），9. 4%的学生报告说受到身体攻击（如拳打脚踢、用武器打伤），因为他们的性别表达。

· 49%的同性恋学生在过去一年中经历过电子骚扰（通过短信或在脸书上发帖），通常被称为网络欺凌。

· 过去一年，60%的同性恋学生在学校受到性骚扰（如不想要的触摸、性语言）。

· 60%在学校受到骚扰或攻击的同性恋学生没有向学校工作人员报告事件，最常见的原因是他们怀疑学校会对其进行有效的干预，或者认为如果报告，情况会变得更糟（格尔森，2016）。

校园警察需要意识到，许多州已经颁布了“安全学校”法律，规定学生在校园内不应受骚扰、欺凌和歧视，任何学生都不应在校园内受到虐待或敌对。

美国卫生和公共服务部（U. S. Department of Health and Human Services）2016年的一项研究确定，自杀是10岁至24岁年轻人的第二大死因，并且：

· 青年的自杀未遂率是未成年人的4倍，而被质疑的青年的自杀率是异性青年的2倍。

· 与直系同龄人相比，同性恋青年和被质疑的青年因自杀未遂导致受伤、中毒或用药过量的可能性高4到6倍，需要医生或护士的治疗（疾病预防控制中心CDC，2016）。

“网络欺凌”是指利用互联网和社交媒体，以故意、反复和敌对的方式伤害他人，主要是伤害同学的现象。目前，这种现象已经非常普遍，成为学校管理者和立法者最常讨论的问题之一。对于校园内的欺凌行为，执法机构，特别是校园警察或学校资源管理者，应更加关注校园内的性取向偏见犯罪和欺凌等情况。他们应根据学生的感知或实际性取向或性别身份，制定出有关涉嫌侵犯和人身攻击的正式文件。特别重要的是，校园警察要保持警惕，因为大多数同性恋青少年在学校不会报告偏见事件或犯罪，因为他们担心学校官员会告诉他们的父母他们真实的或感知到的性取向，他们认为学校官员不会采取任何措施阻止虐待者。

同性恋社区的警民关系

拥有多样化的警力有助于提升警民关系。因此，若你想解决一些独特的问题，不管是仇恨犯罪还是同性恋群体中的其他问题，最好有至少在文化上有相似的官员。如果你能找到男女同性恋警官，那就更好了（科尔文，2013）。

历史上，在美国大多数市县，有时是因为居民作为个人或某个群体受到执法人员的虐待，因此警察与同性恋社区之间的关系一直很紧张。许多人士认为，警方认为他们是不值得保护或享受平等权利的越轨者、罪犯和二等公民。基于这种看法，许多同性恋受害者不会向警方报案或配合调查（科普尔和邓恩，2017）。尽管消极的态度和陈规定型观念可能会继续下去，但现代警察机构发现，警察局与男女同性恋社区之间的沟通和相互尊重符合所有有关方面的最大利益。康科德（加利福尼亚）警察局的卡尔森中士说："男女同性恋社区和警察之间的激进主义已经有 50 年了，并且已经取得了长足的进步。""警察部门需要站在同性恋问题的最前沿……更积极主动地去帮助他们解决问题"（卡尔森，2017）。

包括旧金山、圣地亚哥、波特兰、波士顿和费城警察部门，外联和交流促进了机构和同性恋社区之间的合作。因此，这些机构注意到在以下方面存在着明显的改善：同性恋和女同性恋犯罪受害者对仇恨犯罪和事件的报告增多，对警察虐待的投诉减少，以及执法部门和同性恋者团体之间关系的普遍改善。

在同性恋社区中使用基于社区的警务原则和协议也很重要。官员们不仅应该认识到性取向偏见犯罪的问题和关切，而且应该认识到同性恋社区内的家庭暴力。约翰·杰伊以及刑事司法学院副教授罗德里克·科尔文认为，执法机构与同性恋社区建立良好关系的关键之一，是建立定期、制度化沟通。其他建议包括：

1. 工作队和理事会就重要问题建立持续的对话和网络。

2. 使警察能够与同性恋社区会面，并帮助官员认识到他们是一个有合法需求和需要被关注的群体。

3. 任命一名警官与同性恋社区联络，以回应投诉和要求。

4. 检察官参与制定政策、程序、沟通和意识培训，以改善刑事司法系统与同性恋团体和个人之间的关系（科尔文，2013）。

联邦仇恨犯罪法

联邦法律为美国仇恨犯罪的受害者规定了刑事和民事诉讼理由，无论他们是否是公民。然而，联邦法律并不禁止一切仇恨暴力行为。联邦法规仅在有意干涉联邦保护的权利（即联邦法规或美国宪法特别保障的权利）时禁止私人团体实施暴力。这类活动包括投票、担任陪审团成员、上班、注册或上公立学校。然而，当犯罪者的动机受到种族仇恨的影响时，这些权利会被广泛地解释。有关联邦法律的更多信息，请参见本章"全国仇恨犯罪的范围”标题下先前对马修·谢泼德法案的讨论。

违反联邦法律的仇恨/偏见犯罪的受害人可以向当地联邦调查局报告犯罪，从而提起刑事诉讼，联邦调查局将指派调查员处理该案件。受害人还可以联系美国当地的律师事务所或华盛顿特区司法部民权部门的刑事部门。一般而言，联邦刑事法规旨在补充州和地方法律。在程序上，司法部在地方当局未结案之前不会积极参与开展起诉行动。在某人被州法院定罪或无罪开释后，司法部会评估结果，然后再决定是否根据联邦法规起诉犯罪人。

为什么要增加特殊法律和刑罚

包括一些执法领导人在内的一些人，认为没有必要制定专门的法律来处理仇恨/偏见犯罪，因为已经有了涵盖具体犯罪的法规。例如，一人对另一人的攻击可在所有司法管辖区起诉。因此，争议的点在于，这种由于他人肤色、种族背景、宗教、性取向与自己不同，而产生仇恨或偏见犯罪是否应该对其进行和一般罪行不一样的起诉。

存在一些关键的区别，使得仇恨/偏见犯罪比标准犯罪更为严重，这为制定特别法律和加强判刑提供了理由。“仇恨犯罪与其他形式的暴力有3个重要区别。它们更加凶残、极端残忍，而且经常随机地发生在完全陌生的人的身上，通常是多个罪犯的单一受害者，主要是男性青少年和年轻人”（克里斯蒂、瓦格纳和温特，2011）。这种罪行剥夺了公民权利的自由行使，有时会使受害者害怕行使言论、结社和集会自由而受到袭击。通常，袭击是恐怖主义行为，目的是惩罚受害者的外在特征（如一个外表或行为与他人不同的人很容易被偏执的人挑出并孤立）。最后，这些针对个人的行为往往也是为了恐吓整个社区。

与大多数其他犯罪相比，仇恨/偏见犯罪需要更多的警察资源用于调查、社区应对和受害者援助。全国上下一致认为，对于这种罪行有理由制定特别法律，并需要加重对罪犯的惩罚。它们向犯罪者和公众发出了一个明确的信息，即这些罪行是不能容忍的，将被视为严重罪行。有时，对同性恋和性别认同与他人社区的成员犯下罪行的不仅是个人犯罪者，而且可能是一个有组织的团体。

有组织的仇恨犯罪团体

根据南部贫困法律中心（SPLC）的数据，美国有组织的仇恨犯罪团体从2014年的784个增加到2016年的917个。如前所述，最引人注目的是反穆斯林仇恨团体几乎增加了两倍，从2010年的5个增加到2016年的101个（SPLC，2017）。另一方面，三K党多年来一直在稳步流失成员（美联社，2016）。苏人解估计，三K党在全国大约有190个分会，约有5000名至8000名成员被认定为三K党，但他们经常代表彼此冲突的团体（SPLC，2017）。据估计，在20世纪20年代，三K党有200万至500万成员（SPLC，2017），执法代表需要意识到，三K党虽然在目前的状态下支离破碎，但正试图用缓和的语言重塑自己的形象。据报道，该组织制定了“除自卫外禁止暴力”的规定（美联社，2016），并且正在放弃使用“白人至上主义者”一词，声称成员们相信自己的种族，或者说他们是“白人分离主义者”（美联社，2017）。仇恨组织的更名始于一些成员因爆炸、殴打、枪击和纵火袭击入狱（美联社，2016）。有组织的爱国者反政府组织，也被称为民兵组织，在过去的20年中波动很大，2012年的高峰有1360个集团，2016年的总个数约为623（SPLC，2017）。

在多元文化社会中，了解仇恨团体对于维持治安非常必要。刑事司法系统必须（使用包括告密、监视和渗透的方法）调查和控制有组织的仇恨团体。对这些团体的积极抗议和诉讼也很重要。后文讨论了白人至上主义团体，如新纳粹、三K党、光头党、雅利安民族、民族联盟、世界创造者教会和其他仇恨团体。

仇恨团体监控和社区资源

监督极端组织是执法部门的一项重要义务。有关监视美国极端组织的政府和非政府组织的信息，还包括一份可在大多数社区使用，以减少和控制个人和极端组织实施的仇恨/偏见犯罪的资源和项目清单。

对有组织的仇恨犯罪团体趋势的预测

一些专家预测，白人至上主义者将继续犯下传统罪行（如交叉焚烧和破坏)，但也将冒险从事如电脑黑客和电子破坏的高科技活动。他们的政治活动包括“白人权利”集会、抗议和示威、种族主义候选人的竞选活动以及立法游说。这些活动将煽动令执法者陷入忙碌的反对运动。

仇恨团体的观察者也注意到美国白人至上主义者的策略转变。发现至上主义者无法再利用开放的种族主义的思想来有效地招募成员，这些思想原来集中于有色人种、犹太人、移民等，但他们现在的攻击目标是男女同性恋者。根据研究仇恨团体的人的说法，白人至上主义者发现，尽管许多白人可能有宗教和种族偏见，但大多数人不再愿意对他们采取公开行动。因此，他们正在采用一种新策略，将旧仇恨与新方法相结合。这种新方法并不意味着至上主义者不再讨厌有色人种、犹太人和其他非白人公民。相反，这意味着他们正在重新集中精力，反对包括同性恋恐惧症，宣扬所谓的“亲家庭”“亲美国”价值观，除了反对传统的种族主义和反犹太信仰之外，还包括反对堕胎和移民的价值观。罗斯说，问题的扩大和保守流行语的使用已经引起了白人的注意，他们可能不认为自己是种族主义者，但是却认为自己是担心该国的道德沦丧的爱国的美国人（罗斯，1995）。

追踪仇恨团体的组织和官员对仇恨团体的演变和未来发展提出了其他预测。这些专家认为，传统上出于意识形态原因相互回避或积极反对的团体将联合起来对付他们的“共同敌人”。例如，尽管新纳粹分子长期鄙视阿拉伯人和穆斯林，但他们越来越多地与阿拉伯和穆斯林极端分子结盟对付他们共同的敌人——犹太人。美国的新纳粹也越来越多地与欧洲的同行合作。

互联网和仇恨组织

在至上主义团体新成员的年龄和性别方面出现了一个令人不安的趋势：现在比过去年轻的成员（包括青少年）更多，并且许多是年轻妇女。有组织的仇恨犯罪人群不再集中于30岁以上白人男子。如前所述，包括脸书、推特等在内的互联网已成为招募年轻成员加入仇恨团体、传播仇恨教条和种族主义意识形态的首选媒体。互联网使人们能够以一种廉价、便利和匿名的方式，在世界各地即时传播种族主义意识形态。这一媒介为仇恨团体提供了发送大量电子邮件的能力，其中一些人试图招募富裕和受过教育的年轻人加入他们的事业。他们成百上千甚至可能上万的网站，通过在线游戏、连环画和音乐，或者仅仅是一个来自另一个孩子的友好的广告来吸引观众。大学和大学网站上充斥着仇恨团体的信息和诱惑。在一些地区，互联网也被用来提供如何以暴力攻击这些团体的攻击目标的技巧。互联网提供商必须在言论自由要求的范围内与警方合作，执行自己的标准，并在其系统内屏蔽仇恨教条网站或仇恨电子邮件。

第一修正案与仇恨言论

托皮卡（堪萨斯州）韦斯特伯勒浸信会教堂的成员在军事葬礼前举行示威游行，这激起了全美的愤怒。主要由一个家庭成员组成的无党派教会认为，军人死亡是上帝对美国容忍同性恋的惩罚。会员们不仅在葬礼上，而且在其他吸引很多人的活动上，比如足球比赛和音乐会上，都会举着带有攻击性的反同性恋信息的标语，比如“上帝恨你”和“上帝恨基佬”。成员们前往全国各地，为同性恋谋杀案受害者或死于艾滋病的人举行纠察葬礼。这座教堂被描述为一个仇恨团体，由 SPLC 和 ADL 监督。美国最高法院，在一个挑战民意的言论自由裁决中，裁定即使故意令人厌恶的葬礼抗议也受到第一修正案的保护（斯奈德诉菲尔普斯案，2011）。

仇恨/偏见犯罪和意外事件调查

刑事司法机构必须将仇恨/偏见罪从初次报告到起诉都作为应对的重点。为了确保所有人员认真对待此类犯罪，每个机构都必须制定书面政策和程序，以建立快速有效地应对措施。只有制定了此类政策和程序以及制订可行的社区计划，仇恨犯罪的数量才会开始减少。

执法机构必须向调查人员提供培训，其中包括了解调查人员的作用、查明仇恨/偏见犯罪、将罪犯分类、与受害者面谈、与社区有关以及起诉罪犯等关键要素。当仇恨/偏见犯罪发生时，它们需要调查人员及时作出反应、理解并保持警惕，以确保细节和调查成功。调查人员必须全面了解仇恨/偏见犯罪背后的一般因素和动机，必须认识到这些犯罪不仅影响主要受害者，而且会影响受害者的家庭、受害者群体的其他成员和更大的社区。

对于受害人的种族、宗教、种族背景或性取向（RRES）引发的犯罪和事件，应使用一般和特定的程序和协议。其中包括以下每种类别的人员要采取的行动：

· 指定官员/第一响应者；
· 巡逻现场主管；
· 值班指挥官；
· 指定的调查员或专门单位；
· 预防犯罪，社区关系或专门部门；
· 培训单位。

实际的指导方针可能因司法管辖区而异，但基本原则是相同的。具体指南可从联邦和州组织或警察和治安部门获得。

仇恨/偏见犯罪调查模型

以下模型是给没有关于仇恨/偏见犯罪和事件后续行动标准化议定书的执法机构的建议准则。范本的格式基于部门的规模。然而，不管该机构的规模有多大，建议在应对犯罪现场的执法人员和紧急医疗服务人员之间建立一个既定的指导方针。这将有利于受害者和整个调查结果。

小部门（1—100 人的机构）可能没有专门的单位或调查员来处理仇恨犯罪。小部门的官员通常都是通才，也就是说，他们要负责从最初的报告到调查，再到提交给地方检察官的任何类型的案件。因此，所有工作人员都应接受有关文化和种族问题的认识培训，并学习处理仇恨犯罪和事件的要求。接受犯罪或事件报告的警官必须得到其上级的批准。一些小部门允许巡逻人员专门调查某些罪行；他们可能参与提出建议和指导，或者接手案件并将其处理到最后。这些官员通常是被允许参加培训和会议的人，这些培训和会议将向他们介绍和更新对这些犯罪和事件的调查情况。一些部门有一名巡逻主管进行后续调查，并将案件提交检察官办公室。重要的是，军官和他（她）的上司要让指挥人员了解重大案件。拥有后续调查单位的小型机构必须确保其成员在处理由仇恨引起的犯罪方面得到培训。

中型部门（100—500 人的机构）为中型打击针对特定人群犯罪的调查单位和负责社区关系或事务的部门管理单位，推荐以下协议：作出反应的巡逻人员拿到最初的报告，决定所发生的事情是否可以被认为是由仇恨或偏见引起的犯罪或事件，然后完成初步调查。然后，官员将调查结果记录在部门犯罪报告表上，并遵循该机构制定的政策和程序。警官的主管和值班指挥官批准报告（根据部门政策，报告可能被归类为仇恨或偏见或侵犯公民权利）。然后将其转交调查组（通常是针对人的犯罪），调查组通常对这类案件采取后续行动。调查组主管审查报告，并再次评估是否发生了仇恨/偏见犯罪或事件。如果认定是仇恨/偏见犯罪，则将报告交给专门从事此类调查的反犯罪调查员。

报告的副本也送交（通过适当的指挥系统）行政或社区关系组，以便采取后续行动。后一组的工作人员也接受了处理仇恨/偏见和侵犯公民权利调查的训练，并为受害者提供援助。行政跟进工作包括：

· 调查需求；
· 向受害者提供建议和支持；
· 召开公共会议解决邻里问题；
· 与社区中的各种组织和受害者权益倡导者联络。

有些案件可能要求刑事调查员和行政官员共同努力解决正在调查的犯罪或事件。

大部门（500 人以上的机构）大多数大的部门都有足够的工作人员，它们可以有专门的部门来处理由仇恨/偏见或侵犯公民权利引起的犯罪。有这样一个单位有很多好处。调查人员对所需的法律和特别程序变得熟悉和有经验，能够处理更复杂、敏感的案件。被允许专业化的调查人员可以与受害者维权组织、其他警察机构和以社区为基础的机构组成网络。它们与地方检察官办公室密切合作（可能与该机构内的一个特殊偏见部门合作），建立对成功起诉很重要的工作关系和融洽关系。由于该单位的主要职能是调查仇恨/偏见罪行，因此，警务人员有时可以了解犯下这类罪行的个人和团体，并对事件的发生地点有更清楚的认识。专门单位可以对处理此类犯罪的巡逻人员的现场表现进行评估，并在反应有效或有创新时提供改进或表扬的建议。

专业化单位也有缺点。处理大量案件的调查员没有时间跟踪和监控这些犯罪，因此可能无法发现趋势。这名警官接到报告之后，将其转交给另一个部门，他或她将不再负责处理这个事件，直至被起诉或结案。巡逻人员可能也不知道正在调集什么资源来解决这个问题，除非他们与特遣部队成员之间保持有效的沟通。但这些缺点可以通过机构单位之间和社区之间更多的交流来解决。

符合特定标准的仇恨犯罪由联邦调查局的偏见犯罪组、烟酒和枪支管理局（ATF）以及教堂纵火和爆炸物专家在联邦一级进行调查。ATF的调查人员还着重于管制潜在的仇恨犯罪罪犯非法出售和持有枪支的犯罪行为。

仇恨/偏见犯罪和事件的控制与起诉

仇恨/偏见犯罪和事件只能通过社区（学校、私人组织、政府机构、教堂、服务机构和家庭）、联邦和州立法机构以及刑事司法系统的综合努力加以控制。重要的是要研究社区，以确定他们是否面临社会、经济和环境条件所造成的冲突或冲突的风险，从而导致仇恨犯罪和事件的发生。

地方检察官办公室

美国许多地方检察官办公室现在都有专门从事仇恨犯罪起诉的律师和/或专门小组。这些机构制定了政策和程序，目的是有效和有效率地起诉这些罪行。地区检察官有充分的理由对这些犯罪行为给予特别的关注和更多的资源。检察官有自由裁量权，即使不能决定，也可以影响他（她）所服务社区的公民将体验到的所谓公共安全氛围。建立一种好的公共安全氛围，促进我们社区少数成员充分享有公民和政治权利，这需要为此目的集中政治意愿以及资源和能力。建立好的公共安全氛围的最有效和最成功的方法是：

· 建立专门的仇恨犯罪或侵犯公民权利单位；

· 建立起诉仇恨犯罪案件的标准化程序；

· 任命检察官作为社区内各少数民族、种族、宗教和性群体的联络人；

· 为所有检察官提供文化意识或敏感性培训；

· 提供替代性的量刑方案，以帮助那些出于仇恨而犯罪的人改过自新。

地区律师可以在教育法官仇恨犯罪的性质、普遍性和严重性以及鼓励对这种犯罪进行有效判决方面发挥重要作用。他们还可以非常有效地与调查这些罪行的警官建立工作关系并鼓励他们这样做。这项工作涉及刑事司法系统的每一位成员，但检察官是最重要的角色之一。

起诉仇恨/偏见犯罪的特殊问题

检察官在考虑潜在的仇恨犯罪时面临一系列问题。确定一个人行为的真正动机是很难的，证明一个人是因为仇恨而采取行动是一项艰巨的任务。仇恨犯罪指控是唯一一个证明动机和证明作案手法同样重要的指控。陪审团经常会发现不可能肯定地得出被告在犯罪过程中的想法。处理仇恨/偏见犯罪的律师指出，成功起诉有 4 个潜在障碍：

1. 证明犯罪动机是偏见；
2. 不合作，投诉证人；
3. 特殊辩护；
4. 宽大的判决。

鉴于这些障碍，检察官有时难以决定是否提出仇恨犯罪指控。通常很难准确识别仇恨动机的犯罪或事件。通常，没有一个因素足以作出决定，有时行为人会伪装事件，使其看起来不像是仇恨/偏见犯罪。即使是经过充分调查的案件，也可能缺乏足够的证据证明犯罪动机是出于仇恨或偏见。一般来说，检察官遵循既定的准则来确定犯罪是否与偏见有关。他们的标准包括：

· 常识；
· （被害人的看法）和证人对犯罪的看法；
· 犯罪者使用的语言；
· 犯罪者的背景；
· 攻击的严重性；
· 缺乏或存在挑衅；
· 同一地区发生类似事件的历史；
· 没有任何明显的动机。

美国检察官研究所（CAPRI）为检察官制定了一份综合工作手册，用于识别、应对和防止仇恨犯罪。这本手册的标题是《地方检察官应对仇恨犯罪指南》，其中包括与外部机构和组织合作、案件筛选和调查、案件指派和准备、被害人和证人的影响和支持、审判准备、判决备选方案和预防工作等方面的信息。该出版物可有助于专门为检察官设计培训课程。

客观证据：偏见动机

重要的是，第一反应者和调查人员要正确识别和分类偏见动机的犯罪。不确定是否存在潜在仇恨/偏见犯罪的官员应就此问题咨询主管或内部或外部专家。为了帮助调查人员确定一个事件是否符合足够客观确定的标准，将其归类为仇恨/偏见犯罪，司法部制定了一份文件，《仇恨犯罪数据收集指南和培训手册》（美国司法部，2015），其中包括一系列与报告仇恨犯罪事件有关的例子。这些例子旨在确保向州和联邦调查局统一犯罪报告和报告数据的一致性。最新的指导方针可以在司法部网站上找到。

司法部提供培训，帮助刑事司法机构人员就仇恨/偏见罪行作出决定。犯罪受害者办公室（OVC）、司法援助局（BJA）、少年司法和预防犯罪办公室（OJJDP）都为制定方案提供资金，并就仇恨犯罪问题向个人和地方机构提供培训研讨会和技术援助。OVC 正在努力改善司法系统对仇恨犯罪受害者的反应；OJJDP 资助各机构开展专业人员培训，并通过预防措施和社区资源解决仇恨犯罪问题；BJA 则为执法机构提供了一项培训计划，旨在提高认识，帮助识别、调查和采取适当行动打击偏见犯罪，并为各机构提供有效应对事件的工具。

以下小型案例研究要求您决定调查人员应如何使用 FBI 的 UCR 培训手册（FBI：UCR，2015）中的 UCR 仇恨犯罪数据收集指南报告事件。这 4 个问题的答案可以在本章节总结之后找到。

小案例之一：

在一家叙利亚人开的便利店里，有人扔石头砸碎了一扇窗户。商店的橱窗和店外都有阿拉伯文的招牌。这块石头上有一个对店主人阿拉伯祖先的贬损信息，石头击中了店主的头部，留下了一道需要医疗护理的伤口。

小案例之二：

匿名的人一夜之间进了一间犹太教堂，毁坏了许多宗教物品，在门上画了十字记号，在墙上写下“犹太人之死”。教堂里有许多贵重物品，但没有一件被盗。

小案例之三：

深夜，一群人闯入当地的同性恋（LGBTQ）社区中心。该组织在墙上画出了著名的和公认的同性恋（LGBTQ）绰号，并带走了飘扬在中心前门上方的同性恋骄傲彩虹旗。

小案例之四：

一名戴着“吉祥记”（印度教额头上的神圣印记）的男子被两名手持棒球棍的男子袭击。在袭击过程中，这些人尖叫着要受害者“清洗”他头上的印迹。当被拘留时，嫌犯说他们袭击了这个人，因为他们想让印度教回到它们原来的地方。

执法对策

公众对刑事司法系统，特别是执法部门信任与信赖，对于有效应对仇恨/偏见犯罪至关重要。居住在不同种族、民族背景、宗教或性偏好的社区居民必须能够相信他们将受到保护。他们必须相信，警察没有对他们不利，检察官严格依法起诉，法官正在援引适当的刑罚，假释和社区矫正正致力于打击因仇恨或偏见而产生的犯罪。如果人们认为他们不能指望执法部门来保护他们，结果往往会导致紧张局势加剧、沟通中断，人们试图掌控法律进行私自执法。

公众教育。最终可能导致暴力偏见和偏见，往往是无知的结果。在许多情况下，偏见可能是由于所学的陈规定型观念和负面媒体形象造成的，犯罪者与目标群体很少或根本没有进行直接接触。与无知作斗争的一个关键是教育公众和刑事司法系统的成员了解其社区内的历史、多样性、文化、语言和各群体关注的问题。这可以通过社区论坛、研讨会和发言人办公室来实现，这些机构成员都是精通这些问题的人。刑事司法雇员应在单位接受培训和/或通过在职或学院培训课程接受培训。大多数市县都有代表社区团体的组织，可以协助在当地中小学、教堂和大学校园发展和实施这种教育。为了核实所提供材料的准确性，教育计划的组织者最好让至少2名到3名代表社区内不同群体的少数民族居民将要实施的项目内容公开。同时，应鼓励邻居和社区居民在节日庆典和其他特殊日期，通过集市和汇演的方式来展示其多样的文化遗产。就节日而言，美国拥有比世界上其他地方都更为丰富的不同宗教和文化的节日。

组织网络化。国家和地方组织必须建立网络，分享有关仇恨犯罪的信息、资源、思想和支持。潜在组织名单将包括全国有色人种进步协会（NAACP）、反诽谤联盟（ADL）、反亚洲暴力委员会、全国同性恋工作队和跟踪全国各地仇恨团体的南部贫困法律中心（SPLC）。

这些宣传组织可以为受害者群体搭建一座宝贵的桥梁，并协助敦促公民向警方提供有关仇恨犯罪的信息。这些组织大多都有关于如何应对偏见、种族主义趋势和社区组织等主题的出版物和报告。它们可以通过网络了解它们的盟友，增加它们自己的资源和对其他少数群体的了解，并形成联盟，进而对社区和刑事司法系统产生更大的影响。它们还协助刑事司法机构处理社区在应对仇恨犯罪进程中的作用，并帮助暴力犯罪的受害者应对其所经历的犯罪伤害。

媒体监控。少数民族组织和刑事司法系统必须对媒体进行监控，将媒体用于仇恨/偏见犯罪和事件、多文化和多种族讲习班、节日和其他文化活动的战略性教育和宣传。还必须对媒体报道的准确性进行监督，并在必要时要求媒体更正错误信息。有关某些媒体的编辑所发表的消极社论或文章，应由涉及的刑事司法机构管理人员以一篇专栏文章加以反驳。组织领导或其指定发言人应作为记者联系的主要信息来源。

联邦、州和县项目。公安行政人员应查明联邦、州和县执法援助方案的每一个来源，并将信息提供给调查或预防仇恨犯罪的调查人员或工作队。

教堂、清真寺和犹太教堂。援助组织［如美国人权同盟（American Civil Liberties Union，ACLU）、全国有色人种协进会（NAACP）、反诽谤联盟（ADL）］并不普遍存在。有时甚至在其存在的地方，教堂、清真寺和犹太教堂往往也会援助面临歧视的人群或仇恨事件或犯罪的受害者。

仇恨/偏见犯罪和事件受害者学

在 19 世纪 80 年代之后，向重大犯罪案件受害者提供有意义的援助才逐渐被重视。一批“受害者学”文献的发展（举几个例子，罗纳德·里根总统于 1982 年创建的总统犯罪受害者工作队；1982 年的《综合受害者和证人保护法》；1984 年的《全面犯罪控制法》）和无数的受害者权益维护者及权利组织的出现大约是从那时开始的，这反映出人们对犯罪受害者及刑事司法系统如何对其处理的日益关注。人们认为，被告的权利是该制度的重点，而受害者在这一过程中却被忽视。由于工作队的建议、州和联邦立法以及公共和私营组织（尤其是国家司法研究所）的研究，受害者服务和治疗以及刑事司法系统都有所改善。

执法部门和受害者

在执法领域，警校和高级在职警官培训的课程通常包括关于受害者的培训，包括受害者的社会心理影响、警察对受害者的敏感度、受害者援助和宣传方案、受害者赔偿、赔偿标准等主题，以及应用的程序。这些课程通常会强调让受害者了解其案件状况和刑事司法程序的重要性，此类犯罪的巡警和调查人员与受害者互动的方式如何影响受害者立即和长期的身心康复。正确对待受害者也增加了他们在整个刑事司法过程中进行合作的意愿。由于这些培训项目，仇恨犯罪的受害者开始在全国一些进步的市、县受到特别的关注和帮助。

仇恨/偏见暴力的受害者通常表现出 3 种需求：（1）感到安全；（2）感到人们关心；（3）获得援助。为了满足前两种需要，执法机构和所有与受害者进行接触的人员必须特别重视受害者援助，以减少受害者的创伤和恐惧。此类调查有时涉及与不同种族背景、种族和/或性取向的人进行合作。许多受害者可能是英语水平有限、不熟悉美国法律体系的新移民，或者因在原籍国有过负面经历而害怕警察、法院或政府。

因此，警察或调查员必须不仅是一名专业的询问员和倾听者，而且必须对文化和种族差异及种族有较高的敏感度和认识度。他或她必须有在收集起诉所需证据的同时对受害者及其困境表示同情和关心的能力。与处理其他犯罪受害者一样，参与调查的官员必须：

· 以同情和支持的态度接近受害者，并表现出关心和敏感；

· 试图安抚受害者并减少受害者的恐惧；

· 向受害人保证，警方将利用一切现有的调查和执法工具，找到并起诉犯罪责任人；

· 考虑到受害者的安全，建议和提供额外的巡逻和/或提供防范和防范建议；

·向咨询机构或其他适当的公共支持和援助机构等实体提供推荐信息；

·向受害者提供刑事或民事方面的建议。

仇恨/偏见犯罪或事件的受害者所经受的压力可能会因感觉到威胁或个人侵犯而加剧。就像强奸或虐待的受害者一样，当他们必须回忆所发生事情的细节时，许多人会受到伤害。有时受害者甚至会把他们的愤怒或敌意转移到工作人员身上，这是一种被称为“转移”的心理反应。警官必须对这种反应有所准备，并且必须能够专业地缓和局势而不诉诸愤怒。调查人员和警官必须给予仇恨犯罪受害者最大程度的尊重，使他们感到正义终将来临。麻木不仁、傲慢或不知情的警官或调查人员不仅可能疏远受害者、证人或潜在证人，而且还会造成更多的不信任或敌意，进而导致社区内其他人对整个警察局产生不信任感。为了满足受害者寻求帮助的需要，社区需提供能够帮助受害者和受害者群体的资源，但很少有社区有足够的资源来为受害者提供全面的服务。即使在有资源的地方，由于缺乏公共宣传项目，或者因刑事司法系统缺乏培训或未能提供适当的途径，受害者也往往不知道它们的存在。一个关键的问题是为不懂英语的受害者和证人提供口译。在理想情况下，拥有大量不懂英语的少数民族人口的司法管辖区应该招聘和培训一定数量的双语员工。如果该司法管辖区没有使用那种语言的调查人员，应设置翻译系统以备及时查询。

如果读者希望获得更多关于如何处理受害者的信息，可以参考由国家犯罪受害者中心（NCVC）和警察基金会发行的《让受害者参与社区警务》一书。

这本书为处理特定类型的犯罪受害者提供了可在 NCVC 的网站上获得的指南。另一本关于受害者援助的多种来源出版物可以在 OVC（犯罪受害者办公室，属于司法办公室项目）的网站上找到。

执法部门和社区

当涉及仇恨/偏见犯罪时，执法部门与社区合作在以下方面是至关重要的：

·减少恐惧；

· 防止可能出现的报复；
· 防止额外的偏见事件；
· 鼓励其他受害者站出来揭发罪行，谴责导致暴力产生的偏见；
· 为公众的愤怒提供一个发泄渠道；
· 使公众了解偏见犯罪的范围和预防策略；
· 控制谣言（国家仇恨犯罪预防中心，2000）。

总结

· 1990 年的联邦仇恨犯罪统计法案鼓励各州收集并向联邦调查局报告仇恨犯罪数据。联邦调查局与当地执法机构进行合作，收集关于仇恨或偏见事件、犯罪、受害者、罪犯和动机的数据，并发布年度报告，作为统一犯罪报告（UCR）计划的一部分。

· 标准化和全面的仇恨/偏见犯罪统计数据，能够为执法机构提供相关信息，以便其监测和应对犯罪趋势。对这些犯罪的追查，可使刑事司法管理人员在犯罪趋势发生波动时适当地部署其资源。积极地应对、调查和起诉能够表明，警察是真正关心他们的，他们将这类罪行视为重要事项。

· 在美国，仇恨引发的犯罪历来都是针对移民群体的。其他受害者包括印第安人、非洲裔美国人和犹太人，还有阿拉伯人、来自不同区域的穆斯林、东亚人、南亚人（如锡克教徒）、男同性恋、女同性恋、双性恋和变性人，他们仍然是由仇恨引发的偏见、歧视和犯罪的受害者。

· 联邦对仇恨犯罪的定义属于《美国法典》第 18 章第 249 节。虽然各州的定义和法律有所不同，但总的来说，仇视性犯罪是一种针对个人、机构或财产的犯罪行为或者未遂行为，其全部或部分动机是罪犯对种族、肤色、宗教、性别、族裔/国籍群体、残疾状况、性别或性别身份者或性取向群体的偏见。

· 刑事司法制度必须积极主动，对仇恨团体所犯下的罪行迅速作出反应。它需要让仇恨团体知道，其行动将导致逮捕和起诉。主动执法的结果是，社区中的其他成员也会将仇恨犯罪对受害人所造成的影响，以及刑事司法系统如何反应更为清晰明了。当社区成员看到执法机构对仇恨犯罪作出迅速反应时，可以鼓励黑人、亚洲人、西班牙人、印第安人、女同性恋者、男同性恋者、妇女和任何其他历史上被边缘化的群体将执法视为一个良好的职业选择。

·当在多元文化社会中进行执法时，对仇恨团体有所了解就显得极为重要。在刑事司法体系中，对仇恨团体进行调查、监测和控制是当务之急。对这些团体的起诉也是至关重要的。同时，刑事司法机构应制定一种网络化方法，以便分享有关仇恨团体的信息。

·极端主义仇恨团体被归类为三 K 党、新纳粹、种族主义光头、基督徒身份教派、黑人分离主义者、新同盟和其他种类等。“其他”这一类别包括支持种族主义学说的团体、供应商和出版社。

·犹太人属于一个宗教和文化群体，在历史长河中他们一直遭受着歧视、迫害和暴力，因为他们的宗教信仰和行为往往使他们与大多数人不同。

·“LGBTQ”指女同性恋、男同性恋、双性恋、跨性别者和酷儿/疑性恋。针对 LGBTQ 群体的仇恨犯罪不同于其他的偏见性犯罪，因为它们针对的群体是由本教材中讨论的所有其他类别构成的。每年，成千上万的 LGBTQ 人仅仅因为他们的性取向或性别身份而被骚扰、殴打或谋杀。

·刑事司法机构必须从最初的报告到起诉都将仇恨/偏见犯罪作为优先应对的事项。执法机构必须向所有响应者和调查人员提供各种有关仇恨或偏见犯罪方面的培训，并需要与社区内的各种组织和受害人支持者建立联系。

·地方检察官办公室已经制定了能有效起诉仇恨/偏见犯罪的政策和程序。这对建立一种安全的社会气氛是必要的，这种气氛能促进社区少数成员充分享受公民和政治权利。

·给仇恨/偏见犯罪受害者提供有意义的援助应是调查和起诉罪犯的刑事司法系统成员的首要任务，实施仇恨犯罪的人会恐吓受害者及其社区成员。处理仇恨/偏见犯罪受害者的刑事司法机构工作人员必须能感觉并了解受害者所受到的社会心理影响。

小案例的研究答案

小案例之一：属于犯罪——严重伤害和毁坏/损坏/破坏财产。该事件应通过反阿拉伯种族/民族/祖先偏见进行报告，因为有证据表明受害人是由于其祖先血统而成为目标的。

小案例之二：属于犯罪——盗窃与破坏/破坏/财产破坏。应当以反犹太宗教偏见来报告这一事件，因为犯罪者摧毁了无价的宗教物品，并留下了反犹太人的文字和涂鸦，而盗窃似乎并不是抢劫的动机。

小案例之三：属于犯罪——盗窃与破坏/破坏/财产破坏。应根据犯罪者的意图，以反女同性恋、男同性恋、双性恋或变性者的性取向偏见来报告此类事件；此类财产犯罪显然是为了恐吓相关的雇员和顾客。

小案例之四：属于犯罪——严重伤害。这一事件应被报告为一种反印度教的宗教偏见，因为证据表明袭击的动机是由于受害者的宗教象征（吉祥记）和罪犯对印度教社区的贬损性评论（见前文小案例）。

问题讨论

1. 仇恨/偏见犯罪和事件减少。设计一个基于社区的项目来减少你所在地区的仇恨/偏见犯罪和事件。它应该包括哪些方面？

2. 迁入暴力。在小组讨论中，讨论一个社区可能使用什么策略来减少迁入暴力对新移民的影响。

3. 仇恨犯罪监控系统：你们的执法机构有监控仇恨/偏见犯罪和事件的系统吗？如果有，请提供最少过去 5 年（或尽可能多的年份）有关仇恨/偏见罪行的统计数字副本，并在此基础上遏制下列罪行：

a. 每个类别中哪些趋势值得注意？

b. 这些类别是否有助于执法机构识别趋势的基本信息？

c. 如何改进数据收集方法，使其在测量趋势和作出预测方面更有用？

d. 你们的执法机构是否使用数据来跟踪此类犯罪和事件的性质和程度？它是否相应地部署了资源？提供例子。

4. 你的地方检察官办公室的作用：通过评估你的地方检察官或检察官办公室的作用，挖掘以下内容：

a. 它有专门的处理仇恨犯罪或维护民权的组织吗？

b. 仇恨犯罪案件是否受到特别关注？

c. 对轻罪和重罪的起诉有区别吗？

d. 办公室如何决定是否起诉仇恨犯罪案件？

e. 助理地区检察官接受哪些有关仇恨犯罪的培训？

f. 对于仇恨犯罪，地区检察官办公室提供哪些类型的社区拓展服务？

5. 仇恨/偏见犯罪或事件中的受害者。你曾经是仇恨/偏见犯罪或事件中的受害者吗？与团体中的其他人分享经验，包括环境、你的感受、你如何回应，以及执法部门和基于社区的机构或组织（如果相关的话）采取了什么行动。

6. 受害者的资源。找出你所在社区有哪些资源可以帮助仇恨/偏见犯罪的受害者。

a. 哪些团体为受害者提供援助？

b. 你们州有犯罪受害者援助计划吗？它是否提供受害者赔偿？那受害者的权利法案呢？

c. 当地精神卫生部门的工作人员提供哪些服务？

d. 该地区有任何社区团体、强奸危机中心或犯罪受害者服务机构为仇恨犯罪受害者提供咨询服务吗？

e. 是否有精神卫生专业人员愿意为仇恨犯罪受害者提供服务？

第十二章　种族定性[①]

学习目标：

阅读本章后，你应该能够：

· 了解执法中“种族定性”这一概念的历史背景。
· 限定“种族定性”的概念，解释使用其他概念的相关问题。
· 解释在反恐行动中使用种族定性这一概念所面临的挑战。
· 确定警察部门预防种族定性所使用的 7 种方法。
· 讨论赞同和反对种族定性数据收集的理论。
· 解释“种族定性”与在执法过程中合理使用警察画像的区别。

大纲

· 引言
· 定义
· 种族定性的历史背景
· 警察和公民对种族定性的看法
· 作为执法合法工具的犯罪画像
· 在反恐斗争中，种族定性是合理的吗
· 在执法中防止种族定性
· 专业警务交通拦截
· 关于公民种族/族裔的数据收集

① 种族歧视，或称为种族定性，“racial profiling”，种族形象定性指警察等因肤色或种族而不是证据怀疑人犯罪。

· 总结
· 问题讨论

引言

种族定性是当代警察执法中一个非常重要的问题。执法人员所采用的实际上是或被认为是种族定性措施，在生活中的每个方面、每个行业、每个社会经济阶层都深刻影响着非洲裔美国人、西班牙裔美国人、阿拉伯裔美国人和其他少数群体。在某种程度上，种族、族裔或民族血统是否可作为拦截、搜查和逮捕嫌疑犯的因素，这一直是公民和执法人员关注的问题。2001 年 9 月 11 日开始“反恐战争”（War on Terrorism）之后，这一问题变得更加重要。种族定性是非法的，它违反了修正案第 14 条的规定。同时，种族定性也阻碍了某些群体与执法部门进行合作，可以轻易地将某一冲突升级为种族主义暴行。尽管如此，仍有某些人认为种族定性非常必要。

民权活动人士以及人权相关书籍的作者汤姆 · 海德博士认为，种族定性作为一项政策，不仅是一种“政治上的不正确”或者在本质上不合理的做法，而且可能产生破坏性的后果，最终成为一种无效的执法手段。执法部门需要认识并且了解如何预防种族定性带来的冲击（汉德，2017）。

总统专责小组在 2015 年发布的 21 世纪警务报告中包括建议执法机构采取和实行禁止基于种族、民族、国籍、宗教、年龄、性别、性别认同、性取向、移民身份、残疾、住房情况、职业或语言流利度等的定性和歧视政策（美国司法部，2015）。这项研究由奥巴马政府委托进行，在 2014 年一名官员枪击黑人事件引发了抗议和暴力事件之后开始进行。

定义

自从 20 世纪 90 年代以来，公众和执法部门逐渐注意到在警务执法中存在种族偏见的问题，数以百计的文章和刊物已经讨论和界定了种族定性的相关概念。然而，关于这一问题，国内并未形成统一的看法。这不仅困扰那些刑事司法系统的工作人员，也同样困扰着市民、社区、学者、研究人员、民权组织和立法者。由于不存在对于种族定性的统一标准，因此很难对此进行归类、解决和制定相应的预防措施。定义的变化意味着有关团体经常出于各自利益而进行互相交涉，并讨论警察所采取的不同类型的做法、执法行为与措施。因此，禁止种族定性的提案很难得到制定和执行。最终，美国政府、联邦和州立法机关，执法组织和社区宣传机构解决了定义问题，达成了一些协议。现在使用的新术语是“基于偏见的警务”，包括种族定性，但也包括基于性别、性取向、经济地位、宗教信仰和年龄的其他偏见。因种族定性这一术语更为常见，仍在教科书中继续使用。参见下述定义。

基于偏见的警务

基于偏见的警务是指在决策、警务行动或司法行政中有意或无意地应用或融入个人、社会或组织偏见和（或）刻板印象的行为。它是在执法部门履行职责的过程中针对特有特征的不恰当的考量，这些特有特征包括种族、族裔、国籍、性别、性别认同、性取向、社会经济地位、宗教、残疾和（或）年龄。

基于偏见的警务常被误解为仅与种族定性有关。性别偏见的一个例子是，在大多数情况下，警察不会给一名女性开罚单，但警官会因为同样的违规行为给一名男性开罚单。经济偏见的一个例子是，警察会给看起来付得起罚款的人开罚单，而不会给那些可能付不起罚款的人开罚单。年龄偏见的例子是，年长的人不会被罚款而青少年则会。此外，还有有关偏见的例子是，警察不会给下班的同行开罚单，而会以同样的理由给其他公民开罚单。

种族歧视

本书将使用美国司法部和国家黑人执法主管组织（the National Organization of Black Law Enforcement Executives，NOBLE）所使用的定义。根据这些组织的定义，种族定性是在警察所采取的任何行动中，依靠种族、族裔或民族出身等因素进行判定，而不再是依靠那些使警察认定某一特定个人参与或者曾经参与过犯罪活动的个人行为或信息进行判定。种族定性，也被称为“Driving While Black or Brown”（DWB），已被法院裁定为非法行为，被认为是不正当的警察行为。

人种画像：正式和非正式

正式的人物画像通常是一份向官员发出的明确准则或指标的文件，以指导他们作出决策。它通常基于收集和加工后的数据，以表示一种趋势，或者说，是在特定的行为或情境下，每个人都可能相信某种可能的结果。它可以是概述或简短的传记描述，个人的人物简介，或是某一团体的典型行为表现。

警察根据相关的行为或情境指标，以得出合理的怀疑或可能的原因，以拦截询问嫌疑人员。人物画像是对于数据的总结，其也依赖于专家的关于“通常性”或“普遍性”的表现从而“潜在地”表现出某些犯罪行为。可以潜在地识别犯罪活动。非正式的个人资料代表了“街头感”、亲身经历，以及警察用来评估人或情况的感觉。在执法方面，非正式的概况比正式的情况更为普遍。

种族分析

种族分析这一术语指的是任何警察发起的行动，使用背景、身体、行为和/或动机等综合性指标，以确定一个特定的个体是否有潜力成为或曾经参与过犯罪活动。犯罪分析是执法人员可以使用的合法调查手段。

少数人团体

在文本中所使用“少数人群”或“少数人团体”的概念，是指在种族或族裔人口中数量较少的个人或群体。

合理怀疑

只要警察在询问某个人的信息之后，对其产生了“合理怀疑”，即认为此人的行为与犯罪行为有所关联，或许就会采取拘留措施。合理怀疑要求警方必须有明确支持其行动的特定事实，单纯的质疑或者“预感”并不充分。基于警察的观察和其所经历的训练及个人经验，和从可靠的外部信息源处获得的情报等进行综合，才能得出合理怀疑。如果警察能够使得一个足够理性谨慎的人相信，犯罪行为正在发生，并且特定的犯罪嫌疑人对此起到一定作用的话，合理的怀疑才会产生，其是一种相信的层次之分，并且较之于可能原因更难以清晰。

可能原因

相较于合理怀疑，可能原因的可信程度更高，因为其是在基于事实清楚的基础之上，也是在刑事法庭中逮捕或起诉特定人员所要求的条件。当然，在搜查嫌疑人的人身或财产时，除了在之后进行讨论的某些特殊情况外，警察必须拥有可能原因。所有的州都有相类似的宪法禁令，以避免出现不合理的搜查或查封。

特定嫌疑人事件

警察试图合法拘留、逮捕或以其他方式监视一名或多名特定嫌疑人时，这些嫌疑人部分是按民族或族裔出身、性别或种族被确认或描述的，这种事件被称为特定于嫌疑人的事件。

种族定性的历史背景

在20世纪90年代，对警察利用种族定性作为借口，截停、质疑、搜查并可能因此而逮捕相关嫌疑人的忧虑成为少数民族群体的个人和社区、政治家、执法管理人员、学者和研究人员的一个主要关注点。这一时期的全国调查显示，大多数美国人，无论是白人还是黑人，都认为种族定性在美国很普遍，但80%的调查者都反对种族定性。他们认为警察在对待少数族裔时经常带有偏见，而且此种行为已经持续了很长一段时间。

种族定性作为术语和执法做法的来源是什么？在解决这个问题之前，有必要检测人们是如何使用先前的事情和信息在日常生活中作出决定。

人们通常会有意识或无意识地对他人和周围的环境或情况形成心理形象或试探性判断，这也是一种定型化的形式。这种定型观念，或寻找所谓的指标行为，对人们所遇到特定的事件或个人，在心理上对这些潜在的风险进行了初步评估。

这种心理活动涉及一个人有意识和无意识的思维过程：（1）进行观察并选择该人过往经历中的相关数据；（2）为他或她所观察到的东西增添文

化和个人的含义；（3）根据他或她对观察的含义作出假设；（4）根据他或她自己的理念得出结论；（5）最后，得出结论之后便采取行动（具体见本章后面讨论的推理阶梯）。

对所有人来说，这一过程包括他们生活中的基本决策，并指导人们对事件进行解释。一个人的社会化程度，包括他或她父母的教养，在决定决策和由此而采取的行动中起着重要作用。

执法人员在执法过程中使用的画像方法，是为了寻找表明犯罪行为发生概率的特征，或与危险或者威胁行为相关的因素。对于警察来说，这些因素大部分都是基于其经验和培训所内化了解的事物。如果他们在执勤时遇到过类似的危险遭遇，这样的经历会让他们为类似的未来事件做好准备，就像谚语说的那样，“安全善于后悔”（better safe than sorry）。拥有这种指标或共同特征的专业训练来自于许多方面，源于在警察学院的学习训练和在职人员指导下的兼职训练。非正规教育可能包括年长伙伴的指导和同龄人对如何做好这项工作的压力，而更多的正式培训则通过高级警员的课程继续进行。所有这些帮助建立了定性画像的惯例。如果某一执法机构使用一名犯罪嫌疑人的定性分析，将其抓获，我们便说他或她符合这个定性要求，从而验证了这个观点。

例如，在 2003 年 6 月，连环爆炸嫌犯埃里克·罗伯特·鲁道夫终于被逮捕时，美国联邦调查局（FBI）的分析专家立即证实，这名臭名昭著的逃犯确实“符合他们的定性要求”。培训和经验为警官们提供了需要寻找的指标，不仅是为了防止他们自己受到伤害，而且也要确定那些可疑的人或事件，并给予更为密切的关注。这种关注帮助平民和警察决定在遇到类似的人或情况时采取什么行动是谨慎的。但这并不一定意味着使用画像的人带有偏见。有作家在一篇对美国合众国际新闻社的评论，在今天看来仍然是有效的，其表明，只要它不是被滥用，某种程度的定性画像是适当的，甚至是必要的。在这篇文章中，他主要用“定性”这个词来表示固定印象：定性是普遍的，每个人都依赖它对他们遇到的每个人所带有的风险进行初步评估。如果人们不显式地定性，那么就是在默默进行；如果不是自觉地进行定性，那么你就会无意识地做。警察是否也在不知不觉中如此呢？当然，他们所做的就是如此。所有警察和调查工作都涉及从两个方面进行工作：直接和间接的。直接方面是跟踪具体的线索和线人。间接的方面是定性，也就是说，寻找一个社会环境或群体进行调查和询问，在那里有更多的可能与此件犯罪案件有关的线人、线索和罪犯。从道德上来讲，定性是有风险的。不公平和不合理的定性分析的危险——基于毫无根据的偏见，如种族主义，这是众所周知的（施特劳斯，2002）。施特劳斯暗示，分析并不总是基于准确的信息或数据。当观察到的概念是错误的或带有偏见，从而得出的假设和结论就可能是不正确的，因此导致不合适的态度、行为和行动。

执法人员、机场安保人员、海关和边境巡逻人员，以及其他一些职业的成员都在使用定性分析这一方法。在没有结论性或具体细节的情况下，这是缩小决策信息的唯一途径，包括是否截停一个人进行进一步的调查。

尽管还有其他种族定性的历史例子，但这一术语的首次使用似乎发生在新泽西州，那里的警察正试图阻止非法毒品和其他违禁品流入他们州。在20世纪90年代初，毒品强制执行局（DEA）和新泽西警方（NJSP）建立起一种合作机制：DEA对NJSP进行培训，内容之一是DEA总结的从迈阿密州到新泽西州的95号州际公路上的毒品运输者的共同特征。这些特点包括汽车的类型（尼桑汽车的探路者型号）、旅行的方向，以及从另一个州租赁车辆。此外，通常会发现有第三方租用了这辆车；司机在另外的州获得驾照，即这个州与租车地并不相同；并且有一些迹象表明行为线索（如紧张或冲突事件）。该定性画像还指出，参与毒品贩运组织的人，主要来源是牙买加人，因此暗指黑色人种。

NJSP在95号州际公路上使用了“前置性截停”（即使用一些法律上的借口，如没有发出改变车道的信号，或者没有车牌号或刹车灯的故障），以确定汽车司机和乘客的潜在犯罪行为。然后，该警察将试图建立一个法律基础来搜查非法药物。许多人认为，包括法院也认为，这些前置性的截停也基于这样一个事实，即汽车司机和乘客是黑色或深色皮肤的人。换句话说，他们因为皮肤的颜色而被种族歧视。研究结果表明，95号州际公路上的黑人和西班牙裔在这条路上被截停的频率与他们的数量并不相称。由于存有争议，以及随后的法院判决和对NJSP的惩罚性判决，该组织不再将一个典型的重罪罪犯画像分发给他们的警员，“因为这样的画像可能会导致州检察长所谓的‘对罪犯的不恰当的刻板印象’”（维尔，2001）。与其他州一样，新泽西州也制定了相应的法律，让种族定性成为非法行为，并对执法人员作出刑事制裁。

反恐战争中定性画像问题的挑战

在 2001 年 9 月 11 日之前，执法机构使用包括种族、种族或民族血统等的分析行为，或使用相同标准的类似行为，在美国被普遍认为是不受欢迎的，甚至是被谴责的。但是，在纽约和五角大楼遭受恐怖袭击之后，公众态度发生了变化。该事件导致的一个结果是建立了美国国土安全部（DHS），并试图协调执法机构和军队，以保卫国家的公民和基础设施。由劫机者制造的国家紧急状态的范围改变了公众舆论和政府关于种族定性这一政策的态度，即重新考量了基于种族和族裔等因素的分析，特别是这些分析的合法性和必要性。考虑到中东地区不断发生的复杂冲突，加上来自基地组织、塔利班和其他伊斯兰极端分子的全球威胁，这个问题变得更加紧张与复杂。国家和地方一级的警察必须制定侦查和逮捕恐怖分子的策略。基于明显特点和过往经历的初步画像分析技术，得到了迅速发展。

由于所有参与 9・11 事件的恐怖分子都是来自中东的伊斯兰男性，因此，问题变成了执法人员和安全人员是否可以针对有类似背景的可疑人员进行拦截、搜查或加大询问力度。根据这些特定恐怖分子的共同特点对其进行画像分析，他们是：

・年轻的男性，从外表看来是阿拉伯人。

・主要是沙特阿拉伯公民。

・在阿富汗或巴基斯坦的原教旨主义宗教或基地组织训练营受训。

・伊斯兰教的信徒受到原教旨主义教士的宗教极端主义启发，尤其是在圣战组织方面。

・对西方的享乐主义、拜金主义主义和不道德的深恶痛绝，他们认为这是在破坏他们社会的价值观和稳定，尤其是美国干涉中东事务。

圣战或圣战斗争（阿拉伯语直译），这个词也被一些人用来指对异教徒或不信教者的圣战。这一课题在第八章“与阿拉伯裔美国人和其他中东团体的执法联系”中有更详细的介绍。

起初，公众对这些行动几乎没有任何异议。回想 9・11 事件之前，

80%的美国人反对种族定性。袭击后不久的民意调查显示，70%的美国人认为，为了确保公共安全，某种形式的画像是必要的，也是可以接受的。在9·11事件发生8年后的2009年，在一起恐怖袭击未遂事件中引发了一场关于机场交通安全管理局（TSA）进行全身扫描的辩论（“反恐战争：为安全贸易自由？2010”）之后，一项民意调查显示，51%的美国人认为，美国有必要放弃一些公民自由，以使国家免受恐怖主义之害。显然，公众愿意放弃某些自由，以换取帮助政府减少恐怖分子在美国活动的机会。

美国公众意见研究协会（American Association for Public Opinion Research）的成员在2002年5月的一次会议上提出了一种观点，他们说，虽然公民自由通常得到广泛的公众支持，但当美国的安全与形势受到严重威胁时，公众愿意容忍对这些自由的实质性限制。他们的报告指出，在珍珠港事件和冷战高潮时期，公民对于自由的支持度有所下降。除了美国公民自由联盟（ACLU）和美国阿拉伯裔美国人协会（National Association of Arab Americans）之外，在9·11事件发生后，几乎没有人在机场和其他地方的安保区域对中东人和南亚人的拘留提出反对意见。这些组织质疑他们使用的是种族歧视和侵犯公民权利的行为，无论是通常性的抑或是具体性的措施。然而，许多公民认为，在机场采取主动执法和加强安全措施是必要的，以防止或减少恐怖主义者采取行动的机会，并且需要对所涉及的人员进行调查，最终将其绳之以法。在其再次发动袭击之前发现恐怖分子及查明其任务，已成为当务之急。然而，研究人员补充说，当威胁消除时，对公民自由的支持一直在恢复。这当然是在9·11事件之后，在美国没有发生其他恐怖活动的情况下。

在2014年发布的卢比民意调查中表明，大多数美国人支持警方应用种族定性（参见图表12.1）。

据报道，一些警察盘查某些种族或族裔群体的驾车者或行人，因为警察认为这些群体比其他人更有可能犯下某些类型的罪行。你赞成还是反对警察的这种做法？

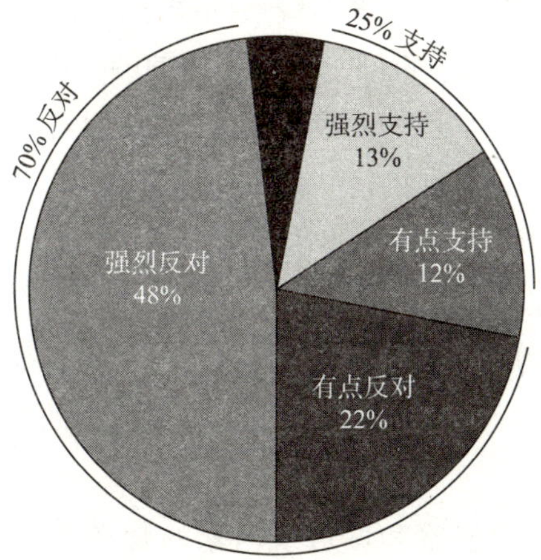

图表 12.1　绝大多数美国人反对警察使用种族定性，但强度不一

资料来源：埃金斯、埃米莉（2014 年）“民意调查：70% 的美国人反对警察的种族貌相”。2014 年 10 月，卢比民意调查。http：//reason.com/poll/2014/10/14/poll-70-of-americans-oppose-racial-profi。

“画像”和“执法中进行定性”的使用，需要平衡道德、合法性、效率、平等、自由和安全问题。它有可能影响到美国数以百万计的无辜民众，这些人可能是穆斯林、阿拉伯人、中东人或南亚人，或者是锡克教徒。① 重要的是，执法人员和安全人员应避免草率的判断，不能因少数人的罪行而谴责所有穆斯林或中东人。警员、特工和那些保护机场和其他公共设施的人应该更多地了解伊斯兰教和阿拉伯文明。

警察和公民对种族定性的看法

神话　误解　还是现实？

有些警察、政府官员和其他一些人坚持认为种族歧视是一个神话或误解。他们争辩说，大多数的警官并没有根据他们的种族、民族或民族出身来阻止或拘留他们，而是根据他们的行为、地点、情况和其他因素。警方

① 锡克人（其他称呼：锡克教徒、锡克教信徒，Sikh）指信仰锡克教的旁遮普人，主要分布在印度旁遮普邦，在巴基斯坦、马来西亚和美国也有少量分布。

认为，那些被拦截的人往往不理解警察的程序性做法，或者是过于敏感，或者是在使用他们的停止、审问、搜查或逮捕的指控中带有偏见，并对行动中所采取的措施进行诽谤，以便使行为失去法律效力。

20多年来，警察的各种机构一直在进行改革，以消除种族定性措施的存在和人们对其的看法。有时，改革是由集体诉讼行为、法院下令颁布的联邦监督批准令和立法行为引起的。尽管法律、法院命令和机构的政策及程序禁止官员使用种族或族裔作为决策因素，但这种做法仍然存在，并且很难分析这种情况的程度，因为执法机构收集数据的方法有问题。这将在本章后面讨论。

如前所述，大多数警察和城市或国家的管理者都否认种族定性的存在。他们声称，那些认为自己是种族歧视受害者的人可能不知道警方所考虑的其他因素。在一项2002年开展的研究中，这项研究的结果至今仍与此相关，大卫和梅利莎·巴洛对密尔沃基市（美国威斯康星州的东南部港市）的非洲裔美国警官进行了调查，以确定他们是否进行过种族定性，如果有，是在多大程度上进行的。研究人员想了解黑人警官是如何看待他们被警察拦下此种情况的合法性。因为调查对象本身就是警察，所以他们的观点更能使人信服。

这项调查将“种族定性”定义为“警察或警察机构在确定某个人潜在犯罪危险时的依据是其种族”（巴洛和巴洛，2002）。在密尔沃基警察局的2100名宣誓工作人员中，有414人被认定为黑人。该调查的回应率为38%（共158名警官有所回应）。超过99%的人超过25岁，并且已经宣誓成为警察至少1年。男性受访者的回应比例为83.5%，而女性受访者的回应比例仅为16.5%。

图表12.2表明，大多数对调查作出反馈的人认为他们曾经历过种族歧视。需要注意的是，随着调查内容由受到截停和询问到拘留，这些百分比也在迅速下降。研究人员认为，这些数字之所以会迅速下降，因为警官识别出了被截停人员的身份，从而避免了进一步的行动。应该注意的是，一些被调查的人声称，他们是在值班时、但在未着警服的情况下被拦下的。从他们的调查结果来看，巴洛得出的结论是，黑人男性比黑人女性更容易成为种族偏见的受害者，其比例约为三比一。

在他们的研究中，巴洛还询问了密尔沃基警察局的正式警官，他们是否在工作中使用了种族定性。他们发现大多数（90%）的受访者说他们不使用种族定性，也并不认为其是执法的必要或合法工具。研究人员得出结论："尽管许多美国白人、执法人员和政府官员否认种族定性或种族歧视的存在，但这项研究结果表明，种族定性是一个事实。"（巴洛和巴洛，2002）

交通截停是最普遍的现象，也导致人们抱怨种族歧视。美国司法部就2011年一项关于警察与公众接触的全国性调查显示，超速驾驶是造成交通截停的最常见原因，约占截停人数的一半。调查显示：

· 在最近一次与警方的接触中，黑人司机（13%）比白人司机（10%）和西班牙籍司机（10%）在交通站点遭到拦截的比例相对较高。

· 实例显示，遭到拦截的司机如果和警察属于同一种族，83%的司机认为这一交通截停行为是合法的，而两者如果不属于同一种族，那么相比而言只有74%的人认为这一行为合法。

· 白人司机遭到罚款和搜查的比例低于黑人和西班牙籍司机（兰顿和杜罗斯，2013）。

	是（%）	否（%）
被拦截	69	31
被询问	52	60
被搜查	19	81
被罚款	21	79
被逮捕	7	93

图表 12.2　种族定性调查

问：在你的专业意见中，你相信你曾经因为种族歧视被盘查、被询问、被搜查、开罚单或逮捕吗？

资料来源：巴洛 & 巴洛，2002 年，第 14 页。

新泽西州西顿霍尔大学法律系学生在2014年9月至2015年8月期间对3个相邻社区进行了另一项研究（欧文，2016）。这项研究是为了确定布卢姆菲尔德镇的黑人或拉丁裔司机是否收到了不成比例的罚单数。布卢姆菲尔德镇及其附近地区一直是白人聚居的社区，其中，在东奥兰治，88%以上是黑人；在纽瓦克，有53%的黑人和34%的拉丁裔人。

这些法学院学生发现，黑人和拉丁裔司机收到的罚单比例过高。尽管黑人和拉丁裔司机约占布卢姆菲尔德镇人口的43%，但在因交通违规而出庭的司机中却占了 78%。根据布卢姆菲尔德镇警方的罚单数据库的数据显示（仅在那一时期），他们确认，在 7110 张地址可核实的交通罚单中，有 84%发生在东奥兰治和纽瓦克附近地区（欧文，2016）。

他们研究发现了一种模式，就是在进入布卢姆菲尔德镇的特定路线上会开出更多的交通罚单。这些路线都从东奥兰治和纽瓦克而来，因此……有效地阻止了非洲裔美国人和拉丁裔人进入布卢姆菲尔德镇。争论在于少数族裔司机收到较多数量的罚单不是因为种族歧视，而是根据警力部署和犯罪发生情况（欧文，2016）。

官员个人的自由裁量权一直是刑事司法研究人员长期以来在研究的课题，这一权力与种族定性密不可分。

警察看法

警察们对所有基于种族的决策都是出于他们自己的偏见的指控有什么看法？大多数执法人员会坚持认为他们没有偏见、偏执，或在他们的警务执行中使用种族定性。积极警务工作有时包括使用基于警官经验和培训的合法分析与刻画，或者使用他们的机构提供的个人资料。然而，有时候警官的经验可能意味着很多事情。如果过往的经验导致错误的假设和结论，那么该官员可能会产生不当的行为并采取错误的行动（请参阅本章的“教育和培训”环节，探讨警官理念和态度的来源）。

警察使用种族分析（分析行为的共性或相关指标）或书面资料来确定他们应该进行调查的人，以确定他们是否犯了罪或即将犯罪。警察每天都会进行分析，不仅是在犯罪高发的犯罪团伙聚集地，也不仅是在贩毒经营者活动的公路等区域，而是在所有社区。它也发生在以白人为主的社区中，尤其当警察看到少数群体中的外地成员或形迹可疑的人时。在这种情况下，警官会争辩说，警方有理由询问似乎不宜出现在某一地区或时间段的任何人，无论肤色如何，特别是当他或她的行为可疑的时候。当一名警官看到一名白人出现在少数群体居多的地区，特别是该地区发生过贩毒或卖淫行为时，也会发生这种情况。如果有合理的怀疑，警官会检查是否有犯罪活动可能发生。大多数警察会断然否认他们在使用这种分析时存有偏见或偏执。

官员们还坚称，他们所在的机构和社区都在向他们施压，要求他们减少社区内的犯罪行为，但同时，对某些犯罪行为进行定性分析（而非种族定性）是减少犯罪的措施。此外，如果警察认为警方的监督和管理人员希望他们积极作为，在街道上通过拦截车辆和行人来确定是否具有潜在的犯罪活动风险，警察会这样做，并且如果这种行为在他们的组织内部得到了奖励，效果会更加明显。机构内部的奖励结构包括有利的评价、轮休、分配，甚至是晋升。另外一个让警方作为的原因是，如果他们不这样做，他们就会引起监督者的注意并且受到消极作为的评价。不幸的是，如果警察认为，少数民族公民更有可能参与某种形式的犯罪活动，积极拦截他们的车辆将导致更多的搜查和逮捕，而且警察更有可能拦截他们（称为期望理论），尤其是在部门有鼓励的情况下。

有两个例子，在纽约市和马里兰州的巴尔的摩的两个执法机构鼓励其官员使用积极的甚至是侵略性的手段来减少当地犯罪的发生。这些手段主要用于市中心和高犯罪率地区。纽约市将这一计划称为“拦截并搜身”（又称为“拦截、询问、搜身”）行动。巴尔的摩则采取了“零容忍”政策。其他主要城市也采用了类似的方法。对在这两座城市中收集数据进行统计分析表明，被拦截的司机和行人中，非洲裔和拉丁裔美国人的比例远高于白人。许多人认为，没有可靠的证据表明这些方法能够减少犯罪，而另一些人则认为这些方法是有效的。

最终，在2012年到2013年的纽约市长竞选期间，拦截并搜身计划引发了争议，甚至是政治争议。纽约公民自由联盟指责拦截并搜身计划称，“……它被广泛应用于有色人种居住的区域，一半以上的恶人遭到拘留和拦截，……是黑人，近三分之一是拉丁美洲人”（邦普，2016；特拉西和赖曼，2016）。该计划在法庭上受到质疑，美国一位地区法官裁定，拦截并搜身的做法是违宪的。根据美国公民自由联盟在新泽西关于拦截并搜身的报告。

拦截并搜身——如果根据宪法实施，那么本质上讲不是歧视性的。但是今天警察对“拦截并搜身”的使用往往与法院最初允许的理由不符。在纽约市，一名联邦法官发现纽约警察局侵犯了有色人种的宪法权利，因为警察经常根据他们的种族对居民进行搜身，而不是根据是否存在合理怀疑。

最终，在纽约市使用拦截并搜身的方式来减少犯罪的现象减少了并逐渐消失。

巴尔的摩市警察局采用“零容忍”政策不仅受到民权组织和公民的谴责，也受到司法部的谴责。就像在纽约市受到的指责一样，认为这项政策不公平地针对黑人，尤其是市中心的黑人。司法部2016年的一份报告中指出，1名50多岁的黑人在不到4年的时间里被拦截30次，但没有一次受到传讯或指控。在针对5年半时间的数据审查中，被拦截10次及以上的410位公民，95%都是非洲裔美国人（美国司法部，2016）。

同时，巴尔的摩的政策重点放在较轻的违法行为以避免更大的犯罪，从而导致了警察针对轻微的违法犯罪实施了大量的拦截、搜身和逮捕行为。巴尔的摩和纽约市的这些政策导致警方和少数族裔群体紧张关系的产生，被认为是不成功的犯罪打击策略。上述两座城市和其他大城市与犯罪的斗争表明，这是一个持续存在的问题，在高犯罪地区中调查打击犯罪和尊重居民权利之间始终存在紧张关系，尤其是与那些没有任何违法犯罪行为却符合“定性”特征的居民。

警察行政管理研究论坛（PERF）对种族定性进行了广泛的研究，并且注意到曾经存在或仍在使用的千差万别的术语和定义。它们选择避免使用“种族定性”这一术语，倾向于使用“种族偏见的警务”。它们在报告中指出，种族定性的定义是如此的严格，以至于这一术语没有充分反映警察和公民的忧虑（弗里德尔、伦尼、戴蒙德，古巴，2001）。

我们的许多执法人员都怀疑“种族定性”是否是一个主要问题，这加剧了某些市民的不满。工作人员清楚地认识到，公民和警察对种族问题的不同看法与他们各自所采用的定义有很大的关系。公民将“种族定性”等同于所有种族偏见的警务行为，而大多数警察人员将“种族定性”定义为仅仅基于种族因素而截停汽车司机。想必，即使是有种族偏见的警察也很少仅仅基于种族因素（通常可能是有确定的原因或其他因素）而进行拦截。

即使是具有种族偏见的官员，在进行带有偏见性的执法时，可能也会使用多样化的种族因素。例如，警察可能会根据社区和种族、汽车的使用年限和人的种族、个人的性别和种族来决定如何继续进行警务工作。因此，基于种族以外的其他考量不会被严格定义为“种族定性”。然而，研究表明，公民使用的定义更为广泛，包括种族在内的导致截停的几个因素。执法部门和公民对这一问题的看法不一致，致使公民可能将“种族定性”与带有种族偏见的警务观点的表现形式等同起来，从而产生不满。

警察拦截时的其他因素

当拦截或被警察拘留不是自行启动的话，它最有可能是因为证人或受害者描述了一个人或事件，通常是通过 911 报警电话，而该人或事件通常被认为需要警方采取行动——查询嫌疑人是否有过案底或查询计算机生成的信息，警察与公民接触的大多数情况都是如此。如果投诉人描述了某一种族或国籍的嫌疑人，这就是该官员将要进行搜寻的方向。例如，如果警察接到可能是犯罪活动的报案，并且根据可靠的信息表明，犯罪嫌疑人身高约为 5 英尺 8 英寸（约 1.74 米），身材瘦削、长发、亚裔，那么在考虑合理怀疑或可能的拘留理由时，就会考虑到亚洲人和其他人口统计学的因素。但是，如果该公民因为其自己的偏见而对少数群体进行报复，警方应设法确保这一事件的合法性并避免成为种族偏见的代理人。

一些对基于种族主义而截停的指控显然是不合理的。在某些情况下，警察在车辆停止前并不能辨别司机或乘员的种族或族裔。例如，有些汽车的窗户是带有颜色的或有深色的贴膜，或者警察看到的仅仅是后脑勺，这样就不可能确定其种族、民族，甚至性别。当警察使用雷达时，是由电子设备来判断应该决定截停哪一辆车，而不是司机的种族、族裔或国籍。很明显，在夜间，很难去识别司机或乘客的细节特征（本书读者可以尝试去描述一辆车前面的人，尤其是在晚上，以测试这些观点）。

城市警务中使用种族中立、数据驱动技术和方法的另一个例子是纽约创新性的计算机犯罪统计分析（COMPSTAT）。COMPSTAT 是纽约警察局的警力和资源调控系统，其目的是为了减少犯罪。它使用地理信息系统（Geographic Information Systems，GIS）技术绘制犯罪地图并识别城市中的问题。犯罪数据每周都会转交给 COMPSTAT 的部门主管。根据这些资料，辖区警官及高层管理人员调配人手及资源，以便最有效地减少罪案发生及改善警务表现。警察对减少辖区的某些犯罪类型负责。如果在某一地区发生抢劫，警察会被派去寻找和逮捕犯罪嫌疑人。如果警察所分配到的社区居民是城市的少数族裔的话，那么他们所接触的人很可能是这个少数群体的成员。种族与此种警务无关。

受害者和公民权利提倡者的观点

关于种族定性的存在和普遍性的主张和反对已经存在很多年，其不应被认为是认知误区或误解。我们必须把它们看作是一种非常真实的社会现象的指标。最近，法院和司法部的裁决支持了对美国各司法管辖区执法人员存有针对、骚扰和恐吓的指控。

黑人并不是唯一的说自己是执法部门种族定性行为目标的美国人。研究表明，拉美裔男性比白人男性更有可能质疑他们为什么会被拦截，以及他们是如何被对待的。正如 DWB（Driving While Black/Brown）被民权倡导者用来展示非裔美国人或拉美裔人所遭受的种族定性，近年来，“flying while Arab”被用来描述阿拉伯人、南亚人和中东人。在机场和其他地方，人们最常听到对于种族定性的抱怨，因为这些地方更担心发生恐怖袭击。民权倡导者说，阿拉伯人、南亚人和中东人，其中大多数是忠诚的美国公民，已经成为新一轮反恐战争的受害者。这是一个棘手的问题，警员和安全人员无论是否这样做，都会受到谴责。少数民族人群抱怨说，他们不仅比白人更有可能被阻拦，而且还经常承受压力，被要求允许搜查他们的车辆。

下面的微案例研究涉及虚构事件的描述，但都是基于实际发生的事件。在课堂上应该讨论每一个问题和含义，特别是警察行为是否适当、合理、合法或必要的问题。

小案例研究之一：

一名衣着考究的西班牙裔男性在早上去上班的路上，驾驶一辆全新的宝马汽车穿过一个居民以白人为主的社区。他因超速行驶而被要求靠边停车，警察没有仅简单地要求其出示驾照和开出超速罚单，而是要求增援，另一名警察也加入到他的行动之中。年轻人被告知他需要暂时离开自己的车辆，并且警察会搜查它。“嘿，你是从哪里弄到的钱去买这辆车的?”一名警官一边开始仔细检查宝马汽车，一边嘲讽地问道。其中一名警官拆开了车内的仪表盘，并声称是在寻找毒品，但最终一无所获。两名警察对司机超速驾驶的行为开出罚单后便驱车离开。

问题一，虽然西班牙裔警察可能会阻止这一名超速驾驶的司机，但你认为他们会以同样的方式对待这名司机吗？

问题二，案例中是否存在会导致警察进行此类搜查的可能原因？

问题三，你是否认为警察拦截并搜查少数族裔车辆的数量与其人口总数不成比例？

问题四，定性应该只包括该官员观察到的人的行为和活动吗？

问题五，执法领导和培训人员如何教育官员区分行为记录和种族定性？

小案例研究之二：

一名阿拉伯裔美国人正从华盛顿特区出发前往底特律。在机场，他被从安检线上拉了出来，接受了询问，并进行了搜身。他声称，这是在排着队的其他人面前发生的事情，感觉自己受到了羞辱。他认为机场当局之所以会这样做，是为了让非阿拉伯裔美国人看到当局在安全问题上有所努力。他觉得自己受到了种族歧视的侮辱。

问题一，看起来像阿拉伯人的乘客，其中包括南亚人和拉美人，已经被航空公司的官员要求离开飞机，因为其他乘客和机组人员拒绝与他们一起飞行。航空公司如何才能证明这些安保措施和管理行为是正当的？

问题二，是否应剥夺锡克教男子登上飞机的权利，仅仅因为他们拒绝不戴头巾飞行，而这在其观念中相当于在没有穿着基本衣物的情况下飞行？

问题三，反恐战争或中东冲突是否为警方和安保人员提供了采用种族定性措施的机会？

问题四，为他们所服务的公众提供安保措施并保证其安全，警方和安保人员有哪些其他选择？

作为执法合法工具的犯罪画像

在减少犯罪，特别是核心城市中的犯罪的需要，与对歧视、种族偏见型警务和种族定性的潜在指控之间，执法部门如何进行平衡，对于警官来说，这是一个具有挑战性和极为复杂的问题，特别是对于那些奉行主动型警务，同时坚定地致力于警务中不带有偏见的人而言。与所有偏见性警务有关的根本问题在于：

· 谁在进行犯罪画像，在什么基础上？

· 那个人是否有一些专业知识（如行为科学）？

· 在制定特定的个人犯罪画像分析时，其是否建立在客观、公正、不带偏见的基础之上？

· 谁在解释这种犯罪画像分析？

· 这个人在工作中是否接受过足够的培训？

· 警察是否在合法地运用犯罪画像分析？

· 其是否基于部门政策，而不是基于个人的偏见、态度和信仰？

刑事司法机构在使用嫌疑人画像与分析的问题和影响方面面临巨大挑战。执法人员受制于以下问题：

第一，保护那些被种族定性、骚扰和歧视的人的权利（即那些由于种族定性而遭到错误辨识的人）；

第二，识别并将恐怖分子或罪犯绳之以法（即那些被正确辨识的人）；

第三，确定不符合特定画像分析或种族定性的恐怖分子或罪犯；

第四，没有被他们的个人成见、态度、信仰、观念和知识（抑或是因缺乏相关知识）所阻碍，致使在执法过程中，没有无辜的人被拘留，恐怖分子在执法过程中不被逮捕的情况出现。

在全球范围而言，几乎每一个国家，嫌疑人画像分析和种族定性长期以来都被当作合法的执法工具，以寻找潜在犯罪活动的迹象，尽管这些嫌疑人因国而异。例如，在以色列，警方有巴勒斯坦恐怖分子的档案。现在，世界上许多地方的刑事司法团体正在利用个人资料来查找和逮捕基地组织和伊斯兰激进组织的成员。在美国，机场和国家安全部使用的潜在恐怖分子特征可能包括以下因素：

首先，来自沙特阿拉伯、埃及或巴基斯坦的20多岁或30多岁的人；

其次，可能生活在6个州之一：得克萨斯州、新泽西州、加利福尼亚州、纽约州、密歇根州或佛罗里达州；

最后，有可能从事某种嫌疑活动的人，如学习驾驶飞机，在可能进行袭击的目标地区游览，或者取得美国驾照。满足这些条件（不一定要有一定的肤色)，就足以引起当地执法部门的怀疑。

警察行政管理研究论坛（The Police Executive Research Forum，PERF）制定了一项政策，以便让全国各地的警察部门都能通过这一政策，清楚地界定什么是合法的嫌疑人画像分析。由于美国宪法第四修正案保护公民不得遭受不合理的搜查和扣押，政策规定，除非在特定情况下，警察不得考虑种族或族裔因素，以此建立合理怀疑或可能原因。政策规定：

· 不允许使用种族作为犯罪行为的一般指标。

· 不允许使用模式化定性或偏见。

· 如果基于辖区内可靠的相关的信息，并能将特定的、可疑的非法活动与某一种族或民族的人联系起来，便允许将种族作为一个考虑因素来制定执法决策。

· 依赖于对实际嫌疑人的描述，而不是对可能参与犯罪人员的一般性预测。

警察行政管理研究论坛的刊物写道，“基于种族偏见的警务是一种原则性的应对”，并建议采用以下原则：“种族，或民族因素应该与其他人口统计描述特征同等对待。在建立合理怀疑或可能原因时，警察可以将种族/民族作为一个考量因素，就像他们使用年龄、性别和其他描述特征一样。”该组织建议对官员使用的最佳测试包括两个问题：第一，如果此人并非白色人种，我是否会对其采取措施？第二，如果此人并未符合人口统计指标，我是否会对其进行询问？(弗里德尔等人，2001)

在评估嫌疑人画像分析和某些特征的使用时，有必要结合常识和公平感，在有效执法和保护公民自由之间取得平衡。作者认为，如果嫌疑人画像分析能够在得以审慎、公正、合法地使用，其将不会扰乱这种平衡。大多数警官明白，定性分析，而不是种族定性，是一种可以接受的主动执法形式，法院也认同此类观点。美国海关总署、美国边境巡逻队和缉毒局长期以来一直将档案分析作为一种工具，来扣留和调查那些符合“贩毒者形迹特征”的人。这样的档案基于行为、行动、特征、举止、情报信息、运输路线、统计证据等因素，而不仅仅是种族或种族等单一特征。美国边境巡逻队显然将种族与墨西哥边境犯罪的发生率联系在一起。认为大多数试图从墨西哥非法入境的人是西班牙裔、拉丁裔或混血儿后裔，这是合乎逻辑的。在这种情况下使用定性分析似乎是合法的和可接受的。然而，边境巡逻队所考虑的因素不仅包括特定人的种族因素，而且还包括他们靠近边界、开车不稳定、行为可疑，以及有过外逃经历等。

在反恐斗争中，种族定性是合理的吗

9·11 事件发生之后，种族定性开始受到广泛关注，至今仍是最重要的民权问题之一。是否可以以“反恐斗争”的名义在机场和边境实施种族定性仍存在大量争议。机场警察和安全机构（如美国交通安全运输局）以及国土安全部内的美国边境和移民管理局官员使用种族定性来辨别人群，哪些可能威胁其辖区安全的人群。当某人预定机票时，上述官员会通过航空公司收集特定的身份信息，包括姓名、出生日期、地址以及电话号码。如果是国际航班，还需要护照号码。这些信息将会与其他数据进行比对，如美国运输安全管理局的禁飞名单和美国联邦调查局的 10 大通缉犯名单(禁飞名单于 9·11 事件后设立，是为了防止被政府怀疑与恐怖主义相关的人员乘坐飞机进出美国)。随后，旅行者分配到相应的恐怖主义“风险评分”。高评分则需要航空公司对其进行行李和（或）人身检查，并在适当的情况下联系执法部门。航空公司往往会根据乘客的目的地和购票方式对其进行检查，而不是乘客的长相。没有任何个人资料具体涉及被检查人员的种族、民族或国籍。

在 2009 年，运输安全管理局立即宣布了一项名为“安全飞行”的后续计划，并最终通过了准确性和隐私保护的测试。到 2010 年 12 月，所有进出美国的航班都有安全飞行计划（马丁，2010）。

美国运输安全管理局（TSA）还使用种族和民族中立的相关技术来筛查乘客。也就是说，无论年龄、残疾、相貌、国籍、种族或民族，在美国的每一架飞机内的人员都会受到同样的待遇。如果金属探测器对全身扫描或搜身发现问题，才会出现额外的检查。一些乘客已经表达了对这种干涉的不满。一些人认为，TSA 应该被允许对旅行者进行定性分析，因为他们的资源被浪费在对低风险乘客的筛查上。

合理利用种族/民族因素

一个重要问题是，在进行执法活动时，种族是否可以成为一个正当的考虑因素。在美国诉特拉维斯的案件中，第六巡回上诉法院裁定，“当调查人员掌握关于某一嫌疑犯的信息时，种族或种族背景可能成为合法的考虑”。简单地说，警方所描述和正在寻找的嫌疑人属于某一特定的种族或族裔（请参阅本章中对特定嫌疑人事件的定义），法院的判决允许警方根据他们的经验和所受到的训练，考虑其所关注问题的总体情况，这可能包括关于对“毒品运输者画像分析的说明与应用”。事实上，许多法院支持使用毒品运输者的定性分析作为拦截或引起怀疑的唯一决定因素。因此，定性分析与其他事实、情况相结合可以构建起合理怀疑或可能原因。种族或肤色可能是在某些警察执法活动中所考虑的因素。在怀伦诉美国政府案中，最高法院的判决增强了警察在反禁毒斗争的名义下拘留个别公民的广泛权力，并允许以客观标准检测的理由进行拦截。

一些人认为，怀伦案件所确立的客观标准（其定义为基于事实测量，且无偏见的判断或分析等情况的标准）为警察滥用权力打开了大门。他们认为在怀伦案件中，警察是否隐瞒其真实意图，违反了部门规定进行截停，或者他们截停的真正因素是否因为车里有两名美国黑人男子，并在一个以贩毒闻名的地方停车达 20 秒，这对法庭来说并不重要。他们担心，怀伦一案中所作决定显然为种族定性打开了大门，因为它允许警察在没有合理怀疑或可能原因的情况下阻止任何人，从而为规避美国宪法第四修正案的要求提供了一种机制。他们认为，由于轻微违反交通规则的行为数量较大，对交通违规行为进行检测从而截停是没有必要的。如果一名警察想在没有合法权力的前提下拦截一辆车，其所需做的就是跟着车辆，直到司机紧张起来，在没有转弯信号灯的情况下向右拐，然后驶过道路中线。警察在观察到轻微的交通违规行为后，可以拦住司机，并试图迫使司机同意对车辆进行搜查。

值得注意的是，法庭在怀伦案件中的决定并没有造成预先截停的做法。相反，它证实了警方长期以来的做法，并且这种做法甚至受到了警察管理人员的鼓励。怀伦案件判决也并非不可预测。法院表示，对守法的少数族裔公民实施“短暂拘留”是对打击犯罪斗争中的一个轻微和必要的不便之处，这意味着这种定性的做法对其并未造成损害。然而，那些主张使短暂拘留标准更为狭隘的人坚持认为，这些法庭判决没有承认这些拘留在公民和警察中都是经常发生的，其在被截停的市民和面对带有敌意的有色人种的警察之间产生了怨恨和愤怒。将种族、族裔、性别、性取向或国家起源等因素用于犯罪画像（其本身就基于假定的统计概率）的警察，又对其所依赖的以上数据作出了“贡献”。

最高法院已经明确表示，只要政府能够证明警方的搜查和扣押是客观合理的（也就是说，是基于可能的原因或合理的怀疑，在本章前部已进行定义），他们便没有违反第四修正案，而不管警察采取搜查或扣押措施的主观上（或是实际上）的动机。然而，这并不意味着客观上合理的搜查和扣押永远不会违反宪法。带有歧视动机的警察，尽管其合法搜查或扣押某些种族、族裔、宗教或性别群体的成员，他们仍应受到违反宪法规定的指控（即种族定性）。

美国宪法第四修正案第 4 条规定，公民在其人身、财产、证件的权利和避免不合理的搜查与逮捕的行为不得侵犯，除宣誓或确认等理由外，任何逮捕证均不得发出，对于要搜查的地点和被扣押的人员或物品需要作出特别说明。

对未被逮捕的人员或车辆进行搜查的警察，必须有合理怀疑或可能理由。没有合理怀疑的警察可能会被要求获得搜查许可（除非在那些非法的州或地方），甚至让司机签署一份弃权书。然而，有时可能会发现种族偏见的证据，即当少数群体比白人更频繁地遭受搜捕时。执法机构必须监控他们收集的在自由裁量之下当事人同意搜索的数据，以确保自由裁量权不会被更多地应用于少数群体。根据一些研究人员的说法，对这种差异的一种解释是，少数民族在警察旁边可能会更紧张，因此警察可能会将其行为误解为可疑。

2001 年，美国总统乔治 · W. 布什签署了《美国爱国者法案》，执法行为获得了广泛的搜查权。该法案赋予了国内执法机构和国际情报机构广泛的新权力。该法律的条文，针对恐怖主义，扩大了监视能力（实际上是搜查），并允许在某些特定情况下进行全国性的窃听。新法律的许多方面，受到了那些担心政府侵犯无辜公民生活和权利的可能性的人的质疑。《美国爱国者法案》于 2015 年 6 月 1 日到期。新修订的名为《美国自由法案》于 2015 年 6 月 2 日经国会同意接续上一法案。《美国自由法案》于 2019 年之前生效（美国众议院，2015）。

凡原则必有例外，“搜查必须基于合理怀疑或可能原因”也有例外。法院已经作出裁决，支持在机场、公共交通站点以及法院和其他官方建筑的入口进行例行搜查。这些检测或搜查被称为是宪法第四修正案例外的“特殊需要”，并且只允许在有限的情况或条件下。这种搜查或检测的目的不仅在于探测武器或爆炸物，或逮捕携带武器的人，也阻止这些人携带违禁物品进入被保护的地区。法院认为，这样的审查是反恐的合法手段，同时也认为对公众隐私的侵犯微乎其微，这样的行政程序是对恐怖主义袭击或将违禁品或者限制物品带进管制区域的有效威慑。2014 年，最高法院在纳瓦雷特诉加利福尼亚州案中裁定，即使警察没有亲眼目睹驾驶过程，也可以拦截并询问司机。法院裁定如下：在接到受害人在道路上遭遇交通事故的报警电话后，警察找到了被害人所描述的车辆并且实施了交通拦截。我们坚持认为这一拦截遵照宪法修正案第 4 条，因为在总体情况下，该警察有理由怀疑司机酒驾（美国最高法院 572 号令，2014）。

非法利用种族/族裔因素

法庭认为，仅凭符合定性分析所需要的条件，并不等同于有了进行调查拘留或逮捕所必需的合理怀疑或可能原因，在任何情况下，警察都不能仅基于种族、民族、性别、宗教、国籍或其他人口特征来拦截公民。警察必须以合理怀疑或可能理由，根据他们能够阐明的事实和信息，将已犯罪或将要犯罪的嫌疑人员，无论是在车内或是徒步，进行拦截。

一些州通过立法禁止在没有明确理由怀疑的情况下进行“被同意”搜查。仅仅是驾驶员或乘坐者的紧张不是要求同意搜查的充分理由。美国宪法修正案第四条和第十四条（法律上的平等保护）提供了一个框架，以保护司机免于被警察部门通过交通拦截而成为歧视的目标。为了证明其成为概括性拦截目标的指控，申诉人必须出示事实或统计数据，表明其仅因种族、民族、性别、宗教或国籍而受到拦截。然后，责任转移到警察部门，其必须提供证据，证明他们并没有仅仅根据这些因素采取行动。

2003 年，美国司法部在一项名为“关于联邦执法机构使用种族的指导”的指令中，禁止联邦探员进行所有种族定性分析。然而，该指令只适用于种族和民族，不适用于宗教、性别、国籍、性取向和性别认同（美国司法部，2013)。2014年，司法部部长埃里克·霍尔德在纠正了这一错误，通过更改指令以防止联邦调查局以及其他联邦执法机构在执法活动中，除了考虑种族和民族因素外，还要包括性别、国籍、宗教、性取向和性别认同。这些规定适用于国土安全部的安全行动，包括移民和海关执法、美国海岸警卫以及非边境地区的边境执法行动，同样适用于保卫政府大楼和联邦空中警卫国土安全部官员。例外的是，海关和边境保护局的联邦特工仍可以使用种族定性在美国入境口岸进行检查筛选。这些规定不适用于地方、县、州的执法人员。特勤局也不受这些规则的约束（美国司法部，2014)。美国国会已经多次考虑立法禁止州和地方执法机构多来年使用的种族定性，但这一方案始终没有通过（美国司法部，2014)。截至2011年，美国有28个州通过了有关种族定性的法律（格拉瑟，2014)。

在执法中防止种族定性

为制定相应措施以防范种族歧视和部分警察不适当的执法行为与表现，刑事司法系统应考虑以下7个方面：

· 问责和监督；
· 自我评估；
· 解决种族定性问题的机构政策；
· 处理种族定性的警察机构；
· 招聘和雇用；
· 教育和培训；
· 少数群体社区外联。

问责制和监督

防止在执法过程中使用种族定性或带有偏见的执法是至关重要的。警察部门的主管人员必须认真反思这一点，并对偏见型警务的现实与理论层面作出应对。执法人员、管理人员和监管人员必须向所有的警务人员发出明确的信息，即仅以种族、族裔或民族血统作为任何调查行为的依据，不仅是不可接受的行为，而且也是违法的行为。这可导致某些人员被解雇，甚至可能被起诉。如果被定罪，该警察是否会受到罚款或监禁则将取决于特定国家的法律。

为了查明可能带有种族偏见的警官，警察管理人员和监督人员应监测以下指标：(1）少数族裔公民的投诉数量较多；(2）涉及少数群体的武力反抗或抵制的事件数量较多；(3）因检察官发现不当拘留或搜查而未受到逮捕的人数众多；(4）对少数群体的明显消极态度；(5）对加强警察社区关系或文化意识的培训项目的消极态度。

防止种族貌相的相关措施也会涉及刑事司法系统的其他组成部分，如检察官和法院。立法者也是这一进程中不可缺少的组成部分。对于仅因为种族/族裔而被拦截的司机的监督、立法、统计并不能杜绝某些警察使用种族貌相策略。同时，也应该建立一项监督警员与居民之间其他联络方式的项目，以助于减少此类事件。执法机构必须向其辖区传达，他们与其他公民一样，都将免受此种歧视，并且这种歧视坚决不可容忍或提倡。防止执法人员使用种族貌相，不仅是维持警察在社区中名誉的关键，而且也减少了各部门、警员和民众之间的障碍。执法人员可以使用以下自我评估来评估他们机构的政策和做法，以确定其中是否会在社区中导致警察部门的形象或可能的民事责任。

自我评估

1. 你的执法机构对种族歧视的交通执法采取了积极的应对态度吗？

2. 你的部门在过去 1 年收到了多少民事权利投诉？交通拦截所占百分比是多少？

3. 你的部门是否在媒体上对社区关系或种族歧视的交通执法行为有过负面描述？

4. 你是否收集了关于你所在机构的警员拦截、拘留、搜查和逮捕的嫌疑人员的种族、族裔、性别和民族血统的数据？

5. 你是否授权整个部门都能访问车载视频系统的数据？

6. 是否有一个有效的公民投诉系统，以及部门是否对此作出回应？

7. 是否有监控措施，以识别（或早期预警）那些可能在交通执法中带有种族偏见的警员？

8. 机构是否为有种族偏见的交通执法警员制定了纪律政策和培训课程？

9. 机构是否已采取积极措施，在问题出现之前与少数族裔社区建立积极关系（如与社区领袖举行会谈或者举办邻里协会）？

上述评估内容的作者认为，全国各地的大多数执法官员、监督和管理人员都是勤劳刻苦的，他们致力于公平和尊重地为我们辖区内的所有居民服务。这些专业人员明白种族定性行为是不可接受的，并与确保所有人（不论种族或族裔）一律平等的固有标准和价值观相冲突。他们知道种族定性行为会使得警察部门陷于费用高昂的诉讼，并且会破坏与少数族裔关系。他们不允许使用种族定性行为，愿意与他们的社区合作来解决所涉及的相关问题。这些专业人士采取了多元化措施以根除在他们的机构或管辖范围内的种族歧视行为和观念。

解决种族定性问题的机构政策

执法机关必须有明确的政策和程序来处理种族定性及其相关看法。美国许多部门制定了这样的普遍政策，不仅包括交通管制，而且还包括对行人甚至自行车骑行人的临时拘留。这些政策通常是针对宪法第四修正案的，即警方采取调查拘留、交通拦截、逮捕、搜查和没收财产等措施必须基于有具体事实和情形所支持的合理怀疑或可能理由。该政策必须包括下列内容：第一，未经传唤或警告的驾驶人员，除非在存在有进行犯罪活动的合理怀疑的情况下，否则不应被扣留。第二，在没有可能原因、搜查证或个人自愿同意的情况下，不得搜查任何人或车辆。政策应具体规定，在进行搜查时，这些信息均应进行记录，同时也包括查询的法律依据和结果。强烈建议，在嫌疑人员使用提供的制式表格，并书面同意的情况下进行搜查。一些机构现在要求在现场的视频或音频中记录官员口头请求，以便对个人或车辆进行搜查。

根据国际警察局长协会（International Association of Chiefs of Police，IACP）的观点，制定政策的部门在创建符合其需要的模式之前，应尽可能多地考虑处理种族定性问题的模式。各机构还应让社区成员，特别是少数群体和民权倡导者参与政策的制定和执行。该政策必须向执法人员和他们所服务的人传达一个明确的信息，即种族定性和其他形式的基于偏见的警务是不可接受的做法。声明也应包括如果官员违反政策规定，可能导致何种纪律处分（如果法律允许的话，也包括刑事起诉）。

旧金山警察局建立了一种普适性的要求，概述了在不带种族偏见的情况下维持治安的政策。它指出，警察部门“一直努力在争取社会的信任。为了维持这种信任，我们部门成员必须以不带偏见的方式履行职责，并消除任何似乎带有种族偏见的维持治安的感觉”。该要求明确了在何种情况下，警官在作出执法决定时可以考虑种族、肤色、族裔、民族血统、性别、年龄、性取向或性别认同。

政策：根据美国宪法第四修正案，调查拘留、交通拦截、逮捕、搜查和扣押财产将依据合理怀疑或可能的理由标准。对于采取调查拘留、交通拦截、逮捕、非自愿搜查和没收财产的措施而言，警方必须能够阐明支持合理怀疑或可能理由的具体事实和情况。部门人员不得在任何程度或范围上使用种族、肤色、族裔、民族血统、年龄、性取向或性别认同，将其用于拦截或拘留，或在停止或者拘留后开展的活动中，除非是从事适当的针对特定嫌疑人的活动，并进而确定某一特定的人或团体。部门工作人员寻找 1 名或多名已被上述任何一项特征识别或部分描述的具体人员，只能部分依靠这些特征与其他适当的识别因素相结合，对所列的特征不应过分重视：

· 除上述规定外，警官在确定合理怀疑或可能的理由时，不得考虑种族、肤色、族裔、民族血统、出身、年龄、性取向或性别认同。

· 除上述规定外，警官不得考虑种族、肤色、族裔、民族出身、年龄、性取向或性别认同，即使是那些不构成合法拘留或请求同意搜查的自愿冲突（旧金山警察局 2011 年第 5.17 号令）。

另一个积极处理种族定性的机构是波特兰警察局。2009 年，波特兰警察局积极与社区合作，制订了解决种族歧视问题的计划。该计划可以在其官方网站上看到，它强调了以下优先策略：

· 与人权委员会和人类关系办公室等机构合作，为警察创造与有色人种接触的机会。

· 制订一个计划，通过提高官员准确识别可能携带武器或违禁品的能力来减少不成功的搜查次数，即提高他们在搜查中的“命中率”，从而减少高加索人、非洲裔美国人和拉丁美洲人之间的差别待遇。

· 在专业性和尊重等问题上，对部门的培训和监督进行盘点，以提高服务水平为目标。

· 发展和改善与其他致力于减少我们工作中的种族差异的机构之间的合作关系（解决种族歧视问题计划，2009）。

1979 年，国际警察局长协会（International Association of Chiefs of Police）、诺贝尔基金会、国家治安官协会和警察行政管理研究会议成立了执法机构认证委员会（the Commission on Accreditation for Law Enforcement Agencies，CALEA）。该委员会的主要目的是通过建立一个由执法专业人员制定的国家标准机构来改进执法服务。此外，它通过建立和管理一个认证程序来承认在职业方面取得的成就，执法机构可以通过该程序证明它符合这些标准。“参加 CALEA 认证方案是自愿的，但成功完成将为执法机构提供国家认可的卓越和专业成就奖。获得 CALEA 认证的其他好处可能包括更有利的责任保险费用和增加政府和社区的支持”（见 CALEA 网站：www. calea. org）。

CALEA 于 2001 年发布了关于基于偏见的种族定性标准 1. 2. 9，该标准要求经 CALFA 认证的机构制定一项关于偏见分析的书面政策，并至少包括以下规定：（1）禁止在交通、实地接触以及资产扣押和没收措施中采取基于种族偏见的种族定性；（2）就基于偏见的种族定性问题，包括法律方面，对机构执法人员进行培训；（3）如果发生基于偏见的种族定性，则应予以纠正；（4）每年对机构行为，包括公民关注的问题进行行政审查。CALEA 不要求强制收集交通拦截数据，尽管对此的需求越来越大。该委员会的立场是，并非所有执法机构都必须收集交通拦截数据，尤其正在使用其他成功的测量系统，或这辖区情况并不表明存在对警察偏见的忧虑。

征聘和雇用

警察机构可以通过招募和聘用能以专业方式执勤的警察来减少种族偏见。在法律范围内，该部门应该招募一支能考虑社区种族和族裔人口状况的队伍。这支队伍应该能够公平合理地执行其职责。拥有这样一支队伍增加了整个机构能够理解种族/族裔少数群体的观点并与他们进行有效沟通的可能性。

各部门应该招聘的官员是那些了解并能够以专业的方式管理自己的民族族裔、文化固定印象和偏见的人。这些素质对于减少警察工作中的偏见是必不可少的。适用于执法职位的多个测试阶段通过帮助清除那些无法控制偏见的人。面试、测谎、心理测试和背景调查的目的都是为了找出那些有偏见的人，认为他们可能会根据自身以往的偏见而采取行动（详见第一章和第三章)。应当指出，偏见的可能性不仅限于白人官员，少数群体的成员可能对白人、其他少数群体的成员，甚至他们自己的种族/族裔群体的成员有偏见。有许多研究表明，少数族裔官员在少数族裔司机问题上可以像白人一样强硬，有时甚至更加强硬。警察招募信息，无论是口头还是书面的，都必须强调，对于那些带有偏见的人，不论其自身的种族或族裔，如果不能区分适当和不当的行为及行动，都不会被雇用。正如本章前面提到的，没有人完全没有偏见，但是招聘工作应该针对那些了解和控制自己偏见的人。

教育和培训

执法机构需要提供培训和教育，使警官能够利用法律工具，从而能够在当下的多文化社区内从事专业和有效的工作。一些部门已利用交互式模拟培训练习，培训专业交通拦截程序的官员，特别是涉及情绪激动的人员。显然，大多数执法人员都知道不应以所持有的偏见和固定观念采取行动。然而，偏见的本质使得一些人不知道自己带有偏见。因此，他们根据这些潜意识中的偏见和看法对某些群体作出推论和采取行动。某些警察群体可能会有偏见或固定印象，因此，提供此类准确信息的培训是警察部门应采用的防止种族定性的方法之一。

当一名警察根据种族、族裔或民族等因素而进行交通拦截时，会产生什么样的心理变化，有偏见信念系统的官员观察和收集某些数据，而这些数据反过来又强化了他们的观念系统。为了使自身的观察具有意义而赋予其内涵（因为我对少数群体带有偏见，所以我更关注他们并拦截的比例更多)。基于这些内涵所作出的假设便填补了本没有的事实和数据（这名汽车司机正在携带毒品)。警官得出了结论（基于此种理念）并采取了行动(决定更为频繁地阻止非洲裔美国人和西班牙裔司机而非白人司机)。我们思维中的这些步骤进行得很快，并且大多数人都不知道这个过程一直在进行（见第一章中的一节“执法中的偏见”）。

在《第五学科领域：建立学习型组织的策略和工具》一书中，管理专家彼得·森格和他的合著者提供了一个清晰而简单的模型，名为“推理的阶梯”（Ladder of Inference)，它阐明了大多数人典型的思维模式（蚂蚁缺陷)。使用梯子，作者讨论了思考和决策过程，从下往上描述人们如何选择数据、增加意义、作出假设、得出结论、采纳信念，并最终采取行动（见图表 12.3）。他们认为：我们生活在一个自我生成的信念的世界里，这些信念基本上是未经检验的。我们之所以采纳这些信念，是因为它们是基于我们观察到的结论，再加上我们过去的经验。我们实现我们真正想要的结果的能力被我们的感觉所侵蚀：

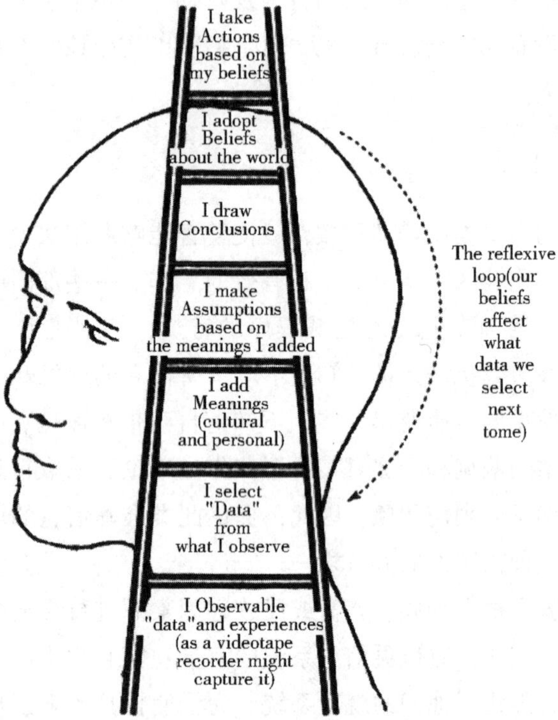

图表 12.3　**推理阶梯**

资料来源：森格等人，1994 年，第 242—246 页。经彼得·森格许可后复制。

注：I take Actions based on my beliefs　我根据自己的信念采取行动

I adopt Beliefs about the world　我采纳关于世界的信念

I draw Conclusions　我得出结论

I make Assumptions based on the meanings I added　我根据我添加的含义作出假设

I add Meanings（cultural and personal）　我添加含义（文化和个人）

I select “Data” from what I observe　我根据我的观察结果选择“数据”

I Observable “data” and experiences（as a videotape recorder might capture it）　我观察到的数据和经验（如录像带所记录的）

The reflexive loop（our beliefs affect what data we select next time）　自我循环（我们的信念影响下一次选择的数据）

· 我们的信仰是真实的。

· 事实是显而易见的。

· 我们的信念基于真实数据。

· 我们选择的数据是真实数据（森格、克莱纳、罗伯茨、罗斯、史密斯，1994）。

作者解释说，大多数人不再记得他们的态度和信念来自哪里（即数据或经验导致了他们的假设和结论），因此，他们可能不理解他们所采取行动的基础。森格和他的合著者在下文中讨论了“抽象的飞跃”：我们的头脑以闪电般的速度移动……因为我们立即“跳到”泛化的速度是如此之快，以至于我们从未想过要测试它们……当我们从直接观察（具体的数据）转移到没有测试的泛化阶段时，抽象的飞跃便出现了。抽象的飞跃会阻碍学习，因为它们变成了公理。我们曾经的假设已被视为事实（森格等人，1994）。

作者接着说，然后我们把泛化当作事实。

你如何发现抽象化的飞跃？首先，通过问自己对世界运作方式的观点，问一下这种概括所依据的“事实和数据”是什么？然后问自己，“我是否愿意认为这种概括可能不准确或具有误导性”？有意识地问最后一个问题是很重要的，因为如果答案是否定的，那么继续下去就没有意义了（森格等人，1994）。

在森格进行的强化培训中，警察和其他公司高管能够了解上述模型，并将其与自己组织中的问题和挑战联系起来。这些模型有助于深入了解警官们在拦截少数群体成员的思维过程中可能发生的事情。因此，这些模型可以帮助警官更好地理解他们针对种族特征所实施的行为。人们自然会用假设来代替未知的假设，但在种族定性的情况下，这是一个非常危险的主张。警官们必须认识到，他们何时在将自己的偏见变为“现实”，以及他们何时用真实的数据代替主观假设。

培训和教育为警察部门提供了一个机会，让官员了解不遵守这方面的政策和法律所将受到的惩处。许多州立法机构制定了法律，禁止执法人员出现种族定性行为。这类立法还要求每一名执法人员参加关于种族问题的扩展培训。这种培训通常由警察标准与培训委员会（the Commission on

Peace Officer Standards and Training，POST）协调、监测和控制，这一机构在每个州都存在。这些州委员会理应将种族定性这一主题纳入其初级和在职警员的多样化培训项目中，执法机构应向其社区少数群体组织的地方分会咨询有关实际或被认为是种族偏见型警务的描述和例子，以供培训方案使用。这些程序还应包括如下内容：

1. 所涉关键术语的定义，如分析、画像、种族偏见型警务、可能产生的原因和合理怀疑等。

2. 确定反映当地居民中文化差异的主要指标和观点。

3. 偏见、歧视和固有观念对有效执法的负面影响，包括审查在历史进程中，歧视性执法行为的观点是如何损害了警察与社区的关系。

4. 民权运动的历史和作用及其对执法的影响。

5. 警察在防止、报告和应对同事的歧视性或偏见做法方面的具体义务。

6. 地方团体和种族关系专家对文化多样性和警察—社区关系的各种观点。

避免种族歧视的培训应该成为每个州警察标准与培训委员会以及服务培训项目的一部分。培训应当包括宪法、伦理、沟通技巧（有尊重地拦截，尤其是缓解潜在可能的冲突和矛盾局势的技巧）。例如，如果被拦截的司机或行人说，“你拦住我是因为我……”这时警察应该如何回应（参见第四章“沟通以避免升级和回应关于种族定性的指控”和第六章的种族定性部分）。

每个州对种族定性有不同的培训要求，不管是在课堂上还是网上，培训时间也各不相同。密苏里州的警察标准与培训委员会要求对有权进行交通拦截的治安警察进行培训。以下是培训的一些规定：

· 所有有权强制执行交通法规的现役治安警察，无论他们是否真的参与交通拦截，都必须参加种族定性培训。

· 没有权限进行交通拦截的警察不受这项培训要求的约束。

· 所有的种族定性培训都需要达到一定的要求，这一要求或者是获得许可或批准以继续提供教育，同时培训提供者要取得警察标准与培训委员会的控制号码；或者是执法机构给执法教育中心的课程激活并分配编码。

· 种族定性的法定强制培训目标如下：培训应促进对种族和文化差异

的理解和尊重，并且在种族和文化多样化的环境中用有效非斗争性的方式来履行职责。这一培训为巡警、一线督察、指挥参谋人员和高级行政人员量身定制。

·种族定性培训要求是CLEE培训要求的一部分，并不是附加的。根据其课程结构，它可以用来满足CLEE培训核心要求，如法律学习、人际关系视角、技术学习和技能发展。结训证书可以反映这两部分内容（密苏里州公共安全部，2017）。

司法部与前执行局研究主任洛里·弗里德尔博士合作，为执法机构提供了题为“公平和公正执法”的多层次培训（FBI，2017）。第一章和第六章也提到了系列综合培训，其中包括对警察执法管理的建议：

·聘用不同的人员和无偏见执法的人员。

·制定有效政策，明确警察何时可使用以及何时不可使用种族和民族（以及其他人口统计数据）来作出执法决定。

·组织有效的学院和在职培训，了解种族和其他偏见在不同部门中可能出现的方式。

·建立问责机制，促进执法专业化，推动公平公正的警务活动开展。

·不断努力确保加强各部门和不同社区之间的联系。

·评估收集（车辆或行人）停车数据的成本或效益。

·针对是否将数据收集作为应对的一个步骤，作出有远见的决定（FBI，2017）。

IACP的出版物《保护公民权利：州、地方和部落执法的领导指南》，引用了各部门在保护公民权利方面的模范政策和做法。内容包括批准令的讨论和部门警察机构与美国司法部签署的协议备忘录。执法部门负责人应当审查并推荐与社区伙伴关系有关的出版物，以保护和促进公民权利（IACP，2006）。

一线负责人培训主题应包括：

·偏见是如何在善意者身上体现的。

·科学的偏见。

·如何辨别可能有偏见的人员（他们在寻找生命？什么是潜在的信息源？）。

·难以识别的偏见行为。

· 警察有偏见时如何介入。

· 偏见如何体现在警察的工作和决策中。

· 如何与个人（官员、社区成员）、社区团体和媒体讨论偏见（IACP，2006）。

指挥等级的培训应当由小班组成，可能包括来自其他机构的高级官员和少数族裔社区领导人。培训主题应当包括：

· 思考偏见警务。

· 人类偏见的社会科学及其对警察的影响。

· 促进公平公正警务活动的综合性计划的优点和构成要素。

· 如何实施综合性计划（IACP，2006）。

现在，执法部门比以往任何时候都更有能力有效地解决存在偏见的警务问题。在过去的几十年里，警察培训的数量和质量、招聘官员的标准和问责制都发生了一场革命。

少数群体社区外联

每个警察—社区互动都需要与社区团体和民权组织建立强有力、持续的联系。当社区警务在20世纪90年代流行起来，用社区警务理论解决邻里纠纷时，可能会重新建立两者的联系。当社区工作团队聚集起来处理问题时，尤其是种族诉讼备案及其观念等议题时，也会建立联系。这些步骤表明了对少数群体的尊重，并为所采取的任何行动规定了共同的责任。警察部门承担各级社区外联活动的首要责任，但社区也应负责参与警察形成积极关系的活动。社区内的警务只有在相互接触和相互尊重的环境下才能发挥作用。在种族定性或偏见型警务的背景下，与社区保持联系是非常必要的。因此，若要进行建设性对话，警察管理人员必须对在其管辖范围内对种族定性的讨论或观点持开放态度。有时，有关交通拦截和搜查人员的数据可以看作是跳板，用于执法部门和社区之间的对话和交流，这是澄清和公开讨论原始数据的一个机会。在分析这类数据和使用适当统计基准方面受过培训的相关人员应使讨论趋于温和。

专业警务交通拦截

执法人员每次进行交通拦截的理由必须是合法的、正当的。专业交通拦截涉及4个关键因素：

·组织/机构政策。各机构必须制定一项完善的政策，涉及专业交通拦截，概述警方所能采取的行为和禁止行为。

·官员培训。各机构应在现有在职培训方案中加入有关种族定性问题的内容。还可安排关于种族貌相问题的特别讲习班讨论。

·数据收集。在辖区内有关情况表明，公众担心警察执法有所偏见时，警察部门必须收集交通拦截数据。

·问责/监督。执法监督和管理人员必须为坚持本项政策担责。管理人员必须亲自向警员和公众传达这一信息，即有偏见的警务是不会被容忍，并可能导致受到纪律处分，包括可能被起诉或解雇。主管、监管人员和全体员工必须接受和遵守这一政策。

副主任恩德拉·贝瑞（内华达州里诺警察局）现在已经退休，他在全国范围内所进行的多样性训练（他以前和他自己的警员沟通过），提出了以下建议：“当考虑拦截一名驾驶人员时，问问自己，有没有可能我是基于种族因素而作出判断，进而采取拦截的？我是否可能正在迁移个人数据，并且正在对这辆车或这名司机进行一次‘抽象的跳跃’？”警察必须认识到这种可能的存在。贝瑞进一步建议，“在决定进行交通拦截的时候不要考虑种族因素。使用自身娴熟的警务技能。而且，如果你是正常人的话，你就会对与你不同的人有不同的看法”（贝瑞，2013）。

在第六章“执法部门与非裔美国人的接触”中，我们强调，当没有明显的错误迹象时，当考虑阻止一个人时，警官需要放慢他们的思维过程，并再三思考他们的某些偏见。回想一下，在对种族偏见和歧视作出行动之前，警察最好先经过以下几个心理步骤（显然，这并不意味着所有警察都是出于种族偏见和歧视行事的）。

1. 如果我看见一个人独自走在街上，让我先告诉自己，我不确定是否有理由去拦截这个人。我会问自己以下问题：

“为什么我认为这个人应该被阻拦？”

“这个人在做什么让我觉得他/她可疑？”

“这个人是迷路了还是需要帮助？”

“这个人的种族是否是我要拦截他的原因之一？”

2. 如果我决定，无论出于什么原因，我都应该拦截这个人，我说类似于下面的话将有什么优点：“在附近发生了一起抢劫案，我想让你意识到潜在的危险。你看起来有点迷路了，所以我想知道你是否需要帮助或指导。”（这只适用于附近真的出现过抢劫案的情形。因为如果这个人住在附近，不诚实会对警方的信誉产生负面影响）（约翰逊，2013）。

在减缓精神活动的过程中，警察会有意识地决定，如果存在潜在的偏见，就不能根据种族偏见或歧视作出推论或作出结论。警察可以通过相互尊重的交流来加强合作，同时评估他们所拦截嫌疑人员的行为。

国际警察局长协会（IACP）在进行了深入研究之后，确定了构成“专业交通拦截”的组成部分。IACP 组织编写的出版物《第一届 IACP 专业交通拦截论坛的建议》应需进行参考，以获取更多的信息。

关于公民种族/族裔的数据收集

当种族定性在美国成为全国性问题时，许多执法机构开始收集关于警察拦截和（或）搜查的人的种族/族裔数据。有些执法机构是自愿这样做的，而其他机构是因为法院的法令或社区压力而这么做的。收集数据的目的是解决种族偏见型警务及其有关看法，并确定它是否被取代。数据收集的使用要求警察在进行每次交通拦截之后填写一份表格。

PERF 的研究审查了赞成和反对收集数据的论据。

赞成收集数据的论据

数据收集可以帮助各机构：

1. 确定种族偏见的警务是否属于司法管辖范围内的问题；
2. 传达对公正警务的承诺；
3. 保持领先水平；
4. 有效分配和管理部门资源。

收集和解释数据，如果正确的话，反映了机构的问责制和开放性。

这一过程有助于改善警察与社区的关系。警察部门这样做能够找出问题并加以解决。这些数据可以为部门管理提供信息，说明他们正在进行何种拦截和搜查。然后，管理和监督人员不仅可以决定这些做法是否能使部门资源得到最有效的配置，还可以决定是否存在偏见型警务。如果没有数据的收集和分析，若在法庭上受到质疑，各部门很难为自己的做法进行辩护。

反对数据收集的论据

1. 数据收集不能提供关于种族偏见型警务的性质和程度的有效信息；

2. 数据可能会被用于攻击机构或其工作人员；

3. 数据收集可能会影响警察的办公效率、士气和工作量；

4. 警察资源可能会以更有效的方式打击带有种族偏见型警务及其看法（弗里德尔等人，2001 年）。

许多部门仍然抵制记录保存。比如，他们认为，对仅仅收集种族统计数据这种行为而言，就可能意味着存在偏见。这些部门认为，最初收集的原始数据，在分析和与基准进行比较之前，可能会强化或增加公众对该机构的负面看法，从而影响警员的士气和效率。同时，一些部门表示，担心他们收集到的任何数据都可能被法庭用于针对他们自身。这些司法人员质疑数据收集系统是否有能力提供有效的答案，以说明部门内种族偏见警务的性质与程度。简单的数据收集既不会阻止种族定性，也不会准确地识别它是否存在。这一过程本身并不能保护机构免受公众的批评、审查和诉讼，因为收集到的数据是可以公开解释的。

收集到的原始数据仅是些没有意义的数字，除非在相关背景环境中使用统计基准（将在随后进行讨论），以便提供一种合法的比较手段。否则，单独来看，所收集的数据可以用来为某些人对种族意识采取的任何立场辩护。因此，执法机构必须采取额外措施，确保他们收集的数字准确地反映现实。每个部门必须评估自己的具体情况。对于没有社区投诉的机构或已经以其他方式密切监督警察行为的机构，进行数据收集可能不是最有效的资源利用。

另一个反对数据收集的论点是，在一些执法机构内，当数据收集成为一项要求时，官员停止或减少了他们主动进行交通拦截和与行人进行沟通的次数。警察对被监控而不采取交通拦截以避免被视为种族偏见的行为，都表示了不满与担忧。一些机构不要求该官员在数据表格上透露其身份。被拘留者的身份也从未记录在表格上，一些市/县行政人员和执法人员也对收集和分析数据的时间和费用表示怀疑。

因此，数据收集有其优点、缺点和局限性。美国司法部资源指南和警察行政管理研究协会建议警察部门的管理者与公民进行合作，审查收集数据的利弊。他们必须在部门的政治、社会、组织化程度和财务状况中决定是否启动数据收集或分配可用资源到其他地方，以解决种族偏见型警务及其相关认知。

数据收集要素

美国司法部资源指南和警察行政管理研究协会（PERF）推荐给执法机构的数据收集的基本要素是：

·日期/时间/地点；

·个人特征：年龄/性别，种族/族裔/国家起源；

·拦截的理由：违反法律法规会违反交通规则；对方要求服务的反应或警方主动进行；

·搜查或不搜查：如果搜查，搜查的权威性（如果同意，包括同意的正当性）和结果（如果有的话，已经采取的措施等）；

·处置：逮捕、引证、口头警告、书面警告或不采取行动。

每个建议要素背后都有相应的理由和正当性。它们的目的不仅在于确定警察拦截谁，而且还在于确定拦截的情况和背景。“实际上，我们试图收集‘详细数据’，告诉公民被阻拦的真正缘由——这应该反映警察的动机和/或机构政策和做法的影响”（弗里德尔等人，2001）。在填写表格中有关种族、族裔或民族血统的部分时，要求警官根据他们自身的观察、培训和经验加以判断，而不是单纯要求被拘留者自己填写。警察行政管理研究论坛、社区导向型警务（Community Oriented Policing Services）和美国司法部为收集、分析和解释车辆拦截的数据制定协议和准则。这些详细的指南应该参考开发跟踪车辆拦截方法和系统并试图衡量警务中的种族偏见的人员意见。这些机构现有的材料提供了应针对哪些活动收集数据的有效信息。

大多数机构只收集有关交通拦截（行走或车辆违规）的数据，不仅因为其频发，也因为这是最有可能发生种族偏见警务（或它的看法）的活动。另一个数据来源是车辆拦截或一般性的调查所拦截车辆司机的行为。这种拦截涉及警官的自由裁量权（该官员应该有合理怀疑或可能理由而进行调查），而这也是分析的重要信息来源。此外，收集拘留数据不仅通过交通和车辆拦截，还包括行人或自行车拦截。第四个数据来源是非自愿的遭遇，即警察并没有拘留该公民，而是在对其进行质询。PERF 建议各机构收集所有车辆和交通拦截的数据。他们的建议并不包括行人拦截或非双方同意的遭遇，因为那并不导致拘留措施的执行。

收集数据对于市政和公路警察来说是不一样的。城市警察和县治安官的工作基本上是有相互联系的，因为他们都响应受害者或证人对某些事件的求助。警察的执法模式取决于他们辖区的自身特点，因此他们所接触人员的种族/族裔也会相应的不同。这必须是在数据分析和解释过程中所要考虑到的因素。比较基准必须被用于不同的社区和城市或县区。相反，公路警务涉及更多的自发行为和更多的自由裁量权。

统计基准

统计基准是将用于分析和解释的收集数据与某些特定人口或群体的比较。换句话说，这是对在研究区域内按种族或族裔可供拦截的个人比例的估计。种族定性分析需要制定和使用适当的基准。基准的选择和发展是一个非常复杂的过程，往往需要该领域专家的协助，从而对数据进行正确的解释。基准有不同类型，但最常见的有 3 种：

1. 由有关部门负责的居住人口或社区人口普查，即拟研究的地理区域的人口统计。这种方法可能是最常用的方法。

2. 在随机选择的时间内与地点，对司机进行实地观察。通常，现场观察人员试图确定每一名司机的种族或族裔和大致年龄。

3. 无过错驾驶人员的随机记录，以估计实际中司机的定性特征（如种族成分）。交通工程师可利用随机的统计资料，为现实生活中的司机制定定性基准。

每种基准都有其优点和缺点，而且专家们对哪种基准最可靠并没有达成一致。这些基准没有一项能普遍适用于每一种族貌相评价，在决定使用哪一种基准时，必须考虑到每一种基准的积极和消极方面。

所选择的基准必须能够帮助衡量个人是否因其种族、民族、国籍、性取向、性别、身份或基于偏见的警务所涵盖的其他任何类别而被拦截。需要讨论的一个问题是，在类似的情况下，一个不是少数群体成员的人会被阻拦吗？换句话说，正确的比较不在于邻里间居住的人，也不在于那些虽然同样在高速公路上行驶却没有被拦截人之间，而在于那些因为他们不是少数种族，所以虽然采取同样行为但没有被阻拦的人（美国司法部，2000）。由此可以看出，制定统计基准是多么困难。

不幸的是，对收集到的关于交通和现场沟通的拦截（或拘留）数据的研究和分析都没有考虑到所涉警员的决策过程。区分低程度和高程度的自由裁量拦截可能对数据收集和分析有用。大多数的数据收集工作忽视了在研究种族定性时，解释官员如何和为什么作出与交通或其他类型拦截的相关决定的必要性。设计应该在启动拦截程序后对警察的决策过程进行调查（安吉尔等人，2002）。最近制定的一项策略是内部基准法，该方法涉及对某些执法人员进行例行的、持续的种族定性监控，并将他们的行为或表现与出现类似情况的同事进行比较。“类似情况”一词是指在同一地理区域和同一时期内执行相同任务（如巡逻）的警员。

不幸的是，没有任何基准策略被证明是普遍可以接受的，而且从业者、学者和研究人员对其可靠性和有效性存在相当大的分歧。一般来说，基准策略并不能完全衡量实际被警察怀疑但没有拦截的人数。充其量，基准估计的是警察可能或应该关注，并因此可能遭受拦截的人数（威思罗，2007）。该基准为回答种族定性研究中提出的最重要问题奠定了基础，警察是否制止了不相称数量的种族和族裔少数群体，这一问题的答案不可避免地来自于将分子（实际因种族或族裔而拦截的个人比例）与分母（估计可因种族或族裔而拦截的个人比例）进行比较（威思罗等人，2008）。

数据分析和解释

一旦收集到数据，它们会显示什么，这一过程中最困难的部分是统计数据的分析和解释。正如研究员罗宾·恩格尔和她的同事所报告的：最终，对数据进行解释的结果问题在于，交通和其他领域的拦截数据是在没有任何理论框架的指导下收集的。研究人员只是统计了一些数据——警方对白人和非白人嫌疑人进行的交通拦截、传唤和搜查的次数。然而，这项研究应该在解释行为这一更大的理论背景下进行。对经验数据的解释存在问题，部分原因在于数据收集工作没有解决为什么官员可能参与基于种族的决策（安吉尔等人，2002）。

恩格尔和她的合著者建议对种族定性的研究应该包括考虑3个因变量：

第一，警官个人的行为：

首先，为什么警察一般阻止黑人公民多于白人公民？警察如何和为什么作出决定？

其次，为什么一些警官所表现出更多的种族偏见，而另一些警察则表现得更少？

最后，种族不相称性是否随着时间的推移而发生变化？

第二，不同警察部门的行为：一些警察部门是否有较高的种族定性行为的比例，而另一些部门则较低？如果是，这些差异产生的原因是什么？

第三，警官和部门行为的总体比率：在过去40年中，基于种族的决策是否已从主要基于个人种族偏见的决策转变为以种族为基础的部门政策？（安吉尔等人，2002）

如前所述，必须制定统计基准，以便与各机构收集的原始数据进行比较。必须作出的决定包括：

1. 所收集的统计数字是否与全国人口普查确定的城市种族构成相比较？

2. 是否与居住在该市管辖范围内的拥有执照的司机相比较？

3. 如果可以确定的话，这些统计数字是否与道路上司机的种族组成相比较？

4. 是否考虑和控制了相关的情况特征（如嫌疑人的特征、警察遭遇的特点和法律特征）？

5. 是否考虑和控制了相关警察的特征（如性别、种族、经验和态度）？

6. 是否考虑和控制了相关的组织特征（如正式和非正式政策以及管理者和一线监管人员的态度和偏好）？

7. 是否考虑和控制了相关的社区特征（如人口、经济和政治特征）？

如果辖区内的政治风气良好，对数据进行分析解释可以由相关的执法机构在内部进行，并且分析结果也是可信的。然而，由于积极的社区政治气氛通常不是这样，为了避免认为调查结果可疑，大多数机构都由独立分析人员进行数据分析工作。重要的是，分析人员不仅对执法程序有一定的了解，而且对统计基准或基准的选择和发展也有一定的了解。社区导向型警务办公室与司法部进行合作，编写了一份题为“如何正确收集和分析种族定性的数据：部门名誉由此而来”的文件。这为如何进行收集和分析数据提出了建议。2002 年的文件可从 COPS 网站下载。与 COPS 和 DOJ 协作，2005 年由 PERF 发布的另一个有用的文档是洛莉·弗里德尔所写的“从车辆拦截中理解种族数据：利益相关者的指南”。从数据来看，两者展示了相同的课题，但后者更重要一些。上述两篇文章都可以从 PERF 的网站中找到。

根据美国国家司法研究所一篇关于种族定性和交通拦截的文章，少数族裔遭遇拦截的比例大于白人（美国国家司法研究所，2013）。大量的社会科学研究也证实了偏见的存在（具体参见第一章和第六章）。社会上的偏见普遍存在，警察也不能幸免。美国国家司法研究所的文章中指出，研究人员尝试确认不成比例的截停不光由于部分警察的偏见，还有一些其他因素，如：

·驾驶模式差异。遭到拦截的少数族裔司机的比例可能与他们在居民人口普查中的比例大不相同。当然，在马路上开车的人，特别是在主干道上，可能与住在某社区的人不同。因此，社会学家在评估种族偏见时不考虑与人口普查的比较。

·警察接触差异。如果少数族裔司机倾向于在警察巡逻较多的社区开车，那么警察更有可能注意到黑人司机所犯的任何一种违法犯罪行为。在这些地区加强警力巡逻可能是偏见的来源，也可能只是警察局对附近犯罪的应对。

·违法犯罪差异。长期以来，黑人司机的安全带使用率比较低。如果执法机构强制执行违反关于安全带的规定，警察将会拦截更多的黑人司机。

截停期间发生的事情和截停的原因同等重要。所以，除了要审查决定截停的动机外，其他因素也要接受审查，如截停时间、传唤、搜身和使用武力的决定。

制定和实施层面的社区工作队

公民的投入对数据收集和解释的成功至关重要。反映社区多样性的社区团体代表必须与各级警察人员一起组成一个工作队。工作队成员，包括大多数情况下的独立分析人员，共同决定：所收集的数据是否来自警方所接触的少数种族，设计用于解释数据的基准，以及根据解释而采取的回应或行动。警察部门应听取工作队的意见，并在项目的后续阶段采纳适当的建议。专责小组和社区警务有助于部门调查和解决与种族定性指控有关的问题。工作队不仅有助于确保解决辖区内对此问题的具体担忧，而且有助于改善警察与社区的关系。至于这一过程的开始，基于种族偏见的警务，一种原则性回应的作者的建议如下：

1. 除非经过授权，否则不得在公民参与的情况下，决定数据收集是否应成为司法部门对种族偏见型警务及相关观点的总体反应。

2. 一旦决定开始收集数据，就立即与机构人员进行沟通。主管官员应提供数据收集的合理理由，并解决与此有关的问题。

3. 建立倾听相关人员担忧的程序，让其帮助制定建设性的解决办法。

4. 发展警民团体，使其以顾问身份进行服务。

5. 制定数据收集和分析协议，确保数据有合理的方法和分析以确定相关责任。

6. 对数据收集系统进行 3 个至 6 个月的实地测试，并利用该测试对整个系统的管辖范围进行修改（弗里德尔等人，2001）。

数据收集的非预期结果

在一些机构，当强制收集数据时，交通罚单的数量急剧下降，因为警官们担心被指控为种族定性，因此拦截了更少的人。例如，在休斯敦和辛辛那提就发生了这种情况。在其他一些机构，官员拒绝填写表格或错误填写，使数据无法使用。官员们抱怨说，收集过程是在浪费时间，收集到的数据可能会被用来针对他们自身。有些人认为，那些因带有偏见而使用种族定性的警察永远不会填写表格。有一些城市的警察非常害怕被指控为种族主义者，以致如果他们拦截了一个有色人种的人，即使其有违法行为或轻微犯罪，他们也避免进行接触。如果指控开始控制政策，公共安全便会遭受损害。一些机构已经为巡逻车配备了视频摄像机和录音设备，以便在发生投诉时为其官员的行为提供证据。

总结

· 虽然种族定性一词最初是与新泽西州警察在 20 世纪 90 年代初在美国 95 号州际公路上拦截个人的行为联系在一起使用的，但在美国几十年来一直有人抱怨这种做法。

· 当种族定性问题在 20 世纪 90 年代引起公众和执法部门的注意时，并没有就其具体定义达成一致，因此很难制定防止这种做法的措施。新近使用的新术语“基于偏见的警务”，包括了种族定性，也包括了基于性别、性取向、经济地位、宗教信仰和年龄的其他偏见。

· 在 2001 年 9・11 事件之前，大多数美国居民都谴责使用种族、族裔或民族血统等因素来进行嫌疑人画像分析，但这一态度在对世界贸易中心和五角大楼的袭击之后以及随后的攻击之后发生了变化。自从这些事件发生以来，随着时间的推移，嫌疑人画像分析再次变得富有争议。

· 一些警察、政府行政人员和其他人认为种族定性是一种错误或误解。然而，尽管为结束这一现象作出了努力，但大量的逸事和政府报告、组织研究和统计数据表明，对非裔美国人、拉丁美洲人、美洲土著人、阿拉伯人、锡克教徒和其他种族等的种族定性问题依然存在。

· 种族定性是非法的，它违反了宪法修正案第 14 条的规定。同时种族定性也阻碍了某些群体与执法部门进行合作，可以轻易地将某一冲突升级为种族主义暴行。尽管如此，仍有某些人认为种族定性非常必要。

· 全国许多警察和治安部门以及联邦执法机构都采取了解决种族问题的政策。这些政策包括问责和监督；招聘和雇用、教育和培训、与少数群体的联系、专业化的交通拦截、种族和族裔数据收集。

· 为了在法律上具有正当性和专业性，交通拦截必须是有着良好组织架构的政策的组成部分，而这一政策必须禁止歧视性做法；警官培训必须包括关于种族貌相的内容；如果辖区内对警察偏见感到担忧，就必须收集交通拦截数据；以及必须由其监督者对此负责。任何收集来的数据都必须使用合适的基准进行分析。

·对纽约警察拦截搜身行动和马里兰州巴尔的摩市“零容忍”政策的一项分析表明，被拦截的司机和行人中，非洲裔和拉丁裔美国人与白人不成比例。许多人认为，没有可靠的证据表明这些方法能够减少犯罪，而另一些人则认为这些政策是有效的。

·公民的不满和诉讼可能源于种族定性或使用任何似乎是基于偏见的分析方法，执法专业人员在分析现实中的种族主义和偏见问题时必须具有批判性和内省性，并且必须意识到定性所产生的强烈感情。

问题讨论

1. 执法机构关于种族概况的政策。

学生可以下列方式确定该地区的警察部门是否符合有关种族貌相政策的建议标准：

A. 该政策是否使用本章开头的定义明确界定了构成种族定性的行为？

B. 该政策是否严格禁止该机构雇用的和平官员进行种族貌相？

C. 政策是否提供指示，即如果个人认为自己是该机构雇员种族定性的受害者，则可以提出申诉？

D. 机构是否提供有关投诉程序的公众教育？

E. 在对某警员进行调查后，如证明其违反了该机构的政策进行种族定性行为，是否要求对其采取适当的纠正行动？

F. 该机构是否要求收集与交通拦截有关的数据，以及因这些交通拦截行为而被逮捕或传唤的人，包括有关下列方面的资料：

第一，被拘留者的种族或族裔？

第二，是否进行了搜查，如果是，是否经过被拘留者的同意？

G. 机构的政策是否要求它根据收集到的县或州的理事机构数据，就调查结果和结论提出报告，以进行审查和监测？使用哪些基准并解释数据？

2. 供讨论的实际案例。在印第安纳州的一座城市，一名非裔美国警官驾驶一辆没有标记的警车被一名其他机构的警官拦下。这名警官那时穿着制服，但他没有戴帽子，从车外看他就会认出他是一名警察。根据投诉，当该名警员下车时，截停该名男子的警员似乎感到震惊。该名警员解释说，他已截停该名男子，因为该名截停的警员在其耳后有 3 根天线。请讨论以下事项：

A. 你认为拦下同事的警官犯有种族定性行为吗？

B. 你认为这名警官说停车的原因是多根天线吗？多根天线是犯罪吗？

C. 是否可以因某些少数族裔过于敏感或不了解警察工作的夸大其词而拒绝投诉？

3. 总统专责小组在2015年发布的21世纪警务报告中包括建议执法机构采取和实行禁止基于种族、民族、国籍、宗教、年龄、性别、性别认同、性取向、移民身份、残疾、住房情况、职业或语言流利度等的定性和歧视政策。

参考文献

The American Civil Liberties Union and The Rights Working Group. (2009, August). The Persistence of Racial and Ethnic Profiling in the United States: A Follow-Up Report to the UN. Committee on the Elimination of Racial Discrimination, p. 12. Retrieved February 28, 2013, from www. aclu. org/files/pdfs/humanrights/cerd_finalreport. pdf.

Amnesty International. (2004). Threat and Humiliation: Racial Profiling, Domestic Security, and Human Rights in the United States. Retrieved August 6, 2013, from www. amnestyusa. org/pdfs/rp_report. pdf.

Ariz. DPS tightens search rules to avoid profiling. " (2008, December 30). My Fox Phoenix Local News online. Retrieved January 13, 2009, from www. myfoxphoerux. com.

Baker, Al. (2011, August 31). " Judge Declines to Dismiss Case Alleging Racial Profiling by City Police in Street Stops. The New York Times, p. Al. Retrieved February 23, 2013, from www. nytimes. eom/2011/09/01/nyregion/racial - profilingcase - against - new - york - police - is - allowed - to - proceed. htm I.

Barlow, David F……, and Melissa Hickman Barlow. (2002). Racial Profiling: A Survey of African American Police Officers. Police Quarterly, 5, 334–358.

Berry, Ondra. (2013). Retired deputy chief, Reno (Nev.) Police Department, personal communication.

Chen, David W. (2007, September 6). " New Jersey Police Win Praise for Efforts to End Profiling. " The New York Times, p. C13.

Contacts between the Police and the Public, 2008. " (2011, October 5),

U. S. Department of Justice, Bureau of Justice Statistics, NCJ 234599. Retrieved January 13, 2009, from www. bjs. ojp. usdoj. gov/index.

Engel, Robin S., Jennifer M. Calnon, and Thomas J. Bernard. (2002). " Theory and Racial Profiling: Shortcomings and Future Directions in Research. Justice Quarterly, /9(2), 249-273.

" Feds Accuse N C Sheriff of Diserimin. i<>! \>b f 2 September 18). Police Patrol - The Law Enforcement Magazine. Retrieved July 29, 2013, from www. policemag. com/channel/patrol/news/2012/09/18/feds - accuse - n - c - sheriff-of discriminatory-policing. aspx.

Fridell, Lorie, Robert Lunney, Drew Diamond, and Bruce Kubu. " Racially Biased Policing: A Principled Response. " (2001), Police Executive Research Forum. Washington, D. C.

" The Growth of Compstat in American Policing, (2004). Police Foundation Reports, Washington D. C., p. AA. Retrieved February 26, 2013, from www. policefoundation. org/content/growth-compstat-american-policing.

Hickman, Matthew J. (2005, June 1). " Traffic Stop Data Collection Policies for State Police, 2004. U. S. Department of Justice, Bureau of Justice Statistics Fact Sheet, NCJ 209156. Retrieved August 6, 2013, from www. bjs. gov/content/pub/pdf/tsdcp04. pdf.

Johnson, James L. PhD. (2013, July). Social Science Analyst, Administrative Office of the U. S. Courts, personal communication.

Jurisdictions Currently Collecting Data. (2009). Racial Profiling Data Collection Resource Center. Retrieved January 19, 2013, from www. racialprofilinganalysis. neu. edu/background/jurisdictions. php.

Leonard, Jack and Richard Winton. Payment Ordered to Bias Victims. (2013, July 2). Los Angeles Times. Retrieved July 29, 2013, from http://articles. latimes. com/2013/jul/02/local/lame-sheriff-civil-rights-20130702.

Levin, Sam. Report: Black, Hispanic Missouri Drivers Face Disproportionate Number of Police Searches. (2013, June 3). Riverfront Times, St. Louis. Retrieved July 29, 2013, from http://blogs. riverfronttlmes. com/dailyrft/2013/06/chris_koster_racial_disparity_police_searches. php.

MacDonald, Heather. (2001, Spring). The Myth of Racial Profiling. City Journal, 11(2), 1-5.

Martin, Hugo. (2010, December 6). All Airline Passengers are Now Checked Against Watch Lists, Homeland Security Says," Los Angeles Times, p. 1.

"New York: Analysis of Racial Disparities in the New York City Police Departments Stop, Question, and Frisk Practices. (2007). RAND Corporation. Retrieved April 16, 2013, from www. rand. org/content/dam/rand/pubs/technical_reports/2007/RAND_TR534. sum. pdf.

Newport, Frank. (2013, July 16). In U. S., 24% of Young Black Men Say Police Dealings Unfair. Retrieved July 29, 2013, from www. gallup. com/poll/163523/one-four-young-black-mensay-police-dealings-unfair. aspx.

"Ninth Report to the State of Maryland Under TR 25-113." (2012, August 28). Retrieved April 16, 2013, from www. goccp. maryiand. gov/msac/documents/TSDReport2012. pdf.

"NYCLU Analysis Reveals NYPD Stopped Nearly 2 Million Innocent New Yorkers: Most are Black & Latino." (2009, February 11). New York Civil Liberties Union. Retrieved April 16, 2013, from www. nyclu. org/news/nyclu-analysisreveals-nypd-stopped-nearly-2-million-innocent-newyorkers-most-are-black-latino.

Long, Colleen. (2013, August 13)" NYC Mayor Lambastes Stopand-Frisk Ruling-Breibart. Associated Press. Retrieved August 30 7013 from www. breithart. com/svstem/wire/DA854M6G0.

Plan to Address Racial Profiling, |zuuv, August;. Ketnevcu April 23, 2013, from www. portlandoregon. gov/police/article/230887.

Portlands Racial Profiling Reality" (2012, July 18). The Portland Observer. Retrieved April 23, 2013, from www. portlandobserver. com/2012/07/portlands-racial-profiling-reality/Powell, Michael. (2009, January 4). Police Polish Image, but Concerns Persist." New York Times, p. 21.

Recommendations from the First IACP Forum on Professional Traffic Stops. (2001). International Association of Chiefs of Police. Retrieved January 19, 2009, from www. theiacp. org/PublicationsGuides/ResearchCenter/Publications/

tabid/299/Default. aspx? id = 1198tv = 1.

The San Angelo Police Department Annual Racial Profiling Report. (2006). Retrieved August 7, 2013, from www. criminaljusticecoalition. org/files/userfiles/2007_racial_profiling_report. pdf.

San Francisco Police Department General Order 5. 17. (2011). Retrieved August 6, 2013, from www. sf-police. org/modules/ShowDocument. aspx? documentid = 14774.

Senge, Peter, Art Kleiner, Charlotte Roberts, Richard Ross, and Bryan J. Smith. (1994). The Fifth Discipline Fieldbook: Strategies and Tools for Building a Learning Organization. New York, NY: Currency Doubleday.

Straus, Ira. (2002, October 19). " Commentary: Profile to Survive. United Press International. Retrieved January 19, 2004, from www. upi. com/Top_News/2002/10/19/Commentary-Profile to-Survive/UPI-41611035051600/.

Texas Code of Criminal Procedure (2001). Title 1, Chapter 2, Article 2. 132. Retrieved August 6, 2013, from www. statutes. legis. state. tx. us/Docs/CR/htm/CR. 2. htm#2. 131.

Understanding Bias-Based Traffic Law Enforcement. (2003, July). National Highway Traffic Safety Administration. Retrieved January 19, 2009, from www. nhtsa. gov/people/injury/enforce/biasbased03/trafficenforcement. htm.

United States Senate. (2013). Text of S. 1038 retrieved August 6, 2013, from www. gpo. gov/fdsys/pkg/BILLS-113sl038is/pdf/BILLS-113sl038is. pdf.

U. S. Department of Justice. (2000). A Resource Guide on Racial Profiling Data Collection Systems: Promising Practices and Lessons Learned. Washington, D. C.

U. S. v. Brignoni-Ponce, 442 U. S. , 837, 887. (1975). Retrieved April 14, 2009, from www. supreme. justia. com/us/422/873/.

Walker, S. (2003, March 8-9), "Internal Benchmarking for Traffic Stop Data: An Early Intervention System Approach. Presented at Racial Profiling in the 21st Century: New Challenges and Implications for Racial Justice. Northeastern University, Boston, Mass.

"War on Terrorism: Trade Liberties for Safety? (2010, January 13). Contra Costa (Calif.) Times, p. AA.

Will, George F. (2001, April). " Exposing the´Myth of Racial Profiling. " Washington Post, p. A19.

Withrow, Brian L. (2004, March). A Comparative Analysis of Commonly Used Benchmarks in Racial Profiling: A Research tNutt;. oiijJU&iioiiciUpapdi itlDJuilLs-. c;.. i. inal Justice Sciences, Wichita State University, School of Community Affairs, Wichita, Kansas.

Withrow, Brian L. (2006). Racial Profiling from Rhetoric to Reason. Upper Saddle River, NJ: Pearson-Prentice Hall.

Withrow, Brian L. (2007). When Whren Won't Work: The Effectsof a Diminished Capacity to Initiate a Pretextual Stop onPolice Officer Behavior. Police Quarterly, 10(4), 351-370.

Withrow, Brian L. (2009, February), personal communication. Withrow, Brian L., Jeffrey D. Dailey, and Henry Jackson. (2008). " The Utility of an Internal Benchmarking Strategyin Racial Profiling Surveillance. Justice Research and Policy10(2), 19-47.

译者的话

我国改革开放已四十多年，外国人到我国旅游、学习、工作和生活的数量持续增长，外国人参与我国社会生活的广度和深度不断增加，我国公安机关在执法中遇到外国人的频次不断增多，跨文化执法能力已经成为涉外警务执法的基本要素。在警务执法中，妥善应对外国人，既给予外国人应有的尊重，保障其合法权益，又能够有效开展执法活动，维护我国法律尊严和社会秩序，这是我们翻译此书的初衷。

本书的主要内容是有关多元文化社会中的执法问题，执法人员应注意的事项，以及应对执法中可能出现的人种、族裔歧视问题。本书首先是对第六版著作进行翻译，在与原著版权公司联系后，原著版权公司提供了最新的第七版，为了精确反映原著的原有内容，本书翻译者又根据第七版进行重新校对翻译，导致翻译工作量大增，为此感谢参加翻译校对的各位同志，参与第六版翻译人员：刘宏斌（第一章、第二章、第三章、第四章）、方红莉（第五章、第六章、第七章、第八章、第九章）、高雨潮（第十章、第十一章、第十二章、第十三章、第十四章）；参与第七版翻译校对人员：刘宏斌（第一章、第二章、第三章）、张婉淇（第四章、第五章）、詹芳（第六章、第七章）、罗敏（第八章、第九章）、王圆可（第十章、第十一章）、叶紫琨（第十二章）。

刘宏斌

2019 年 12 月 8 日